The Criminal Brain
Understanding Biological Theories of Crime Second Edition

범죄자의 뇌
생물범죄학의 이해

Nicole Rafter · Chad Posick · Michael Rocque

송봉규 · 유동겸 옮김

　　　　• • • • •

　　학교폭력으로 고등학교를 그만둔 아이는 불안, 공포 등으로 틱장애, 강박
장애, 사회공포증, 외상후스트레스장애 등으로 방에서 나오지 못하고 있었다.
환청을 듣게 된 아이는 지나가던 여자아이가 자신에게 욕하는 소리를 듣고 소
위 '묻지마 폭력'의 가해자가 된다. 지금도 그때 학교폭력 가해자들에게 복수를
하고 싶다가도 자신의 모든 불행들이 결정된 일들만 같아 고통을 끝내고 싶어
여러 차례 자살을 시도했지만, 아직 살아 있다.

　　어느 날 셋째가 학교 다니기 너무 힘들다고 전화했다. 기초수급자로 어렵
게 공부했던 둘째는 등록금, 생활비 등 자신도 경제적으로 힘든 학교 생활을
이겨내기 위해 노력하고 있는데, 셋째의 하소연은 너무나 나약하게 들렸다. 정
신차리고 강해지라는 말로 그 상황을 지나치고 말았다. 그리고 지방에서 대학
을 졸업하고 집으로 돌아왔을 때 이미 셋째는 일상 활동이 불가능한 몸과 정신
상태가 되어 있었다. 결혼하여 아이를 키워보니 여유가 없었던 그때가 원망스
러웠다.

　　셋째가 나오고 얼마 뒤 남편이 간암으로 죽었다. 장사를 하며 단칸방에서
아이들을 힘들게 키웠지만, 아이들은 힘든 가정 형편에도 불구하고 공부를 잘
했고, 특히 전교 1등을 한 번도 놓치지 않은 셋째는 삶의 희망이었다. 그러다
학교폭력이 발생했지만, 생계가 어려워 학교에 찾아가지도 못했고 잘 해결되리
라고만 믿었다. 하지만 어느 날부터 아이는 방에서 나오지 않고 울부짖었고,
세상 모든 것들을 원망했다. 자신의 잘못으로 그런 일이 생긴 것 같은 엄마는
아이를 지키기 위해 아직도 힘든 노동과 삶을 이어간다.

　　그 아이를 만나 다시 공부를 해보자고 권유했다. 국내 전문 서적이 없어
사후세계에 관한 영어책만을 읽던 아이에게 범죄와 연계하여 뇌 공부를 제안했
다. 공부밖에 몰랐던 아이는 몸과 마음의 고통으로 인해 여러 번 중단했지만,
앞으로 조금씩 나아가고 있다. 30살이 된 지금, 자신의 운명을 다시 시험하고
싶어서 아직도 무서운 강의실과 낯선 사람들과 마주치고 있다.

> 이 책의 번역은 우리 사회의 범죄피해자들, 범죄피해로 인해 범죄자가 된 사람들, 범죄
> 피해자의 가족들, 그리고 범죄와 뇌를 연구하는 사람들에게 바친다.

이 책을 Nicole Rafter^{니콜 래프터, 1939–2016}에게 바친다.

：차 례：

/ 3부 /   21세기 생물학적 이론

: 그림 차례 :

: 제2판 서문 :

매우 운이 좋게도 「범죄자의 뇌^{Criminal Brain}」 제2판을 몇 년 전 범죄에 대한 생물학적 이론에 대한 나의 강의를 실제로 수강한 학생이었던 2명의 공동저자와 함께 저술하게 되었다. Chad Posick과 Mike Rocque는 교수가 되었으며, 생물사회학적 범죄학에 대한 논문을 썼다. 당연하게도 우리는 팀을 이뤄 공동으로 제2판을 발간하였다. 그동안 범죄 행동에 대한 생물사회학적 해석은 범죄학 이론의 중심이 되어, 범죄에 대한 생물학적 이론의 18세기 후반부터 현재까지의 발전을 따라가는 제2판과 같은 책이 더욱 필요해지게 되었다. 우리는 제1판의 '역사에 관련된 장들'을 그대로 두었지만 9장을 개정하여 9장의 제목은 "서로 대립한 사회학적 이론과 생물학적 이론: 20세기 후반 범죄학과 생물학"이 되었으며, 최근의 이야기를 가져온 2개의 새로운 장을 추가하였다.

제2판을 준비하는 데 도움을 준 사람들에게 감사의 인사를 전한다. 조지아서던대학교의 MacKenzie McBride는 연구에 도움을 주었다. 메인대학교의 Steven E. Barkan과 신시내티대학교의 J. C. Barnes, 아이오와주립대학교의 Matt DeLisi는 10장과 11장에 대해 사려 깊고 고무적인 평가를 남겨주었다. Susan Erony는 사진에 관한 도움을 주었다. 오슬로대학교의 Per J. Ystehede는 우리에게 중요한 자료를 보내주었다. 또한 Dorothea S. Halliday, Andrew Katz, Caelyn Cobb, 그리고 무엇보다도 훌륭한 편집자 Ilene Kalish와 같이 내가 기대했던 전문적인 관심과 꾸준한 지원을 제공해준 New York University Press의 사람들에게 감사한다.

Nicole Rafter
2015년 4월

: Nicole Rafter^{니콜 래프터}를 추모하며 :

　　이 책이 완성된 직후 Nicole Rafter의 사망 소식을 듣고 우리는 슬픔에 잠겼다. 우리는 그녀를 선생님이자 동료, 무엇보다도 친구로 부를 수 있어서 축복을 받아왔다고 생각했다. 우리는 「범죄자의 뇌」 제2판 작업을 돕는 것을 기꺼이 허용해준 그녀의 관대함을 통해 많은 것을 배웠다. 그녀가 없는 이 분야, 그녀가 없는 세상을 상상하기란 매우 어려운 일이다.

　　Nicole "Nicky" Hahn Rafter¹⁹³⁹⁻²⁰¹⁶는 범죄학과 형사사법 분야에서 선구자였다. 그녀의 모든 업적을 여기서 논의하면 책의 두께가 2배가 되므로 이에 대해서는 아주 조금만 언급하겠다. Nicky는 미국범죄학회^{American Society of Criminology, ASC}가 수여한 에드윈 H. 서덜랜드 상^{Edwin H. Sutherland Award}을 받은 4명의 여성 중 한 명이다. 이 책 8장의 기반이 된 논문 "범죄학의 어두운 시절: 나치 독일에서의 생물범죄학^{Criminology's Darkest Hour: Biocriminology in Nazi Germany}"으로 그녀는 앨런 오스틴 바르톨로뮤 최고논문상^{Allen Austin Bartholemew Best Paper Award}을 수상하였다. 2000년대에는 옥스퍼드대학교와 리구리아 연구센터^{Study Centre of Liguria}로부터 연구비를 받고, 풀브라이트 장학금^{Fulbright Fellowship}을 받아 오스트리아에서 유학하는 등 몇몇의 장학금을 받았다. 명망 높은 상들을 받은 것에 더해, 그녀는 여성범죄학^{feminist criminology}에 대한 연구로 이 분야에 지워지지 않을 흔적을 새겨놓았다. Nicky는 여성과 범죄에 전념하는 교육과정을 최초로 발전시킨 사람들 중 한 명이었다. 그녀는 미국범죄학회에서 여성과 범죄에 관한 분과를 개설하는 데에 중요한 역할을 했으며 1995년 이 분과의 부학회장으로 선출되었다. 5년 뒤 그녀는 미국범죄학회의 상임이사로 선출되었다. 그녀의 경력을 통틀어 그녀는 70편 이상의 논문과 9권의 책을 썼고 2,000번 이상 인용되었다. 「형사사법학회지Journal of Criminal Justice」에 게재된 Henrjikka Weir와 Erin Orrick의 최신 글 "엘리트 범죄학 및 형사사법제도 분야에서 가장 많은 성과를 낸 여성학자들The Most Prolific Female Scholars in Elite Criminology and Criminal Justice"에서 Nicky는 저널 출판에서 20위 안에 들었다. Nicky의 학문적 발자취에 대한 의심은 있을 수 없다.

누군가가 그녀에게 가장 위대한 업적에 대해 물었다면, 그녀는 앞에서 언급한 모든 것들을 얼버무렸을 것이라고 생각한다. 학부 및 대학원 학생들과 함께 연구하는 것에 대한 그녀의 사랑은 최고의 보상이자 열정이었다. 그녀가 거의 40년 1977~2016 동안 강의한 노스이스턴대학교에서 그녀는 수십 명의 비공식적으로는 수백 명의 학생을 지도하였다. 우리는 생물사회학적 범죄이론에 대한 그녀의 수업을 들은 학생이었으며, 계속해서 생물사회학적 연구프로젝트를 그녀와 함께 연구하였다. 대학원에서, 그리고 현재의 위치에 이르기까지 우리가 경력을 쌓는 것을 그녀가 도와주었다.

이 분야는 위대한 인물을 잃어버렸으며 우리는 모두 위대한 친구를 잃어버렸다. 하지만 그녀의 많은 분량의 연구물, 그녀의 학생들, 그녀의 아이디어와 열정은 계속해서 살아 있을 것이다. 이에 대해 우리 모두 감사한다.

Chad Posick과 Mike Rocque
2016년 3월 3일

: 제2판에 대한 저자들의 주 :

Nicole Rafter이 쓴 제1판은 책 전체를 1인칭 시점으로 서술하였다. 하지만 제2판에서는 Nicole Rafter, Chad Posick, Michael Rocque가 책 저작권을 공유한다. 우리는 함께 9장을 개정하고 10장과 11장을 새롭게 추가하였다. 1장에서 8장까지는 제1판과 거의 똑같다. 그래서 제2판에서도 1장에서 8장까지는 1인칭의 서술자를 단수(나)로 표기하였다. 하지만 9장부터 11장까지 우리의 공동 작업을 나타내기 위해 1인칭의 서술자를 복수(우리)로 표기하였다.

: **제1판 서문** :

모든 초기 범죄이론은 생물학적이었다. 실제로 20세기 초까지 생물학적 이론과 범죄학은 사실상 동의어였다. 하지만 그 뒤 생물학적 이론들은 범죄행위에 대한 사회학적 해석에 의해 옆으로 밀려났다. 비록 소수의 완고한 우생학자들에 의해 생물학적 이론들이 존속되었지만, 나치가 생물학의 이름 아래에서 행한 것들을 사람들이 알게 된 제2차 세계대전의 말미에 이러한 해석들은 완전히 부인되었으며 역사의 휴지통에 버려졌다. 많은 이들은 그것이 영원히 버려져 있기를 바랬다.

하지만 생물학적 이론은 죽지 않았으며, 그저 쉬고 있을 뿐이었다. 1960년대 사회학적 일탈이론들이 절정을 달릴 때 생물학적 범죄학은 돌아오고 있었다. 처음에는 천천히 발전하여 유전학, 신경과학, 심리학에서 주로 모습을 드러냈던 생물학적 범죄학은 20세기가 끝나갈 때쯤 가속도를 붙였다.

많은 범죄학자들은 이 새롭게 성장한 범죄생물학의 방대한 연구에 대해 잘 모르고 있었다. 나도 예외는 아니었다. 사회학을 지향하는 다른 범죄학자들처럼 나는 내가 생물학적 범죄학을 알고 있는 정도에서 이 새로운 연구를 나치 과학, 생물학적 결정론, 굴라크gulag, 소련에서 노동 수용소를 담당하던 정부기관. 옮긴이.와 같은 정신병동과 함께 묶어버렸다. 하지만 이 연구에 더 깊이 파고들수록 나는 이 새로운 연구가 과학적으로 설득력 있으며, 이것에 앞서 있었던 전임자격 이론들과는 근본적으로 다르다는 것을 알게 되었다. 초기의 결정론적인 해석과 환경에 의한 후천적 영향을 부인하는 해석은 사라졌다. 사실, 인간행동의 원인을 생물학적인 것과 환경적인 것으로 깔끔하게 나눌 수 있다는 단순한 가정과 함께, 본성 대 양육^{nature versus nurture}이라는 대립 자체가 사라졌다. 우리 중 많은 이들이 관심을 기울이지 않던 사이, 과학자들은 앞으로 다가올 수십 년 동안 범죄학과 다른 행동과학을 지배할 조짐을 보이는 새로운 해석 모델인 생물사회학적 모델을 채택하였다. 보통 "생물학의 세기"로 선전되는 21세기는 범죄학 분야도 생물사회학의 세기가 될 것으로 보인다.

생물사회학적 모델은 생물학적인 영향력과 사회학적인 영향력의 상호작용을 인정한다. 우리 모두가 생물학적인 존재라는 것을 인정하면서, 이 모델은 생물에 작용하는 사회적 영향력을 풍경을 관통하여 흐르는 강물에 대한 풍경의 영향으로 묘사하여 노선을 다른 곳으로 돌리거나 심지어 바꿔 버린다. 가난한 여성이 임신 중에 영양이 풍부한 음식을 먹을 수 없다면 ^{사회경제학적인 원인} 아이는 생물학적인 결함을 가지고 태어나 풍부하게 영양소를 공급받은 다른 여성의 아이보다 출생 이후 범죄 행동 위험이 커지게 된다. 어린 아이가 학대에 의해 혹은 학대를 목격함으로써 정신적 외상을 입게 된다면, 아이는 이를 잊을 수 없을 뿐만 아니라 전통적인 관점의 정신적 외상은 아이가 나중에 범죄 행동을 하기 쉽도록 뇌의 성장을 변화시킨다. 이 새로운 관점에서는 범죄에 대한 생물학적인 원인과 사회학적인 원인이 끊임없이 상호작용하며 불가분하게 같이 엮인다. 강물과 풍경이 서로의 모양을 이루는 것이다.

이것이 새롭게 등장한 대다수의 생물범죄학의 접근법이다. 이에 대해 비판적일 수도 있지만, 최소한 이를 이해하는 것이 중요하다. 그러한 이해를 촉진하는 것이 이 책의 목적 중 하나이다. 범죄에 대한 생물학적 이론들의 위험한 잠재력을 고려하면 ^{범죄자를 생물학적으로 변화시키거나 그들의 생식을 막을 수도 있다는 명백한 암시} 비전문가나 전문가는 똑같이 이 분야에서의 연구와 정책을 평가하는 법을 배울 필요가 있다.

생물범죄학적 아이디어는 종종 진실을 품고 있다. 범죄뿐만 아니라 성적 지향, 지능, 땅콩버터 선호에 대해서마저도 생물학적인 가설들로 잠식

되어 있고 현상을 생물학적으로 설명하는 성향이 있는 우리와 같은 사회에서 사람들은 그러한 것들을 쉽게 받아들인다. 하지만 우리는 오늘의 과학적 진실이 내일 폐기될 수 있다는 것을 경험으로 안다. 그렇다면 우리는 겉보기에 자연과학적 발견으로 보이는 생물범죄학의 발견들을 언제 따를지를 어떻게 결정할 수 있을까? 선동정치가들이 생물학을 기반으로 하는 범죄통제 프로그램을 제안할 수도 있는 미래를 우리는 어떻게 대비할 수 있을까?

그러한 질문에 대한 나의 접근법은 그것들을 역사적인 맥락에 두고 과거의 생물학적 이론들이 그러한 이론들이 등장한 사회적 상황에 어떻게 연관되었는지를 분석하고 그러한 사례들로부터 미래를 위한 교훈을 이끌어내려고 노력하는 것이다. 이 책의 이야기는 많은 면에서 과학적인 범죄학 그 자체의 등장과 성장의 이야기다. 범죄 연구가 어떻게 과학으로 정의·재정의되었는지, 서로 다른 시대의 자연과학적 발견들에 그것이 어떻게 대응하였는지, 정치적 기류에 그것이 어떻게 물들었는지를 관찰하면서 나는 범죄학의 생성을 조사한다. 정치와 과학의 상호작용에서의 역사적인 패턴을 알아차릴 뿐만 아니라 범죄학에서 지속되는 아이디어의 탄생과 성장을 추적함으로써 우리는 이 새로운 생물범죄학을 더욱 잘 살펴볼 수 있다. 내 목표 중 하나는 독자들이 새로운 이론을 접할 수 있도록 문을 열어주는 것과 아직까지 친숙하지 않은 그러한 아이디어를 이해하고 평가하는 방법을 제시하는 것이다.

여러 해 동안 이 책을 써오면서 많은 빚을 지게 되었다. 연구할 기회와 자원을 제공해준 옥스퍼드대학교 St. John's College, Wolfson College, 사회법률연구센터Centre for Socio-Legal Research에 감사한다. 하버드대학교 Peabody Museum Archives와 잉글랜드 토트네스Totnes Dartington Hall Trust Archive 덕분에 핵심문서에 접근할 수 있었다. 항상 그렇듯이 나를 핵심적으로 지원해준 것은 Robert Hahn이었다. Cesare Lombroso체사레 롬브로조의 범죄학 연구를 함께 번역하고 편집한 Mary Gibson은 과학적 범죄학에 대한 이

기초적인 자료의 의미를 이해하는 데 도움을 주었다. 이 프로젝트 시작 때부터 도와준 또 한 사람 Frances Heidensohn은 그의 염려에도 불구하고 Hans Eysenck^{한스 아이젠크}에 대한 나의 연구에서 특히 도움이 되었다. 캘리포니아대학교 Simon Cole은 과학의 역사에 대한 식견을 공유해주었으며 훌륭한 편집자임을 증명해 보였다. 각각의 장을 읽고 의견을 내어준 다른 사람들로는 리옹대학교 Neil Davie, 존제이대학 Mary Gibson, 샌버너디노 _{San Bernardino}에 위치한 캘리포니아주립대학교 Stephen Tibbetts, 오슬로대학교 Per Ystehede가 있다.

어떤 방식으로든 이 프로젝트에 도움을 주었던 모든 사람들에게 개별적으로 감사의 말을 전할 수는 없지만, Garland Allen, Andrew Arpey, Peter Becker, Piers Beirne, Donna Bishop, Jenny Brown, Lynn Chancer, Amy Farrell, Sarah Gleason, Alex Hahn, Sarah Hahn, Elizabeth Horan, Clay Mosher, Steven Noll, Simon Singer, Doug Starr, Victor Swenson, Mariana Valverde, Nicholas Wachsmann, Geoff Ward, Richard Wetzell, Judy Yarnall, Lucia Zedner의 도움에 특별한 감사를 전하고 싶다. New York University Press에 있는 편집자 Ilene Kalish는 제목경진대회에 참가하여 성가신 질문들을 견뎌내며 전문적인 안내와 지원을 제공해주었다. 편집자 Susan Ecklund와 NYU Press의 편집장 Despina Papazoglou Gimbel 또한 원고를 다듬고 출판 작업을 하는 데 최고의 작업을 해주었다. 노스이스턴대학교에서 범죄에 대한 생물학적 이론에 관한 수업을 듣는 학생들이 내 아이디어 중 많은 부분에 영향을 주었으며, 이 학생들 중 하나인 Danielle Rousseau는 내가 이 책의 삽화를 모으는 데 도움을 주었다. 수십 년 동안의 유방암과의 사투와 영혼의 관대함으로 그녀를 알고 있는 행운을 가진 이들에게 영감을 준 나의 소중한 친구 조지아대학교 Susette Talarico에게 이 책을 바친다.

:: **1** ::
도입
범죄, 역사, 과학

1846년 Van Nest^{밴 네스트} 가족 살인사건은 그 비극적인 내용으로도 상당히 독특한데, 이 사건은 범죄에 대한 생물학적 해석에 의해 일반적으로 유발되는 많은 논쟁들과 관련이 있다. 살인사건은 3월 저녁 뉴욕 핑거레이크스 ^{Finger Lakes} 호숫가에 위치한 고립된 농가에서 7명의 Van Nest 가족과 고용된 삯꾼이 잠자리에 들었을 때 일어났다. 누군가 농가에 살며시 들어와 농부와 아내, 나이든 장모, 두 살배기 아들을 무참히 살해하였다. 아들의 작은 몸은 칼에 의해 내장이 제거된 상태였으며, 긴 창자가 상처 부위에 매달려 있었다. 며칠 만에 당국은 아프리카계이자 아메리카 원주민의 후손인 20대 초반의 남성 William Freeman^{윌리엄 프리먼}을 체포하였다. Freeman은 대학살을 자백하였다. 비록 그는 Van Nest 가족을 선택한 이유를 명확하게 설명할 수 없었지만 말이다. 때때로 그는 전에 부당하게 구금된 일^{Van Nest 가족의 일원 중 누구도 이 사건과 관련이 없었다}과 전혀 상관이 없는 다른 이들에게 복수하고 있었음을 암시하였다.[1]

아직 10대였던 William Freeman은 말을 훔친 것으로 5년 형을 선고받았다. 그는 훨씬 더 약삭빠른 실제 도둑에 의해 누명을 쓴 것으로 보인다. 어째든 Freeman은 결백을 주장했고 무시무시한 뉴욕 오번 교도소^{Auburn Prison}에서 수감생활을 하면서, 특히 규칙 위반을 사유로 잔혹하게 구타당하

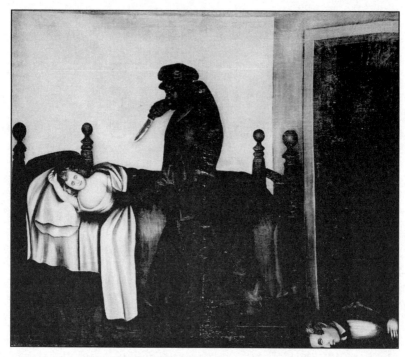

그림 1.1 Van Nest 가족의 아이를 칼로 찌르려는 Freeman의 모습. 1846년 순회쇼 담당자 George J. Mastin조지 J. 매스틴이 익명의 미술가에게 의뢰하여 그렸다. 아이의 아빠가 출입구에 죽어있는 것을 주목하라. 이와 같은 Mastin의 벽화들은 Van Nest 가족 대학살에 대한 대중의 공포를 반영하였으며, 동시에 "백인" 가족을 암살한 "흑인" Freeman에 대한 반감을 자극하였다 (뉴욕 쿠퍼스타운에 위치한 페니모어미술관Fenimore Are Museum과 파머스뮤지엄Farmers' Museum).

면서 점점 더 유죄판결에 원한을 품게 되었다. 하지만 그는 교도관과 말다툼을 하기 전까지 아무런 정신적 특이점도 보이지 않았다. 맞기 위해 옷을 벗으라는 지시받았을 때 Freeman은 지시를 따르는 대신 교도관을 공격했고 교도관은 반격했는데 Freeman의 머리를 나무판자로 너무 세게 쳐서 판자가 부러졌다. 그때부터 Freeman은 난청을 겪었으며, 명확하게 사고하기 어려워졌다. 한 목격자가 "굉장히 낮고 퇴화한 지능을 가졌으며, 동물보다는 낫다고 보기 힘들다."[2]라고 할 정도가 될 때까지 그는 정신적으로 악화되었다. 석방되었을 때 Freeman은 자신을 교도소에 넣은 사람들을 찾으려 하였다. 하지만 그는 그런 식으로는 아무런 성과도 얻지 못했고, 다른 종류의 복수를 계획하기 시작했다. 부당함을 만회하기 위한 자신의 결정에 Van Nest 가족이 포함되어 있었을지도 모른다. 왜냐하면 그가 대학살 전에 Van Nest 가족 농가에서 일자리를 구하려 했을 때 거절당했기 때문이다.

Freeman 체포는 끔찍한 범죄의 원인이 생물학적인 이상의 탓으로 돌려지는 사례들을 대표하게 된 격렬한 논쟁에 불을 붙였다. 다수파 중에는, 처음에 Freeman에게 린치를 가하려 들고 그 후 Freeman이 법적으로 교수형에 처해져야 한다고 주장했던 지역 주민들이 있었다. 여기에는 Freeman이 "정신과 기억이 충분히 온전하며 옳고 그름을 분간할 수 있다."[3]고 결론을 내린 첫 번째 배심원들과 유죄판결을 내린 두 번째 배심원들이 포함된다. Andrew Arpey앤드류 아르피의 책에서 서술된 Freeman 사건에 따르면, "복수를 외치던 수많은 목소리들은 살인자의 인종을 악행의 원인으로 언급하는 것을 주저하지 않았다." 반대편에는 한 남자 성직가가 포함되어 있었는데, 그는 공동체가 흑인들을 사회에서 버림받은 자들로 취급하는 것을 보고 "어느 정도는 사회가 이 슬픈 참사에 책임이 있는 것이 아닌가?"라고 물었다. Freeman의 처남은 이에 동의하며, 백인들의 부당한 대우가 사람들을 "야만적인 짐승들"로 변화시켰다고 주장했다.[4] 전 뉴욕주지사 William H. Seward윌리엄 H. 슈어드와 법률 파트너들은 자진하여 Freeman을 변호하였다. 그들은 두 배심원단 앞에서 재소자가 "가장 단순한 전제로부터 가장 쉬운 결론을 추론할 수 없을"[5] 정도로 정신에 이상이 있으므로 Freeman에게 책임이 없음을 주장하였다. Seward는 간신히 사형을 연기시켰으며, 결국 새로운 재판이 열릴 수 있도록 만들었다. 이를 위해 Seward는 지역 정신병동 관리자이자 정신이상에 대한 미국의 선구적 권위자 중한 명인 Amariah Brigham애머라야 브리검 박사를 포함한 수많은 내과 의사와 정신과 의사의 도움을 받았다. 하지만 백치의 수준으로 정신이 악화되었던 Freeman이 새로운 재판이 열리기 전에 죽고 만다. Brigham은 부검보고서에 그렇게 거대한 뇌 질병은 보이지 않는다고 작성했다.[6]

Freeman의 사례에서, 생물학적 이상은 범죄 행동 일반에 대한 해석의 근거가 아니라 Freeman의 특정한 가해에 대한 해석으로서 제시된다. Van Nest 살인사건이 일어나고 얼마 되지 않아, 지역신문의 편집자는 6년 전에 Freeman의 친척이 살인을 하여 처형되었다는 루머에 대해 생각해본 뒤, "Freeman 일가의 정맥에는 나쁜 피가 흐름에 틀림없다."7고 주장하였다. 살인범이 아메리카 인디언의 후손이기 때문에 아무래도 폭력에 빠지기 쉽다는 점에서 자신에게 특별히 설득력이 있어 보이는 결론이었다. 보다 뒤의 생물학적 이론가들과는 달리, 이 편집자는 범죄가 일반적으로 "나쁜 피"와 같은 생물학적인 요소에 의해 유발된다고 주장하려던 것은 아니다. 하지만 이 사례는 범죄에 대한 생물학적 이론의 역사에서 이 사례에 앞서거나 뒤를 따랐던 많은 다른 사례들과 넓은 윤곽에서 닮아 있다. 극악무도하고 불가해한 것으로 보이는 범죄 혹은 때때로 일련의 범죄들, 정신적으로 병든 피고인, 정신이상이 범죄 행동을 유발했다고 자신하는 의학전문가와 법률전문가, 자유의지와 결정론 사이의 철학적인 갈등, 더욱이 Freeman 사건은 보다 넓은 지역사회에서 곪아 터지던 '범죄에 대한 책임과 처벌에 대한 논쟁'의 중심이 되었다. 그리고 이 점에서 새로운 생물학적 변호가 처음으로 시도되었던 악명 높은 사례들을 대표한다.

그러한 논쟁들 중 가장 영향력이 컸던 것은 사형제를 폐지하자는 주장에 대한 격렬한 논쟁이었다. 폐지론자들은 기독교인들이 용서를 연습해야 한다고 주장한 반면, 존속지지자들은 응징에 대한 성서의 권고로 반격하였다. 정신이상을 근거로 한 변호에 대한 논쟁이 격해짐에 따라 의견들은 더욱 격양되었다. 정신이상은 심각한 정신질환에 의해 정의될 수 있는가? 아니면 피고가 범행 시 옳고 그름을 완전히 구분할 수 없어야 한다는 보다 엄격한 요건으로 정의될 수 있는가?만약 후자의 기준이 사용된다면, Seward는 정신이상을 근거로 한 변호는 절대 사용될 수 없다고 투덜거린다. 왜냐하면 이러한 요건은 기억, 주의, 이성의 완전한 삭제를 요구하는데 인간 정신이 그렇게 되는 것은 불가능하기 때문이다.8 개인이 다른 정신기능은 멀쩡한데 도덕적으로만 이상이 있다는 도덕적 정신이상moral insanity이라는 새로운 진단 범주를 근거로 하는 변호를 법정이 허용해야 하는가? 정신이상을 어떻게 측정해야 할까? 후자의 경우 Freeman이 일부러 미친 척을 했다고 의심했던 사람들에게 특히나 뜨거운 논쟁거리였다.

법정의 관대함과 그 효과에 대한 논쟁도 관련되어 있었다. 오번 공동체의 몇몇 구성원들의 관점에는, Van Nest 살인사건이 일어나기 전에 있었던 정신이상을 근거로 한 무죄선고가 Freeman으로 하여금 그가 살인을 저지르고도 책임을 회피할 수 있을 것이라 생각하도록 부추긴 것이다. 그와 같은 또 다른 무죄선고는 더 많은 폭력을 조장할 것이다. 반대자들은 애초에 말을 훔친 혐의로 무고한 청년을 교도소에 보내 결국 Van Nest 살인사건으로 이어지게 만든 것은 법적인 엄격함이라고 반박하였다. Freeman 사건에 대한 감정을 더욱 악화시키는 것은 인간행동의 원인을 둘러싼 논쟁이다. 당시 유행하던 과학인 골상학에서 가르쳤듯이 범죄 행동은 개인의 통제를 벗어나 사회적이고 생물학적인 요소에 의해 결정되는 것일까? 아니면 인간은 자신의 행위를 자유롭게 선택하는가? 사형, 정신이상을 근거로 한 변호, 범법자에 대한 처벌의 가혹함의 적절한 정도, 범죄행위의 원인 등과 같은 사회적인 주요 논의에 관해 뜨거운 논쟁이 벌어지던 상황에서 당시 Freeman에 대한 재판이 일어났다.[9] 정치적으로, 법적으로, 인종적으로 이 사례는 의학 대 법, 종교 대 과학이라는 대립 구도를 만들며 분분한 논쟁들을 일으켰다.

Brigham과 Seward의 해석이 19세기 뉴욕에서 그랬던 것처럼, 생물학적 이론이 거센 반발을 일으켰던 시기가 있었지만, 다른 시기에 생물학적 이론들은 쉽게 받아들여졌다. 예를 들어 William Freeman에 대한 재판이 일어난 지 24년 뒤 미국인들은 범죄에 대한 생물학적 해석에 대해 훨씬 수용적이었으며, 20세기 초반 정신박약과 지능박약을 근거로 한 범죄에 대한 해석이 거의 즉각적으로 인기를 끌었는데, 일종의 유행이었다. 하지만 오늘날 사회학자 Nikolas니콜라스가 일컬은 "과실 있는 생물biology of culpability"의 관점에서 범죄관련성을 설명하고자 하는 노력들은 다시 한 번 강한 반

그림 1.2 교수형을 당한 Freeman. 1846년 순회쇼 담당자 George J. Mastin조지 J. 매스틴이 익명의 미술가에게 의뢰하여 그려졌다. 사실 Freeman은 두 번째 재판이 열리기 전에 교도소에서 죽었다. 이 그림은 Mastin이 예상했던 두 번째 재판의 결과를 나타낸다. 아니면 지역공동체의 많은 사람과 Mastin이 희망했던 결과라고 보아도 좋을 것이다(뉴욕 쿠퍼스타운에 위치한 페니모어미술관과 파머스뮤지엄).

발을 낳고 있다.10

현재 자유당원들은 생물학적 이론들을 범죄를 유발하는 사회적 요소에서 죄를 범한 개인들에게 책임을 돌리고자 하는 노력으로 보는 경향이 있다. 보수당원들은 생물학적 이론을 보다 열정적으로 받아들이지만 누군가가 이론의 역사와 과학적 진실이 사회적인 요소에 달려 있다는 것을 제시하는 관점에 대해 말하면내가 이 책에서 하는 것처럼 별로 달가워하지 않는다. 사회학자들은 생물학적 "위험" 요소의 식별과 사회적인 영향이 범죄를 완전히 설명할 수는 없다는 또 다른 암시를 미심쩍은 눈으로 바라본다. 반면 범죄에 대한 생물학적 이론을 생성하는 사람들을 의미하는11 생물범죄학자들은 사회학적이고 역사적인 분석을 과학적인 연구에 대한 중요한 작업을 방해하는 것으로 보고 묵살하는 경향이 있다. Brigham과 Seward을 포함한 자유당원들이 생물학적인 해석을 제시했던 19세기 중반 이후 정치적인 단층선이 이동하였다. 하지만 대립 그 자체는 여전하며 오늘날의 논쟁들은 William Freeman이 피고인석에 당황한 기색으로 앉았던 그때와 똑같이 남아 있다.

이러한 논쟁들은 텍사스주 휴스턴에 거주하는 여성 Andrea Kennedy Yates안드레아 케네디 예이츠 사례에서 다시 수면 위로 떠올랐다. 그녀는 자신의 아이 5명을 욕조에서 조직적으로 익사시켰다. Yates는 밝고 건강한 학생이었으며 Rusty Yates와 결혼한 1993년까지 간호사로 근무하였다. 그녀는 7년 동안 여섯 번 임신했으며,한 번의 임신은 유산으로 끝났다 Rusty의 복음주의를 받아들였다. Rusty는 그녀가 아이들을 집에서 교육하고 그녀 스스로 아이들을 철저히 돌봐야 한다고 주장했는데,이 기간 중 일정 시간 동안 가족들은 예전에 버스로 이용되던 차량에서 생활하였다 이러한 상황들은 Andrea에게 무거운 부담을 안겨주었고 그녀가 사회적인 지원을 받을 수 없도록 고립시켰다. 몇 되지 않는 그녀의 친한 친구 중 한 명은 "여성의 역할은 이브의 죄로부터 파생되었다."라고 가르친 종교적인 극단주의자였다.[12] Andrea는 임신을 할 때마다 정신적으로 악화되어 자살을 시도하고 환각 증세에 시달렸으며, 자해를 하고 아이들에게 음식 주는 것을 거부하였다. Andrea의 아버지가 2001년에 사망하였을 때아버지 또한 그녀가 돌보고 있었다 그녀는 긴장성 분열증 증세를 보였다. 의사는 항정신성 약물을 처방했지만 출산이 Andrea의 가장 심각한 정신적 문제들을 야기하였음을 고려하여 부부가 더이상 아기를 가져서는 안 된다고 경고하였다. 하지만 그들은 의사의 조언을 무시하였다. Andrea가 마지막 아이를 출산하고 난 뒤 산후우울증보다 훨씬 더 심각한 상태인 산후정신병postpartum psychosis을 겪었다. 그녀는 아이들을 익사시키고 난 직후 자백했으며, 자신이 좋은 엄마가 아니었고 아이들은 제대로 성장하지 못하고 있었으며 자신이 사탄에게 홀렸다고 해명하였다.[13]

첫 번째 재판에서 Andrea Yates는 계획적 살인^{capital murder}으로 유죄판결을 받고 종신형을 선고받았다. 배심원단은 그녀가 자신의 흉악성을 인식하지 못했다면 살인 직후 경찰에 전화하지도, 자신의 잘못을 사탄에게 돌리지도 않았을 것이라고 주장하며 산후정신병이 옳고 그름을 구분하는 것을 불가능하게 만들었다는 변호를 받아들이지 않았다. Rusty는 그녀와 이혼하고 다시 결혼하였다. 하지만 2005년 검찰 측 증인이 거짓 증언을 했다는 것이 밝혀져 이 사건은 재개되었다. 재심에서 배심원단은 산후정신병으로 그녀가 아이들을 죽였을 때 옳고 그름을 분간할 수 **없었다**고 판단하여, 정신이상을 근거로 무죄를 선고하였다. 그 결과 그녀는 지금 교도소가 아닌 정신병원에 감금되어 있다.

Freeman 사건에서 대중을 자극했던 대다수의 동일한 요소들이 Andrea Yates의 재판 동안 다시 대중을 자극하였다.^{끔찍하고 설명이 불가능한 유형의} ^{범죄, 다수의 희생자와 거기에는 유아가 포함되어 있었다는 사실, 정신적으로 병든 피고, 변호가 상대적으로 참신하다는 점} 독설을 퍼붓는 인터넷 포스팅들은 이 사례가 오늘날의 뜨거운 논쟁거리라는 것을 보여준다. 칼럼니스트 Mona Charen^{모나 채런}은 Rusty 또한 재판을 받아야 한다고 생각했다. "태만이라는 단어로는 그가 저지른 못된 짓을 설명하는 것을 심지어 시작조차 할 수가 없다. 임신으로 자신의 아내 정신상태가 악화된다는 것을 아는 남자가 어떻게 다섯 번이나 더 임신시킬 수 있는가? 아내가 적어도 자살 충동을 느끼고 있다는 것을 아는 사람이 어떻게 그녀를 홀로 내버려둘 수 있는가?"[14] 다른 이들은 법정이 관용을 베푸는 것으로 보고 이에 격분하였다. 한 블로거는 "몇 년만 있으면 정신병원에서 나오겠네. 사법제도라는 용어 자체에 모순이 있는 것 같은데."라는 반응을 보였다. "이 개 같은 년은 정신이 멀쩡했을 거야. 영원히 가둬버려. 왜 위험을 감수하지?" 같은 반응도 있었다.[15] 여기서 다시 한 번, 사회적 맥락의 ^{요소들}이 사례에서는 복음주의, 여성의 적절한 역할에 대한 논쟁, 대통령 Ronald Reagan(로널드 레이건)을 살해하려고 ^{시도한 John Hinkley(존 힝클리)의 정신이상을 근거로 한 성공적인 변호에 대한 아직까지도 마음을 괴롭히는 기억, 산후정신} ^{병을 근거로 한 변호의 비친숙성}이 그러한 격화된 분노를 설명하는 데 도움을 준다.

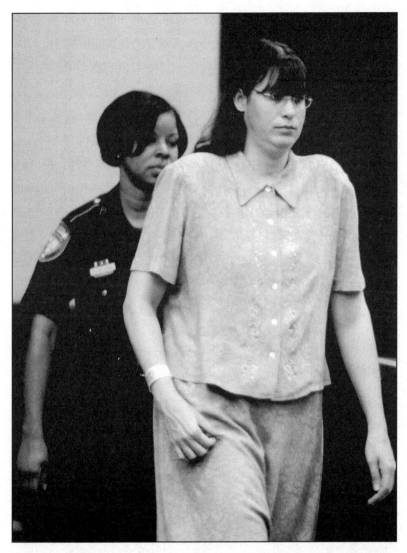

그림 1.3 법정에서의 Andrea Yates. 계획적 살인에 대한 재심의 최종변론에 참여하기 위해 법정으로 걸어 들어가고 있다. 2001년 욕조에서 자신의 아이 5명을 익사시켜 기소된 Yates 는 1심에서 정신이상(산후정신병)을 근거로 무죄를 주장하였지만, 유죄를 선고받았다. 하지만 2006년 원래의 판결이 뒤집혀 Yates는 범죄 당시 정신에 이상이 있었던 것으로 선고되었다(Associated Press/Brett Coomer, Pool).

현재 범죄에 대한 생물학적 해석에 대해 많은 저항이 있지만 그러한 저항은 허물어지기 시작했다. 그와 같은 적대감은 유효성이 증명된 '범죄에 대한 사고방식'들을 흔들며 생물학적 이론이 처음으로 제시될 때 보통 가장 격렬하다. 하지만 새로운 이론이 현재의 유전학적, 진화론적, 신경과학적 해석들이 그러는 것처럼 다른 문화적으로 지배적인 요소들에 반향을 일으킬 때면 반대자들은 보통 그들의 의견을 바꾸고 만다. 내 예측이 맞다면 우리는 범죄 행동에 대한 다양한 유전적 해결책과 또 다른 생물학적 해결책으로 이어질 수 있는 중대한 변화의 문턱에 서 있다.[16] 아이들이 유전자에 범죄유발적인 위험요소가 있는지 검사를 받는 신세계 시나리오로 이 변화가 이어질지 말지는 우리가 미래를 어떻게 만들어 가는지에 달려 있다. 그리고 그것은 결과적으로 우리가 범죄에 대한 과거와 현재의 생물학적 이론들을 얼마나 잘 알고 있느냐에 달려 있다.

생물범죄학에 관심을 두는 이유

생물학적 이론들은 형사사법의 본질에 관한 심오하고 피할 수 없는 논쟁을 불러일으킨다. William Freeman이 교수형에 처해졌다면 무고한 사람이 처형된 것일까? 만약 그가 유티카주Utica State Brigham의 정신병원에 보내졌다면 정의가 이루어진 것일까? 아니면 희생된 Van Nest 가족은 복수를 이루지 못한 것일까? Andrea Yates에게 유죄선고와 무죄선고를 한 두 배심원단 중 누가 옳은 것일까? 몇몇 범죄들의 원인이 정말 생물학적인 것에 있다면 그러한 사례의 본질을 이해하지 않고는 정의를 구현하거나 범죄예방을 증진하기는 불가능하다. 유전자풀gene pool을 정화함으로써 사회적인 문제를 근절할 것을 약속하는 과학인 우생학eugenics과 관련되어 있는 선천적인 범죄 관련성이라는 아이디어보다 더 위험한 생각은 아직까지 없었다. 과거에 우생학적 해결방안은 불임화, 생식을 막기 위한 종신형, 사소한 범죄를 저지른 그저 수상하기만 한 사람들에 대한 대량학살^{나치}로 이어졌다.

오늘날 그 누구도 범죄적 유전자를 가진 것으로 추정되는 사람들을 처형하는 것을 지지하지 않지만, 보다 덜 과격한 형태의 우생학은 계속해서 지지를 받고 있다. 전 미국교육부장관 Bennett^{베넷}은 "범죄를 줄이고 싶다면 이 나라에 있는 흑인 아이들을 모두 낙태시켜야 한다. 그러면 범죄율이 줄어들 것이다."[17]라고 하였다. 1990년대에는 지역사회의 관심이 필요한 아이들^{CRACK, Children Requiring a Caring Kommunity}이라는 명칭의 민간단체가 마약과 술에 중독된 여성들이 오랜 기간 동안 아이를 낳지 못하도록 통제하거나 생식을 막기 위해 여성들에게 200달러를 제공하기 시작하였다.[18] 기술의 진보 덕분에 범죄에 대한 유전학적 이론들은 태아에게 유전적 위험요소가 있는지 검사를 하여 통과하지 못한다면 낙태가 요구될 수도 있다는 무시무시한 이야기를 자아낸다. 우리는 이미 유전학적으로 개량된 작물을 먹고 있다. 유전자 감시활동과 유전적으로 개량된 범죄자들은 먼 훗날의 이야기가 아닐지도 모른다. 인간이 유전적으로 개량될 가능성은 이미 「Gattaca^{가타카, 1997}」 같은 영화에서 제시된 바 있다. 하지만 범죄학자들은 지평선에 어렴풋이 보이는 혹은 이미 모습을 드러낸 우생학적 조치의 윤리적인 시사점에 대해 논의하지 않고 있거나 심지어 아예 인지하지도 않고 있다. 아마 이것은 그러한 조치들이 나치 시대보다 오늘날 덜 극적으로 보이기 때문일 것이다. 이는 지역사회의 관심이 필요한 아이들^{CRACK}이 불임화할 여성들과 같은 개인들의 유전학적 죽음을 놀라움 없이 고려하게 만든다. 또한 무고한 사람들에 대한 우생학적 조치보다 범죄자들에 대한 그러한 조치가 더 고려하기 쉽기^{혹은 더 무시하기 쉽기} 때문이다.

오늘날의 생물범죄학은 그에 따라 유발되는 우생학적 논쟁들과는 별개로 중요한 주목을 요구한다. 생화학, 유전학, 신경과학에서의 최근 연구는 생물범죄학과 범죄자들의 뇌의 작용에 대한 이해에 새로운 활력을 불어넣어준다. 유전자 해독, 유전자와 환경 간의 상호작용에 대한 심화된 연구, 인간 두뇌 성장과 기능에 대한 이해의 증진 및 생물학적 연구의 또 다른 측면들이 범죄학 이론에 영향을 주고 있다. 예를 들어 최근의 연구는 충동성과 같이 유전자와 관련된 특성이 범죄 행동 가능성을 증가시킬 수도 있음을 보여준다. 어떤 행동유전학자도 범죄유전자와 같이 단순한 것을 발견할 수 있을 것이라고 기대하지는 않지만, 쌍둥이 연구와 다른 증거가 범죄에 대한 유전의 영향을 보여주는 것이 사실이다.[19] 게다가 경쟁이 치열하지만 흥미로운 분야인 진화심리학에 대한 관심이 증가하고 있다. 진화심리학에 따르면 적어도 몇몇 범죄 행동은 진화적인 근원을 가지고 있을지도 모른다. 다시 말해 그것이 범죄자의 뇌에 유전적으로 프로그램화되어 있을지도 모른다는 것이다. William Bennett윌리엄 베넷의 사례에서 보이듯이, 그리고 자연과학적 배경이 거의 없는 범죄학자들이 새로운 발견을 재빨리 도용하려는 것에서도 보이듯이 생물학이 범죄학에 적용되는 방식은 때때로 미심쩍다. William Freeman과 Andrea Yates를 비난한 배심원단이 피고의 생물학적 주장을 현명하게 따져볼 필요가 있는 것처럼, 우리도 범죄행동에 대한 생물학적 주장을 평가할 필요가 있다.

게다가, 생물학적 이론의 역사는 우리가 범죄학 그 자체범죄학이 다루는 범위. 범죄학의 발전. 범죄학에서 지식이 만들어지는 방법를 이해하는 데 도움을 준다. 범죄에 대한 과학적인 연구는 18세기 후반 생물학적인 이론과 함께 시작되었다. 그것들은 범죄 행동에 대한 최초의 과학적인 설명이었고 사회학적 설명이 꽃피기 시작하기 전까지 한 세기를 지배했다. 범죄에 대한 생물학적 이론의 역사는 많은 면에서 범죄학 그 자체의 역사이다. 하지만 아직까지도 많은 범죄학 교과서들, 심지어 범죄학의 역사를 기술한 책들에도 생물학적 이론의 진화에 대한 내용을 찾아보기 힘들다. 더 불안하게 만드는 것은, 현재의 생물범죄학자들조차 자신들의 지적인 배경과 전통을 모르는 것처럼 보인다는 것이다.[20] 「범죄자의 뇌」는 범죄를 과학적으로 분석하려는 첫 번째 노력으로까지 거슬러 올라가는 범죄생물학적 지식의 계보를 제공한다.

범죄학적 지식 생산

1960년대까지 과학사에서는 과학을 지식의 점진적인 행진으로 보았다. 그러한 행진 속에서 만약 모든 이들이 줄을 서서 사실을 모아 절차상의 규칙을 따른다면 연구가 더욱 복잡하고 값진 진실들을 낳을 것이었다. 이러한 목적론적인 접근법은 실증주의적 원칙에 입각하여 만들어졌다. 실증주의는 18세기 당시 지배적이던 신학적이고 형이상학적인 앎의 방식에 반발하여 등장한 철학적인 입장이며, 사실을 중립적이고 객관적인 진실로 보았다. 사학자 Robert N. Proctor로버트 N. 프록터가 쓴 바에 의하면 "실증주의적 관점에서 과학이란 합리적이고 점증적인 사업이다. 과학은 새로운 것을 첨부하고 오래된 것을 교체하여 성장한다."[21]

Thomas Kuhn토마스 쿤이 심지어 자연과학마저도 문제와 절차를 지배적인 패러다임과 과학의 본질에 관한 핵심적인 일련의 가정의 관점에서 정의한다고 주장하며 「과학 혁명의 구조The Structure of Scientific Revolutions」를 출판한 1962년까지 과학적 실증주의에 대한 가정은 확고하였다. Kuhn의 주장은 실증주의적 가정을 의심 속으로 던져버렸다. 프랑스의 철학자 Michel Foucault미셸 푸코의 연구와 함께,[22] Kuhn의 주장은 '과학적 지식의 사회적 역사'와 '과학적 지식에 대한 사회학적 연구' 두 가지의 가능성을 모두 열어주었으며, 이 접근법을 나도 이 책에서 사용한다. 이러한 접근법은 과학적 지식의 생산에 관한 기본적인 질문을 던진다. 이러한 종류의 정보가 어떻게 만들어지고, 입증되고, 전파되고, 재확인되며 결국에는 어떻게 교체되는 것일까? 어떻게이 특정한 사례에서 범죄학범죄와 범죄자에 대한 과학적인 연구이 만들어질까? 범죄학이 사회적인 요소들에 의해 어떻게 만들어질까? 그것이 어떻게 사실로서 중요한 것이 무엇인지를 결정할까? 그리고 범죄와 범죄자의 본질에 관한 주장의 신뢰성을 그것이 어떻게 평가하는가?

「범죄자의 뇌」는 범죄에 대한 생물학적 이론에 관한 최초의 역사책은 아니지만, 완성도가 가장 높으며 최신이다. 1938년 Arthur Fink아서 핑크는 「범죄의 원인: 1800년부터 1915년까지 미국의 생물학적 이론Causes of Crime:

Biological Theories in the United States, 1800-1915」을 출판하였다. 이 책은 상세하지만 부제에서도 보이듯이 범위가 한정적이다. 게다가 오늘날에는 역사와 과학에 대한 이 책의 접근법이 너무 구식이다.[23] 50년 뒤 Henry Werlinder헨리 벨린데르가 「정신병: 개념의 역사Psychopathy: A History of the Concepts」를 출판하였다. 이는 스웨덴에서 발표된 박사논문으로 더 많은 범위를 다루고 반사회적 인격장애에 대한 20세기 중반의 아이디어를 타고난 범죄자, 타락한 인간, 도덕적 정신이상에 걸린 사람에 대한 초기의 아이디어에 연결시켰다.[24] 하지만 Werlinder의 책 역시 오늘날에는 구식이고 이 책이 스웨덴에서 출판되었기 때문에 접근하기 어렵다. Stephen Jay Gould스티븐 제이 굴드의 「인간에 대한 오해Mismeasure of Man, 1981」는 두개골측정학자, 범죄인류학자, 지능검사자에 맞서 과학적인 실수를 드러내었다. 하지만 진화생물학자이자 고생물학자인 Gould는 범죄학 전문가도 역사편찬 전문가도 아니다. 그 이후 범죄학에 대한 몇몇의 일반적이고 특수한 훌륭한 역사서들이 등장하였다.[25] 하지만 그중 소수만이 생물학적 이론을 다뤘으며 어떤 것도 종합적인 범위를 다룰 시도를 하지 않았다.

범죄학적 지식의 사회적 역사에 진입을 방해하는 하나의 벽은 **범죄학**이라는 용어가 19세기 후반까지 일반적인 용어로 쓰이지 않았으며 그 이후까지 범죄학이 하나의 학문으로서 형태를 갖추지 않았다는 사실이다.[26] "범죄학" 이전의 범죄학, 즉 범죄에 대한 연구가 범죄학이라는 이름으로서 전문화된 연구 분야가 되기 전의 범죄학에 대해 우리는 어떻게 이야기해야 하는 것일까? 우리가 전도사와 소논문 집필자에 의한 17세기와 18세기의 범죄에 대한 의견을 포함하고 싶지 않은 것은 명백해 보인다. 이러한 자료는 결코 범죄에 대한 연구가 될 수 없으며 Paul Rock폴 락이 지적하듯이 "진화하거나 스스로를 구체적인 담론으로 재생산시킬 수 없다."[27] Rock은 그러한 자료를 "원시적 범죄학"이라 불렀다. 하지만 19세기 초반의 골상학자들과 과학적인 방법을 범죄에 대한 연구에 적용하고자 시도했던 다른 이들이 자신들의 연구를 범죄학으로 생각하지 않았을지라도 우리가 그들의 연구를 포함하고 싶어한다는 것도 똑같이 명백해 보인다. 심리학을 연구하는 이들도 비슷한 문제에 직면하는데, 초기의 과학적인 심리학 연구에 공식적으로 "심리학"이라는 딱지가 붙어 있지 않지만, 그들은 그런 연구를 포함시킴으로써 문제를 해결하였다.[28] 이 책에서 나도 이 방법을 채택하였다. 이 책에서 나는 범죄를 과학적으로 연구하려고 했던 모든 시도를 언급할 때 "범죄학"이라는 용어를 사용한다. 저자들이 그들의 연구를 "범죄학"으로 생각했든 하지 않았든 상관없이 말이다. "과학" 자체의 의미 변화와 함께 "범죄학"이 진화하면서 나타난 범죄학의 의미 변화 역시 내 이야기의 일부를 구성한다.

과학적 지식의 생산에 대해 단순히 의문을 품는 것만으로도 사람들을 불편하게 만들 수 있다. 그것이 우리의 문화적 가치의 꼭대기 근처에 앉아 있는 활동인 과학 자체에 의문을 제기하는 것처럼 보이기 때문이다. 범죄에 대한 생물학적 이론들이 과학자들의 경쟁에 의해 혹은 정부지원정책에 의해 그 이론들이 생성된 사회적 기후의 영향을 받을 수 있다면, 그것은 궁극적인 과학적 진실이 없다는 것을 의미하는 것일까?[29] 사회학자들과 과학철학자들은 이 질문에 대해 다양한 반응을 보이는데 그중 몇몇은 실증주의적 입장을 취한다. 실증주의에 따르면, 사실은 중립적이고 객관적이고 접근 가능한 진실이다. 다른 이들은 구성주의적 입장을 취하는데, 이에 따르면 사실은 역사에 달려 있으며 그 사실이 생성된 사회적인 상황에 의해 형성된다. 나의 입장은 구성주의로, 과학적인 사실이 어떻게 만들어졌는지를 이해하기 위해서는 사회적인 맥락을 살펴봐야 한다고 생각한다.

구성주의자들과 실증주의자들은 사회적 맥락에 의해 과학적 지식이 어느 정도로 영향을 받는지에 대해 논쟁한다. 하지만 이 논쟁의 자세한 내용은 여기선 중요하지 않다. 범죄학적 지식에 사회의 역사와 사회학을 적용한다고 해서, 아주 어려운 구성주의적 논쟁들, 예컨대 중력에 관한 과학연구나 천체물리학에 의해 유발되는 논쟁에 직면해야 하는 것은 아니다. 좀 전의 설명에서도 알 수 있듯이 범죄학적 설명을 뇌의 배선 문제에만 국한할 수는 없다. 왜냐하면 범죄의 정의 자체는 아주 명백히도, 옳고 그름에 대한 문화적 정의, 경찰서의 체포정책, 배심원단의 구성, 범죄학자들의 사회적인 배경, 과학 자체의 정치적 이해관계 등에 의해 결정되는 사회적인 현상이기 때문이다.[30] 나의 관심사는 범죄자의 뇌를 연구하는 과학의 배후에 있는 사회적인 힘의 정체를 밝히는 것이다. 과학자들은 개인의 감정이 섞이지 않은 연구를 목표로 세우며 절차의 객관성에 초점을 맞춰야만 하지만, 세상에 관한 순수하고 왜곡되지 않은 영원한 진실을 발견한 척할 수는 없다. 특히 연구의 주제가 범죄에 관한 사회적인 현상이라면 말이다. 어느 정도까지는 범죄학적 사실은 항상 생성되는 상태에 놓여 있다.

이 책의 목표와 성격

내가 이 책을 쓴 이유는 범죄에 대한 생물학적 이론을 폄하하기 위한 것도 홍보하기 위한 것도 아니다. 목적은 생물학적 이론의 과거를 파헤쳐 본질을 밝혀내는 것이다. 내가 볼 때 새로운 생물학적 이론을 평가하는 방법을 규명하는 것이 현재 범죄학에서의 초미의 과제이다. 이미 자연과학은 우리가 범죄의 원인을 조사하고 예방법을 생각하는 방식에 대변혁을 일으키고 있으며, 앞으로 다가올 몇 년 안에 신경과학적·유전학적 연구는 범죄학의 사고방식을 바꿔버릴 것이다. 지금은 열차가 출발하기 전에, 생물범죄학의 연구가 나아갔으면 하는 방향을 결정해야 할 시기이다. 연구의 방향성에 걸린 판돈은 아주 크다. 여기에는 사회통제를 위한 판돈뿐만 아니라 과학 자체에 대한 판돈까지 포함되어 있다. 범죄관련성은 양육과 본성, 환경적인 요인과 범죄적 뇌의 생화학 작용 중 어느 것의 산물인가에 관한 현재 진행 중인 하지만 내가 얘기했듯이 처음부터 틀이 잘못 잡혀버린 논쟁에서 어떤 입장을 취하든 사회학은 그 입장보다 상대적으로 우위에 있으며, 또한 사회학은 유전학, 신경과학 등보다도 우세하다. 나는 사회학적인 성향을 가진 독자들이 범죄에 대한 생물학적 이론을 배우는 데 도움을 주고 싶다. 생물학적 이론 중 대다수는 대부분의 사람들이 생각하는 것보다 사회학적인 관점과 훨씬 조화롭게 공존할 수 있다. 또한 나는 생물범죄학이 미래에 수행했으면 하는 목표에 대한 일반적인 논쟁에 대해서도 살펴보고 싶다.

「범죄자의 뇌」는 범죄학적 의문을 과학적으로 답하고자 하는 노력들의 역사를 빙 둘러 구성되었다. 오늘날의 "과학적"이라는 기준을 과거에 도입하려고 시도하는 대신, 나는 어떻게 초기의 연구자들이 과학스럽기 위한 기준을 세우고 시행했는지를 조사하였다. 대개 범죄에 대한 새로운 생물학적 이론들은 보다 폭넓은 문화적 발전^{과학에서의 변화 혹은 초기의 과학적 아이디어들을 오래된} 것으로 보이게 만들기 시작한 인과관계에 관한 새로운 개념들에 의해 촉발되었다. 예를 들어 진화론자 Charles Darwin^{찰스 다윈}의 연구, 특히 「종의 기원^{Origin of Species, 1859}」은 뇌가 분업화되어 있다는 이론에 근거를 둔 초기의 골상학적인 해석들을 더이상 쓸모없게 만들어버렸다. 식물과 동물의 진화에 대한 Darwin의 책이 나온 지 얼마 되지 않아, 범죄학자들은 범죄 행동을 진화론적인 관점에서 설명하기 시작하였다. 또 다른 변화의 원천은 전문가들 사이의 경쟁에 놓여 있다. 많은 인류학적, 생화학적, 진화론적, 유전학적, 경영 관련, 의학적, 신경생리학적, 인종주의적, 심리학적, 정신의학적, 종교적 담론들이 범죄학 근처로 수렴하며, 모두 관할권을 위해 다툰다. 주장을 성공적으로 펼친 사람들에게는 이상한 사람들을 선별하여 그들을 관리할 권한이 주어지기 때문에 사회통제라는 영역은 전문지식을 요구하는 값비싼 영역이다. 이 때문에 시간이 흐름에 따라 많은 전문가들이 생물범죄학이 나아갈 방향에 눈독을 들이게 되었다.

위험과 부패의 본질에 대한 이해의 변화는 생물범죄학의 변화의 또 다른 원천이다.[31] 범죄에 대한 두려움은 은그릇을 도둑맞는 것 혹은 갑작스러운 공격에 대한 걱정보다 훨씬 더 깊은 원천으로부터 흘러나온다. 또한 범죄에 대한 아이디어는 광범위한 그리고 이제 시작단계인 도덕적이고 물리적인 부패에 대한 두려움에 의해 물든다. 예컨대 논리와 이성에 주안점을 둔 이른바 이성의 시대^{Age of Reason}인 18세기 후반에는 생물학적 이론들이 비합리적이고 터무니없는 행동을 설명하는 수단이 되었다. 아리아인의 순수성이 더렵혀지는 것에 대한 두려움에 사로잡힌 정권이던 Hitler히틀러의 제3제국에서는 범죄에 대한 생물학적 이론이 불임화, 과로사, 단두대에 의해 제거되어야만 하는 이들을 찾아내는 수단이 되었다. 그래서 변화하는 사회적 불안 중 하나를 여기서 이야기하고자 한다. 나는 특히 생물학적인 과학과 그러한 과학이 발달하게 된 상황 사이의 관계에 관심이 있다. 또한 나는 생물학적인 이론이 범죄자 처벌에 주는 영향에도 관심이 있다. 생물학적 이론이 허공에서 나오지 않았듯이, 생물학적 이론의 영향 또한 스스로를 넘어 공공정책과 인간 생활에 영향을 미친다.

19세기 생물학적 이론에 관한 1부는 1800년 즈음에 생물학적 해석이 미국, 프랑스, 잉글랜드 3개 국가에서 어떻게 동시에 유래하였는지를 살펴봄으로써 시작한다. **도덕적 정신이상**moral insanity, 오늘날의 반사회적 인격장애이라는 상태에 대한 추측의 형태로 던져진 이러한 설명들은 뇌 결함의 관점에서 범죄를 과학적으로 설명하고자 하는 첫 번째 시도였기 때문에 생물범죄학뿐만 아니라 범죄학 자체의 시작을 나타낸다. 그 다음은 범죄자들의 뇌와 두개골의 형태를 바꿈으로써 범죄자들을 재활시킬 생각을 했던 과학인 골상학을 다룬다. 골상학은 4장의 범죄인류학에 의해 계승된다. 다윈주의Darwinism와 같은 뿌리를 두고 있는 범죄인류학은 원시적인 뇌에 의해 범죄에 물들어 약탈하고 살인하는 성향을 갖는 선천적 범죄자의 특징을 그들의 흥미로운 외형에서 찾는다. 19세기 후반의 진화론에 관한 1부의 마지막 장에서는 Cesare Lombroso체사레 롬브로소뿐만 아니라 잉글랜드 Henry Maudsley헨리 모즐리, 미국 Richard Dugdale리처드 덕데일, 오스트리아 Richard von Kreafft-Ebing리하르트 폰 크라프트에빙에게 Darwin과 다른 진화론자들이 미친 영향을 조사함으로써 보통 이탈리아에서의 발전에만 독점적으로 초점이 맞추어진 것을 넘어서고자 한다. 이 장은 잉글랜드 통계학자 Francis Galton프랜시스 골턴의 연구에 대한 논의로 끝을 맺는다. Francis Galton은 우생학의 설립자이며 그의 연구는 '진화론'과 '범죄에 대한 이후의 유전학적 해석' 사이에 다리를 놓아주었다.

20세기 생물학적 이론에 관한 2부는 약 1900년부터 1920년까지 범죄학에서 주류를 이루었던 범죄에 대한 지능박약적 해석에 관한 장으로 시작한다. 이 시대의 범죄학은 우생학 운동을 지지하며 세대에 걸쳐 범죄를 전파하는 나쁜 유전자를 가진 저능아들을 찾아내고 제거하는 데 초점을 두었다. 우생학적 범죄학은 단순히 범죄통제만을 하려는 시도는 아니었다. 이는 반근대주의 과학이자, 보다 단순하고 순수하며 범죄로부터 자유로운 과거의 사회적 구조와 가치로 회귀하기 위해 과학을 이용함으로써 근대 생활의 문제들에 대처하는 향수를 불러일으키는 노력이었다. 체형이론에 관한 그다음 장에서는 Earnest A. Hooton어니스트 A. 후턴과 William Sheldon윌리엄 셸던의 세기 중반의 연구에 집중한다. 그들의 연구는 우생학과 반근대주의를 지향한다는 점에서 동시대의 철저한 근대주의자 부부 Sheldon Glueck셸던 글루크와 Eleanor Glueck엘러노어 글루크의 연구와 크게 대조된다. 범죄학의 어두운 시절은 나치가 독일에서 권력을 차지하며 시작되었다. 이로 인해 범죄학에서 나타난 결과는 8장과 관련된다. 2부는 20세기 후반 생물범죄학에 관한 장으로 끝을 맺는다. 여기서는 후천적 생물학적 이상, 학습결손, 진화론, 신경과학, 유전학 등의 영역에서 행해지던 당시로서는 최신이었던 연구에 대해 알아본다. 과거 어느 때도 이렇게 폭발적인 관심, 다양한 관점과 접근법, 생물학적인 요소가 범죄 행동에 미칠 수 있는 영향에 대한 강도 높은 연구 같은 것들이 있던 적은 없었다. 하지만 아직도 사회학적인 성향의 범죄학자들은 범죄를 생물학적으로 설명하려는 이 새로운 시도를 미심쩍은 눈으로 바라보았다.

3부는 생물범죄학의 현재와 미래에 대해 다룬다. 10장은 새로운 생물사회학적 모델의 등장을 추적한다. 이 새로운 모델은 생물학적인 접근법과 사회학적인 접근법을 대립시키지 않으며 오히려 이 두 가지가 융합할 수 있는 길을 모색한다. 이 새로운 생물사회학적 범죄학이 과학적으로나 그 정치적인 영향력으로 심각한 문제를 야기하기는 하지만, 또한 범죄의 원인에 대해 보다 나은 결론에 이르고 범죄율 감소를 목표로 하는 환경개선을 장려할 상당한 잠재력을 지니고 있기도 하다. 11장에서는 범죄 문제에 대한 자연과학적 접근법과 사회과학적 접근법을 결합함으로써 범죄학 이론을 다시 쓸 가능성을 생물사회학적 범죄학이 가지고 있다는 주장을 펼칠 것이다.

수년 동안 좌파 학자들은 범죄에 대한 유전학적이고 생물학적인 해석들을 사회적 문제에 대한 책임을 못된 개개의 인간들에게 돌려 사회적 구조를 바꿀 수도 있는 사회적인 해결책^{더 나은 학교, 반인종주의적 조치, 빈곤구제법}을 회피하려 하는 방법으로 보아왔다. 동시에 우파 학자들은 그들에게 비효율적으로 보이는 사회적 프로그램으로부터 관심을 돌리고, 법을 위반하는 개인들의 행동을 설명하기 위해 범죄에 대한 생물학적 이론을 이용해왔다. 유전학이 생물학적 결정론^{biological determinism}과 거의 동의어로 쓰였던 시기에 좌파와 우파의 전통적인 입장들이 번창하였다. 하지만 오늘날에는 유전자에 대한 새로운 이해 덕분에 제3안이 나올 수 있다.^{그리고 오래된 입장들은 쓸모가 없어진다.} 유전자는 단독으로 개인의 특성과 조건을 결정하지 않는다. 소수 질병들의 원인이 단독의 유전자에 있기도 하지만, 대부분의 유전자는 다른 유전자 및 유전자가 발현되는 환경과 상호작용한다.

대부분의 유전적 발달이 복잡하고 유동적이며 비결정적이라는 이 새로운 이해는 아주 오래되고 지루하기 짝이 없는 본성 대 양육이라는 논쟁에서 새로운 입장을 취할 수 있는 길을 열어준다. 우리는 더이상 본성과 양육을 대립시킬 필요가 없다. 이제 우리는 이 두 가지가 유전자를 발현시키고 하나의 인간을 만들어가는 데 함께 작용하는 모습을 그려볼 수 있다. 또한 이제 우리는 학교를 개선하고 인종차별을 완화하고 빈곤에 대처하는 등의 사회적 환경 개선이 효과적인 범죄대책이 될 수 있다는 것을 유전학이 보여준다고 주장할 수 있다. 따라서 이 책의 마지막 장에서 나는 우리가 범죄율 감소로 이어질 사회개선 프로그램의 동력으로서 유전학적인 해석을 활용할 수 있는 새로운 제3안을 구상해 보았다. 나는 이전의 좌파적 입장과 우파적 입장의 타협점을 찾으려 하기보다는, '유전적 발달을 비결정적인

것으로 보는 관점'과 '범죄를 줄이기 위한 환경적 대책을 목표로 하는 것',
이 두 가지와 조화를 이룰 수 있는 방식에서 오래된 논쟁을 넘어보려고
하였다. 나는 사회가 점진적으로 변화하는 데 현대 유전학의 협력을 얻고
싶었다.

:: **1부** ::

19세기
생물학적
이론

:: 2 ::

도덕적 정신이상과 범죄학의 기원

범죄를 과학적으로 설명하려는 시도인 범죄학은 다른 사회과학들처럼, 계몽주의 운동Enlightenment으로 알려진 18세기의 정치적, 철학적, 과학적 격변으로부터 등장하였다. 오래전에는 권위주의, 정치적 위계질서, 신학적이고 형이상학적인 해석에 대한 선호를 특징으로 하는 중세시대가 있었다. 중세와 현대의 중간에는 고대의 과학적 문헌에 대한 재발견, 공학과 물리학에서의 극적인 진보를 특징으로 하는 르네상스Renaissance가 있었다. 바로 전에는 논리, 합리성, 체계화에 중점을 둔 이른바 이성의 시대Age of Reason가 있었다. 18세기 후반 미국과 프랑스에서 인도주의적인 개혁을 밀어붙이는 민주주의 혁명이 일어나고 모든 종류의 과학을 하고자 급격히 서두름에 따라 변화가 가속화되었다. 그 결과 중 하나로서 이탈리아 Cesare Beccaria체사레 베카리아와 잉글랜드 Jeremy Bentham제러미 벤담에 의해 범죄자 처벌에 대한 독재적 시스템을 더욱 합리적인 법과 제도로 대체하려는 노력이 행해졌다.[1] 19세기 초반 계몽주의적 충동은 자연법을 귀납적으로 파생시킬 수 있는 사실을 규명함으로써 비추론적 혹은 실증주의적 방법을 통해 사회과학을 확립하고자 하는 노력으로 이어졌다. 이것이 범죄를 과학적으로 연구하고자 하는 최초의 시도가 일어난 문화적 맥락18세기의 합리주의와 과학에 대한 열망에서 19세기의 실증주의로의 흐름이다.[2]

그림 2.1 Giambattista della Porta[잠바티스타 델라 포르타]의 관상학적 연구. 이탈리아 르네상스의 과학자였던 Della Porta는 사람의 관상이나 표정을 연구하였다. Della Porta 책은 스위스의 관상학자 Johann Caspar Lavater[요하나 카스파 라바터]에게 영향을 미쳤으며, Lavater를 통해 19세 기 골상학자와 범죄인류학자들에게 영향을 미쳤다. Della Porta는 관상으로부터 성격[인간 두뇌의 작용]을 읽으려고 시도하였다. 「인간 관상학[De humana physiognomonia], 원본 출판 1586년」에서 가져 온 그림.

특히, 과학적인 범죄학은 어떻게 시작되었을까? 범죄 행동이 과학으로서 연구될 수 있다는 것을 처음으로 깨달은 사람은 누구였으며, 그들이 말한 "과학"이란 대체 무슨 의미였을까? 어떻게 그들은 최고 수위의 범죄자 마음을 평범한 범죄자와 법을 준수하는 시민들의 마음과 다르게 보았을까? 앞으로 나는 범죄학적 과학의 기원을 3명의 인물, 미국 정신과 의사 Benjamin Rush^{벤저민 러쉬}, 프랑스 정신과 의사 Philippe Pinel^{필립 피넬}, 잉글랜드 정신병동 의사 James Cowles Prichard^{제임스 카울스 프리처드}의 연구로 추적한다. 비록 3명은 서로 다른 용어를 사용하였지만, 3명 모두 **도덕적 정신이상** moral insanity이라는 개념을 발전시켰으며, 무자비하고 다른 이들에게 해를 가하려는 충동에 저항할 수 없고 도덕적으로 미개하지만 다른 부분에서는 정상적인 특정한 유형의 범죄자를 발견하였다. 그들이 보기에 도덕적 정신이상은 선천적인 것이며, 음식과 알코올 섭취와 같은 생물학적 요소에 의해 영향을 받을 수 있었다. 하지만 그것이 반드시 두뇌의 물리적 이상이나 다른 신체 부위의 이상을 수반해야 하는 것은 아니었다. 이제 이 개념의 발전을 따라가 보고자 한다. 먼저, 미국에서 이 개념의 숙명을 살펴볼 것이다. 미국에서 정신과 의사들은 이 개념을 거부하는 경향이 있었지만, 정신박약아시설institutions for the mentally retarded 정신과 의사들은 이 개념을 받아들여 그것에 다시 **도덕적 박약**moral imbecility이라는 이름을 붙여 유전적인 용어들로 재정의하였다. 영국에서는 이 도덕적 정신이상이라는 개념이 더욱 좋은 대접을 받았다. 비록 세기말에 정신과 의사들이 이 개념을 퇴화라는 개념과 융합하기 시작했지만 말이다. 그들의 연구에서 도덕적 정신이상은 육체적이고 유전적인 병으로 재정의되었으며 도덕적 정신이상에 걸린 범죄자들은 퇴화된 인간, 충분히 진화하지 못한 하등한 인간으로 취급받았다.

그림 2.2 Johann Caspar Lavater^{요한 카스파 라바터}의 관상학적 연구. Lavater는 관상학을 "외부의 인간과 내부의 인간 사이의 유사성을 연구하는" 학문으로 만들려고 하였다. 외관이 마음의 상태와 관련되어 있다는 Lavater의 가정은 초기의 범죄학자들에게 영향을 주었다. 초기 범죄학자들 역시 얼굴의 구조와 표정의 배후에 있는 정신적 과정을 이해하는 방도를 찾고 있었다. 「관상학에 관한 에세이^{Essays on Physiognomy}, 원본 출판 1789년」에서 가져온 그림.

Benjamin Rush^{벤저빈 러쉬}와 도덕적 혼란^{Moral Derangement}

Benjamin Rush¹⁷⁴⁵⁻¹⁸¹³는 미국 애국주의자, 미국독립선언^{Declaration of Independence} 서명자로 종종 기억되고는 하지만, 정치는 그가 사회 개선을 위해 활동하던 많은 분야 중 하나에 불과했다. 독실한 장로교 신자이면서 인간이 완전해질 수 있다는 것을 믿었던 Rush는 노예제와 사형제에 반대했으며, 여러 다른 개혁 중에서 동물의 권리, 여성을 위한 평등교육, 가난한 자들도 받을 수 있는 적절한 가격의 의료서비스를 지지하였다. 당시 가장 영향력 있던 미국 정신과 의사였던 그는[3] 펜실베니아대학교에서 의학을 가르쳤고, 환자뿐만 아니라 질병을 완화시키기 위해 처방한 고갈요법^{식사 제한, 과도한 피 뽑기, 설사약, 구토제}으로 유명해졌다.^{몇몇 사람들 사이에서는 악명 높았다.} 하지만 미국 정신의학의 창시자로서 Rush의 명성은 대부분, 정신병을 치료·완화하고자 했던 그 당시로서는 신선했던 그의 노력 때문이다. 정신이상을 죄악의 흔적으로 보았던 오래된 신학적 이해와 적어도 부분적으로는 결별했던 이 필라델피아 의사는 정신이상을 질병으로 다시 정의하였다.

Rush는 범죄 행동의 원인에 대한 2개의 중대한 해설을 남겼는데 "물리적인 요인이 도덕적 능력에 미치는 영향^{The Influence of Physical Causes upon the Moreal Faculty, 1786}"이라는 제목의 연설이 하나이다. 이는 범죄와 정신이상을 죄가 아닌 어떤 것으로 개념화하고자 했던 최초의 과학적 시도 중 하나였다. 이 연설에서 Rush는 때때로 비도덕적인 모든 종류의 활동에 대해 폭넓게 얘기하기도 했지만 이따금 후기의 정신과 의사들이 도덕적 정신이상이라고 칭한 심각하고 반복적인 범죄 행동에 대해 보다 제한적으로 얘기하기도 하였다. 서두도 없이 Rush는 본론으로 들어갔다. "내가 말하는 도덕적 능력이란 선과 악, 다시 말해 미덕과 악덕을 구분하여 선택할 수 있는 인간 마음에 내재한 능력을 말한다." 우리는 이 능력을 가지고 태어난다. 이것은 "우리 심장 속에 새겨진 법"이다.[4] 도덕적 능력과 양심이 같은 것으로 보일지도 모르지만, Rush는 이 둘이 다른 것이라고 주장했다. 도덕적 능력은 우리를 행동하게 하는 반면 양심은 우리의 행동을 평가한다. 이 연설에서 Rush의 목표는 "물리적인 요인이 도덕적 능력에 미치는 영향"을 보여주는 것이었다.[5] Rush의 연설이 비도덕적인 행동을 초래하는 물리적인 영향에 대한 것이었기 때문에, 이는 범죄에 대한 생물학적 이론을 만들어내고자 했던 최초의 근대적 시도로 여겨질 수 있다.

Rush는 도덕적 능력, 양심 둘 다의 기능이 중지된 완전한 도덕적 부패와 범죄자가 자신의 잘못을 인지하는 도덕적 능력의 부분적 약화를 구분하였다.[6] 도덕적 능력의 부분적 약화의 예로서 Rush는 한 여성의 사례를 가져왔는데, 이 여성은 딱 한 가지만 빼고 도덕법칙의 모든 사항을 모범적으로 준수하였다. 그녀는 자신에게 실질적으로 필요가 없을지라도 도둑질하는 것을 참지 못하였다. "그녀의 판단이 도덕적 능력의 결함에 의해 영향을 받지 않았다는 증거로서, 그녀는 도둑질을 간파당했을 때면 자백하고 후회하고는 했다."[7]

도덕적 능력이 완전히 부재한 경우의 예를 들기 위해 Rush는 거의 한 세기 전에 설리 공작 Duke of Sully이 묘사한 Servin세르뱅이라는 남성의 사례를 활용하였다. Servin은 잘생기고 훌륭하며 비범할 정도로 학식이 뛰어났다 철학, 수학, 미술, 신학(그는 "훌륭한 설교사"였다), 언어(그리스어, 히브리어, 프랑스어 및 다른 언어들을 유창하게 구사하였다). 게다가 Servin은 익살꾼, 시인, 음악인, 운동가로서도 뛰어났다. "하지만," Rush가 쓴 바에 따르면, "동전을 뒤집어보면 그는 신뢰할 수 없고 잔인하고 비겁하고 부정직하며 거짓말쟁이에 협잡꾼이자 대식가, 노름꾼이며 모든 종류의 악덕에 빠져 있고, 신성모독자, 무신론자이다. 그는 방탕에 빠져 완전히 타락하여 흔한 사창가에서 꽃다운 나이에 죽음을 맞이했다. 그는 죽을 때 한 손에 잔을 들고 신을 저주하고 부정하였다."[8]

인간은 도덕적 능력에 결함을 가지고 태어날 수 있거나 손상이 나중에 일어날 수도 있다고 Rush는 계속해서 말했다. 결함이 유년기 이후에 생길 경우, 결함은 열, 잘못된 식사고기 섭취, 과식, 과도한 음주, 극심한 굶주림, 과도한 수면에 의해 생길 수 있다. 영국에서 11월에 "지속적으로 안개가 끼고 비가 내리면 가장 끔찍한 살인이 자행"되듯이 기후 또한 도덕적 능력을 약화시킬 수 있다.9 Rush가 제안하는 치료법은 이러한 분석으로부터 직접적으로 파생된다. 채식, 적당한 음주, 냉욕, 일, 고독이 약화된 도덕적 능력을 회복시켜줄 것이다. Rush의 기록에 따르면 "Nebuchadnezzar네부카드네자르는 고독과 채식으로 자신의 자만을 치료하였다."10 시간이 흘러 만약 의사들이 "도덕과학"을 열심히 발전시킨다면 "인간의 가슴을 훼손시키고 지구상의 국가들에 대소동을 일으키는 그러한 해로운 악덕들 중 대부분을 세상에서 사라지게 만들지도 모른다."11

1786년 연설 이후 「정신병에 대한 의학적 연구·관찰Medical Inquiries and Observations upon Diseases of the Mind, 1812, 」 이 책에서 그는 도덕적 능력에 생긴 병이라는 주제를 다시 꺼내들었다. 을 발간하기 전까지 Rush는 펜실베니아 병원에서 정신적으로 병든 환자들을 맡아 정신병과 더욱 친숙해졌다. 이 두 번째 연구에서 Rush는 정신은 이해, 기억, 의지, 도덕적 능력, 양심, 신에 대한 감각을 포함한 9가지 능력을 가지고 있다고 설명하며, 그의 정신작용 모델을 더욱 체계적으로 제시하였다. 이러한 능력들은 "내재적인 감각들"이며, 외재적인 감각들처럼 타고난 것이다.12 이 능력들에 병이나 혼란이 생길 때, 하나의 능력이 단독으로 혹은 복수의 능력이 함께 그렇게 될 수 있다. "때때로 연속적으로 그리고 교대로 모든 능력들에 혼란이 생기기도 하며, 모든 능력들이 동시에 영향을 받기도 한다."13 차례로 여러 능력에 이상이 생기거나 동시에 모든 능력에 이상이 생기게 된다는 이 당구공 모델은 Rush가 부분적 도덕적 혼란, 완전한 도덕적 혼란이라고 일컬은 부분적인 **도덕적 기능장애와 완전한 도덕적 기능장애** 사이의 차이를 설명하는 데 도움을 준다. 오직 도덕적 능력의 이상만을 수반하며 도덕적 혼란이 부분적으로 발생한다면 양심과 신에 대한 감각은 온전히 함께 공존할 수 있다. 죽음에 이를 정도로 굶주린 사람들이 인육을 먹게 되는 경우처럼 말이다. 하지만 도덕적 혼란이 총체적으로 발생한다면, 도덕적 능력뿐만 아니라 양심과 신에 대한 감각은 작동을 중지하며 그러한 결과로 사람들은 반복적으로 그리고 무자비하게 범죄를 저지른다.[14] Rush는 도덕적으로 혼란에 빠진 사람들의 범죄행위에 책임이 있는지에 대해 확신할 수 없다고 고백하였다. 하지만 Rush는 그들이 아픈 사람들로서 동정받을 자격이 있다고 확신하였다.

Rush의 정신의학적 연구의 주된 의의는, 아직까지도 곳곳에서 죄악이나 귀신들림의 징후로 여겨지는 도덕적 혼란을 포함한 정신이상을 정신병으로 다시 정의하였다는 점에 있다. 사학자 Henry Werlinder헨리 벨린데르가 쓴 바에 따르면 "'정신이상madness'을 연구하고 다루는 데 우선 사항을 어디에 두어야 하는지에 대해 한쪽 편에 서 있는 의사들과 반대편에 서 있는 신학자들 및 철학자들 사이에서 일어나는 논쟁에 Rush의 연구가 기여한 것으로 볼 수 있다."[15] Rush의 연구는 범죄성criminality을 성직자들의 손에서 떼어내 정신과 의사들의 영역에 가져다 놓았기 때문에 추가적으로 중요한 의미를 가진다. Rush는 범죄가 과학적으로 설명될 수 있는여기서는 정신의학적으로 설명될 수 있는 자연적이고 물질적인 현상으로 고려될 수 있다는 것을 누구보다 먼저 인지하였다. Rush는 범죄의 원인을 숙고하여 범죄를 물리적인 질병의 관점에서 이해하였다.

Philippe Pinel필립 피넬과 조증Manie sans Délire

화가 Tony Robert-Fleury토니 로베르 플뢰리가 Philippe Pinel[1745-1826]을 그린 유명한 작품에서, 의사 Philippe Pinel은 1793년 파리의 정신병원에 들어와 벽에 환자들을 고정시킨 사슬을 용맹하게 풀어주어, 정신병을 더욱 인도주의적이고 의학적으로 치료하는 시대가 시작되도록 하였다.[16] 이 그림은 최근의 고대정권 타도로 인한 프랑스인들의 해방에 대한 함축적인 비유로부터 부분적으로 힘을 끌어온다. 이 그림의 로맨틱한 몸짓은 "도적적인여기서는 심리학적인" 치료법을 통해 정신이상자를 치료하는 것을 목표로 하는 개혁을 도입하며 프랑스뿐만 아니라 유럽과 미국의 도처에 퍼져나가던 '정신이상을 대하는 태도에서 혁명'을 나타낸다.[17] Pinel은 스스로 프랑스 혁명을 의학에서 새로운 시대의 시작과 연관시켰다. "프랑스 혁명에 의해 국가정책에 포함된 자유 탐구의 원리는 의료철학에 대한 문을 활짝 열어주었다."[18]

Pinel은 파리 비세트르 병원Asylum de Bicêtre 원장, 이후에는 여성정신병원 원장으로서, 정신이상을 질병으로 취급하자고 주장했던 최초의 유럽 의사들 중 한 명이었다. Rush처럼 Pinel은 다른 면들은 멀쩡한 범죄자들이 반복적으로, 명백하게, 그리고 걷잡을 수 없이 법을 위반하는 사례들에 강한 흥미를 갖게 되었다. 하지만 직접적인 관찰만큼이나 성경을 중시했던 Rush의 접근법과는 대조적으로, Pinel의 방식은 19세기 사상가들이 정의한 과학에 보다 가까웠다.

Pinel은 "꼼꼼한 관찰"과 "분석적인 연구"를 특징으로 하는 "근대의" 관행을 칭찬하며 「정신이상에 관한 논문Treatise on Insanity」을 개괄한다. Pinel이 회상하는 바에 따르면, 그가 처음 비세트르 병원에 들어왔을 때 발견한 것은 "혼돈과 혼란"이었다. 그리하여 그는 "나중에 사용하기 위해 모은 자료들 이외의 대상은 배제한 채 모든 사실을 관찰하고, '스스로의 선입관'과 '다른 이들을 통제하는 권한'의 영향에서 벗어나기 위해 최대한 노력"하기로 결심하였다. 정신이상을 독립적이고 객관적으로 연구하고자 했던 이 결심은 Pinel이 정신이상은 "뇌 조직 손상의 영향"이라는 전통적인 믿음을 거부하도록 이끌었다. 그는 이러한 전통적인 추정이 "많은 사례에서 해부학적인 사실에 들어맞지 않는다는 것"을 발견하였다.[19]

상응하는 뇌의 질병 없이 정신이 병들 수 있다는 Pinel의 결론은 오늘날에 비춰지는 것보다 당시에는 더욱 대담한 것이었다. 왜냐하면 이 결론은 많은 이들이 영혼과 연관시켰던 정신이 병, 심지어는 죽음에 이를 수 있다고 암시하여 영혼의 불멸성을 부정하는 것으로 비춰졌기 때문이다.[20] 하지만 Pinel은 과거의 신학적이고 형이상학적인 관심사로부터 등을 돌리고, 정상인, 정신이상자, 백치의 두개골을 비교하고 시체를 검사하여, 정신은 육체와는 독립적으로 자신만의 생활사를 따른다고 주장하였다. 이는 이후의 정신의학적 치료와 이론을 위한 상당한 결과의 개념상의 비약적인 발전이었다.

Pinel은 우울, 치매, 백치, 정신박약, 섬망^{delirium}을 수반하는 조병^{mania}, 섬망을 수반하지 않는 조병이라는 5가지 유형의 정신적 혼란을 발견하였다. 이전에는 조병이나 정신이상은 항상 섬망^{환각, 망상}을 수반한다고 가르쳤지만, 비세트르 병원에서 Pinel은 분별력의 이상을 전혀 보여주지 않는 "수많은 조병 환자"를 발견하였다.[21] Pinel은 그러한 사례들에 **조증**^{manie sans délire} 혹은 망상을 수반하지 않는 정신이상이라는 이름을 붙였다. 그는 「정신이상에 관한 논문^{Treatise on Insanity}」에서 더이상의 분석 없이 **조증**의 세 가지 사례를 제시한다. 널리 퍼진 한 가지 긴 사례는 자신에게 친절했던 사람들을 죽이려 했던 비세트르의 환자에 관한 것이다. 두 번째 사례는 지능에 아무런 이상도 없지만 때때로 광적인 분노의 발작을 경험했던 비세트르 병원의 또 다른 환자에 관한 것이다. 그는 완전히 분노하면 "잔인한 행동을 하고자 하는 억누를 수 없는 경향에 휩싸이고는" 했다. 하지만 동시에 그는 "질문에 일관성 있게 대답하고 그의 행동에 깊이 실망하였다."[22] 회한으로 가득 찬 이 환자는 반복적으로 자살을 시도하였다.

이 두 사례 모두 Rush가 도덕적 혼란이라 칭한 조건과 유사하지 않지만 Pinel의 세 번째 사례는 도덕적 혼란과 유사하다.

> 자식이 제멋대로 굴도록 방치하는 나약한 엄마의 아들이라는 입장은 그가 모든 종류의 변덕과 격정을 부릴 수 있는 만족감에 자신을 습관적으로 맡길 수 있도록 하였다. … 그의 격렬한 기질은 해가 갈수록 악화되었다. 사치스러울 정도로 그에게 충분하게 공급된 돈은 제멋대로 굴고자 하는 자신의 열망에 대한 모든 장애물을 없애주었다. 반대와 저항이 있을 때면 그는 격분하여 행동하였다. 그는 야만스러운 뻔뻔함으로 상대방을 공격하였다. … 개, 말, 혹은 다른 동물들이 그를 불쾌하게 하면 즉시 그 동물을 죽였다. … 하지만 이 고집불통의 청년은 격정에 흔들리지 않을 때에는 완전히 온전한 판단력을 보유하였다. … 그는 스스로를 선행과 연민으로 특징지었다. … 하지만

악명 높은 그의 행동은 그의 폭행 경력에 종말을 가져왔다. 그에게 거친 말을 했던 여성에게 격분하여 그는 그녀를 우물 속에 던져버렸다. 그는 고발당했다. 그리고 … 그는 비세트르 병원에서의 영구적인 감금을 선고받았다.[23]

Pinel은 Rush의 연구를 읽을 기회를 갖기 전에, **조증**^{manie sans délire}에 대한 분석을 독립적으로 발전시켰다.[24] Rush도 도덕적 혼란에 대한 최초의 분석을 Pinel의 책이 출판되기 전에 발전시켰다. 두 정신과 의사들이 고작 15년이라는 기간 안에 비슷한 결론에 이르기는 했지만, 과학자로서 그들은 다른 시대에 연구를 한 것처럼 보인다. Rush는 18세기의 관심사와 종교적인 전제로 출발하였다. 그의 사례 중 일부가 직접적인 경험에서 나온 것이긴 하지만, 다른 것들은 구약성서와 셰익스피어^{Shakespeare}에서 나온 것이다. 반면에 Pinel은 연구의 근거를 19세기를 지배한 실증적 원리^{사실에 입각한 관찰, 객관성, 귀납법, 회의론}에 두었다. **조증**이라는 그의 개념은 Rush의 도덕적 혼란보다 훨씬 더 영향력이 있는 것으로 드러났다. 부분적으로 이는 Pinel의 학생 Esquirol^{에스키롤}이 스스로의 힘으로 유명해졌기 때문이고, 또 부분적으로는 Rush의 연구에서 나타나는 케케묵은 종교적 원리와 신체적 가정에 매달린 미국 정신의학이 보다 느리게 발전했기 때문이다. 보다 과학적으로 보이는 견해가 결국 승리하였다.

James Cowles Prichard^{제임스 카울스 프리처드} **와 도덕적 정신이상**

영국 의사 James Cowles Prichard¹⁷⁸⁶⁻¹⁸⁴⁸는 몇몇 분야에서 과학적 연구를 수행하여 30살이 되기 전에 「인류의 자연사^{Researches into the Physical History of Man, 1813}」를 발표하였는데, 이는 인류학 및 행동학 분야에서 영향력 있는 연구였다. 이후 그는 정신병에 대한 책을 썼고, 이후에도 여전히 잉글랜드 브리스톨^{Bristol}의 병원에서 선임 의사로 근무하면서 「정신이상에 관한 논문^{A Treatise on Insanity, 1835}」을 발간하였는데, 이 연구는 도덕적 정신이상을 표준적인 정신의학적 용어로 바꾸어놓았다. Prichard 는 Rush의 연구에 대해 언급하지 않았는데, 이 연구를 아마 그는 잘 모르고 있었을 것이다. 그는 Pinel을 선구자로 인식했지만 "유일하게 애정과 도덕적인 감정만이 병적으로 왜곡"된 정신이상 사례들에 Pinel의 조증이 거의 주의를 기울이지 않았다고 느꼈다. Pinel의 개념을 확장하여 순전히 "도덕적인" 혹은 심리적인 장애를 포함함으로써 그리고 이를 도덕적 정신 이상으로 재정의함으로써 Prichard는 정신병 연구에 자신의 흔적을 남기길 바랐다.[25] 그는 성공했다. 도덕적 정신이상에 대한 Prichard의 저술은 선천적인 범죄 관련성에 관한 이후의 19세기 이론뿐만 아니라 자신에 대한 향후 명성의 기반이 되었다.

논문에서 Prichard는 도덕적 정신이상을 다음과 같이 정의한다.

> 지능에 거의 혹은 아무런 이상이 보이지 않는 정신적 혼란의 형태로, 이 혼란은 주로 혹은 단독적으로 감정, 기분, 습관의 상태로 나타난다. 이러한 혼란이 발생한 경우, 정신의 도덕적 활성 원칙들은 기묘하게 왜곡되거나 부패된다. 자기통제력은 상실되거나 심각하게 훼손된다. 이러한 개인은 자신에게 제시되는 주제에 대해 말하거나 사유하는 데에는 문제가 없는 것으로 보인다. 이러한 것들은 아주 빈틈없고 유창하게 수행하고는 한다. 하지만 품위와 예절을 가지고 삶을 대처하지 못한다.[26]

도덕적 정신이상에 걸린 사람들은 논리적으로 사고를 하며 실제로 비행을 정당화하는 데 "기발한 독창성을 보여줄" 수 있다.[27] 그들의 또 다른 특성은 극심하게 화를 잘 낸다는 것과, 그들에게 적대감을 일으킬 만한 어떤 짓도 하지 않은 사람들에 대해 끊임없이 악의적인 음모를 꾸민다는 것이다. 도덕적 정신이상은 도둑질과 방화를 하려는 경향 혹은 색정광erotomania, 음란증satyriasis, 색정증nymphomania과 같은 성적인 집착으로 표현될 수 있다.

Prichard가 정신착란madness, 뇌전증, 발열을 경험한 적이 있는 개인들뿐만 아니라 "유전적으로 정신착란에 빠지기 쉬운 경향"을 가진 가족 구성원에게 도덕적 정신이상이 나타날 수 있다고 언급하기는 했지만, 도덕적 정신이상의 원인은 그에게 미스터리로 남아 있었다. 비록 원인이 Prichard에게 "애매하게" 보이기는 했지만,[28] Prichard는 도덕적 정신이상에 의한 행동이 복수나 지적 혼란과 같은 평범한 동기에 의한 것은 아님을 강조하였다. 또한 그는 이와 비슷한 행동들에 대해 당시 유행하던 과학인 골상학을 지지하던 사람들이 제시한 설명을 거부하였다. Prichard가 느끼기에 골상학자들은 "실증적인 사실에 입각한" 증거를 통해 그들의 학설을 증명하는 데에 실패했으며 때때로 비논리적인 추론을 범했다. Prichard의 관점에는, 의사들이 동물 뇌의 일부분을 제거해 결과를 관찰하는 새로운 형태의 실험적인 수술이 도덕적 정신이상에 대한 훗날의 이해를 증진시키기 위해 더욱 장래성 있는 작업이었다. 한 연구자는 "오리의 소뇌를 제거한 후 오리가 오직 뒤로만 수영을 한다는 것을 발견하였다."[29] 이러한 고찰 중 어떤 것도 Prichard가 도덕적 정신이상의 원인을 집어내는 데 더욱 근접할 수 있게 하지는 않았지만, 좋은 과학을 위한 그의 기준 사실에 입각한 증거, 논리적인 추론, 공들인 실험을 독자들이 집어낼 수 있도록 하였다.

도덕적 정신이상의 예를 들기 위해 Prichard는 한 하녀의 사례를 보고하였다. 그녀는 "그녀에게 맡겨진 아이"를 갈기갈기 찢어버리고자 하는 결코 참을 수 없는 욕망을 경험하여 자신을 해고해 달라고 간청하였다.[30] 또한 Prichard는 늙은 군인의 사례를 묘사하였다. 그는 숲의 변두리에서 작은 소녀를 죽인 뒤 강간하고 그녀의 피를 빨아먹었다. 결국 군인은 자백했는데, 그는 매우 침착했으며 심지어 "즐거움과 만족감을 느끼는 것으로 보였다."[31] Prichard가 제시한 다른 사례 중 몇몇은 오늘날의 관점에서 보면 억누를 수 없는 충동, 조울증 혹은 알츠하이머병의 사례로 여겨질 수 있다.

Prichard는 배심원단이 도덕적 정신이상을 겪는 피고들을 교수대로 보내는 경향에 대해 한탄하였다. 배심원들은 질문을 합리적으로 답하는 사람의 정신에 이상이 있을 수 있다는 것을 단지 이해하지 못할 뿐이었다. 법이 그와 같은 불운한 질병의 희생자들을 처단한 수많은 사례들을 검토해본 뒤 Prichard는 도덕적 정신이상을 겪는 범죄자들을 정신병원에 가둬야 한다고 주장하였다. 여기서 다시 한번 우리는 정신과 의사가 범죄에 대한 전문적인 통제를 위해 경쟁하는 것을 살펴볼 수 있다. 하지만 현재 종교로부터 범죄에 대한 권한을 탈취했다는 표시로서 적대자는 더이상 성직자가 아닌 법조계이다.

Prichard와 함께, 도덕적 정신이상이라는 개념은 새로운 지휘권과 과학적인 지위를 획득하였다. 단순히 하나의 용어로서, **도덕적 정신이상**은 능력심리학faculty psychology 및 도덕적 능력 혹은 능력들에 대한 능력심리학적 개념을 잘 알고 있던 의사들에게 전임자격 용어들보다 더욱 즉각적으로 뜻이 통했다. 다음 세대의 저명한 영국 정신과 의사인 Daniel Hack Tuke대니얼 핵 튜크는 Prichard가 영국의 정신과 의사들로 하여금 이러한 형태의 정신병에 초점을 맞추도록 만든 것을 칭찬하였다.[32] 동시에 이 분야에서 혁신적인 연구를 해내지 못한 미국 정신과 의사들은 영감을 얻기 위해 잉글랜드로 눈을 돌려 그들의 논쟁을 위한 주안점으로서 Prichard의 도덕적 정신이상이라는 개념을 채택하였다.[33] 그 예로서 Prichard의 영향력은 Van Nest 가족을 살해한 William Freeman에 대한 재판1장에서 설명하였다에 스며들었다. Freeman 측 변호사는 Freeman이 도덕적 정신이상을 겪는다고 주장하려 시도했지만 실패하였다.[34]

도덕적 정신이상은 유전된다

도덕적 정신이상 혹은 통제할 수 없는 범죄성에 대한 이론화 작업은 시작부터 국제적인 현상이었다. 이러한 개념은 3개 국가에서 나왔다. Rush와 Pinel, Prichard는 서로의 연구에 대해 오직 부분적으로만 알고 있었음에도 불구하고 이러한 쟁점을 독립적으로 거론하였다. Prichard가 「정신이상에 관한 논문」을 발간하고 난 뒤, **도덕적 정신이상**은 미국, 프랑스, 영국Britain뿐만 아니라 이탈리아, 독일, 캐나다에서도 정신과 의사들의 용어가 되었다. 이 용어는 정신병에 대한 국제적 용어의 일부가 되었으며, 정신과 의사들은 여행, 서신 교환, 외국의 학술지 구독, 자신들의 전문적 학술지의 "해외의 발전" 영역을 통해 다른 나라에서 이 용어가 어떻게 사용되는지를 살펴보았다. 이 용어는 충격적이고 제지할 수 없으며 무자비한 범죄 행동을 설명하기 위해 서구의 사회 전체를 통틀어 의료계와 법조계가 사용하는 용어가 되었다.

도덕적 정신이상이 하나의 개념으로서 번창할 수 있었던 것은 몇 가지 요소 때문인데, 가장 중요했던 것은 정신병에 대한 감정의 역할을 인지했다는 점이다. 오늘날 정신병은 감정적 장애와 거의 동의어로 쓰이지만, 정신병을 뇌의 질병으로 보았던 17세기와 18세기에는 정신병이 지능 장애와 거의 동의어로 쓰였으며, 일반적으로 뇌의 질병으로 정의되었고 이에 따라 정신의 질병으로 정의되었다. 정신과 의사들이 의지, 태도, 감정, 즐거움을 추구하고 고통을 회피하려는 실용적 고찰을 인간행동의 원인에 포함시키며, 이에 대한 이해를 확장하고 있을 때 도덕적 정신이상이 하나의 진단범주로서 등장하였다.[35] 사학자 Hannah Augstein한나 오그슈타인은 정신이상에 대한 19세기 초반의 아이디어에 대해 다음과 같이 기술한다. "정신병이라는 영역은 그 특성을 바꾸었다. 환자들이 망상에 빠져 있는 것으로 보이지 않는 정신이상 사례가 점점 더 많이 알려지게 되었다."[36] 감정적인 장애가 정신이상에 포함되어 정신이상의 경계가 이동된 것은 도덕적 정신이상이라는 개념에 반영되었으며, 또한 개념이 이러한 이동에 기여하기도 했다. 실제로 세기 후반에 Tuke튜크는 논문의 제목을 "도덕적 혹은 감정적 정신이상Moral or Emotional Insanity"이라고 붙였다.[37]

감정을 중시하는 드라마에 매료된 낭만주의 운동,[38] 그리고 지적 능력만큼이나 감정에 주의를 기울였던 과학이자 적어도 지지자들의 눈에는 과학적인 정교함을 갖춘 것으로 보였던 골상학[39]에 의해 정신이상의 경계의 이동이 촉진되었다. 하나의 아이디어로서 도덕적 정신이상을 더욱 매력적으로 보이도록 만든 또 다른 요소는 정신이상의 법적인 영향력에 대한 19세기의 뜨거운 관심이었다. 도덕적 정신이상 그 자체가 변호로 사용되지는 않았지만, Van Nest 가족을 학살한 William Freeman, 어떤 사람을 영국 수상으로 오해하고 그가 교황과 함께 자신에 대한 음모를 꾸민다고 믿어 그를 살해한 Daniel M'Naghten대니얼 맥노튼, 미국 대통령을 암살한 Charles Guiteau찰스 기토와 같은 인물들에 대한 19세기의 떠들썩한 재판들이 정신이상이라는 진단범주, 자유의지, 책임에 관한 논쟁들에 국제적인 관심을 고정시켜 놓았다.[40] 이러한 논쟁들은 도덕적 정신이상의 개념적 유용성이 빛을 발하도록 만들었다.

진보적인 미국 정신과 의사들은 도덕적 정신이상이라는 아이디어를 받아들여 진찰에 사용하였다.[41] 그러한 사람들 중 한 명이었던 Isaac Ray아이작 레이는 심지어 이 이론의 옹호자가 되어, 이에 대해 광범위하게 글을 쓰고 보다 보수적인 그의 동료들로부터 이 이론을 변호하였다. 「정신이상 관련 법의학에 대한 논문Treatise on the Medical Jurisprudence of Insanity」에서 Ray는 **도덕적 조병**moral mania, 그는 도덕적 정신이상(moral insanity)을 이렇게 불렀다이라는 아이디어를 Pinel의 조증manie sans délire으로 추적하며,[42] Prichard의 정의를 받아들이고 도덕적 조병을 "눈에 띄는 어떠한 지적 손상도 수반되지 않은 채 자연스러운 감정, 애정, 성향, 성질, 습관, 도덕적 기질이 병적으로 왜곡된 것"이라고 묘사한다.[43] Ray는 논문을 쓰기 위해 새로운 연구를 수행하지는 않았다. 그의 논문은 과학적이라기보다는 법적인 연구로서, 적법하게 다른 이들이 쓴 글로부터 사례들을 끌어왔다.[44] 하지만 그는 역사 서적 및 법률 서적으로부터 얻은 살인광, 습관적 절도, 색정광eroto mania, 반복적인 방화의 귀중한 사례들을 정리하였다. 이러한 사례들은 도덕적 조병의 본질, 즉 자신을 통제할 수 없고 뉘우칠 줄 모르는 사람들[45]이 아무런 동기 없이 저지르는 범죄 행동의 본질을 드러내기 위한 것이었다. 초기 이론가들의 말을 되풀이하면서, Ray는 도덕적 조병에 의해 범죄를 저지른 사람들의 행동에 대해 책임이 없음을 주장하였다. Ray는 그들의 행동이 "도덕적 타락의 결과가 아닌 물리적 질병이 결과"라고 믿었다.[46] 그들이 뇌의 질병으로 고통을 받았다는 것을 고려하면 처벌을 받아야 될 게 아니라 의학적인 보살핌을 받아야 한다. 19세기 연구의 표준이 된 정신이상 관련 법의학에 대한 그의 논문이 논문은 제5판까지 인쇄되었으며 대서양 양쪽에서 극찬을 받았다.에서 Ray가 도덕적 정신이상에 아주 많은 관심을 기울인 덕분에 미국 동료들의 반감에도 불구하고 이 개념이 보호받을 수 있었다.

하지만 결국 도덕적 정신이상은 미국 정신의학계를 분열시킨 갈등의 피뢰침이 되었다. 수반되는 장애 없이 감정적으로만 정신이상에 걸릴 수 있다는 가능성을 조금도 인정하지 않는 동료들의 공격으로부터 이 개념을 보호하기에는 Ray의 위상만으로는 부족했다. 정신과 의사들의 전문단체인 미국정신병원관리자협회Association of Medical Superintendents of American Institutions for the Insane 는 19세기 후반 폐쇄적이고 편협한 조직이었다.[47] 게다가, 이 조직은 뉴욕 유티카 정신병원New York's Utica Lunatic Asylum 관리자인 Dr. John P. Gray존 P. 그레이 박사가 좌지우지하였는데, 그는 인간 정신의 불멸성에 대해 한 치의 의심도 하지 않는 보수적이고 틀에 박힌 사람이었다.[48] Gray는 "정신이상은 뇌에 병이 생겨, 다소 심각하게 정신이 교란된 단순히 육체적인 질병이다. … 정신 자체는 결코 병에 걸리지 않는다. 정신은 병에 걸릴 수 없거나 최후의 결과인 죽음을 맞이할 수도 없다."라고 주장하였다.[49] 그리하여 Gray는 정신 자체의 질병인 도덕적 정신이상의 가능성에 대한 문을 완전히 닫아버렸다.[50]

몇몇 학자들이 주장해왔듯이 Gray의 흉포한 의견은 동료들이 도덕적 정신이상이라는 이론을 지지하는 것을 주저하게 만들기는 했지만,[51] 1860년경 보다 폭넓은 사회적 맥락의 요소들이 이 개념에 대한 지원을 약화시키기 시작한 것 또한 사실이다. 골상학의 위상은 바닥으로 떨어졌다. 영국에서 만들어져 미국에서도 채택된 1843년 맥노튼 규칙M'Naghten Rule은 법적으로 정신이상을 판정하는 데 감정적인 요인이 아닌 인지적 요소를 강조하였다. 맥노튼 규칙에서 유죄판결을 피하려면 정신이상을 주장하는 피고인은 자신 행동의 본질과 특성에 대해 몰랐다는 것 혹은 만약 알고 있었다면 그게 잘못된 행동이라는 것을 이해하지 못하고 있었다는 것을 증명해야 한다. 변호사들과 보수적인 정신과 의사들은 만약 도덕적 정신이상이 형사재판에서 변호로서 받아들여진다면 사람들은 책임감을 완전히 상실하게 될 것이라고 주장하였다. 게다가 Gray뿐만 아니라 많은 의사들은 도덕적 정신이상 이론의 명백한 이원론에 숨어 있는 이단을 감지하였다. 정신이 병에 걸릴 수 있다면 정신이 죽을 수도 있다는 것이고 영혼도 정신과 함께 죽을 수 있게 된다. 이러한 암시는 영혼의 불멸성이라는 종교적 원칙에 완전히 모순되었다. 인간을 완성시키고자 하는 Rush의 바람은 오래전부터 진전되지 못하고 있었다. 그러한 바람은 사회문제를 해결하는 미국의 능력에 대한 비관적인 전망의 증가로 인해 녹초가 되어 있었다. 하지만 무엇보다도, 정신이상, 범죄, 빈곤 같은 인간의 질병을 육체적이고 유전적인 용어로 설명하는 '퇴화에 대한 새로운 이론'이 인기를 끌게 되면서 도덕적 정신이상이라는 개념에 사상 최대의 위협을 가했다.[52] 세기말쯤 미국에서는 물리적이고 지적인 퇴화를 수반하지 않는 정신병을 생각하는 정신과 의사나 사회정책 입안자를 찾아보기는 힘들었다.

미국 정신과 의사들은 결국 도덕적 정신이상이라는 개념을 거부하였지만, 거부가 이 아이디어의 종말로 이어지지는 않았다.[53] 오히려 이 아이디어는 관할권을 뛰어넘어 정신박약아시설institutions for the mentally retarded의 관리자들에 의해 채택되었는데, 이들은 도덕적 정신이상을 그들의 영역에 보다 명확하게 "속한" 질병인 "도덕적 박약"으로 바꾸어놓았다. Isaac Kerlin아이작 컬린이 가장 막강한 관할권을 행사하며 이끄는 조직인 미국정신박약아시설 관리자협회Association of Medical Officers of American Institutions for Idiots and Feeble-Minded Persons는 이 오래된 개념을 퇴화 이론과 융합하여 신체적 질병으로 정의함으로써 "도덕적 정신이상"을 "도덕적 박약"으로 재정의한 일련의 논문들을 작성했다. 이러한 관리자들은 자신들의 전문적 권한과 범위의 확장을 주장하기 위해 "도덕적 박약"을 사용하였다.[54] 요컨대, 그들은 정신과 의사들이 도덕적 정신이상을 거부함으로써 생긴 좋은 기회를 활용하여, 이 개념을 수정하여 자신들의 것으로 만든 것이다.

도덕적 정신이상 개념이 지적인 능력에 영향을 주지 않는 정신의 병이라는 원래의 형태로서 살아남기에는 한동안 잉글랜드가 보다 좋은 곳으로 보였다. 영국 정신과 의사들의 협회인 정신과의사협회Medico-Psychological Association는 미국 협회보다 논란을 덜 일으킬 만한 조직이었다. 이는 부분적으로 이 조직이 폐쇄적이고 방어적인 태도를 보이는 조직이 아니었기 때문이며, 또 부분적으로는 Isaac Ray와 John Gray 같은 강한 개성을 가진 인물들에 의해 조직이 양극화되지 않았기 때문이다. 이 조직의 몇몇 구성원들은 도덕적 정신이상이 법의 심판을 피하고 싶어 하는 범죄자들을 위한 디딤돌이 될지도 모른다고 초초해 하기는 했지만,[55] 영국 정신과 의사들은 이 상태에 대한 보다 정확한 사례들을 수집하고 치료 가능성을 논의하고 부분적인 도덕적 정신이상과 완전한 도덕적 정신이상 사이의 차이를 명확히 하기 위해 노력하였다. 잉글랜드 요크 수용소York Retreat에서 의료감독관으로 근무하며 이 병에 대한 직접적인 경험을 쌓은 의사 John Kitching존 키칭은 "도덕적 정신이상에 대한 강의Lecture on Moral Insanity"라는 제목의 특별히 사려 깊은 에세이에서 도덕적 정신이상을 폭력적이지만 국부적인 폭풍으로 묘사하였다. "폭풍이 바다 전체를 휩쓸고 해안에서 해안까지 격렬한 혼란과 격동을 일으킬 수 있는 것처럼" 정신이상의 주요한 형태들도 정신을 휩쓴다. 하지만 때때로 바다에서 "제한된 지역에만 돌풍이 불고 나머지 지역은 완전히 혹은 비교적으로 잔잔하게 남아 있을 수 있다."[56] Kitching의 비유는 완전한 정신이상과 부분적 정신이상 혹은 도덕적 정신이상 사이의 차이를 명확히 하는 데 도움을 준다.

19세기 후반 영국 정신의학 문헌에서 도덕적 정신이상의 가장 극적인 사례는 Daniel Hack Tuke대니얼 핵 튜크가 정신과의사협회Medico-Psychological Association의 1885년 연례 모임에서 제시하였다. 여기서 그는 최근 캐나다 여행을 다녀와서 알게 된 말 도살자 W.B.에 대해 보고하였다.Tuke는 W.B.의 기록을 온타리오(Ontario)의 킹스턴(Kingston)에 있는 정신병원에서 얻었다. Tuke의 보고가 길기 때문에 그의 보고에서는 오직 일부분만 발췌하고 여기서는 요약하여 기술하도록 하겠다. 처음에 「정신과학학술지(Journal of Mental Science)」에 기재되었던 그의 보고에는

W.B.의 사진들이 포함되어 있었다.57 1843년에 태어난 W.B.는 어려서부터 다른 아이들과 집안의 동물들을 괴롭히기 시작했다. 그는 남동생을 거의 죽을 때까지 때리고는 "이웃집의 값비싼 말의 목을 잘라 체포되었다." 그는 이에 대해 자백했으며, 다른 동물들을 불구로 만들고 죽인 것도 자백하였다. 12개월 동안 수감된 후 돌아온 그는 남동생을 교살하려 하였다. 아직 갓난아기였던 자신의 동생을 질식시키려는 시도와 몇 번의 도둑질로 그는 7년 형을 선고받게 된다. "그가 다음으로 행한 탈선은 우연의 결과였다. 어느 날 저녁 W.B.는 아버지와 함께 이웃집에 있었는데 아버지는 사과를 깎다가 실수로 손을 심하게 베었다. W.B.는 안절부절못하고 긴장했으며, 창백해졌다." 그는 가까운 농가 마당으로 가서 "말의 목을 잘라 죽였다." 숲속에 숨어 있던 그는 어린 소녀를 강간했다. 이때 W.B.는 종신형을 선고받았다. 하지만 그는 사면되었고 그 후 말을 거세하고 말의 목과 배를 찌르고 말의 혀 일부분을 잘라내었다. 정신병원에 보내진 그는 탈출하고 강간을 시도했으며 수많은 자잘한 범죄를 저질렀다. 정신병원에 돌아온 그는 동료 환자를 거세하려 하였으며 다른 이의 배를 포크로 찔러 구멍을 뚫었다. 그는 새엄마를 좋아했다. 하지만 그는 그녀를 강간할 계획이었음을 자백하였다. Tuke는 "W.B.는 조용하고 유능했지만 결코 신뢰할 수 없는 인물이었다. 그는 상당한 교육을 받았고 신문 읽기를 즐겼다."라고 결론을 내렸다.58

여러 해 동안 일말의 죄책감도 없이 혐오스러운 폭력행위를 저질렀다는 사실을 제외하면 모든 면에서는 정상인 W.B.를 봄으로써 Tuke와 동료들은 도덕적 정신이상의 완벽한 사례를 발견하게 되었다. 도덕적 정신이상이라는 개념 혹은 Tuke는 때때로 이를 "도덕적 박약"이라 불렀다은 다른 방식으로는 설명될 수 없는 이러한 행동을 설명하는 데 도움을 주었다.

1870년 이후 10년 동안 「정신과학술지Journal of Mental Science」에서 도덕적 정신이상이 언급되는 경우는 거의 없었으며, 논의가 재개될 때면 이 개념은 인간이 진화의 사다리를 타고 내려가 퇴화될 수 있다는 퇴화론적 아이디어에 의해 변형되었다. **도덕적 박약**이 선호되는 용어가 된 미국에서처럼 영국에서 도덕적 정신이상이 완벽한 명칭의 변화를 겪게 된 것은 아니었지만, 극적으로 또 다른 관할 구역으로 넘어간 것도 아니었다. 단지 영국에서는 도덕적 정신이상이 진화론과 새로운 신체주의somaticism를 흡수하여, 보다 넓은 범위의 범죄들을 설명할 수 있는 '선천적인 범죄관련성에 대한 보다 일반적인 이론'으로 부상한 것이다.[59] 1881년 7월 「정신과학학술지」는 베스렘왕립병원Bethlem Royal Hospital 수련의 Dr. Gerge H. Savage조지 H. 세비지 박사의 글 "도덕적 정신이상Moral Insanity"을 게재하며 이 주제에 대한 침묵을 깼다. 이 글은 도덕적 정신이상 개념의 원래 의미를 거의 남겨두지 않은 채 개념을 근본적으로 재정의하였다. 이 글에서 도덕적 정신이상은 더이상 지적인 정신이상과 구별되지 않으며 오히려 밀접하게 연결된다. Savage는 이 병의 선천성을 유전적인 용어로 설명하였다. 도덕적 정신이상은 온전치 못한 부모로부터 그 조건이 유전될 수 있거나 부모가 열병이나 매독에 걸렸을 때 생겨났을 수 있다.[60] 더욱이 도덕적 정신이상은 범죄뿐만 아니라 비행, 어린 시절의 못된 짓, 거짓말, 괴롭힘, 끊임없는 자위행위와 같은 사소한 일탈 행위도 설명할 수 있다. Rush, Pinel, Prichard처럼 Savage는 "진정 도덕적으로 정신이 나간 사람과 범죄자를 명확히 구분하는 것은 불가능하다."라고 말하며 도덕적 정신이상을 범죄와 연관시켰으며,[61] 통제할 수 없고 제지할 수 없는 위법행위와도 연관시켰다. 하지만 이러한 핵심개념은 거의 원래의 개념으로부터 나온 것이었다. 도덕적 정신이상이라는 개념이 10년 동안 「정신과학학술지」에서 논의되지는 않았지만, Savage는 진화론자인 Herbert Spencer허버트 스펜서와 Charles Darwin의 가르침과 퇴화 이론을 지지하는 정신과 의사 Henry Maudsley헨리 모즐리의 가르침을 참고하여 이 개념의 정의를 명료하게 재고해오고 있었다.[62] 그는 동료들에게 도덕적 정신이상에 대한 보다 많은 토론을 요구하였는데, 이러한 요구는 같은 맥락에서 홍수 같은 반응을 유발하였다.[63] 다른 정신과 의사들 역시 이 문제에 대해 다시 생각하고 있었으며 그들 또한 Prichard의 이론을 퇴화론적인 용어로 재해석할 준비가 되어 있었다.

도덕적 정신이상은 도덕적인 미개함과 사회의 퇴화에 관한 퇴화론적 담론에 손쉽게 흘러 들어갔다. 1884년 논의에서 Tuke는 다음과 같이 설명했다. 도덕적 정신이상의 몇몇 형태에서 "이타적인 감성과 연관되어 있는 고도로 진화된 부분은 끔찍한 변화의 근원이 된다." "피험자의 상태가 일생 동안 도덕적으로 수준 이하였던" 다른 사례들에서는 "가장 고도로 진화된 부분마저도 하등하며 … 이타적인 감정은 약하게 발달되어 있다."[64] 여기서 Tuke는 선천적인 도덕적 정신이상과 습득된 도덕적 정신이상을 구분하기 위해 진화라는 아이디어에 의존한다. 그는 나중에 Herbert Spencer를 인용하면서, 문명화된 사회에서는 비정상적으로 보일 수 있는 것이 미개한 사회에서는 정상일 수 있다고 언급한다. 몇몇 사람들은 "원시적인 조건으로 회귀한 상태로 태어나는 반면" 다른 사람들은 보통 "보다 최근에 진화된 그러한 감성이 병에 의해 파괴되기" 시작한다.[65] 다른 의사는 "의심할 여지도 없이 도덕적인 분별력은 문명이 가장 최근에 습득한 것이며 가장 먼저 잃어버릴 수 있는 것들 중 하나이다."라고 말하며 Tuke에게 전적으로 동의하였다.[66] Tuke는 말 도살자 W.B.에 대해 "오래전의 야만적인 유형으로 퇴화된 인간이 우연히 잘못된 시대에 태어난 것"이라고 해석하였다.[67] 1880년대쯤 선구적인 영국 정신과 의사들은 도덕적 정신이상이라는 이 오래된 개념을 Spencer와 Darwin의 개념과 결합하여, 이 이론의 퇴화론 버전을 내놓았다. 그들은 이탈리아 정신과 의사 Cesare Lombroso체사레 롬브로소의 연구를 언급하지 않았지만, 도덕적 정신이상이라는 아이디어는 Lombroso가 자신의 최근 연구 「범죄인의 탄생Criminal Man. 같은 제목으로 번역되어 2010년 법문사에서 출판되었다. 옮긴이.」에서 규명한 타고난 범죄자와 매우 닮은 범죄자들을 그들이 생각할 수 있도록 이끌었다.[68]

과학적인 범죄학의 뿌리들

이와 같이 범죄학적 사고의 근원들은 오늘날 우리가 정신의학이라고 부르는 분야에, 특히 도덕적 정신이상이라고 불리는 병에 대한 담론에 놓여 있다. 따라서 범죄학적 사고의 역사는 18세기 후반과 19세기 초반의 생물학적 이론화 작업과 함께 시작된 것이 틀림없으며, 대서양 양쪽, 특히 미국, 프랑스, 잉글랜드에서의 발전을 포함해야 한다. 이러한 범죄학적 노력의 보다 넓은 근원은 현상을 과학적으로 연구하고자 하는 계몽주의 운동에 놓여 있다. 또한 범죄학의 발생에 큰 영향을 주었던 것은 개혁을 향한 계몽주의적 충동이었다. 이러한 충동은 정신이상자들을 해방시키는 Pinel을 인상적으로 나타낸 그림에 의해 표상되었으며, 정신병자들을 위한 시설에서 행해지는 이른바 도덕적 치료법이라는 프로그램에 의해 실현되었다.[69] 도덕적 정신이상에 관한 담론을 시작했던 Rush, Pinel, Prichard 이 세 사람은 주로 정신병의 원인과 치료에 관심이 있었다. 정신병을 분석하는 과정에서 세 명 모두 통상적인 망상, 환각, 우울감, 분노를 수반하지 않는 정신이상이라는 이례적인 형태의 사례를 우연히 발견하였다. 그들은 다양한 각도에서 문제에 접근하며 이 이례적인 증상을 설명하기 위해 도덕적 정신이상이라는 이론을 여러 형태로 만들어냈다. 그들의 연구에서, 도덕적 정신이상은 물리적인 요인에 의해 영향을 받을 수 있지만 생물학적인 이상에서 나타나지는 않는다. 그들 중 누구도 범죄 행동의 모든 유형을 설명할 것이라고 단언하지는 않았다. 오히려 그들은 특정한 유형의 범죄 행동 뉘우칠 줄 모르는 범죄자들에 의해 자행되는 상습적이고 보통 폭력적인, 명백히 통제할 수 없는 범죄 행동을 살펴보았으며 정신이상이라는 관점에서 이를 설명하였다. 이른바 이성의 시대라고 불리는 시절이 끝나갈 때쯤의 집필에서 그들은 위험한 것은 비합리성 터무니없고 비논리적이며 설명할 수 없는 행동이라고 보았다. 그들의 눈에는 표준적인 형태의 이성과 행동으로부터 이토록 극단적으로 벗어나는 것은 인간의 본질 그 자체로부터 벗어나는 것으로 비춰졌다. 후에 도덕적 정신이상에 관한 이론들은 이 개념을 생물학적으로 분석하였고, 도덕적 정신이상을 신체적이고 유전적인 조건으로 바꿔놓았다.

「지식과 사회의 이미지Knowledge and Social Imagery」의 멋진 구절에서 과학사회학자 David Bloor데이비드 블루어는 계몽주의 시대의 사회철학자들은 개인을 사회 및 국가와 관련시킨다는 점에서 19세기 후반 사회철학자들과 중대한 차이가 있다고 주장한다. 계몽주의 사회의 사고는 "개인적이고 분할적이었는데 전체 혹은 집단을 개별 단위의 모임으로 생각했으며, 이러한 개인의 성질은 집단으로 묶인다고 해도 변화하지 않는다고" 보았다. 계몽주의 사상가들에게 사회는 "그 본질이 사회에 의해 구속되지 않는 개인들의 집합"이다. 대신 인간의 권리와 인간 본성의 본질적인 합리성은 사회의 상황과는 상관없이 보편적이며 시간과 장소를 넘어도 변함이 없다. Bloor가 꼭 집어서 말하지는 않았지만 계몽주의에 따르면, 인간의 권리와 본질은 병든 사회에 의해 약화되지 않는다. 실제로 "병든" 사회라는 아이디어는 계몽주의 사상가들에게는 이질적인 것이었다. Bloor의 일반화는 Rush, Pinel, 심지어 이후에 등장한 Prichard의 가르침에 잘 적용된다. 이는 또한 도덕적 정신이상으로 William Freeman을 변호하는 것에 반대했던, 그리고 또한 인간의 본질이 보편적이며 변할 수 없다고 믿었던 사람들에게 잘 적용된다. Bloor는 계속해서 설명한다. 이와 반대로 19세기 후반의 사상에서는 "사회가 생겨나기 이전의 본성이라는 개념이 본질부터 사회적인 우리의 본성이라는 아이디어로 대체된다." "본질적인 것은 사회이다." 이러한 믿음은 "가족 단위의 유기적인 이미지"를 내포한다. 19세기 후반의 사고에서 개인이라는 단위는 "전체에 친밀하게 결합된 상태로" 존재한다.70 이에 따르면 병든 사회는 개인을 병들게 만들 수 있고 반대로 병들거나 퇴화한 개인은 사회를 감염시킬 수 있다. Bloor의 구분은 왜 범죄가 19세기에 보다 위협적인 현상이 되었는지를 설명하는 데 도움을 준다. 개인과 국가가 관련되어 있다는 생각은 범죄의 중대성에 대한 생각에 영향을 미쳤다.

1800년경 극악무도한 형태의 위법행위의 본질에 대한 당혹감에서만이 아니라 신학자와 성직자로부터 범죄에 대한 해석을 구출하려는 목적으로 범죄를 연구하기 위해 누군가가 어딘가에서 과학의 방식을 차용하기 시작했다는 것은 놀랄 일이 아니다. 실증주의는 사회현상을 이해하기 위한 새로운 도구를 제공하기 시작했으며 결국 누군가가 이를 범죄에 적용하기 시작했다. 18세기 후반과 19세기 초반의 서구 사회에 사회과학이 부재하였고 정신병원 의료관리자들이 이례적인 형태의 범죄 행동을 설명할 수 있는 전문지식을 갖춘 유일한 전문 집단이었다는 점에서, 최초로 자연스럽게 이 분야로 들어온 것은 정신의학적 성향을 지닌 의사들이었다. 의사이자 골상학자였던 Johann Gaspar Spurzheim요한 가스파르 슈푸르츠하임이 설명했듯이 "인간의 병적인 상태에 대해 숙고하는 것은 의사의 특수한 임무이다."[71] 특히, 많은 이들이 몸과 정신이 긴밀하게 연결되어 있다고 믿던 시대에, 그리고 계속해서 Spurzheim이 언급했듯이 비통, 질투, 가망 없는 사랑과 같은 감정들이 육체 건강에 악영향을 끼칠 수 있다는 것이 명백해진 시대에, 의사들이 자신들의 전문지식을 육체의 질병에서 정신과 뇌의 질병으로 확장하였다는 것은 놀라운 일이 아니다.[72] 하지만 제지할 수 없는 범죄행동에 대한 정신의학적인 해석의 1800년경 발전을 지금 회고적으로 예측할 수 있다고 해서, 도덕적 정신이상이라는 개념이 Rush, Pinel, Prichard에 의해 형성된 것처럼 역사에서 필연적으로 등장해야만 했던 것은 아니다. 이 개념의 등장 방식, 의미, 수용, 이후의 영향은 과학에 대한 사회적 기대와 개념 주창자의 지적, 종교적, 전문적 관심을 포함한 다양한 요소에 의해 결정된다.

도덕적 정신이상을 놓고 벌어지는 19세기 논쟁들은 수 세기 동안 만연했던 '정신이상과 범죄에 대한 종교적인 이해'에 대한 극적인 도전이 되었다. 1838년이라는 늦은 시기에도 미국 정신이상 관련 법의학 전문가인 Isaac Ray는 "정신이상의 원인을 신의 천벌로 돌리는 것을 진정한 신앙심의 증거로 보기에는 미심쩍다."라고 함으로써 비난으로부터 자신을 보호해야 한다고 느꼈다.[73] 이와 비슷하게 미국 정신병원 관리자들은 1841년 보고에서 정신이상이 "신의 노여움, 복수심, 책망으로 인한 천벌"이라는 믿음에 명확하게 반대해야 한다는 생각을 밝혔다.[74] 도덕적 정신이상이라는 개념은 신학적 추론을 과학적 추론으로부터 분리시킴으로써 의사, 변호사, 정책입안자, 일반 대중이 심연에 빠지지 않을 수 있도록 도왔다. 결국 이 개념은 생물학적인 기반을 두는 심리적인 병이 범죄의 원인이라는 아이디어를 미국과 영국의 정신과 의사들이 받아들이는 데 일조하였다.

도덕적 정신이상처럼 급진적인 개념이 받아들여지기 위해서는 당연하게도 투쟁이 필요했다. 정신과 의사들이 쉽게 인정하는 것처럼 도덕적 정신이상 진단은 어렵기 때문에 법정은 법학에 이 개념을 포함시키는 것을 거부하였다. 예컨대 William Freeman의 사례에서, 검사는 배심원이 도덕적 정신이상을 근거로 하는 변호를 받아들인다면, 적어도 의학의 진보 의사들로 하여금 "살인범의 마음으로 들어가거나 정신을 분석할 수 있도록 하여 살인범의 정신 작동에 무엇이 영향을 미쳤는지를 발견할 수 있는 것 같지 않는 먼 훗날 그날이 올 때까지는 극악무도한 살인을 처벌할 수 있다는 모든 희망에 작별을 고해야" 한다고 주장하였다.[75] 하지만 저항의 궁극적인 원인은 법적인 것도 과학적인 것도 아니었으며, 오히려 철학적이고 종교적인 것이었다. 대서양 양쪽의 논쟁 참가자들은 인간의 정신과 영혼의 본질에 대해 논쟁하였다. 도덕적 정신이상이라는 개념은 그들로 하여금 자유의지 대 결정론이라는 어려운 문제를 다루도록 만들었으며, 그들이 사악한 행동의 근원과 본질을 다시 생각할 것을 요구하였다. 범죄 행동을 도덕적 정신이상에 의해 설명하는 것을 받아들였던 이들은 그것이 과학적으로 보이기 때문에 받아들였다. 오늘날 유전학적이고 신경학적인 해석들이 사람들에게 받아들여지는 것과 같은 맥락이다.

도덕적 정신이상이라는 개념에 대한 초기와 후기의 설명들은 상당히 차이가 난다. Rush의 설명은 그의 종교적인 신념과 거의 구분하기 힘든 반면, 후기의 이론가들은 그들 스스로가 강조하듯이, "인간 생활에 대한 현상을 설명하는 데 초현실적인 것을 들먹이는 반감"을 공유하였다.[76] 초기 이론가들은 도덕적 정신이상을 드문 현상으로 보았다. 하지만 퇴화론을 지지했던 후손들은 이 현상을 어디서나 발견하였다. Rush와 다른 초기 지지자들은 도덕적 정신이상의 몇몇 사례에서 유전을 소인적 요인으로 보았던 반면, 후기의 이론가들은 나쁜 유전자와 동떨어진 도덕적 정신이상을 생각할 수 없었다. 도덕적 정신이상은 처음에 능력심리학의 관점에서 설명되었지만, 세기가 끝나갈 무렵 이 용어는 우리가 지금 진화심리학이라고 부르는 영역의 용어가 되었다. 초기의 이론가들은 사례 연구, 실증적인 사실 수집, 귀납법, 부검, 두개골 비교^{Pinel}, 심지어는 실험적인 동물 해부^{Prichard} 같은 다양한 과학적 방법을 도덕적 정신이상을 연구하기 위해 사용하였다. 후기 이론가들 역시 과학적인 연구를 고집하였지만 그들은 계보 연구, 두개골 용량 측정, 정신적이고 육체적인 능력에 대한 시험을 포함한 추가적인 방법을 이용하였다.

이러한 차이들에도 불구하고 도덕적 비정상은 ^{이 개념은 생물범죄학의 원형적이고 기}^{초적인 예에 불과하지만} 이와 같은 이론들의 특성이 되어버린 특징을 가지고 있었다. 환원주의자는 범죄의 원인을 뇌의 이상으로만 한정시키는 경향이 있다. 기이한 범죄 행동을 설명하기 위해 환원주의자는 범죄자 밖의 사회적 조건이 아닌 범죄자 내부의 요소들을 먼저 살펴본다. 범죄자 내부의 요소만을 살펴보는 것은 아니지만 말이다. 도덕적 정신이상 이론은 생물학적 작용이 범죄 행동을 포함한 인간행동의 핵심적 원인이라는 가정과 함께 시작되었다. 이 이론은 범죄를 과학화하여, 위법행위를 먼저 형이상학으로부터 그 다음에는 법적인 영역으로부터 빼내 의학이 관할하는 영역으로 옮겨다 놓기 시작했다. 게다가 도덕적 정신이상이라는 개념은 범죄자와 법을 준수하는 시민, 그들과 우리 사이의 근본적인 차이를 은연중에 나타낸다. 다시 말해 이 개념은 인간의 공통성이 아닌 차이점에 주안점을 둔다는 것이다. 이 이론은 생물학적인 요소가 환경에 의해 쉽게 변화된다고 생각하는 "부드러운" 결정론적 이론이었지만, 그에도 불구하고 이 이론은 자유의지에 대한 근본적인 논쟁을 불러일으켰다. 그리고 이 이론은 보다 나은 범죄통제를 위한 열쇠는 사법제도를 더욱 과학적으로 만드는 것에 놓여 있다고 암시하였다. 이러한 특징들이 도덕적 정신이상에 대한 모든 종류의 설명에서 드러나지는 않으며 또한 이러한 특징이 잘 발달된 것도 아니다. 하지만 과거의 상황을 통찰할 수 있는 지금의 눈으로 보면 이러한 특징이 범죄에 대한 생물학적 해석의 전형이 되었음을 알 수 있다.

시작으로 돌아가 보자. 범죄에 대한 과학적인 연구의 기원을 이해하려면, 기원이 되는 문헌뿐만 아니라 그러한 문헌이 나타난 맥락도 살펴봐야 한다. 도덕적 정신이상 이론은 18세기의 합리주의가 꽃피던 시기와 19세기의 유전설hereditarianism이 이제 막 나타나기 시작했던 시기 사이에 등장하였다. 이 이론은 범죄자들을 이익과 손해를 가늠할 수 있는 분석력과 자유의지를 가진 보통의 인간이라고 가정하는 시기에 처음으로 만들어졌다. 19세기 초반에 도입된 교도소 체제는 그러한 합리성을 전제조건으로 두었으며, 동시에 이 합리성을 강화시킬 목적이었다.77 하지만 1870년대쯤 범죄자들은 비합리적이고 제지할 수 없으며, 스스로가·통제할 수 없는 위험한 유전자에 의해 지배당하는 것처럼 보였다. 지능은 정상이지만 도덕적으로는 정신이상에 걸린 극악무도한 범죄자를 묘사하는 도덕적 정신이상 이론은 이러한 두 기둥 사이를 맴돌며 범죄자의 정신을 범죄의 원천으로 보았으며 부분적으로만 때로는 병든 도덕적 능력이 정상으로 회복될 수 있다는 희망을 주었다.

:: 3 ::
골상학
비정상적인 뇌

두개골의 윤곽으로부터 성격을 읽어내는 19세기 초반의 시스템인 골상학phrenology은 서구 사회에서 제시되어왔던 '범죄와 처벌에 대한 아이이어'에 가장 근본적인 방향전환 중 하나를 일으켰다. 법학 분야에서 골상학자들은 새로운 철학적 기반 위에 형법을 재건하고, 범죄자의 책임에 대한 아이디어를 점검하고, 응보주의 시대에 사회 복귀를 목적으로 형을 선고한다는 이론적 근거를 발달시키기 위해 노력하였다. 형벌학penology 분야에서 골상학자들은 사형에 반대했으며, 이후 150년 동안 형사사법제도에 영향을 미친 범죄자 재활 계획을 발달시켰다. 하지만 골상학자들이 가장 두각을 나타낸 것은 범죄학 분야에서였다. 이는 그들이 범죄 행동에 대한 최초의 포괄적인 해석을 발전시켰기 때문인데, 이러한 해석은 도덕적 정신이상이라는 이론과 겹치는 부분이 있었지만 훨씬 더 포괄적이고 체계적이었다.

뇌는 독립적인 기관들 혹은 "능력들"의 집합이라는 이해를 기초로 하여 골상학자들은 사소한 도둑질에서 아내 폭행, 살인에 이르는 모든 종류의 범죄 행동을 설명할 수 있었다. 그들은 정상인 범죄자와 정신이상에 걸린 범죄자를 구분하기 위한 지침을 가지고 있었다. 그들은 범죄를 저지르는 경향이 사람에 따라 다양하다는 아이디어를 도입하였고 나이, 국적, 인종, 성별에 따른 범죄율의 차이를 설명할 수 있었다. 심지어 골상학자들

은 우리가 오늘날 연쇄살인범과 사이코패스라고 부르는 범죄자의 행동을
설명할 수 있었다. 골상학의 기본적인 문헌들 중 하나에서 발췌한 다음의
사례에서 보이듯이 말이다.

> 지난 세기가 시작될 무렵 클레베^{Cleves}와 인접한 네덜란드 국경에서
> 여러 번의 살인이 자행되었다. 오랜 시간 동안 살인범은 알려지지 않
> 은 채로 남아 있었다. 하지만 결혼식에서 자주 바이올린을 연주하던
> 나이든 바이올린 연주자가 그의 아들 말에 의심을 받게 되었다. 재
> 판장으로 끌려온 그는 34번의 살인을 자백하였으며, 그는 살인을 저
> 지른 이유가 원한에 의한 것도 강도질을 하기 위한 것도 아니며, 그
> 저 살육을 하면 극심한 즐거움을 느꼈기 때문이라고 주장하였다.[1]

이 네덜란드 바이올린 연주자의 행동을 대부분의 사람들이 악행의 관점에
서 설명하고 있을 때, 골상학자들은 이러한 행동의 원인을 선천적인 뇌의
결함으로 보았다. 범죄 행동에 대한 과학을 발달시키고자 하는 범죄학적인
야망과 시야는 대서양 양쪽의 자유로운 사상가들을 흥분시켰다.

형법학^{criminal jurisprudence}, 형벌학, 범죄학에 대한 골상학자들의 글은 범죄
행동뿐만 아니라 인간의 **모든** 행동^{그리고 수많은 동물 행동까지}을 과학적으로 설명하
는 것을 목적으로 하는 보다 폭넓고, 모든 것을 포괄하는 생물사회학적
해석 시스템의 일부분이었다. 골상학자들의 시스템은 다섯 가지의 근본적
인 가정에 기초한다.

1. 뇌는 정신 기관이다.
2. 뇌는 전투성, 갈망, 파괴성 등을 각각 독립적으로 담당하는 약 30개
   의 분할된 기관 혹은 능력의 집합이다.[2]
3. 어떤 기관의 활동이 더욱 활발할수록 그 기관의 크기도 더 커진다.

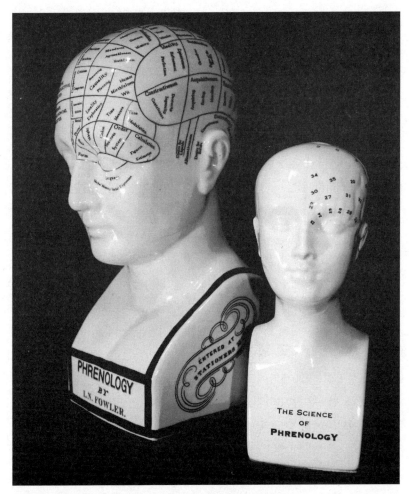

그림 3.1 골상학적 머리. 골상학자들은 두개골의 윤곽을 연구함으로써 범죄적 성향과 다른
비정상적인 정신 상태를 진단하려고 했다. 골상학자들은 두뇌를 정상으로 돌리기 위해 과도
하게 발달된 영역의 크기를 줄이고 잘 발달되지 못한 영역의 크기를 증가시키려고 하였다.
Photograph by Danielle Rousseau.

4. 기관들의 상대적인 크기는 두개골의 윤곽을 살펴봄으로써 추정할 수 있다.
5. 기관들의 상대적인 크기는 훈련과 자기 수양을 통해 커지거나 줄어들 수 있다.[3]

1800년경 Franz Joseph Gall프란츠 요제프 갈이 생각해낸 5번째 가정을 제외한 위의 근본적인 가정들은 골상학이라는 과학을 발전시키고 이 학문의 신조를 퍼뜨리기 위한 국제적인 운동의 기반이 되었다. 이 운동은 두 단계로 진행되었다. 약 1800년부터 1830년까지 '과학적 단계'에 골상학적 시스템은 주로 의사들과 정신과 의사들에 의해 발전되었다. 과학적 단계와 그 시기가 조금 겹치는 약 1820년부터 1850년까지 '대중화 단계'에 골상학은 사교 클럽, 마케팅 담당자, 광고업자를 모두 완비한 유행이 되었다. 하지만 이러한 단계들의 시기와 지속기간은 장소마다 다르다. 그리고 골상학 자체가 1840년대 이후 거의 발전하지 못하긴 했지만, 골상학의 아이디어는 19세기 후반 일탈에 대한 개념을 보강한 퇴화 이론으로 넘어갔다. 실제로 몇몇 골상학회는 20세기에도 활동하고 있었다.

사회적 행동을 연구하던 다른 초기의 연구자들처럼, 골상학자들은 이전에 자연과학에서 발달된 방법들을 채택하였으며 사회도 같은 방법으로 연구될 수 있다고 생각하였다. 그들은 데이터를 수집하고 가설을 세웠으며, 사회현상에 대한 직접적이고 객관적인 이해의 가능성에 관한 실증주의적 가정을 하였다. 골상학의 과학적 단계 동안, 골상학은 해부학, 인류학, 생리학, 심리학, 정신의학을 포함한 다른 종류의 다양한 과학적 노력들과 교차되었으며, 동물 해부와 부검을 통한 실증적 관찰, 귀납법, 연역법을 포함한 다양한 과학적 방법들을 이용하였다.몇몇 골상학자들은 실험적인 방법들을 이용했다고 주장하기도 했지만, 엄격한 실험에 대한 실패는 과학적인 아킬레스건이 되었다. 골상학은 행동에 대한 형이상학적이고 신학적인 케케묵은 해석과 결별하고 이를 실증적인 과학으로 대체하려는 야심차고 복잡한 노력이 되었다.

골상학자들은 범죄의 원인에 대해 어떻게 얘기했을까? 어떤 점에서 그들의 연구가 오늘날 생물범죄학의 선조가 된 것일까? 어떻게 그들은 초기 도덕적 정신이상 이론의 초보적인 실증주의를 넘어서 범죄학을 과학으로서 발달시킨 것일까? 앞으로 나는 먼저 골상학자들이 연구를 수행했던 사회적인 맥락을 규명하고, '범죄의 원인, 형법학 분야의 개혁, 형벌학 혹은 수감자 처리'에 관한 골상학자들 생각의 본질을 요약한다. 마지막 절에서는 생물범죄학의 한 형태로서의 골상학자들 학설의 중요성을 논의한다.

골상학: 맥락과 원칙

도덕적 정신이상 이론처럼 골상학은 형이상학적이고 신학적인 해석을 자연과 사회의 현상에 대한 과학적인 설명으로 대체하려는 계몽주의적 충동으로부터 등장하였다. 골상학의 설립자 가운데 한 명인 Johann Gaspar Spurzheim요한 가스파르 슈푸르츠하임은 자신의 추종자들에게 찬양을 받는 한 구절에서 "내게는 형이상학적인 1,000개의 의견보다 하나의 사실이 보다 실증적이고 결정적이다."라고 선언하였다.[4] 지식의 원천으로서 '관찰'과 '인간의 이성'을 새롭게 강조하는 경향은 오래된 시스템을 벗어날 가능성을 생생하게 입증하였던 북아메리카와 프랑스의 민주주의 혁명에 의해 강화되었다. 교육을 받은 사람이라면 누구라도 자연 현상에 대한 연구에 적어도 손이라도 대볼 수 있다는 대담한 생각과 보편적인 교육에 대한 이상은 민주주의와 함께 등장하였다. 골상학은 과학적 해석에 대한 열정으로부터 그리고 민주주의적 충동으로부터 성장하였다. 이전에는 신의 법을 일부러 위반한 것으로 이해되었던 정신이상과 범죄는 이제 과학적인 용어로 이해될 수 있을 것처럼 보였다. 동시에, 권위주의 정권들이 몰락하고, 이 정권들이 부르주아 산업 사회에 의해 점진적으로 대체되고, 신체에 해를 가하거나 신체를 파괴하였던 오래된 응보주의적 처벌에 대한 혐오감이 증가하면서, 사회 질서 및 규율에 대한 새로운 방법론이 요구되었다.5 이것이 골상학이 최초로 등장하였던 1800년경의 아주 대략적인 상황이다.

골상학의 인접한 배경에는 두 가지 국면이 더 놓여 있다. 바로 도덕적 정신이상이라는 이론과 관상학physiognomy이라는 과학이다. 도덕적 정신이상으로 알려지게 된 개념에 대한 초창기의 발언에서 정신과 의사 Benjamin Rush벤자민 러쉬는 정신을 독립적인 "능력들"의 집합으로 생각하였으며, 이러한 생각은 뇌를 자치적인 기관들이 모인 것으로 보는 골상학 개념의 전조가 되었다.6 그 후 도덕적 정신이상 이론과 골상학은 평행한 경로 위에서 발달하였으며, 이 두 학설을 모두 지지하였던 Amariah Brigham애머라야 브리검 같은 의사들의 연구에서 때때로 한곳으로 집결되기도 하였다. 관상학은 이 학문의 대중화에 가장 크게 기여한 스위스의 신학자 Johann Caspar Lavater요하나 카스파 라바터, 1741~1801에 의해 "외부의 인간과 내면의 인간, 즉 눈에 보이는 표면과 보이지 않는 내용 사이의 관련성에 대한 과학 또는 지식"이라고 묘사되었다.7 Lavater는 최초의 관상학자가 아니다. 예컨대 16세기 이탈리아 학자 Giambattista della Porta잠바티스타 델라 포르타. 그림 2.1 참고가 있었다. 관상학에 관한 그의 책은 범죄인류학을 포함한 얼굴 생김새에 관한 과학에 대한 이후의 연구들을 크게 자극하였다. 하지만 Lavater는 과학적인 기반 위에 관상학을 세우고자 시도한 최초의 현대적인 관상학자였다. 그는 사람들의 얼굴로부터 성격을 읽어낼 수 있다고 확신하였다. 독일에서 최초로 발행되고,1775~1778 1795년까지 대서양 양쪽에서 영어로 발행된 「관상학에 대한 에세이Essays on Physiognomy」에서 그는 이러한 확신을 상세히 서술하였다. 얼굴 표정을 나타낸 그림과 과학적인 심리학을 구성하는 주장을 실은 그의 에세이는 팔목할 만한 성공을 거두었다.8 특히 인기가 있었던 것은 그림이 실린 작은 공책으로 만들어진 판이었는데, 독자들은 이를 이용하여 새로 알게 된 사람이나 지나가는 사람의 성격을 측정하였다.예컨대 Lavater는 긴 이마는 이해력을 나타내고, 짧은 것은 변덕을, 완벽한 수직은 이해에 대한 갈망을 나타낸다고 가르쳤다.9 관상학은 뒤를 이은 학문인 골상학처럼, 인간 행동에 관한 과학에 대한 19세기 초반의 갈망을 보여준다. 두 분야 모두 외모가 내면 상태를 반영한다는 가정과 함께 시작되었다. Lavater는 관상학이 완전히 날개를 편 학문이 되기를 바랐지만, 그는 골상학자들이 했던 것과 같은 엄격한 연구를 시도하지 않았다. 그의 주장은 체계적인 데이터 수집보다는 상식"모두가 알고 있듯이", "아무도 부정할 수 없듯이"10에 기반을 두었으며, 그는 관찰한 상관관계를 설명할 시도를 하지 않았다.11

골상학 자체는 창시자인 Franz Joseph Gall프란츠 요제프 갈에 의한 두개골학 craniology 연구와 함께 18세기 후반 빈Vienna에서 시작되었다. Gall의 협력자이자 가장 영향력이 큰 추종자였던 독일 의사 Spurzheim은 Gall이 어떻게 그의 원칙에 도달하게 되었는지를 다음과 같이 설명하였다.

> Gall 박사는 아주 어렸을 때부터 형제와 남매 사이에 존재하는 차이에 주의를 기울였다. 특히 그는 학우들이 스스로 이해할 수 없는 것들조차 쉽게 암기하는 데 반해 자신은 매우 적은 수의 단어를 머릿속에 새기는 데 극심한 어려움을 느낀다는 사실에 당황하였다. 하지만 그는 사고하고 추론하는 데 학우들보다 뛰어남을 발견하였다. 나중에 그는 아주 뛰어난 언어 기억력을 갖춘 사람들은 두 눈이 많이 돌출되어 있다는 것을 발견하였다. 이러한 관찰은 Gall의 향후 모든 심리 탐구의 출발이었다.12

하지만 Gall이 올바른 노선을 발견하는 데에는 수년의 연구가 필요했다. 예를 들어 그는 사람들의 재능과 "그들의 전체적인 머리 형상"의 연관성을 찾으려는 시도에 많은 시간을 소모하였다.13 하지만 Gall은 끈질기게 나아갔고, 모든 사회계급과 모든 직업의 사람들을 자신의 집으로 초대하여, 성격을 알아내기 위해 대화를 나눴으며, 그들의 성격적 특성을 두개골의 특정한 영역과 관련시킬 수 있을 때까지 머리의 영역들을 연구하였다. 자식이 없었던 Gall은 연구에 시간과 돈을 할애할 수 있었다. 그는 사람들 머리의 견본을 만들고 두개골을 수집하였으며, 길에서 지나가는 사람의 머리에

"뚜렷하게 돌출된 부분"이 있는 것을 발견하면 그 사람을 멈춰 세웠다.[14] 이윽고 그는 자신의 발견들을 「뇌와 그 각각의 영역들의 기능에 대하여On the Functions of the Brain and Each of Its Parts」라는 6권 분량의 연구물을 펴냈으며, 이는 프랑스에서 1825년에 최초로 출간되었다.[15] 이 연구는 결국 영어로 번역되었지만,[16] 영어판의 늦은 출간연도[1835년]와 너무 큰 책의 크기로 영국Britain과 미국에서 이 책은 별로 읽혀지지 않았다.사실 Gall은 모든 사실을 독자들에게 전달해야 한다는 이유로 보다 짧은 판의 출판을 반대하였다.[17] 영국과 미국에서 Gall의 연구에 상대적으로 접근하기 힘들었다는 점에서 공백이 생겼는데, 이러한 공백은 보다 제시간에 그리고 보다 다루기 쉬운 크기로 나온 골상학 관련 책에 의해 매워졌다.

Spurzheim은 Gall의 시스템을 영어로 쓴 「Gall 박사와 Spurzheim 박사의 관상학 시스템The Physiognomical System of Drs. Gall and Spurzheim」 1권으로 압축·체계화·확장하였다. 이 책은 다른 책들과 함께 영국과 미국에서 골상학 운동의 기초가 되었다. Spurzheim은 Gall이 밝혀낸 본래 27개 기관에 더해 6개 기관을 밝혀내었으며, 기관들의 위치를 나타내는 따르기 쉽고 복사하기 쉬운 머리 도표를 독창적으로 발전시켰다.Gall은 기관들의 윤곽을 표시한 실제 두개골로부터 설명을 이끌어내는 방식을 많이 사용했는데. 이 방법에는 두개골을 실증에 사용하는 과정이 수반되었을 것이다. Gall은 기후, 음식, 음주가 그러한 능력들을 변화시킬 수 있다고 믿었으며 실제로 그러한 변화들을 신체 형성과 성격에서 인종적이고 민족적인 차이를 설명하는 데 사용했지만, 그는 오직 장기적인 변화만을 염두에 두었다.[18] 이와 대조적으로 Spurzheim은 개인의 능력이 일생을 살면서 변화될 수 있다고 가르쳤다. Spurzheim에 따르면 "어떤 감정을 유도해낼 알맞은 상황에 사람을 데려다 놓으면, 그러한 감정이 강화된다." "자비심을 함양하고 싶은 사람이라면 부유하고 호화로운 사람들이 모인 사교계에만 자주 다녀서는 안 되며 자비에 대한 설명을 머릿속에 넣어야 한다. 또한 스스로 빈곤을 경험해 봐야 한다."[19] 이렇게 Spurzheim은 본질적으로 결정론적인 학설을 낙관주의적으로 비틀어 자기 수양과 치료의 가능성을 추가하였다. 범죄에 대해 가장 큰 책임이 있는 "열등한 능력을 지속적으로 통제할 필요가 있

다."는 것이 Spurzheim의 관점이었다.[20]

Spurzheim은 잉글랜드에 정착하였다. 거기서 Spurzheim은 Gall의 시스템을 실증하기 위해 흥미로운 해부학적인 증거를 이용하였다. 자신의 주장을 전파하려는 노력은 결국 그를 미국으로 이끌었고, 거기서 동부 해안의 지식인들에게 추앙을 받았으며, 하버드 의학전문대학원에서 해부학에 대한 강의를 하도록 초청받았다. 하지만 이러한 분투는 Spurzheim을 지치게 만들었고 1832년 11월 보스턴에서 돌연사하고 만다. 수천 명이 장례식에 참가하며[21] Spurzheim 학설이 이미 대중화되었음을 보여주었다.

골상학 지지자들의 사회적 신분은 시간과 국가에 따라 때로는 도시에 따라 차이를 보이는데, 일반적으로 제1의 지지자들은 중상 계급의 개혁가들이었던 것으로 보인다. 가장 열렬히 지지했던 사람 중에는 George Combe조지 콤과 형제인 Andrew Combe앤드루 콤이 있었다. 이 형제는 스코틀랜드의 도시 에든버러Edinburgh 거주자였는데, 에든버러에서는 사학자들이 폭넓은 탐구를 했다는 이유로 골상학이 어느 곳에서보다 강력하고 깊게 자리매김하고 있었다.[22] 이 주제에 대한 본질적인 문헌은 골상학 지지자들을 자유주의자로 간주하며, 몇몇은 급진적이고 이상적인 소질을 가진 것으로, 또 그들의 대부분은 형이상학에 반대하는 것으로, 그리고 프랑스에서는 그들이 교권의 개입에 반대하는 것으로 간주한다.[23] 그들은 사회 엘리트 계층의 구성원이기보다는 떠오르는 젊은이들인 경우가 많았다. 어쨌든 19세기 초반은 열망의 시대이자 널리 퍼진 낙관론의 시대였다. Spurzheim은 "범죄를 예방하는 가장 중요한 방법은 인류의 진보이다."라고 저술하였다.[24] 이러한 맥락에서, 통치의 합리화를 희망했고 민주주의 국가에서의 질서유지를 위한 새로운 수단의 도입을 희망했던 개혁가들에게 골상학이 철학적인 기반을 제공하였다.

골상학의 매력은 부분적으로 이에 내포된 사회적·정치적 계급체계에 놓여 있었다. 골상학은 머리와 몸의 하등한 부분들 사이의 업무 분담을 통해 사회계급이라는 아이디어를 자연현상으로 설명하였다. 또한 골상학은 부분 사이의 조화, 균형, 협동의 중요성과 자연법에 대한 복종의 중요성을 가르쳤다. Gall의 시스템은 인체의 가장 높은 부분에 권한을 주었을 뿐만 아니라 능력에 계급적인 순위를 매겼다.[25] 골상학은 호색성, 전투성, 파괴성과 같이 인간이 동물들과 공유하는 것으로 일컬어지는 하등한 성향을 두개골의 낮은 부분에 위치시켰다. 훨씬 더 수치스럽도록 골상학은 그들 중 일부를 머리의 뒤쪽으로 밀쳐냈다. 그래서 호색성(성욕)은 두개골의 뒤쪽과 아랫부분에서 찾아지게 되었다. Gall이 규명한 지적 능력 담당 기관들은 두개골의 앞쪽과 중심 부분보다 가깝게 위치하였으며, 꼭대기에는 자비, 존경, 단호함, 희망, 양심 같은 도덕적 능력들이 자리 잡았다. 여기에는 개인을 위한 계층 모델뿐만 아니라 사회를 위한 계층 모델도 있었다. 이러한 계층 모델에서는 선량함, 합리성, 충동성, 동물적 성향, 범죄성을 통제하였다. 1850년대쯤 세기 초반의 낙관주의가 점점 희미해지고 위험해 보이는 계급들에 대한 중산계급의 우려로 변질되면서, 골상학에 내포된 유전론적 아이디어들이 보다 두드러졌고, 골상학은 유전된 능력들에 대한 시스템으로 더 많이 비춰지기 시작했다.[26] 능력의 유전과 더 나은 인간을 만들어낼 가능성에 관한 Francis Galton프랜시스 골턴의 연구가 이제 곧 등장할 예정이었다.[27]

Spurzheim의 「Gall 박사와 Spurzheim 박사의 골상학 시스템」은 명확하고 잘 조직되고 포괄적이고 치밀하게 주장된 인상적인 책으로 남아있다. 뇌와 신경계의 구조에 관한 첫 번째 구절은 스스로에게 자격을 부여하는 역할을 한다. 여기에서는 해부와 뇌에 대한 또 다른 직접적인 관찰을 근거로 하여, 스스로가 신중한 해부학자의 연구임을 보여준다. Spurzheim은 "소수의 고립된 사실들을 기반으로 시스템을 만드는 것에 대한 열광"과 형이상학적인 가정들을 포함하여 뇌와 신경계에 관한 과학적 연구에 대한 과거의 장애물을 열거한다. "'영혼은 단순하다. 따라서 영혼의 물질적 거주지인 뇌도 틀림없이 단순하다. 그리고 모든 신경은 한 지점에서 끝난다. 다시 말해 신경들에게는 오직 하나의 근원만이 있을 수 있다. 왜냐하면 모든 개인은 오직 하나의 영혼만을 갖기 때문이다.'라고 신학자들은 말한다."[28] 이와 같은 형이상학적인 추론을 "바보 같은 추측"이라고 조롱하면서 Spurzheim은 대신 "자연의 사실들"에 대한 철저한 관찰을 요구한다. 우리는 "단순한 경험의 방식을 따르기 위해 가설에 근거한 추론을 버려야 한다. … 우리는 경험과 관찰로부터 판단하는 합리적인 방식을 채택해야 한다."[29] 나중에 이 책에서 Spurzheim은 골상학 시스템을 자세하게 설명한 뒤 "우리는 절대로 경험직접적 관찰을 넘어서는 모험을 하지 않는다. 우리는 경험을 통해 확인할 수 없는 것을 부정하거나 긍정하지 않는다."라고 주장한다.[30] 골상학을 거부하였지만 Spurzheim을 알고 존경하였던 런던의 외과의사 John Abernethy존 애버네시는 "Spurzheim 박사는 한 가지 반대되는 사실이 모든 것을 뒤집을 수 있기 때문에 성격과 두개골의 돌출된 부분 사이의 우연한 일치를 얼마나 많이 발견하는지는 중요하지 않다고 내게 말했다."라고 보고하였다.[31] 게다가 Spurzheim은 모두가 볼 수 있는 증거를 으레 보여주고는 했다. 인간의 행동에 대한 과학적인 이해에 목말라 있던 몇몇 비전문가와 의사들에게 골상학은 인간 영혼의 비밀을 풀어주는 것처럼 보였다.

최초로 완전히 발달한 범죄 관련 이론의 기반이 된 것이 다른 과학이 아닌 골상학이었던 이유를 이해하기 위해서 우리는 골상학 설립자들의 개인적인 흥미와 연구 기술이 그들이 연구를 수행한 과학적인 맥락 및 그들의 원칙이 널리 받아들여진 문화적인 맥락과 교차하는 방식을 살펴볼 필요가 있다. 과학적인 맥락은 과학적인 방식을 사회현상 연구에 적용하는 것에 대한 널리 퍼진 흥미의 일환이었으며, 연구자들은 자연과학의 방식이 사회현상과 심리현상을 연구하는 데에도 똑같이 잘 작동될 것이라는 것을 의심할 이유가 없었다. 일찍이 두 공리주의자 Jeremy Bentham과 Cesare Beccaria는 범죄 행동을 설명하기 위한 합리적 선택 구조를 제시하였다. 하지만 공리주의는 완전히 발달한 심리학적 이론 혹은 사회적 이론이 아니었고, 어쨌든 간에 처벌은 단순히 범죄를 막지 못하는 것으로 보였다. 사회과학에 대한 갈망의 또 다른 흔적이었던 '범죄통계에 대한 A. M. GuerryA. M. 게리, Adolphe Quetelet아돌프 케틀레, Siméon Denis Poisson시메옹 드니 푸아송의 연구'가 미래에 시행되는데^{아주 가까운 미래이기는 하지만}, 이 세 사람 중 누구도 범죄의 원인에 대해 관심을 갖지 않았다.[32] 하지만 Lavater가 얼굴을 보고 문제의 징후가 있는지 살피는 골상학 시스템을 최근 고안해낸 상태였고, 능력 심리학에 의존하는 도덕적 정신이상 이론가들은 이미 범죄의 원인을 정신적 결함으로 보는 이론을 발전시키는 중이었다. 이렇게 일탈을 과학적으로 연구하고자 하는 최초의 노력은 이미 이런 종류의 연구를 뇌로 향하는 설명 궤도에 안착시킨 상태였다.

이것이 Gall과 Spurzheim이 인간행동을 설명하기 위한 탐구에 착수하게 된 일반적인 과학적 맥락이었다. 그들의 해부학적 기량과 실증적 접근법이 과학적인 요건을 만족시키긴 했지만 그들 학설의 근본적인 물질주의_{자유의지와 인간의 고귀함을 뇌 안의 다발들로 격하시키는}로 인해 골상학을 추종하는 사람은 처음에는 거의 없다시피 했다. 실제로 Spurzheim이 수용적인 사회적·문화적 맥락을 에든버러와 미국에서 우연히 발견하지 못했다면, 그가 학설의 결정론을 완화하여 개혁가들이 Gall의 골상학을 좋아하게 만들지 않았다면, 학설이 최고의 홍보담당자 George Combe^{조지 콤}의 마음에 들지 않았다면, 골상학은 흔적도 없이 사라졌을 것이다. 게다가 다음 절에서 보여주듯이, 골상학은 중상계급 개혁가들이 법학 및 형벌학 분야에서의 개혁운동을 벌이기 위해 정확히 필요로 하는 과학을 이들에게 제공해주었다. 정신병 및 관련된 분야의 전문가들은 이와 비슷하게 골상학에서 과학적인 동지를 발견하였다. 이렇게 확률론적이고 운이 좋은 과정을 통해, 당시 골상학은 수용적인 지지층을 발견하였으며, 골상학의 과학적 주장에 대한 비판을 포함한 변화하는 환경들이 골상학 이후의 과학들을 더욱 설득력 있게 만들기 전까지 번창하였다.

범죄 해석

Spurzheim이 쓴 「Gall 박사와 Spurzheim 박사의 골상학 시스템」에서 "파괴하고자 하는 성향 혹은 파괴성을 담당하는 기관The Organ of the Propensity to Destroy, or of Destructiveness"이라는 제목의 장은 Spurzheim의 방법론과 범죄 연구에 대한 골상학의 적용가능성을 보여준다. 그는 심지어 같은 종과 품종 내에서도 동물의 살해하는 성향이 다양하다는 것을 관찰함으로써 시작한다. "Gall은 작은 개를 한 마리 키우고 있었다. 이 개는 살해하고자 하는 매우 강한 성향을 지니고 있었는데 그로 인해 그 개는 이따금 쥐를 몇 시간 동안 관찰하고는 했으며 쥐를 죽이자마자 쥐를 버리고 자리를 떠났다. 반복되는 처벌에도 불구하고 그 개는 새를 죽이려는 억누를 수 없는 성향도 지니고 있었다." 인간에게도 역시 파괴하고자 하는 성향은 서로 다른 강도로 나타난다고 Spurzheim은 계속해서 말했다. 몇몇 사람은 동물의 고통에 그저 관심이 없다. 다른 이들은 동물이 살해당하는 것을 보며 즐긴다. 또 다른 이들은 "가장 억누를 수 없는 살해 욕망"을 경험한다. Spurzheim은 네덜란드 바이올린 연주자의 사례를 포함한 많은 사례들을 제공하며 시사점을 탐구한다. 사례들은 "살해하고자 하는 성향은 교육 및 훈련과는 무관하며" 정신 조직이 단독으로 작용한 것임을 보여주는 것으로 보인다. 또한 Spurzheim은 동시대에 정신이상자들에게서 "파괴하고자 하는 강한 충동"을 비슷하게 관찰한 프랑스 정신과 의사 Pinel과 관련된 연구에 대해 보고하며 Pinel의 많은 사례들을 제공한다.[33]

살해하고자 하는 성향을 결정하는 뇌 기관은 틀림없이 존재하며 이러한 성향은 네덜란드 바이올린 연주자 사례와 같은 극단적인 사례에서도 정상적인 작동을 유지하는 다른 성향과는 독립적으로 작동한다는 결론은 Spurzheim에게 불가피한 것으로 보였다. 이보다 먼저 Gall은 두 명의 살인자 두개골의 같은 부분이 아주 잘 발달되고, 돌출되어 있음을 발견하고 살인을 담당하는 기관을 규명하였다.[34] 하지만 Spurzheim은 기관의 부정적인 쓰임새에 따라 기관의 이름을 짓는 것에 반대하였다. 따라서 살인

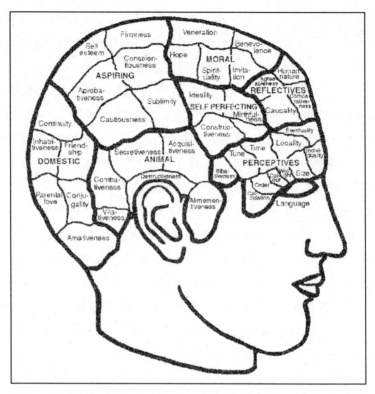

그림 3.2 골상학의 지식 체계. 이와 같은 그림은 골상학자들이 두개골의 서로 다른 영역들 아래에 어떤 정신적 능력이 내재하는지를 확인할 수 있게 도와주었다. 옛 멜버른 교도소Old Melbourne Jail와 Australian National Trust의 허가로 실린 그림.

담당 기관을 파괴성 담당 기관으로 개명하여, 살인하고자 하는 성향뿐만 아니라 자기보호적이고 생산적인 조치를 취하는 성향을 이 기관에 귀속시켰다. "꼬집고 할퀴고 물고 자르고 부수고 꿰뚫고 파괴하는 것 … 우리는 수많은 관찰에 따라 이 기관의 위치가 머리 옆쪽에 그리고 귀 바로 위에 있다는 것을 확신한다. … 이 기관은 일반적으로 여성보다 남성에게 더 큰 것으로 나타난다. 하지만 이 규칙의 예외도 있다."[35] 즉 수많은 사례를 기반으로 하여 Spurzheim은 파괴의 부정적인 형태와 유용한 형태 모두의 근원인 파괴성 담당 기관의 과도한 발달을 살인의 주된 원인으로 규명하였다.

Spurzheim의 골상학에서 범죄와 가장 관련 있는 다른 능력은 호색성, 전투성, 갈망, 숨김성이다. 텔레비전의 성인물 방지 필터의 등장을 예상이라도 한 듯이 그는 호색성에 대한 논의를 라틴어로 조심스럽게 제시하였다. 이러한 사례에서도 역시 Spurzheim은 기관 그 자체가 나쁜 것이 아니라 오히려 능력의 불균형한 확장이 인간 정신체제의 불균형으로 이어져 범죄 행동으로 이어지게 되는 요인이라고 주장하였다. 예컨대 갈망은 유용할 수 있다. 우리는 돈을 갈망하기 때문에 돈을 벌려고 일을 한다. 하지만 갈망 담당 기관이 과도하게 발달되면 도둑질을 하고자 하는 성향으로 이어진다.

> 가정교육을 잘 받은 또 다른 어떤 한 사람은 유아기부터 이런 성향을 보였다. 그는 혹독한 규율로 통제를 받고자 하는 희망으로 군대에 들어갔다. 그가 도둑질을 하려고 할 때는 교수형에 처해질 위험에 처했다. 그는 신학을 공부했고 수도사가 되었다. 하지만 그의 성향은 수도원까지 따라왔고 그는 촛대, 촛불 끄는 기구, 가위, 물컵, 유리잔 같은 사소한 것을 훔쳤다. 하지만 그는 훔친 물건을 숨기지 않았으며, 원래 주인들이 다시 집으로 물건을 가져가기 힘들도록 자신의 집에 훔친 물건을 가져왔음을 인정하였다.[36]

갈망 담당기관은 귀보다 좀 더 위에, 이마 쪽으로 위치한다. 이 기관 역시 여성보다 남성에게 잘 발달되어 있다.

결정론적인 학설인 골상학은 범죄 행동을 자유의지가 아닌 비정상적인 뇌 조직의 탓으로 돌린다.[37] 잘못은 나쁜 유전적 형질, 나쁜 환경, 능력을 손상시키는 병에 있는 것이지 개인의 선택에 있는 것이 아니다. 하지만 골상학자들이 우울하고 숙명론적인 메시지를 설파하려던 것은 아니다. 대부분 사람들은 능력이 조화롭게 균형을 이룬 상태로 태어나고 정상상태는 표준이며 책임을 지니고 태어난 정상적인 사람은 범죄를 저지르지 않는다고 골상학자들은 믿었다. 잉글랜드 골상학자 Marmaduke Sampson마마듀크 샘슨의 저술에 따르면 "잘 구성된 건강한 뇌의 기능은 선에 대한 모순을 보이지 않는다. 이로부터, 이와 반대되는 성질의 모든 행동들의 원인이 상응하는 기관 내 결함임을 즉시 알 수 있다."[38] 게다가 Gall 이후의 골상학자들은 뇌를 가소성·융통성 있고 변화할 수 있는 것으로 보았기 때문에, 그들은 결정론을 범죄와 다른 사회문제에 대한 낙관적이고 재활적인 접근법과 모순 없이 결합시킬 수 있었다. 성격적 특성을 유전에 의한 것이지만 고정되지 않은 것으로 보았기 때문에 그들은 범죄자들이 범죄에 책임이 **없으며** 치료를 통해 범죄적 성향을 치료할 수 있다고 동시에 주장할 수 있었다. 극단적인 입장을 취하는 경향이 있었던 Sampson은 **모든** 범죄자를 도덕병원에 보내야 하는 "환자"로 보았다.[39]

사실 대부분의 골상학자들은 범죄에 대한 책임의 정도에 따른 인간 분류법을 발전시킴으로써 자유의지에 대한 그들의 학설의 영향을 얼버무렸다. 예컨대 Gall과 Spurzheim 다음으로 골상학에서 가장 영향력이 있었던 에든버러 변호사 George Combe은 1830년대 후반 "인간의 책임Human Responsibility"이라는 제목으로 보스턴에서 강연을 했는데, 여기서 다음과 같이 설명하였다. "인간은 세 가지 유형으로 분류될 수 있다. 첫 번째 유형에는 도덕적 기관과 지적 기관의 크기가 크고 하등한 충동적 성향을 담당하는 기관의 크기는 적당한 사람들이 포함된다." 이러한 사람은 자유의지를 가지고 있으며 만약 범죄를 저지르게 된다면 처벌을 받아야 한다. 기관들의 크기가 모두 크고 거의 비슷한 두 번째 유형은 보다 강력한 범죄적 충동을 가지고 있지만 여전히 책임이 있다. 세 번째 유형에서는 나쁜 성향을 담당하는 기관들의 크기가 크고 도덕적 능력과 지적 능력을 담당하는 기관들의 크기는 작다. 이들은 "상습적인 범죄자들"이자 "구제불능"이다. "이들은 도덕적으로 병에 걸린 환자들이며 처벌을 받아서는 안 된다. 하지만 이들을 제지해야 하며 일생 동안 쓸모 있는 곳에 종사하도록 해야 한다. 이들에게는 자유를 남용하지 않을 범위 내에서 그들이 즐길 자유를 최대한 허용해도 된다."[40] 사실 Combe은 세 번째 유형에 속하는 범죄자들에 대한 너무 막연한 처분을 추천하였다.[41] 그의 분류법은 범죄자가 어느 정도로 책임을 져야 하는지에 관한 생각뿐만 아니라 사회적 가치에 관한 생각을 반영한다. 첫 번째 유형의 사람들은 지배하는 위치에 가장 적합하며 세 번째 유형의 사람들은 지배당하는 것을 가장 필요로 한다는 생각이 암묵적으로 내포되어 있다.

다른 골상학자들 역시 범죄자가 얼마나 책임을 져야 하는지에 대해 생물학적 다양성이라는 아이디어를 기반으로 분류법을 만들었다. 잉글랜드 변호사인 James Simpson제임스 심슨은 Combe처럼 인간을 범죄적 성향에 따라 세 가지 유형으로 구분하였다.

> **첫 번째** 유형은 범죄적 성향과 욕구가 너무 강력해서 도덕적 능력과 지적 능력에 의한 자기통제력에 불균형이 생긴다. … **두 번째** 유형의 인간은 엄청나게 많다. 그들의 동물적 특성은 첫 번째 유형과 거의 대등할 정도로 강력하지만, 도덕적·지적 통제력이 첫 번째 유형보다는 훨씬 강력하다. … 외부의 환경이 그러한 사람들의 행동을 결정한다. … **세 번째** 유형은 선량한 사람들이다. … 그들이 강도질·도둑질을 하거나 고문·살인을 하는 것이 **물리적으로** 가능할지도 모르지만, 도덕적으로 불가능하다.[42]

Combe의 분류보다 훨씬 명확한 Simpson의 분류는 자연생물학과 환경"외부상황"의 상대적인 영향력에 관한 골상학적 사고를 보여준다. 생물학 요소는 법을 준수하는 시민과 범법자 모두의 행동을 결정한다. 환경적인 요소는 "수가 아주 많은" 두 번째 유형에게 가장 강력한 영향을 미친다. 이 두 번째 유형은 자유로운 세상에서의 교육과 교도소 내에서의 치료에 의해 가장 잘 개선될 수 있는 사람들이다. 책임과 자유의지의 정도에 따른 골상학자들의 범죄자 분류가 자세한 부분에서 차이를 보이기는 하지만, 이들은 함께 Cesare Lombroso체사레 롬브로소의 위계적 범죄자 분류에서 나중에 꽃을 피우게 되는 아이디어의 토대를 만들었다.[43]

범죄와 정의라는 이슈에 관한 주요한 골상학 문헌들이 Simpson이나

George Combe 같은 전문가들에 의해 만들어지기는 했지만, 범죄에 관한 골상학적 지식의 창고에 누구나 지식을 추가할 수 있었다. 시드니에서 스톡홀름, 요크, 하이델베르크, 로체스터, 뉴욕, 렉싱턴, 켄터키에 이르는 지역에서 아마추어 골상학자들은 살아 있는 범죄자와 죽은 범죄자의 머리를 연구하였고, 그들의 발견을 골상학 학술지에 보내고 골상학회 모임에 발견한 것을 보고하였다. 예컨대 1834-1836년 「골상학 학술지 및 잡지」에는 파괴성이 비정상적으로 발달되어 난폭하게 사람들을 공격하고 어린이들을 위협하는 길들여진 숫양에 대한 독자의 글이 실렸다. 이 판에는 어떤 해적의 자비심과 파괴성의 관계에 대한 고찰^{그는 스페인 사람들이 보여준 몇몇 잔혹 행위에 대해 복수하기 위해 해적이 되었다}과 최근에 처형된 살인자들의 머리 모형에 대한 특징 분석이 실려 있었다. 이와 관련된 것으로, 1848년 폭발에 의해 쇠막대가 날아가 버몬트^{Vermont} 도시철도에서 근무하던 Phineas Gage^{피니어스 게이지}의 머리를 관통했는데, 지역 의사는 골상학을 지지하는 방식으로 이 사례를 작성하였으며, 「미국골상학학술지^{American Phrenological Journal}」에 따라 다음과 같이 보고하였다. "이 남성은 회복된 뒤에도 회복되는 도중에도 야만적이고 비속하고 거칠고 상스러웠다. … 사고 전 그는 조용하고 공손한 사람이었다. … 쇠막대가 자비심과 존경을 관장하는 기관들을 관통하였고 이 기관들이 더이상 그의 성격에 영향을 줄 수 없게 되었다. 이 때문에 그의 비속함은 방치되고 존중과 친절은 부족해지게 되었다. 동물적인 성향이 그의 특성에 대한 완벽한 통제력을 갖게 되었다."[44] 이렇게 골상학은 일반인들이 범죄의 원인에 관한 지식을 포함한 과학적 지식에 기여할 수 있도록 하였다.

골상학과 형법

골상학은 형법학^{criminal jurisprudence}에서 괄목할 대격변이 일어나던 시기에 뿌리를 내렸다. 이러한 시기에는 가혹한 처벌, 특히 사소한 잘못을 저지른 초범, 재산에 대한 범죄를 저지른 자, 정신이상자에 대한 가혹한 처벌에 대한 혐오감이 서유럽과 북미에서 들끓고 있었다. 사형에 반대하는 초국가적인 운동이 거세졌고, 최초의 교도소가 지어졌을 때 시민들은 이 새로운 처벌 기관의 목적에 대해 소란스럽게 논쟁하였다. 형법학의 근본에 대한 이러한 새로운 생각은 입법자들이 공중보건 증진, 보편적인 교육, 범죄자 구제 조치를 포함한 노동계급의 생존과 협동을 보장하는 새로운 방법들을 찾아내도록 밀어붙이는 산업화와 도시화라는 배경에 맞서 일어났다.[45]

다방면에 걸쳐 깊숙하게 이와 같은 형법 개혁 운동에 관여하였던 골상학자들은 법 근간의 전통적인 기반이던 응보와 제재의 원칙을 거부하였다. Simpson은 "지금의 체제에서는 죄수들이 교화될 수 없다."고 지적하며, 보편적인 반대 의견을 표했다.[46] George Combe은 벨기에 Adolphe Quetelet 아돌프 케틀레가 출판한 범죄에 대한 통계자료에서 또 다른 논거를 발견하였다. Quetelet의 통계에 따르면 범죄율과 유죄판결 비율이 시기에 상관없이 고정적이기 때문에 "범죄는 어떠한 불변의 원인에 의해 일어나는 것이며, 처벌로는 범죄를 제거할 수 없는" 것으로 보였다.[47] Combe은 처벌이 범죄율에 인식할 수 있을 정도의 영향을 미치는 것은 아니기 때문에 형법의 목표는 개혁되어야 한다고 주장했다. 결국 Marmaduke Sampson은 모든 범죄자는 아픈 사람들이고 그들의 행동에 대해 책임이 없기 때문에 처벌은 "비합리적"이고 제재는 불가능하다고 주장하였다. 처벌은 범죄자의 기질에 손상을 일으킴으로써 그들의 쇠약을 다음 세대로 전달시킴으로써 범죄를 실질적으로 증가시킨다.[48]

이와 같이 골상학자들은 형법의 방향을 재설정하고 구제불능의 범죄자들로부터 사회를 보호하기 위해 법을 점검할 것을 주장하였다. "형법 입법자들이 그들의 유일한 의무가 처벌과 복수라고 생각하는 시대가 있었다. 그러한 시대에는 동물적인 권력이 형법을 지배했다. … 형법은 범죄 예방, 의무를 위반한 자들의 교정, 교정할 수 없는 자들로부터 공동체를 보호하는 것을 목표로 삼아야 한다는 것이 현재의 중론이다."라고 Spurzheim은 저술하였다.[49] 골상학자들은 매질, 단조롭고 고된 노동, 지속적인 독방 투옥과 같이 능력을 야만적으로 감염시킬 수 있는 쇠약화 처벌에 대한 반대 운동을 벌였다. 또한 몇몇은 개선 효과가 없는 조치인 유배를 없앨 것을 찬성하는 운동을 벌였다. George Combe과 다른 골상학자들은 "범죄자를 다룰 때 우리는 **정신**을 다루고 있는 것이다."라고 주장하며, 범죄에 대한 역량과 성향의 차이를 인정하기 위한 '처벌의 개별화'를 권하였다.[50] 하이델베르크대학교 법학 교수 C. J. A. Mittermaier^미터마이어가 볼 때 골상학의 위대한 이점은 범죄자들의 자비심을 이끌어내기 위해 "파괴성과 같이 남용을 통해 악을 만들어내기 쉬운 기관들의 과도한 발달"을 방해하기 위한 수단을 입법자들이 발견하도록 장려한다는 것이었다. Mittermaier의 관점에서 또 다른 이점은 골상학은 "범죄자에게서 발견되는 기관들의 상태가 범죄자 책임의 정도에 영향을 준다는 것"[51]을 명확히 하여, 범죄자의 책임을 결정하려는 판사들에게 지침을 제공한다는 점이었다. **범죄자들을 해치지 말고 처벌 수위를 범죄자들에게 맞도록 조절하라**는 것이 골상학자들이 개혁 프로그램의 기반으로 사용하였던 두 개의 기둥이었다.

이러한 관점들의 장기적인 추진은 위험성이라는 개념을 다시 정의하는 데로 나아갔다. 18세기 법학은 범죄 심각성이라는 관점에서 위험성을 정의하였던 반면, 19세기 후반 법학은 개별 범죄자의 생물학적인 성향 및 범죄 역량의 관점에서 위험성을 정의하였다.[52] 세기가 끝나갈 때쯤 재정의 과정은 범죄통제를 향한 우생학적 접근법 및 절대적 부정기형^fully indefinite sentencing에 대한 압력을 늘려갔다. 골상학은 이렇게 위험성을 다시 정의하는 과정에 시동 거는 것을 도왔다. 개념적으로, 이는 대략 두 기둥 사이의 중간 지점에 놓여 있었다.

골상학적인 성향을 가진 정신과 의사들은 정신이상자를 처벌로부터 사면하기 위한 싸움에 참가하였다. 살인을 저지른 정신적으로 병든 범죄자들은 19세기 상반기에 일반적으로 교수형에 처해졌으며, 법적으로 정신이상은 범죄의 변명으로 인정되지 않았다. 골상학은 뇌가 독립적인 기관들이 모인 것이며 이러한 기관 중 어떤 기관도 병에 걸릴 수 있다는 관점으로 이러한 딜레마에서 벗어날 길을 제공하였다. William Freeman의 교수형을 열심히 막으려던 의사 Amariah Brigham은 Freeman이 여전히 어느 정도 사고를 할 수 있는데도 도덕적 정신이상에 걸렸다는 것을 증명하기 위해 골상학 이론을 이용하였다.[53] 또 다른 미국 정신과 의사이자 어렸을 때 골상학으로부터 깊은 영향을 받았던 Isaac Ray는 "감정적인 능력 중 하나 혹은 몇 개만이 혼란에 빠질 수 있고, 나머지 도덕적 기질 혹은 지적 기질은 정상적인 온전함을 보존할 수 있는" 조건인 부분적 도덕적 조병의 공인을 주장하였다. Ray는 계속해서 "도덕적 정신이상에 걸린 범죄자들은 범죄에 대한 비정상적인 유혹에 빠져 있는 것이 아니다. 오히려 그들은 범죄를 삼가고자 하며 명확히 완전한 이성을 갖추고 있는 상태에서 범죄를 저지른다. 그들의 동기는 자신에게도 다른 사람들에게도 똑같이 설명할 수 없다."[54]라고 하였다. 이런 범죄자들은 극단적인 범죄자 처벌로부터 사면을 받아야 한다. Brigham이나 Ray보다는 보다 임시적으로 골상학에 헌신했던 영국의 정신과 의사 John Kitching존 키칭은 "교수형은 도덕적 정신이상을 치료할 수 없을 것이다."[55]라고 하며 부분적 정신이상은 법 앞에서 범죄에 대한 변명으로 작용할 수 있다고 주장하였다. 이러한 주장은, 이 중 몇몇이 법정에서 거부당하긴 했지만, 정신적으로 병든 범죄자에게 보다 관대해질 것을 주장하는 운동과 정신이상자들을 위한 병원 설립에 기여하였다.

전반적인 사형 축소는 그 성공을 골상학에게 부분적으로 빚진 또 다른 법적 개혁이었다. 사형에 대한 대중의 반감이 어쨌든 강해지고 있었지만, 골상학자들은 사형제 폐지에 대한 연합적이고 집요한 주장으로 명분을 만들어냈다. 골상학자들은 공개처형은 구경꾼들을 잔혹함에 물들게 하여, 그들의 파괴적인 성향을 흥분시키고 도덕적인 감수성을 사라지게 만든다고 주장하였다.[56] 더욱이 그들은 책임이 없는 사람들을 처벌하는 것은 어리석은 짓이라고 계속해서 주장하였다.골상학의 관점에서 많은 범죄자들은 책임이 없기 때문에. 살인자에 대한 종신형은 사회 보호라는 동일한 목적을 만족시켰다.[57] 항상 정도가 지나쳤던 Marmaduke Sampson은 사형이 범죄를 활성화할 것이라고 주장했을 뿐만 아니라, 교수형을 구경한 군중에게 "**교도소의 규율과 의학적 치료**와 함께 도덕적 조언의 건전한 영향력"을 한 달 동안 맛보게 할 것을 제안하며, 그렇게 한다면 "그들 중 대부분은 공개처형에 다시는 가지 않을 것"이라고 하였다.[58] Sampson이 능력들의 유연성에 대한 그의 낙관주의로 골상학자들 중에서도 특이한 편이기는 했지만, 사형제에 대한 반대 의견에서는 전형적인 골상학자였다고 할 수 있다.

범죄 행동에 대한 골상학자들의 결정론적이고 물질주의적인 분석과 명백히 교권을 침범했던 '형법 개혁에 대한 그들의 권고'는 법 분야의 전통주의자들을 분개하게 만들었다. 법에 대한 논문들을 저술했던 J. J. S. Wharton와튼은 영국 수상 Sir Robert Peel로버트 필 경에게 사형제를 폐지하고 정신병원을 설립하라는 Marmaduke Sampson의 제안을 무시하라고 권하는 44쪽에 달하는 편지를 보냈다. 흥분을 비유적으로 표현하며 Wharton은 Sampson의 이론을 다음과 같이 맹비난하였다. "도덕을 분쇄하고 종교를 파괴하며 … 도덕적 책임으로 번창하는 초목을 시들게 하고 우리 기독교의 순수한 계율을 퇴색시키며, 범죄를 저질러도 처벌받지 않을 거라고 섬멸적인 질풍 속에서 울부짖고 있습니다!"[59] 법학 분야에서 골상학자들의 인습 타파는 많은 사람들을 주저하게 만들었다. 하지만 규율과 사회통제를 위한 새로운 철학적 기반을 찾던 사람들에게 골상학은 매력적인 것으로 드러났다. 그런 이유로, 세기가 끝날 때쯤에는 골상학자들이 지지해왔던 개혁들이 대체로 자리를 잡았다. 골상학적인 언어는 박탈당했지만 말이다.

골상학과 처벌

사학자 Roger Cooter로저 쿠터가 관찰한 것처럼, "Gall의 학설을 자체적으로는 거의 필요로 하지 않는 아주 다양한 아이디어와 믿음"에게 골상학은 "합리적이고 과학적인 보호"을 제공해주었다.[60] 이는 골상학 자체보다도 오래 살아남게 된 일련의 개혁을 골상학자들이 지지하였던 분야인 형벌학에서 가장 두드러진 현상이었다. 골상학자들에게 구금이 가장 적절한 처벌이라는 것은 명백해 보였다. 교도소는 범죄자를 다른 사람들로부터 격리함으로써 범죄자들이 순수한 사람들의 도덕적 능력을 손상시킬 수 없게 하는 동시에 보다 넓은 사회를 손상시키지 못하게 하였다. 골상학의 전성기는 미국 주들이 교도소 형식의 감옥을 짓기 시작했던 시기와 일치한다. 이 새로운 시설은 끊임없이 죄수를 독방에 가두는 펜실베이니아 모델을 따라야 할까 아니면 밤에는 독방에 가두고 낮에는 공동 노동을 시키는 뉴욕 오번^{Auburn} 교도소의 관행을 채택해야 할까? 이 사안과 다른 형벌학적 사안들을 결정하는 데 Gall의 지지자들은 교도소 정책에 대해 가장 광대하고 권위적인 저술 활동을 했던 골상학자 'George Combe과 미국의 법학자 Edward Livingston^{에드워드 리빙스턴}'의 지침을 주로 따랐다. 이 둘은 교도소는 범죄자의 사회복귀를 목적으로 해야한다는 아이디어를 출발점으로 삼았으며, 둘 모두 재소자들이 자기수양을 하도록 장려하는 조치를 지지하였다.

이러한 아이디어는 이후 150년 동안 대서양 양쪽에서 형벌학에 생기를 불어 넣었다. 이 아이디어의 근원은 Gall이었다. Gall에게 형법의 목표는 "범죄를 예방하고, 악인을 교화하고, 고질적인 범죄자로부터 사회를 보호하는 것"[61]이 되어야 했다. 이는 1870년 오하이오주 신시내티에서 공식적으로 시작되어 범죄자 사회복귀라는 목표를 도입하였던 국제적 교도소 개혁 운동의 핵심이 되었다.[62] 골상학은 이 개혁 운동에 흘러들어오는 단 하나의 물줄기였지만, 강력한 물줄기였다. 운동의 지도자들은 19세기 초반 미국 문화에서 팽배하였던 골상학적 개념들에 더욱 깊이 빠져들게 되었다.[63] 1870년 원칙선언을 만들 때 지도자들은 골상학의 형벌학적 아이디어를 포함시켰지만, 골상학의 용어를 쓰는 것은 피했다. Zebulon Brockway^{지블런 브록웨이}의 연설 "주를 위한 진정한 교도소 시스템의 이상"에서 발췌한 다음의 예에서 보이듯이, 몇몇 연설가들은 골상학적 용어 사용을 가까스로 피했다.

- "인간의 과학은 인간의 통치를 위한 모든 시스템의 기반을 형성한다."
- "모든 범죄자에 대한 합법적인 수모^{매질}는 사회 전체에 악영향을 미친다."
- "잔인하고 범죄적인 관행 및 관습에 끌리는 사람들의 근본적인 조건과 특징은 무엇일까? 어떻게 결함이 있는 육체가 정신에 영향을 주는 것일까? 어떻게 그러한 정신은 도덕적 감각에 혼란을 초래하는 것일까? 범죄자들 치료하고, 범죄를 근절하고, 이런 식으로 발달된 사회적 질병의 치료를 일차적인 진단 없이 해내기 위한 시스템을 어떻게 계획해낼 수 있을까?"[64]

골상학적 아이디어들은 Brockway의 연설과 같은 활동에서 지속적으로 등장하면서 Cooter가 말한 "과학적인 보호"를 형성하는 것을 도왔다.

골상학자들이 보기에 범죄자가 가진 능력 사이의 균형을 회복하는 데에 잘 조직화된 교도소는 필수적이었다. 재소자들은 신선한 공기를 마시고 좋은 음식을 먹어야 한다. 오직 하등한 능력을 활성화하는 육체적 처벌은 금지되어야 하며 독방 투옥 연장도 물론 금지되어야 한다. George Combe은 독일인 친구 Mittermaier에게 보내는 편지에서 "재소자에게 냉철함, 질서, 근면의 습관을 훈련시켜야 하며, 동시에 재소자에게 지적·도덕적·종교적 지도를 해주어야 한다"고 설명하였다.[65] Combe은 재소자 교육을 숙고하였으며, 8명에서 10명의 재소자마다 지도자가 한 명씩은 할당되어야 한다고 판단하였다.[66] Mittermaier는 교도소 관리자들이 "범죄자들의 개별성을 공부하고 그에 따라 그들의 치료를 감독"하여, 의사들이 환자를 진단하고 치료하는 것처럼 범죄자를 진단하고 치료할 것을 희망하였다.[67] 다른 골상학자들에게 지지를 받은 이러한 권고는 재소자를 과학적으로 분류하는 것을 목적으로 했던 이후의 계획을 위한 토대를 구축하였다.

하지만 동시에 재활에 관한 골상학 이론들은 교도소 관행에 그저 얼룩을 찍은 정도의 영향만을 남겼다. 19세기 중반의 교도소 관리자들은 외부의 저명한 골상학자가 교도소를 방문했을 때면 그들을 끌어들여 재소자의 머리를 연구하게 함으로써 때때로 치료의 개별화에 대한 신호를 보내기도 하였다. 호주 멜버른 교도소에서 한 관리자는 골상학에 기여하기를 바라는 마음에서 도적 Ned Kelly네드 켈리를 포함한 처형된 범죄자들의 데스 마스크 death mask. 사람이 죽은 직후에 밀랍이나 석고로 그 얼굴을 본떠서 만든 안면상. 옮긴이.를 만들었다. 재소자를 교화하기 위한 철저한 시도는 뉴욕 싱싱교도소 Sing Sing Prison의 여성 구역에서 일어났다. 1840년대 중반, 저명한 골상학자 Eliza Farnham엘리자 파넘68은 이곳에 꽃, 음악, 강사를 도입하였다.69 재소자의 도덕적·지적 능력에 대한 효과가 어땠든 간에 이 프로그램은 근처 싱싱교도소 남성 구역의 사제 John Luckey존 러키를 분개하게 만들었고, 그는 Farnham을 해고하였다. 교도소를 도덕병원으로 전환시키고자 했던 체계적이고 골상학적인 유일한 시도로 보였던 이러한 시도는 이렇게 사라졌다.

골상학에 의해 권해진 것 중 교도소 관리자들에게 가장 매력적으로 보였던 것은 옳은 행동에 보상하는 단계적 시스템이었다. Edward Livingston에드워드 리빙스턴은 자신의 형법전penal code에 있던 시스템을 제안하였다. 이는 루이지애나Louisiana를 위한 계획으로, 비록 시행되지는 않았지만 미국과 유럽의 골상학자들을 열광시켰다.70 Livingston은 재소자들이 단계를 밟아 올라가고, 단계가 올라감에 따라 맞이하게 되는 더 좋은 조건에 의해 유도되고 장려받는 계층적 시스템의 윤곽을 그렸다. 재소자들은 그들의 형을 독방 투옥, 거친 음식, 일할 기회의 박탈로 특징지어지는 낮은 단계에서 시작한다. 책, 좋은 음식, 일할 기회를 접할 수 있는 보다 높은 단계로 올라가도록 하는 장려책은 그들이 자신의 고등한 능력을 발휘하도록 장려한다.

교도소에 대해 거의 직접적인 관여를 할 수 없던 골상학자들은 Livingston 시스템이 재소자들로 하여금 보다 나은 길을 **선택**하도록 하는 방식에 감명을 받았다.71 반면 교도소 관리자들은 재소자 통제를 강화할 수 있는 이 시스템의 잠재력에 보다 매력을 느꼈다. 어쨌든 올바른 행동에

그림 3.3 남성 범죄자의 골상학적 삽화. 골상학자이자 형벌학자인 Eliza W. Farnham[엘리자 W. 파넘]은 이 삽화에 대한 주석에 다음과 같이 적었다. "가벼운 절도로 수감된 흑인 G.P.이다. G.P.는 제대로 된 심사숙고와 판단을 거의 하지 못한다. 하지만 강한, 열정, 빠른 인지력, 많은 기이한 성질을 가진다. … 이 그림은 심히 떨어지는 성찰력, 좋은 인지력, 적지 않은 자만심을 나타낸다." Farnham의 관찰에서는 G.P.의 "능력들"이 언급된다. Marmaduke B. Sampson[마마듀크 B. 샘슨]의 「범죄의 이유 Rationale of Crime, 1846」의 부록에 실린 Farnham의 글에서 가져온 그림.

대해 보상해주는 계층적 시스템은 1870년 교도소관계자모임에 의해 확고한 지지를 받았다.[72] 보다 이른 시기에, 이 시스템은 유형지였던 호주 노퍽 섬에서 Alexander Maconochie[알렉산더 머카너키]와 아일랜드에서 Walter Crofton[월터 크로프턴]이 수행된 유명한 범죄자 교정교화 실험에서 시행되었다.[73] 특히 Maconochie 연구는 골상학적 원리의 영향을 강하게 받은 것으로 생각된다.[74]

George Combe은 펜실베이니아와 오번 중 어느 곳의 시스템이 최적인

지를 그가 결정할 수 있게 할 증거를 수집하기 위해 1838년부터 1840년까지 미국에서 골상학 투어를 하면서 교도소들을 방문하였다.[75] 재소자 규율에 대한 양측의 접근법 모두 장단점이 있는 것으로 보였다. 지속적인 독방 투옥을 하는 펜실베이니아 시스템에서는 재소자들이 약해지고 그들의 뇌기관은 이완된다.예외적으로 펜실베이니아 시스템에서는 자위행위를 할 기회가 많기 때문에 소뇌 혹은 호색성 담당 기관은 커지는 경향이 있다. 반면 오번 시스템에서는 재소자들이 "깊은 도덕적 종교적 감명"을 받기가 어려웠다.[76] 이런 이유로 Combe은 두 접근법을 결합할 것을 제안하였다. 재소자들은 그들의 하등한 기관들이 부드러워지는 동안 노동이나 다른 활동에 대한 기회 없이 독방에서 형을 시작해야 하고 도덕적인 영향을 쉽게 받아들이게 된다. 다음 단계는 "매우 효과적인 도덕적·지적·종교적 가르침"이 되어야 한다. 이러한 가르침 동안 재소자는 "그가 고결하고 현명하게 행동할 수 있다는 것을 보여주는 만큼 자유, 자기관리, 사회적 즐거움을 훨씬 더 많이 만끽할 단계로 나아가게 된다."[77] 그 다음 단계에는 "도덕적인 수습"을 하는 휴가 기간이 주어진다.19세기 후반의 혁신이라 할 수 있는 가석방의 전조가 되었다.

골상학자들이 골상학적 프로그램의 세부사항을 계획하면서 그들은 절대적 부정기형을 선고받은 상태로 평생 동안 혹은 그에 가깝게 수감되어야 하는 나머지 재소자 그룹을 인지하였다. 몇몇은 이 그룹을 끔찍한 범죄를 저지른 자들로 생각하였다.[78] 다른 이들은 이 그룹이 상습적인 범죄자정의상 지독하고 과도하게 발달된 하등한 능력들을 지녔으며 지적·도덕적 기관의 크기는 매우 작은 재소자들로 구성되어 있을 것이라고 생각하였다. 하지만 또 다른 이들은 교도소의 보상시스템에 반응하지 않거나 할 수 없는 "치료불능"이자 "구제불능"이라고 명명하였다.[79] George Combe은 여기에 백치와 정신이상자가 포함될 것이라고 예상하였다. 개념적으로 이는 통일성이 없는 그룹이지만, 위험성에 대한 그리고 재소자 분류에 대한 이후의 논쟁에서 큰 역할을 하게 된다. 특히 우생학자들이 고질적인 범죄자를 식별하기 위한 과학적 방법을 들고 나타난 이후에 말이다.

George Combe은 "인간의 기질과 능력에 대한 유기체의 영향을 무시한다면 형법과 교도소 규율의 확고한 시스템을 일궈낼 수 없다."고 저술하였다.[80] 이 아이디어는 형법 개혁을 위한 골상학 프로그램의 중심에 놓여 있었다. 이후의 이론과 관행에 대한 골상학 프로그램의 특정한 영향력을 측정하기는 어렵다. 이는 부분적으로는 몇몇 개혁가들이 스스로를 골상학과 동일시하기를 꺼려했기 때문이고,[81] 또 부분적으로는 다른 개혁가들이 골상학적 원칙을 흡수하였지만 골상학의 명명법은 버렸기 때문이다. 하지만 교도소 시스템이 시작될 때쯤 제시된 교도소 관리를 합리화하고 의료화하려는 골상학자들의 제안과 범죄자를 과학적으로 재활시키려는 그들의 시야가 1970년대에 반재활운동이 시작될 때까지 서양의 형벌학을 주도했다는 것을 부정할 수는 없다.

1830년대쯤 골상학은 지식인과 전문가들 사이에서 설득력을 잃기 시작했다. 영국 외과의사 John Abernethy존 애버네시와 같이 골상학을 가까이했던 몇몇 연구자들은 애초부터 까다로운 질문을 해오고 있었다. Abernethy는 비방적인 질문을 했다. "기관들은 어떻게 조직화되는가? 몇몇 기관이 모인 위원회에 의해서 아니면 통제권을 갖춘 이사회에 의해서?" Abernethy는 또한 부정적인 낙인에 대해서도 걱정하였다. "어떤 사람의 머리에 그가 불량배이자 도둑임을 나타내는 커다란 덩어리가 있다면, 그는 다른 사람에게 도움과 신뢰를 기대할 수 있을까?"[82] 사회철학자 Auguste Comte오귀스트 콩트, 정신과 의사 Isaac Ray, 그리고 골상학으로 전향하기 시작했던 다른 이들은 점점 더 골상학에 대한 신뢰를 잃게 되었다.[83] 물론 어떤 이들은 골상학에서 '신성모독'과 '범죄자에 대한 부적절한 연민' 말고는 아무것도 발견하지 못하고 있었다. 골상학이 세기 중반을 거쳐 유행하였으며, 골상학자들은 학설의 실증적 증거를 계속해서 수집하였지만, 과학적 성향을 가진 이들의 눈에는 거의 모든 증거들이 다면적인 이론의 증거로 간주될 수 있음이 점점 더 명확해졌다.[84] 또한 실험적 고안과 이론 실험이 점점 더 과학에서 입지를 굳혀가고 있었지만, 골상학자들은 그들의 학설이 반박될 수 있는지 확인하기 위한 실험을 수행하지 않았다. 과학적으로 골상학에 가장 큰 해를 가했던 골상학의 특성은 '쓸데없음'이었다. 심지어 골상학 지지자들마저 골상학에 대한 의존 없이 인간행동의 본질에 대한 동일한 결론에 도달할 수 있다는 것을 결국 깨닫게 되었다.[85] 어쨌든 1850년쯤 사회적 문제들은 세기 초반의 밝은 날들에서보다 더 다루기 어려운 것으로 보였다. 불안해진 사회이론가들과 정책입안자들은 대부분의 사람들이 생물학적으로 정상이고 본질적으로 좋은 사람들이라는 골상학의 전제를 더이상 출발점으로 잡을 수 없었다. 골상학을 지지해왔던 많은 이들은 이제 이를 버리고, 보다 유전론적인 태도를 갖추고 사회통제라는 보다 강압적인 조치를 내포한 퇴화라는 새로운 학설을 선호하게 되었다.[86]

생물범죄학으로서의 골상학

오늘날의 관점으로 보면 골상학은 생물학적인 과학인 동시에 사회학적인 과학으로서, 생물사회학적인 관점으로 행동을 설명하는 몇몇 현대 과학의 전조가 되는 방식으로 생물학과 사회학을 결합하였다. 그러한 현대 과학 중에는 모든 사회적 행동을 위한 생물학적 기반을 세우고자 했던 1970년대와 1980년대의 시도인 사회생물학이 있다.[87] 특정한 사회적 행동을 주로 자연선택의 관점에서 설명하려는 '논란의 여지가 있는 시도'인 진화심리학도 있다. 진화심리학의 분파로서, 오늘날 범죄행동을 진화적 과정으로 추적하려고 시도하는 진화범죄학을 9장에서 논의한다. 세 번째로 현대 유전학이 있는데, 우리가 역시 9장에서 보게 될 것처럼, 이 학문은 유전자 발현이 환경에 의존한다는 생물사회학적 모델을 채택한다.[88] 게다가 오늘날 몇몇 인지과학자들은 골상학자들의 능력심리학에 대한 메아리를 울리면서, 부분적으로는 인간의 뇌가 특정한 기능을 가진 정신적 모듈 혹은 본질적인 구조물로 구성되어 있다고 추측한다. 물론 오늘날에는 정신적 능력의 엄격한 위치적 구분 혹은 구획화를 누구도 주장하지 않지만 말이다.[89]

오늘날 골상학은 주로 골상학의 두 번째 단계의 문화적 유행으로서 기억되고 있다. 골상학적 두개골처럼 생긴 잉크통과 지팡이 머리가, 연구를

그림 3.4 여성 범죄자의 골상학적 삽화. 골상학에서 규명한 능력들을 이번에도 언급하면서 Farnham은 이 삽화에 대한 주석에 다음과 같이 저술하였다. "L.W.는 못된 인격으로 뉴욕에서 오랫동안 악명을 떨친 여성이다. … L.W.의 머리에는 자비심이 잘 발달되어 있지만 도덕성을 담당하는 전체 영역의 크기가 아주 작다. 이 그림은 머리의 위쪽 영영 전체가 극심하게 좁고 작다는 것을 나타낸다." Marmaduke B. Sampson의 「범죄의 이유Rationale of Crime, 1846」의 부록에 실린 Farnham의 글에서 가져온 그림.

위해 뇌의 기관들이 표기된 채로 제조되기도 하였으며, 골상학 전문가들은 취업 지원자의 머리를 검사하도록 요구받았고 또한 떠돌이 골상학자들이 엉터리 치료를 하기도 하였다. 골상학은 의료적 광신, 믿을 수 없는 과학, 죽은 과학, 병적인 과학, 사이비 과학으로서 묵살되어 왔다. 하지만 골상학을 사회적인 맥락 속에서 들여다본다면, 그리고 골상학 지지자들이 범죄학 분야에서 시도했던 것을 살펴본다면, 골상학자들이 범죄에 대한 초기의 과학을 만들어냈다는 것은 명확해진다. 사실 이는 범죄를 포괄적이고 과학적으로 설명하려는 최초의 시도였다. 골상학의 주요 관심사는 형법학 및 형벌학보다 범죄학과 아주 멀리 떨어져 있다. 하지만 모든 인간행동을 설명하려고 노력하면서 골상학은 범죄, 범죄자, 처벌에 대한 엄청나게 체계적이고 광범위한 아이디어를 발달시키게 되었다.

골상학자들은 도덕적 정신이상 이론가들보다 범죄학과 형사사법제도를 과학화하고자 하는 노력을 훨씬 더 많이 하였다. 도덕적 정신이상이라는 개념은 오직 심각한 정신병을 앓고 있는 소수의 범죄자 ^{오늘날의 "사이코패스"}에게만 적용되는 반면, 골상학은 약삭빠른 소매치기에서 네덜란드 바이올린 연주자와 같은 살인자에 이르는 모든 종류의 범죄자 행동에 대한 과학적인 설명을 대담하게 제시한다. 물론 Amariah Brigham 같은 해설자가 골상학적 기반 위에서 도덕적 정신이상을 주장할 수도 있기 때문에 도덕적 정신이상 이론가와 골상학자 사이의 구분은 명확하지 않다. 하지만 두 이론이 뚜렷이 구분되는 범위에서는, 골상학이 범죄 행동과 관련되는 과학을 이끌어내기 위한 훨씬 더 야심찬 강령을 발달시켰다고 해도 좋을 것이다.

우리가 보게 될 것처럼 이어지는 생물학적 이론들도 역시 환원주의, 결정론, 자연의 법칙에 맞추어 설명하려는 경향으로 특징지어진다. 비록 방식이 다르고 어느 정도로 주안점을 두는가도 다르지만 말이다. 범죄에 대한 골상학적 해석의 단순함과 직설적임 또한 이후의 생물학적 이론의 전형적인 모습이다. 보다 최근까지 생물학적 이론들은 일반적으로 복잡하지 않고 이해하기 쉬운 해석을 제시하였고 단순한 해답을 제시해왔다. 생물학적 이론들은 범죄와 범죄자의 본질에 대한 깔끔하고 만족스러운 이야기를 하는 경향이 있었다.

골상학의 가장 유익한 교훈은 정치적인 것이다. 오늘날 생물범죄학은 종종 보수와, 때로는 정치적 사회적 이슈에 대한 역행적 입장과 연관된다. 이 때문에 자유주의자들은 생물범죄학을 즉각적으로 거부하는 경향이 있다. 하지만 골상학은 자유주의자들, 즉 범죄학과 형사사법제도에서의 진보적인 변화에 앞장섰던 개혁가들에 의해 장려되었다. 19세기 초반과 중반에 골상학의 **반대자들은** 보수주의자, 즉 범죄를 완전한 광기에 가까운 죄이자 정신이상으로 보았던 '곧 시대에 뒤떨어지게 되어버린 생각'에 집착하던 사람들이었다. 골상학의 역사를 보면 생물범죄학이 보수주의 혹은 심지어 보주적인 정치적 견해와 관련된다는 전통적인 편견이 깨지게 된다. 생물범죄학이 보수주의적이긴 했지만, 골상학은 정치적으로 그리고 사회적으로 항상 그렇지는 않다는 것을 보여준다.[90]

:: **4** ::

범죄인류학

원시적인 뇌

    이탈리아 의사이자 정신과 의사이며 자칭 인류학자인 Cesare Lombroso 체사레 롬브로소는 의심할 여지 없이 범죄학 역사상 가장 중요한 인물이면서도 가장 곤혹스럽고 모순적인 인물이다. 범죄인류학 창시자로서 Lombroso는 범죄와 범죄자가 과학적 연구의 대상이라는 아이디어의 영향을 완전하게 깨달은 최초의 인물이었다. 그는 '선천적이고 본질적인, 그리고 치유될 수 없는 범죄 성향'을 가진 타고난 범죄자라는 범죄자 유형이 있다고 주장하였다. 그의 주장에 따르면 타고난 범죄자는 보다 원시적인 형태의 삶으로 되돌아간 퇴화된 인간 혹은 격세유전^{atavism, 조부모 또는 수 세대 전 선조의 형질이 유전된 것을 말한다. 옮긴이}을 나타내는 개체로, 그들의 본질^{우리는 이를 유전자라고 부른다} 때문에 위험하고 고질적이다. Lombroso의 연구는 도덕적 정신이상과는 달리 포괄적이고 범죄에 대한 골상학적 해석과는 달리 다른 이론에 의존하지 않는 최초의 진정한 범죄학이었다.

    Lombroso는 1836년 이탈리아 북부 베로나^{Verona}의 유대인 집안에서 태어났다. 그는 가족의 종교적인 믿음을 무시하고 "우리 시대의 유일한 권위인 과학"을 선호하였다.[1] 그는 이탈리아와 오스트리아에서 의학을 공부하였고, 정신병원에서 근무하기 시작하여 정신이상을 가까이서 연구하였다. 그는 이탈리아 남부에서 군의관으로 복무하였다. 이탈리아 남부에서는 군

4. 범죄인류학 ·· 85

그림 4.1 Cesare Lombroso. 이탈리아 의사, 정신과 의사, 인류학을 공부하는 학생이었던 Lombroso는 범죄에 대한 과학적 해석을 제시한 최초의 저서 「범죄인의 탄생」을 저술하였다.

대가 거센 독립심을 지닌 소작농들에게 법과 질서에 대한 북부의 개념을 강요하고 있었다. 군의관으로서 복무는 Lombroso에게 남부인은 야만적이고 범죄자스럽다는 북부 이탈리아인의 편견을 확인시켜 주었다.[2] 군 복무를 마친 그는 육체적 약화뿐만 아니라 정신적 약화까지 유발하여 이탈리아 소작농들을 황폐화한 질병 펠라그라^{pellagra. 니아신의 결핍으로 유발되는 질병. 옮긴이.}에 대한 연구를 수행하였으며 정신이상과 정신의학에 대한 그의 흥미를 추구하였다. 그가 지적으로 성숙하였던 시기는 이탈리아가 통일[1860-1870]되어 현대적 국가로 세워진 시기와 일치한다. Lombroso는 여전히 많은 부분이 낡은 행정 관행에 물들었던 새로운 국가가 범죄와 처벌에 대한 실증주의적 접근법을 채택함으로써 과학적인 기반 위에 설립되는 것을 돕고 싶어했다.[3] Lombroso가 극단적인 보수주의자로 묘사되어왔긴 하지만, 그는 자유주의자였다.[심지어 나중에 사회주의로 전향하기도 했다.] 프랑스 범죄인류학의 창시자 Alexandre Lacassagne[알렉상드르 라카사뉴]의 저술에 따르면 "Lombroso는 전위주의자이자 몽상가였다."[4]

그에게 가장 중요했던 해인 1876년 Lombroso는 토리노대학교 법의학 교수로 임명되었다. 이 해는 또한 그를 결국 세계적 유명 인사로 만들어주게 된 「범죄인의 탄생[Criminal Man]」 제1판이 출판된 시기이기도 하다. 원시적인 타고난 범죄자라는 「범죄인의 탄생」의 핵심적 아이디어를 그가 마주하게 된 것은 10년 전이었다.[그는 이를 굉장히 감상적으로 설명하였다.] "11월의 어느 추운 회색빛 아침 나는 이탈리아 남부 칼라브리아[Calabria]의 도적 Villella[빌렐라]의 **부검**을 위임받았다. Villella의 두개골이 하등한 동물, 특히 설치류의 두개골과 닮았다는 자각은 단순한 생각이 아니었다. 그것은 폭로였다."

> 그 두개골을 봤을 때 불타는 하늘 아래의 드넓은 평원에 빛이 비춰지는 것처럼 나는 갑자기 범죄자의 본질에 대한 문제를 간파한 것 같았다. 범죄자는 원시적인 인간과 하등한 동물의 흉포한 본능을 자신 안에 재생산하는 원시적인 존재이다. 이런 이유로 범죄자, 야만인, 유인원에게서 발견되는 아주 커다란 턱, 높이 솟은 광대뼈, 돌출된 눈썹활 및 주지육림에 대한 그들의 사랑, 자신을 위한 사악한 행동에 대한 저항할 수 없는 갈망, 희생자의 생명을 앗아갈 뿐만 아니라 시체를 훼손하고 살을 찢고 피를 빨고자 하는 욕망은 해부학적으로 설명될 수 있다.[5]

한 늙은 남성의 두개골로부터 많은 것을 추론해냈지만, Lombroso의 과장된 관찰은 범죄인류학에게 근본적인 미신을 안겨주었다.범죄의 기원뿐만 아니라 범죄학의 기원에 대한 미신 그리고 이는 타고난 범죄자를 흡혈귀로 만들어버렸다.[6]

법을 준수하는 사람들보다 범죄자를 덜 진화된 것으로 본 Lombroso는 스스로가 생각했던 것처럼 그렇게 특별하지는 않았다. 영국의 해설자들이 적어도 10년 동안 비슷한 요지를 생각해냈기 때문이다. 두 취재기자 Henry Mayhew헨리 메이휴와 John Binny존 비니는 「런던 범죄자 수용소Criminal Prisons of London」라는 발간물에서 상습적인 범죄자들은 "뚜렷이 구별되는 존재들로, 모든 공동체에 상주하는 인간 기생충이다."라고 하였다.[7] 스코틀랜드 교도소 의사 J. Bruce Thomson J. 브루스 톰슨은 '퇴화된 인간, 호주 원주민, 도덕적 백치, 집시'와 관련된 범죄자 유형을 묘사하였다.[8] 런던 일류 정신과 의사 Henry Maudsley헨리 모즐리는 "뚜렷이 식별할 수 있는 유형의 존재들이 있다고 주장하였다. 이들은 함께 대도시에 모여 퇴화된 범죄자들을 증식시킨다."라고 저술하였다.[9] Lombroso가 Thomson의 연구를 「범죄자의 탄생」 제1판에, Maudsley 연구를 제2판에 인용한 것에서도 보이듯이 사실 그는 이러한 영국 선구자들로부터 어느 정도 영감을 받았을 것이다. 하지만 사실, 진화론적 아이디어는 유럽과 미국 전역에서 논의되는 중이었고, 영국 선구자들과 Lombroso 모두 인류학, 퇴화 이론, 골상학, 관상학, 과학적 인종차별주의를 포함한 흔한 지적 풍조에 의존하였다. 몇몇이 거의 동시에 범죄자를 동물적이고 야만적인 특성을 지닌 제대로 진화되지 못한 인간으로 보는 아이디어를 생각해냈다는 것은 놀랄 일이 아니다. 하지만 다른 이들과 비교하여 Lombroso는 이 아이디어를 더욱 지속적으로 추구했고, 이 아이디어의 시사점을 보다 정교하게 이끌어냈다.

Lombroso는 남은 인생 동안 Villella의 두개골이 주는 교훈을 정밀하게 다듬고 확인하고 선전하는 데 헌신하였다. 「범죄인의 탄생」은 제5판까지 나왔으며, 마지막 판은 1867년에서 1897년 사이에 출판되었다.[10] Lombroso는 또한 이의 동반자 격인 「여성 범죄인」Criminal Woman, 같은 제목으로 번역되어 2013년 한국형사정책연구원에서 출판되었다. 옮긴이.」과 몇 가지 출판물도 저술하였다. 그의 연구에 매력을 느낀 학생들은 토리노대학교로 오게 되었고, 그곳에서 범죄학 실증주의 학파를 형성하였다. 1880년 Lombroso는 자신과 지지자들의 연구를 위한 표출구적 기능을 수행하도록 「정신의학, 범죄인류학, 형벌학의 기록보관 소 Archivio di psichiatria, antropologia criminale e scienze penali」라는 학술지를 창간하였다.

범죄인류학에 대한 모든 논의는 Lombroso 연구와 함께 시작되어야 한다. 왜냐하면 이 두 가지가 얼마 동안 동의어로 쓰였기 때문이다. Lombroso는 범죄 원인에 대해 뭐라고 말했을까? 그리고 그의 아이디어는 어디로부터 온 것일까? 그는 범죄자를 어떻게 다뤄야 한다고 했을까? 그의 연구는 다른 이들에게 어떻게 받아들여져 졌으며 어떻게 발달되었을까? 앞으로 나는 Lombroso 학설에 대한 검토로 시작하여, 그의 학설이 자신의 초기 인종차별적 인류학 연구 하지만 이는 당시에는 상당히 표준적인 것이었다. 에 의해 아주 크게 영향을 받았다는 주장을 펼칠 것이다. 그러고 나서 나는 과학으로서 Lombroso 연구를 논의하고 그의 연구가 형사사법제도에 미친 영향에 대한 Lombroso 스스로의 언급을 탐구한다. 그리고 Lombroso는 범죄와 범죄자에 대한 생각의 패러다임 혹은 틀을 실질적으로 변화시킨 유일한 범죄학자였다는 주장으로 결론을 맺는다. Lombroso 이전에는, 교육을 받은 대부분 사람들의 표준적인 틀은 여전히 범죄를 죄로 인식하는 종교의 틀이었다. 도덕적 정신이상 이론가들과 골상학자들이 이러한 종교적 틀을 침략해 왔음에도 불구하고 말이다. Lombroso는 범죄는 과학에 의해 연구될 수 있는 자연현상이라고 서구 사회 전역의 사람들을 설득하였다.

범죄자: 신체, 두개골, 뇌

Lombroso는 책상 위에 물체 두 개를 올려놨다. 하나는 거대한 골상학적 흉상이었고 또 하나는 Villella 두개골이었다. 흉상은 인간의 뇌를 판독하는 과학 분야에서 범죄인류학의 전조가 되었던 과학을 그에게 상기시켜 주었고, 두개골은 그것이 전하고자 하는 메시지를 판독할 수만 있다면 범죄인류학의 거의 모든 지혜를 알려줄 것만 같았다. Lombroso는 범죄자들을 신체와 정신에 흠집을 내는 특이점을 통해 알아볼 수 있다고 가르쳤다. Villella의 경우 결정적인 특이점은 후두부 중앙의 움푹 파인 부분이었다. Lombroso는 두개골의 비정상적으로 움푹 파인 부분을 원시적인 특성으로 생각했다. 두개골의 뼈와 용량을 측정하기 위한 인류학적 기법인 머리뼈 계측법을 이용하여 Lombroso는 대부분의 범죄자 두개골이 보통 작고 기형적이라는 것을 발견하였다. 몇몇은 Villella처럼 후두부의 중앙에 파인 곳이 있었으며 다른 몇몇은 "원숭이에게서나 발견할 수 있는 특이점"을 갖고 있었다. 그는 "나는 범죄자 두개골의 특이한 부분이 열등한 유색인종의 일반적인 두개골에서 발견되는 특성과 비슷하다는 것을 지적할 수밖에 없다."고 저술하였다.[11] 범죄자 두개골의 다른 측면들 중 Lombroso가 더욱더 야만인을 떠올리도록 만든 것은 주걱턱^{얼굴 하단이 앞으로 튀어나온 것}, 큰 턱, 들어간 이마였다 요컨대 범죄자들은 아프리카인, 호주 원주민 혹은 유인원과 닮아 있었다.

　타당한 실증주의적 방법으로 Lombroso는 범죄자의 원시적 본성에 대한 자신의 본질적인 직관을 증명해줄 데이터를 수집하기 시작했다. 인류학자들과 골상학자들은 죽은 사람의 두개골에 알갱이를 넣고 무게를 측정함으로써 두개골의 용적을 측정하는 방법을 세기 초반에 터득하였다. 이러한 방법을 따르면서 Lombroso는 착실하게 수집해온 범죄자 두개골을 이용하여, 범죄자 뇌의 크기와 특성에 관한 추론을 하였다. 그는 범죄자 뇌가 "설치류 혹은 여우원숭이 혹은 3개월에서 4개월 사이의 인간 태아"의 뇌와 비슷하다는 결론을 내렸다.[12] 그의 격세유전 이론에 대한 추가적인 증거는 신체 부위 및 기능을 측정하는 방법인 인체측정법^{anthropometry}으로부터 나왔다. 범죄자는 일반인 혹은 법을 준수하는 사람보다 고통에 덜 민감한 것으로 증명되었다. 범죄자의 관상 혹은 얼굴 표정이 반드시 흉물스럽지는 않았다. 몇몇은 심지어 잘생기기까지 했다. 하지만 "그들의 외모에는 거의 항상 이상한 점이 있었다."

> 턱수염이 없거나 털이 많은 것과 같이 특정한 외모적 특성이 있는 사람이 범죄를 저지른다고 말해도 좋을 것이다. … 도둑은 얼굴 표정의 풍부함, 손재주, 종종 비스듬한 형태로 배회하는 눈, 두껍고 가까운 눈썹, 비뚤어지거나 뭉개진 코, 얇은 턱수염과 털, 경사진 이마를 가진 것으로 유명하다. 강간범들처럼 그들은 종종 당나귀 귀를 가지고 있다. 하지만 강간범들은 거의 항상 번뜩이는 눈, 섬세한 이목구비, 두툼한 입술과 눈꺼풀을 가지고 있다. 그들 중 대부분은 연약하며 몇몇은 꼽사등이다.[13]

이와 같이 범죄자는 두개골 및 뇌처럼 신체도 비정상적이고 퇴화된 존재였다. 야만인들처럼 범죄자도 스스로 문신을 새긴다는 Lombroso의 발견은 그의 이론을 더욱 확실하게 만들어 주었다.

더 많은 연구로 타고난 범죄자는 육체적인 상흔뿐만이 아니라 정신적인 상흔도 가지고 있는 것으로 드러났다. 대부분 범죄자들은 정직한 사람들과 비교해서 지적으로 퇴화되었다. 뿐만 아니라 "심지어 천재성을 보이는 범죄자들도 지적인 결함을 나타낸다. 그들에게는 지속적이고 성실한 노동을 하기 위한 정신적 에너지가 없다."[14] 게다가 범죄자들은 도덕적으로 눈이 멀었다. 그들은 허영심이 많고 악의적이며 피에 목말라 있고 무자비하며 제지할 수 없다. 그들은 폭력적인 격정을 경험하지만 "감정적 격렬함에서 범죄자들은 야만인과 아주 닮아 있다."[15] 사랑스러운 관계를 유지할 수 없다. 그들은 비논리적이고, 아주 종교적인 척하며, 경솔하고, 앞을 내다보지 못한다.

결국 Lombroso는 타고난 범죄자뿐만 아니라 "일반인에 가까우면서도 보다 명확하지 않고 자주 출몰하는 범죄자 유형"이 있다는 것을 인정하면서 범죄자의 분류법을 발달시켰다.[16] 기형적 특이점에 의한 결함이 보다 적은 이러한 유형에는 열정적 범죄자 사랑, 정치적 열정, 명예에 의해 동기가 유발된, 우발적 범죄자, 정신이상에 걸린 범죄자, 성격이상자 정신적으로 불안정하며 종교적으로 또는 정치적

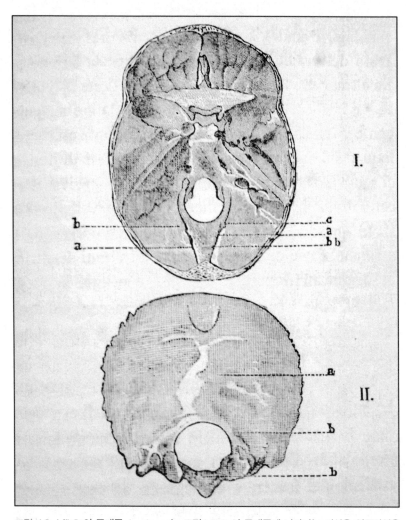

그림 4.2 Villella의 두개골. Lombroso는 도적 Villella의 두개골에 나타나는 이상을 연구하였을 때 범죄인류학에 관한 아이디어가 "계시"처럼 다가왔다고 한다. 이 그림은 「범죄인의 탄생」을 출판하기 몇 년 전에 Lombroso가 출판했던 인종, 진화, 인류학적 이상에 관한 책인 「백인과 유색인종 L'uomo bianco e l'uomo di colore」으로부터 가져온 것이다. 북부 이탈리아인이었던 Lombroso는 Villella가 남부 이탈리아인이라는 사실에 부분적으로 근거해 Villella가 인종적으로 열등하여 범죄적 성향을 가진다고 생각했다.

으로 거창한 생각을 가득 품고 있는가 포함된다. 하지만 타고난 범죄자는 Lombroso 생각의 중심으로 남아 있었으며, 그는 "모든 범죄자 중 타고난 범죄자의 실질적인 비율이 40%에 가깝다고 자신 있게 추산"할 수 있었다.[17]

Lombroso는 남성 범죄자뿐만 아니라 여성 범죄자에게 관심을 기울였다는 점에서 시대보다 한 세기 앞서 있었다. 그의 대작인 제1판이 나왔을 정도의 이른 시기에 그는 여성 범죄자를 남성 범죄자와 구별되는 특성을 알아내려고 노력하였다. 그는 "소수의 폭력적인 여성은 흉포함과 잔인성에서 남성을 훨씬 넘어선다."라고 결론 내렸다. 프랑스 혁명이 진행되는 동안, 파리 여성들은 "한 남성의 성기를 구워서 그가 강제로 먹게 하였고 … 인간의 몸을 창에 꿰매었다. 그래서 셰익스피어Shakespeare는 맥베스 부인 Lady Macbeth을 남성 동료들보다 더욱 잔인하고 차갑게 묘사하였다."[18] 나중에 Lombroso의 딸 Gina지나와 결혼하게 된 젊은 변호사 Guglielmo Ferrero굴리엘모 페레로와의 공동 작업을 통해 Lombroso는 1893년 「여성 범죄인La donna delinquente」이라는 별개의 책을 발간하였다. 이는 이러한 주제에 대해 저술된 최초의 책이었으며 여성 범죄에 대한 생각을 20세기에 활성화하였다.[19] 여기서 그는 여성 범죄자를 남성 범죄자뿐만 아니라 "정상적인" 여성과 매춘부와 비교하였다.

Lombroso는 일반적인 여성은 생물학적으로, 지적으로, 감정적으로 일반적인 남성보다 열등하다는 것을 보여주며 「여성 범죄인」을 개괄한다. "여성은 보다 사고를 적게 하는 것처럼 느끼는 것도 적다."[20] 하지만 몇몇 여성은 다른 이들보다 뛰어나다. 두 가지 유형이 있는데 하나는 착하고 법을 준수하고 여성적인 하나는 나쁘다.범죄적이고 남성적이고 원시적인 타고난 범죄자 중 여성이 남성보다 적다는 것은 여성이 열등하다는 또 다른 증거로 여기서도 역시 여성은 남성보다 뒤떨어진다.남성을 범죄자로 만드는 것은 원시성이라는 그의 초기 주장을 고려해 보면 이러한 주장은 비논리적인 것이며, 이로 인해 그는 굉장히 난처한 입장에 처하게 되었다. 하지만 그는 여성의 열등함에 대해 너무 굳게 믿고 있었기 때문에 논리적 곤경에서 빠져나오지 못했다. 여성 범죄자보다 심지어 더욱 나쁘고 도덕적으로 더욱 퇴보한 것은 매춘부이다. "남성의 범죄에 가장 상응하는 여성의 범죄는 … 몸을 파는 행위이다."21 따라서 여성 중에는 매춘부가 진정한 타고난 범죄자이다.

Lombroso 범죄학의 뿌리는 「백인과 유색인종 L'uomo bianco e l'uomo di colore」에 놓여 있다. 이는 번역되지 않았고 잘 알려지지도 않은 책이지만, 그의 지적 발전을 이해하기는 데 필수적인 책이다.22 이 연구로부터 그는 인류학자로서의 정체성과 범죄인류학의 몇몇 근본적인 아이디어를 이끌어냈다.23 다른 이들의 저술에 거의 전적인 기반을 둔 「백인과 유색인종」은 Lombroso가 자신의 관심사를 범죄로 돌리기 바로 직전인 1871년에 출판되었으며, 이 책은 과학적 인종차별주의로서 유명해지게 된 지적 전통의 중심에 위치한다. 인류학, 박물학, 골상학, 관상학으로부터 고안된 과학적 인종차별주의는 인종 사이의 분류와 계급을 만들어내기 위해 머리뼈 계측법 및 인체 측정법과 같은 기법을 이용하였다. 19세기에 과학적 인종차별주의는 교육을 받은 유럽과 미국의 백인들에 의해 널리 받아들여졌다. 이들은 스스로의 식민주의적, 제국주의적 행위를 정당화하기 위해 이를 이용하였다. Lombroso가 유럽을 떠난 적이 없긴 하지만 어느 정도 그는 자국 내에서 식민주의자였다고 할 수 있다. 그는 열등한 사람들에 대한 국가적인 통제를 확장하였고, 범죄자들이 인류학적이고 법적인 검사를 받도록 통제하였다.24

다른 과학적 인종차별주의자들처럼 Lombroso는 동물학자이자 식물학자이면서 인종을 최초로 분류한 Carolus Linnaeus칼 폰 린네에게 첫 번째 빚을, 「종의 기원Origin of Species. 1859」을 통해 Lombroso에게 "동물학적으로 우월한 종들은 열등성의 개량을 통해 형성된다."라는 것을 제시한 Charles Darwin에게 두 번째 빚을 졌다.25 인간 태아가 발생하면서 초기의 진화 단계를 거치며 어류에서 파충류를 거쳐 포유류에 도달하게 된다는 발생반복이론으로 막대한 영향을 미친 독일 박물학자 Ernst Haeckel에른스트 헤켈에게 Lombroso는 세 번째 빚을 졌다.26 이러한 아이디어로 무장한 Lombroso는 「백인과 유색인종」에서 "우리 백인들의 우월성은 우리의 몸에서 기인한

것일까? 아니면 우연에 의한 것일까?"라고 질문을 던졌다.[27]

결론은 이미 정해져 있었다. 사실을 기반으로 귀납적 추론을 하는 척하면서 「백인과 유색인종」은 백인의 우월성을 증명하고 이러한 우월성의 원인을 우월한 육체 기관으로 돌리는 데 전념하였다. "우리는 우리 기관의 아이들"이라고 주장하면서「범죄인의 탄생」에서 그가 다시 한 번 곧 주장하게 될 것처럼 Lombroso는 해부학적으로, 도덕적으로, 지적으로 유색인종이 백인보다 열등하다는 것을 보여주었다. 이러한 주장은 그의 다음 연구에서 반복되지만, 유색인종이 그저 범죄자로 대체될 뿐이다.「범죄인의 탄생」에서 심지어 그는 범죄자가 검은 피부를 지니는 경향이 있다고 추정한다. 최초의 인종은 검은색이었지만 진화하면서 황색, 다음으로 가장 "완벽한" 백색이 되었다고 그는 주장하였다. 그가 이미 「범죄인의 탄생」이라는 논문을 염두에 두고 있었다는 것을 보여주는 구절을 통해 그는 계속해서, 미대륙의 "인디언"과 "황인종"은 도덕적으로도 육체적으로도 둔감하다는 면에서 유럽 범죄자들과 비슷하다는 것이 하나의 증거라고 하였다. 또 다른 증거는 Villella검은 피부를 지닌 남부 이탈리아인의 두개골에 놓여 있었다. 그의 두개골은 Lombroso에게 하등한 생물의 두개골을 연상시켰다.[28] 인종에 대한 인류학을 다룬 이 책에서 Lombroso는 또한 나중의 책에서 핵심적인 개념들로 등장하는 격세유전과 유전에 대해 이야기하였으며, 심지어 범죄자에 대한 그의 나중의 연구에서 사용된 동일한 종류의 증거엉덩이가 큰 여성 원주민을 그린 그림. 민간 설화를 사용하기도 하였다. 「백인과 유색인종」 집필은 Lombroso로 하여금 주제, 이론, 방법론, 심지어 시각적 증거를 보여주는 것에 대한 접근법의 측면에서 앞으로 다가올 범죄학적 연구를 준비하도록 만들었다.

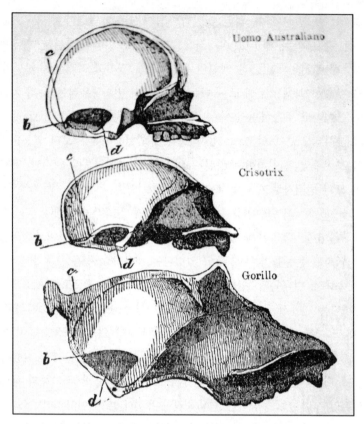

그림 4.3 두개골의 진화적 순서. Lombroso는 나중에 범죄자와 비범죄자의 두개골을 비교한 것과 아주 비슷하게, 위 그림이 실린 초기의 저서 「백인과 유색인종」에서 인간, 다람쥐원숭이, 고릴라의 두개골을 비교하였다.

범죄 원인들

Lombroso에게 범죄의 근본적인 원인은 격세유전이었다. "가장 끔찍하고 비인간적인 범죄들은 격세유전과 관련된 생물학적인 원인을 갖는다. 그러한 원인은 동물적인 본능에 내재하는데, 이 동물적인 본능은 교육, 가족, 처벌에 대한 두려움에 의해 완화되더라도, 특정한 상황이 되면 즉시 표면으로 다시 떠오른다."[29] 그는 이를 증명하기 위해 「범죄인의 탄생」 제3판에서, 자유의지가 없지만 그럼에도 불구하고 본능적인 범죄성을 지닌 원시적인 생물들^{식충 식물, 살인 개미, 동족을 잡아먹는 올챙이}로 범죄의 기원을 추적하였다. 게다가 Lombroso는 개별 생물이 진화의 모든 단계를 거치며 발생을 반복한다는 Haeckel의 이론에 의지하며, 어린아이들의 타고난 범죄성에 대한 주장을 펼쳤다. 잔혹한 행위에 끌리는 이러한 성향은 인간이 조상의 야만적인 본능을 지니고 태어난다는 것을 확인시켜주는 것으로 보였다.^{이를 증명하기 위해 그는 보육원에 가서 자위행위, 무단결석, 안절부절못함의 비율을 조사하였다.} 하지만 적어도 아이들이 범죄적 성향을 지닌 채 태어나지 않았다면, "이러한 비정상적임은 적절한 교육에 의해 사라지는 경향이 있다."[30]

Lombroso에게 범죄의 근본적인 원인은 격세유전으로 남아 있었지만, 그는 또한 여러 가지 2차적 혹은 직접적 요인을 인지하였다. 그러한 요인에는 날씨^{범죄율은 기온이 올라감에 따라 상승한다.}, "민족"^{인도에서 전문적으로 도둑질을 하는 부족, 이탈리아 어떤 도시의 사기꾼들}, 문명^{국가가 문명화될수록, 소매치기, 공갈범, 알코올 중독자가 더 많이 나타난다.}, 유전^{범죄는 가족 내에서 전파된다.}, 성적 특질^{생식기의 기형은 성범죄로 이어진다.}이 있다. Lombroso가 근본적인 원인과 2차적인 혹은 직접적인 원인을 구별하기는 했지만, 사실 범죄의 원인에 대한 그의 생각은 엄청나게 일관성이 없었다. 그는 근본적인 원인과 직접적인 원인이 어떻게 연관을 맺는지를 거의 설명하지 않았고 시간이 흐르면서 또 다른 근본적인 원인을 제시하였는데^{정신병, 도덕적 정신이상, 뇌전증, 퇴화} 새롭게 제시된 원인들과 격세유전 사이의 관계를 분명하게 규명하지 않았다.

일반적인 교도소뿐만 아니라 정신이상에 걸린 범죄자들을 수용하는 시설에서 환자를 돌보았던 정신과 의사로서 Lombroso는 정신병을 범죄와 거의 자동적으로 연관시켰다. 그는 「범죄인의 탄생」 제1판에서 "뇌의 질병에 의해, 그리고 무엇보다도 정신이상에 의해 범죄가 유발된다는 것을 의심하는 사람은 거의 없을 것이다."라고 하였다.[31] 확실히 그의 전반적인 배경은 Lombroso가 이러한 결론에 도달하도록 만들었다. 제3판에서 그는 심지어 격세유전이 범죄의 "지배적인 원인"이라고 계속해서 주장하는 동시에, 범죄적 성향이 도덕적 정신이상과 거의 같은 것이라고 주장하였다.[32]

제4판에서 그는 범죄의 근본적 원인으로서 격세유전과 도덕적 정신이상에 뇌전증을 추가하였다. 그는 "뇌전증을 타고난 범죄 성향 및 도덕적 정신이상과 동일시하는 것은 발작으로 뇌전증을 정의하는 사람들에게는 터무니없어 보일 것이다."라고 인정하였다. 하지만 그는 "숨은 뇌전증"을 진단할수 있었다. "내가 뇌전증 유형이라고 부르는 것에는 명백한 우발증상뿐만아니라 부차적인 특성도 포함된다. 이러한 특성은 도덕적 정신이상의 특성및 타고난 범죄자의 특성을 확연한 방식으로 모두 합쳐놓은 것이다."33 뇌전증의 그러한 "부차적인 특성들"_{예측할 수 없음. 흉포함. 남의 기분을 헤아리지 않음. 범죄를 저지른} 뒤의 침착함은 사실 그가 이전에 정의한 '도덕적 정신이상 및 타고난 범죄 성향의 특성'과 같은 것이었기 때문에 범죄의 원인들을 구분하려는 전체적인 시도는 순환적인 시도가 되었다. 범죄의 원인을 확대하고 혼동하는 경향은 심지어 제5판에서 더욱 확연해졌다. 여기서 그는 때때로 선천적 부패 성향인 퇴화를 범죄의 근본적인 원인으로 제시하였다.34

하지만 범죄의 원인에 대한 Lombroso의 의견이 얼마나 모호하고 혼란스러운지에 상관없이 그의 기본적인 입장은 명백했다. "범죄는 자연현상이며" 범죄의 원인이 근본적으로 생물학적인 것이기 때문에 범죄적 책임에 대한 법적인 논쟁은 무의미하다. "대부분 범죄자들에게는 정말로 자유의지가 없다."35 범죄를 이해하고 예방하기 위해서 우리는 범죄자를 이해해야하며, 타고난 범죄자를 출발점으로 잡아야 한다. 그들의 생물학적 탈선과 정신적 이상은 그들이 원시적인 형태의 삶으로 퇴화한 인간이라는 것을 보여준다.

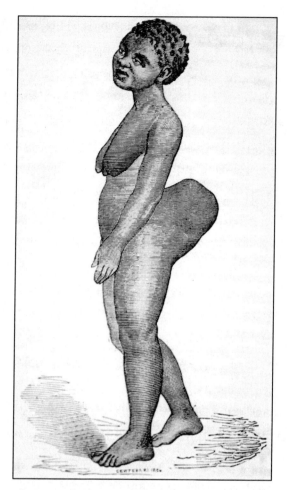

그림 4.4 아프리카 남부의 칼라하리 사막에 거주하는 부시먼족 여성. 당대의 다른 유럽인들처럼 Lombroso는 "야만인" 여성이 엉덩이와 생식기관에서 비정상성을 나타낼 것이라는 아이디어에 사로잡혔다. 이 아이디어는 범죄자를 야만적인 인간, 즉 야만성을 나타내는 육체적 비정상성을 가진 원시적인 인간으로 보는 Lombroso의 범죄학 이론에 반영되었다. 「백인과 유색인종」에서 가져옴.

과학으로서의 범죄인류학

Lombroso와 지지자들은 스스로를 이른바 고전주의 범죄학파에 대항하거나 이를 넘어서는 자들로 정의하였다. 고전주의 범죄학파는 이론가들 혹은 종사자들이 모인 실제적인 의미의 "학파"가 결코 아니었으며 오히려 범죄와 처벌에 대한 국제적인 방향성이었다. Lombroso의 연구보다 한 세기 정도 먼저 등장하였던 고전주의적 접근법은 계몽주의적 사고로부터 성장하였으며, 잉글랜드의 공리주의 철학자 Jeremy Bentham제러미벤담과 「범죄와 처벌에 관하여On Crimes and Punishments」라는 작은 책으로 고전주의적 관점의 원칙을 제시한 이탈리아인 Cesare Beccaria체사레 베카리아와 특히 연관되었다.[36] 범죄자가 아닌 범죄에 관심을 두는 그러한 접근법은 인간은 자유의지를 갖고 있는 합리적인 생물이기 때문에 처벌의 목적은 제재가 되어야 한다는 가정과 함께 시작되었다. 고전주의자들은 또한 범죄의 주된 원인을 이기심이라고 추정하였지만, 그것 말고는 다른 원인을 거의 알아차리지 못했다. 요컨대 그들은 우리가 오늘날 생각하는 범죄학을 만들어내지 못했다.[37]

Lombroso와 지지자들은 스스로를 고전주의에 맞서는 실증주의학파로 정의하였다. 이는 그들이 범죄의 원인을 알아내기 위해 과학적인 방법을 사용한다는 것을 의미했다. 19세기 초반에 시작된 사회현상 연구에 대한 과학적 접근법인 실증주의는 Lombroso가 현장에 뛰어들었을 때 여전히 성숙의 과정을 거치고 있었다. 도덕적 정신이상 이론가들과 골상학자들이 실증주의를 범죄에 적용하려고 시도하긴 했지만 멀리 가지 못했다. Lombroso는 실증주의를 활발하게 수용하였고 이를 나중의 세대가 범죄학이라고 부르게 된 것의 기반으로 발달시키는 데 막대한 공헌을 했다. 그와 실증주의학파이탈리아학파 혹은 범죄인류학파로 불리기도 한다의 다른 구성원들은 과학자들에게 사실을 수집하고 귀납을 통해 사실을 확장할 것을 요구하였다. 실증주의학파는 스스로의 권위를 갖춘 "학파"가 **되었다.** 지지자들은 Lombroso의

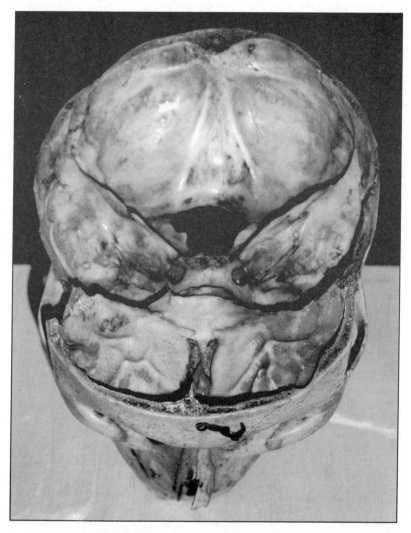

그림 4.5 도적 Villella의 두개골. Lombroso는 범죄인류학의 기원을 기억하기 위한 기념품이
자 범죄자의 비정상성에 관한 과학을 나타내는 상징물인 Villella의 두개골을 책상 위에 올려놓
았다. 토리노에 위치한 롬브로소박물관의 허가를 받아 실린 사진임. Photograph by Mary
Gibson.

이론을 이탈리아에서 정교하게 다듬어 적용하였으며, 범죄인류학은 해외로 빠르게 퍼져나갔다. 해외 연구자들은 심지어 Lombroso 연구에 내재하는 "과학"에 대한 평가를 내리면서 범죄에 대한 과학이라는 아이디어를 받아들였다.

Lombroso는 다양한 방법을 범죄에 대한 과학에 집어넣었다. 그는 다음과 같이 회고하였다. "자연과학자라기보다는 정신과 의사로서 나는 고전주의학파의 형식주의적 관점을 의미하는 과거의 추상적인 접근법을, 정신이상자와 범죄자에 대한 개별적 연구의 임상적, 인류학적 방법들로 대체하였다." 그가 여기서 말하는 "임상적 방법"에는 의학, 정신의학, 심리학의 방법들이 포함된다.그는 「범죄인의 탄생」에 대해 "내 책은 범죄자의 정신을 다룬 부분을 뺀다면 아무것도 아니게 된다."라고 하였다. 또한 임상적 방법에는 법의학이 포함된다.Lombroso는 이탈리아에서 형사 사건에 대한 법의학적 검사를 최초로 수행했다고 주장했다. 그가 말하는 "인류학적 방법"에는 머리뼈계측법craniometry, 인체측정법anthropometry, 민족학ethnology이 포함된다. 또한 Lombroso는 계통적 방법론을 활용하는 '범죄의 유전에 관한 미국의 연구'에 의존하였으며,Richard Dugdale(리처드 덕데일)의 「"The Jukes"」 (주크 일가에 대한 가계 연구로. 주크는 가명이다. 옮긴이.)38 오늘날 사회학적 방법론으로 일컬어지는 방법론을 선구적으로 활용하였다. 그는 재소자를 정신이상자와 비교하거나 "정상인" 혹은 법을 준수하는 사람과 비교하는 등 통제집단을 활용하려고 시도하였으며 범죄 및 범죄성의 모든 측면에 관한 통계 자료를 대량으로 수집하였다.

실증주의에 대한 열정에도 불구하고 Lombroso는 과학자로서는 거의 모든 면에서 실패하였다. 그의 연구는 엉성하고 자기 모순적이었다. 예를 들어 「범죄인의 탄생」의 한 페이지에서 그는 먼저 "거의 모든 범죄자들이 당나귀 귀를 갖는다."라고 했다가 이어서 "당나귀 귀는 범죄자의 28%에게서 발견된다."라고 하였다.39 사학자 Robert Nye로버트 나이는 Lombroso의 과학이 두 번째 국제범죄인류학회의International Congress of Criminal Anthropology에서 프랑스 비평가들로부터 받은 방법론적 비판을 묘사하였다. 이 회의에서 프랑스 인류학자 Léonce Manouvrier레옹스 마누브리에는 Lombroso 이론들을 Franz

Joseph Gall^{프란츠 요제프 갈}의 불명예스러운 시스템에 비유하였고, Lombroso
의 범죄자 유형이 "이상적인 어릿광대" 같다고 비난하였으며, 이탈리아의
통계적 분석이 철저한 검토를 당하도록 만들었다. 그는 Lombroso가 인종,
성별, 계급에 따른 별개의 시리즈로 수치를 수집하지 못한 것을 강력하게
꼬집었다. 그리고 그는 똑같이 넓은 범위의 "정직한" 인간들의 표본과 비교
되지 않은 범죄자의 특이점에 대한 통계의 가치를 묵살하였다. Manouvrier
는 Lombroso가 해부학적 특성에 죄를 씌워 인류학에 해를 가했다고 비난
함으로써 비꼬듯 결론을 내렸다. "타고난 범죄자로 태어난 것에 대해 어떤
사람을 위로할 수 있는 유일한 방법은 그가 그렇게 태어나기는 했지만 스
스로를 타고난 범죄자로 인정했다는 점에서 정직한 사람이라는 것을 기억
해주는 것이다."[40]

또 다른 프랑스 인류학자 Paul Topinard^{폴 토피나르}는 자신의 분야에 범죄
인류학이 포함되는 것을 거부하였으며, 프랑스 사회학자 Gabriel Tarde^{가브}
^{리엘 타르드}는 범죄인류학에서는 남성 범죄자와 여성 범죄자가 같은 두개골 특
이점을 공유한다고 일컬어지기 때문에 남성과 여성 사이의 범죄율 차이를
설명할 수 없다고 지적하였다. 무엇보다도 가장 짓궂었던 것은 Lombroso
의 제자였던 Moritz Benedikt^{모리츠 베네딕트}의 조롱이었다. 그는 "'가정을 하는
것은 쉽습니다. 차라리 후두부 중앙의 파인 부분이 예컨대 치질에 걸리기
쉬운 성향을 나타낸다고 하는 것은 어떻습니까?'라는 언급을 Topinard의
발언에 더하며 아주 재미있어 했다."[41] 이탈리아인들 역시 Lombroso의
"과학"에 어안이 벙벙해졌다.[42]

Lombroso의 과학은 자신 성격의 희생양이었다. Lombroso의 딸 Paola
^{파올라}가 그의 일상에 대해 묘사한 내용을 살펴보는 것이 아마도 Lombroso
의 연구 방법을 이해하기 위한 최고의 방법일 것이다. "타자기 앞에서 글을
쓰고 교정본을 검토한 뒤 출판업자 Bocca^{보카}를 만나고 식자공에게 간 다음
도서관을 들리고 연구소로 가는 등 아주 정신없이 돌아다녔다. … 저녁에는
지치지도 않고 극장을 가고 싶어 했다. 도시에 있는 두세 개 영화관에 갔는

데, 첫 번째 극장에서 1막을 본 뒤, 다음 극장으로 잽싸게 달려갔고 세 번째 극장에서 저녁의 끝을 맞이하였다."[43] 그는 일상에서처럼 연구에서도 정신 없이 서두르며 데이터를 좀처럼 확인하지 않고 수치를 되는 대로 추가하였으며, 많은 양의 글과 책을 미친 듯이 집필하였지만, 자료에 논리와 일관성이 있는지에 대한 검토를 항상 하는 것은 아니었다.^{아마 거의 하지 않았을 것이다.} 그의 일생에 관한 다른 자세한 내용들이 민간전승, 기형이 있는 사람의 사진, 유명한 격언, 셰익스피어의 등장인물, 별난 일화를 기꺼이 증거로 포함시키려는 그의 마음을 설명하는 데 도움을 준다. 사학자 Delfina Dolza^{델피나 돌자}는 "Lombroso가 현실적인 면에 아주 서투르다는 것, 즉 그의 어린아이 같은 순진무구함"에 대해 저술하였으며, 자녀들이 Lombroso를 보호할 필요성을 느낄 정도로 그가 너무도 잘 속아 넘어가는 사람이었다고 저술하였다.[44] 이 순진무구함은 비록 과학자로서의 그의 실패에 대한 변명이 될 수 없지만, 그의 동시대인들을 포함한 다른 이들이 때때로 터무니없는 것으로 발견하는 증거를 그가 기꺼이 포함하려고 했던 이유를 적어도 보다 쉽게 이해할 수 있게 해준다.

하지만 Lombroso는 이상한 증거, 특히 상반신 사진, 범죄지도, 문신, 밀랍으로 만든 데스마스크, 식초에 담군 범죄자의 뇌와 같은 시각적 증거를 포함시킴으로써 범죄인류학의 유효성을 과학자가 아닌 사람들에게 보다 쉽게 설득시킬 수 있었을 것이다. 초기 자료들은 시간이 흘러갈수록 Lombroso 책들에서 더 많은 페이지를 채우게 되는데, 4개 책으로 구성된 「범죄인의 탄생」 제5판에서 한 권의 책 「The Atlas^{환주}」가 오직 이미지로만 채워진다. 이러한 시각적 전시는 토리노에 있는 롬브로소박물관에서도 나타난다. 이 박물관은 유럽 주요 도시에 등장하게 된 일련의 범죄인류학 박물관 중 최초의 박물관이었다.^{Lombroso가 사망하였을 때 토리노 박물관은 2개의 새로운 가공품을} ^{받게 되었다. 하나는 골상학적 흉상과 Villella 두개골이 얹어진 Lombroso 책상이었고 또 하나는 후대를 위해 Lombroso 얼굴} ^{을 보존한 병이었다.} 그가 전시했던 대상으로부터 그의 생각이 나온 의미를 오늘날 미약하게 짐작해볼 수 있기는 하지만, 위의 두 가공품은 범죄인류학의 유

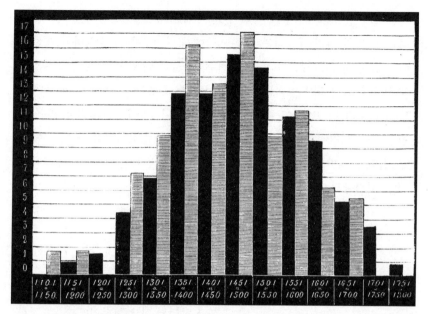

그림 4.6 Lombroso의 과학. Lombroso는 자신의 연구 결과를 분명히 보여주기 위해 당시 새롭게 성장하던 사회과학의 방식을 이용하였다. 위 그래프는 남성 범죄자 121명 가로 실선으로 채워진 막대와 "정상인 검은색 막대"의 두개용량을 비교해서 보여준다. 그래프 아래의 수치는 두개용량을 나타낸다. 단위는 cc일 것이다. 이 그래프가 보여주듯이 Lombroso는 대조집단을 활용하려 했지만 표본을 임의로 추출하려고 하지는 않았다. 「범죄인의 탄생」 제3판에서 가져옴.

효성을 이러한 가공품들이 증명할 수 있다는 그의 순진한 믿음을 지속적으로 보여준다.[45]

    Lombroso의 저작물과 전시물들도 그저 나쁜 과학 혹은 사이비 과학으로서 묵살될 수는 없다. 순진무구함과 과학적 서투름에도 불구하고 Lombroso의 글과 전시물은 경험주의에 대한 그의 몰두를 보여준다. 그가 최고의 과학적 전통 속에서 단호하게 데이터를 제시했기에 다른 이들은 이를 검토해볼 수 있었다. Lombroso는 "보다 주의를 덜 기울이는 사람들이 그의 주장에 대한 갈피를 잡지 못하게 만들 수도 있는, 사실과 수치의 과도한 사용"을 삼가는 것을 거부하였다. "데이터를 줄이는 것은 실증주의적 방법론에 미치지 못한다는 것을 의미한다. 이렇게 논란이 많은 분야에서는 실증주의적 방법론이 나의 결론에 대한 증거를 보여주는 데 이점을 갖는다. 또한 나의 데이터는 다른 이들에게 나의 이론을 수정하고 개선할 수 있도록 자료를 제공한다."[46] 고전주의자들과 비교하여 실증주의자들은 과학적 원리에 따라 범죄를 연구하려는 시도하였다. 그리고 얼마 동안은 Lombroso와 지지자들이 주도권을 잡고 있었다. 19세기의 마지막 25년 동안 그들은 일반적으로 범죄 행동 전문가로서 인정을 받았다. 방법론과 연구 결과에 대한 국제적인 논쟁에도 불구하고, 범죄인류학은 선도적이고 거의 최첨단의 세계적 범죄학이었다.

범죄인류학과 형사사법

Lombroso는 과학적 원리를 범죄학 뿐만 아니라 형사사법제도에도 적용하려는 시도를 하였다. 그는 경찰활동을 출발점으로 잡았다. "지금까지 경찰활동은 전쟁이 벌어지는 것과 같이 마구잡이로 예감에 의존하여 수행되었다. 성공적인 수사는 소수 사람들의 통찰력과 헌신에 의존하였다. 우리가 지금 필요로 하는 것은 과학적인 방법으로 범죄자를 알아차리는 데 적용하는 것이다." 과학적 경찰활동은 "도시화 및 현대적 생활의 발달로 인해 범죄자에게 공급되는 새로운 무기들에 대한 혁신적인 방어책을 발달"시켜야 한다고 주장하면서,[47] Lombroso는 감시, 경보기, 민간보안업체, 비밀리에 하는 경찰활동을 지지하였다. 게다가 그는 범죄자를 식별하는 베르티용[Bertillon] 방식에 열광하였다. 이는 범죄자의 사진을 찍은 뒤, 범죄자들이 가명을 쓰더라도 경찰이 상습범을 식별할 수 있도록 만드는 시스템에 따라 사진을 보관하는 과정을 수반하는 사전감식법이다.[48]

Lombroso는 형사사법제도가 자신의 범죄학을 포함하고 범죄자의 선천적인 위험성의 정도에 따라 범죄자에 대처하도록 개혁되는 것을 꿈꾸었다. 피고인 혹은 재소자의 위험성 수준을 결정하기 위해 정신과 의사들과

그림 4.7 여성 범죄자들. 다른 초기의 범죄학자들과는 달리 Lombroso는 범죄 행동 연구에 성별이 중요함을 이해하였으며 「범죄인의 탄생」 제1판부터 여성에 대한 관찰을 내용에 포함하기 시작했다. 결국 Lombroso는 이 데이터를 「여성 범죄인」이라는 별개의 책으로 발전시켰다. 여성 범죄자의 얼굴을 담은 위 그림은 「범죄인의 탄생」 제3판(1884)에서 가져온 것이다.

법의학 전문가들은 의사가 환자를 진단하듯이 이들을 진찰해야 한다. Lombroso는 특별히 위험하지 않은 범죄자를 일반적인 교도소에서 빼내는 보호관찰, 소년원 및 또 다른 중간적 처벌을 지지하였다. 하지만 교화될 수 없는 퇴화된 뇌를 가진 원시적인 타고난 범죄자에 대한 유일한 해결책은 고질적인 범죄자를 수용하는 특수한 시설에 죽을 때까지 가둬놓는 것이었다. Lombroso는 그의 보기 드문 우생학적인 구절 중 하나에서 고질적인 범죄자를 가두는 교도소가 "유전적 요인에 기인하는, 무시할 정도로 적다고는 할 수 없는 비율의 범죄를 줄일 것"이라고 주장하였다. "우리 인종을 만들었을 뿐만 아니라, 가장 폭력적인 자들을 제거하여 점차적으로 지배권을 쥐게 된 형사사법을 만들어 낸 자연선택의 과정으로 돌아가는 순간이 있을 것이다."[49] 인생의 후반기에 Lombroso는 "잔인한 범죄를 서너 번 반복적으로 저지른" 범죄자들에게 "극단적인 형태의 자연선택"인 죽음을 선사할 것을 지지하기 시작했다.[50]

과학적 처벌에 관한 이러한 아이디어들의 씨앗은 골상학자들에 의해 심어졌다. 골상학자들은 세 가지 범죄자 유형을 제시하고 범죄자 유형에 맞춰 형을 선고할 것을 요구하였는데 여기에는 고질적인 범죄자를 위한 부정기형을 포함되었다. 게다가 이러한 씨앗은 이미 강제적으로 호주, 아일랜드, 미국에서의 부정기형 실험으로 꽃을 피우고 있었다. 처벌 분야에서 Lombroso의 천재성은 수많은 혁신적 아이디어를 집결시켰고 그런 아이디어에 "사회 보호"적 입장이라는 이름을 붙였으며 이러한 입장을 위한 정치적인 근거를 발달시켰다. 그는 범죄자에게 도덕적인 책임이 없을지라도 사회는 범죄자에 대해 스스로를 보호할 권한을 가지고 있다고 가르쳤다. "범죄는 피할 수 없다."라고 그는 선언했다. 이는 범죄자가 세균 같은 자연현상이라는 뜻이다. "하지만 범죄 방어 역시 불가피하다. … 사회를 보호한다는 관점에서 처벌을 합리화하면 처벌은 더욱 논리적이고 효과적이게 된다."[51]

사회보호는 제재라는 고전주의적 철학에 대한 대체로서 Lombroso에 의해 제시된 '처벌에 관한 중대한 철학'이 되었다. 사회보호라는 근거는 교화될 수 있는 범죄자를 교화하기 위한 조치를 그가 제안했을 때 범죄자에게 너무 잘해주는 것이 아니냐는 비난으로부터 그를 보호해주었다. 또한 이 근거는 상습범을 가혹하게 처벌하기 위해 그가 필요로 하는 정당한 이유를 그에게 제공해주었다. 무력화 이론과 비슷하지만, 처벌에 대한 더욱 폭넓은 근거인 사회보호는, 좀처럼 인정받지는 못했을지라도, 형사사법제도 이론에 대한 Lombroso의 주요한 기여였다.

Lombroso는 형사사법제도 개혁에 대한 자신의 논의에 정상적인 범죄자와 정신이상에 걸린 범죄자를 수용하는 시설에서 의사로 근무한 수십 년의 경험을 끌어왔다. 그는 재판에서 감정인으로서 증언했으며, 법의학적 검사를 수행하였고, 이탈리아의 선도적인 교도소 관리자 및 형법 전문가와 아이디어를 교환하였다. David Garland데이비드 갈런드가 이탈리아 범죄인류학의 추상적 개념을 동시대의 영국 정신과 의사들에 의해 창안된 보다 실용적이고 합리적인 범죄학에 비교하면서 Lombroso를 비난했지만, 지금까지 살펴봤듯이 일반적인 범죄자에 대해서라면 Lombroso에게 순진무구하다는 딱지를 붙이며 비난하는 것은 옳지 못하다.[52] 19세기 후반 이탈리아 범죄학과 영국 범죄학 사이에 나타난 차이가 무엇이든 간에 그러한 차이의 원인을 형사사법제도에 대한 Lombroso의 무지로 추적할 수는 없다. 왜냐하면 범죄자 및 형사사법제도 관계자와 아주 친밀하게 접촉하는 동시에 이론을 만들어낸 범죄학자는 거의 없기 때문이다.[53]

패러다임을 바꾼 Lombroso

범죄학 발전에서 Lombroso의 압도적인 중요성은 4개의 지적인 위업 때문이다. (1) 범죄에 대한 연구를 다른 과학 및 연구 분야에 통합시킨 것, (2) 범죄 행동에 대한 그의 새로운 관점의 거의 모든 측면에 대한 틀을 잡기 위해 의학적 모델을 사용한 것, (3) 자유주의 국가들이 일탈을 새로운 방식으로 다룰 수 있도록 청사진을 제공한 것, (4) 무엇보다도 범죄학을, 골상학의 파생물로부터 완전히 발달한 과학으로 탈바꿈시켰다.[54]

Lombroso는 범죄 연구를 다양한 형태의 다른 시도 및 분야와 결합시켰다. 몇몇은 생물학, 법학, 의학, 교육학, 정신의학 같은 오래된 분야였고, 몇몇은 인류학, 민족학, 진화론, 계통 연구, 심리학, 사회학 같은 새로운 분야였다. 그리고 몇몇은 나온 지 얼마 되지 않아 이름조차 없는 분야[법의학, 형벌학, 성과학]였다. 그는 범죄의 원인을 날씨와 인종부터 시작하여 알코올 남용, 유전을 거쳐 나이, 성별, 과도한 크기의 생식기에 이르는 다양한 요인들로 돌림으로써 그의 영역을 매우 폭넓게 정의하였다. 이는 범죄학이 동시대의 수많은 연구 분야로부터 데이터와 방법을 끌어올 수 있다는 것을 의미하였다. 이로 인해 Lombroso는 개념적으로 그리고 인과적으로 범죄를 다른 형태의 일탈[크레틴병, 퇴화, 뇌전증, 천재성, 정신이상, 기형, 매춘, 원시적인 야만성]과 연결시킬 수 있었다. 그의 새로운 과학은 보다 잘 설립된 연구 분야로부터 신빙성과 어느 정도의 친숙성을 빌려올 수 있었다. 범죄인류학을 다른 분야들과 결합함으로써 Lombroso는 모순적이게도 이를 결국 스스로의 권위를 갖춘 연구 분야이자 뚜렷이 구별될 수 있는 유형의 학문으로 만들었다. 독립적으로 나아가는 범죄인류학의 여정은 토리노대학교에서 Lombroso의 직위 변화를 통해 살펴볼 수 있다. 처음에는 법의학과 공중위생을 담당하는 교수였다가[1876] 정신의학과 임상정신의학을 담당하게 되었다[1896]. 마지막에는 범죄인류학 교수가 되었다.[1906][55] 이것이 Lombroso와 자신의 연구 분야가 도달하게 된 지점이었다.

두 번째로 중요한 Lombroso의 지적 위업, 그가 지속적으로 중요성을 갖게 된 두 번째 이유는 의학적 모델의 혼재·확장·대중화였다. 범죄는 18세기 후반부터 정신적 질병, 육체적 질병, 혹은 이 두 가지를 함께 겪는 상태로서 이해되기 시작했지만, 대부분 사람들은 계속해서 위법행위를 죄와 자유의지의 관점에서 생각하였다. 미국에서 William Freeman에 대한 재판과 이탈리아에서 Callisto Grandi칼리스토 그란디에 대한 재판 같은 유명한 재판에서 이 두 관점 사이의 충돌이 벌어졌다.[56] 대중의 의견이 변화를 향해 무르익었을 때 Lombroso는 이 논쟁에 참여하며, 의학적 모델을 합법화했을 뿐만 아니라 이를 수많은 일탈, 아니 아마도 모든 종류의 일탈을 포괄할 수 있는 은유로 바꿔놓았다. 그러한 일탈에는 큰 턱, 이상한 글씨체, 감정적 불안정, 둔감한 촉각, 동성애, 양심의 가책 부재, 조로증이 포함된다. Lombroso와 지지자들이 정의한 모든 표준적인 일탈은 병의 징후, 즉 의사가 이해하고 치료해야 하는 잠재적인 범죄 성향의 징후가 되었다. 확실히 Lombroso는 식물학자식충 식물, 성과학자, 동물학자와 같이 의료계의 전문가가 아닌 사람들이 범죄학적 연구에 기여할 수 있는 많은 여지를 남겨주었지만, 그는 의학적 모델을 기본적인 설명의 틀로 채택하였다. 그의 글에서는 그가 모든 것을 포괄하는 돔 아래에서 다른 형태의 설명을 수집하는 모습을 항상 관찰할 수 있다. 부분적으로는 Lombroso 연구의 결과로서, 범죄를 의학적인 문제로 이해하는 관점은 지배적이고 사람들이 거의 자동적으로 떠올리는 관점이 되었으며, 이는 명제라기보다는 가설이었다.

Lombroso는 범죄학적이고 형벌학적인 청사진을 만들어 자유주의 국가들에게 일탈을 다루는 새로운 방식을 제시하였다. 이는 19세기 후반에 자유주의 국가들이 몹시 필요로 하던 것이었으며 또한 이는 Lombroso의 중요성을 나타내는 세 번째 원천이다. 그가 가장 관심을 가졌던 국가는 당연히 자신의 조국이었다. 이탈리아는 1870년 지리적 통일을 이뤘음에도 근본적인 정치적 분열을 겪었고, 사실보다는 이름을 중시하는 국가였다. 이탈리아인들은 스스로가 새로운 국가적 정부에 소속된 것이 아닌 자신의 마을에 소속된 것으로 생각하고 있었다. 이탈리아 통일로 이어진 혁명을 주도한 영웅 Garibaldi가리발디 근처로 모여든 사람들에 관한 이야기는 이러한 문제의 규모를 보여준다. 많은 혁명가들이 이탈리아를 위해 싸우고 있었지만, 그들은 이탈리아라는 단어를 들어본 적이 없었으며, 몇몇은 이탈리아를 "La Talia라 탈리아"로 잘못 알고 이를 어떤 고위 관리의 부인 이름이라고 생각하였다.[57] 수 세기 동안 가톨릭교회와 유럽 세력들에 의한 지배로 분열되었던 이 새로운 국가는 상처를 딛고 일어나기 위한 중심적인 법적 시스템을 구축해야 했으며 범죄자, 정신이상자 같은 골칫거리를 다룰 방안을 생각해내야 했다. 사학자 Daniel Pick^{대니얼 픽}이 저술한 바에 따르면 "통일로 인해 '이탈리아가 탄생'하기는 했지만, '이탈리아인이 탄생'하지는 않았다." "이것이 Lombroso 연구에 내재하는 문제점이다. 범죄는 국가의 나약함을 분명히 나타내는 신호로 여겨졌다. … 그의 연구는 정치상의 국민을 정의하려고 했다. 국가와 사회의 나약한 자들보다 뛰어난 사람들을 보다 명확하고 거침없이 정함으로써 말이다."[58]

다른 나라들에서는 상황이 상당히 달랐지만, 19세기 후반은 근대화를 겪던 많은 국가들이 사회통제 시스템을 개선할 필요성을 느끼던 시기였다. 예컨대 미국은 모든 주에 경찰시스템을 도입하기 시작하는 중이었다. 산업화, 도시화, 이민, 전쟁은 노동자 계급보다 낮은 도시민을 만들어내는 등 전혀 새로운 종류의 통치상의 문제점을 유발하였다. 질서를 지키는 사람과 무질서한 자를 과학적으로 분리시킨, 그리고 무질서한 자를 다루기 위한 명확하고 합리적이며 건설적인 권고를 제시한 Lombroso 연구는 아주 강력한 호소력을 지니고 있었다. "범죄자를 지정하는 것은 그 반대의 작업이면서도 상호보완적 작업인 '착한 시민을 정의하는 작업'과 복잡한 방식으로 엮여 있었다."[59]

네 번째로 Lombroso는 범죄를 과학적으로 연구할 수 있는 문제로 생각할 수 있게 하였다. Lombroso의 선구자는 골상학자, 관상학자, 원시적 범죄학이라고 할 수 있는 것들을 만들어 낸 '교도소에서 근무하던 의사들'이었다. 하지만 범죄를 실증적으로 분석할 수 있는 자연현상으로 인식하며 범죄와 범죄자에 대한 과학인 범죄학을 발명한 것은 Lombroso였다. 범죄 정의를 성직자와 변호사의 손에서 떼어내려는 Lombroso의 노력은 중요한 움직임이었다. 그가 이런 시도를 최초로 했기 때문만이 아니라 그의 시도가 성공적이었기 때문이다. 그는 Thomas Kuhn이 엄밀하게 정의한 '패러다임을 바꾼 자'^{과학이 할 수 있는 것과 할 수 없는 것에 대한 전통적인 아이디어들을 부수고 과학적 혁명을 시작한}

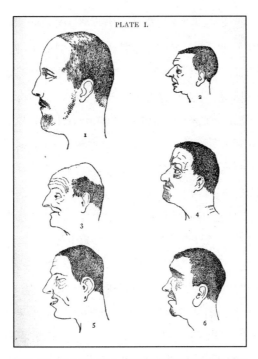

그림 4.8 범죄자의 머리. 이 그림은 범죄인류학을 영어
권 국가에 전파한 Havelock Ellis해블럭 엘리스의 유명한 저
서 「범죄자The Criminal, 1890」에 등장한다. 해설에서 Ellis는
살인으로 종신형을 선고받은 첫 번째 남성을 "큼직한 이
마를 제외하면 가장 단호한 악랄한 표정"을 가진 것으로
묘사한다.부록 A. 전면삽화 1에 대한 해설. Ellis의 말은 이 남성이
그와 같은 커다란 두뇌를 가지고 있기 때문에 악랄한 면
모만 가지고 있지는 않다는 의미이다.

자를 말한다. 여기서는 한 가지 연구 분야에만 국한된 사소한 혁명이었지만 말이다. 로서 자격을 갖추기 시작
할 수 있었던 유일한 범죄학자였다.[60] Lombroso는 범죄에서 범죄자로 초
점을 옮겼으며, 범죄자에 초점을 맞추는 경향은 오늘날에도 상당 부분 남
아 있다. 그는 범죄의 정의를 바꾸어 위법행위뿐만 아니라 비정상적이고
유해한 모든 것을 의미하도록 만들었다. 그는 위험성은 행동이 아닌 상태
라고 하며 위험성을 다시 정의하였다. 사학자 David Horn(데이비드 혼)이 관찰한 바에 따르면 "범죄

를 저지르지 않고도 누군가는 범죄자, 즉 사회에 위험한 인물로 정의되는 것이 최초로 가능하게 되었다."61 그는 신

체 증상의 의미를 판독하는 신체증상학을 고안하였으며 사진, 막대그래프, 도표, 데스마스크, 심지어 범죄인류학 박물관을 통해 범죄적 신체의 일탈을 나타내는 새로운 다양한 방법들을 발달시켰다.

근본적인 물질주의를 지지하면서 Lombroso의 「범죄자의 탄생」은 범죄학의 초점을 마음불멸의 영혼이라는 아이디어와 양립할 수 있는 구조에서 뇌모든 종류의 형이상학적인 추측을 지배하는 물질성을 가진 기관로 바꿨다. Lombroso가 살았던 당시 이탈리아에서 범죄학을 도덕과 종교로부터 분리시키는 데 필수적인 정신적 거리를 유지할 수 있었던 사람은 Lombroso 같이 신앙을 실천하지 않는 유대인실증될 수 없는 모든 믿음으로부터 등을 돌린 '가톨릭교의 왕따'뿐이었을 것이다.62 그가 자신만의 특유한 도덕적 의견을 가지지 않은 채로 과학을 연구했다는 것이 아니라 그가 객관성을 이상으로서 지지하였다는 의미이다. 심지어 범죄인류학에 소란스럽게 이의를 제기하였던 곳에서조차 범죄인류학은 범죄연구에 대한 논쟁을 위한 용어를 설정하였으며, 사용될 증거의 유형과 방법을 좌우하였고, 새로운 연구 분야가 발전되는 방식의 틀을 잡았다.

여기서 다시 한 번 나는 다음과 같이 주장해 온 David Garland와 결별한다. "빠르게 신용을 잃어버린 주장, 즉 '범죄자 유형'을 범죄인류학적으로 식별할 수 있다는 주장에 의해 촉발된, '범죄자'에 몰두하는 과학이라는 아이디어는 역사적인 사건으로 비춰져 왔다. 그와 같은 지적인 우발사태가 일어나지 않았다면, 뚜렷이 구별할 수 있는 범죄학적 과학도 독립적인 학문 분야도 없었을 것이다."63 빠르게 신용을 잃어버렸다는 Garland의 주장과는 거리가 먼 범죄자 유형이라는 아이디어가 수십 년 동안 프랑스, 포르투갈, 스페인, 남미, 이탈리아, 독일, 미국에서 그리고 거의 틀림없이 브리튼Galand가 집중한 Britain에서도 살아남았다고 단순히 말하는 것이 아니다.64 더욱 문제가 되는 것은 범죄학이라는 과학의 설립이 우발적이라는 Garland의 주장이다. 체계적인 사고에 입각하여 새로운 실증적 지식을 만들어내려는 계몽주의 과학 프로젝트가 전개되었다는 점과 18세기가 끝나갈 무렵부터 범죄의 원인에 대한 호기심이 일어났다는 점을 고려하면, 범죄자에 대한

과학의 발전은 거의 불가피했던 것으로 보인다. 무질서한 자들을 훈육하고 "착한" 시민들에게 그들의 반대, 즉 사악하고 인간 이하인 타고난 범죄자를 상기시키기 위한 새로운 방법을 찾아내기 위한 현대적 민주주의의 필요성이 그런 발전에 이중으로 기여한 것으로 보인다. 물론 Lombroso 연구가 필연적으로 나타나야만 했던 것도 아니고, 그가 범죄인류학에 대한 담론을 만들어내기 위해 퇴화이론, 진화론, 과학적 인종차별주의, 도덕적 정신이상 이론, 골상학의 잔존물, 이제 막 생겨났던 유전에 관한 아이디어를 엮는 방식에 대한 예측이 가능했던 것도 아니다. 하지만 어딘가에서 누군가 결국에는 범죄자에 대한 과학을 만들어냈을 것이라는 것은 충분히 그럴싸하다. 실제로, 「범죄자의 탄생」이 최초로 등장하기 몇 년 전에 J. Bruce Thomson과 Henry Maudsley는 거의 범죄자에 대한 과학을 만들어낼 뻔했다. Lombroso는 범죄 연구에 대한 과학적 접근법을 도입하며 패러다임을 변화시켰다. 하지만 도덕주의적이고 형이상학적인 오래된 패러다임은 이미 쇠퇴라는 가장자리에서 불안정하게 서 있는 중이었다.

범죄인류학은 오늘날의 생물범죄학에서 일어나는 많은 것들의 선조가 되었다. 타고난 범죄자를 다른 범죄자로부터 분리시킨 범죄인류학의 접근법은 일생동안 범죄를 저지르는 사람과 청소년기에만 한정적으로 범죄를 저지르는 사람을 나누는 오늘날의 친숙한 구분법을 앞질렀다.[65] 범죄자를 격세유전된 인간으로 보는 범죄인류학의 핵심 이론은 오늘날의 진화범죄학에서 메아리치고 있다. 그리고 9장에서 보게 될 것처럼 Lombroso 연구는 놀랍게도 범죄에 대한 현재의 유전학적, 신경학적 해석들을 앞질렀다.

:: 5 ::

진화론

퇴화한 뇌

유기체 진화에 관한 모든 자연과학적 해석을 의미하는 진화론^{다윈주의뿐만}은 19세기에 일반적으로 일탈에 관한 아이디어, 특히 범죄에 대한 아이디어에 근본적인 영향을 미쳤다. 사회 문제와 인간의 본질에 관한 생각에 대한 영향력에서 진화론에 비견할 만한 과학은 오늘날의 유전학 혁명 정도이다. 하지만 진화론이 범죄학에 형성되는 시기 범죄학에 어떤 영향을 미쳤는지는 거의 알려진 바가 없다. 우리는 진화적으로 후퇴한 타고난 범죄자를 다루는 Cesare Lombroso^{체사레 롬브로소}의 범죄인류학 이론에 진화론이 어떤 영향을 미쳤는지를 이제 어느 정도 이해할수 있다. 하지만 다른 범죄학자들에 대한 진화론의 영향은 거의 탐구되지 않았다.[1]

삼각주에서 여러 지류로 나뉘어 그 지류들이 가장 유망한 진로들을 찾게 되는 강물처럼, 19세기 후반의 범죄학은 다양한 방향으로 나뉘어 흘렀다. 범죄학이 범죄인류학에 의한 지배를 받기는 했지만, 범죄인류학의 유일한 독단적 교리가 있었던 것은 아니며, 다양한 국가와 다양한 분야의 사상가들이 범죄에 대한 진화론의 영향을 다루려는 시도를 했기 때문에 범죄학은 실제적으로 다양한 노선을 타고 발전하였다. 이번 장에서는 그러한 몇 가지 다른 노선을 탐구한다. 인간의 번식에 차등을 두는 프로그램을 통해 인간의 진화를 앞당기고자 하며 과학의 한 분야가 되고자 했던 우생학의 등장을 또한 추적할 것이다. 우생학 운동은 사회 문제 전체를 다루었지만, 범죄자의 번식을 줄이는 것이 주된 관심사 중 하나였다.

　범죄학은 통치에 관한 우울감이 깊어지는 상황에서 발아하였다. 이런 분위기는 19세기 상반기에 대서양 양쪽에서 느끼던 낙관주의와는 현저하게 다른 것이었다. 초기의 입법자들과 정책입안자들에게 사회 문제는 해결할 수 있는 것으로, 인간은 합리적인 것으로, 그리고 세상은 그 빠른 변화 속도에도 불구하고 친숙하고 관리할 수 있는 거주 장소로 비춰졌다. 하지만 1850년쯤 이러한 분위기는 변화되기 시작했다. 변화의 속도와 정도는 나라와 지역에 따라 달랐지만 말이다. 도시화, 산업화, 사회 계급 사이에서 확장되던 분열_{정치적 차분함을 유지할 수 없었던 노동자, 사회통제를 하는 데 위기를 느낀 중산계급의 개혁가}과 같은 요소들, 그리고 다른 연관된 요소들이 결합되어 보다 비관적인 분위기를 형성하였다. 19세기 후반 범죄학에 등장한 음울한 유전적 결론은 이런 분위기에서 쉽게 수용될 수 있었다. 1892년 영국의 정신과 의사 S. A. K. Strahan_{스트라한}은 "지구 표면 위의 이렇고 저러한 문명화된 인간들에게 해를 가하는 많은 정신적·육체적 질병들이 문명화된 삶의 나쁜 영향에 의해 유발된 '퇴화한 체질과 병에 걸리기 쉬운 기질'의 유전적 전파에 의해 상당 부분 초래되었다는 것에 한 치의 의심도 있을 수 없다."고 저술하였다.[2]

　미국과 유럽에서 사람들은 점점 더 미래에 대해 걱정하게 되었다. 마을 공동체는 그 오랜 위계질서와 함께 무너지고 있었고 사회 문제에 대한 전통적인 접근법은 세기의 경제적·사회적 격변을 다루기에는 적합하지 못한 것으로 드러났다.[3] 사학자 Martin Wiener_{마틴 위너}의 저술에 따르면 "범죄는 삶의 모든 측면에서 통제의 상실 및 무질서를 나타내는 중심적인 상징이 되었다."[4] 창조, 우주에서의 인간의 위치, 인간과 신의 관계에 관한 영원한 진실로 보였던 것들을 뒤집어버린 진화에 관한 Darwin의 연구 및 다른 과학적 발전들에 의해 그러한 의미의 무질서가 심화되었다. 보다 이른 시기에는 주일의 설교로부터 전해 들은 진실에 의존할 수 있었지만, 진화론은 성서에 의구심을 품도록 만들었다. 이러한 낙담한 혼란의 분위기는 19세기 후반에 범죄학자들이 진화론의 아디이어를 차용하고 유전론의 전제를 받아들인 뒤 이 둘을 엮어 범죄 행동에 대한 과학적 해석을 만들었던 사회적이고 정치적인 맥락을 형성하였다.

　　Lombroso의 범죄인류학 말고도 19세기 후반에 번창하였던 다른 종류의 범죄학적 설명에는 어떤 것들이 있을까? 다른 이들도 역시 격세유전된 범죄자에 관한 이론을 생각해냄으로써 진화라는 아이디어를 수용하였을까? 그들의 글들은 범죄의 유전을 설명하는 데 Lombroso의 글보다 덜 애매하고 덜 불확실하였을까? 오늘날의 생물범죄학자의 선구자를 사이에서 찾아낼 수 있을까? 앞으로 나는 19세기 진화론적 사고의 두 개 중대한 해석상의 주제를 구분함으로써 시작하고자 한다. 하나는 종의 발전이라는 의미에서의 진화이며, 다른 하나는 유전으로서의 진화이다. 실질적으로 이 두 개의 아이디어는 밀접하게 연관되지만, 범죄학자들은 둘 중 하나만을 강조하는 경향이 있었기 때문에 이 둘을 구분함으로써 시작하는 것이 용이하다. 다음으로 나는 Henry Maudsley헨리 모즐리, Richard Dugdale리처드 덕데일, Cesare Lombroso체사레 롬브로소, Richard von Krafft-Ebing리하르트 폰 크라프트에빙 같은 4명의 권위자가 범죄의 본질에 관하여 수행한 연구에 이러한 아이디어들이 어떤 영향을 미쳤는지를 알아볼 것이다. 그 후에는 통계학자 Francis Galton의 연구에 대해 논의할 것이다. Galton은 우생학의 설립자이며, 유전에 관한 연구는 19세기 후반 범죄학 아이디어와 20세기 초반 범죄학 아이디어 사이에 다리를 놓아주었다. 결론에서는 '이번 장에서 논의되는 초기의 진화론'과 '범죄에 대한 오늘날의 생물학적 이론들' 사이의 연관성을 끌어낼 것이다.

종의 발전으로서 진화

오늘날 진화론과 가장 밀접한 관련을 맺는 것으로 여겨지는 책인 Charles Darwin의 「종의 기원Origin of Species」은 1859년이 되어서야 등장하였다. 하지만 이 이론이 등장하기 한참 전에도 진화를 설명하고자 하는 노력은 교육을 받을 사람이 생명의 기원과 발달에 비신학적이고 자연과학적인 해석의 의미를 다루도록 만들었다. 오래된 지층에 대한 지질학적 연구는 창조에 관한 성서의 설명과 모순되는 것으로 보였고,5 화석의 발굴은 종의 불변성을 주장하는 성서의 원칙을 의문 속으로 던져버렸으며, Darwin과 다른 항해자들이 귀환하며 가져온 유해는 생명의 기원에 관한 창조론의 가정을 명백하게 재차 부인하였다. 이러한 발전은 자연현상 및 사회현상에 대한 과학적 연구에 대한 흥미를 불러일으키는 동시에 신학적이고 철학적인 공리에 대한 도전이 되었다. 광활한 시간을 거치며 투쟁과 순응을 통해 일어났던 변화에 의해 새로이 생겨나던 이러한 그림에 범죄자들을 어떻게 끼워 맞출 수 있었을까? 인종 및 인간 가치에 명백한 서열이 있다는 것을 주장하며 동시대에 성장하고 있던 "과학적" 인종차별주의는 '서양의 범죄자들은 심지어 고도로 진화되고 문명화된 백인들보다는 검은 피부를 지닌 야만인들과 보다 가깝지 않은가?' 같은 범죄의 본질에 관한 추가적인 질문을 제기하였다. 자연의 진화, 사회의 진화, 심지어 개인의 진화에 관한 새로운 아이디어들은 범죄와 범죄자의 기원에 어떤 빛을 비추었을까?

자연의 진화

1860년대쯤 식물과 동물이 진화한다는 생각은 상당히 잘 받아들여졌다. 논쟁이 벌어진 것은 진화 과정을 주도하는 요인의 본질에 관해서였다. 세기 초반 2권으로 된 「동물철학Philosophie zoologique, 1809」에서 Jean-Baptiste Lamarck장 바티스트 라마르크는 큰 영향을 미친 이론을 제시하였다. 이 이론에 따르면 유기체들은 새로운 유형의 환경에 적응하기 위한 "필요"에 의해 진화한다. Lamarck는 "필요" 혹은 "욕망"으로 번역될 수 있는 단어인 besoins[6]를 사용하였다. 하지만 Darwin과 다른 이들은 하등한 형태의 생명에게 "욕망" 혹은 갈망이 있다고 주장하는 것은 우습다는 이유로 Lamarck가 제시한 설명의 그런 측면을 하찮게 보았다. 그런데도 Lamarck 지지자들은 Lamarck가 새로운 환경에 적응하고자 하는 "필요성"을 언급했을 뿐이라고 주장하였다.[7] 위대한 범죄학적 중요성을 지닌 것으로 드러났던 'Lamarck 이론의 두 번째 핵심'은 용불용설이었다. 용불용설에 따르면 "어떤 기관을 지속적으로 자주 사용하면 그 기관은 강화되고 발달되며 커진다. … 반면 기관을 지속적으로 사용하지 않으면 그 기관은 어느새 약화되며 … 결국 사라져버리고 만다."[8] 이 관점에서 획득형질은 유전에 의해 보존되며 자손에게 전달된다. 거의 모든 19세기 진화론자들이 자신의 설명에 Lamarck의 용불용설을 포함시켰으며, 사실상 세기 후반 프랑스뿐만 아니라 미국에서도 다윈주의가 아닌 신라마르크주의가 진화에 대한 논의를 지배하였다. Lamarck의 용불용설은 세기의 중심적인 범죄학적 개념, 즉 퇴화라는 개념의 기반이 되었다.

Darwin은 특히 후반기의 책 2권, 「인간의 유래The Descent of Man, 1871」와 「인간과 동물의 감정 표현The Expression of the Emotions in Man and Animals, 1872」에서 Lamarck의 용불용설에 의존하였다. 하지만 "변이를 수반하는 유전" 혹은 진화에 대한 그의 설명의 핵심은, 유기체는 다양하며 생존 경쟁에 가장 적합한 유기체가 살아남고 다른 이들은 도태된다는 아이디어인 자연선택에 있었다. 진화에 대한 Darwin의 관점은 Lamarck의 관점보다 엄중한 것이었다. Darwin은 "필요"와 "욕구"를 만족시키는 "부드러운" 적응 과정이 아닌 보다 비정하고 메마른, 아마 심지어는 무의미하다고까지 할 수 있는 과정을 상상하였다. Darwin의 구상은 인정 많은 하나님에 대한 믿음과 융화되기가 보다 힘들었다.거의 불가능하였다. 「종의 기원」에서 언급된 진화 과정은 목적이 없는 과정이었으며, 그것이 꼭 진보적인 과정이어야 했던 것도 아니었다. Darwin이 구상한 진화 과정에는 목적론설계, 목적, 혹은 최종적인 원인이 없었다.

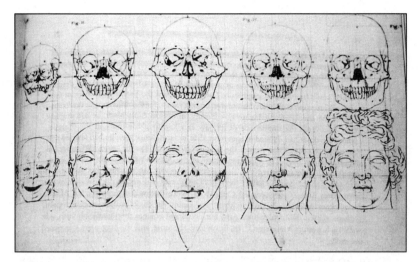

그림 5.1 Petrus Camper페트루스 캄퍼의 안면각. 1794년쯤 시작한 이 연구에서 네덜란드 과학자 Petrus Camper는 오랑우탄부터 몽골인, 유럽인을 거쳐 이상적인 두개골인 아폴로 석상에 이르는 두 개골의 진화를 추적하였다. 이 사례가 보여주듯이 Darwin에 앞서 진화라는 아이디어를 생각한 사람이 있었으며 19세기가 시작하기 전에 과학적 인종차별주의가 번창하였다. 진화라는 아이디어와 과학적 인종차별주의는 모두 범죄인류학에 반영되었다.

범죄학에게 Darwin의 관점이 암시하는 것은 무엇이었을까? 첫째, 세상은 범죄자와 법을 준수하는 사람 간의 싸움이 생존을 위한 싸움의 양상이 될 수 있는 거친 곳을 암시하였다. 게다가 이러한 관점은 악을 물리치는 선의 힘과 정의에 관한 기본적인 종교적 믿음과 모순되었다. 또한 이는 범죄자들이 법을 준수하는 자들보다 강한 힘을 갖추었다면 범죄자가 승리할 것이라는 것을 암시하였다. 이러한 암시는 신이 정의와 정당성의 우세를 보장한다는 종교적인 설명과 모순되었다. Lamarck의 입장과 마찬가지로 Darwin의 견해 역시 범죄자들은 문명화된 세계에 적응할 수 없으며 오히려 그들은 문명화된 세계를 복구가 불가능할 정도로 파괴한다는 암시를 하였다.^{Darwin이 직접적으로 이러한 추측을 한 것은 아니지만 이러한 추측은 Darwin의 입장을 따른 것이다.}

Darwin의 책으로부터 독자들이 이끌어낼 수 있는 두 번째 결론은 범죄자는 하등한 형태의 생물이고 덜 진화되었으며 문명화된 세계에 보다 적응하지 못했다는 것이다. 논리상 독자들은 반대의 결론을 끌어낼 수도 있다. 즉, 범죄자들이 정직한 사람들보다 혹은 적어도 그들과 동등할 정도로 생존 경쟁에 "적합"하다고 생각할 수 있다. 그렇지만 명백히도 여기에는 논리 이상의 것이 작용한다. 왜냐하면 이론가들이 스스로를 법을 준수하는 사람들과 동일시하여 범죄자가 정상적이고 법을 준수하는 사람들보다 생물학적으로 열등하다고 주장하였기 때문이다. Darwin이 「종의 기원」에서 직접적으로 이러한 것을 언급하지 않았을지라도, Lombroso를 포함한 다른 이들은 재빨리 이러한 결론에 도달하였다. 이들은 범죄자들이 낮은 진화 단계에 있으며 그들의 뇌는 정직한 사람의 뇌보다 야만적이라고 가르쳤다.

Darwin이 단호하게 피하려고 했던 오해가 범죄학에 가장 큰 공헌을 하였다. 그 오해란 Darwin이 인간이 원숭이로부터 진화하였다고 주장했다는 것이었다. 사실 Darwin이 하고자 했던 말은 인간과 원숭이는 공통의 조상으로부터 파생되었다는 것이었으며,9 「종의 기원」에서 그는 진화 과정에 목적성이 없다는 것을, 즉 한 형태의 생물이 보다 나은 형태의 생물로 진화하는 것은 아니라는 점을 명확히 하기 위해 공을 들였다. 하지만 19세기 거의 모든 저명한 범죄학자들을 포함한 「종의 기원」을 읽은 많은 독자들은 이러한 요지를 무시하고, 법을 준수하는 사람들이 진화 과정의 가장 완벽한 산물에 속하며, 따라서 범죄자는 유인원, 어두운 피부의 야만인 같은 보다 덜 진화된 생물에 가깝다고 성급하게 결론 내렸다.

Bentham, Beccaria 같은 18세기의 법률 이론가들은 범죄자들이 다른 사람들처럼 실리적인 판단에 따라 의사결정을 한다고 추정하였지만, 범죄자들은 이제 털이 많고 상스러우며, 법을 준수하는 사람들보다는 짐승에 가까운 어떤 것이 되어 있었다. 이러한 묘사는 사회과학 문헌에서뿐만 아니라 Robert Louis Stevenson로버트 루이스 스티븐슨의 「지킬 박사와 하이드 Dr. Jekyll And Mr. Hyde」 같은 대중작품에서도 등장하였다.지킬 박사와 하이드에서는 교양 있는 의사가 그의 야만스러운 또 다른 자아에 의해 압도당한다. 위법행위는 행동으로서보다는 범죄적 성향이라는 선천적인 생물학적 조건의 징후로서 보다 중요한 의미를 가지기 시작했다.

사회의 진화

범죄에 대한 19세기 사고는 자연의 진화라는 아이디어뿐만 아니라 사회의 진화 혹은 도덕의 진화라는 아이디어에 의해 깊은 영향을 받았다. Darwin은 역시 여기에서도 중대한 영향을 미쳤다. 「인간의 유래」에서 Darwin은 도덕적인 감각이 원시적인 사회에서 개발되지 않은 상태로 있다가 현대의 문명화된 국가에서 완전히 발달된 상태로 진화한다는 것에 대해 서술하였다. "미개인들의 엄청난 무절제가 비난의 대상은 아니다. 그들의 비정상적인 반도덕적 행위뿐만 아니라 완전한 음탕함은 놀라운 어떤 것이다. 하지만 결혼이 일부다처제로서든 일부일처제로서든 당연한 것이 되자마자 질투심은 여성적 미덕의 터득으로 이어질 것이다. 그리고 이러한 명예로운 가치는 결혼하지 않은 여성들에게도 퍼져나갈 것이다. … 육체적 순결은 엄청난 자제심을 필요로 한다."[10] 이와 같이 "도덕적 감각은 사회적 본능과 본질적으로 같은 것이다."[11] 결혼에 의해 장려되는 자제 및 양심 같은 도덕적 능력은 부분적으로는 자주 사용되는 기질의 유전에 의해, 하지만 주로 자연 선택에 의해 결국 인간 본성의 영구적인 측면이 되었다.[12] 사회의 진화 덕분에 도덕적인 기준은 인간의 초기 역사 이후로 계속해서 발전해왔으며 앞으로도 계속해서 발전할 것이다.

Darwin만큼이나 범죄학 이론에 강한 영향을 미쳤던 것은 잉글랜드 철학자 Herbert Spencer허버트 스펜서가 발표한 사회의 진화에 관한 아이디어들이었다. 그는 활동하던 당시 평판이 가장 좋았으며, 글을 많이 남긴 과학적 저술가로 진화에 관한 막대한 양의 책은 세계적인 의견을 형성시켰다. "사회를 유기체로" 생각한 Spencer는 개개의 유기체가 진화하는 것처럼 사회도 유아에서 성인으로 이어지는 똑같은 단계를 거쳐 똑같은 질서로 진화한다고 가르쳤다.[13] Spencer가 사회를 유기체에 비유한 것은 문자 그대로의 의미이다. 예컨대 그는 상인들은 사회

에서 물건을 순환시키는 것을 도움으로써 몸의 혈관계와 비슷한 역할을 수행한다고 주장하였다.14 이러한 비유
는 범죄에 의해 유발되는 해악에 대한 해석에 깊은 영향을 미쳤다. 즉, 범
죄적 성향이 생물학적인 조건이라면, 그리고 사회가 유기체라면, 범죄는
직접적인 희생자뿐만 아니라 사회에도 해를 가하게 되는 것이다. 결과적으
로 이러한 주장은 범죄자는 아픈 사람들이고 사회를 감염시킬 수 있다는
'범죄에 대한 의학적 이해'를 증진시켰다. 이윽고 의학적 이해는 범죄자
및 다른 부적합한 자들을 제거함으로써 사회를 강화할 것을 제안한 우생학
프로그램에 반영되었다.

사회를 유기체로 보는 관점은 Spencer가 사회진화론으로 알려진 정책
을 고안하도록 만들었다. 사회진화론에 따르면 정부는 부적합한 자들을
도움으로써 진화를 방해해서는 안 된다. "국가의 간섭"은 열등한 유기체
들이 살아남는 것을 돕는 반면, 진화는 그들이 소멸되도록 한다. 게다가
국가의 복지는 적합한 자들의 자원을 고갈시킨다. "병들고 허약한 자들이
계속해서 살아남고 전파되면 모든 인종의 평균적인 활력은 저하될 것이
며, 그러한 파괴적인 전파로 인해 삶의 조건을 충족할 수 있는 자들은 방
치될 것이다. 이는 거의 자명한 사실이다."15 이와 같이 사회의 진화라는
Spencer의 아이디어는 일련의 범죄통제 정책을 암시하였다. 즉, 범죄자들
이 멸종되도록 그들을 돕지 말고, 죽음을 통해 국가의 주가를 상승시키라
는 것이었다.

개인의 진화

진화가 자연과 사회에서 일어날 수 있다면 아마 진화는 개인적인 수준
에서도 일어날 수 있을 것이다. 이러한 생각이 매우 이치에 맞는 것으로
보였기에 진화론자들은 격세유전, 기형, 퇴화라는 개념에 끌리게 되었다.사
실 진화는 개인적인 수준에서 일어나지 않는다. 범죄학자들은 범죄자들의 명백한 후진성을
설명하기 위한 수단으로서 격세유전, 기형, 퇴화에 즉각적인 매력을 느끼
게 되었다.

4장에서 보았듯이 격세유전이론 혹은 퇴화이론은 몇몇 인간들이 인간 진화의 초기 단계를 나타낸다고 주장한다. 이러한 퇴화라는 개념은 진화론에 관한 많은 글에서 등장하였지만, 독일의 형태학자 Ernst Haeckel의 연구에 의해 발전되었다. 개체발생은 계통발생을 반복한다는 Haeckel의 법칙에 의하면, 개개의 배아 발생은 그 배아가 속한 종의 진화를 반복하고 종의 진화와 같거나 비슷한 발생 양상을 따른다. 증거로서 Haeckel은 발생 과정 중에 어류와 양서류의 단계를 거쳐 진화하는 다양한 동물 배아들의 이미지를 제공하였다.[16] 그의 발생반복 법칙은 결과적으로 부인되었지만, 진화론자 Stephen Jay Gould의 말에 따르면 "발생반복 법칙은 19세기 후반의 과학적 아이디어 중 가장 큰 영향을 미친 아이디어에 속한다."[17] 또한 이 법칙은 범죄학에 깊은 영향을 주었다. 범죄를 해석하려는 열망을 가졌던 사람들은 진화하는 배아를 나타낸 Haeckel의 이미지를 눈앞에서 보고는 범죄자가 격세유전된 인간, 즉 완전히 성숙하여 인간이라는 종의 구성원이 되기 전에 태어난 생물이라고 쉽게 생각하였다. 심지어 어떤 이는 인간이 되기 전의 단계에 있는 Haeckel의 인간 배아들처럼 범죄자도 머리가 앞으로 튀어나오고 기형적인 머리와 굽은 등을 가진 생물이라고 생각하였다. 또한 Haeckel의 이론은 범죄자들이 야만인, 즉 아직 완전히 진화하지 못한 인간 유형이라는 의심을 강화시켰으며, Lombroso가 아이들의 선천적인 범죄성에 대한 막대한 해설을 쓰도록 부추겼다. Lombroso가 보기에 아이들은 진화를 끝내지 못한 존재였다.

격세유전이라는 개념과 밀접하게 연관되었던 것은 기형이라는 개념이었다. 이 아이디어에 의하면 진화는 때때로 더 많은 손가락이나 발가락, 잘못된 위치의 뇌와 같은 기괴한 신체,[18] 혹은 백색증, 왜소증, 거인증과 같은 기과한 조건을 형성한다.[19] Darwin은 "기형은 도덕적으로 중립적인 조건이다. 내가 말하는 기형이란 종에게 해가 되거나 유용하지 않으며 일반적으로 전파되지 않는 '한 부분에서의 구조적인 어떤 심각한 일탈'이다." 라고 하였다.[20] 하지만 범죄인류학자들은 기형과 다른 특이점들을 개인적인 수준에서 진화적으로 후퇴한 징후로서 보았다. 기형에 대한 흥미는 육체적이고 정신적인 기형에 의해 손상된 범죄자, 즉 Lombroso의 타고난 범죄자라는 개념에 반영되었다. 이로 인해 미국 사회개혁가 Henry Boies헨리 보이스가 했던 다음의 묘사들이 등장하게 되었다. 범죄자는 "불완전하고 울퉁불퉁하고 혹이 많으며 벌레에 먹히고 반쯤 썩은 과일"[21]이다.

개개인의 진화적 변화 가능성은 격세유전과 기형의 느린 버전인 퇴화라는 개념에 의해 보다 장려되었다. 격세유전은 도약진화 혹은 도약적 퇴보를 전제로 하고 기형은 한때에만 나타나는 특이점인 반면, 퇴화는 초기의 진화 단계로 돌아가는 거의 인지할 수 없는 퇴화 과정을 수반한다고 일컬어졌다. 퇴화라는 아이디어는 다음 절에서 논의될 퇴화이론과 밀접하게 연관되어 있지만, 이 아이디어가 Darwin과 Spencer가 제시한 도덕적 퇴화라는 아이디어에 의해 강력하게 보완되었기 때문에 여기서 얘기하는 것이 좋을 것이다. 「인간의 유래」에서 Darwin은 "이렇다 할 원인 없이 때때로 가족에게서 나타나는 보다 나쁜 기질 중 몇몇은 인류와 더불어 아마 야만적인 상태로 퇴화한 것이다."[22]라고 하였다. 그리고 Spencer는 자주 인용되는 구절에서, 최근에 문명이 이룬 성과는 문제가 발생했을 때 가장 먼저 잃어버릴 수 있는 어떤 것이라고 주장하였다. Spencer는 교양 있는 백인이 미개한 상태로 퇴화된다는 관점에서 이러한 종류의 퇴화를 묘사하였다. "상당한 수준으로 고등한 감정을 발달시킨 문명을 가진 앵글로색슨족은 호주 미개간지와 미국의 삼림 지대에서 빠른 속도로 보다 야만스러운 상태에 물들게 된다. 그들은 야만인들의 도덕적 규범, 때로는 야만인들의 습성을 받아들인다."[23] 이와 비슷하게, 정신과 의사들은 도덕적 정신이상이라는 조건을 원시적인 상태로의 퇴화로서 설명하였다.[24] 이와 같이 개인의 진화적 변화는 격세유전 및 기형뿐만 아니라 퇴화를 통해서도 일어날 수 있었다. 위의 세 가지 모두에서 이는 보다 원시적이고 도덕 관념이 부재한 상태로의 퇴보를 나타내었다.[25]

주로 종의 발전이라는 관점에서 진화를 생각했던 범죄학자들은 이와

같이 눈에 보이고 물리적인 변화의 척도에 관심을 보이는 경향이 있었다.^몇

_{몇은 이러한 노선에서 이탈하여 사회적이고 도덕적인 변화 또한 고려하였지만 말이다.} 형태학적인 차이에 대한 그들의 관심과 함께 범죄학자들의 이론은 범죄자를 별개의 종, 현재의 종에서 퇴화된 존재, 혹은 위험성을 나타내는 인류학적 특이점을 가진 생물로 추측하도록 장려하였다. 범죄인류학에 관한 Lombroso의 글들이 가장 유명해졌지만, 많은 다른 해설자들도 비슷한 담론을 형성하였다. 예를 들어 잉글랜드 정신과 의사 Henry Maudsley는 다음과 같이 설명하였다. "범죄자 계층은 퇴화하거나 병에 걸린 변종 인간들로, 특이하고 하등한 '육체적 정신적 특성들'에 의해 알아볼 수 있다. … 그들은 타락했으며, 종종 기형화되어 있고, 흉한 형태의 각진 머리를 가진다. 또한 그들은 멍청하고 음침하며, 둔하고 활력이 부족하다. 이들은 종종 뇌전증에 시달린다."[26] 미국에서는, 뉴욕 블루밍데일 정신병원^{Bloomingdale Asylum}의 한 의사가 Lombroso의 글을 최초로 마주한 지 얼마 되지 않아 다음과 같이 저술하였다. "우리는 생존을 위한 투쟁에 대해 그리고 '적합한 자들의 생존'에 대해 잘 알고 있다. 하지만 우리 삶의 한복판에서 아주 다른 결과를 초래하며 진행되는 또 다른 투쟁이 있다. 이러한 투쟁의 주된 결과는 부적합한 자들의 생존이다. 이는 인간이라는 종에서 뚜렷하게 구별할 수 있는 유형인 범죄자에 대한 이야기다."[27] 몇 년이 지나 또 다른 미국의 의사는 "천성적인 범죄자는 비정상적이고 퇴화된 유형의 인간이다."라고 경고하며 "야만적인 인간이 타고나는 사악한 본성"에 대해 이야기하였다.[28] 이러한 모든 진술은 종의 진화라는 개념으로부터 범죄의 기원과 범죄자의 본질에 관한 교훈을 이끌어내기 위한 노력을 나타내었다.

유전으로서의 진화

종의 진화라는 아이디어에 더해 두 번째로 중대한 진화론적 주제인 '유전이라는 개념'이 초기의 범죄학적 사고에 영향을 미쳤다. 위의 두 가지를 완전히 구분하는 것은 불가능하지만, 19세기 범죄학자들이 위법행위의 원인으로서 유전에 대해 이야기하였을 때 무슨 뜻으로 그랬는지를 보기 위해서는 잠깐이나마 이 두 가지를 분리해서 생각하는 것이 유용하다.

어떻게 시간에 따라 변화가 일어나는지를 진화론자들이 설명하려고 시도하였을 때 그들은 보통 유전이라는 개념을 언급하였다. "부전자전"은 익숙한 개념이었다. 작물을 수확하는 농부, 비둘기를 기르는 사육가, 자신의 아이를 사랑스러운 눈길로 쳐다보는 부모는 특성이 한 세대에서 다음 세대로 이전되는 어떤 메커니즘이 반드시 있다는 것을 깨달았다. S. A. K. Strahan은 유전에 관한 그의 유명한 책에서 "유전은 자손이 부모를 닮을 것을 미리 정하는 신비한 영향력이다."라고 하였다.[29] 하지만 20세기 초반에 유전자가 밝혀지기 전까지는 누구도 그러한 "신비한 영향력"이 어떻게 작동하는지 알지 못했다. 19세기 이론가들은 심지어 Darwin과 함께 "유전을 지배하는 법칙은 거의 알려져 있지 않다."[30]라고 인정하면서 유전인자, 제뮬gemmule, Darwin은 제뮬이라고 하는 입자가 온몸에 퍼져 있으며 생식을 통해 다음 세대로 전달된다고 생각하였다. 옮긴이. , 생식질germplasm, 생식을 통해 자식을 만들 때 자식의 몸을 만드는 근원이 되는 것으로 독일의 진화생물학자 August Weismann(아우구스트 바이스만)이 붙인 이름이다. 옮긴이. , 단위형질unit character, 멘델의 법칙으로 유전되는 특질. 옮긴이.과 같은 임시변통의 용어를 쓰며 천천히 나아갔다.

19세기 사회이론가들에게 유전에 관한 개념 중 단연코 가장 영향력이 컸던 것은 퇴화라는 개념이었다. 퇴화에 관해 글을 썼던 이들은 범죄, 뇌전증, 정신이상, 빈곤을 포함한 다른 질병의 원인이 되는 퇴화라는 선천적인 조건을 상정하였다. 퇴화론자들은 유전이라는 게 무엇이든 간에 그것은 가소성이 좋고 유동적이며 제한 없이 변화될 수 있는 것이라고 보았다. 이런 이유로 퇴화론자들은 퇴화가 할아버지에게는 범죄적 성향으로서, 딸에게는 알코올 중독이나 뇌전증으로서, 아들에게는 정신이상 혹은 범죄적 성향, 알코올 중독, 뇌전증을 모두 수반하는 정신이상으로서 나타나는 등 어떤 형태의 육체적 정신적 질병으로도 드러날 수 있을 것이라고 믿었다.

또한 그들은 범죄적 성향이 퇴화의 결과이자 동시에 원인이 될 수 있도록 퇴화라는 조건과 그 징후 사이에 끊임없는 상호 작용 혹은 순환적인 되먹임 고리가 있을 것이라고 생각하였다.

퇴화이론은 자연선택에 관한 Darwin의 가르침과 잘 맞물리지 못했지만, 이는 획득형질의 유전을 의미하는 Lamarck의 용불용설에 완벽하게 들어맞았으며, 실은 본질적으로 용불용설에 의존하였다. 퇴화론자들에 따르면 과도하게 술을 마시거나 빈번하게 간통을 하거나 나태해지거나 혹은 스스로의 마음을 훈육하는 데 실패한 이들은 진화 단계에서 반대의 방향으로 나아가거나 퇴화할 위험이 있다. 또한 그들은 자신의 퇴화를 자손에게 물려줄 위험도 있다. S. A. K. Strahan이 말했듯이 "건강상 아무런 이상이 없는 가족의 구성원도 사악하고 잔인한 습관에 의해 정신이상, 뇌전증, 폐결핵, 통풍 등에 걸릴 수 있다."[31] 하지만 그들이 도덕적인 생활의 법칙을 따른다면 이러한 운명을 피할 수 있다.

다윈주의자들의 성서가 「종의 기원」이었던 것처럼, 퇴화론자들의 성서는 프랑스 정신병원에서 가장 높은 직급의 의사로 근무하였던 Bénédict Auguste Morel베네딕트 오귀스트 모렐이 쓴 「육체적, 지적, 도덕적 퇴화에 관한 논문Traité des dégénérescences physiques, intellectuelles et morales, 1857」이었다. Morel은 부적응 혹은 병적인 일탈의 관점에서 퇴화를 정의하였다.[32] 퇴화의 싹을 가진 사람은 누구나 일상적인 업무를 수행하고 명확히 사고하는 데 어려움을 갖는다. 퇴화는 병든 인간의 잠재력을 제한하고 그 혹은 그녀의 자손들을 점진적으로 약화시킨다. Morel은 자신이 평균적인 수준으로의 퇴보에 대해 이야기하고 있는 것이 아니라 범죄, 정신이상, 불임, 이른 죽음으로 이어지는 '평균적인 수준으로부터 벗어난 병적인 일탈'을 이야기하고 있다는 것을 명확히 하려 했다.[33] 도덕적, 지적, 육체적 위축의 상태인 퇴화는 "선천적일 수 있거나 습득된 것일 수 있고, 총제적일 수 있거나 부분적일 수 있으며, 치유되기 쉬울 수 있거나 치유가 완전히 불가할 수도 있다."[34] 거의 모든 사례에서 퇴화는 다음 세대로, 그리고 그 다음 세대로 전달되어 한 계보가 멸종할 때까지 건강을 약화시킬 것이다. 퇴화라는 상태는 도덕 위반, 신체적 남용, 정신 함양의 실패에 의해 유발된다고 Morel은 계속해서 말했다. 때때로 원인은 환경에 놓여 있기도 하다. 습지에서 발육이 저해되고 창백하며 느린 인간들이 태어나는 것처럼 말이다. 퇴화는 또한 알코올과 아편의 남용에 의해, 인구가 과도하게 밀집된 도시에서의 삶에 의해, 빈곤과 질병에 의해 유발될 수 있다.

Morel의 이론에서 범죄학에 가장 강력한 영향을 미친 측면이자 실제적으로 20세기에 주요한 이론가들의 사고를 형성시킨 측면은, 퇴화의 결과로서 나타날 수 있는 것들은 여러 가지이며, 그 결과들이 서로 호환될 수 있다는 그의 주장이었다. 퇴화가 육체적, 도덕적, 지적 원인을 가질 수 있는 것과 마찬가지로 그 결과 역시 육체적인 기형, 범죄적 성향, 정신이상일 수 있거나 혹은 이 모든 것이 한꺼번에 나타날 수 있다는 것이다. 서로 호환될 수 있는 퇴화의 징후들은 '내적인 상태'가, 즉 '퇴화된 인간의 정맥속에 조용히 흐르는 부패물'이 그저 일시적으로 현현된 것일 뿐이었다. 이러한 호환성이라는 개념은 조상의 나쁜 유전적 형질이 세대를 통해 흐르는 것을 추적하려 했던 범죄학자들의 연구를 활성화하였다. 왜냐하면 가족의 구성원에게서 나중에 드러나는 어떤 장애라도 유전된 퇴화적 기질의 증거가 되었기 때문이다. 퇴화적 특성들이 서로 호환되기 쉽다는 점 때문에 범죄적 성향을 가진 것으로 생각될 수 있는 사람의 수가 또한 증가하게 되었다. 정신박약, 뇌전증, 히스테리, "결함"을 나타내는 거의 모든 다른 징후들은 위법행위를 저지를 잠재력을 나타내는 경고 표시가 되었다. 범죄적 성향 혹은 심지어 잠재적인 범죄적 성향은 이제 어디에서나 찾아볼 수 있었으며, 생식질에 비밀스럽게 숨어 분출되기를 기다리고 있었다.

Adolphe Quetelet와 다른 이들이 분석한 통계자료에 근거하여 Morel은 퇴화가 증가하고 있다고 경고하였다. "자살, 비행, 재산 범죄^{사람에 대한 범죄}는 아닐지라도, 어린 범죄자들의 조숙한 악랄함, 인종의 오염이 계속해서 증가하고 있다는 것은 … 반박할 수 없는 사실이며" 퇴화가 끊임없이 증가한다는 증거이다.[35] Morel의 기본적인 입장은 퇴화하는 계보는 결국 전멸한다는 것이었지만, 퇴화가 명백히 증가하는 것을 보고 놀란 Morel은 퇴화는 열등한 존재의 폭발적인 급증으로 이어질 수 있으며, 이는 고대 문명에 야만인들이 침입했던 것에 비견될 수 있는 재앙이라고 경고하며 자가당착에 빠졌다.[36] 후기 퇴화론자들은 퇴화한 인간이 건강한 사람보다 번식력이 좋다는 관점을 선호하여 퇴화된 계보가 전멸할 가능성을 부인하였는데, 이들도 유전적 범죄로부터 파생되는 똑같이 심각한 위험을 예측하였다.

퇴화라는 아이디어보다 범죄학 역사에 더 거대한 영향을 남긴 아이디어는 거의 없다.[37] 오늘날에는 거의 잊히게 되었지만, 19세기 퇴화는 범죄적 성향의 유전에 관해 얘기하는 방식이었다.

> 진정으로 교화될 수 없는 범죄자에 대해 말하자면, 우리는 그가 퇴화된 계통에 속하며, 그가 자손을 낳는다면 선천적인 사악함이 어느 정도는 자손에게 전달될 것이라고 사실상 확신한다(W. Duncan McKim 덩컨 매킴).[38]

> 퇴화되었거나, 타락했거나, 결함이 있거나, 혹은 병에 걸린 부모의 자손은 필연적으로 태어날 때부터 정상적인 표준보다 육체적으로, 정신적으로, 혹은 도덕적으로 뒤떨어진다. 비록 이들이 기형이나 병적인 체질을 가지지 않을지라도 이들은 신경증, 결핵, 연주창, 무절제 등에 시달린다. 몇몇은 지적이고 호의적인 보살핌과 수양에 의해 이러한 유전된 경향으로부터 치유될 수 있을지도 모른다. 하지만 이들에게 세심한 주의를 기울이지 않으면 이들이 물려받은 부모의 결함은 자연적으로 분명히 더욱 악화될 것이다(Henry Boies 헨리 보이스).[39]

또한 퇴화는 범죄적 성향과 다른 사회 문제들 사이의 관계를 개념화하는 방식이었다.

대다수 사례에서 범죄적 성향은 가족 구성원 중 오직 1~3명에게서만 나타나며, 형제자매들은 다양한 방식으로 병폐를 나타낸다. 경우에 따라 한 명이 연주창을 앓거나 농아자이면, 다른 형제는 정신에 이상이 있거나, 지능이 떨어지거나, 자살자 혹은 매춘부 등일 수 있다(S. A. K. Strahan스트라한).40

비행, 범죄, 정신이상은 퇴화의 그저 다른 모습들로 여겨질 수 있다. 이 세 가지는 서로 너무 닮아서 우리가 이를 구분할 때 애를 먹곤 한다(W. Duncam McKim덩컨 매킴).41

막대한 설명력을 지닌 아이디어인 퇴화는 인간이 유전적으로 쇠퇴할 수 있다는 불길한 함의를 품고 있었다.

세기가 결론을 향해 나아가고 있을 때 그러한 함의는 사람들을 더욱 불편하게 만들었다. 그래도 유전이 유동적이라고 이해하는 Lamarck의 "부드러운" 입장에 기반을 두고 있는 한 퇴화이론은 치유에 대한 희망을 제시해줄 수 있었다. 누군가 퇴화될 수 있다면, 그 혹은 그녀는 회생될 수 있다. 즉, 개선이 가능하다. 하지만 이후 이론가들은 결정론을 "고집"하게 되었고 유전의 메커니즘이 무엇이든 간에 그것은 입자에 의해 이루어진다. 따라서 변화될 수 없고 환경적 개선의 영향을 받지 않는다는 견해를 채택하였다. 이러한 견해는 19세기 후반에 점점 증대되던 비관적인 분위기와, 퇴화된 인간들이 사회를 오염시키는 것에 대한 점점 증가하는 공포와 얽히게 되었다. 이러한 입장은 사회적 문제를 일으키는 비난의 대상을 사회적 조건에서 "퇴화된 인간들" 그 자체로 바꿔놓았다.

범죄에 대한 네 가지 진화론적 접근법

이제 우리는 "범죄에 관해 저술하였던 사람들의 추론에 진화론이 어떤 영향을 미쳤는가?"라는 원래의 질문으로 되돌아갈 수 있다. 나는 이미 그들의 일반적인 반응 중 몇몇을 보여주었지만, 반응들의 풍부한 다양성, 즉 19세기 후반 범죄학의 다양성을 이해하기 위해서는 특정한 사례를 살펴보는 것이 유용하다. 이런 이유로 앞으로 나는 Henry Maudsley^{잉글랜드}, Richard Dugdale^{미국}, Cesare Lombroso^{이탈리아}, Richard von Krafft-Ebing^{독일} 이 네 사람의 연구를 검토할 것이다. 앞의 세 명은 범죄에 관해서라면 그들이 살던 시대에 가장 영향력 있는 권위자들이었던 반면, Richard von Krafft-Ebing은 세기의 걸출한 성범죄 전문가였다. 나는 이 4명을 부분적으로는 지리적 다양성을 위해 선발하였다. 이탈리아 연구가 초기의 범죄학 역사를 지배하였지만 다른 곳에서 만들어진 이론도 알아둘 필요가 있다. 또한 나는 범죄에 대한 접근법의 다양성을 위해 이들을 선택하였다. 그들의 다양한 관점에 진화론이 미친 영향의 차이를 드러내 주길 바란다. 나는 저자마다 하나의 글에만 초점을 맞출 것이다. Maudsley의 경우 자신의 책 중 가장 구체적으로 범죄학에 초점을 맞춘 「정신병의 책임^{Responsibility in Mental Disease, 1874}」, Dugdale의 경우 유일한 저작인 「"주크 일가": 범죄, 빈곤, 질병, 유전에 대한 연구^{"The Jukes": A Study in Crime, Pauperism, Disease and Heredity, 1877}」, Lombroso의 경우 가장 유명한 저작인 「범죄인의 탄생^{Ciminal Man, 원본은 1876년에 출간}」, Krafft-Ebing의 경우 성병리학에 대한 선구적 연구인 「성적 정신병질^{Psychopathia sexualis, 원본은 1886년에 출간}」을 각각 살펴볼 것이다.

이와 같이 나는 진화론이 범죄이론에 최초의 충격을 주었던 25년이라는 기간 동안 작성된 영향력 있는 범죄학 문헌 네 가지를 다룬다.[42] 배경과 접근법에 다양한 차이를 보이는 이 4개의 문헌은 19세기 범죄 관련 권위자들이 활동했던 시간, 지역, 배경, 개인적 성향에 따라 진화론의 아이디어를 불균형적으로 취사선택^{取捨選擇}하여, 심지어 스스로의 견해에 맞추는 특유한 방식으로 흡수하였다는 것을 보여준다.

Henry Maudsley와 정신병의 책임

19세기 후반 잉글랜드에서 가장 성공한 정신과 의사인 Henry Maudsley 1835-1918는 런던대학에서 법의학과 학과장을 맡았으며, 영국 정신의학의 주요 학술지인 「정신과학Journal of Mental Science」의 편집장1860-1878을 맡았다. 또한 그는 정신의학이라는 전문 분야를 뿌리로 두는 정신병원을 사회로 옮겨놓았다. 수익성이 좋은 개인 영업으로 충분한 부를 쌓은 Maudsley는 런던에 아주 유명한 모즐리 병원을 세웠다. 그는 이 병원이 정신이상자들을 위한 조기 치료를 제공하여 그들이 시설에 가둬지지 않기를 바랐다. 그의 「정신병의 책임」은 범죄자가 "만들어지는 것이 아니라 태어나는 것"이라는 아디이어를 통해, 영어권 지역에서 가장 많이 인용되는 책 중 하나가 되었다.43 또한 이 책은 여러 외국어로 번역되었다. 범죄자의 재활이 불가능할 것이라고 바라보는 Maudsley의 비관주의는 자신의 성격모든 종류의 보고에 의하면, 그는 기뻐할 줄 모르며 고집스럽고 가차 없는 사람이었다.44과 잘 맞물렸으며 사회 문제를 해결하기 위한 환경적 대책에 대한 시대의 전반적인 우울감과도 잘 맞물렸다.

Maudsley는 범죄를 정신이상의 한 형태로 보았으며, 정신이상을 뇌의 혼란, 즉 신경계의 오작동 신호로 보았다. 정신이상자나 범죄자 모두 그들의 상태로부터 탈출할 수 없다. 이러한 상태는 내재적이고 유전에 의한 것으로 "인간의 운명은 조상들에 의해 결정된다." 이런 이유로 범죄자는 그들의 잘못된 행동에 대해 책임이 없다."못된 인간들이 못되어진 것은 의도적인 결정에 의해서가 아니라 … 그들의 본질적인 성향 때문이다." 범죄자들이 진화에 의해 "제조되기" 때문에 처벌을 통해 그들을 교화하는 것은 불가능하다. Maudsley는 자주 인용되는 구절에서 "범죄는 아주 다루기 힘든 심각한 문제이다. … 개는 자신의 토사물로 돌아가며 씨앗은 진흙탕으로 돌아간다. … 많은 세대를 거쳐 형성된 것이 어떻게 한 번의 삶이라는 기간 내에 개선될 수 있겠는가?"45와 같이 결론 내렸다. 아프리카인과 동물처럼 범죄자는 생물학적으로 열등할 운명에 처한다.

종의 발전이라는 의미에서의 진화는 범죄에 대한 Maudsley의 이해를 뒷받침하는 2개의 기본 개념 중 하나였다. 진화에 대한 Maudsley의 이해의 기반은 Darwin에게 있었지만, 그는 Darwin의 책을 아주 피상적으로 읽었다. Maudsley는 범죄적 본성을 결정하는 주되고 유일한 요인은 진화과정이라고 했는데, 이는 Darwin의 입장과는 다른 것이다. 완전히 결정론적인 그의 견해에 의하면 진화는 이전 세대로부터 결정지어진 운명으로 범죄자를 밀어 넣는다. 그 영향이 무서운 만큼 피할 수도 없다. 범죄자들은 사실 독립된 하나의 종에 가깝다. "그들은 기관상의 육체적, 정신적 결함을 갖는 구별되는 유형의 존재들이다."[46] Maudsley는 여기서 Lombroso 범죄인류학에 다가갔다. 그는 Lombroso가 곧 그렇게 한 것처럼 범죄자를 격세유전된 인간으로 보지는 않았으며, 범죄에 관한 과학을 발달시키려는 시도도 하지 않았지만 말이다.

범죄자의 진화에 대한 의견을 빚어내면서 Maudsley는 Darwin과 Spencer 둘 모두에게서 찾아볼 수 있는 사회적이고 도덕적인 진화에 관한 가르침에 의존하였다. 예를 들어 당시에 Spencer는 사회가 진화하여 보다 문명화되지만 상황이 불안정해지면 사회는 가장 최근의 성과를 잃어버릴 위험에 처한다고 저술한 상태였다. 이와 비슷하게 Maudsley는 도덕성을 진화의 산물로 보았다. 그는 도덕적인 감각은 자신을 보호할 필요성에 의한 결과로서 "원시적인 가족과 부족"에서 첫 등장하게 된 습득된 특성이라고 설명하였다. 그 후 도덕적인 감각은 유전되게 되었고 뇌 조직의 일부가 되었다. 하지만 도덕성과 양심이 진화 과정 중 후반에 습득된 것이기 때문에, 이는 "병이 정신 기관을 침입했을 때 가장 먼저 약화될 수 있는 것"이다.[47]

범죄자의 결함 있는 진화에 관한 Maudsley의 아이디어에 보다 즉각적인 영향을 미친 것은 스코틀랜드 교도소 의사 J. Bruce Thomson브루스 톰슨의 연구였다. 삶의 후반기에 Thomson은 광대한 영향을 미친 비범한 2개의 글을 썼다. 범죄에 대한 최초의 통계적 연구에 속하는 이 글들은 Thomson이 수천 명의 재소자들과 마주한 경험에 기반을 둔 것이었으며, 두 글 모두

「정신과학지^{Journal of Mental Science}」에 실렸다. Maudsley가 「정신병의 책임」에
인용하기도 했던 첫 번째 글은 "다른 문명화된 인간들과 범죄적 성향을
가진 다른 사람들과는 구별되는 범죄자 유형이 있다. … 이들은 특정한
육체적, 정신적 특성을 가진다. 그들의 병은 유전적이며 치유될 수 없다."
라고 주장하였다.[48] 첫 번째 글을 바로 뒤따라 나온 두 번째 글은 "극악의
범죄자들에게는 도덕적인 감각이 아예 없으며, 폭력적이고 상습적인 범죄
자들은 모자란 도덕성을 드러내는 하나의 유형으로 분류될 수 있다."라고
주장하였다.[49] Thomson은 그러한 범죄자들이 가진 육체적 기형에 관해
자세히 설명하였다. "범죄자들의 하등한 유형의 체형은 나쁜 특성을 나타
내는데, 그들은 마치 모두 가족인 것처럼 이러한 특성을 공유한다." 그리고
Thomson은 그들을 "유전적 특성을 대물림하는 뚜렷이 구별되는 품종"으
로 지정하였다.[50] Thomson의 통계적 데이터, 유전적 범죄자를 인류학적
괴물로 보는 묘사는 스스로의 이론을 만들어내려 했던 Maudsley와 다른
이들에게 건물이 되었다.

유전에 관한 진화론적 아이디어들은 범죄에 대한 Maudsley의 이해를
뒷받침하는 또 다른 기본 개념이었다. 이와 같은 개념으로 주된 영향을
미친 것은 Morel의 퇴화이론이었다. Maudsley는 정신병원에서 풋내기 의
사로서 정신장애에 대한 지침을 간절히 필요로 하던 초반에 Morel의 글을
읽게 되었다.[51] 그는 퇴화이론을 심지어 종의 발전으로서의 진화라는 아이
디어와 융합하는 동시에 완전히 받아들였으며 퇴화이론에 일체의 수정도
가하지 않았다. 예컨대 Morel의 영향은 범죄행동의 유전에 관한 Maudsley
의 설명에 나타났다. Maudsley는 "범죄적 성향으로 이어지는 일련의 사건
은 어떤 종류의 도덕적 실패와 함께 시작된다."라고 하였다. 결과가 필연적
으로 다음 세대에 나타나지는 않는다. 오히려 퇴화적 성향은 "완전히 잠재
되어 세 번째나 네 번째 세대가 태어날 때까지 어떠한 형태로든 표면적으
로 드러나는 일이 없을 수 있다. 하지만 이는 가계를 따라 계속해서 내려올
것이며 종국에는 가족의 부패와 멸종을 수반하는 병적인 진화에 이를 것이

다."[52] 또한 Maudsley는 퇴화된 인간 사이에서 나타나는 증상이 쉽게 호환될 수 있다는 개념을 퇴화이론으로부터 받아들였다. 정신이상에 쉽게 걸리는 유전적 기질이 있는 사람들은 범죄자가 될 수도, 알코올 중독자가 될수도, 뇌전증 환자가 될 수도 있었다.

Maudsley는 종의 발전으로서의 진화와 유전으로서의 진화, 이 두 아이디어에 똑같은 무게감을 두었다. 즉, 그는 범죄자를 진화적 실패로 보는 아이디어와 범죄자를 퇴화된 인간으로 보는 아이디어를 모두 강조하였다. 이 두 가지를 동등하게 강조하는 모습이 적어도 이번 장에서 살펴보는 4명의 권위자 중에서는 일반적인 것이 아니다. 범죄에 관한 스스로의 결론에 이르는 데에 Maudsley는 우선 Morel로부터 [Morel의 퇴화이론은 토대를 형성하였다.], 그리고 Darwin, Spencer, Thomson [Maudsley는 이들의 보다 인류학적인 진화론을 Morel의 가르침과 매끄럽게 융합하였다.]으로부터 과학적 아이디어들을 끌어와 그럭저럭 끼워 맞췄다.

Maudsley는 항상 자신을 범죄행동 전문가가 아닌 정신장애 전문가로 생각하였다. 하지만 그는 범죄에 대해 저술할 때 분명하고 위엄 있고 의기양양하게, 즉 엄청난 확신을 가지고 저술하였다. 그는 구약성서 예언자처럼 생물학적 결정론이라는 법을 세웠으며, 강력한 진화범죄학을 만들어냈고, 빅토리아시대 잉글랜드에서 선천적인 범죄자라는 아이디어를 가장 효과적으로 주창하는 사람들 중 하나가 되었다. 스스로의 엄격한 생물학적 결정론에 의해 추동된 Maudsley는 결국 범죄통제를 위한 우생학적 권고를 제안해내고 만다.[모호한 것이기는 했지만.] 그는 "인간이 말, 소, 개를 선택적으로 번식시키는 데 얼마나 많은 관심을 기울이고 이에 대해 얼마나 많이 숙고하는지를 살펴봤을 때 인간이 자신의 종 번식에는 별생각이 없다는 사실이 놀랍기만 하다."라고 하며, 정신이상과 범죄의 증가를 억제하는 한 가지 방법으로 번식억제를 추천하였다.[53]

Richard Dugdale과 "주크 일가"

Maudsley는 범죄자가 진화의 산물이라며 소리 높여 이야기할 수는 있었지만, 그것을 증명할 수는 없었다. 하지만 그가 「정신병의 책임」을 출판했던 바로 그때 뉴욕에서 자선 단체를 위해 일하던 연구자가 어떤 연구를 고안해내고 있었다. 이 연구는 완성된다면 적어도 Maudsley의 주장 절반, 즉 범죄적 성향이 유전된다는 주장을 증명해낼 것처럼 보였다. Richard Dugdale의 「"주크 일가": 범죄, 빈곤, 질병, 유전에 대한 연구"The Jukes": A Study in Crime, Pauperism, Disease and Heredity, 1877」는 기발한 방식의 연구를 통해[54] 대서양 양쪽의 이론가들과 정책입안자들을 열광시켰다.예컨대, Lombroso는 1년 이내에 이 연구를 인용하였다. 많은 이들에서 「"주크 일가"」는 빈곤, 난교, 방탕뿐만 아니라 범죄적 성향이 세대에서 다음 세대로 전달된다는 것을 과학적으로 증명하는 연구였다. 사실 Dugdale 자신은 유전이 환경보다 강한 영향을 미친다는 것을 결정적으로 증명할 정도로 충분한 정보를 얻어내지 못했다고 하며, 자신의 데이터로부터 유전주의적인 결론을 이끌어내는 것을 주저하였다.[55] 하지만 사회개혁가들이 우생학적 조치를 도입함으로써 「"주크 일가"」가 내포하는 바를 시행하려고 재빨리 서두른 것에서도 보이듯이, 아무도 Dugdale의 경고에 주의를 기울이지 않았다.[56]

Dugdale[1841-1883]은 19세기 후반의 범죄 관련 권위자 중에서도 특이한 인물이었다. 다른 이들 중 대다수가 의학적인 배경을 가지고 있었으며 정신의학 전문가였던 것과는 달리 그는 젊은 사업가였으며, 전문적인 교육을 받지 못하였다.[57] 그는 연구를 시작하기 전에 통계학을 조금밖에 몰랐지만, 연구를 수행하면서 사회학적 방법론을 만들어냈다. Dugdale은 연구에 들어서게 된 과정을 다음과 같이 묘사하였다. "1874년 7월 뉴욕교도소협회New York Prison Association는 13개의 군립county교도소를 방문하여 이에 대해 보고하는 일을 나에게 위임하였고, 나는 이에 따라 사찰에 나서게 되었다. … 몇 세대를 거쳐 추적할 수 있는 범죄 경력을 드러내는 어떤 놀라운 사례도 군에 도착할 때까지는 발견되지 않았다. 하지만 군립교도소에서 6명을 발견하게 되었다. 이들은 총 4개의 성씨를 쓰고 있었는데, 어느 정도 혈연관계가 있는 것으로 드러났다."[58] 지역 기관들의 기록과 지역 의사, 고용주, 나이든 주민의 기억을 근거로 Dugdale은 다음과 같은 사실을 발견하였다. "이 6명은 하나의 긴 혈통에 속하며 이 혈통은 초기의 식민지 주민들로 거슬러 올라간다. 이 식민지 주민들은 구세계Old World, 콜럼버스가 아메리카 대륙을 발견하기 전에 알려져 있던 지역을 칭하는 말로 아시아, 유럽, 아프리카 및 주변의 섬을 포함한다. 옮긴이. 로부터 이주해 온 사람들과 결혼하는 일이 별로 없었다. 따라서 이들을 엄격한 의미에서의 아메리카인 혈통이라고 불러도 좋을 것이다. 여러 세대를 거쳐 그들은 동일한 지역에서 살아왔으며, 명망 높은 공동체로부터 심한 경멸을 받아 그들의 성씨가 일반적으로 비하적인 용어로 쓰이게 될 정도였다."[59]

가계 연구를 진행하던 Dugdale은 본래 6명의 재소자 및 그들의 친족의 거대한 계보를 작성하였다. 이 계보는 7세대를 거슬러 올라가며 꼭대기에는 1750년쯤에 태어나 Max맥스라고 불리던 한 남성이 위치하였다. 이들과 혈연을 맺는 모든 이와 모든 배우자를 포함하는 가문에게 Dugdale은 "주크 일가"라는 이름을 붙였으며, 원래 다른 성씨였던 사람들이지만 결혼으로 편입된 자들도 이 가문에 포함한다는 것을 독자에게 상기시키기 위해 항상 큰따옴표를 사용하였다.[60] Dugdale은 자신의 계보 차트에 개개의 인간에 대해 수집한 정보를 요약하는 기록을 추가하였다. 예컨대 5번째 세대에 포함되는 어떤 인물에 대해 다음과 같이 적어놓았다. "노동자, 30살 때 중절도죄로 군립 교도소에서 90일 복역, 폭행 및 구타로 군립 교도소에서 90일 복역, 49살 때 그의 조카 x를 강간하여 싱싱Sing Sing 교도소에서 5년 복역, 재산 없음." 접혀 넣어진 차트를 왼쪽에서 오른쪽으로, 즉 세대를 따라 읽어나가면서 개인들에 대한 Dugdale의 메모를 살펴보면"매춘부", "원외구호", "부랑아", "매독", "2번의 자살 시도", "물라토(mulatto, 흑인과 백인의 제1대 혼혈아. 옮긴이.)" 등 퇴화가 유전되는 것처럼 보일 것이다.[61]

나쁜 유전적 형질이 세대를 통해 흐르는 것이 최초로 혹은 거의 최초로 누군가에 의해 증명된 것처럼 보였다. Max 자손들의 수가 4번째와 5번째

TABLE II.

THE JUKES.

Second generation.	Third generation.	Fourth generation.	Fifth generation.	REMARKS.
Ada, harlot before marriage.	A. × B, no crime *.	A. B. × X, crime	A. B. X., crime.........	Preponderance of males } Bastard line.
		A. B. × D. X., reputable	A. B. D. X., reputable...	Semi-successful ......}
	A. × C, no crime......	A. C. × B. C., no crime...	A. C. B. C., no crime....	Legitimate. Preponderance of girls.
	A. × D, no crime	A. D. × X., no crime	No crime	
	A. × X., no crime	A. X. × E. X., pauper.....	A. X. E. X., pauper.....	Legitimate. Distinct:vely pauper line.
Bell, harlot before marriage.	B. × X., no crime .... {	B. X. × X., reputable.....	Honest ×	Successful branch } Bastard line.
		B. X. × X., crime........	B. X. X., crime	Criminal branch }
	B. × C., no crime......	B. C × X., no crime	....	Legitimate.
Clara, of good repute	C. × X., not traced			Legitimate. Not traced.
	See A. × C and B. × C.			Legitimate.
Delia, harlot before marriage	D. × X., no crime .... {	D. X. × X., crime.........	D. X. X., crime.........	Legitimate.
		D. X. × B. C., no crime	D. X. B. C., no crime	Bastard line.
Effie, reputation unknown.	E. = X*		Not traced...........	Bastard line and barren.
	E. × X., no crime	E. X. × X., crime.........		Legitimate.

* Explanation. × Married. = Cohabiting with.

그림 5.2 'Juke' 일가의 도표. 번시렴이 강한 'Juke' 일가에 관한 Dugdale의 도표는 범죄적 성향과 다른 부정적인 특성이 유전된다는 것을 과학적으로 증명하는 것처럼 보였다.

세대에서 급증한 뒤 급격히 사라지게 되는 것을 관찰할 수 있었는데, 이는 퇴화하는 계보가 멸종하게 된다는 Morel의 예측을 명백히 확인시켜주었다. 게다가 술꾼, 극빈자, 범죄자 등이 얼마나 되는지에 따라 퇴화의 결과를 수치화할 수 있었으며 교차표를 만들어낼 수 있었는데, 예컨대 초범의 나이에 따른 유죄선고 범죄를 나타낸 분할표를 만들어낼 수 있었다.^{열렬한 실증주의자들은 여기에 주목하였다.} 또한 원외구호 혹은 공공복지의 관점에서 퇴화에 따른 비용을 계산할 수 있었다. Dugdale은 "75년 만에 125만 달러를 넘어서는 손실이 1,200명의 일가에 의해 유발되었다. 위스키를 사기 위해 들어간 돈, 뒤따르는 세대의 생존자들이 물려받는 빈곤 및 범죄, 이러한 방탕으로부터 유발되는 난치병, 멍청함, 정신이상을 고려하지 않고도 그 정도의 손실이 일어난 것이다."라고 저술하였다.[62] Dugdale은 자신의 데이터가 가난한 자들을 위한 더 나은 교육 같은 환경적 개선의 필요성을 보여준다고 스스로 결론을 내렸지만, 당연하게도 Dugdale의 책을 읽은 독자들은 Dugdale의 도표와 수치로부터 확고한 유전주의적 결론을 이끌어냈다.

진화론이 범죄학에 미친 영향에 관한 나의 탐구 관점에서 볼 때 Dugdale의 연구에 관한 가장 흥미로운 사실은 그가 진화를 종의 발전으로 보는 아이디어를 완전히 무시하고 대신 그의 연구를 유전으로서의 진화, 즉 퇴화이론에만 거의 독점적으로 할애하였다는 것이다.[63] 종의 발전과 유전을 동등하게 강조하였던 Maudsley와는 대조적으로, Dugdale은^{약 15년 일찍 출판되었던}「종의 기원」및 진화를 유기체의 발전으로 생각하는 다른 연구들에 관한 논쟁에 대해 잘 몰랐던 것으로 보인다. 그는 Darwin도 Spencer도 인용하지 않았다. 그의 각주를 통해 짐작해 보자면 Dugdale에게 주로 영향을 미친 것은 교도소협회 통신담당자 Elisha Harris, Maudsley, 그리고 J. Bruce Thomson이 저술한 재소자에 관한 유명한 유전주의적인 글 중 하나였을 것이다. 이 모렐스러운 연구에 자주 인용될 것으로 예상되는 Morel 이름도 심지어 오직 한 번밖에 등장하지 않으며, 그 한 번의 등장도 Harris로부터 인용한 것이다. Dugdale은 Maudsley보다 경험이 없는 보다 미숙한 저술가였을 뿐만 아니라 그의 글은 잘 읽히지도 않았으며, 그는 주변에서 소용돌이치던 진화론에 관한 위대한 논쟁에 특별히 관심을 두지도 않았던 것으로 보인다.

하지만 Dugdale이 진화를 종의 발전으로 보는 관점을 염두에 두지 않았다고 해도 그가 다른 이들에게 미친 즉각적이고 심오한 영향을 결코 부인할 수는 없다. 범죄적 성향의 유전적인 본질에 대한 Dugdale의 강조^{혹은} 외견상의 강조. 그가 범죄적 성향의 유전적인 본질을 부인했기 때문에는 우생학 운동을 활성화하였으며, 유전자와 범죄에 관한 오늘날 연구의 전조가 되었다. 그의 방법론은 거의 유일무이한 것이었지만, 모방자들이 서둘러 다른 나쁜 가족에 대한 가계도를 만들게 되면서, 유일무이한 것으로서 오랜 시간 동안 남아 있을 수는 없었다.[64]

Cesare Lombroso와 범죄자

Maudsley처럼 Lombroso는 정신과 의사였지만 그는 또한 자신을 인류학자로 생각하였다. 그리고 이러한 부가적인 성향이 범죄에 대한 그들의 해석상의 모든 차이를 만들어내었다. Maudsley가 진화론의 두 가지 측면, 즉 종의 육체적인 발전과 유전 모두에 관심을 기울였던 반면 Lombroso는 종의 발전과 진화의 다른 "인류학적" 측면에 비해 유전을 상대적으로 경시하였다. 유전은 격세유전이라는 개념이 그랬던 것처럼 그의 열정에 불을 지피지는 못했다. 따라서 '진화론이 Lombroso의 연구에 어떤 영향을 미쳤는가?'라는 질문에 대한 대답은 '진화론은 거꾸로 진화하는 인류학적인 범죄자라는 그의 유명한 개념에 그의 시선을 고정시켰다.'가 될 수 있을 것이다.

확실히, 범죄적 성향을 가진 인간이 존재하는 것에 대한 Lombroso의 논거에서 유전의 중요성을 묵살할 수는 없다. 「범죄인의 탄생」 제2판에서 그는 한 절을 유전에 할애하였으며 「"주크 일가"」에 대해 상세히 보고하며 비슷한 나쁜 가족들을 묘사하였고, "범죄적 성향 그 자체는 유전된다."라고 주장하였다.[65] 제2판의 보다 앞부분에서 그는 "인종"이 범죄적 성향에 미치는 유전적인 영향에 대해 저술하였으며, 한 가지 예로 시칠리아인들이 아랍계 조상들로부터 물려받은 '폭력에 대한 관대함'을 제시하였다. "아랍에서 이주해온 초기 정착민들의 전통을 따르는 오늘날의 시칠리아에서는 폭동과 약탈이 정책과 뒤섞인다. 아리아인의 피가 보다 많이 섞인 집단에서는 약탈이 공포와 혐오감을 불러일으키지만, 이 지역의 사람들에게는 그렇지 못한다." 이와 비슷하게, 집시들은 도벽과 앙심을 물려받고 이러한 특성을 자식들에게 전해주며, 유대인들은 낮은 범죄율을 전파한다.[66] 유전적인 요소가 범죄적인 성향에 기여할 수 있다는 Lombroso의 믿음은 때때로 그로 하여금 우리가 현재 종신형의 우생학적 효과라고 일컫는 것을 숙고하게 만들었다.[67] 그는 신체상의 기형^{범죄의 표식}을 퇴화적 특성^{즉, 유전될 수 있는 특성}으로 보았으며, 결국 그는 범죄의 원인으로 격세유전에 퇴화를 추가하였다. 하지만 그는 유전이 어떻게 작동하는지는 거의 관심을 보이지 않았으며,[68] 그가 범죄자의 두개골을 측정하고 문신을 분류했을 때 보여주었던 집요함을 유전의 효과를 연구하는 데 보여주지도 않았다. 더욱이 그가 범죄에 대한 일련의 해석에 퇴화를 추가했다고 해도 그의 가르침의 인류학적이고 진화론적인 핵심은 거의 영향을 받지 않았다. 유전은 범죄적 인간의 존재에 대한 그의 중심적인 진화론적 논거 위에 살짝 얹어진 장식물에 지나지 않았다.

Lombroso가 Darwin의 연구를 모델로 삼았다고 생각하기 쉽다. Darwin은 「범죄자의 탄생」 제1판의 등장¹⁸⁷⁶으로 이어지는 몇십 년 동안 진화에 관한 그의 주요한 저서들을 출판하였다.^{1859, 1871} 실제로 타고난 범죄자를 식별하고자 하는 Lombroso의 일생에 걸친 노력은 Darwin이 「인간의 유래」를 발표하면서 던진 질문^{"발육의 정지로 인한 흉측한 외형이 인간에게 나타나는가? … 인간이 나타내는 그러한 흉측한 외형 중에 먼 옛날의 오래된 구조를 나타내는 것이 있는가?"}[69]에 대한 한결같은 대답^{범죄자에 관해서라면 이 질문에 대한 Lombroso의 대답은 널리 울려 퍼지는 목소리의 "그렇다"였다.}으로 비춰질 수 있다. 그가 활동하기 바로 직전에 활동하였던 Darwin처럼, Lombroso는 자연주의적인 전제들로부터 출발하면서, 인간의 사회현상은 생물학적으로 설명될 수 있으며 진화는 인간의 행동심리를 설명할 수 있다고 추측하였다. 그가 Darwin과 비슷했던 또 다른 점은 그가 동물의 행동과 인간의 행동이 밀접하게 연관되어있다고 본 것이다. 살인 개미, 도둑벌에 관한 Lombroso의 묘사는 비평가들에 의해 많은 조롱을 받았지만, 이는 단지 "하등한 동물도 우리가 느끼는 똑같은 감정에 의해 흥분한다."[70]라는 Darwin의 의인관을 확장한 것일 뿐이었다. Lombroso는 범죄학의 Darwin 이 되고자 했던 것 같다.[71]

하지만 Lombroso가 진화론적인 기반을 Darwin이 아닌 이탈리아로부터 끌어왔다고 보는 것이 더 올바른 이야기이다. 심지어 Darwin 아이디어들이 이탈리아 반도에 다다르기 전, 이탈리아의 과학자들은 진화와 인류학에 큰 관심을 보였다. 인종의 기원에 관한 Lombroso의 초기 연구인 「백인과 유색인종[1871]」은 격세유전 혹은 초기의 진화 단계로의 회귀라는 「범죄인의 탄생」의 핵심적인 아이디어를 품고 있었다.[72] 그리고 Lombroso학파의 학자 Renzo Villa렌조 빌라가 말했듯이, 이 책에서 "Lombroso는 짧은 주석에서의 언급을 제외하면 Haeckel에 대한 언급도 Darwin에 대한 언급도 하지 않았다." Villa는 계속해서 다음과 같이 말하였다. "또한 그는 외국의 정보에 의존할 필요도 없었다. 왜냐하면 이탈리아에서는 생물학적인 진화 및 인간의 기원에 관한 가장 뜨거운 논쟁이 몇 년 동안 진행되고 있었기 때문이다.[73] 이 논쟁은 이탈리아 자체의 정보적 원천에 기반을 둔 논쟁이었다." 어쨌든 Lombroso가 범죄적 성향을 가진 인간에 대한 그의 논지를 세울 몇 년 동안, 이탈리아에서 순수한 다윈주의 같을 것은 찾아볼 수 없었으며, 오히려 Lamarck라마르크, 프랑스 생물학자 Étienne Geoffroy Saint-Hilaire에티엔 조프루아 생틸레르, Haeckel, 골상학, Lombroso가 초기에 모범으로 삼았던 사람 중 한 명인 Paolo Marzolo파올로 마르촐로 등으로부터 주로 끌어온 아이디어를 융합한 진화론적 사고가 존재하였다.[74] 따라서 Lombroso가 Darwin의 연구를 모델 삼아 자신의 연구를 진행시켰다기보다는 그가

Darwin이 사용하였던 똑같은 근원적인 정보 중 몇몇을 사용하고 결국 Darwin을 발견하여 자신의 진화론적인 프로젝트를 지원하기 위한 목적으로 Darwin을 인용함으로써 Darwin과 대등한 경로 위에서 자신의 이론을 발달시켰다고 보는 것이 맞을 것이다.

Lombroso가 그의 격세유전이론에 깊이 빠져 스스로를 인류학자와 동일시한 결과 그는 범죄학 연구의 중심부에 흉한 외형을 가진 타고난 범죄자를 올려다 놓았다. 실제로 Maudsley와 Dugdale보다 Lombroso를 특별한 인물로 만들어준 것은 이러한 모습에 대한 그의 극적인 묘사였다. Lombroso의 타고난 범죄자는 다른 이론가들이 제시한 변화무쌍한 퇴화한 인간보다 외형에서 보다 확고했다. 다른 이론가들이 제시한 퇴화한 인간은 정신이상자, 뇌전증 환자가 되었다가 알코올 중독자, 극빈자가 되는 등 정체성을 계속해서 바꾼다. 이와 대조적으로 격세유전된 Lombroso의 타고난 범죄자는 뚜렷한 윤곽이 있었으며 쉽게 뇌리에 각인되었다. 그들은 과거의 원시적인 진화 단계로부터 살아남은 위협적인 생존자들이었다.

Richard von Krafft-Ebing과 성적 정신병질

Richard von Krafft-Ebing[1840-1902]은 19세기 정신의학의 권위자이자 인간의 성에 관한 연구의 설립자이며 정신의학의 현대화에 중요한 역할을 수행한 인물이다. 그는 Maudsley처럼 정신의학적 업무를 정신병원에서 사회로 옮겨놓는 데 일조하였다. 하지만 Krafft-Ebing은 Maudsley보다 덜 오만했기에, Lombroso를 포함한 유럽의 지식인들과 교우관계를 구축하였다. Krafft-Ebing은 Lombroso의 연구를 자주 인용하였으며, Lombroso의 연구로부터 사례를 끌어왔다.답례로 Lombroso는 Krafft-Ebing의 유명한 책인 「성적 정신병질」의 이탈리아어판의 서문을 작성해주었다. Krafft-Ebing은 스트라스부르Strasbourg, 그라츠Graz, 빈Vienna에 위치한 대학교에서 강의하였다. 빈에서 그는 또 다른 초기 성 연구자 Sigmund Freud지그문트 프로이트와 좋은 관계를 유지했던 것으로 보인다.[75] Darwin은 「인간의 유래」에서 식물과 동물의 성에 관해 광범위하게 논의하고 성은 자연스러운 동시에 진화에서 필수적인 것이라고 가정하였는데, 이것이 Krafft-Ebing과 Freud, 그리고 다른 이들로 하여금 인간의 성에 관한 연구에 손을 댈 수 있는 대담함을 갖추게 만들었을 것이다.[76] 자유주의자였던 Krafft-Ebing은 반유대주의와 민족주의를 맹렬히 비난하였고, 전쟁을 반대하는 평화주의를 지지하였으며, 이윽고 동성애반대법의 지지자가 되었다.

「성적 정신병질Psychopathia sexualis」은 1886년 처음으로 출판된 뒤 제12판까지 나왔는데, 이 책에서 Krafft-Ebing은 성욕을 사회 진보의 추진력으로 묘사하였다. 그는 "성욕은 진정 모든 윤리의 뿌리이며, 의심할 여지없이 미학과 종교의 뿌리이기도 하다. 가장 숭고한 가치들은 … 성생활로부터 비롯되었을지도 모른다."라고 설명하였다. 그는 진화론에 의거하고 Lombroso를 인용하면서, 개방되고 수치심을 모르는 야만인들의 성으로부터 문명의 점진적인 발달을 거쳐 현대의 일부일처제 가족생활에 이르기까지의 사회진화 궤적을 묘사하였다. 성욕이 "가장 저급한 욕정과 가장 비도덕적인 악덕으로 쉽게 퇴화할 수 있기" 때문에 문제가 싹트는 것이다.[77]

Morel의 아이디어에 푹 빠져 있던 Krafft-Ebing은 퇴화에 관한 이 프랑스인의 개념을 성적 일탈에 적용하였으며, 때때로 퇴화가 어떻게 작동하는지를 자세히 설명하였다. 예를 들어 Krafft-Ebing은 "좋지 못한 삶의 환경은 신경계의 긴장을 증가시켜 성욕을 자극하고 개인과 집단을 무절제로 이끈다. … 시민들의 도덕성이 저하되는 시기에는 가장 해괴망측한 형태의 성적인 무절제가 관찰된다."라고 믿었다.[78] 이러한 주장을 동성애로 확대하면서 당시 동성애는 심각한 범죄였다. Krafft-Ebing은 동성애는 "퇴화를 나타내는 기능적인 징후"이며 유전적인 정신병, 심리적 이상, 지력의 감퇴 혹은 기이한 행동을 수반한다고 저술하였다.[79]

다른 퇴화론자들처럼 Krafft-Ebing은 비정상적임을 야만적 상태로의 역진화와 연관시켰다. 예컨대 그는 가학적인 성향에 대해 논의하면서 "문명의 역사와 인류학을 통해 알 수 있듯이 여성을 무력하게 만드는 잔혹한 폭력, 약탈, 혹은 심지어 구타가 사랑을 얻기 위해 사용되던 시절이 있어 왔다.오늘날에도 그와 같은 야만인들이 존재하듯이. 가학성을 분출하는 그러한 성향은 격세 유전에 의한 것일 수 있다.'[80] 성폭행과 다른 성범죄는 원시적인 욕구에 대한 억제력의 상실을 나타낸다. 이러한 것들은 문명화된 인간이 역으로 진화하고 있거나 말 그대로 "유인원이 되어간다는" 증거이다.[81]

Krafft-Ebing은 '범죄자의 책임을 어떻게 결정해야 하나?'라는 법의정신의학forensic psychiatry의 근본적인 질문 중 하나를 다루기 위해 퇴화이론을 활용하였다. 다른 정신의학자들처럼 그는 인간의 마음에 관한 질문에 대한 답을 찾기 위해 인간의 몸 자체를 살펴보았다. 그는 갈라진 입천장, 내반족club feet, 발이 안쪽으로 휘는 선천적 장애. 옮긴이. 같은 신체적 기형에서, 특이한 두개골 측정에서, 유전적인 퇴화 경향을 드러낼지도 모르는 가계도에서 퇴화의 징후를 찾으려 했다. 그는 '우리는 퇴화의 징후를 찾아냄으로써 아픈 성범죄자들을 그저 악독하기만 한 범죄자들과 구분할 수 있다'고 저술하였다. 기형은 어떤 성범죄자들이 진짜 아픈 사람인지를 우리에게 말해준다. Krafft-Ebing이 보기에, 도착이라는 악덕에 빠진 것이 아닌 도착증에 걸린 사람들은 사회에서 격리되어야 하기는 하지만 자신의 범죄에 대해 책임이 없었다.[82]

성적인 일탈에 대한 퇴화론적인 설명들이 Krafft-Ebing의 연구에서 지배적인 모습을 나타내었지만, 1890년대에 그는 퇴화론적 설명을 발전적 모델그는 이를 "인류학적" 모델이라고 불렀다에 보다 심하게 의존하는 진화론적 논거로 보완하기 시작했다.[83] 이와 같이, 그는 발전적 진화로 시작하여 나중에 퇴화론이라는 유전주의적인 이론을 추가한 Lombroso와는 반대의 방향으로 사고 과정을 진행시켰다. Haeckel을 보면 알 수 있듯이 독일의 진화론적 사고는 오랫동안 형태학과 발생학을 강조하였다. 이러한 전통에 의존하며 Krafft-Ebing은 동성애를 유기체가 양성애적인 성향을 갖는 진화단계상의 초기에 해당하는 상태로 돌아간 것 혹은 발육이 정지된 것으로서 논의하였다. "이성애 형성 법칙law of mono-sexual formation, 이성애mono-sexual, 오직 반대의 성에게만 끌린다는 것을 의미한다"에 따르면 진화의 하등한 단계에서는 양성애 성향이 나타나지만, 시간이 흐르면 보다 완전한 형태, 즉 이성애적 성향을 나타내는 생물로 진화한다. 하지만 어떤 이들은 양성애를 나타내는 초기의 상태로 돌아가기도 하는데 이때 남성은 여성의 특성을 습득하게 되고 여성은 남성의 "사고, 감성, 행동, 심지어 외형"을 습득하게 된다.[84]

진화론적 해석이 「성적 정신병질」의 중요한 하위 주제가 되긴 하였지만, Krafft-Ebing은 성적 병태를 규명하고 분류하는 데 주로 관심이 있었으며, 때때로 그의 퇴화이론은 더이상 흥미롭지 않은 견해를 읊조리고 있는 것 같은 형식적인 느낌을 지니고 있었다. 더욱이 1890년대에 그는 19세기 정신의학의 완고한 생물학주의biologism. 사회현상을 생물학적으로 설명하려는 경향. 옮긴이.에서 벗어나 성적 일탈에 대한 보다 심리학적이고 정신분석학적인 해석을 향해 나아가기 시작하였다. 이러한 경향은 가학성에 대한 그의 논의의 결론에서 드러난다. 여기서 그는 원시적인 충동을 억누르는 감정인 연민이 가장 최근에 진화하였으며, 이에 따라 격세유전이 일어났을 때 가장 먼저 사라지게 되는 것이 연민이라고 설명하면서 미덕의 진화에 대한 Darwin과 Spencer의 표준적인 입장을 반복한다. 하지만 그는 이 구절을 위협에 대한 가학적 반응에 관한 주목할 만한 여담으로 결론 맺는다. 그는 다음과 같이 말하였다. "선사시대의 환경에서 아주 중요하였던 파괴 및 전투 욕망은 문명에 의해 생성된 관념들예컨대 범죄자에 대한 관념들 속에서 지속된다. 문명 안에서 파괴 및 전투 욕망은 새로운 목표물을 찾아낸다."[85] 예컨대 겉보기에 문명화된 인간처럼 보이는 이들은 응징을 위해 가학성을 드러내게 된다. 그들은 범죄자들과 다른 적들을 고문하고 죽이길 원한다. 여기서 Krafft-Ebing은 진화론적 해석을 거의 정신분석학적 해석이라 할 수 있는 것으로 탈바꿈시킨다.

Krafft-Ebing의 후기 연구에서 범죄학적 사고는 진화론을 흡수하였으며 새로운 형식의 이론을 향해 나아가기 시작하였다. Maudsley와 Dugdale은 공인받은 퇴화론자였으며 Lombroso는 자신의 뿌리인 인류학적 진화론으로부터 벗어난 적이 없지만, 세기말 Krafft-Ebing은 오래된 진화론적 해석이 적절하지 못하다는 것을 발견하기 시작하였다. 그는 일탈적 행동을 정의하고 설명하는 새로운 접근법을 손으로 더듬으며 나아갔다.

Galton과 유전범죄학으로의 이행

Krafft-Ebing의 후기 연구가 개념상의 중대한 변화의 시작을 암시하였다면 Francis Galton프 랜시스 골턴의 연구는 19세기 범죄학의 진화론적 해석으로부터 그 뒤를 따른 유전학적 해석과 이에 가까운 해석으로의 실제적인 이행을 이뤄내는 데 일조하였다. 유복한 과학자 집안에서 태어난 Galton은Charles Darwin이 사촌이었다. 그의 아버지가 돌아가심으로써 22살의 나이에 부유하게 독립할 수 있었으며, 이런 이유로 그의 다양한 과학적인 흥미를 마음대로 추구할 수 있었다. Darwin과 Spencer를 포함하여 그가 살던 당시의 선구적인 과학저술가 몇몇과 가까운 친분 관계를 유지했던 Galton은 과학 경력의 초반에 정신적 능력 혹은 지능의 유전에 대해 연구하기 시작했다.이는 Galton 자신의 우수한 계보를 통해 느낀 현상이었을 것이다. 그는 통계학을 진화생물학에 적용하는 방법을 고안하였으며, 획득형질이 유전되지 않는다는 것을 거의 증명할 뻔했다. Galton은 또한 우생학eugenics이라는 용어를 만들어냈으며 곧 이 용어는 선택적 번식을 통해 인간을 향상시키는 운동의 초기에 이름 붙여졌다. 우생학 운동은 문제가 있는 인간들을 사회적으로 통제하는 것과 관련된 사람들을 끌어들였으며, 사회개혁을 위한 그들의 업무와 프로그램을 위한 명백한 과학적 기반을 제공해주었다.

범죄학의 미래에서 특히 중요했던 것은 유전에 관한 Galton의 이론 연구였다. 그의 이론 연구는 지능과 같은 특성들이 유전될 수 있으며, 따라서 인간 행동의 발달에서 "본성nature" 혹은 유전이 양육nurture 혹은 환경보다 중요함을 증명하는 것처럼 보였다. 사실 Galton은 최초로 본성 대 양육의 관점에서 유전에 대한 진화론적 논쟁의 틀을 잡은 인물이었다. 본성 대 양육이라는 이분법은 그가 「English Men of Science: Their Nature and Nurture[1875]」라는 책의 제목에서 도입한 것이다.[86] 이러한 개념화는 범죄의 원인에서 종의 진화와 유전 중 어떤 것이 상대적으로 더 중요한가에 관한 논쟁으로부터 유전과 환경 중 상대적으로 중요한 것은 무엇인가에 관한 논쟁으로 범죄학자들의 초점을 바꿔놓았다. Galton의 연구에서 드러나는 후자의 논쟁은 전자의 논쟁과는 상반되는 것이었으며, 여기서는 유전이 환경을 손쉽게 제압하였다. 본성 대 양육이라는 Galton의 이분법은 다음 세기 동안 범죄학의 논쟁을 지배하였다.

「인간의 능력과 발달에 관한 탐구Inquiries into Human Faculty and Its Development, 1883」라는 책에서 Galton은 우생학좋은 혈통을 의미한다이라는 용어를 만들었는데, 이 책은 또한 그의 책 중에서 가장 범죄학적인 책이었으며, 통계학 및 인간 지능의 차이와 같은 다양한 주제뿐만 아니라 범죄자의 합성 사진 촬영과 Dugdale의 책 「"주크 일가"」에 관한 자료를 담아내었다. Galton이 당시의 표준이 된 '범죄자 묘사', 즉 퇴화된 인간으로서의 범죄자에 대한 묘사를 반복한다는 점에서 범죄적 성향에 대한 그의 이해는 Maudsley, Dugdale, Lombroso, Krafft-Ebing과 닮아 있다. 하지만 퇴화 그 자체가 Galton의 관심을 끌었다기보다 인간의 번식을 통제할 필요성을 증명해주는 것처럼 보이는 것에 관심이 있었다. "모든 종류의 가축에게, 그리고 특히 인간이라는 빠르게 변화하는 종에게는 거의 혹은 아예 가치가 없거나 혹은 절대적으로 유해한 요소들이 있는데, 어떤 것은 조상으로부터 내려온 것이며 어떤 것은 퇴화로 인한 것이다. … 이런 이유로 모든 인간 종집단 혹은 혈통의 타고난 특성은 쉽게 명기할 수 있는 많은 방면에서 크게 향상될 수 있다."[87] 이와 비슷하게 Galton이 범죄자 집단은 유전으로 인해 현대의 문명보다는 원시적인 사회와 가까운 모습을 보인다고 하면서 당시에 유효성을 증명 받았던 범죄인류학의 원칙들을 반복하고 있었을 때,[88] 그의 가장 간절한 관심사는 인간이 "우수한 혈통 혹은 종을 더 많이 번식시켜 그들이 오래된 인간들의 수를 넘어 점진적으로 그들을 대체하게" 함으로써 우수

한 집단을 만들어낼 수 있음을 지적하는 것이었다.[89]

Galton은 현대 유전학이 도입되는 데 중추적인 역할을 하였다. 생물학자 Ruth Schwartz Cowan루스 슈워츠 코완은 다음과 같이 설명하였다. "현대 유전학이 탄생하였던 20년 정도의 기간 시초에 현대 유전학의 창립자 중 다수는 Krafft-Ebing 연구, 특히 1889년에 나온 「자연적 유전Natural Inheritance」에 의해 영감을 받았다. 그들이 이 책에서 발견한 것은 단순한 것이었다. 그것은 바로 오랫동안 이상하게 정의되어온 단어, 즉 "'유전heredity'이라는 단어의 사용가능한 정의였다."[90] Cowan은 계속해서 "대부분의 진화론자들은 여전히 계승inheritance이라는 애매한 용어를 사용하고 있었다. 그들은 이를 자식이 부모를 닮게 하는 어떤 종류의 힘이라고 생각하였다."라고 하였다. Cowan에 의하면 개인과 집단에서 측정될 수 있는 세대와 세대 사이의 관계를 나타내기 위해 Galton이 체계적으로 **유전**heredity이라는 용어를 사용하기 시작하기 전에는 이 용어가 영어로 된 과학 저술에 나타나는 일이 거의 없었다. 더욱이 Galton은 **유전**을 미립자에 의한 것으로 보았다. 즉 그는 유전을 "부정형의" 생식질에 의한 것이 아닌 개별적인 인자에 의한 것으로 생각하였다. 이런 면에서도 Galton은 현대 유전학을 위한 길을 닦아놓았다. 이에 따라 Cowan은 다음과 같이 결론 내렸다. "유전학이라는 새로운 과학의 기반은 Galton이 고안하여 최초로 사용하였던 유전의 정의에 있었다."[91]

심지어 Krafft-Ebing이 인생의 후반기에 쓴 형식적인 느낌의 '퇴화에 관한 해설'에서보다 「인간의 능력과 발달에 관한 탐구」에서 우리는 범죄학이 진화론의 지배로부터 벗어나는 징후를 더욱 잘 관찰할 수 있다. Galton은 진화라는 아이디어를 소화해냈고, 이를 넘어설 준비를 하였으며, "진화를 더욱 빨리 끝내기 위해" 이 아이디어를 이용하였다.[92] 범죄적 성향은 Galton의 중심적인 관심사가 아니었지만, 그의 연구는 범죄학의 중대한 전환, 즉 종의 진화와 퇴화에 대한 19세기의 몰두로부터 범죄를 저지르도록 유도할 것으로 추측되는 있는 특성, 특히 낮은 지능의 '입자에

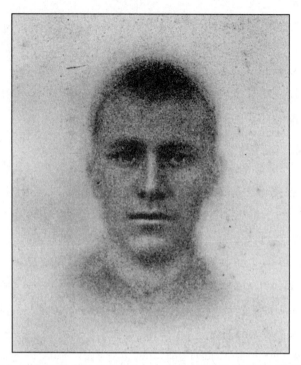

그림 5.3 범죄자들의 합성 초상화. Francis Galton은 많은 범죄자의 사진을 서로 겹치게 하여 범죄자 합성 초상화를 만들어냄으로써 평균적인 범죄자의 초상화를 얻을 수 있을지도 모른다고 생각하였다. Galton은 이 방식이 범죄자의 얼굴에서 "악랄함"을 흐려 없어지게 한다는 이유로 결국 이 방식을 버렸지만 다른 이들은 합성 초상화를 밀고 나아갔다. Havelock Ellis의 저서 「범죄자[1890]」에서 가져온 위 합성 사진은 뉴욕 엘마이라 소년원New York's Elmira Reformatory 수감자 38명의 사진을 조합한 것이다.

의한 유전'에 대한 20세기 초반의 관심으로 전환의 전조가 되었다. 물론 Galton이 이러한 변화를 단독으로 일으킨 것은 아니다. 19세기 후반 August Weismann아우구스트 바이스만이 용불용설이 틀렸음을 증명한 것,93 Gregor Mendel그레고어 멘델의 연구를 1900년에 재발견한 것, 그리고 기본적인 유전학적 개념유전자, 유전자형, 표현형이 이후에 도입된 것, 이러한 발전 역시 20세기 초반 우생범죄학eugenic criminology이 등장할 수 있도록 산파 역할을 하였다. 단일 유전자에 의해 발현되는 특성으로 보이는 것들범죄적 성향, 낮은 지능,

알코올 중독이 세대를 넘어 전파되는 것을 문서화하기 위해 두 우생학자 Henry H. Goddard헨리 고더드과 Charles B. Davenport찰스 대븐포트가 가계도를 활용하는 방법론을 발달시킨 것 또한 우생범죄학의 등장에 일조하였다.94 하지만 Galton 아이디어들은 오래된 범죄학적 개념과 새로운 범죄학적 개념 사이에 다리를 놓아주어 범죄적 성향을 분석하는 19세기의 방식을 넘어설 수 있게 만들었다.

Galton은 네 가지 면에서 범죄학의 역사에서 과도기적인 인물이다. 먼저, 그는 "계승inheritance"이라는 막연한 개념을 거부하고, 보다 정밀하고 확고하며 입자와 연관된 용어인 "유전heredity"을 선호함으로써, 범죄는 내적인 부패가 겉으로 드러난 것이며 내적인 부패는 범죄뿐만 아니라 여러 가지의 병태로 드러날 수 있다고 보는 퇴화론자들의 관점의 종말 시작을 알렸다. 즉, 그의 연구는 범죄학자들이 "부드러운" 유전주의로부터 벗어나 범죄적 성향과 유전 사이의 관계를 개념화하는 보다 새롭고 "확고한" 방식으로 나아가게 만들었다. 둘째, 발전적 진화와 유전이라는 두 아이디어를 보다 단단하게 결합시킴으로써 Galton은 범죄를 주로 종의 역진화Lombroso 혹은 퇴화Dugdale의 관점에서 설명하려는 19세기 후반의 사상적 폭을 크게 잘라내었다. 오늘날의 언어로 말하자면, 그는 진화를 비유전적인 관점에서 생각하는 것을 힘들게 만들었다. 셋째, Galton은 Maudsley와 다른 이들이 제안한 '범죄자를 제거하라는 막연하고 사회적인 다윈주의적 권고'로부터 이름우생학, 과학, 프로그램 등으로 가득 찬 사회운동의 필수적인 한 부분으로 우생범죄학을 탈바꿈시키는 데 일조하였다. 마지막으로 네 번째, 그의 연구는 생물범죄학자들의 의제가 범죄적 성향을 갖게 만드는 유전적 요인에 대한 탐구가 되는 범죄학 시대의 시작을 알렸다. 이러한 탐구는 이를 뒤따랐던 20세기 초중반의 사회학적 해석에 의해, 그리고 나치 과학자들에 의한 유전학의 남용이 폭로됨에 따라 한동안 지연되었다. 하지만 유전범죄학은 위신을 회복해왔으며, 9장에서 볼 수 있듯이 오늘날 아주 빠른 속도로 발전하고 있다.

진화론의 유산

진화론은 위기를 만들어냈는데 범죄학자들은 자연과학의 언어와 개념을 받아들임으로써 이에 대응하였다. 그 위기란 자연이 의도적으로 설계된 것이 아니라는 진화론의 암시에 있었다. 종이 변화할 수 있다는 아이디어는 하나님이 창조의 새벽에 모든 종류의 완전한 불변의 생물을 만들어냈다는 구약성서의 이야기에 반하는 것이었다. 그리고 종이 변화할 수 있다는 아이디어의 등장과 함께 대두된 것은 도덕법칙, 법, 가족과 국가의 근본적인 모든 약속 또한 변화할 수 있으며, 이러한 것은 신성한 법칙의 지배하에 놓여 있는 것이 아니라 불확실하고 잔인한 진화의 법칙의 지배하에 놓여 있을 수 있다는 가능성이었다. 하지만 세상이 신에 의해 설계된 것이 아니라면 도덕성의 근본은 무엇이 되는 것일까? Tennyson이 주장했듯이 자연이 "인정사정 봐주지 않는" 존재라면, 인간의 본성^{혹은 적어도 범죄자의 본성}도 선천적으로 잔인하며 폭력적이지 않을까? 만약 그렇다면 범죄자에게 책임이 있다는 가정 위에 세워진 형법은 그 의미가 무색해지는 것인가? 이러한 문제를 다루기 위해 범죄학적 쟁점에 관해 저술하였던 이들은 Darwin, Haeckel, Lamarck, Morel, Spencer 및 다른 이들로부터 격세유전, 퇴화, 역행, 사회진화, 생존을 위한 투쟁과 같은 개념을 빌려와 이를 위법행위라는 현상에 적용하였다. 1870년쯤 범죄학적 사고는 진화론의 단계에 진입하였다.

19세기 후반 범죄 관련 권위자들은 창조적으로, 단편적으로, 그리고 다양한 방식으로 진화론의 아이디어에 의존하였다. Maudsley를 포함한 몇몇은 유전으로서의 진화와 종의 발전으로서의 진화를 서로 분리할 수 없을 정도로 단단하게 묶어놓았다. Lombroso는 유전보다 종의 발전으로서의 진화를 강조한 반면, Dugdale은 격세유전 및 자연선택과 같은 발전적 개념들을 무시하고 유전에 집중하였다. Krafft-Ebing은 두 개념 모두에 의존하였지만, 이 개념들이 본래의 설명력을 이미 잃었음을 암시하는 방식으로 이 개념들을 그의 사례 연구에 부가하였다. Galton이 범죄로 주의를 돌렸을 때, 그는 범죄자를 진화적 느림보로 보는 아이디어를 제쳐놓고, 훌륭한 가치의 유전이라는 그의 중심적인 주제에 집중하였다.

진화론자들은 국가의 과학적 전통 혹은 그러한 전통의 부재에 어느 정도 영향을 받았다. Maudsley의 범죄학적 사고는 잉글랜드의 진화론이 J. Bruce Thomson 같은 영국 교도소 의사들의 연구와 교차하는 교차로에 똑바로 서 있었다. Dugdale은 미국 사회학이 이제 막 나타날 때 과학적 전통에 대한 아무런 소속감 없이 연구를 수행하였던 독자적인 성향의 유별난 인물이었지만 그럼에도 그는 다른 3명처럼 사회문제 분석에 쓰이는 국제공용어, 즉 퇴화이론에 대한 근본적인 개념에 의존하였다. Lombroso 범죄인류학은 다윈주의가 영향을 미치기 전에 이탈리아에서 행해지던 진화 및 인류학에 대한 연구로부터 출현하였다. 나중에 그가 Darwin, Maudsley, Spencer, Thomson 같은 잉글랜드 진화론자들로부터 추가적으로 영감을 받기는 했지만 말이다. 그리고 Krafft-Ebing은 독일 진화론의 형태학적이고 발생학적인 호기심을 받아들였다.

19세기처럼 오늘날에도 범죄를 발전적 진화를 통해 해석하려는 움직임과 유전을 통해 해석하려는 움직임은 별개의 담론으로 갈라진다. 유전범죄학자들 Terrie Moffitt(테리 모피트)와 그녀의 동료들이 가장 눈에 띄는 유전범죄학자의 전형이다.95은 진화에 관한 추측을 피하며 대신 쉽게 생물학적으로 해석할 수 있을 것처럼 보이는 개인의 유전적 차이에 집중한다. 그들의 연구는 본성과 양육의 상호작용을 강조한다는 점에서 Dugdale의 연구를 연상시킨다. 그들은 그러한 상호작용을 부드러운 유전이 아닌 확고한 유전의 관점에서 개념화하지만 말이다. 반면 오늘날 진화범죄학자들은 유전자에 관한 추측 혹은 적어도 특정한 유전자의 기능에 관한 추측을 피하는 경향이 있다. 범죄 행동을 한 때에는 적응과 생식을 위해 기능했던 선천적인 특성 혹은 본능의 탓으로 돌리는96 그들의 연구는 Maudsley, Lombroso, Krafft-Ebing의 연구를 연상시킨다. 오늘날의 이론화 작업에서 세 번째로 중요한 노선을 타는 것은 신경해부범죄학자들 criminological neuroanatomists인데, 이들은 적어도 몇몇 범죄자와 비범죄자의 뇌 사이에는 상당한 물리적 차이가 있다고 주장한다.[97] 이 세 번째 노선을 신롬브로소주의[neo-Lombrosian]라고 부르고 싶다. 특히, 이들이 범죄자의 전전두엽 피질을 보여주는 MRI 이미지를 증거로 제시하는 것을 범죄자의 두개골과 식초에 절인 뇌를 Lombroso가 전시한 것과 동일선상에서 놓고 본다면 말이다. 하지만 이 세 번째 노선은 격세유전이라는 아이디어와는 아무런 관련이 없으며, 유전적 해석뿐만 아니라 환경적 해석과도 공존할 수 있다. 9장에서 생물범죄학에서의 현 추세를 더욱 자세하게 논의한다.

물론 범죄에 대한 과거와 현재의 생물학적 이론 사이에는 뚜렷한 차이다 있다. 현재 이론들은 과학적 인종차별주의 및 생물학적 결정론을 모두 피한다. 퇴화론자들의 부드러운 생물사회학적 모델은 용불용설이라는 아이디어에 기반을 두는데, 오늘날의 유전범죄학자들은 이들과는 달리 확고한 생물사회학적 모델로 시작한다. 이 모델에 따르면 환경적인 요인은 유전자의 **발현**에 영향을 줄 수 있을지도 모른다. 그렇다 하더라도 19세기 생물범죄학의 핵심적인 가설들은 오늘날 재등장한다. 가장 기본적인 것은 범법자는 어떤 생물학적인 수준에서 법을 준수하는 사람들과 다르다는, 즉 범죄자의 행동이 적어도 심각한 사례에서는 범죄적 성향이라는 내재적 상태를 나타낸다는 가정이다. 이러한 가정은 연구로부터 나온 가설이 아니라 오히려 연구의 출발점을 제공해주는 근본적인 전제이다. 유전범죄학자, 진화범죄학자, 신경해부범죄학자 중 누구도 귀납을 통해 "과실 있는 생물biology of culpability"[98]이라는 그들의 생각에 도달한 것이 아니다. 오히려 19세기에 활동했던 그들의 전임자들처럼 그들은 범죄적 성향의 뿌리가 생물학에 있다는 추측으로 시작하여, 이를 증명하기 위해 다양한 관점으로부터 연구를 개시한 것이다. 오늘날의 연구자 중 스스로의 지적 뿌리가 어디에 있는지 아는 사람은 거의 없지만, 그럼에도 그들은 과학적인 범죄학 그 자체만큼이나 오래된 생물학적 전통에 의지한다.

:: 6 ::
정신박약론
저능한 뇌

1927년 5월 미국 대법원 판사 Oliver Wendell Holmes올리버 웬델 홈스는 Buck v. Bell 사건에서, 정신박약에 따라 범죄를 해석하는 이론에 근거하여 판결을 내렸다.[1] 이 사례에 등장하는 Carrie Buck캐리 벅은 뇌전증 환자 및 정신박약자를 위한 버지니아주 요양소the Virginia State Colony for Epileptics and Feeble Minded에 의지와는 상관없이 수용되었던 젊은 여성이다. 버지니아주는 이른바 정신박약자들이 사회적인 위험이자 불행이 유전된다는 것을 근거로, 정신박약자를 강제적으로 불임화하는 것을 허가하는 법을 통과시킨 상태였다.

판사 Holmes는 Carrie를 "정신박약자인 백인 여성으로 … 같은 시설에 수용된 정신박약자인 모친을 두었으며, 정신박약자인 사생아의 부모이다."라고 묘사하였다. 동시대의 많은 사회지도자들처럼 Holmes는 정부를 더욱 효율적으로 만들고 싶어했다. 그는 다음과 같이 우려를 드러냈다. "버지니아주가 다양한 시설에서 결함 있는 많은 인간들을 먹여살리고 있다. 이런 인간들을 지금 풀어준다면 위협이 되겠지만, 이들을 불임시킨다면 안전하게 풀어줄 수 있을 것이며, 그들 자신에게도 사회에게도 이로운 방식으로 자급자족하게 될 수 있을 것이다." Holmes는 "유전이 정신이상, 정신박약 등의 전파에 중대한 역할을 한다."고 생각했다. Carrie를 불임화하지

그림 6.1 Carrie Buck과 그녀의 어머니 Emma. Carrie Buck의 사례는 그녀가 정신박약자이자 정신박약인 여성의 딸이므로 정신박약이면서 범죄적 성향을 가진 아이를 낳을 운명이라는 이유로 미국 대법원이 불임화를 허가하도록 이끌었다. 하지만 Carrie Buck은 예상과는 달리 "정신박약자"가 아니었다. 미국 대법원이 범죄적 성향에 관한 거짓된 과학의 잘못된 인도에 스스로를 내맡긴 것이었다. 위 사진은 버지니아에서 Buck v. Bell 재판이 열리기 하루 전, 뇌전증 환자 및 정신박약자를 위한 버지니아주 요양소에서 Carrie Buck과 Emma Buck의 모습을 담은 것이다. 뉴욕주립대학교 알버니캠퍼스 도서관 M.E. Grenander Department of Special Collections & Archives에 소장된 Arthur Estabrook Papers에서 가져온 사진.

않는다면 그녀는 "버지니아주를 갉아먹고" "부적격"이라는 늪에 버지니아주를 "잠기게 할" 사회적으로 부적합한 자손을 낳게 될 것이었다. 그는 다음과 같은 유명한 발언으로 결론을 내렸다. "세상을 위해서는 퇴화한 자손들이 범죄를 저지르기를 기다렸다가 그들을 처형하는 대신 … '명백하게 부적합한 자들'의 번식을 사회가 막는 편이 낫다 … 정신박약자는 3세대면 족하다."[2]

그렇게 Carrie Buck은 범죄를 통제한다는 명분하에 불임화되었다. Carrie Buck을 변호했던 변호사 Irving Whitehead어빙 화이트헤드는 불임화가 Carrie의 "육체적 온전함에 관한 헌법상의 권리"를 위반하는 것이라고 주장했다. 더욱이 그는 "표준에 맞지 않는 것으로 여겨지는 시민을 정부가 제거할 수 있게 된다면 의사가 통치하는 시대가 열릴 것이며, 과학이라는 명분으로 새로운 계급이 생겨날 것이다. 심지어 인종도 그러한 통제의 범위 안에 들어오게 될 것이며 가장 추악한 형태의 전제정치가 시행될 것이다."라고 경고하였다.[3] Whitehead 예측은 나치 독일에서 가장 완전하게 실현되었지만 나치 불임화법은 미국의 우생학 법률을 기반으로 한 것이었다.

사실 Whitehead는 Carrie Buck을 일부러 패소하게 만들 생각이었으며, 실제로 그렇게 했다.[4] 앞으로 시행될 많은 불임화의 시범 사례로 Carrie를 이용하고자 했던 이들과의 가까운 친분 및 정치적인 연대를 헌법상의 권리에 관한 주장으로 숨기지 않았다면 Whitehead는 그러한 목적을 성공적으로 이뤄낼 수 없었을 것이다. Whitehead 발언은 핵심 문제를 부각시켰다. "Carrie Buck의 자녀들이 지능이 낮은 뇌를 가진 범죄자가 될 것이라고 과학이 예측했다는 이유로" 미국 대법원은 무력한 젊은 여성의 "육체적 온전함"에 대한 헌법상의 권리를 무효화할 것을 요구받았던 것이다.

이번 장은 정신박약 범죄이론을 다룬다. Carrie가 범죄를 저지르지 않았다는 사실을 고려하면 **일탈이론**이 더 나은 용어일 것이다. 정신박약론은 1900년경 급부상하여 대중에게 알려졌으며 새롭게 활성화된 우생학운동"적합한"자들이 더 많은 자녀를 가질 것과 "적합하지 않은" 자들의 "번식"을 막을 것을 장려한 운동에 의해 고무되었다. 정신박약자들이 범죄를 저지르기 쉽다는 생각은 정상적인 지능을 가지지 못한 것으로 여겨지는 사람을 성적인 불구로 만듦으로써 범죄를 예방하고자 하는 사회운동의 기반이 되었다. 나는 이 이론을 **우생범죄학**eugenic criminology, 이 이론의 지지자들을 **우생범죄학자**eugenic criminologists라고 부를 것이다.

어떤 면에서 이번 장은 애매한 용어들을 이해하고자 하는 시도가 될 것이다. 이는 우생범죄학자들이 언어를 경솔하고 제멋대로 사용했기 때문이다. **Buck v. Bell** 판결에서 판사 Holmes가 그랬던 것처럼 말이다. 우생범죄학자들은 "정신박약자"가 범죄를 저지르리기 쉽다고 주장했다. 이때 그들이 말하고자 했던 바는 오직 정신박약을 겪는 몇몇 높은 등급의 인간들("moron", 저능한 일탈자(defective delinquent, 정상적이지 못한 지능을 가진 사람이 범죄적 성향, 특히 반사회적 인격장애를 가졌을 때 쓰는 말. 옮긴이)와 같이 전문가들만이 정신적인 결함을 감지할 수 있는 자들이 범죄를 저지르기 쉽다는 것이었다. 또한 우생범죄학자들은 범죄로 유죄선고를 받은 사람들 중 일부가 지능 검사를 통해 평균보다 떨어지는 것으로 나왔을 때 대부분의 범죄자가 정신박약자라고 주장했다. 우생범죄학자들은 이와 같은 애매한 언어 사용을 통해 적합하지 못한 자들 중 많은 이들을 가두고 불임화할 수 있는 가능성을 품을 수 있었다. 따라서 이번 장에서는 어떻게 애매한 언어 사용이 우생범죄학자들이 생각하는 더 나은 세상, 즉 정신박약자가 없는 세상에 대한 환상을 품을 수 있는 수단이 되었는지에 초점을 맞춘다.

미국 역사에서 짧은 기간 동안 범죄에 대한 정신박약적 해석은 가장 넓게, 가장 열광적으로 지지를 받는 '위법행위에 대한 해석'이 되었다. 판사, 대학 총장, 입법자, 저널리스트, 소설가John Steinbeck(존 스타인벡)의 소설 「생쥐와 인간 Mice and Men」에서 우발적으로 살인을 한 Lennie Small(레니 스몰)을 생각해보라, 전 대통령 Teddy Roosevelt테디 루스벨트 "우리는 문제가 있는 시민들의 존속을 허용할 수 없다."5, Winston Churchill윈스턴 처칠, 정신과 의사, 교도소 관리자, 뇌전증 환자 및 정신박약자를 위한 버지니아주 요양소 같은 시설의 운영자 등은 정신박약론이 타당하다고 생각하고 이를 퍼뜨리는 데 일조하였다. 정신박약론은 미국 최초의 범죄이론이었다. 다시 말해 정신박약론은 "미국"에서 주로 만들어졌다고 할 수 있는 '범죄행동에 대한 최초의 영향력 있는 해석'이었다. 수많은 국제적 교류를 통해 비슷한 담론이 해외에서도 형성되기는 했지만 말이다. 또한 정신박약론은 최초의 유전적 범죄이론이기도 했다.

1900년 멘델 유전법칙이 재발견되고 유전이 환경에 영향을 받지 않는 현상이라는 이해가 받아들여지면서, 우생학은 신용을 얻게 되었고, 대서양을 넘어 유럽의 심장부로 손을 뻗은 개혁운동의 기반이 되었다.6 우생학 운동은 자발적으로 유전 도표를 작성했던 미네소타주Minnesota State 페리보우

Faribault 주부들부터 텍사스주 Texas State 박람회에서 누가 가장 표준에 맞는 가족인지를 뽑는 대회에 참가한 가족들에 이르기까지 많은 미국인들의 에너지를 끌어모았다.[7] 우생학자들은 다양한 동기를 가지고 있었지만, 그들 중 대부분은 이민자, 사회주의자, 저능아와 범죄자에 의해 오염되지 않은 초기의 상태로 미국을 돌려놓고 싶다는 소망을 가지고 있었으며, 일반적으로 그들은 순수성과 잃어버린 깨끗함에 대한 갈망 같은 것에서 추진력을 얻었다.[8] 범죄자와 정신박약자에 대한 통제는 산아 제한, 이민자 제한과 같은 목적을 포함한 우생학 의제의 한 측면에 불과하다. 하지만 범죄자와 정신박약자에 대한 통제는 사람들을 가장 매료시킨 측면으로, 우생학 현장연구자, 시설 관리자, 교도소 개혁가, 정신과 의사, 심리학자, 부유한 자선가, 그리고 적어도 한 명의 대법원 판사가 이에 매료되었다. 우생학 운동의 전반적인 열기는 1920년경에 식기 시작했다. 유전에 대한 우생학의 가르침이 틀렸음이 증명되고 제1차 세계대전의 암울한 현실에 의해 정신이 들었기 때문이다. 하지만 몇몇 우생학자는 몇십 년 더 우생학 전도사로 남아 있었으며, 심지어 오늘날에도 사람들은 정신박약과 나쁜 유전을 범죄와 빠르게 연관시킨다.[9] 우생범죄학의 신용이 떨어지고 난 한참 뒤에도 우생범죄학은 형사사법제도 작동과 범죄의 원인에 관한 과학적인 사고에 계속해서 영향을 미쳤다.

우생범죄학자들이 정신박약자들은 위협이며 Carrie Buck 같은 인간들이 아이를 가지지 못하게 함으로써 범죄를 줄일 수 있다고 결론을 내리게 만든 것을 무엇이었을까? 정신적 장애를 가진 이들을 가까이서 관찰하며 그러한 사람들이 어느 누구보다 범죄적 성향을 더 많이 가진 것은 아니라는 것을 알았던 공무원들은 어째서 이런 범죄통제에 뛰어들게 된 것일까? 어떤 면에서 유전학이라는 새로운 과학이 정신박약자가 곧 범죄자라는 이론이 맞다는 것을 확인시켜주는 것처럼 보였을까? 앞으로 20세기 초반 우생범죄학의 행보를 설명할 것이다. 그 이후 나는 이러한 사회통제운동이 많은 부분에서 계급통제운동이었으며, 이러한 운동에서 "나이 많은" 중산계급의 미국 우생학자들이 자신들보다 도덕적·생물학적으로 열등하다고 생각되는 집단으로부터 스스로를 지키려 하였다는 주장을 펼칠 것이다. 이런 논지를 유지하면서 그다음 절에서는 우생범죄학은 본질적으로 반근대주의적 과학임을, 즉 사회적 계급 관계와 전통적인 가치 체계가 온전하게 남아 있던 단순하고 전근대적인 과거로 세상을 돌려놓고자 하는 노력이었음을 주장할 것이다. 그다음 절에서는 우생범죄학이 천천히 저물어가던 모습을 보여주는 동시에, 예수에 의해 부활한 Lazarus나사로처럼 이 이론이 다시 살아나고 있다는 것을 보여줄 것이다. 결론에서는 Carrie Buck에 관한 내용으로 다시 돌아가, 판사 Holmes가 그녀에게 씌운 혐의 중 어떤 것도 사실이 아님을 보여줄 것이다.

우생범죄학 Eugenic Criminology

낮은 지능이 어떻게든 범죄적 성향과 연관되어 있을 것이라는 믿음은 진화론에 잠복해 고치를 벗고 나올 준비를 하고 있었다. 1870년이라는 이른 시기에 J. Bruce Thomson J. 브루스 톰슨은 범죄자들은 육체적 특성과 도덕적 감수성뿐만 아니라 지능에도 이상이 있다고 설명하였다. 이러한 주장을 그는 스코틀랜드 성인 수감자 중 12%가 어떤 종류의 "정신박약"을 겪고 있다는 것을 보여주는 연구로 뒷받침하였다. 더욱 심각하게도, "정신박약이 선천적인지 후천적인지 판별될 수 있는 자들 중 **대다수의 정신박약은 선천적이었다.**" 즉, 이들의 결함은 유전된 것이다.[10] 이와 비슷하게 Lombroso는 다음과 같이 말하였다. "범죄자들의 평균적인 지적 능력을 두개골 용량을 측정할 때의 정확도와 같은 정확도로 측정할 수 있다면, 나는 결과가 동일하게 나올 것이라고 확신한다. 범죄자들의 지적 능력의 평균은 정상보다 떨어질 것이다."[11]

헝가리 범죄인류학자 Moriz Benedikt모리츠 베네딕트는 「범죄자의 뇌에 대한 해부학적 연구 Anatomical Studies upon Brains of Criminals, 1881」에서 "범죄자의 뇌는 일반적인 유형으로부터 일탈한 것으로 보이며" 전두엽의 이상은 "뇌회 발달에 결함이 있음"을 나타낸다고 하였다.[12] 잉글랜드 우생학자 Havelock Ellis해블락 엘리스의 범죄인류학에 관한 영향력 있는 연구인 「범죄자 The Criminal, 1890」에 따르면 범죄자의 지능은 멍청함과 교활함이라는 두 가지 특징을 띤다. 이 두 가지 특징은 서로 공존할 수 없을 것처럼 보이지만 "실제로는 가깝게 연관되어 있다. 이 두 가지 특징으로 인해 범죄자는 야만인 및 하등한 동물과 가까운 존재가 된다. 야만인들처럼 범죄자는 과학의 토대이자 고등한 인간에게 습득된 가장 고등한 특징인 호기심이 부족하다." 범죄자들이 보통 약삭빠른 것은 사실이다. "하지만 약삭빠름이란 무엇일까? 그것은 본능적이고 선천적인 능력으로 실제 지능에 의존하지 않는다. 그리고 약삭빠름은 … 아이, 가장 하등한 야만인, 여성 및 치우imbecile, 지적 수준이 아주 낮은 사람에게서 … 발견된다."[13]

진화론적 연구들이 차례차례 진행되면서 범죄자, 치우, 여성, 아이와 야만인 등의 덜 발달된 인간들 사이에 아주 밀접한 연관이 맺어지게 되었다. Ellis가 일컬은 "진짜 지능"은 계급 표시, 즉 "고등한 인간임을 나타내는 신호"가 되었다. 위와 같은 여러 종류의 하등한 인간 사이의 연관성이 완전히 정립되기 시작하면서, "지능"은 착하고 법을 준수하는 중산계급의 시민을 위한 음어가 되었다. 가치 있는 자과 가치 없는 자, 건강한 자와 퇴화한 자, 과학적인 인간과 호기심 없는 인간 사이를 문화적·사회적으로 완전히 분리하는 데 이 지능이라는 용어가 일조하였다. 지적인 인간과 치우라는 양극단을 둘러싼 사회적 가치가 재구성된 것이다. 이제 이 두 집단은 정도에서 차이가 나는 것이 아니라 본질에서 차이가 나게 되었다. 다시 말해 생식질, 즉 "유전적 특징"에서 차이를 나타내게 된 것이다.[14]

위대한 변화가 도래하기 직전에 등장한 Goring의 잉글랜드 재소자

20세기 초반 범죄자의 정신박약을 가장 인상적으로 증명해준 것들은 Charles Goring^{찰스 고링}의 「잉글랜드 재소자^{The English Convict, 1913}」이다. 저자가 주장한 바와 반대되는 이야기를 하는 책은 드문데 바로 Goring 책이 그런 드문 책 중 하나이다. 잉글랜드 교도소 의사였던 Goring은 롬브로소주의의 "미신"을 반박하는 것을 목표로 삼았다. 실제로 그는 "인류학적 범죄자 유형이라는 것은 없다."라고 명백히 못을 박았다. 하지만 바로 이어지는 문장에서 다음과 같이 말하였다. "일반적으로 잉글랜드 범죄자들은 눈에 띌 정도로 구별되는 특징을 갖는다. 키와 몸무게를 측정해보면 알 수 있듯이 이들은 평균적으로 결함 있는 체격을 가지고 있다. 또한 이들의 일반적인 지능을 측정해보면 정신적 능력에 결함이 있음을 알 수 있다. 그리고 이들은 제멋대로 하고자하는 반사회적인 성향을 점점 더 나타내고 있다."[15]라고 하였다. Lombroso의 딸이 기분 좋게 언급했던 것처럼 「잉글랜드 재소자」는 실제로 "범죄인류학을 지지하는 가장 중요한 최고의 논거 중 하나"이다.[16]

Goring은 20세기 영국 최초의 일류 범죄학자가 되었으며 정신박약을 범죄화하는 작업을 국제적으로 이끌었다. 미국 최고의 범죄학술지는 Goring의 책에 대한 비평을 하나가 아니라 여러 개 실었다. "Goring 박사의 「잉글랜드 재소자」만큼이나 미국과 유럽 모두에서 범죄학자들의 주의를 끈 최근의 연구는 없다."는 이유에서였다.[17] 지금 이 책에서 「잉글랜드 재소자」에 관심을 기울이는 이유는 잉글랜드의 재소자가 생물범죄학에 대한 의미심장한 연구이기 때문만이 아니라, 1900년 이후 생물학적 이론이 어떻게 진화하여 낮은 지능이 범죄를 유발한다는 아이디어를 점차적으로 수용하게 되었는지를 보여주기 때문이다. 점진적으로 범죄학자들은 진화론의 외형적인 인류학적 장식물을 버리게 되었으며, 낙후된 뇌를 관찰하기 위해 두개골로부터 안쪽을 들여다보게 되었다. 이때 낙후되었다는 것이 뜻하는 바는 격세유전의 의미에서 진화적으로 낙후되었다는 뜻이 아니라 정신박약의 의미에서 지적으로 낙후되었다는 뜻이다. Goring의 범죄자는 진화론의 타고난 범죄자와 이를 바로 뒤따라 나온 유전적으로 운명지어진 정신박약형 범죄자를 연결시켜 주었다.

Goring은 범죄학이 교도소 의사에 의해 생성되는 것이라는 J. Bruce Thomson과 그의 동료들에 의해 생겨난 영국식 전통이 계속해서 이어지도록 만들었다. 하지만 Goring은 4,000명의 수감자 표본에 대한 연구에 Quetelet^{평균값, 정규분포}, Galton^{상관관계, 회귀} 및 Karl Pearson^{표준편차, 상관관계, 회귀계수}의 통계적 방법을 적용하였다.[18] Goring이 런던에 위치한 골턴우생학연구소 Galton Eugenics Laboratory에서 데이터 분석을 했을 때, 그러한 작업은 생물통계학 biometrics이라는 이름을 달고 진행되었다. 생물통계학은 생물학적 현상에 대한 통계적 연구이다. 생물통계학으로 무장한 Goring은 범죄학 이론에서 중대한 진보를 이뤄낼 만반의 준비가 되어있었다. 그가 뚜렷이 구별되는 범죄자 유형이라는 아이디어를 거부하고 정상인들 사이에서 계속해서 범죄자가 생겨날 수 있다고 주장했다는 점에서 그는 실제로 그러한 진보를 이뤄냈다고 볼 수 있다.

그러나 이와 같은 발걸음은 그가 되고자 했던 반롬브로소주의자^{anti-} Lombrosian로 만들어주지 않았다. 또한 범죄자의 지능에 대한 연구에서라면 Goring의 연구는 결정적인 방법론적 결함이 있었다. Goring은 정신연령을 도출할 수 있는 검사로 지능을 측정하는 비네^{Binet}방법이 개발되기 바로 직전에, 수감자들의 지능에 대한 데이터를 수집하였다. Goring은 한 명 이상의 교도관이 느낀 "지능에 대한 대략적인 인상"에 의존하였으며, 이를 기초로 하여 그는 수감자를 지적인 인간, 상당히 지적인 인간, 지력이 모자란 인간, 저능한 인간, 치우 같은 5개의 항목으로 분류하였다. 교도관들이 "지능에 대한 대략적인 인상"을 결정하는 데 Goring은 아무런 기준도 두지 않았으며, 이는 세밀한 측정의 사소한 부분에 집착하는 책에서 아주 중요한 부분이 유실된 것이라고 볼 수 있다. 이런 애매한 지능 측정이 Goring의 연구와 이를 바로 뒤따라 나온 정신박약에 대한 멘델 유전학적 연구 사이의 핵심적인 차이점이다.

Goring의 발견은 다음과 같이 요약될 수 있다. 범죄자^{Goring이 말한 범죄자란} _{수감자를 뜻한다.}는 다른 인간들보다 키가 작고 지능이 모자라며 반사회적이다. 범죄는 오직 우생학적 조치를 통해서만 근절할 수 있다. "우리의 수치에 따르면 환경적 조건과 범죄 사이의 관련성은 상대적으로 낮으며, 정신박약과 유죄선고 사이에는 깊은 관련성이 있다. 또한 정신박약은 알코올 중독, 뇌전증, 성적 방탕, 제어할 수 없는 성질, 목적에 대한 완고함, 고의적인 반사회적 행동과 뚜렷한 관련을 맺는다. 정신박약뿐만 아니라 정신박약과 관련된 이 모든 것은 유전될 수 있다."[19] 정신적 결함이 있는 범죄자는 높은 비율로 동물을 불구로 만들고 아이를 강간하며, 특히 방화를 저지를 가능성이 높다. "범죄자는 의심할 여지없이 가장 번식력이 높은 혈통의 산물이다." 그들의 번식력이 감금에 의해 다소 억제되기는 하지만 말이다.[20] 여기서 우리는 급속도로 번식하며 엄청나게 위험한 정신박약형 범죄자에 대한 고정관념이 실제로 만들어지고 있는 것을 볼 수 있다.

부분적으로는 440쪽에 달했던 그 무지막지한 크기 때문에 그리고 추가적인 84쪽의 통계표 덕분에 많은 곳에서 검토되고 크게 존경받았던 「잉글랜드 재소자」는 우생범죄학 발달의 중심에 서게 되었으며, 범죄자란 정신적 결함을 물려받은 불량품이라는 것을 강력하게 드러내 주었다. 「잉글랜드 재소자」가 출판된 바로 직후 멘델 유전법칙이 채택되고 지능 검사가 등장하며 위대한 변화가 일어났는데, 이런 위대한 변화가 도래하기 직전에 범죄학이 어떻했는지를 위의 책이 보여준다고 할 수 있다. 유전적으로 운명지어진 범죄적 치우라는 생물범죄학의 다음 국면은 이미 Goring의 책에 모두 잠재되어 있었다. Goring에게 부족했던 것은 "확고한" 혹은 입자에 의한 유전이라는 아이디어와 범죄자의 지능을 측정하는 과학적인 방법이었다.

정신박약의 유전을 증명하다

정신박약의 범죄자로서 이미지 및 1883년 이후에 등장한 우생학이라는 용어 자체를 포함한 우생학의 기반은 19세기 후반에 모두 한곳에 모였다. 1900년쯤 우생학에게 새로운 생명을 불어넣어 활기찬 사회운동으로 변모시킨 것은 유전학에서 일어난 두 개의 진전이었다. 그중 하나는 부모의 형질이 섞여서 자손에게서 나타나는 것이 아니라 우성과 열성의 예측이 가능한 비율로 유전된다는 것을 보여준 Gregor Mendel그레고어 멘델의 유전 연구에 대한 재발견이었다. 완두를 이용한 Mendel의 실험은 특성이 오늘날 우리가 유전자라고 부르는 입자 혹은 불변의 단위형질로서 유전된다고 주장했던 Francis Galton이 옳았다는 것을 보여주었다. 또 다른 진전은 August Weismann이 획득된 형질이 유전되지 않는다는 것을 증명한 것이었다. Mendel의 연구처럼 Weismann의 연구는 생식질이 환경의 변화에 영향받지 않는다는 것을 보여주었다.

이 두 개의 진전으로 우생학자들은 흥분하였다. 사회적 조건을 개선함으로써 사회를 개선한다는 것은 이제 명백히 불가능해 보였다. 이제부터 개혁가들은 나쁜 특성을 지닌 인간들의 번식을 막아야 할 것이었다.

다음으로 필요했던 것은 정신박약과 다른 나쁜 특성들이 Mendel 실험에서 완두의 길이처럼 단위형질로서 유전된다는 것을 증명하는 것이었다. 이 문제는 Henry H. Goddard에 의해 해결되었다. Henry Goddard는 뉴저지주 바인랜드Vineland에 위치한 정신박약아 훈련원에서 근무하던 심리학자였으며 20세기 초반 정신박약을 범죄화하는 운동의 전국적 선구자로서 모습을 드러냈다.[21] 바인랜드 훈련원 역시 정신박약 범죄화 프로젝트의 선구자로 부상하였다. 이 훈련원은 지적 장애를 전문으로 하는 심리학자 Henry Goddard를 직원으로 두었을 뿐만 아니라,[22] 우생학 연구를 위한 자금을 끌어들일 수 있었다. 부유한 비누 제조업자이자 우생학자인 Samuel Fels새뮤얼 펠스가 Goddard의 연구를 지원하였다.

정신박약이 Mendel의 유전법칙에 따라 유전된다는 것을 증명하기 위해 Goddard는 Kallikaks^{Goddard가 정립한 표현으로 '좋은(good)'을 뜻하는 그리스어와 '나쁜(bad)'을 뜻}하는 그리스어를 합쳐서 만들었다.라고 이름 붙인 어떤 집안에 대한 가계연구를 진행하였다. 이런 연구가 진행된 배경에는 "이쉬미얼 일가^{The Tribe of Ishmael, 1888}", "그을린 방랑자들^{The Smoky Pilgrims, 1897}", "더 지로스^{The Zeros, 1907}"와 같이 Dugdale의 "주크 일가"의 영향을 받은 퇴화한 일족에 대한 또 다른 연구들이 있었다.²³ Goddard는 Elizabeth S. Kite^{엘리자베스 S. 카이트}라는 조수에게 퇴화한 일가의 구성원을 추적하는 우생학 현장 연구 기법을 가르쳤다. 그리고 그녀를 뉴저지 파인 배런스^{Pine Barrens}에 보내 바인랜드 훈련원에 수감된 여성인 Deborah Kallikak^{데보라 캘리캑}의 핏줄을 찾도록 시켰다. 그녀는 찾아낸 Kallikak 일가 사람들의 지능을 안구 검사를 통해 어림잡고 오래전에 죽은 구성원들의 지능을 추정하여 사전보고서를 대충 만들었고 이를 Goddard가 다듬어 가장 유명한 우생학 연구 중 하나인 「Kallikak 일가: 정신박약의 유전에 관한 연구^{The Kallikak Family: A Study in the Heredity of Feeblemindedness}」라는 이름으로 내놓았다.

「Kallikak 일가」는 미국 독립전쟁 당시 살았던 Martin Kallikak^{마틴 캘리캑}을 아버지로 둔 어떤 가족에게서 갈라져 나온 두 분파를 추적한다. Martin과 이름 없는 정신박약자 사이의 불륜으로 태어난 자손으로부터 이어지는 분파는 사생아이자 알코올 중독, 뇌전증, 특히 정신박약에 시달리는 범죄적 성향의 후손을 180명 이상 포함한다. 이 분파의 마지막 생존자인 Deborah Kallikak이 바인랜드 훈련원에 수감되어, 다행히 이 분파는 더이상 이어지지 못하게 될 것이었다. Martin과 좋은 집안의 덕망 있는 여성 사이의 결혼으로 생겨난 분파는 "모든 단계의 사회 생활에서 뛰어남을 드러내는" 496명의 자손을 포함한다.²⁴

친절하게도, 이와 같이 자연은 유전이 특성을 결정하며 "교육이나 좋은 환경은 정신박약자를 정상인으로 바꿔놓을 수 없다"는 것을 증명하는 대조실험을 Kallikak 집안을 통해 보여주었다.²⁵ 정신박약이 유전된다는 것에 대한 놀랄 만한 자연의 증언을 보고하였다는 점뿐만 아니라 기발한 기

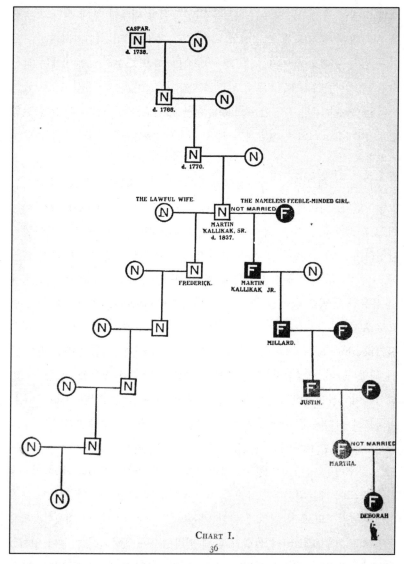

CHART I.
36

그림 6.2 정신박약의 유전. Henry H. Goddard의 책 「Kallikak 일가Kallikak Family, 1912」는 정신
박약(F)과 정상적인 지능(N)이 단위형질로서 유전된다는 것을 과학적으로 증명하는 것처럼
보였다. Goddard가 거의 200년 전에 죽었던 이들의 지능을 측정할 수 있게 해준 그의 연구
방식은 사회문제에 대한 우생학적 해결책을 가리켰다.

호와 그림을 통해 독자들이 나쁜 유전적 형질이 세대를 통해 전달되는 것을 시각화할 수 있도록 설명하였다는 점도 Goddard의 기여라고 할 수 있다.[26] 남자는 네모로 여자는 동그라미로 표기하고 도형의 가운데에는 정신박약feeblemindesness일 경우 F로 정상적인normal 지능을 가졌을 경우 N으로 표기하였던 Goddard의 유명한 Kallikak 일가 계보도는 정신박약이 열성 단위 형질이며 Mendel의 유전법칙에 따라 유전된다는 것을 시각적으로 확인시켜주었다.

다음으로 필요했던 것은 정신박약자인지 아닌지를 감정하는 효율적인 방법이었다. 이번에도 Goddard가 해결사였다. 1906년 Goddard가 바인랜드 훈련원에서 연구 책임자가 되었을 때 어떤 사람이 정신박약자인지 감정하여 등급 혹은 학습 능력에 따라 분류해내는 효율적인 방법이 없었다. 이는 심각한 문제였기 때문에 바인랜드 관리자는 Goddard가 유럽에서 유용한 방법을 찾아낼 수 있기를 바라면서 Goddard를 배에 태워 유럽으로 보냈다. Goddard는 프랑스 심리학자 Alfred Binet와 함께 연구하였던 Théodore Simon테오도르 사이먼 박사가 임시로 개발한 지필검사에 대해 알게 되었다. 이 지필검사는 정신 발달 수준에 맞추어 질문을 만들었으며, 검사관이 "정신연령"을 측정할 수 있도록 하는 방법이었다. Goddard는 미국으로 돌아온 뒤, Binet의 질문을 번역하고 개정하여 출판하였다. 설명용 책자에 실린 Kite의 글에 따르면 "1910년과 1914년 사이에 오직 바인랜드 연구소라는 하나의 기관으로부터 2만 개의 팸플릿과 8만 개의 검사지가 인쇄되어 배분되었다." 그녀는 이어서 다음과 같은 유용한 정보도 추가하였다. "검사의 측정 기준에 관한 내용을 담은 인쇄물은 그 사용 및 적용 방법에 대한 Goddard의 설명과 함께 필라델피아 엠파이어 빌딩에 위치한 정신박약대책위원회선두적인 우생학 조직로부터 15센트의 가격으로 구입할 수 있다."[27]

냄비의 뚜껑은 열렸지만 냄비는 벌레로 가득 차 있었다. 그 벌레들이란 숙련되지 못한 검사관, 표준화되지 못한 검사, 그리고 높은 단계에서는 질문이 너무 어렵다는 점 혹은 주관적인 답변을 요구하는 질문이 있다는 점을 비유적으로 말한 것이다.예컨대 정신연령 12세용 질문에서는 자선, 정의 및 선량함의 정의가 무엇인지 묻는다.28 우생학자이자 심리학자인 Lewis Terman루이스 터먼은 IQ지능지수의 개념을 도입하여 Binet 검사의 개정판을 내놓았다. 하지만 지능 검사가 객관성에 가까운 무언가를 획득하기까지는 그로부터 수년의 세월이 더 흘러야 했으며, 몇몇은 오늘날에도 지능 검사가 객관적이지 않다고 주장한다. 초기에는 누구나 자유로이 IQ 검사를 수행할 수 있었기 때문에 완전히 정상인 아이들과 성인들이 정신박약자로 잘못 진단되는 경우가 많았다.

범죄자가 정신박약자임을 증명하다

Binet 검사 덕분에 Goddard는 지적 장애라는 분야에서 수십 년 동안 군림하였던 용어적 혼란을 말끔히 해결할 수 있었으며, 정신박약자속저자는 생물을 분류할 때 사용하는 단위인 역, 계, 문, 강, 목, 과, 속, 종 중에서 속(genus)을 정신박약자 뒤에 붙여 정신박약자를 별개의 생물집단인 것처럼 비유하였다. 옮긴이.에 속하는 자들 중 누가 범죄자가 될 운명인지 정확히 판별할 수 있게 되었다. Goddard는 지적 장애의 수준을 정신연령에 따라 정의할 것을 제안하였다. Goddard는 검사에 따라 2살까지의 정신연령을 가진 것으로 판별된 이들을 백치idiot, 3살에서 7살까지의 정신연령을 가진 것으로 판별된 이들을 치우imbecile, 8살부터 12살까지의 정신연령을 가진 것으로 판별되었으며 너무 정상적으로 보여 오직 Goddard 자신과 같은 숙련된 전문가만이 지적 장애를 가진 것을 알아챌 수 있는 이들을 노둔moron, 고더드는 "아이 같은" 혹은 "바보 같은"을 뜻하는 그리스어로 이 용어를 만들었다.이라고 하였다. 새로운 용어를 도입한 Goddard 목적의 일부는 대중이 노둔의 부적격성에 대한 예민한 반응을 보이게 해 노둔이 시설에 가둬질 가능성을 높이는 것이었다. "우리가 할 수 있는 가장 이로운 것은 … 노둔들이 특별한 집단이며 이들에게는 특별한 조치가 취해져야 함을 대중들에게 이해시키는 것이다. 가능하다면 시설에 가두어야 하며, 그것이 불가능할 경우 공립학교의 특별반에서 노둔을 교육해야 한다."29 정신장애자 수용시설의 관리자들은 이 새로운 용어를 받아들였으며, 아직 발견되지 않은 노둔을 찾아내기 위한 운동이 진행되었다.

Goddard가 범죄학에 기여한 점은 그가 노둔을 도덕성박약자와 같은 것으로 본 것이다. 교도관 및 지적 장애 전문가 사이에서는 정신박약자에게는 타고난 범죄적 성향이 있다는 의구심이 수십 년 동안 자라나고 있었다. Goddard는 바인랜드의 도덕성박약자들이 Binet 검사를 받게 함으로써 그러한 의구심이 사실이라는 것을 확인시켜주었다. 검사를 받은 바인랜드의 도덕성박약자들은 시설에서 가장 반항적인 아이 23명이었는데 이들 중 몇몇은 "뚜렷한 성적인 동요"를 보였다. 23명 모두 검사 결과 9살에서 12살까지의 정신연령을 가진 것으로 나왔는데, 이로 인해 Goddard는 도덕성박약자와 노둔이 같은 것이라는 것을 확신하게 되었다.[30] Haeckel의 발생반복이론을 근거로 Goddard는 다음과 같은 가설을 세웠다. "아이들이 우리가 막연히 도덕성박약자라고 부르는 무언가가 되도록 이끄는 원시적인 본능은 9살쯤에 무르익는다. 아이의 발달이 그 정도의 나이에 멈추게 된다면, 아이는 거짓말쟁이, 도둑, 변태 성욕자 등이 된다. 왜냐하면 원시적인 본능이 아이의 내면에 강하게 자리잡게 되기 때문이다. … 아이의 발달이 7살이나 8살쯤에 멈추게 된다면 원시적인 본능이 생겨나지 못한 상태에서 발달이 멈추기 때문에 아이는 도덕성박약자가 되지 않는다. 또한 아이의 발달이 보다 나중에 멈추게 된다면, 아이는 원시적인 본능을 극복하고 통제할 수 있는 충분한 이성을 갖고 있을 것이다. 노둔들은 도덕성의 진화가 결정적인 시기인 9살쯤에서 딱 멈추어버렸기 때문에 거짓말쟁이, 도둑 및 여러 다른 유형의 범죄자가 될 수밖에 없다."[31]

한편으로는 정신박약자를 판별하는 데 도덕적이고 사회적인 기준을 사용하고 다른 한편으로는 범죄적 성향을 진단하는 기준을 지능으로 하는 오랜 전통 때문에 위와 같은 결론이 쉽게 도출될 수 있었다. 예컨대 혼전 성관계를 한 여성은 지능이 떨어지거나 범죄적 성향이 있거나 혹은 두 가지 모두에 해당될 수 있다고 결론짓는 것은 19세기 후반과 20세기 초반에는 전혀 이상한 일이 아니었다.^{이와 같은 생각이 뉴욕주가 우생학적인 목적으로 정신박약}

자인 여성을 가둬두는 시설을 설립하는 배경이 되었다.32 그런 이유로 정신박약자 수용시설 관

리자들은 Goddard가 노둔이 곧 도덕성박약자라는 주장에 힘을 실어주기

위해 사회적이고 도덕적인 기준을 적용했을 때 이에 반대하지 않았다.^{사실,}

^{이로부터 얼마 지나지 않아 Goddard는 노둔을 "범죄적 성향을 가진 정신박약자(criminal imbecile)"라고 부르기 시작하였}

^{다.33} 실제로 시설 관리자들은 Goddard의 명확한 주장을 반가워했는데, 그

들 중 대부분은 광대한 면적에 걸친 거대한 시설을 관리하는 중이었으며,

노둔을 시설에 데리고 있기 위한 명분이 필요했기 때문이다. 노둔이 말썽

을 부리기는 하지만 이들은 농사일과 다른 고된 일을 해줄 수 있었다. 노

둔이 시설에 없다면 돈을 들여 일꾼을 데려와야 할 판이었다.^{Goddard의 Binet}

^{검사에 의해 노둔인 것으로 진단받은 사람 대부분은 정상적인 지능 혹은 정상에 가까운 지능을 가졌을 것이다. 이 때문에}

^{이들을 시설에 가두었을 때 반항하는 경우가 많았을 것이며, 이는 다시 한 번 노둔이 범죄자 같다는 것을 확인시켜주는 증}

^{거가 되었을 것이다.}

정신박약자는 이제 범죄자가 되었지만 정신박약자와 범죄자가 같은 존

재라는 것을 양방향으로 보여주기 위해서는 마지막 작업이 필요했다. 바로

범죄자가 노둔임을 보여주는 것이다. 이 작업은 시설에 가둬진 범죄자들이

Binet 검사를 받게 함으로써 쉽게 끝낼 수 있었다. 「정신박약: 그 원인과

결과_{Feeblemindedness: Its Causes and Consequences}」에서 Goddard가 밝혔듯이 이들 중

많은 비율이 Binet 검사를 통해 노둔인 것으로 나타났다. 사실 검사의 질이

더 뛰어날수록 검사 결과에서 노둔의 비율이 더 커졌다.34 Goddard는 청

소년 범죄자부터 성인 범죄자에 이르는 모든 범죄자가 Binet 검사를 받는

다면 이 중 25~50%가 정신박약자로 진단될 것이라고 추정하였다. 그는

"소위 범죄자로 분류되는 사람들은 그저 정신박약자일 뿐이다."라고 결론

내렸다. 범죄인류학자를 대신해 최고의 범죄 권위자가 되고 싶다는 열망을

공개적으로 드러내면서, Goddard는 "그와 같은 자들의 상태를 설명해줄

수 있는 것은 유전적인 범죄적 성향이 아니라 유전적인 정신박약이다."라

고 주장하였다.35 범죄자를 정신박약자 혹은 저능한 일탈자^{defective delinquent,}

지능이 모자란 사람을 가리키는 용어가 풍부했던 이 시절에 애용되었던 또 다른 표현이다.로 만드는 작업은 이렇게 완료되었다.

사회계급과 사회통제

지능이 모자란 범죄자를 통제하고자 했던 노력은 범죄통제 운동이었을 뿐만 아니라 사회계급 통제 운동이기도 했다. 또한 그러한 노력은 종종 혁신주의 시대Progressive Era라고 일컬어지는 사회개혁 운동 시기에 벌어지던 하나의 사회개혁 운동이었다. 혁신주의자들은 정치적 부패부터 알코올 소모, 토지 보존, 여성의 투표권에 이르는 다양한 사회 문제들에 관심을 가졌다. 혁신주의자 중에는 우생학이라는 복음서를 받아들인 사회통제 전문가도 있었다. 우생범죄학과 관련된 계급은 세 가지이다. 첫째는 "부적격자"이며, 두 번째는 돈 많은 엘리트이다. 이 두 번째 계급에 속하는 이들이 우생학 운동을 금전적으로 지원하였다. 세 번째 계급은 혁신주의자에 속하는 사회통제 전문가로, 이들은 우생학적인 법률을 제정하고 형사사법제도를 개혁하는 데 수고로운 일을 맡았다. 정신박약 범죄이론의 표면 바로 아래에 흐르던 사회계급적 이해관계가 이 이론의 내용과 우생범죄학자들이 이 이론에 매력을 느낀 이유를 설명하는 데 도움을 준다.

겉으로 보기에 우생학 운동은 정신박약자를 성적인 불구로 만드는 것을 목표로 하였다. 하지만 정신박약은 이제 다른 사회문제의 토대가 되는 근본적인 원인으로 간주되었기 때문에 우생학자들이 정신박약자에 대해 말할 때면 그들은 다른 종류의 부적격자도 함께 언급하곤 했다. 그러한 부적격자에는 교정할 수 없는 죄수, 극빈자, 무정부주의자, 남유럽 및 동유럽으로부터 이주해온 자, 정신이상자, 파업파괴자가 포함된다. 지적 장애 전문가인 Martin Barr마틴 바는 높은 등급의 정신박약자에 "괴상하고 과민하고 사람을 싫어하는 변덕쟁이, 약한 남자, 멍청한 요부", 음탕한 인간, 험담

꾼, "알코올 중독자, 절도광, 방화광", 살인자, 매춘부, 공작원, 뇌전증 환자, 심기증 환자, 이기주의자 등을 포함시켰으며, 그가 생각했던 정신박약자의 목록을 전부 나열하려면 아직도 멀었다. Martin Barr는 이런 모든 인간은 "타고난" 도덕성박약자로, "순수한 사람이 오염되지 않도록" 이런 인간을 정신박약자 수용시설에 가두어야 한다고 생각했다.[36] 여기서 정신박약자는 부적격자와 동의어로 쓰였으며, 프롤레타리아 계급보다 낮은 인간들 신뢰할 수 없거나, 능률이 떨어지거나, 순응하지 않는 노동자들, 고용될 수 없는 인간들, 자신의 복지를 위해 국가의 금고를 갉아먹는 여타 인간들과 대략적으로 등등한 의미로 쓰였다.[37] 우생학의 고동치는 언어에서 정신박약자는 지적 장애를 지닌 인간을 가리킬 수도 있었지만, 통제되어야 할 필요가 있는 사회계급 전체를 가리킬 수도 있었다. 용어의 애매함은 그저 그것의 정치적인 유용함을 증가시킬 뿐이었다.

우생학 운동과 관련된 두 번째 계급인 부유한 엘리트에 속한 자들은 우생범죄학에 대한 금전적 원조를 도왔다. Andrew Carnegie앤드류 카네기, Samuel S. Fels새뮤얼 S. 펠스, Daniel Guggenheim대니얼 구겐하임, Mary Harriman메리 해리먼, John D. Rockefeller Jr.존 D. 록펠러 2세, William Rockefeller윌리엄 록펠러, Mortimer L. Schiff모티머 L. 쉬프, F. W. Vanderbilt F. W. 밴더빌트가 직접적으로 기여거나 자신이 자금을 대는 재단을 통해 기여한 부유층에 속한다.[38] 몇몇은 Juke 일가와 같은 나쁜 가족 연구를 위한 조사나 연구의 출판에 자금을 지원할 것을 약속하였으며, 또 몇몇은 뉴욕 거리에서 노둔을 알아보도록 경찰관을 훈련하는 데 자금을 지원하였다. 아마도 우생학 운동에 가장 깊게 관여한 것으로 보이는 John D. Rockefeller Jr.는 뉴욕주 베드퍼드Bedford에 있던 자신의 땅에 우생학적인 목적의 교도소를 설립하는 데 자금을 댔다. 부유층에 속한 이와 같은 자들이 금전적인 지원을 한 것은 이들도 혁신주의 시대의 개혁에 참여하고 싶었기 때문이다. 다시 말해 그들 역시 효율을 증가시키고 사회를 정화한다는 혁신주의적 이상에 매력을 느꼈다. 게다가 냉혹하기 짝이 없는 그들의 사업적인 책략에도 불구하고, 시민 개혁에 참여함으로써 책임감 있는 시민이라는 것을 증명할 수 있었다. 잘 훈육된 노동자들을 원했던 부유한 산업 자본가 Adolph Lewisohn^아돌프 루이손이 위원회 장을 맡아 뉴욕 교도소 산업을 중앙집권화하고, 또한 교도소 산업의 효율을 증대시키려고 했던 것에서도 보이듯이, 부유한 엘리트들은 지능이 모자란 범죄자들을 적대시함으로써 이익을 강화할 수 있었다.[39] 정신박약자를 통제하기 위한 운동은 태만자들을 제거할 것을, 그리고 고용될 수 없는 자와 국가의 복지에 의존하는 자들의 번식에 대한 통제를 시작할 것을 애매한 방식으로 약속하였다. 이 부유한 자선가들은 그들이 원했던 것보다 훨씬 적은 것을 이루었을지 모르지만, 그들의 개혁은 혁신주의 시대에 사회적 가치가 재편되어 능률, 업무 현장의 엄격한 질서, 실력에 따른 승진을 더욱 중시하는 풍토가 생겨나는 데 기여하였다.

세 번째, 정신박약자의 번식을 통제함으로써 범죄를 통제하고자 했던 운동은 중산계급 개혁가를 끌어모았다. 혁신주의 시대에 진행되던 대부분 운동들이 중산계급 개혁가들을 끌어당겼지만, 우생범죄학이 빨아들였던 것은 중산계급의 개혁가 중에서도 특별한 유형인 사회통제 전문가들이었다. 이들은 19세기 후반에 부상하기 시작했던 노동시장의 한 부분이었다.[40] 정신과 의사, 지능 검사관, 사회복지전문가, 교도소 관리자 같은 사회통제 전문가의 정체성과 수입은 전문적인 지식이나 기술에 대한 주장에 달려 있었다. 따라서 놀랍지 않게도 그들은 사회가 훌륭하고 똑똑하며 잘 훈련받은 이들, 즉 그들과 같은 혁신주의자들에 의해 관리되는 실력주의 사회로 변모하길 바랐다.[41] 이런 이유로 사회통제 전문가들은 사회 문제의 원천이 사회적이고 경제적인 요소가 아니라 물려받은 "적응도 ^fitness, 개체가 자연에서 얼마나 잘 살아남을 수 있을지에 대한 척도를 가리키는 용어. 옮긴이."에 있다는 의학적 모델을 열렬하게 지지하였다. 사회학자 L. J. Ray^L J. 레이가 지적했듯이 사회적으로 문제가 되는 집단들은 "선천적인 퇴화를 나타내고 높은 번식력을 지닌 것"으로 생각되었기 때문에 "전문직을 가진 중산계급과는 정반대의 존재"라고 할 수 있었다.[42] 사회통제 전문가들은 정신박약자들에게 우생학적인 제약을 가함으로써 자신들의 이익을 증진하는 동시에 "곪은 상처"를 사회의

몸체에서 제거할 수 있었다.[43]

우생범죄학과 관련된 사회계급적 이해관계를 가장 잘 보여주는 것은 Henry Goddard^{헨리 고더드}가 1919년 프린스턴대학교에서 했던 강의 시리즈이다. 이 강의들은 「인간의 능률과 지적 수준^{Human Efficiency and Levels of Intelligence}」이라는 제목으로 출판되었다. 혁신주의스러운 논리를 펼치는 이 강의 시리즈는 미국인 중 45%가 지적으로 모자란다는 Goddard의 주장으로 시작되며, 미 육군 검사 결과가 그러한 주장의 근거로 사용된다. Goddard는 국가의 능률을 개선하기 위해 모든 이들이 지능 검사를 받게 한 뒤 요구되는 지적 수준에 따라 등급이 매겨진 직업에 근무자를 배정할 것을 권하였다. "이상적으로 효율적인 사회에서는 해야 할 모든 다른 종류의 일에 사람들이 알맞은 비율로 배정되어 있을 것이며 각 개인은 자신이 잘 해낼 수 있는 일을 하고 있을 것이다."[44] 다음에 Goddard는 "비행^{Goddard가 말한 비행은 청소년의 비행뿐만 아니라 성인의 범죄도 포괄한다.}"을 "사회적·도덕적" 비능률이라는 측면에서 정의하였다. "비행은 범죄이다. 왜냐하면 비행이 집단 능률을 떨어뜨리기 때문이다."[45] 또한 Goddard는 다음과 같이 말했다. 대부분 범죄는 정신박약자들에 의해 자행되지만, 이와 같은 범죄자들은 모자란 지능을 가졌기 때문에 자신의 범죄에 대해 책임이 없다. 정신박약자의 90%를 정신박약자 수용시설에 들여보내야 하는데 이를 위해서는 시설을 3배 늘려야 한다. "비용이 많이 들겠지만 이득이 될 것이다."[46] 범죄는 25~50% 줄어들 것이며, 일반적인 형사사법제도를 우회할 수 있기 때문에 법원과 교도소 비용이 또한 줄어들 것이다. 가장 우수한 자들이 군림하는 것을 보장하기 위해 정부는 정신박약자들의 투표를 허용하지 말아야 한다. 정신박약자들에게 읽고 쓰는 법을 알려줘서도 안 된다. 차라리 정신박약자를 지역의 필요에 따라 요리사, 공장 노동자 등이 되도록 훈련시켜야 한다. 최종적으로 정신박약자들은 시설에서 풀려나 인근의 공동체에서 생활과 일을 할 수 있을 것이다.

Goddard는 자신이 "지능과 능률이 떨어지는 자들에 대한 사회적 통

Test 8

Notice the sample sentence: People *hear* with the   *eyes*   <u>*ears*</u>   *nose*   *mouth*
The correct word is *ears*, because it makes the truest sentence.
In each of the sentences below you have four choices for the last word. Only one of them
is correct. In each sentence draw a line under the one of these four words which makes
the truest sentence. If you can not be sure, guess. The two samples are already marked
as they should be.

SAMPLES
$\Big\{$
People *hear* with the   *eyes*   <u>*ears*</u>   *nose*   *mouth*
France is in   <u>*Europe*</u>   *Asia*   *Africa*   *Australia*

1. The *apple* grows on a <u>*shrub*</u> *vine* *bush* *tree*	1
2. *Five hundred* is played with *rackets* *pins* *cards* *dice*	2
3. The *Percheron* is a kind of *goat* *horse* *cow* *sheep*	3
4. The most prominent industry of *Gloucester* is *fishing* *packing* *brewing* *automobiles*	4
5. *Sapphires* are usually *blue* *red* *green* *yellow*	5
6. The *Rhode Island Red* is a kind of *horse* *granite* *cattle* *fowl*	6
7. *Christie Mathewson* is famous as a *writer* *artist* *baseball player* *comedian*	7
8. *Revolvers are made by* *Swift & Co.* *Smith & Wesson* *W. L. Douglas* *B. T. Babbitt*	8
9. *Carrie Nation* is known as a *singer* *temperance agitator* *suffragist* *nurse*	9
10. *"There's a reason"* is an "ad" for a *drink* *revolver* *flour* *cleanser*	10
11. *Artichoke* is a kind of *hay* *corn* *vegetable* *fodder*	11
12. *Chard* is a *fish* *lizard* *vegetable* *snake*	12
13. *Cornell University* is at *Ithaca* *Cambridge* *Annapolis* *New Haven*	13
14. *Buenos Aires* is a city of *Spain* *Brazil* *Portugal* *Argentina*	14
15. *Ivory* is obtained from *elephants* *mines* *oysters* *reefs*	15
16. *Alfred Noyes* is famous as a *painter* *poet* *musician* *sculptor*	16
17. The *armadillo* is a kind of *ornamental shrub* *animal* *musical instrument* *dagger*	17
18. The *tendon of Achilles* is in the *heel* *head* *shoulder* *abdomen*	18
19. *Crisco* is a *patent medicine* *disinfectant* *tooth-paste* *food product*	19

그림 6.3 제1차 세계대전 알파테스트. 이 그림을 포함한 알파테스트는 글을 읽고 쓸 줄 아는 모집된 군인들의 지능 검사에 사용되었다. 많은 정상인이 정신박약자로 진단되는 사태를 초래하였던 알파테스트는 우생범죄학에 불을 지폈다.

제"에 대해 말하고 있다는 점을 명확히 하였다.[47] 그는 지능 검사라는 형태의 과학이 의사 결정을 좌지우지하고 지능 검사관이 배의 키를 잡는 사회를 상상하였다. 정신박약자들을 교육시키지 않고 이들에게 투표권을 주지 않음으로써 이들을 영구적인 최하층 계급으로 만들 생각이었다. Goddard가 사회통제 작업과 관련된 모든 이를 대변하는 것은 아니었지만 프린스턴 대학교에서의 강연은 정신박약자에 대한 사회적 통제가 혁신주의를 추구하는 전문가들의 마음속에서 어떻게 최하층 계급 전체에 대한 사회적 통제로 변화할 수 있었는지를 잘 보여준다.

정신박약자 통제에 대한 중산계급 전문가들의 관심은 타고난 범죄자 이론이 시간이 지남에 따라 그런 경향을 보이게 된 것처럼 오염에 대한 근본적인 두려움을 반영하였기 때문에 중요할 뿐만 아니라 상징적이기도 하다. 18세기 후반과 19세기 초반 이른바 이성의 시대가 끝나갈 무렵 타고 난 범죄자 이론을 내세우던 이론가들은 가장 지대하게 인간성을 더럽히고 사람을 짐승의 수준으로 낮추는 것으로 보이는^{조건 도덕적 분별력의 완전한 부재 혹은 "도덕적 정신이상"}이라는 측면에서 범죄적 성향을 설명하였다. 19세기 후반 진화론의 시대에, 타고난 범죄자 이론은 다시 한 번 근본적인 사회적 두려움을 반영하였다. 그러한 두려움은 진보하지 못하는 것에 대한 염려 혹은 심지어 퇴보하는 것에 대한 염려였으며, 범죄적 성향에 대한 인류학적 해석과 퇴화론적 해석에 반영되었다. 20세기 초반 유전학이 도래하게 되면서 나쁜 생식질을 가진 것이 오염의 지표가 되었다.

보다 구체적으로 말하자면, 우생범죄학자들의 염려는 감지할 수 없는 오염이라는 생각에 있었다. 혁신주의 시대는 이상주의적인, 심지어는 유토피아적인 시대였으며, 개선과 도덕적 순수성에 대한 갈망으로 발진한 시대였다. 사학자 Harry Bruinius^{해리 브루이니어스}는 "20세기 초반 우생학자들이 보기에 다른 어떤 국가보다 미국은 과거의 결함으로부터 자유로운 순수한 나라가 될 가능성을 가지고 있었다."라고 하였다.[48] 정신박약자에 대한 공포는 기만, 오해 혹은 무지를 통한 오염에 대한 두려움을 반영하였다. 사람들은 그들의 순수성을 온전하게 지키고 싶어했지만, 정신박약 이론은 사회가 기저의 알 수 없는 오염, 즉 탐지되지 않는 나쁜 생식질에 의해 기만당할 수 있다는 암시를 하였다. 다시 말해 사람들이 두려워했던 것은 식별할 수 없으며 주변에 오염을 퍼뜨리는 위험한 오염의 원천이자 기만적인 정상적 겉모습 뒤에 숨어 그들 사이에 섞여 있는 은밀한 위협, 즉 노둔이었다.

따라서 우생범죄학의 몇몇 측면, 특히 정신박약자에 대한 우생범죄학의 혐오는 "정신박약자의 위협"이라는 은유적이며 상징적인 차원에 의해 설명될 수 있을지도 모른다. 정말 지능에 문제가 있었던^{그렇지만 유별나게 범죄적}

Fig. 53.—Group Examination Beta, Form 0, Test 6, Picture Completion.

그림 6.4 제1차 세계대전 베타테스트. 이 그림을 포함한 베타테스트는 모집된 문맹 군인들의 지능 검사에 사용되었다. 베타테스트는 또한 우생범죄학과 우생범죄학을 뒷받침하는 사회계급적 편견을 위한 증거를 제공하였다.

성향을 드러내는 것은 아니었던 인구의 작은 부분을 사회적으로 통제하는 것보다 개혁가들에게는 훨씬 중요한 것이 있었다. 그들이 정신박약자를 천한 존재로 만든 이유는 정신박약자가 사회계급과 전통적인 삶의 방식에 위협이 되었기 때문이다. 또한 개혁가들은 스스로를 정신박약자와 반대되는 존재로 정의했으며, 실력주의를 신봉했기 때문이기도 하다. 개혁가들이 무엇보다 가장 싫어했던 것은 더러운 생식질을 가져 근본부터가 더럽고 번식력이 좋은 집단에 의해 오염된다는 느낌이었다.

과거를 동경하는 과학

우생범죄학을 이해하기 위한 또 다른 방법은 이를 과학으로 보는 것이며 그럴 땐 Lombroso의 과학과 비교해 보는 것이 도움이 된다. Lombroso는 과학이 자동적으로 진실로 이어지며 세상을 개선한다는 것을 결코 의심하지 않았다. 그는 과학이 진보의 일부라고, 그리고 진보 자체는 좋은 것이며 반드시 일어난다고 생각하였다. 이와 대조적으로 우생범죄학자들은 과학에게 맡겨두기만 하면 세상이 더욱 좋은 곳으로 변모한다는 것에 확신이 없었다. 또한 그들은 Lombroso처럼 진보가 이로움을 가져다준다고 믿지도 않았다. 오히려 그들의 과학은 반근대주의적이라고 묘사할 수 있는 일련의 충동에 의해 형성되었다.

우생범죄학은 19세기 후반 이래 세상이 변화해왔던 방식도시와 사회계급 분열의 증가, 분업, 세속화, 사회문제에 대한 합리적이고 실증적인 접근법을 점점 더 중시하는 분위기. 그리고 점점 더 예측할 수 없는 삶과 타협하기 위한 보다 거대한 노력의 일부였다. 사학자 Dorothy Ross도로시 로스는 "역사에는 유익한 질서가 존재한다."[49]고 했는데 진화론, 산업화, 세계대전으로 인해 이제 그런 말을 더이상 믿을 수 없게 되었다. 이러한 변화는 광대하고 확실한 형태가 없었으며 현재까지도 정의하기 힘든 사회사상적 흐름, 즉 **근대주의** 운동을 촉발시켰다.[50] 근대주의는 주로 예술 및 건축과 관련되어 있지만, 과학에도 영향을 미쳤다.

근대주의를 따랐던 몇몇 과학자들은 세계의 변화하는 상황으로 인해 야기되는 불확실성과 관련된 문제를 감수하기로 결심했다. 그들은 당시의 현실을 받아들인 채 개인적인 유감 및 향수와는 상관없이 문제를 정면으로 들이받았다. 하지만 다른 이들은 반근대주의적 반응을 보였다. 과학의 사회적 역사를 보면 알 수 있듯이[51] 유럽과 미국 모두에서 반근대주의는 보다 영적인 존재로의 회복에 과학을 얽어매려는 노력으로서, 비합리적인 것에 대한 흥미로서, 대중문화에 대한 거부로서, 과거에 대한 향수로서, 그리고 우생학적인 인종차별주의로의 후퇴로서 현현하였다. 사학자 Anne Harrington^{앤 해링턴}은 과학에서의 반근대주의적 반응을 온전함과 "재차 마법에 걸린 상태^{reenchantment, 사회과학에서는 비합리적인 종교적 믿음에 빠져 있던 과거의 모습이 마치 마법에 홀려 있는 것 같다고 하여 이를 뜻하는 단어인 enchantment로 표현한다. 하지만 근대 사회에서는 종교적 믿음은 찬밥 신세로 전락하고 과학적 이해가 훨씬 중시되었는데 이는 마법에서 깨어남 혹은 각성을 뜻하는 단어인 disenchantment로 표현된다. 본문에 나온 reenchantment의 경우 종교가 비합리적이라는 것이 밝혀진 상황에서 다시 과거의 종교적 믿음에 빠지려 한다는 것을 의미한다. 옮긴이.}"에 대한 추구로 간주하였다. Harrington은 1890년부터 1933년까지 독일에서 몇몇 과학자들이 "과학을 위한 인식론적이고 방법론적인 기준"을 재고했다고 설명한다. "온전함의 가치 아래에서 이 과학자들은 현상을 관찰할 때 구성 요소를 따로따로 관찰하기는 것을 줄이고 보다 전체론적으로 관찰하는, 그리고 덜 기계적으로 보다 직관적으로 관찰하는 변형된 생물학과 심리학이 자연계와의 유익한 관계에 대한 재발견으로 이어질 수 있다고 주장했다."[52]

Harrington이 독일 역사에서 발견한 반근대주의적 전통은 미국과 유럽의 많은 우생범죄학자들이 참여했던 전통이다. 이들은 지능 검사, 우생학, 유전학 같은 독특한 과학에 이끌렸으며, 단순하고 보다 순수한 세계에 대한 향수를 충족시키기 위해 그러한 과학을 이용하였다. 뒷배경을 살펴보면 대부분의 우생범죄학자들은 중산계급의 앵글로색슨족이었으며 많은 이들이 계급 분열이 보다 확고해지고 정착되었을 때 특권 속에서 자라왔다.

20세기의 새로운 세계는 장래성을 나타내는 세계이기도 했지만 대격변의 세계이기도 했다. 반근대주의에 승선했던 우생범죄학자들은 과학이 그들이 어렸을 때 보았던 "마법에 걸린" 순수한 세상, 즉 이민, 범죄, 사회주의, 성행위, 도시화, 빈곤 같은 문제에 의해 복잡화되지 않은 세상을 되찾아주기를 바랐다. 우생범죄학자들은 자신들의 방식이 확고한 통제권을 가지고 있던 세상으로 돌아갈 기회를 제공하는 것처럼 보였다. 다른 반근대주의자들처럼 우생범죄학자들은 과학이 변화의 물결을 막아주는 동시에 전통적 가치를 강화해주기를 바랐다. 그들의 경우 과학이 "지능"의 중요성, 즉 좋은 특성, 도덕법칙, 앵글로색슨족이라는 배경의 중요성을 증명해줌으로써 그러한 역할을 해줄 수 있기를 원했다.

반근대주의적 과학은 과학 자체에 대한 반작용이라기보다는 반근대주의적 이상을 위해 과학을 이용하려는 시도였다. 나름대로 반근대주의 과학은 유토피아적이었다. 반근대주의 과학은 합리적인 동시에 비합리적이었으며,[53] 반근대주의 과학의 모순적인 성질은 "정신박약자"의 의미가 지적 장애를 가진 사람들에서 모든 부적격자로 어떻게 급격하게 변하게 되었는지를 설명하는 데 도움을 준다. 우생학자들은 과학과 객관성이라는 과학의 이상에 헌신적이었지만, 근대의 과학적 방식으로 가설을 검정하지 않았으며, 그들이 가진 정보의 질에 관해서도 신경쓰지 않았다. 대신 그들은 현재의 관점으로 바라볼 때 비과학적으로 보이는 방식으로 데이터를 모았으며, 그러한 데이터를 이용해 과거에 대한 갈망을 충족시키는 결론을 이끌어냈다.

우생범죄학자들은 과학에 대립되는 존재가 아니다. 그와는 정반대이다. 다시 말해 그들은 세상을 개선하기 위해 과학을 이용하였다. 하지만 그들은 반근대주의적 과학자, 즉 그들이 잃어가던 세상을 과학이 지켜내길 바랐던 사람들이었다. 과학은 어떤 도움도 없이 세상을 더 나은 곳으로 변화시킬 것이며 가치관이 과학을 바꾸는 것이 아니라 과학이 가치관을 바꾼다고 자신했던 Lombroso보다, 세상을 더 좋게 바꾸기 위해 과학을 사용하고 싶어했던 Galton에 우생범죄학자들은 보다 가까운 존재였다. 7장에서 반근 대주의적 충동의 추가적인 사례를 보여줄 것이다. Earnest Hooton이 세기 중반에 범죄인류학을 부활시키려고 시도했던 것도, William Sheldon윌리엄 셸던이 체형 판정법을 도입했던 것도 모두 반근대주의적 충동 때문이었다.

철회와 부활

1920년대에 우생범죄학은 대중적인 이상으로서 의 매력을 잃었다. 지능 검사의 개선으로 인해, Goddard와 다른 정신 계측자들이 일찍이 발견 했던 것들에 대한 의구심이 생겨났으며, 범죄자 에게 정신박약자라는 딱지를 붙이기 더욱 힘들게 되었다. 유전학자들이 정신박약, 범죄적 성향, 퇴화의 다른 징후들이 하나의 단위로서 유전되기 힘들다는 것을 발견하게 되어 우생학 운동의 과장된 주장의 기반이었던 Mendel의 유전법칙은 오히려 아킬레스건이 되었다. 지능 검사를 통해 자 신들이 범죄적으로 책임이 없는 피고를 판별할 수 있다는 심리학자들의 주장을 염려하던 정신과 의사들은 명백히 자신들의 관할 대상이었던 사이 코패스라는 측면에서 위험성을 재정의함으로써 범죄적 책임을 결정하는 권한을 되찾아오려는 움직임을 보였다.[54] 결국에는 심지어 심리학자들도 사이코패스적 성향 혹은 정신질환이 범죄의 근본적 원인이라는 생각으로 돌아서게 되었다.[55] 정신과 의사 William Healy윌리엄 힐리의 널리 극찬받는 저서 「개별적 범죄자The Individual Delinquent, 시카고 소년재판소를 통해 알게 된 청소년 범죄자들을 개별적 으로 분석하였던 Healy는 범죄자를 묶어서 하나의 확고한 유형으로 분류하는 것은 바람직하지도, 가능하지도 않다고 주장 하였다. 즉, 이 책은 범죄자가 유형화될 수 없다고 주장하였다. 옮긴이. 」도 흐름을 바꾸는 데 일조하였 다. 이 책은 범죄의 원인을 하나의 요소에서 찾는 단순한 이론을 거부하고 정신의학적, 다요소적 접근법을 지지하였다.[56] 미국에 Healy의 책이 있었 다면, 대서양의 반대편인 영국에는 Cyril Burt시릴 버트의 「어린 범죄자Young Delinquent」가 있었다. Cyril Burt의 책은 유전주의적 이론을 거부하고 다양한 곳에서 원인을 찾는 환경결정론을 지지하였다.[57] 바람이 더이상 우생학 운동이라는 배의 돛을 밀어주지 않게 되었을 때, 정신박약자를 범죄자로 만드는 데 앞장섰던 이들은 틀렸음을 인정하였다. 1908년 "모든 정신박약자는 … 잠재적인 범죄자이다."라고 단언했던 메사추세츠 정신박약아 학교 Massachuestts School for the Feeble-Minded의 명망 있는 관리자 Walter E. Fernald월터 E. 퍼널드는 10년이 지나서 "모든 정신박약자가 범죄자, 사회주의자, 비도덕적 인간, 반사회주의자인 것은 아니다 … 우리는 진정 정신박약자의 명예를 훼손해왔다."[58]라고 인정하였다.

범죄에 대한 사회학적 이론이 떠오르면서 범죄자와 정신박약자의 동일시는 더욱 약화되었다. 1900년쯤부터 사회학자들은 그때까지 범죄학을 지배해왔던 생물학적 담론에 자신들의 목소리를 첨가하였다. 사회학자들은 사회적인 요소에서 범죄의 원인을 찾으려 했을 뿐만 아니라 범죄학 이론에서 통계학이 보다 잘 사용될 것을 요구하였다. 미국의 선구적인 사회학자로 급격히 부상하였던 Edwin Sutherland에드윈 서덜랜드는 1931년 지능과 범죄에 대한 약 350개의 연구를 대단히 인상적으로 논평한 출판물을 내놓았는데 여기서 그는 "정신박약은 일반적으로 중요한 범죄의 원인이라고 입증되지 않았다."라고 냉담하게 결론을 내렸다.[59]

그러나 정신박약자에 반대하는 운동이 너무 효과적이었고 또 뿌리깊은 염려에 대한 운동의 호소력이 너무 강력했기 때문에, 수십 년이 지나서야 철회와 반증이 흐름을 뒤집을 수 있었다. 흐름이 반전되는 모습은 범죄학 문헌을 통해 살펴볼 수 있다. 1923년에 출판된 「범죄, 비정상적 정신 및 법Crime, Abnormal Minds and the Law」에는 다른 일탈자 유형에 관한 장들도 실려 있지만, 이 문헌은 "저능한 일탈자The Defective Delinquent"라는 장으로 시작되며, 저능한 일탈자의 경우 "영구적인 격리가 … 가장 친절하고 효율적인 치료의 형태일지도 모른다."는 의견을 내놓는다.[60] 10년 뒤 부부인 Sheldon Glueck셸던 글루크와 Eleanor Glueck엘러노어 글루크는 「500명의 비행 소녀Five Hundred Delinquent Women」를 출판하였다. 이 문헌은 메사추세츠 여성소년원에 수감된 소녀들에 대한 연구였다. 수감된 소녀 중 과반수는 성매매 및 여타 성범죄로 형을 선고받은 것이었다. Glueck 부부는 "정신적인 병폐가 유전된다고 혹은 그러한 것이 범죄와 연관되었다고 확정하기는 힘들다."고 세심하게 저술하였지만, "지능이 모자라고 병에 걸린 반사회적 부적격자들"에게 우생학자들이 보여주는 도덕적인 경멸을 똑같이 드러내면서 부적격자들에게 절대적 부정기형totally indefinite sentences을 선고할 것을 권하였다.61 10년이 또 흘러 1940년대가 되어 「범죄학에서 새로운 지평선New Horizons in Criminology」이라는 책이 등장했는데, 이 대중적인 문헌은 지적 장애는 주로 유전되며 정신박약자는 선천적으로 범죄적 성향을 가지고 태어나거나 악랄하다는 아이디어를 거부하였다.62 하지만 이와 같은 논박이 우생범죄학을 완전히 사멸시키지는 못했다.

예를 들어, 원래 형태보다 그 색이 옅어지긴 했지만, 정신박약론은 1994년에 출판된 「종 곡선The Bell Curve, 책의 제목은 지능지수에 대한 정규분포가 마치 종 모양 같다고 하여 붙여진 이름이다. 옮긴이.」에 재등장한다. 논란이 될 만한 이 책은 심리학자 Richard Herrnstein리처드 헌슈타인과 정치학자 Charles Murray찰스 머레이가 저술하였다. 저자들은 "인지능력은 대체로 유전될 수 있으며40~80%,"63 현재 사회계급은 주로 지능에 의해 결정되고 사회계급의 꼭대기에 있는 것은 우수한 인지능력을 갖춘 자들이라고 주장한다. 가장 뛰어난 지능지수를 갖춘 사람들이 가장 좋은 직업을 갖고 돈을 가장 많이 벌 수 있도록 직업은 지능에 따라 우리 인간을 분류하며, 이러한 분류 절차는 효율적이고 생산적인 사회를 유지시켜 준다고 주장한다. 거꾸로 말하면 낮은 지능지수는 빈곤과 범죄의 주요 결정요인인 것이다.

많은 면에서 「종 곡선」은 Henry Goddard가 75년 먼저 「인간의 능률과 지적 수준」에서 주장했던 사항들을 갱신한다. 하지만 여기서는 3개의 사회계급이 아닌 오직 2개 사회계급이 관련된다. 종 곡선의 양 끝에 있는 자, 다시 말해 뛰어난 인지능력을 갖춘 자 및 최하층 계급, 똑똑한 자 및 멍청한 자, 우리와 그들 말이다. Herrnstein과 Murray는 중산계급의 전문가들이 뛰어난 인지능력 소유자들이 되었다고 주장하면서 이러한 변화를 간접적으로 다루었다.64 저자들은 미국 사회의 인구 중 많은 수가 양극단의 사이에 놓여 있다는 것도 인지하고 있었지만, 이들은 저자들의 중심적인 주장에 상관이 없는 존재들이었다.

Herrnstein과 Murray가 말한 "낮은 인지능력"을 가진 사람은 "정신박약자"라는 꼬리표처럼 최근의 이민자, 범죄자, 직업이 없는 사람, 만성적으로 아픈 사람, 이혼자, 사생아로 태어난 사람, 복지에 의존하는 사람을 포함하는 대단히 포괄적인 용어이다. 저자들은 낮은 지능이 범죄의 유일한 원인이라고 주장하지는 않았지만, 낮은 지능을 손꼽히는 원인으로 보았다. 또한 이들의 권고를 명백히 우생학적이다라고 할 수는 없지만, 그것은 우생학에 아주 가까운 무언가였다. Goddard처럼 그들은 낮은 지능지수를 가진 사람이 천한 직업을 가지길 바랐으며, 최하층 계급이 민주주의를 약화시킬 것에 대해 걱정하였고, 그들 자신과 같은 사람들에 의해 운영되는 실력주의 정부를 지지하였다.

이와 같은 유사점을 어떻게 해석해야 할까? Herrnstein과 Murray가 Goddard의 말을 되풀이한 것은 그들 역시 반근대주의 과학에 참여하여, 근대 이전의 세계를 되찾기 위한 목적으로 과학을 이용했기 때문이다. 미국 보수주의자들의 숭배를 받는 아일랜드 정치사상가 Edmund Burke에드먼드 버크의 지도를 따랐던 Herrnstein과 Murray는 사람들이 동등하지 않은데, 프랑스 혁명이 그렇게 만들려고 시도했다는 점에서 프랑스 혁명을 "평등주의의 남용"으로 여겼다.65 자신들의 관점을 "명백히 전통적"66이라고 묘사하면서 두 저자는 위계적이고 가부장적인 사회제도를 이상화한다. 보다 앞섰던 정신박약 이론가들처럼 저자들은 과거를 동경하는 과학을 탐구한다. 몇몇 미국인이 "지능"을 법을 따르는 미덕을 포함한 모든 종류의 "미덕"과 얼마나 가깝게 연관시키는지를 저자들의 책이 다시 한번 보여준다고 할 수 있다. 또한 이 책은 지능 검사라는 형태의 과학이 사회통제를 이끌고 거의 영구적인 최하층 계급을 만들어내는 사회를 얼마나 쉽게 상상해낼 수 있는지를 보여준다.

「인간의 능률과 지적 수준」과 「종 곡선」 모두 우리가 정신박약 범죄이론들에 대해, 적어도 생물학적인 기반으로 세워진 그러한 이론에 대해 주의해야 한다는 교훈을 준다. 8장의 나치범죄학이 더욱 잘 보여주겠지만, 지능을 측정하는 과학은 사회통제를 위한 도구로 남용되기 쉽다는 것이 드러났다.

범죄통제에 대한 준우생학적 아이디어로의 또 다른 귀환은 합법적 낙태가 최근의 범죄율 감소에 크게 기여했다고 주장하는 2001년의 한 논문에서 찾아볼 수 있다. 논문을 저술한 경제학자 John J. Donahue존 J. 도나휴와 Steven D. Levitt스티븐 D. 레빗은 우생학도 지적 장애도 언급하지 않는다. 하지만 이들은 미국 대법원이 **Roe v. Wade**에 대한 판결에서 낙태를 합법화함에 따라 엄청난 수의 아이들이 낙태되었는데, 그러한 판결로부터 18년이 지나 범죄율이 감소하기 시작했다고 주장한다. 또한 대법원이 이때 낙태를 합법화하지 않았다면 높은 범죄율에 이르게 되었을 것이라고 주장한다. Donahue와 Levitt의 주장에 따르면 합법적 낙태는 범죄율 하락의 50%를 설명해준다. 또한 두 경제학자는 **Roe v. Wade** 판결 이전에 이미 낙태를 합법화했던 주들에서는 보다 일찍 범죄율이 떨어지기 시작했다고 주장한다.[67]

이 논문은 시끌벅적한 논쟁을 촉발시켰다. 몇몇 비판자들은 낙태율이 증가함에 따라 폭력적인 범죄도 사실상 증가한다는 정반대의 주장을 할 정도였다.[68] 현재의 눈으로 보기에 낙태 합법화는 범죄율에 영향이 있다 하더라도 단지 미미한 영향을 미쳤을 뿐인 것으로 보이지만, 그와 같은 논란은 출산 예방 및 범죄통제에 관한 아이디어들이 어떻게 지속적으로 합쳐지고 서로를 끌어당기는지 보여준다는 점에서 중요하다. 유전자 판독이 보다 흔해질 미래가 되면 우리는 범죄율에 대한 준우생학적 해석의 새로운 물결을, 그리고 유전자를 기반으로 하는 범죄통제 프로그램에 대한 새로운 제안들을 보게 될 가능성이 크다.

우생범죄학이 주는 교훈

Oliver Wendell Holmes Jr.올리버 웬델 홈스 2세의 인생은 훌륭하다. 그는 하버드대학교 졸업자문학사 및 법학사, 내전의 영웅, 국제적으로 영향력 있는 법이론가, 매사추제츠주 최고법원Massachusetts Supreme Judicial Court 수석재판관이었으며, 30년 동안 미국 대법원 판사로 근무하였다. 그의 얼굴이 인쇄된 우표가 발행었으며, 그의 삶은 연극, 텔레비전 특집 방송, 몇몇 전기를 통해 기념되어 왔다. 하지만 Carrie Buck캐리 벅에 관해서라면 Holmes 판사는 모든 면에서 틀렸다.

"3세대, 정신박약자 전무Three Generations, No Imbeciles"라는 제목의 우상파괴적인 글에서 버지니아대학교 Paul Lombardo폴 롬바르도는 Carrie Buck도 그녀의 어머니와 딸도 정신박약자가 아니었음을 보여준다. 사실 Carrie와 그녀의 딸은 정상적인 지능을 가지고 있었다. 확증할 만한 증거가 충분하지는 않지만 그녀의 어머니 또한 정상적인 지능을 가지고 있었을 것이다. Lombardo는 더욱이 Carrie가 "비도덕적"이지 않았다고 보고한다. Carrie가 비도덕적이라는 주장은 그녀가 도덕적으로 퇴보하였다는 혐의의 기반, 그녀를 불임화하지 않는다면 범죄를 저지른 뒤 처형될 운명을 가진 "퇴보한 자손"을 낳을 것이라는 Holmes의 깜짝 놀랄 예측의 기반이었다. 사실을 보자면 Carrie가 사생아를 출산했던 것은 강간 때문이었다.[69]

Carrie에 대한 최초 불임화 공판에서 그녀가 불리하도록 제기된 한 증거는 뉴욕 콜드스프링하버Cold Spring Harbor 우생학기록사무소Eugenics Record Office 부소장 Harry Laughlin해리 로플린의 증언이었다. Laughlin은 Carrie를 시범 사례로 활용한 버지니아 법률의 기반이 되었던 우생학적 불임화법 모델Model Eugenical Sterilization Law을 써냈던 사람이기 때문에, 정신박약자가 선천적으로 범죄적 성향을 띤다는 것에 대한 증언을 얼마든지 해낼 수 있는 사람이었다.[70] 몇 년 뒤 나치는 Laughlin의 법률 모델을 그들 자신의 우생학적 불임화법의 기반으로 사용하였다. 인종의 깨끗함에 기여한 대가로 나치는

Laughlin에게 하이델베르크대학교 명예학위를 수여하였다.[71]

역사에서 일어난 실수는 선량한 의도 혹은 악한 의도와는 관련이 없다. 저능한 일탈자를 가려내기 위해 노력했던 Holmes, Laughlin 및 다른 우생 범죄학자, 심지어 Hitler^{히틀러}마저도 정치적이고 사회적인 개혁을 위해 헌신했던 것이다. 보다 비관적이었던 Hitler는 예외일지도 모르지만, 그들은 과학이 자신들의 개혁을 이끌어줄 것이라고 믿었다. 우생학은 나쁜 일가의 계보 및 기능 검사 결과라는 형태로 설득력 있는 증거를 제시하였을 뿐만 아니라, 도덕적 퇴보에 관해 그들이 듣고 싶어했던 말들을 속삭여 주었다.

미래에 그런 실수가 반복되는 것을 어떻게 피할 수 있을까? 이는 전혀 추상적인 질문이 아니다. 왜냐면 곧 유전공학을 통해 범죄를 예방하고 싶은 유혹을 맞닥뜨리게 될 것이기 때문이다. 우생범죄학이 주는 한 가지 교훈은 특히 과학이 생물학을 통해 잠재적인 범죄자를 판결해낼 수 있다는 주장을 할 때면 그러한 과학에 비판적인 자세를 취해야 한다는 것이다. 우리는 그러한 과학을 면밀히 검토해야 할 필요가 있으며, 과학도 범죄도 사회적인 맥락과 관련되어 있다는 점을 스스로에게 다시 상기시킬 필요가 있다. 우리가 불신하거나 두려워하는 자들에 대해 듣고 싶어하는 것을 과학적인 범죄학이 속삭여줄 때 우리는 그런 달콤한 범죄학에 대해 각별히 의심해볼 필요가 있다. 유전체의 시대로 점점 나아가고 있기 때문에 우리는 유전공학을 범죄에 대한 해결책으로 고려해보고 싶은 유혹에 저항해야 한다. 심지어 우리가 아주 좋은 의도로 유전공학을 이용하려고 한다고 해도 말이다. 유전공학을 활용한 결과는 Carrie Buck의 사례에서 Irving Whitehead가 경고한 "의사들의 지배"와 아주 비슷한 무언가가 될 것이다. Irving의 말대로 "새로운 계급, … 심지어 인종"도 생물학적인 규제를 당할 것이며, 궁극적으로 "최악의 전제정치 형태가 시행될 것이다."[72]

:: **7** ::

체형이론

체형과 범죄적 성향

신체 형태가 범죄 행동과 관련 있을까? 20세기 중반 정확히 그런 메시지를 들고 나온 학파가 있었다. 그러한 사상의 지지자들은 스스로를 "체형"이론가라고 불렀다. 즉, 그들은 몸이 구성·형성되는 방식에서 범죄의 원인을 찾고자 했다. 이 이론의 기원은 유럽에 있지만, 1930년대에는 미국에서, 특히 하버드대학교에서 체형이론을 찾아볼 수 있게 되었다. 하버드대학교에서 체형이론은 인류학자 Earnest A. Hooton어니스트 A. 후튼, 의사이자 심리학자인 William Sheldon윌리엄 셀던, 범죄학자 부부 Sheldon Glueck셸던 글루크와 Eleanor Glueck엘러노어 글루크에 의해 발전되었다. 하지만 체형이론은 나치Nazi 독일에서도 발달되었으며, 나치 독일과의 연결성은 체형이론이 범죄학적 연구 안건 밖으로 밀려나는 데 일조하였다. 범죄학 교과서에서 수년 동안 체형이론에 대해 언급한 적이 있었지만 그것을 제외하면, 이 이론의 작은 부흥이 일어난 20세기 후반까지 체형이론을 찾아보기 힘들었다.

"체형이론"이라는 이름을 붙인 초기 이론 지지자들의 선택은 좋지 못했다. 왜냐하면 용어가 너무 애매하여 다른 많은 이론들도 가리킬 수 있었기 때문이다. 사람의 얼굴을 통해 성격을 읽어낸다는 18세기 후반의 민간 과학인 관상학은 체형이론으로 간주될 수 있으며, 또한 관상학은 여기서 논의되는 체형이론의 전조였다고 할 수 있다. 두개골의 윤곽을 통해 범죄적 성향을 진단하려 시도했던 골상학 역시 그렇다. 다른 선조 격 이론뿐만 아니라 범죄인류학도 체형이론이며 퇴화론도 마찬가지이다. 실제로, 유전학을 언급하는 이론들을 포함한 모든 생물학적 범죄이론은 범죄의 원인을 범죄적 신체의 본질 및 적어도 암시적으로는 범죄적 뇌의 구조로 추적하기 때문에 이들을 모두 체형이론으로 간주할 수 있다.

이런 용어적 결점과 관련되어 나타났던 것은 어떤 분야가 체형과 범죄의 상관성에 대한 연구에 관련되는가? 같은 질문이었다. 체형이론은 범죄에 대한 심리학적 해석인가?^{Sheldon은 자신의 연구를 "체형심리학"이라고 불렀다.1} 인류학적 해석인가? ^{Hooton은 Sheldon의 연구를 "체형인류학"이라고 하였다.2} 독일 정신의학이 체형이론의 배경이 되었으니 이 이론은 정신의학적인가? 본질적으로는 유전학적일까? 그리고 체형이론 지지자들이 의도적으로 주류 범죄학과 분리되려 했다는 점을 고려한다면 어떤 점에서 체형이론을 범죄학 분야에 포함시킬 수 있을까?

이번 장에서는 체형이론의 역사를 추적하고 이 이론의 내용을 평가한다. 또한 우생범죄학 및 생물범죄학에서의 반근대주의적 경향이 어떤 궤도로 흘러갔는지에 대해서도 계속 알아볼 것이다. 1920년대에 발달 중이었던 우생범죄학은 본질적으로 반근대주의 과학이었다는 주장을 6장에서 한 바 있다. 우생범죄학은 불확실한 상태의 지배를 덜 받고, 사회계급 구조가 덜 유동적이며, 도시화, 이민, 매춘 및 다른 근대 생활의 문제로부터 보다 자유로운 전근대적 세계를 되찾기 위해 과학적인^{혹은 준과학적인} 도구를 결집시켰던 과학이었다. 이번 장에서 초점을 맞출 20세기 중반까지 우생범죄학은 인기를 잃어갔다. 우생범죄학은 Hooton과 Sheldon의 연구에서 범죄자를 유전에 의한 퇴보자로 생각하는 형태로 등장하면서 마지막 숨을 쉬었다. Hooton과 Sheldon은 20세기 범죄학에서 반근대주의적 경향의 절정을 보여준 이론가들이다. 이번 장은 범죄의 원인에 관한 Hooton과 Sheldon의 우생학적이고 반근대주의적인 메시지의 기원을 이해하기 위해 이 둘의 일대기에 지면을 많이 할애하였다.

Hooton과 Sheldon 둘 다 인류의 운명에 대해 굉장히 비관적이었다. 그들은 근대인의 병약함을 걱정하였으며, 일반적으로 이러한 건강상의 퇴보 원인을 더러운 음식 소비, 운동 및 자기 수양의 부족, 고된 노동 및 독립이라는 전통적·전원적 가치의 상실로 보았다. 더욱이 그들은 이러한 정신적이고 육체적인 퇴보를 범죄적 성향과 연관시켰다. Hooton과 Sheldon은 자신들의 과학적 연구가 자립과 단순하고 건강한 삶이라는 초기 미국의 전통을 회복시켜주기를 원했다. 전통의 회복이 유전적으로 순수한 사회, 다시 말해 범죄에 시달리는 일이 거의 없는 사회로 이어질 수 있을 것이라고, 혹은 그러한 사회로부터 전통의 회복이 발생할 것이라고 생각했던 것이다. 나치 독일에도 비슷한 반근대주의적 아이디어가 있었다. 나치도 국가의 민족적 순수성을 유지하는 데 집중했고, 북유럽인종의 육체를 초인적이고 고결하다고 미화하였으며, 국가의 생식질을 정화함으로써 범죄를 줄이는 프로그램이 있었다. 하지만 유사점보다 차이점이 중요하다. Hooton과 Sheldon은 불임화를 지지했지만 나치 우생학에 크나큰 충격을 받았으며 제2차 세계대전 동안 독일에 대항하는 투쟁에 참여하였다.

앞으로 체형 연구의 역사를 검토한 뒤 Earnest A. Hooton의 삶과 연구에 대해 알아볼 것이다. Hooton은 먼저 범죄인류학의 부활을 꾀했다가 실패하자 체형 연구로 방향을 돌렸다. 그다음으로 William Sheldon의 삶과 연구를 살펴볼 것이다. Sheldon의 체형 연구는 비행자의 신체에 관한 유명한 발견을 초래하였다. 하지만 그는 세계를 구원하기 위한 기괴한 계획을 추구하며 서두르고 있었기 때문에 그러한 발견을 찬찬히 살펴보지 않았다. 다음으로 부부인 Sheldon Glueck와 Eleanor Glueck의 체형 연구에 관해 설명하면서, 그들의 연구가 동료인 Hooton과 Sheldon의 연구와 비슷해 보일지 몰라도 감수성과 목적에서 실질적으로 완전히 다르다는 주장을 펼칠 것이다. Hooton과 Sheldon의 연구가 반근대주의적이었다면 Glueck 부부의 연구는 근대주의적이었다. 20세기 후반 체형이론에 대한 관심이 미미하게 살아났던 것에 관한 마지막 절에서는 그러한 부활이 체형

이론 자체에 대한 새로운 관심에 의한 것이라기보다는 보다 일반적인 생물 범죄학의 부활이었다는 주장을 할 것이다.

체형 연구의 기원

고대부터 과학자들은 몸과 마음, 육체적 상태와 습성의 연관성을 찾으려 했다. 그리스 의사 Hippocrates히포크라테스, 약 기원전 450~380년는 혈액, 황담즙, 흑담즙, 점액과 같은 네 가지 체액의 구성 비율 및 균형이 건강할지 병에 걸릴지를 결정한다고 하며 몸과 습성 사이의 연관성을 규명하였다. "살찌고 만족한 사람을 곁에 두고 싶소."라는 Julius Caesar줄리어스 시저의 대사에서 볼 수 있듯이 Shakespeare는 형태에 대한 믿음을 극에 싣기도 했다. 관상학자와 골상학자는 머리에 초점을 맞춰 신체에서 정신을 읽어내려 했던 반면, 19세기 퇴화론자들은 연구의 초점을 보다 폭넓게 몸 전체의 퇴화에 맞추었다. 몸 전체의 상태에 관심을 두는 경향은 Lombroso 같은 19세기 인종차별적 인류학자에 의해 영속화되었다. 이들은 어떤 인종·민족에 속하느냐에 따라 성격과 기질이 달라질 것이라고 추측하였다. 19세기 후반과 20세기 초반 이탈리아에서 의료인류학을 내세우는 한 학파Di Giovanni(디 조반니), Naccarati(나카라티), Viola(비올라)가 체형에 대한 개념을 발달시켰다.3 하지만 내적인 상태의 징후를 찾기 위해 몸 전체를 살펴보는 이러한 운동의 핵심 인물은 독일의 정신과 의사 Ernst Kretschmer에른스트 크레치머였다.

Kretschmer는 범죄보다는 정신병에 관심이 있었다. 「체형과 기질에 관한 연구An Investigation of the Nature of Constitution and of the Theory of Temperament, 1925」에서 그는 2개의 주요한 체형을 규명한다. 하나는 조울증과의 연관성을 나타내는 비만형이고 다른 하나는 조현병과의 연관성을 나타내는 마른 형이었다.3가 세 번째로 규명한 근육형도 조현병과 관련되어 있었다. Kretschmer는 정신질환자들의 사진을 통해 자신의 체형 분류를 설명하였으며, 신체의 형태는 그 종류를 다 모으면

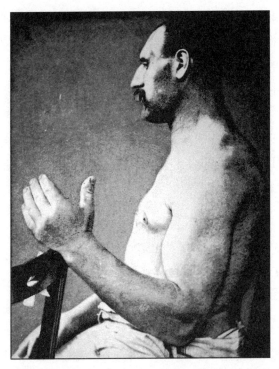

그림 7.1 Kretschmer가 제시한 체형의 한 유형. 체형을 정신질환과 연관시키려는 노력의 선구자인 독일인 정신과 의사 Ernst Kretschmer는 병원 환자들 사이에서 조현병과 관련성을 갖는 탄탄한 신체 유형을 발견하였다. Kretschmer의 책「체형과 비행」은 육체적 적합성에 관한 나치의 아이디어에 영향을 미쳤으며 체형과 범죄적 성향에 관한 미국의 연구에 반영되었다.

연속체를 이룰 정도로 다양하며, 마른 형과 근육형이 복합될 수 있듯이 다양한 조합으로 어우러질 수 있다고 역설하였다. 나치가 집권하게 되었을 때 Kretschmer는 나치 지원을 거부하였다. 하지만 독일의 다른 정신과 의사들은 위법행위를 생물학적으로 분석하는, 위법행위가 유전된다고 고집스럽게 주장하는 유럽 대륙의 오랜 전통으로부터 "아리아인의 범죄학"4을 구축해 나아갔다.

동시에 미국 심리학자들은 인간의 차이를 설명하기 위한 훨씬 폭넓은 연구의 일부로서 체형 연구에 착수하였으며, 지적 수준, 정신병 및 행동적 특징을 체격과 관련지으려 했다. 컬럼비아대학교 심리학자들이 했던 연구는 Hooton과 Sheldon이 등장하기 바로 직전에 형태학적인 연구가 도달했던 단계의 한 예가 된다. H. E. Garrett^{H. E. 개럿}과 W. N. Kellogg^{W. N. 켈로그}라는 이 심리학자들의 모든 신체 측정은 컬럼비아대학교 신입생들의 나체 사진을 통해 한 것이었다. 자세 연구를 위해 대학교 체육관에서 찍은 이 사진들은 각 신입생의 앞모습, 뒷모습, 옆모습을 제공하였다. 형태학적인 연구를 수행했던 이 시기 미국의 다른 학자들처럼 Garrett과 Kellogg는 체형 연구가 특별히 유망한 탐구 방식이 아니라는 결론을 내렸다.[5]

┌
Earnest Hooton, 범죄인류학에서 체형이론으로

1939년 유명한 인류학자이자 하버드대학교의 교수였던 Earnest Hooton은 「미국 범죄자^{American Criminal}」와 「범죄와 인간^{Crime and the Man}」이라는 책을 출판하였다. 이 책들은 역사상 가장 거대한 규모의 범죄자 조사를 통계적으로 분석하여 작성되었다.[6] 이 2권의 책은 많은 곳에서 논평되었으며, Hooton은 범죄학적인 사안에 대해서라면 대변인 역할을 수행하게 되었다. 그는 주요 신문에 인용되었고 최고급 강연을 하도록 초청받았다. 그는 논란을 불러일으킬 만한 인물이었으며, 몇몇 비평가는 그의 방법과 결론을 격렬히 비판하기도 하였다. 하지만 다른 동시대인들은 Hooton을 일류 범죄학자로 평가하였으며 교과서에는 그의 연구에 대한 요약이 자주 실렸다.

Hooton은 1887년 위스콘신주 클레먼스빌^{Clemansville}에서 감리교 목사와 캐나다 출신 교사의 아들로 태어났다. 그는 위스콘신주 애플턴^{Appleton}에 있는 로렌스대학교^{Lawrence College}에서 서양고전학을 공부하였고, 오펀 주립 교도소^{Waupun State Penitentiary}에서 아르바이트 형식으로 일했다. 나중에 Hooton은 범죄자에 대한 흥미가 생겨난 원인을 교도소에서의 경험으로 추적하였다.[7]

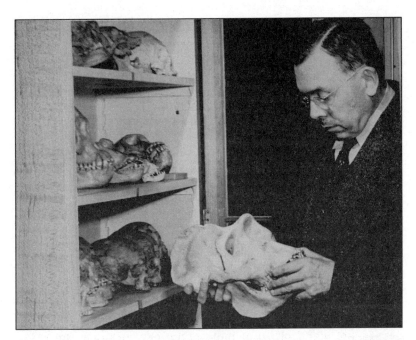

그림 7.2 Earnest A. Hooton. 20세기 중반 하버드대학교 인류학자 Hooton은 범죄인류학을 부활시켜 이를 우생학 프로그램과 연결지으려 하였다. Hooton은 우생학 프로그램이 세상에서 범죄자를 제거해줄 것이라 믿었다. 하버드대학교 피바디박물관 후튼기록보관소Hooten Archive의 허가로 실린 그림.

하지만 Hooton이 로즈장학생Rhodes scholar, 영연방, 미국 등에서 학생을 뽑아 옥스퍼드대학교에서 공부할 수 있도록 장학금을 지원해주는 로즈장학제도의 혜택을 받는 학생. 옮긴이.으로 옥스퍼드대학교에 들어갔을 때 Hooton의 관심사는 서양고전학에서 인류학으로 바뀌었다. 훗날 Hooton은 다음과 같이 말했다. "몇몇 교수님은 고대 로마의 종교 및 유물에 대한 과학적인 연구에 흥미를 보였다. 그리고 이런 교수님들에게 감화되어 고대의 사람들을 더욱 자세히 공부하게 되었다. 그로 인해 결국 인류학을 접하게 되었다."[8]

1913년 Hooton은 1년 동안 근무하기로 하고 하버드대학교 교수진에 합류했는데, 41년 뒤 목숨을 거둘 때까지 하버드대학교에 남아 있게 된다. 이 기간 동안 그는 미국에서 가장 영향력 있는 인류학자가 되었다. 그의 연구와 출판은 서로 겹치는 3개의 시기로 나눌 수 있다. 1915년부터 1930년까지의 첫 번째 시기에 그는 두개골에 대한 과학적인 연구를 수행해 2개의 인정받는 논문을 저술해냈다.[9] 1926년부터 약 1940년까지의 두 번째 시기에 Hooton은 범죄자 연구를 포함한 상주인구에 대한 대규모 조사에 착수했으며 인종, 진화 및 우생학에 대한 대중과학서적을 출판하기 시작했다.[10] 1940년부터 1954년의 세 번째 시기에 Hooton은 다양한 인간 체형을 서로 다른 인격적 특성 및 능력과 관련지으려 하였다. 이와 동시에 Hooton은 미육군이 조종실과 포탑의 최적 사이즈를 결정하는 것을 도와주는 인체측정학적 방식을 이용하는 등 실용적 연구에 착수했으며, 대중 서적도 계속해서 작성해나갔다.[11]

위의 개략적인 소개가 보여주듯이 Hooton은 다른 학자들에게 보여줄 순수한 과학적 연구에서 멀어지고 정부 혹은 사업체가 관심을 가질 만한 실용적인 문제에 다가가는 지적인 궤도를 탔다. 이러한 변화는 부분적으로는 Hooton의 범죄자 연구가 잘 받아들여지지 않은 것에 대한 실망 때문이었으며, 또 부분적으로는 자신의 연구를 유용한 것으로 만들고자 했던 점점 커져만 갔던 바램 때문이었다. 인류학 분야가 너무 발달되어 때때로 Hooton을 실망시키거나, Hooton의 전문지식을 넘어서는 방향으로 나아갔던 것 또한 이유가 될 수 있다. Hooton의 동료들이 문화적이고 사회적인 인류학에 점점 더 관심을 가지게 되었을 때 Hooton은 생물학적 작용이 개인과 집단의 발달에 주된 영향을 미친다고 보았으며, "보편적으로 인간은 실패했을 때 환경을 탓하곤 하는데 이는 변명에 불과하다."라고 주장하였다.[12] 젊은 인류학자들의 눈에는 Hooton이 과거의 "과학적" 인종차별주의라는 늪에 빠져 있는 것처럼 보였다.[13]

1954년 66세의 나이에 Hooton은 심장마비로 급사하였다. 미국 인류학자가 가질 수 있는 거의 모든 영광을 획득했지만, 불만과 불안으로 가득찬 상태로 죽음을 맞이하였다. 그는 제1차 세계대전이 일어나기 전에 성인이 되었으며, 제2차 세계대전이 끝난 지 거의 10년 뒤에 사망했다. 그는 비통한 변화와 잔혹한 사건으로 특징지을 수 있는 시기에 살았다. Hooton은 도시의 삶에도 활동적으로 참여했지만,[14] 위스콘신에서의 어린 시절에 대한 향수에 더욱 심취함으로써 당시의 위기에 대처하였다. 그는 어린 시절의 세계를 육체적이고 정신적인 활력, 자립, 자동차와 같은 사람을 의존적으로 만드는 기계들로부터의 자유, 아이들에게 유해한 유동식 대신 젖을 먹이는 여성 등과 관련지었다.[15] 이러한 보다 단순했던 과거에 사람들은 책을 읽었고 스스로 생각했다. 하지만 Hooton의 삶에서 근대가 도래하자 사람들은 맹목적으로 지도자를 따르고 집에서는 그들의 가족과 함께 수동적으로 TV를 보게 되었던 것이다._{Hooton이 그린 만화에는 TV 앞에서 퇴화하고 있는 가족이 나온다.} 만화에서는 심지어 개마저도 노둔이 되어간다.[16] 뉴딜 정책의 복지프로그램이 사리지게 놔둬야 좋을 약자들을 보살피는 것처럼 보였기 때문에 Hooton은 속이 뒤집혔다.[17] 문명이 명백히 퇴보를 향해 돌진하는 것을 보고 마음이 어지러웠던 Hooton은 사회적, 정치적, 유전적 파멸을 예견하였다.

범죄자 연구

Hooton의 범죄자 연구는 1916년에 소개한 "범죄인류학과 혼혈^{Criminal Anthropology and Race Mixture}"이라는 강좌에서 비롯되었다. 이 강좌는 범죄학에 대한 미국 최초의 강좌였다.[18] 강의록에 따르면 Hooton이 이 강좌를 위해 사전에 읽었던 책에는 Havelock Ellis^{해블락 엘리스}의 「범죄자^{The Criminal, 1890}」, Charles Goring의 「잉글랜드 재소자」, William Healy^{윌리엄 힐리}의 「개별적 범죄자」, Hans Kurella의 「체사레 롬브로소, 근대 과학자^{Cesare Lombroso: A Modern Man of Science, 1910}」, 그리고 Lombroso가 직접 저술한 책이 포함된다.[19] 그는 이 책들을 읽고 범죄인류학은 좀 더 연구해볼 가치가 있다는 결론을 내렸다. Hooton의 범죄인류학 연구는 그에게 범죄인류학을 배웠던 학생이었다가 하버드대학교 사회윤리학과 교수로 활동하게 되었던 Sheldon Glueck가 교도소 수감자에게 접근하는 데 도움을 줄 수 있는 주^州 공무원 Winfred Overholser^{윈프리드 오버호울서}에게 Hooton을 소개해주었던 1926년 결실을 맺었다.

Hooton의 범죄자 연구의 중심적인 목표는 범죄적 성향의 흔적이 범죄자의 몸에 어떻게든 나타난다는 Lombroso의 아이디어를 입증하는 것이 되었다. Hooton은 Lombroso의 방법과 논리를 비판하였지만, Lombroso가 위대한 과학적 혁신자라고 확신하고 있었다. Hooton의 범죄자 연구에 Lombroso 다음으로 영향을 주었던 것은 Charles Goring이었다. Charles Goring이 저술한 엄청난 두께의 책 「잉글랜드 재소자」는 Lombroso의 주장을 논박하려 하였다. Hooton은 Goring의 통계학적 역량에 감탄했다. Hooton은 "Lombroso에 대한 Goring의 지독한 편견"[20]에 반감을 느꼈지만 Goring의 연구를 모델 삼아 자신의 연구를 진행하였다.

Overholser의 도움으로 Hooton은 매사추세츠주와 그 밖의 주의 수감자들에 대한 접근권을 얻었다. 대조 집단을 포함한 표본의 수는 최종적으로 약 17,000명에 달했다. 수감자 집단은 10개 주에서 선택적으로 뽑은 표본이었다. 대조 집단 역시 임의추출로 뽑은 표본이 아니었으며, 민병대 구성원, 병원 외래 환자, 소방관 등이었다. Hooton은 대학원생 2명을 고용하여 주립교도소로 보내 각 수감자에 대한 약 20가지의 물리적 측정을 하도록 했다. 게다가 대학원생 2명은 털의 수, 이마 경사도, 귓불 등급 등 33개의 요소에 대한 "형태학적 관찰"을 해야 했으며 결혼 유무, 전과 등 약 10개의 "사회학적" 요소에 대한 기록을 교도소로부터 수집해야 했다. 데이터를 열심히 수집한 뒤 Hooton은 두 대학원생의 데이터가 항상 신뢰할만 하지는 않다는 점과 많은 교도소 기록이 불완전하다는 점을 발견하였다. 더욱이 Hooton은 머리털과 수염 수가 교도소에서 이발사에게 이발을 받을 수 있는지 여부에 영향을 받는 것처럼 몇몇 형태학적인 요소가 환경적인 요소의 영향을 받을 수 있다는 것을 깨달았다. 하지만 그는 약 125개 변수를 계속해서 코딩했다.

Hooton은 원래 「미국 범죄자The American Criminal」라는 제목으로 책 세 권을 내 연구 결과를 발표할 생각이었다. 미국에서 태어난 부모를 두었으며 자신도 미국에서 태어난 백인 수감자들을 첫 번째 책에서, 외국인 부모로부

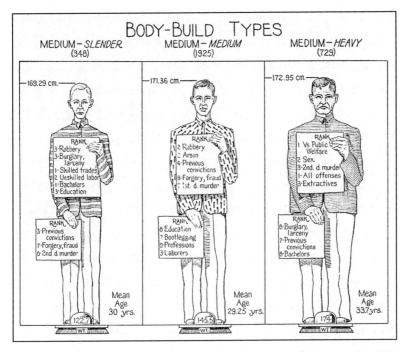

그림 7.3 체형에 따른 범죄를 나타낸 Hooton의 그림. 「범죄와 인간」에서 Hooton은 체형을 범죄 유형, 배경, 결혼상태와 연관지으려 했으나 거의 이해할 수 없는 결과가 나왔다. Hooton이 저술한 「범죄와 인간」 95쪽에 실린 그림으로, 매사추세츠주 케임브리지에 위치한 Harvard University Press의 허가를 받아 재인쇄되었다. 그림의 저작권은 1939년부터 President and Fellows of Harvard College가 소유하였으나 Mary C. Hooton메리 C. 후튼에 의해 갱신되었다.

터 미국에서 태어난 백인 수감자 및 외국에서 태어난 백인 수감자를 두 번째 책에서, "흑인Negro", "흑색인종 Negroid"과 멕시코계 수감자를 세 번째 책에서 다룰 예정이었다. 나중에 밝혀진 것처럼 높은 생산비와 낮은 판매율 때문에 첫 번째 책만 출판되었다.[21] Hooton은 그가 진행했던 프로젝트 전체의 대중적 요약본으로서 만들 생각이었던 「범죄와 인간Crime and the Man」도 출판하였다. 하지만 「범죄와 인간」은 훨씬 복잡한 책인 것으로 드러났다. 이는 부분적으로는 「범죄와 인간」이 훨씬 많은 데이터를 포함하고 있었기 때문이며 또 부분적으로는 그런 데이터를 분석하기 위해 Hooton이 새로운 복잡한 방법을 고안해냈는데, 그러한 방법이 완전히 새로운 발견을 초래하였기 때문이다. 「미국 범죄자」에 대한 단순한 요약본과는 아주 동떨어진 「범죄와 인간」은 그런 이유로 사실상 완전히 다른 책이 되었다.

Hooton의 범죄자 프로젝트는 표면적으로는 범죄인류학 분야에서 수행된 것으로 보일지도 모르지만, 앞으로 다가올 체형이론의 도래를 미리 알렸던 프로젝트이다. 이 프로젝트는 본질적으로 범죄자의 비정상적인 체형에 대한 대규모의 탐구였다. Hooton은 그와 같은 고전적인 인류학자만이 이해할 수 있는 이유에서 그의 결과를 먼저 인종과 태어난 장소에 따라 분류한 뒤 차이점을 찾아볼 것을 고집하였다. 결국 그는 다수의 신체 유형과 마주하게 되었다. 미국에서 태어난 부모로부터 자신도 미국에서 태어난 백인 범죄자들을 같은 기원을 가진 선량한 시민들과 비교한 「미국 범죄자」는 "범죄자는 일반적인 시민보다 거의 모든 신체 측정에서 열등함을 나타낸다."고 결론을 내린다.[22] 또한 이 책은 더 나아가 범죄자들 사이에서도 범죄 유형에 따라 육체적 차이가 있다고 보고한다. 예컨대 1급 살인자는 다른 범죄자보다 나이가 많고 육중하며 키가 큰 것으로 드러났다. 2급 살인자 역시 다른 범죄자보다 나이가 많았지만, 그들은 흉심과 머리가 더 짧았다. Hooton은 이러한 다양한 집단을 체형에 따른 유형으로 생각하지는 않았지만 사실상 그런 방향으로 나아가고 있었다.

Hooton은 9개 "인종으로 분류"한 뒤 각 유형이 특정 범죄를 저지르는 빈도를 조사하는 과정을 수반하는 복잡한 분석법을 「범죄와 인간」과 이 책의 방대한 데이터를 위해 고안하였다. "전형적인 이탈리아계 범죄자들은 살인자이거나 다른 이들에게 폭력을 휘두르거나 혹은 강간을 쉽게 자행한다."[23]라는 문장에서 볼 수 있듯이 Hooton의 분석 중 많은 부분이 국가와 민족에 기반한 편견을 만들어냈다. 이러한 인종적이고 민족적인 비교의 취지를 납득시키기 위해 Hooton은 삽화를 통해 시각적으로 그의 발견을 제시하였다.

1. 1세대 백인 이민자
12.5%

2. 이민자 부모를 둔
미국 태생의 백인
6.2%

3. 늙은 미국인
4.7%

4. 흑색인종 4.5%

5. 흑인 4.3%

그림 7.4 인종 및 민족적 배경에 따른 강간을 나타낸 Hooton의 그림. Hooton은 강간율과 인종 및 민족적 배경을 연관시키려 했다. Hooton이 저술한 「범죄와 인간」 302쪽에 실린 그림으로, 매사추세츠주 케임브리지에 위치한 Harvard University Press의 허가를 받아 재인쇄되었다. 그림의 저작권은 1939년부터 President and Fellows of Harvard College가 소유하였으나 Mary C. Hooten에 의해 갱신되었다.

사실 「범죄와 인간」은 두 종류의 삽화들을 담고 있다. 하나는 다양한 주의 범죄자들 사이에서 Hooton이 발견한 차이를 보여주기 위해 보조자가 그린 일련의 얼굴 "모자이크"이다. 예컨대 한 페이지의 절반 중 윗부분에는 좁은 이마, 짧은 귀, 두꺼운 입술을 가진 켄터키 출신의 "늙은 미국인 범죄자"의 전면부 및 측면부 얼굴 모자이크가 실려 있으며, 그 밑에는 곱슬머리, 짙은 턱수염, 긴 귓불을 가진 텍사스 출신의 "늙은 미국인 범죄자"의 전면부 및 측면부 얼굴 모자이크가 있다.[24] 이 합성 초상화들composite portrait, 여러 얼굴의 평균적인 모습을 하나의 초상화에 담아낸 것으로 Francis Galton이 고안하였다. 옮긴이.은 이미 풍부한 Hooton의 유형분류체계에 더 많은 유형을 추가하였다. 이와 같은 합성 초상화들은 또한 신체적 형태를 강조함으로써 체형이론을 향해 한 발짝 더 나아갔다.

Hooton이 직접 그린 두 번째 종류의 삽화들은 도표형 그림들로 구성되며, 이러한 그림에서는 특정한 인종과 민족을 나타내는 그림 속 인물들에게 범죄 순위가 부여된다. 예를 들어, 한 그림에서는 영국 범죄자가 안경을 쓰고 책을 들고 있는 것으로, 아일랜드 범죄자는 위스키 병을 들고 있는 것으로 그려지며, 독일 범죄자는 큰 맥주잔, 나치 문양, 총검이 달린 소총

과 함께 그려진다. 이 캐릭터들은 "범죄자들 사이의 중대한 차이"를 나타
내는 도표의 위나 옆에 그려져 있다.[25] 노골적인 인종적·민족적 편견을 내
비치는 이런 그림은 인간 집단 사이에는 중대한 신체적 차이가 있으며,
그러한 차이가 범죄적 성향과 어떻게든 연관되었음을 암시한다.

　　Hooton은 범죄자 연구의 우생학적인 목적을 숨기려 하지 않았다. 실
제로 Hooton의 연구를 검토하여 알아낼 수 있는 주요한 사실은 심지어
제2차 세계대전이 발발하기 직전에 이 선구적인 우생학자도, 출판사인
Harvard Unversity Press도 우생학을 홍보하는 데 주저하지 않았다는 것
이다. 노골적으로 「미국 범죄자」는 범죄자에 대한 우생학적 조치를 장려
하는 것을 목적으로 하였다. 이 책은 "형사사법제도를 개혁하거나 범죄자
를 재활하려는 시도는 헛된 것이다. … 그러한 범죄자의 근원인 생식질이
더럽다면 말이다." 같은 설명으로 시작된다. Hooton은 계속해서 "범죄적
성향은 칼을 대야 하는 사회의 암이다."라고 주장한다.[26] 이 책은 수백 쪽
뒤의 다음과 같은 우생학적인 발언으로 끝을 맺는다. "미국에서 태어난
백인 범죄자들과 미국에서 태어난 그들의 부모는 낮은 등급의 인간이며,
아마 육체적으로도 정신적으로도 퇴보하였을 것이다. 범죄자의 열등함은
유전되었을 가능성이 아주 크다." "따라서 육체적·정신적·도덕적·부적격
자 박멸 혹은 사회적 무균 환경에서의 완전한 범죄자 격리가 범죄자를 없
앨 유일한 방법이다."라고 Hooton은 결론 내린다.[27]

　　이와 비슷하게 「범죄와 인간」에서 Hooton은 범죄자를 구제할 수 없는
"선천적으로 열등한 생물체"라고 결론짓는다. "우선 범죄자를 연방 보호구
역에 영구적으로 고립시킬 수만 있다면 이들의 번식을 허용할 수 있을지도
모른다. 그와 같은 구역으로 범죄자들은 아내를 데려올 수도 있을 것이다.
상습범들은 영구적으로 감금해야 하며 절대 그들의 번식을 허용해서는 안
된다." "인간들의 생물학적 퇴보가 꾸준히 진행"됨으로써 민주주의가 붕괴
되고 있다.[28] "무언가 신체적으로 이상이 생겨났다."

Hooton과 체형이론

표본이 전체를 대표하지 못한다는 점, 통계학을 세련되게 사용하지 못했다는 점, 끊임없이 생물학적 결정론을 주장했다는 점 때문에 학술비평가들은 범죄자에 관한 Hooton의 책을 혹평하였다. 그럼에도 Hooton은 Glueck 부부와 Sheldon에게 영향을 미침으로써 체형이론의 산파 역할을 하고 범죄학의 미래를 빚어냈다.

수년 동안 Glueck 부부와 Hooton은 하버드대학교에서 걸어서 만날 수 있는 거리에 살았기 때문에 학술적으로 교류하였을 뿐만 아니라 사교적으로도 교류하였다. Glueck 부부의 동료나 친구면 Hooton의 동료나 친구인 경우도 많았으며, 이들은 적어도 1930년대에는 우생학에 대한 관심을 공유하였다. 「미국 범죄자」에서 Hooton은 연구가 시작되는 데에 Sheldon Glueck가 핵심적인 역할을 했음을 인정하며, 또 다른 곳에서는 Glueck 부부를 "가장 뛰어난 우리의 범죄학자"라고 칭찬한다.[29] 답례로 Glueck 부부는 「500명의 비행 소녀」에서 Hooton이 통계학적인 조언을 해준 것에 대한 감사를 표하며, 「청소년 비행 해결하기Unraveling Juvenile Delinquency」에서는 Hooton이 재정과 연구에 대한 도움을 준 것에 감사를 표한다.[30] 게다가 「체형과 비행Physique and Delinquency」이라는 책의 헌정사에는 다음과 같은 문장이 있다. "인간의 행동에 체형이 영향을 미칠 수도 있다는 것을 오래전에 시사해준 스승이자 친구였던 고故 Earnest A. Hooton에게 바칩니다."[31]

Hooton은 생물학적인 연구에 대한 전반적인 지원을 하고 특정한 전문적 친절을 베풂으로써 Glueck 부부에게 간접적으로 영향을 미쳤다. 그는 Glueck 부부를 William Sheldon에게 소개해주었으며, 사람들을 체형에 따라 분류하는 Sheldon의 체형 분류법은 나중에 Glueck 부부의 연구에 깊은 영향을 미치게 된다. 또한 Hooton은 Glueck 부부를 후배인 생물인류학자 Carl C. Seltzer칼 C. 셀처에게 소개해주었다. Seltzer는 「청소년 비행 해결하기」라는 책 작업을 위해 Glueck 부부와 협력하였다. 범죄자에 관한 두 책을 마무리한 뒤 Hooton은 체형 연구에서 범죄자에 초점을 맞추

그림 7.5 Hooton의 우생학교도소. Hooton은 이 만화가 책의 마지막 삽화였기 때문에 "종결 삽화"라는 이름을 붙였다. 하지만 이름은 만화의 내용을 나타내기도 한다. Hooton은 이 그림 아래에 다음과 같이 서술하였다. 우리가 "더 낳은 인간을 번식시키고 열등한 유형의 인간을 가차 없이 제거함으로써 인간의 진화 과정을 통제한다면 범죄를 근절하고 전쟁을 사라지게 할 수 있다." Hooton이 저술한 「범죄와 인간」 397쪽에 실린 그림으로, 매사추세츠주 케임브리지에 위치한 Harvard University Press의 허가를 받아 재인쇄되었다. 그림의 저작권은 1939년부터 President and Fellows of Harvard College가 소유하였으나 Mary C. Hooton메리 C. 후튼에 의해 갱신되었다.

지 않았다. 하지만 어쨌든 체형 연구를 수행했던 Hooton은 Glueck 부부가 체형과 청소년 비행 사이의 있을 수 있는 연관성을 조사하고 있을 때 Glueck 부부의 귀중한 동료가 될 수 있었다.

Sheldon에게 Hooton은 동료라기보다는 스승이었다. Sheldon이 1938년 Hooton을 만났을 때 가르침을 받을 만한 입장은 아니었다. 그는 약 40살의 심리학박사이자 의학박사였으며, 유럽에서 정신과 의사로서 훈련을 받은 경험도 있었다. 하지만 Sheldon은 목장 운영자, 유전 탐사자, 몇몇 대학의 전임강사로 일해오면서 자신이 한곳에 집중하지 못한다는 사실을 만천하에 드러낸 상태였으며, 그와 같은 집중력 부족은 전문가로서 경력의 많은 부분을 수놓았다. Sheldon은 Hooton에게 자신이 20대 중반 이후 "체형 연구"에 대한 생각에 사로잡혀왔다고 말했다.[32] Hooton은 Sheldon이 체형 연구로 노선을 변경할 수 있게 해주었으며 Sheldon은 어떤 식으로든 남은 일생동안 체형 연구를 밀고 나아가게 되었다.

덕분에 Sheldon은 Hooton의 범죄자 연구가 서서히 끝나갈 무렵 그에게 체형 분류법을 소개해줌으로써 Hooton의 연구에 새로운 활력을 불어넣었다. 체형 분류법은 인종적인 편견 없이 신체를 분류하는 방법으로서 Hooton이 인종적이고 민족적인 분류 체계의 경직성으로부터 빠져나올 수 있도록 도와주었다. 또한 체형 분류법은 Hooton이 범죄자 연구를 진행하는 동안 명확한 결과 없이 등장한 문제, 즉 다양한 체형의 본질 및 체형이 행동에 미치는 영향을 계속해서 연구할 길을 제공하였다. 1947년에 시작하여 적어도 3년이 지날 때까지 그는 미육군을 위해 체형 연구를 수행하였다. 미육군은 Hooton이 연구에 대해 논하는 것을 금지했지만,[33] 적어도 그는 영장류학자인 Robert M. Yerkes로버스 M. 여키스에게 다음과 같은 대체적인 발견을 전할 수 있었다. "정신적인 측면을 조사하는 것보다는 신체 유형화를 통해 성격과 기질을 보다 쉽게 알아낼 수 있습니다."계속해서 그는 침팬지의 체형을 유형화하려는 계획으로 Yerkes의 관심을 끌어보려고 했는데, 아마도 농담으로 한 말이었을 것이다.[34]

체형 연구는 Hooton의 수많은 관심사 중 하나에 불과했다. 또한 그는 범죄자에 관한 자신의 책이 좋은 반응을 이끌어 내지 못한 것에 실망하여 범죄학으로부터 고개를 돌린 뒤 체형 연구에 들어서게 됐는데 그때 그는 인생의 후반기를 달리고 있었다. 범죄학에 대한 그의 기여가 변변치는 못하지만, 어쨌든 그는 기여했고 그러한 기여는 주로 범죄인류학적 전통에 의거한 것이었다. 하지만 범죄자에 대한 Hooton의 저서에는 체형이론의 씨앗도 담겨 있었다. 그러한 씨앗은 이후 Sheldon과 짧은 협력을 하는 동안 싹이 텄으며, 또한 이는 Sheldon과 Glueck 부부가 체형과 범죄적 성향 사이의 관련성에 대한 연구를 추구할 수 있도록 고무하였다.

William Sheldon과
체형심리학

Hooton이 생물인류학자협회 회의에서 Sheldon을 처음 만났을 때 Hooton은 엄청나게 감격하여 그 자리에서 Sheldon을 하버드대학교에 데려오기 위한 제안을 한다.[35] Sheldon을 "천재"로, Sheldon의 연구를 "수많은 과학에서 극도로 중요한 것"이라고[36] 선언하였던 Hooton이 자신이 근무하던 하버드대학교 피바디박물관Peabody Museum에서 봉급을 받을 수 있는 직책을 Sheldon에게 마련해주는 데에는 3개월이 채 걸리지 않았다. Hooton은 기자에게 "체형인류학에 대한 Sheldon의 연구에 깊은 감명을 받았습니다."라고 했다.[37] Hooton은 Sheldon을 위해 수십 통의 편지를 썼고, Sheldon을 동료에게 소개하였다. 또한 그는 Sheldon의 연구에 대한 검토를 주선하였고, 체형 분류법을 열정적으로 강의하였으며 Sheldon을 칭찬하였다. Hooton이 Sheldon에게 주었던 선물 중에는 체형분류법이라는 용어 혹은 적어도 신체분류법이라는 용어가 포함된다. 이러한 용어는 Sheldon이 "인류분류법"이라고 불렀던 어떤 노력을 지칭하기 위해 Hooton이 만든 용어이다.[38] Hooton은 또한 출판업자 앞에서 Sheldon에 대한 칭찬을 늘어놓았으며, 기자인 친구에게 Sheldon의 연구에 대한 기사를 쓰도록 부추겼다.

하지만 18개월이 되지 않아 Sheldon은 더이상 동료로서 Hooton의 마음에 들지 않게 되었다. "Sheldon 박사를 학과와 피바디박물관의 사교적이고 전문적인 생활에 적응시키는 것은 너무 어려운 일이라는 것을 알게 되었습니다." Sheldon의 연구지원금을 심사하기 위해 Hooton과 접촉하였던 휘트니재단Whitney Foundation 담당자에게 Hooton은 은밀히 실토하였다. "Sheldon은 학과 사람들 중 많은 이들과 소원해졌습니다. … 그는 친근하고 익살맞은 태도와 거만하고 무언가를 요구하는 태도를 번갈아 취하는 경향이 있습니다. 이런 성향은 그와 접촉하는 거의 모든 사람의 짜증을 유발하죠. … 저는 Sheldon 박사의 연구가 옳다고 생각하며 실제로 그를 정말 좋아합니다. … 하지만 저는 Sheldon 박사보다 도움이 필요한 후배를 찾았습니다."39 1942년 Sheldon이 하버드대학교를 떠날 때 그는 오만과 신뢰성 결여로 Hooton과의 관계를 망친 상태였다. Sheldon은 관계가 완전히 틀어질 정도로 자신을 지원해주는 사람들에게 부담을 안겨주고는 했는데, 위와 같은 모습은 그러한 패턴의 일환이었다.

William Herbert Sheldon윌리엄 허버트 셸던은 1898년 로드아일랜드주 워릭Warwick에서 오래된 뉴잉글랜드 일가의 일원으로 태어났다. 아버지는 가금류와 개를 경쟁적으로 사육하였다. 더 나은 종을 사육한다는 생각이 Sheldon에게 일찍부터 익숙했다는 점, 그리고 앵글로색슨족에 대한 그의 자부심은 평생에 걸친 그의 우생학 지지에 반영되었다. Sheldon은 브라운대학교에서 학부를 마쳤으며 심리학박사 과정을 밟기 위해 시카고대학교에 들어갔다. 시카고대학교에서 Sheldon은 그보다 나이가 10살쯤 많으며 체형과 기질의 상관관계를 연구하던 이탈리아인 인류학자 Sante Naccarati상떼 나카라티를 만나게 된다.40 Sheldon이 논문의 주제로 "형태학적 유형과 정신적인 능력"이라는 주제를 고른 것은 Naccarati의 사례를 보고 그런 것일 가능성이 아주 크다. Sheldon은 의학박사 학위도 받았으며, 그 뒤 많은 재산을 상속받은 여성 Dorothy Whitney Elmhirst도로시 휘트니 엘름허스트로부터 여행 보조금을 받아 1934년 유럽으로의 긴 여행을 떠났다. 이 여행은 그의 삶에서 지적인 전환점이 된 것으로 판명되었다.

Sheldon의 여행은 잉글랜드 데번Devon에 위치한 사유지 다팅턴홀Dartington Hall에서 시작되었다. 이곳은 Elmhirst와 그녀의 남편 Leonard레너드가 최근 유토피아적인 공동체를 설립한 곳이었다. 이 공동체는 중세 마을을 모델 삼아 만들었지만, 진보적인 교육과 예술을 발전시키는 데 전념하는 공동체였다. 다팅턴홀에서 6주를 지내면서 Sheldon은 첫 번째 책이 될 「심리학과 프로메테우스적 의지Psychology and Promethean Will」를 저술하고 있었다.41 Hitler가 권력을 잡고 스페인 내전이 시작되었던 불안정한 시기에 저술된 이 책은 근대의 딜레마에 대해 길게 이야기하며, 프로메테우스 같은 구원자의 필요성을 역설한다. Sheldon이 말한 프로메테우스 같은 구원자란 심리학과 종교를 통합함으로써 인류의 이익을 위해 자신을 희생하는 영웅을 말한다. 심리학과 종교를 통합하려는 프로그램은 이 책에서 Sheldon이 제시하기 때문에 그러한 영웅은 결국 Sheldon 자신을 가리키는 것이다.[42] 이 책은 체형에 대해 아무런 말도 하지 않지만, 책에서 나타나는 인류 구원의 미래상은 뒤를 따른 체형 연구의 토대가 되었다.

Sheldon은 다팅턴홀을 떠나 독일로 갔다. 독일에서 Sheldon은 Kretschmer와 두 번 만났으며, 체형과 정신병을 연관시키는 독일의 방식을 직접 대면하여 공부할 수 있었다.[43] 그는 Sigmund Freud도 찾아가 Freud 시스템의 기반을 생물인류학에 둘 것을 권고하였지만 Freud는 거절하였다. Sheldon은 나중에 이를 두고 "Freud에게는 너무 급진적인 제안이었다."라고 설명하였다.[44] Freud를 만나러 갔던 길에서 그는 스위스 정신과 의사 Carl Jung카를 융과의 만남도 가졌다. 정신적 치유에 관한 Carl Jung의 유전주의적 아이디어들로 인해 Sheldon은 새로운 철학을 가지게 되었다. 1930년대는 Sheldon이 광범위한 교육을 마치고 체형을 주요 연구 관심사로 채택하였던 시기이자, 체형 분류 프로그램의 기반인 철학적 발판을 발달시켰던 시기이다.

이후 15년에 걸쳐 Sheldon은 몇몇 대학에서 연구직을 맡았고 체형분류법에 대한 많은 책을 출판했으며 제자, 지성인, 자선가, 개혁가 등의 지지자를 끌어들였다. Sheldon을 지지했던 사람 중에는 영국 태생의 사회비평가 Aldous Huxley올더스 헉슬리가 있었다. 그는 「하퍼스 잡지Harper's magazine」에 긴 에세이를 썼는데, 이 에세이에서 체형분류법이 전쟁을 예방하고 질병의 진단과 치유를 돕고 교육정책을 이끌고 "우리와 다른 이들이 진정 누구인지 알 수 있게"[45] 해줄지도 모르는 새로운 과학이라며 환영의 뜻을 내비쳤다. 하지만 Sheldon은 강력한 지지자들을 두었고 인상적인 학력을 가졌음에도 정규직 교수로 채용된 적이 한 번도 없으며, 어떤 경우에는 대학에서 하는 일로 봉급을 거의 받지 못하거나 아예 받지 못하기도 하였다. 마지막으로 자금이 다 떨어졌을 때 Sheldon을 구원해준 것은 우생학과 초기 미국 동전에 대한 관심을 공유하였던 친구 Dorothy Iselin Paschal^{도로시 이젤린 패스클}이었다. 그녀는 Sheldon을 뉴욕에 있는 아파트에 거주하게 하여 연구 프로젝트도 거기서 진행하게 했으며, 나중에는 매사추세츠주 케임브리지에 있는 그녀의 집으로 옮기도록 했다. Sheldon은 케임브리지의 거처에 마련된 연구실을 생물인간학재단^{Biological Humanics Foundation}이라 명명하고 거기서 78세에 사망할 때까지 조수들과 협력하고 체형분류법을 손보면서 연구를 진행하였다.

Sheldon은 사회적 병폐에 자신의 연구가 광범위하게 적용될 수 있다고 약속함으로써 지원자를 끌어들였다. 몇몇 지원자는 그의 연구와 출판을 재정적으로 원조하였다. Dorothy Whitney Elmhirst^{도로시 휘트니 엘름허스트}, Texas Instruments^{미국의 유명한 반도체 엔진 생산 업체. 옮긴이.}가 된 회사 설립자 Eugene McDermott^{유진 맥더모트}, Rockefeller Foundation^{록펠러재단}, Viking Fund^{바이킹 펀드}가 후원자에 포함된다. Huxley와 Hooton 같은 이들은 글과 개인적인 접촉을 통해 Sheldon의 연구를 진척시켰다. Sheldon을 지원하던 자들 중 많은 이들은 처음에 그의 연구를 과학적으로 면밀히 검토하지 않은 채 Sheldon의 프로메테우스적 철학을 옹호하였다.[46] 미국에서 평판이 좋은 출판사인 Harper and Brothers^{하퍼 앤 브라더스}가 Sheldon의 책을 계속해서 내놓았는데, 이는 Sheldon의 책에 훌륭한 책이라는 것을 증명하는 공인 마크를 붙여주는 행위나 다름없었다. Huxley가 Sheldon의 책에 대해 우호적인 글을 쓰고 또 그의 책이 대중지에서 좋은 비평을 받게 됨으로써 책의 좋은 평판을 재차 확인시켰다.[47] 비록 Sheldon은 노골적으로 우생학적인 입장을 취했지만 그의 설교는 지원자들의 심기를 불편하게 만들지 않았다. 사실 Sheldon과 Paschal 같은 지원자들을 끌어들였던 것은 의심할 여지 없이 그의 주장은 우생학적인 요지였다. 1930년대 후반 Elmhirsts 부부처럼,[48] 1940년대 초반 Hooton처럼 후원자가 Sheldon에게 환멸을 느끼고 물러갈 때면, 그는 연구의 실증적인 미덕보다는 과학만능주의적인 약속을 통해 새로운 후원자를 끌어들였다.

체형 분류 시리즈

Sheldon은 인격을 결정하는 육체적 요인을 다루는 체형심리학에 관한 4권의 책, 「인간 체형의 종류The Varieties of Human Physique, 1940」, 「기질의 종류The Varieties of Temperament, 1942」, 「비행 청소년의 종류Varieties of Delinquent Youth, 1949」, 「인간 도해서Atlas of Men, 1954」를 출판하였다. 첫 번째 책은 체형 분류법을 소개하고 이를 이용하여 3개의 기본적인 남성 체형을 규명한다. 두 번째 책은 3개의 체형을 3개의 기본적인 기질과 결부시키고, 세 번째 책은 체형분류법을 남성 비행자들의 표본에 적용한다. 그리고 네 번째 책은 Sheldon이 그 시점까지 발견해온 88개의 남성 체형에 대한 분류 체계를 제시한다. 「인간 체형의 종류」의 데이터베이스는 여러 대학교의 체육학과로부터 얻어온 4,000명의 벌거벗은 남자 대학생들의 3각도 사진으로 구성된다. 이 남학생들의 체형을 결정하기 위해 Sheldon은 형태학적 요소에 점수를 매겼으며 3개의 기본적 유형이 있다는 결론을 내렸다. 그 3개의 유형이란 부드럽고 둥근 내배엽형, 근육질의 다부진 중배엽형, 선형의 약하고 지적인 외배엽형을 말한다.

이는 Kretschmer의 분류체계를 각색한 것에 지나지 않았다. Sheldon의 혁신이라 할 만한 것으로는 우선 내배엽성, 중배엽성, 외배엽성이라는 "요소들"을 그 각각이 모든 인간에게 어느 정도 나타날 수 있는 지속적인 변수로 개념화하였다는 점을 들 수 있으며, 두 번째로는 모든 개인이 세 가지 수치와 연관될 수 있도록 하는 점수 부여법을 들 수 있다. 그렇게 부여된 점수는 그 사람의 체형이 된다. 예컨대 건장함과 취약함을 거의 나타내지 않는 비만형 인간, 즉 극단적인 내배엽형은 내배엽성이 7점, 중배엽성이 1점, 외배엽성이 1점이다. 게다가 Sheldon은 확고한 증거를 제시하지는 않았지만 이전의 어떤 체형이론가보다도 인간의 체형이 유전된다는 주장을 고집하였다. Sheldon은 체형분류법이 결국 우리로 하여금 더

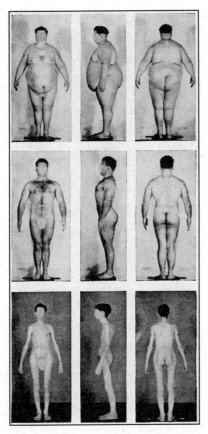

그림 7.6 인간 체형의 극단적인 유형 세 가지. William H. Sheldon의 책「인간 체형의 종류」의 권두 삽화. 이 그림은 범죄 행동에 관한 Sheldon의 이론의 기반이 되는 체형들을 제시한다. 우생학자인 Sheldon은 열등한 "원형질"을 가진 사람의 번식을 막음으로써 범죄와 다른 사회문제를 없애고 싶어 했다.

나은 인간을 양육할 수 있게, 그리고 그들이 어떤 옷을 입을지, 어디에 살지, 누구와 결혼할지에 대해 예측할 수 있게 해줄 것이라는 우생학적 선견지명으로 「인간 체형의 종류」의 결론을 맺는다.[49]

「기질의 종류」는 기본 체형과 관련된 생물학적으로 결정된 태도, 믿음, 동기를 규명하여 다음 단계로 나아간다. 여기서도 Sheldon은 결국 세 가지 유형을 제시한다. 편안하고 사교적이며 많이 먹는 내장 긴장형, 근육을 쓰는 활동 및 행동과 힘을 향한 추진력이 가장 두드러지는 신체 긴장형, 차분하고 비사교적이며 대뇌의 지배를 받는 두뇌 긴장형이 그 세 가지이다. Sheldon이 실증적으로 세 가지 기질을 끌어낸 것이 아니라 그의 데이터에 세 가지 기질을 억지로 적용했다는 점을 고려하면 기질과 기본적인 체형이 1 대 1로 대응하는 것은 놀라운 일이 아니다.[50] 또한 Sheldon 자신이 유형 분류를 했다는 점을 고려하면, 그가 이 두 번째 책을 위해 연구했던 남성 200명의 기본 체형 및 3개의 기질적 특성 사이의 상관계수가 0.8로 나왔다는 것도 역시 놀라운 일이 아니다. 이 두 번째 책은 체형심리학이 결국 질병을 근절할 수 있을 것이며, "차별적 양육을 지도하여 … 인류의 정신적이고 영적인 내구력을 강화해줄 것이다."라는 확약으로 끝을 맺는다.[51]

　　"체형심리학의 실제적 적용에 관한 현장보고서"[52]인 「비행 청소년의 종류」는 단기 체류 소년 혹은 곤란한 소년들이 거주할 수 있는 시설 거주자 중 "정도의 차이는 있지만 비행적 성향을 보이는" 200명을 「인간 체형의 종류」에 나오는 대학교 남학생 4,000명과 비교한다. Sheldon은 보스턴에 위치한 헤이든 굿윌 거주시설^Hayden Goodwill Inn에 1939~1942년 사이에 머물렀던 400명의 소년 중에서 200명을 자체적으로 선발하였다. 대상으로 선발된 소년들의 범죄적 성향이 어느 정도인지 측정하기 위해 그는 "비행 지수, 즉 실망스러운 모습을 보여주는 정도에 대한 지수"를 고안하였다. 그는 정신적 부적격성, "신체 기관의 결함"으로 측정하는 의학적 부적격성, 정신의학적 부적격성,^Sheldon은 동성애적인 성향을 예술을 좋아함, 잘난 체함, 혼자 있기 싫어함, 성미가 까다로움, 가만히 있지 못하고 방방 뜸, 감성적임, 연극적임 같은 7가지 특성으로 측정하였다. 꼭 범죄적이지는 않더라도 끊임없이 지속되는 나쁜 행동과 같은 네 가지에 대해 점수를 매겨 점수를 기반으로 비행 지수를 측정하였다. 「비행 청소년의 종류」의 대부분 지면은 소년들의 개인적인 내력에 할애된다. 각 소년에 대해 Sheldon은 세 개 각도에서 볼 수 있는 사진, 체형 점수, 여성적 특성을 얼마나 가졌나에 따라 매긴 암수 형질 혼재 점수, 전과에 따라 매긴 기품 점수 200명 중 거의 모든 소년들이 무단결석자, 가출자, 좀도둑이었다., 지능지수, "비행 지수"를 제공한다. 그는 형편없는 원형질이 형편없이 조합된 특성도 규명하였다. 이 책은 본능에 충실한 디오니소스 같은 비행자들을 무력화할 프로메테우스 같은 구세주, 즉 내배엽성, 중배엽성, 외배엽성이 모두 4.5점으로 잘 균형 잡혀 있으며, 새로운 생물인간학을 도입할 영웅에 대한 우생학적 염원으로 끝을 맺는다.

비행소년들이 대학교 남학생들에 비해 중배협형인 경향이 있다는 발견은 나중에 범죄학자들을 흥분시키게 되는데, 이 발견은 Sheldon의 체형분류 프로젝트로부터 나온 최초의 중대한 실질적 메시지였다. 이는 실제 범죄로 기소되거나 유죄판결을 받은 단 16명을 관찰한 결과로부터 나온 발견이었다.[53] Sheldon 자신은 그러한 발견에 별로 감흥을 느끼지 않았다. 부분적으로 이는 Sheldon이 똑같이 에너지가 넘치고 자신이 하고 싶은 대로 하는 성격을 가진 유명한 장군, 사업가, 정치가들 역시 중배엽형이라고 추정하였기 때문이다. 더욱이 그는 판결될 수 있는 그러한 비행자들이 다른 청소년들보다 육체적으로 우월하고 "전반적으로 힘과 운동 능력에서" 두각을 나타낸다는 것을 알고 있었다.[54]

Sheldon은 다른 연구 대상들이 나타내는 "본질적인 부적격성"에 훨씬 많은 관심을 가졌다. 그러한 연구 대상 중 대부분은 "부적격성의 흔적"을 가지고 있는 것으로 드러났다. Sheldon의 관점에 따르면 "비행이란 합리적인 기대를 넘어서 실망시키는 행동"이며,[55] 최악의 비행자는 그들의 번식을 통해 "생물학적인 대재앙"을 발생시키는 자이다. "무책임한 번식" 때문에 인류는 더이상 진보하지 않고 "사회적 혼란, 전쟁, …, 도시화 증가라는 병폐에 필연적으로 수반되는 혼란을 향해 퇴보하고 있다." 이 책은 퇴보를 멈출 수 있게 할 유일한 방법은 "생물인간학"이다라는 글귀로 끝을 맺는다.[56] 다시 말해 생물학적인 퇴보를 예방하기 위해서 Sheldon은 불임화 같은 특정한 해결안이 아니라 미래를 내다보는 자신만의 모호한 프로그램을 추천한다.

체형 분류 시리즈의 마지막 책인 「인간 도해서」는 "생물인간학", 즉 "생물학적인 설명과 절차에 의존하는 인간학"을 구축하는 것을 목표로 한다. 당뇨병 혹은 갑상샘 장애를 앓는 병원 환자들이 많은 비율을 차지하는 1,175명의 사례에 의존하여, 이 책은 "인간의 기본적인 구조적 분류 체계"를 제시하는 일에 착수한다.[57] Sheldon은 그때까지 발견해온 남성 체형 88개의 예를 제시하며, 이는 내배엽성 1점, 중배엽성 1점, 외배엽성 7점인 예부터 시작하여 내배엽성 7점, 중배엽성 4점, 외배엽성 1점인 예까지 이른다.

Sheldon의 체형심리학 저서들의 가장 독특한 특성, 그리고 여성의 체형 분류를 시작했을 때 가장 논란이 되었던 것은 나체 사진이었다. 나체 사진은 강력한 시각적 미사여구가 되었다. 또한 Hooton이 범죄자 관련 저서들에 넣은 삽화와 함께 Sheldon의 나체 사진들은, Lombroso가 자신이 생각하는 범죄적 인간에 대한 삽화를 책에 실은 이후, 체형이론으로서 가장 시각적인 형태의 범죄학이 되었다. 1995년 뉴욕 타임스 매거진New York Times Magazine의 한 기사는 Sheldon이 "지배민족 우생학 프로젝트"에서 Hilary Rodham힐러리 로댐 같은 사람들의 사진을 찍었을지도 모른다고 하며, 그가 "사진 촬영의 주모자"였다는 주장으로 이 주제를 오랜만에 꺼내 들었다.[58] 하지만, 적어도 20세기가 시작된 이래 체육학과들이 학생들의 나체 사진을 촬영해오고 있었으며, 처음에 Sheldon은 자세 연구를 위해 찍은 사진들을 체육학과들로부터 빌려왔다. 나중에야 Sheldon이 실제로 연구 대상들의 사진을 직접 촬영하기는 했지만, 이미 그때는 그런 사진 촬영이 흔한 관행이 되었을 때이다.

여하튼 핵심적인 질문은 누가 사진을 찍었냐? 혹은 무슨 목적으로 찍었냐?가 아니라 그런 사진들이 촬영 대상에 대한 어떤 정보를 전해주는가이다. 체형 분류를 위한 사진 촬영은 객관성이라는 '아이디어의 역사', 즉 '과학은 개인적인 것을 질책할 필요가 있으며, 따라서 대상을 그림으로 그린 것보다 사진으로 촬영한 것이 더 유효하다는 믿음의 발전'에 관여하였다.[59]

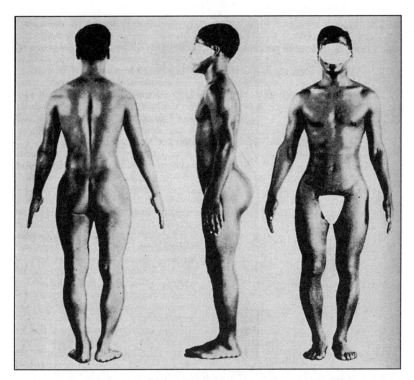

그림 7.7　Sheldon이 제시한 "제1의 범죄적 성향"을 가지는 체형의 예. 이 젊은 비행자는 Sheldon이 위법과 연관시킨 탄탄한 체격인 중배엽형의 정의에 들어맞는다. 사례 기록에서 Sheldon은 인종적 편견 및 다른 편견에 의존하여 이 젊은 남성을 호랑이와 "먹이를 찾아 배회하는 고양잇과 동물"에 비유하고 그를 다음과 같이 묘사하였다. "음악적인 재능을 부여 받았다. 그에게서 강렬한 율동을 느낄 수 있다." 이 남성의 아버지는 "순수혈통의 건장한 흑인이었으며 어머니는 흑인과 백인의 혼혈인 물라토mulatto로, 정신박약자이자 쉽게 현혹되는 사람으로 여겨졌다." 「비행 청소년의 종류1949」에 실린 사진.

시각인류학자 Marcus Banks마커스 뱅크스의 말에 따르면 사회과학 연구에는 '대상'에게 시각적인 작업을 하거나 '대상'의 시각적인 형태를 연구하는 오랜 전통이 있는데,[60] 체형 분류를 위한 사진 촬영이 그러한 전통의 일부를 형성하기도 했다. 이국적인 원주민을 촬영한 19세기 사진 혹은 문신한 범죄자를 묘사한 Lombroso의 그림에서도 그렇듯이, Sheldon의 사진에서 대상들은 벌거벗었지만 연구자는 그렇지 않다. **대상**들은 통제되고 면밀히 조사되지만, 연구자는 보이지 않는 곳에 남아 자유롭게 대상의 사진을 순환시킨다. 이 사진들은 권력 관계를 상징하며 사진을 보는 사람도 그러한 권력 관계에 참여하도록 부추긴다. 연구자들은 Sheldon이 연구했던 200명의 비행 소년을 포함한 연구 대상을 관찰할 자격이 주어진 사람들이 아닌 관찰되어야 할 사람들, 즉 사회의 이익을 위해 과학적으로 면밀한 조사를 받아야 하고 분류되어야 하는 열등한 생물로 정의한다.

요약하자면, Sheldon은 물려받은 생물학적 열등함이 범죄를 유발한다고 주장하였다. 비행자들은 대학생들보다 가치가 없는 존재들이고, 대뇌가 아닌 우락부락한 체격에 의해 행동이 지배를 당하는 중배엽형 인간, 즉 자제심이 없는 디오니소스형 인간이며, 이들로부터 세상을 구해내야 한다고 그는 생각했다. Sheldon의 목표는 범죄를 예방하거나 심지어 범죄를 예측하는 것도 아니었다. 그의 목표는 비행자가 "형편없이 조합된 형편없는 원형질"의 운반자라는 자신의 논지를 증명하는 것이었다. 사실 Sheldon이 연구한 실제 비행자들이 건강하고 활기 넘치는 어린 청년들인 것으로 드러났기 때문에, Sheldon은 자신의 주장과 반대되는 것을 증명하고 말았다. 그럼에도 Sheldon의 눈에는 생물학이 숙명이며 성격과 행동의 주된 결정자는 생물학적 요소라는 것을 자신의 체형심리학 시리즈가 증명해주는 것처럼 보였다.

반근대주의자로서의 Sheldon

이 책에서 논의되는 과학자 중 반근대주의를 가장 확실하게 표명하는 Sheldon은 자신이 근대의 삶에 반대한다는 점과 과거와 결부시킨 가치들을 되찾기 위해 과학을 이용하고 싶어 한다는 점을 분명히 하였다. 실제로 Sheldon에게 신봉자들을 끌어들인 것은 목표, 그리고 빠르게 근대화되어 가는 세계의 흐름을 역전시킬 근대의 프로메테우스로서의 소명의식을 명확히 하였다는 점이다.

Sheldon의 첫 번째 책인 「심리학과 프로메테우스적 의지」는 남은 일생

동안 그의 사고를 지배했던 반근대주의적 가치를 표명하였다. 근대 세계를 가차 없이 헐뜯으며 그는 근대 세계의 분열, 겉치레, 물질만능주의에 반대하였으며, "낭비자"에 대한 상세한 묘사를 통해 반감을 전달하였다. "낭비자는 무언가를 하길 좋아하며, 권력 행사와 …빠른 소모를 좋아한다. … 낭비자는 푸짐하고 거대하며 광활하다. … 특히 낭비자는 미국에서 눈에 잘 띈다. … 그들은 … 덕성의 공공연한 적이다. 무엇보다도 그들은 원칙을 싫어한다."[61] 자기 자신의 가치를 상징하는 인물로서 Sheldon은 "경건한 마음"을 가진 "인격자", 즉 프로메테우스처럼 다른 인간에게 "새로운 빛"을 가져다주는 사려 깊은 이상주의자를 구상해냈다.[62] Sheldon의 반근대주의는 근대 세계로부터 생성되는 "분열된 영혼"을 보살피기 위해 심리학, 종교 및 의학을 통합한다는, 그리고 사람들이 다시 한 번 온전함과 평화를 느낄 수 있도록 감성과 지성을 재통합한다는 책의 목표에 의해 보다 잘 드러난다.

근대적 삶에 대한 의혹을 공유하였기에 Sheldon과 Elmhirsts 부부는 함께하였다. 그러한 공통된 의구심으로 인해 1930년대에 그들 사이에서 우정이 싹텄고, Sheldon의 연구에 휘트니재단^{Whitney Foundation}이 자금을 지원해주게 되었다. 비록 다팅턴홀 프로그램이 진보적인 교육과 근대적 예술 및 건축을 발전시켰기는 하지만 복원된 13세기 대저택을 둘러싼 800에이커에 달하는 때묻지 않은 농지 다팅턴 홀은 시골 공동체 및 전근대적 가치에 대한 Elmhirsts 부부의 갈망을 상징하였으며, Sheldon에게 다팅턴홀은 "계속해서 증가해가던 도시적 풍토"의 반대를 상징하였다.[63]

Sheldon은 근대주의를 가리키는 그의 음어인 도시적 풍토를 유대인에 의한 문화적 지적 지배권 탈취와 연관시켰다. Sheldon은 독일에서 Elmhirsts 부부에게 보내는 편지 중 하나에 "민족으로서 유대인은 건방집니다. 그들은 세대가 거듭되면서 더욱더 도시적으로 변모하고 있습니다."라고 썼다.[64] 이후 같은 주에 Leonard Elmhirst에게 보내는 편지에서 그는 비슷한 분개를 표현하였다. "제 모든 생각의 기반이 되는 한 가지 기본적인 원칙이 있습니다. … 그건 인간의 마음이 도시화를 향해 나아가는 것에 깊고 지적인 반감입니다." 인간은 "도시화에 대한 … 충동"에 저항해야 하며, "모든 마음을 동등한 것으로 만들고 모든 인간의 삶을 도시화"하려는 "유대인 심리학"에 굴복하고 싶은 충동에 저항해야 합니다.[65] Elmhirsts 부부가 Sheldon처럼 유대인에 대한 반감과 우생학에 대한 열정을 가지고 있었다는 흔적은 편지에서 찾아볼 수 없다. 하지만 Elmhirsts 부부는 그들과 같은 세대였던 사람 중 많은 이들이 그랬던 것처럼 전통적 가치가 근대적 삶의 추세에 의해 결국 사리지게 될 것을 두려워하였다.

Sheldon의 과학적 반근대주의는 체형 분류 서적 시리즈에만 등장하는 것이 아니라 「1793년부터 1814년까지의 초기 미국 동전의 분류에 대한 설명Early American Cents, 1793-1814: An Exercise in Descriptive Classification」이라는 책에서도 등장한다. 이 책은 같은 해에 출판된 「비행청소년의 종류」가 비행자들에게 했던 것을 희귀한 동전에게 똑같이 하였다. 즉, 이 책은 크기와 질에 따라 오래된 동전을 분류하고 아주 자세하게 동전을 묘사하였으며, 사진건판을 통해 동전의 모습을 보여주었다. 사실 이 책을 체형심리학 시리즈의 다섯 번째 책으로 보고 싶은 유혹이 생긴다. Sheldon은 그의 가족이 수집한 오래된 동전을 사회적 안정 및 더욱 단순하고 시골풍이었던 예전의 미국과 연관시켰다. "오래된 구리동전을 담은 상자나 가방이 집 주변 어딘가에 감추어져 있는 경우가 많았던" 그 시절과 말이다.[66] 동전 연구는 Sheldon이 그가 태어난 "뉴잉글랜드 마을", 그리고 가족들이 밤을 구우며 오래된 구리동전을 자세히 살펴보던 "모닥불 앞에서의 긴 겨울 저녁"에 대한 향수에 젖을 수 있게 해주었다.[67] 「비행청소년의 종류」에서와 마찬가지로 오래된 동전에 관한 이 책에서 Sheldon은 18세기와 19세기의 기술적 분류학으로 되돌아가고자 하는 반근대주의적 과학적 충동을 충족시키는데, 그러한 분류의 부분적 이유는 무언가를 정돈한다는 기쁨 때문이었다. 비행청소년과 동전에 대한 기술적 분류 모두 Sheldon을 더 잘 통제되어 있고 덜 혼란스러운 어린 시절의 삶에 접속시켜 주었다.

하지만 동전 연구를 하던 도중에 Sheldon은 다른 충동에도 탐닉하였다. 그 충동이란 바로 도둑질 충동이었다. Sheldon이 죽은 뒤 미국화폐학회American Numismatic Society는 수집한 동전을 살펴보던 중 무언가 잘못됐다는 것을 발견하였다. Sheldon이 낮은 등급의 동전을 두고 129개의 귀중한 초기 미국 동전을 가지고 달아났던 것이다. 이 훔친 센트 동전을 가지고 그는 거짓된 동전 족보를 만들어냈다.[68] Sheldon 전기를 통해 드러나는 그의 빈번한 자기합리화, 자기기만, 노골적인 변명을 고려해야지만 동전을 바꿔치기하여 달아난 Sheldon이 어째서 "인격자"를 찬양했는지 이해할 수 있다. 그렇지만 명백하게도 Sheldon에게 동전이란 재정적인 가치뿐만 아니라 상징적인 가치도 지니고 있었다. 동전은 그가 이상화하는 과거의 물품이었기에 과거에 대한 향수를 충족시켜 주었다.

Sheldon의 연구에 반근대주의적 경향이 내재한다는 것을 알아차림으로써 체형과 범죄적 성향의 인과관계에 대한 그의 연구를 새로운 시각으로 바라볼 수 있다. 그의 목표는 두 개였다. 하나는 비행자들이 퇴보한 인간이라는 것을 증명하는 것이었고 다른 하나는 세상을 구제하려는 그의 계획에 과학을 참여시키는 것이었다. 이런 이유로 그는 중배협형 인간과 비행자의 상관관계에 상대적으로 관심을 덜 가졌다. 그의 야망은 보다 숭고했다. 외배엽형 인간인 귀족들이 도시의 환경, 열등한 자들과의 경쟁, 민주주의에 의한 평등화로 인해 사라지는 것을 막는 것이 그의 야망이었다.[69]

범죄, 체형, Gluecks 부부

Sheldon의 체형심리학 서적들은 사회과학자들로부터 한결같이 부정적인 비평을 받았다. 비평가들은 「비행청소년의 종류」의 표본이 무작위로 추출된 것이 아니기 때문에, 이 책이 비행자 체형의 분류에 관한 타당한 결론에 도달할 수 없다고 비판하였다.[70] 또한 비평가들은 Sheldon이 "비행자"로 취급했던 이들 중 대부분이 형법을 위반한 것이 아니기 때문에 그들은 사실 비행자가 아니었다고 비판하였다. 몇몇 비평가는 선험적 추론과 주관적 평가로부터 얻어진 "체형"의 유용성에 관한 근본적인 문제를 제기하였으며,[71] 또 다른 비평가는 Sheldon이 사진을 잘못 측량하고 계산적 오류를 범했으며 올바른 통계학을 사용하지 못했음을 발견하였다.[72] 앞에서 언급한 이러한 비판을 포함한 여러 비판에도 불구하고[73] 중배엽형 인간과 비행자의 상관관계에 대한 William Sheldon의 발견을 후속연구들이 되풀이하였으며 그러한 후속연구 중 몇몇은 보다 신뢰할 수 있는 방법을 사용하였다.[74] 되풀이되는 발견 중 가장 사려 깊고 완전했던 것은 Sheldon Glueck와 Eleanor Glueck의 이정표적 연구 「청소년 비행 해결하기」에서 나온 발견이었다.

아마 그때까지 수행된 비행에 관한 연구 중 가장 철저한 연구였던 「청소년 비행 해결하기」는 보스턴에 거주하던 500명의 비행소년 및 이와 짝을 이루는 비행을 저지르지 않은 500명의 소년에 관한 정보를 기반으로 하였으며, 이 소년들은 가족, 개인적 배경, 지능, 학교에서의 적응 및 성취, 친구, 교회 참석, 건강, 체격 등 다양한 각도에서 연구되었다.[75] "몸의 구조"에 초점을 맞추는 연구에 대해 Glueck 부부는 Hooton과 Sheldon의 조언을 구했다. 또한 소년들의 실제적 사진 측정과, 이후의 여러 체형으로 분류에서는 Hooton의 후배인 Carl C. Seltzer^{칼 C. 셸처}의 도움을 받았다. 그 당시 체형 분류법은 혁신적인 기법이었다.

Glueck 부부는 몸의 구조에 관한 세 가지 발견을 제시하였다. 먼저 비행자들은 "다소 뛰어난 체격적 조건"을 가지고 있었으며, 둘째 그들은 육체적으로 약간 늦게 성숙하였다. 셋째, 비행자들은 중배엽성으로 특징지을 수 있었는데, 다시 말해 그들은 "주로 뼈와 근육으로 구성되어 있고 단단히 짜인 몸을 가진 원기 왕성한 유형"이었다.[76] 덧붙여 Glueck 부부는 조사한 비행 소년들에게서 남성적 요소, 즉 "강한 남성미"를 발견하였다.

즉, 이 소년들은 비교 집단처럼 곡선적이고 약하고 여성적인 것이 아니라 몸이 더욱 각지고 근육질이었다.[77] Glueck 부부는 비행소년들의 형태가 유전의 영향을 받았을지도 모른다고 추측하기는 했지만 확신할 수는 없었다.[78] Glueck 부부의 의견을 요약하면 다음과 같다. "사진을 보면 비행 소년은 비행을 저지르지 않는 소년보다 남성적이고 중배엽형인 육체적 표본으로 나타난다. 넓은 폭의 몸통과 어깨에서 엉덩이로 갈수록 줄어드는 삼각형 상체, 굵게 발달한 팔, 넓은 어깨에 매우 단단히 부착된 작은 얼굴을 보면 이는 명확해진다. 비행 소년의 사진은 전형적인 남성적 유형에 가깝다고 할 수 있다."[79] William Sheldon과 달리 Glueck 부부는 범죄적 성향을 오직 생물학적인 요소에만 국한하려 하기보다는 범죄적 성향에 영향을 미칠 수 있는 많은 요소 중 체격이 단지 하나의 요소임을 강조하였다. 실제로 Hooton과 Sheldon의 범죄학적 연구와 비교했을 때 Glueck 부부의 연구는 신중하고 반환원주의적이며, 정보가 잘 구비된 사회과학의 본보기라고 할 수 있다.

　6년 뒤 Glueck 부부는 「체형과 비행Physique and Delinquency」이라는 책의 전지면을 「청소년 비행 해결하기」의 기반이 되는 소년 1,000명의 신체 구조에 관한 데이터를 분석하는 것과, 그러한 데이터가 범죄적 성향에 대한 어떤 의미를 시사할 수 있는지를 알아보는 데에 할애하였다. Glueck 부부는 비록 이 책이 체형과 비행에 초점을 맞추지만, 체형이 범죄를 발생시키는 데 두드러지는 역할을 한다고 주장하려는 것은 아님을 시작부터 명확히 하였다.

　Glueck 부부가 「체형과 비행」에서 발견한 중배엽형 비행소년들은 비중배엽형 비행소년들보다 "공격적인 행위를 범하는 데에 특별히 적합한 특성육체적인 힘, 에너지, 무신경함, 불안과 좌절을 행동으로 표현하려는 성향을 더욱 많이 드러내며, 반사회적인 행위를 제약하는 무력감, 뚜렷이 권위에 순종적인 태도, 감정적 불안정 등으로부터는 상대적으로 영향을 받지 않는 것으로 나타났다."[80] Glueck 부부는 체형과 마찬가지로 이러한 특성들 역시 그 기원이 유전에 의한 것일지도 모른다고 했지만, 이번에도 그들은 확신은 불가능하다고 경고한다. 더욱이 Glueck 부부는 모든 중배엽형이 같은 특성을 가지고 있는 것이 아니라고 보고하였다. 또한 그들은 중배엽형 소년들이 일반적으로 "높은 비행 잠재성"을 지니고 있지만,[81] 비행의 유일한 유발 요인 같은 것은 없으며 "비행적 인격" 같은 것도 없다고 보고하였다.[82] 중배엽형은 더욱 원기 왕성하기 때문에 "불친절한 사회문화적 조건의 압박하에서" 행동을 취하는 경향이 더욱 강하다는 단순한 이유에 기반하여 Glueck 부부는 중배엽형의 비행률이 높을지도 모른다는 가설을 세우면서, 사회학적인 어조로 결론을 내렸다. 이와 대조적으로, 혈기가 덜한 내배엽형은 낮은 비행 잠재력을 가지며 "그들의 '욕구'를 실천에 옮길 가능성이 작다."[83] 이와 같이 Glueck 부부의 손에서 중배엽형과 비행자 사이의 유명한 상관관계는 범죄적 성향을 경우에 따라서는 증가시킬지도 모르는 생물사회학적 요소로 격하되었다. 이들의 주장은 전혀 극적이지 않았다.

1990년대 후반 두 범죄학자 Robert J. Sampson로버트 J. 샘슨과 John H. Laub존 H. 라웁은 체형에 관한 Glueck 부부 연구의 뒤를 따라 후속연구를 진행하였다.Sampson과 Laub의 후속연구는 이번 장의 뒤에서 논의될 체형이론의 부활의 일환이었던 것이 아니라, 오히려 Glueck 부부의 데이터를 이용한 보다 큰 연구 프로젝트의 한 측면이었다. Sampson과 Laub의 연구는 체형이론의 타당성을 새롭게 조명하는 동시에 체형과 범죄에 관련된 추가적인 데이터와 새로운 종류의 분석을 제공해주었다.

Glueck 부부의 데이터를 재검토한 뒤 Sampson과 Laub은 중배엽형이 공식적인 비행자 사이에서 실제로 그 수가 지나치게 많다는 것을 발견하였다.[84] 하지만 또한 그들은 청소년기에 나타나는 중배엽성이 나중의 범죄적 성향에 알아차릴 만한 영향을 주지 않는다는 것을 Glueck 부부의 비행자 표본으로부터 발견하게 되었다. 더욱이 Sampson과 Laub은 중배엽형과 비행 사이의 상관관계는 "약하거나 통통한 비중배엽형 소년들에 비해 크고 굳세고 근육질인 소년들에게 청소년 재판 관계자들이 거칠게 대응한다는 점으로부터 부분적으로" 생겨났을지도 모른다고 계속해서 주장했다.[85] 사실 그러한 상관관계는 "중배엽형이 민족적 배경과 관련된다."는 사실로부터 영향을 받았던 것일지 모른다. "오직 비이탈리아인의 18%가 극단적 중배엽형으로 평가되었던 것에 반해, 이탈리아 소년의 37%가 극단적 중배엽형인 것으로 나타났다. … Glueck 부부의 연구가 진행되던 시기에 보스턴에 존재하던 것으로 알려진 이탈리아인들에 대한 편견이 … 연구 결과를 오염시켰을지도 모른다."[86] 이와 같이 이 후속연구는 중배엽형과 비행의 상관성을 재확인하는 동시에 이를 설명할 수 있는 사회적 요인을 규명하였다.

근대주의자로서의 Glueck 부부

위에서 소개한 두 책의 출판에 앞서 Glueck 부부는 「500명의 비행 소녀」를 출판하였다. 이 책은 어조와 권고에서 때때로 우생학적인 연구였다.[87] 하지만 심지어 이 책에서도 당시 세계의 분열에 대한 불만, 더 완전한 과거 세계에 대한 향수, 이민자와 범죄자에 대한 경멸 등의 반근대주의적 소재를 거의 찾아볼 수 없다. 우생학적인 뉘앙스가 이후의 연구에서 등장하는 것도 아니다. 체형에 관해 분석해 나아가는 이후의 연구에서 Glueck 부부는 이방인 집단의 열등함에 대해서도, 국가의 생식질의 퇴보에 대해서도 이야기하지 않는다. 사실 Glueck 부부가 연구한 비행자들은 감탄스러운 육체를 지니고 있었다. 그들은 남성적이고 건강하고 원기 왕성했다.

더 많은 연구가 진행되어 Glueck 부부의 사고에 반근대주의적 경향이 있음을 가리키는 사적인 자료가 발견되기는 했지만, 출판물에서 Glueck 부부는 근대주의적이다. Glueck 부부는 이민, 빈곤, 비행 같은 당시의 현실을 받아들였고, 도덕적인 잣대를 들이밀지 않은 채 비행을 분석하며 비행이라는 문제를 단도직입적으로 다루었다. Glueck 부부는 과학이 사회문제들을 해결하는 데 도움을 줄 수 있을 것이라고 가정하였으며, 범죄자를 재활하고 형사사법제도를 개선하기 위한 열렬한 제안을 하였다. 이러한 모든 특성들은 근대주의 사회과학의 전형적인 모습이다.

Glueck 부부는 왜 Hooton과 Sheldon처럼 반근대주의적 태도를 갖지 않았을까? Glueck 부부가 유대인이었다는 점, Sheldon Glueck가 폴란드 바르샤바에서 태어났다는 점을 생각해보면, Glueck 부부가 Sheldon과 Hooton보다 미국의 과거를 낭만적으로 생각할 이유가 덜하다는 것은 당연하다. Glueck 부부는 우생범죄학의 찬양을 받는 미국 사회의 주류 지배 계급인 앵글로색슨계 신교도에게 동질감을 느끼지도 않았다. Sheldon Glueck가 하버드대학교 법학전문대학원 교수였다는 사실을 보면 알 수 있듯이 Glueck 부부는 "부적격자"로 분류되기 힘든 입장에 있었지만, 그들은 유럽과 미국에 존재하던 반유대주의를 의심할 여지 없이 인지하고 있었다. 심지어 그들의 동료인 Sheldon이 반유대주의자라는 것도 알고 있었을 것이다. 더욱이 Eleanor Glueck는 그녀의 박사학위와 명망 높은 출판물에도 불구하고 여성에 대한 차별 때문에 연구원보다 높은 직위로 올라서지 못했다. Sampson과 Laub은 Eleanor Glueck를 "하버드대학교 주류 학계로부터 버림받은 사람"[88]으로 묘사한다. 그 기원이 어떤 것이든 Glueck 부부의 근대주의는 그들의 동료 체형 이론가들과 선명하게 구분 짓는다.

체형 분류자들의 귀환

나치우생학Nazi eugenics에 대응하면서 20세기 중반 범죄학자 대부분은 생물학적 이론을 묵살해버렸고, 체형 이론은 시야에서 거의 사라졌다. 하지만 세기말로 가면서 미국과 영국의 학자들은 비행과 중배엽형 사이의 상관관계에 대한 William Sheldon의 발견으로 돌아가기 시작했다. 미국에서는 이러한 소규모의 동향이 1985년 출판된 「범죄와 인간의 본성Crime and Human Nature」과 함께 시작되었다. 널리 비평된 이 책에서 하버드대학교 교수 James Q. Wilson제임스 Q. 윌슨과 Richard Herrnstein리처드 헌슈타인은 범죄적 성향이라는 개념을 다시 소개한다. 그들의 정의에 따르면, 범죄적 성향이란 범죄나 그에 동등한 행위를 저지르려는 개인 성향이다.[89] 이 책과 함께 양육 대 본성 논쟁에서 무게 중심은 "본성"을 향해 기울기 시작했다.

Wilson과 Herrnstein은 "범죄 행동에 영향을 미치는 체형적 요인 Constitutional Factors in Criminal Behavior"이라는 제목의 장에서 체형분류법에 대해 논의한다. 그들은 체형 분류법의 목적이 "사람들이 태생부터 범죄적 성향에 대한 위험의 정도에서 차이를 보인다는 사실을 입증하는 것"이라고 한다.[90] Wilson과 Herrnstein은 관상학 "이런 지속적인 믿음은 단순히 편견에 기반한 것이 아닐 수도 있다."으로 시작하여 "Goring이 Lombroso의 범죄인류학을 묵살한 것은 너무 나아간 것이었을지도 모른다."로 넘어간다. 또한 그들은 Goring "Goring은 범죄적 성향의 존재를 인정하였다."을 검토하고, 다음으로는 Hooton이 저술한 「미국 범죄자」 "모든 인류학적 연구 중 가장 세심하다."를 다룬다.[91] 다음으로 Wilson과 Herrnstein 은 8쪽을 Sheldon의 연구에 할애한다. 이 8쪽에는 Sheldon의 책 「비행청소년의 종류」에서 그대로 가져온 5개 체형 사진과 2개 도표가 포함되어 있다. 하지만 두 저자는 Glueck 부부의 훨씬 덜 결정론적인 연구는 오직 지나가는 말로 언급할 뿐이다. 이 단락의 앞부분에 인용된 저자들의 말을 보면, 초기의 "신체 구조" 연구들이 어떤 사람들은 선천적으로 범죄적 성향을 띤다는 것을 뒷받침하는 과학적으로 타당한 증거를 제공한다는 것을 저자들이 주장하고 싶어 한다는 것을 느낄 수 있다. 마찬가지로 저자들이 Sheldon의 연구에 대해 광범위하게 논의한 것을 보면, 체형을 분류하는 Sheldon의 접근법이 타당하다고 생각했다는 것을 알 수 있다.

Wilson과 Herrnstein은 "증거를 보면 체형적 특성이 범죄 행동과 관련되어 있음을 의심할 수 없다."라고 결론 내렸다.[92] 사실 두 저자가 가장 광범위하게 인용했던 증거인 Sheldon의 「비행청소년의 종류」는 의심할 모든 이유를 남겼다. 후속연구들이 Sheldon이 말한 중배엽형과 비행 사이의 상관관계가 실제로 존재한다는 것을 확인해주었지만, 기원이라고 할 수 있는 Sheldon의 발견은 임의추출로 뽑은 표본을 기반으로 하지 않았으며, 우생학적 초인 이론의 맥락에서 제시된 것이었다. Wilson과 Herrnstein이 사회과학자로서 책임감 있게 행동했다면 Sheldon의 방식에 나타나는 과학만능주의적인 사소한 사항에 대한 무비판적인 검토에 그렇게 많은 책의 지면을 할애하지는 않았을 것이다. 이 두 저자는 범죄 행동이 본성에 의한 것이라는 자신들의 이해를 뒷받침하기 위해 어떤 증거라도, 심지어 오염된 증거마저도 이용하는 것을 꺼리지 않았던 것으로 보인다.

하지만 이 과학적인 실수를 이해하는 추가적인 방식이 있다. Wilson과 Herrnstein은 Sheldon처럼 근대 세계가 나아가는 방향에 실망했기 때문에 Glueck 부부의 연구가 아닌 Sheldon 연구에 끌렸던 것일지도 모른다. 「범죄와 인간의 본성」은 반근대주의를 명시적으로 표방하지는 않지만, 핵가족 재건, 개인적 책임에 대한 장려, "사회의 도덕적 질서"에 대한 재확약을 요구하였던 것을 보면,93 보다 단순하고 깨끗한 과거에 대한 열망을 가지고 있었던 것으로 보인다. Wilson과 Herrnstein은 Sheldon이 비행자의 넓은 어깨, 낮은 허리, 상대적으로 긴 팔 등 세부 사항을 보고하면서 Sheldon의 생물학주의에 맞장구를 쳤다는 점, 그리고 이 두 저자가 체형 분류자들의 연구를 신뢰할 만한 것으로 보이게 했다는 점을 고려하면 반근대주의적 정서를 가지고 있었음을 알 수 있다.

영국에서 체형이론의 부활은 인습타파주의 심리학자 Hans Eysenck^{한스 아이젱크} 저술에서 훨씬 일찍 시작되었다. 사회학적 범죄학자들이 Eysenck의 책을 활발히 비평하였지만, 그의 책은 현재까지 계속되는 생물범죄학의 부활의 전조였던 것으로 드러났다. 1964년만큼이나 이른 시기에 「범죄와 성격^{Crime and Personality}」에서 Eysenck는 체형이론에 대해 상세히 보고한다. 체형이론은 Eysenck 스스로가 발달시켰던 범죄 행동에 대한 해석을 보강해 주었다. Eysenck는 머리가 좋으며 법을 준수하는 유형인 Sheldon의 "두뇌 긴장형"을 스스로 내향형이라 일컬은 준법형 인간과 동일시하였다.94 나중에 「범죄적 성향의 원인과 치유^{The Causes and Cures of Criminality}」라는 책에서 Eysenck는 체형이론으로 되돌아가, 이번에는 범죄자의 몸에 나타나는 흔적에 대한 자료를 추가하였다. Eysenck와 공동 저자인 Gisli H. Gudjonsson^{기슬리 H. 구드존슨}은 범죄자임을 나타내는 육체적 흔적을 가진 타고난 범죄자에 대한 Lombroso의 묘사를 거부하였지만, "가벼운 육체적 이상이 … 비범죄자 집단보다 범죄자 집단에서 더욱 빈번히 발견된다."라고 주장하였다.[95]

Eysenck 책에서는 반근대주의의 흔적을 아예 찾아볼 수 없다는 점이 눈에 띤다. 이와 비슷하게, 체형이론의 부활에 기여한 또 다른 인물인 심리학자 Adrian Raine에이드리언 레인은 근대 세계의 조건에 대해 한탄하지 않은 채 사실을 제시하고 연구 결과를 평가하는 직설적인 서적「범죄의 정신병리학 The Psychopathology of Crime」을 집필하였다. 체형 연구의 결과를 요약하는 이 책에서 Raine은 "궁극적으로 체형과 범죄 및 비행 사이에 상관관계가 생겨난 것은 주로 사회적 메커니즘 때문일지도 모른다. 예를 들어 더 크고 근육질인 체형을 가진 자에게는 약자를 괴롭히는 것이 효과적인 전략이 되기 때문에 체형이 비행과의 연관성을 갖게 된 것일 수 있다."라고 역설한다. Raine은 또한 "유전 대 환경이라는 시대착오적인 대립 구도를 통해 범죄와 연관된 요소를 바라봐서는 안 된다."라고 주장하기도 했다.[96]

요약하면 20세기의 마지막 몇십 년 동안 Wilson, Herrnstein, Eysenck와 Raine은 체형이론에 대한 진지한 논의라는 의미에서 이론을 부활시켰다. 하지만 그들의 논평은 체형이론에 대한 열정에 다시 불을 지피려는 신호가 아니라 생물범죄학으로의 보다 일반적인 귀환의 조짐이었다. 총괄적으로 그들의 연구는 20세기가 시작된 이래 과학적 생물범죄학을 특징지었던 반근대주의적 경향이 점점 사라지는 것을 보여준다. 우생범죄학과 밀접히 연관된 반근대주의적 경향은 Wilson과 Herrnstein의 연구에 그 흔적을 남겼지만, 그것을 제외하면 그러한 경향은 점차 사라지고 있었다.

체형이론의 상세한 부분들과는 상당히 거리가 멀어진 생물범죄학이 과거의 반근대주의적 주제로 돌아가지는 않을 것으로 보인다. Charles Darwin의「종의 기원」과 19세기 사회 변화들이 근대주의라는 위기를 유발한 이래 150년이 지났다. 사람들은 불확실성, 종교적 진리의 부재, 반근대주의를 촉발한 도시적 삶에 존재하는 분열 및 익명성과 함께 살아가는 법을 터득해왔다. 사회과학은 연구되는 현상에 도덕적 잣대를 들이밀 여지를 남기지 않는 객관성을 위한 기준을 채택하였고,[97] 이제 사람들은 과학에 대해 저마다 다른 기대를 가지고 있다. 사람들은 사회과학이 범죄를 더 잘 다룰 방법을 보여주길 원할지도 모르지만, 더이상 사회과학이 세상을 구해줄 것이라고 혹은 자신의 사회계급의 특권을 보호해줄 것이라고 기대하지 않는다.

체형이론의 미래

그럼 원래의 질문으로 되돌아가 체형이 범죄 행동과 관련 있는가? 대답은 "거의 없다."이다. 더 나은 질문은 "체형이론이 그러한 이론을 만들어낸 사람들과 그들이 살던 시대에 관해 우리에게 무엇을 말해주는가?"일 것이다.

체형이론에는 이 이론이 인과관계적으로 더이상 헤어나올 수 없는 막다른 길에 도달하게 만드는 몇몇 문제가 내재한다. 하나는 체형이 변화한다는 것이다. 많은 이들은 시간이 지남에 따라 형태가 바뀌며, 체형 연구가 10대에게 초점을 맞추기는 했지만 어떤 체형 이론가도 10대의 체형이 왜 최종적이어야 하는지를 설명해준 적이 없다. 또 다른 문제는 거리에서 일어나는 범죄들이 대체로 젊은 남자들에 의해 자행된다는 것이다. 그러한 사실 때문에 우리는 길거리 범죄를 저지를 가능성이 가장 큰 인물이 젊고 테스토스테론이 넘치는 청년이라고 주입받는다고 해도 결코 놀라움을 표할 수 없게 된다. 그다음 생겨나는 것은 "그래서 어쩌란 말인가?"라는 의문이다. 범죄와 중배엽형 인간이 관련되어 있다는 것을 발견함으로써 범죄의 원인에 관해 우리가 배울 수 있는 게 무엇이란 말인가? Glueck 부부는 이 문제를 다루기 위해 장렬하게 분투했으며, 아마 그들은 옳은 답안을 찾았던 것 같다. "정력적이고 강건한 젊은 남자들은 활력이 덜한 마르거나 통통한 자들보다 신체적 장비가 잘 구비되어 있어 범죄를 저지르기가 더욱 쉽다." 하지만 몇몇 사람에게는 이러한 결론이 "사내애들 혈기를 어쩌겠어."
라는 말처럼 들릴 수 있다.

  좀 곡해하자면 체형이론은 20세기 범죄학에서 중요한 역할을 했다. 돌
이켜보면 체형이론이 유전학과 범죄에 관한 오늘날 연구의 전조였음을 알
수 있다. 하지만 새로운 물결의 유전학적 이론들의 원동력이 반근대주의적
충동일 가능성은 작다. 생물범죄학을 하는 데에 그러한 동기는 시들어 사
라졌으며, 우리는 근대주의 이후의 세계에 살고 있다. 하지만 환원주의자
들의 손에서 유전학적 해석은 예전의 체형이론처럼 똑같은 우생학적 결과
중 몇몇을 초래할 수 있다. 범죄적 성향을 범죄자의 몸에 있는 선천적 특징
으로 추적한다면, 그때 누군가는 범죄자의 번식을 막자는 제안을 다시 하
게 될 가능성이 크다.

:: 8 ::

범죄학의 암흑기

나치 독일의 생물범죄학

Hitler^{히틀러}의 제3제국^{Third Reich, 1933-1945}이 군림하던 12년 동안 나치는 수만 명을 정당히 죽이기 위해 생물학적 이론을 활용하였다. 나치가 범죄자뿐만 아니라 유대인과 집시에게도 선천적인 범죄적 성향이 있다고 함으로써 그들의 몰살을 정당화하였던 것을 생각해보면 사실 나치가 합리화한 살인의 수는 수백만에 달할 것이다. 독일인들은 "범죄자생물학^{criminal-biology}"이라는 과학을 발달시켰다. 독일인들은 범죄자생물학이 유전적인 범죄자를 찾아낼 수 있다고, 그리고 그러한 범죄자의 번식을 막기 위해 부정기형에 처하게 할 필요가 있다는 것을 범죄자생물학이 증명해줄 수 있다고 믿었다. 1939년 제2차 세계대전이 발발하면서 나치는 범죄자생물학의 적용을 강화하였으며, 범죄적 정신이상자를 포함한 정신적 장애를 가진 것으로 생각되는 범죄자들을 "안락사" 혹은 "자비로운 살인"에 선발하는 데 범죄자생물학에 의존하였다. 시간이 많이 흘러, Adolf Hitler^{아돌프 히틀러} 총통이 "살 가치가 없는 생명"[1]을 가진 인간들을 몰살하기로 결정한 뒤, 나치는 유전적 "반사회자"로 생각되는 범죄자와 다른 이들을 가스실에서 죽였다. 혹은 "극심한 노동을 시켜 몰살"하기 위해 그들을 강제수용소로 보냈다.

범죄학의 가장 어두운 시기라고 할 수 있는 나치 정권의 이러한 측면은 범죄학자들에게 거의 알려지지 않은 채로 남아 있었다. 사실 최근까지 이러한 측면은 제3제국을 연구하는 사학자들에게도 상대적으로 덜 알려져 있었다. 이 사학자들은 명백히 무고한 희생자들을 말살하기 위해 나치가 활용한 우생학, 유전학, 의학 및 다른 과학의 발전을 면밀히 분석했을지라도 범죄자생물학이라는 과학에는 주의를 덜 기울였다. 이는 아마 범죄로 기소되거나 유죄판결을 받은 범죄자생물학의 희생자들이 어떤 의미에서는 혐의자로 혹은 심지어 마땅히 몰살되어야 할 자들로 간주되었기 때문일 것이다.[2] 하지만 최근 「범죄자 날조: 1880~1945년까지의 독일 범죄학의 역사Inventing the Criminal: A History of German Criminology, 1880-1945」를 저술한 Richard Wetzell리처드 웨츨과 「히틀러의 교도소들Hitler's Prisons」을 저술한 Nikolaus Wachsmann니콜라우스 왁스만 같은 사학자들의 새로운 연구는 나치 범죄학과 형사사법을 묘사하는 데 초점을 맞추었다.[3] 그러한 묘사는 나치의 약탈 및 생물학적 범죄이론의 살인 잠재력에 대한 이전에는 친숙하지 않았던 차원을 드러내 준다.

소수의 광적인 지도자들에 의해 수동적인 과학자들은 방법과 연구 결과를 나치 식으로 만들도록 강제당했으며, 그렇지 않았다면 과학자들은 도덕적인 연구만 했을 것이라는 구식 관점을 사학자들이 버림에 따라, 최근 나치 과학에 대한 이해가 급격히 진전을 이루게 되었다. 이와 같은 구식 관점은 "나쁜" 과학과 "좋은" 과학 사이의 불안정하면서도 성립 자체가 될 수 없는 구분에 기반한 것이었으며, 더욱이 제2차 세계대전 후 스스로에 대한 해명을 원했던 나치 협력자들이 널리 퍼뜨린 것이었다.[4] 재해석에서 훨씬 더 중요한 것은 구식 관점이 독일 과학자들과 나치 정권의 활동적이고 열렬한 협력을 왜곡하였다는 것에 대한 이해의 증가이다. 나치 과학에 대한 새로운 물결의 연구는 좋은 과학과 나쁜 과학 사이에 선명한 선을 긋는 것을 그만두게 한다.[5] 그리고 사학자들이 나치 과학의 작동 방식에 대해 더 많은 것을 발견하게 될수록 왜 과학자들이 나치에 협력했는지를 이해하는 것이 더 중대해지게 된다. 다시 말해, 과학자들과 연구를 후원했던 나치 사이의 관계의 본질, 그리고 인종의 정화를 위해 과학을 이용하고

자 했던 그들의 욕망을 이해하는 것이 중요하다. 나치 과학에 대한 새로운 이해는 Hitler의 독일에서처럼 막대하고 파멸적인 사업에 과학을 끌어들이는 만행이 다시 발생할 수 있다는 입장을 견지한다. 그런 재발을 진정으로 막고 싶다면 모든 과학에 어느 정도는 정치색이 입혀진다는 점을 인정해야 한다. 왜냐하면 과학은 사회적인 맥락에서 발달하기 때문이다. "특정한 가치에 물들지 않은 과학"이 있을 수 없는 것이라면,6 우리가 할 일은 많은 이들이 일상의 관행으로 삼는 과학의 극단적이고 파멸적인 연장에 불과한 발전의 소산에 어떻게 대처할지를 생각해내야 하는 어려운 작업이 된다.

이번 장은 제3제국이 군림하던 시절의 범죄학과, 범죄학이 당시의 형사사법에 어떤 영향을 미쳤는지에 초점을 맞춘다. 이번 장은 오직 영어로 된 자료를 기반으로 하며 나치 과학의 역사가 아니라 범죄학의 역사에 기여하려는 의도로 작성되었다. 이번 장에서 언급되는 모든 것은 사학자들에게 알려져 있으며, 사학자들의 연구를 기반으로 하였다. 특히 나치 범죄학과 형사사법에 대한 연구의 선구자들인 Wachsmann과 Wetzell을 많이 참조하였다.7 하지만 대부분의 범죄학자들은 이러한 노선의 역사적 연구에 친숙하지 않다.8 나치가 범죄학에 관심을 가졌을 당시 범죄학은 여전히 미숙한 분야였다. 잉글랜드, 프랑스, 미국 같은 나라에서 범죄학은 사회학적인 방향으로 돌아서고 있었으며, 다른 곳에서는 범죄학이 생물학적인 노선을 타고 발전하였다. 나치 독일에서 범죄학은 대량 학살이라는 정치적 프로그램에 반영되었다. 독일 범죄자생물학이 대량 학살 프로그램에 직접적 책임이 있는 것은 아니지만 그러한 프로그램을 위한 하나의 타당한 이유를 제공해주었다.

이번 장은 제3제국의 범죄학과 제3제국에서 범죄학이 형사사법에 어떤 영향을 미쳤는지에 초점을 맞추지만 Benito Mussolini베니토 무솔리니의 파시스트 이탈리아1922-1943에 대해서도 간략히 살펴볼 것이다. 파시스트 이탈리아는 강력한 생물범죄학적 전통이 있던 또 다른 국가로, 이제 사학자들은 파시스트 이탈리아의 본질과 영향을 기록하기 시작했다.9 나치 독일과 파시스트 이탈리아는 둘 다 **파시즘**이라는 보다 광범위한 현상에 참여했다는 점에서 연관성이 있다. 파시즘은 나치 독일과 파시스트 이탈리아뿐만 아니라 브라질부터 일본에 이르는 20세기 중반의 다른 국가들의 정부를 뒷받침한 믿음 체계이다. 정치적 운동으로서의 파시즘은 자본주의, 페미니즘, 자유주의, 사회주의, 전통적 보수주의 등 여러 다른 운동에 적대한다는 점이 두드러진다. 또한 파시즘은 그 정신과 정책에서 국수주의적이다. Kevin Passmore케빈 패스모어의 말을 빌리자면 "엄청나게 국수주의적이다."10 파시즘은 나라마다 차이를 보이지만, 파시즘에서는 남성주의적, 군국주의적, 호전적, 전제주의적 기풍과 깊게 뿌리 내린 신비주의적이고 의례적인 요소가 결합된다. Mussolini는 "강하지 않은 것은 범죄"라고 선언하였다.11 파시즘을 정의하는 특징은 이념을 밀고 나아가고 독재 정권을 보존하기 위해 개인의 권리를 줄이거나 없애면서, 국가의 요구를 개인의 요구보다 우선하는 경향이다. 독일 및 이탈리아의 파시즘 사이의 비교를 통해, 심지어 여기서 행해지는 간결한 비교를 통해서도 사회적 맥락이 생물범죄학의 정치화를 조성하는 방식을 발견할 수 있으며 독일의 경험을 더욱 치명적이게 만들었던 요소를 분리해낼 수 있게 된다.

내가 하고자 하는 핵심적인 질문은 다음과 같다. 생물학적인 아이디어들이 Hitler의 독일에서 범죄에 대한 해석을 어떻게 빚어냈는가? 나치 과학은 "범죄자"를 어떻게 정의하는가? 이념적, 입법상, 행정상, 군사적, 과학적 사건 중에서 나치 생물범죄학에 반영된 것은 어떤 사건들인가? 나치는 범죄와 범죄자에 대해 어떤 행동을 취했나? 우선 나치가 집권하기 바로 전의 정권이었던 바이마르 공화국 정부에서 찾아볼 수 있는 나치 생물범죄학의 즉각적인 배경을 논의한 다음 제3제국이 군림하던 시기의 범죄자생물학의 발전 및 나치의 경찰, 법정, 교도소에 의한 범죄자생물학의 적용을 검토할 것이다. 결론에서는 파시스트 이탈리아의 생물범죄학을 논의할 것이며, 20세기 이탈리아 범죄인류학이 독일의 범죄자생물학만큼이나 강한 파괴력을 행사하지 못하도록 한 제한 요소를 규명할 것이다.

배경: 바이마르 공화국의 범죄자생물학

나치 생물범죄학의 뿌리는 독일 역사의 아주 머나먼 시절까지 거슬러 올라가야 하지만, 가장 즉각적인 뿌리는 바로 전 정권인 바이마르 공화국[1919-1933]에 내재한 사회적 불만이었다. 제1차 세계대전이 끝날 때 독일 군주국을 뒤엎고 이를 대체하게 된 바이마르 공화국 정부는 Hitler에게 밀려나기 전까지 정권을 유지하였다. 바이마르 공화국은 자유민주주의를 채택했지만 불안정하고 위태로웠다. 이는 전쟁으로부터의 회복이 어려웠던 점과 좌파와 우파 양쪽의 극단주의 때문이었다. 바이마르 공화국은 경찰 권력을 제한하고 피고를 법적으로 보호하고 교도소를 재활시설로 운영하는 혁신적인 형사사법정책을 채택하였다.[12] 하지만 이와 같은 자유주의는 보수주의자들을 극도로 화나게 만들었다. 보수주의자들은 정부가 범죄자에게 너무 관대하다고 주장하면서 더 많은 법과 질서를 요구하였다. 바이마르 공화국이 도덕적으로 붕괴한다는 느낌, 즉 보수주의자뿐만 아니라 많은 집단에게 영향을 준 불길한 느낌은 도시화와 산업화에 의해 심화되었다.[13] 대공황 및 대공황의 세계적인 영향과 함께 터진 1929년의 경제적 붕괴 이후 그러한 문제는 곪아서 터질 것 같았다. 배고프고 직업이 없는 많은 수의 부랑자들이 독일 도시 거리를 메웠고 복지기관을 완전히 뒤덮었으며, 이들은 문제에 대처하지 못하는 국가의 무능함을 상징하게 되었다.[14] 사람들은 질서를 회복해줄, 그리고 당시 떠오르고 있던 정치가 Adolf Hitler가 약속했듯이 "국가를 도덕적으로 정화해줄" 보다 권위주의적인 정부를 갈망하기 시작했다.[15]

정부가 무능하다는 인상이 증대됨에 따라 범죄는 중요한 주제가 되었다. 범죄에 사로잡힌 그러한 모습은 이 시기의 유명한 영화 Fritz Lang[프리츠 랑]의 **살인자 M**[1931, M은 살인자를 뜻하는 murderer의 첫 글자를 나타낸다.]을 통해 드러난다. M에는 집단 폭행 장면이 포함되어 있으며, 바이마르 공화국 시절에 이와 같은 사건은 일상적으로 일어났다. 이 영화는 반지 클럽[Ringvereine, 19세기 후반부터 20세기

그림 8.1 살인자 "M." Fritz Lang의 영화 "M¹⁹³¹년작"에서 Peter Lorre가 연기한 아이 강간범이자 살인자인 M은 자신을 혐오하는 표정으로 거울을 본다. 이 영화는 성범죄, 집단폭력과 같이 히틀러 정권으로 이어지는 시기의 독일에서 나타났던 사회문제를 반영한다. 또한 영화는 범죄가 "사회 집단의 일부로 받아들여지지 않는" 비게르만에 의해 저질러지며 본질상 생물학적일 것이라는 당시 증가하는 믿음을 반영한다.　Photo used by permission of Photofest.

초반까지 활동했던 독일의 범죄 조직으로, 이 조직에 소속된 구성원들은 반지를 껴서 자신이 조직에 소속되었다는 것을 나타냈다. 옮긴이.이라고 하는 전문적인 절도 조직을 묘사한다. 적어도 이 조직은 경찰만큼이나 잘 조직되고 사회통제에 능숙하였다. 게다가 M은 바이마르 공화국에서 발발한 현상인 강간 후 살인의 이야기를 그려냈다. 이러한 현상에 전위예술가들을 매료되었지만 대중을 불안해하였다.¹⁶ 강간한 뒤 피해자를 살해한 가장 극적인 사례는 뒤셀도르프의 흡혈귀라고 불리는 Peter Kürten페터 퀴르텐의 사례이다. Peter Kürten이 아이들을 실제로 강간한 뒤 살인한 사건은 영화 M의 정신적으로 병든 성도착자인 중심 인물이 저지른 살인에 그대로 반영되었다. 이 부분을 연출하기 위해 Fritz Lang은 불길한 외모를 가진 헝가리 출신 유대인이자 명백히 사회 집단의 일부로 받아들여지지 않았던 Peter Lorre피터 로어를 캐스팅하였다. 지문 채취 도입과 과학적 치안 유지의 다른 측면들이 중 몇몇은 역시 M 에 등장한다.로 인해 상습범을 더 쉽게 찾아낼 수 있게 되었고, 이는 고질적인 범죄자 수가 증가하고 있다는 느낌을 증가시켰다. 바이마르 공화국은 우리와 그들, 법을 준수하는 사람과 범죄자 사이를 명확히 구분하는 범죄학이 자라날 수 있는 온실이 되었다.

이 시기 독일 범죄학에 가장 강한 영향을 미쳤던 것은 수년 전 세상을 떠났던 이탈리아 범죄인류학자 Cesare Lombroso였다. 독일범죄학자들이 이탈리아 범죄인류학을 완전히 받아들이지는 않았지만 19세기 말 독일어로 번역되었던 Lombroso의 주요 저서는 범죄자생물학이라는 신흥 과학의 윤곽을 빚어냈다. 실제로 미국, 잉글랜드, 프랑스 범죄학자들처럼 Gustav Aschaffenburg구스타프 아샤펜부르크 같은 독일 범죄학자들은 Lombroso의 핵심 아이디어를 수용하는 동시에 Lombroso를 비판하였다.[17] Lombroso처럼 독일 범죄학자들은 범죄가 아닌 범죄자 연구에 집중하였고, 또 그처럼 생물학적 이상에서 범죄에 대한 해석을 찾아내었다. 독일인 범죄학자 Johannes Lange요하네스 랑게는 "제대로 된 사람이라면 범죄의 원인을 우선 범죄자에서, 즉 생물학적 요소에서 찾아야 한다는 것을 의심하지는 않을 것이다."라고 저술하였다.[18] 독일 이론가들은 살아 있는 동안 평생 사회적 위협이 되며 생물학적으로도 정신적으로도 비정상적인 구제 불능의 인간인 타고난 범죄자에 대한 Lombroso의 아이디어를 수정해서 받아들였다.

선구적인 범죄학자들은 또한 범죄통제를 위한 Lombroso의 사회 보호 방안을 받아들였으며 처벌을 범죄가 아닌 범죄자에 맞출 것을, 구제할 수 없는 자들을 평생 사회에서 내보낼 것을 주장하였다. 사회에서 구제할 수 없는 자를 내쫓는 것은 처벌을 위한 것도 재활을 위한 것도 아니며, 그들이 다른 이들을 오염시키는 것을 막기 위함이었다.[19] Lombroso 자신은 우생학 이론이 인기를 얻기 전에 숨을 거두었지만, 그의 사회보호 철학과 유전주의적 관점은 바이마르 공화국에서 대중성을 얻게 된 우생학 아이디어와 순조롭게 맞물렸다. Lombroso의 유산 중 가장 영향력 있는 측면 중에는, 필요하다면 사형을 통해서라도 사회는 자신의 몸으로부터 타고난 범죄자를 잘라내야 한다는 그의 의학적 개념, 그리고 과학자들이 보고하는 것은 무엇이든 옳다는 그의 순진한 가정이 있다. 사학자 Mariacarla Gadebusch Bondio^{마리아카를라 개드부쉬 본디오}는 "일탈을 과학적으로 설명하는 것에 대한 맹목적인 확신과 사회의 이익을 위해 개인을 희생할 필요가 있다는 믿음"을 Lombroso의 아이디어를 독일인들이 받아들이는 데 기여한 요소로 설명하였는데, 이러한 요소는 위에서 설명한 Lombroso의 의학적 개념 및 순진한 가정과 딱 들어맞는다.[20]

심지어 바이마르 공화국이 시작되기도 전에, Emil Kraepelin^{에밀 크레펠린}, Aschaffenburg^{아샤펜부르크}, Hans Kurella^{한스 쿠렐라} 같은 이론가들은 이미 범죄학을 의학 및 정신의학의 전문 분야로 정의하였으며, 정신과 의사를 사회 건강 및 일탈 통제의 권위자로 만들었다.[21] 따라서 바이마르 공화국 시절 대부분의 범죄학자들이 의사 혹은 정신과 의사^{정의에 의하면 후자는 의학적 훈련을 받는다.}, 즉 육체적인 관점에서 인간 행동을 해석하는 경향을 가진 사람들이었다는 것이 놀랄 일은 아니다. 이 시기 독일에서 범죄학이 왜 의학의 전문 분야가 되었는지를 설명하기 위해 사학자 Richard Wetzell은 특별히 중요한 두 개 요소를 지목한다. 첫째, 그 자신도 일찍이 정신과 의사였던 Lombroso의 신조에 내재한 생물학적인 해석을 통해, 그리고 선천적인 범죄적 성향을 도덕적 정신이상이라는 정신의학적 현상과 동일시함으로써 그의 신조는 정신과 의사들에게 강한 호소력을 발휘하였다. 둘째, 다른 나라의 정신과 의사들처럼 독일의 정신과 의사는 정신병원이라는 벽을 넘어 범죄자와 같은 새로운 일탈 집단을 "관할 영역 내로 들여옴"으로써 자신의 전문영역을 확장하는 길을 모색하고 있었다. 독일이라는 국가 전체의 생물학적 건강을 염려하였던 독일 정신과 의사들은 "개별적 환자의 복지보다 사회의 이익을 우선하고자" 하는 마음이 몹시 강했다.[22] 특히 그러한 "환자들"이 만족스러운 기여를 해내지 못하는 범죄자들이었을 때 말이다.

바이마르 공화국 시기의 유명한 정신과 의사 Ernst Kretschmer^{에른스트}
크레치머는 체형과 인격 사이의 관계 연구를 통해 범죄자생물학의 발전에 간
접적으로 기여하였다. Kretschmer의 저서 「체형과 성격^{Physique and Character}」은
정신병원 환자 연구 결과를 보고한다.[23] Kretschmer는 환자를 2개의 주요
집단, 조울병 환자 및 조현병 환자로 분리한 뒤, 그들 사이의 신체적 차이
를 찾아낼 수 있기를 바라면서 캘리퍼스^{calipers, 물체의 외경, 내경, 두께 등을 측정하는 기구이}
^{다. 옮긴이,}, 줄자, 사진, 그림 등의 인류학적 도구를 이용하였다. Kretschmer는
세대를 통한 체형의 유전을 연구하기 위한 가계도를 작성하기도 했다. 그
다음 주요 체형이 특정 유형의 성격과 관련되어 있는지 연구하였으며, 조
울병 환자는 조용하고 마음씨가 부드러운 경향이 있고 조현병 환자는 따분
하고 잔인한 경향이 있다는 결론을 내렸다. Kretschmer 스스로는 범죄자
임을 나타내주는 귓불을 달고 있는 Lombroso의 타고난 범죄자와 같은 신
체적 유형의 존재 가능성을 거부하였다.[24] 그는 독일 범죄학의 발달에 개
인적으로 아무런 역할도 하지 않았다. 실제로 Kretschmer는 나치가 집권
하게 되었을 때 항의의 뜻으로 독일정신요법학회^{German Society of Psychotherapy} 학
회장직에서 물러났다. 하지만 Kretschmer 연구는 범죄학자들이 생물학적
작용과 유전이 성격에 미치는 영향에 대한 롬브로소주의적 결론에 도달하
도록 장려하였다.

바이마르 공화국 시기의 독일 범죄학 발달에 영향을 주었던 또 다른
의학계 인물인 Johannes Lange^{요하네스 랑게}는 인간 행동에 영향을 미치는 유
전적 요인에 보다 직접적인 초점을 맞췄다. 쌍둥이에 대해 연구한 유명한
책인 「운명으로서의 범죄^{Crime as Destiny}」를 저술한 Lange는 여러 쌍의 형제를
연구함으로써 범죄적 성향이 유전된 조건이라는 것을 증명하려 하였다.
이란성 쌍둥이^{12%}보다 일란성 쌍둥이^{77%}에서 한쪽이 범죄자이면 다른 쪽도
범죄자인 경우가 많다는 Lange의 발견^{수감자를 통한 측정}은 "범죄의 원인에 관해
서라면 선천적인 성향이 압도적인 역할을 한다."라는 것을 증명해주는 것
처럼 보였다.[25] 비록 Lange가 환경 역시 기여한다고 선뜻 인정하기는 했지

만 말이다.

적어도 둘 중 한 명이 수감된 쌍둥이를 찾아내기 위해 Lange는 바이에른Bavarian 법무부에게 도움을 요청했다. 바이에른 법무부는 Kretschmer의 체형 연구처럼 바이마르 공화국 시기에 범죄적 성향의 생물학화를 촉진하였던 생물학적 연구 프로그램을 가지고 있었다. 독일 남부에 위치한 주인 바이에른 법무부는 수감자와 가족 및 동료에 대한 인체측정학적, 의학적, 도덕적, 정신의학적 데이터를 모으는 범죄자생물학 서비스를 1924년에 구축하였다.[26] "구제할 수 없는 자"를 예방적 차원에서 가둬놓기 위해 찾아내는 것이 그러한 서비스의 목표였다. 개인 인성의 뿌리는 생물학적 작용에 있다는 가정에 근거한 바이에른 법무부의 생물학적 연구는 그런 가정을 증명해주는 것처럼 보였으며, 결과적으로 유전주의적인 개념과 우생학적 해결안이 더 잘 수용되도록 만들었다. 결국 10만 명이 넘는 사람에 관한 자료를 손에 넣은 바이에른 법무부의 프로그램은 평범한 범죄자, 공산주의자, 동성애자, 사이코패스, 상습범, 성범죄자를 포함한 "구제 불능"의 혼재 집단을 규명하였다. 이들을 함께 뭉친다면 명백히 도태적인 반사회적 인간들의 핵을 이룰 것이었다.[27]

그다음 바이마르 공화국에서는 범죄자생물학이라는 새로운 과학의 발전이 나타났다. 범죄자생물학은 나치의 우생학적 목표를 추진하기 위해 나치 시대에 손쉽게 이용될 수 있었다. 고전적인 범죄인류학, 유전학, 우생학 및 인류학의 혼합물, 정신의학, '체형 분류', 가계 연구, 쌍둥이 연구 등의 다른 과학 및 과학적 하위분야와 관련되었던 범죄자생물학의 가장 두드러지는 특징은 과학만능주의, 즉 과학자가 진실이라고 하는 것에 대한 무비판적 수용사실은 열광이라고 할 수 있다. Wetzell이 경고했듯이 바이마르 공화국의 범죄학은 많은 분야에서 발달하였으며 또 서로 모순적인 결과를 도출하는 연구 프로그램을 통해 발달하였기 때문에 하나의 통합된 체제가 아니었다.[28] 하지만 일반적으로 바이마르 범죄학의 목표는 범죄적 성향이 생물학적 조건임을 확인하는 것, 교정 불가능한 자로 구성된 핵심 집단상습범", "구제 불능", "사이코패스"을 찾아내는 것, 범죄적 성향이 유전될 수 있음을 증명하는 것이었다. 바이마르 범죄학은 제3제국 범죄자생물학과 종류가 다른 것이 아니라 그 정도에서 차이를 보인다. 바이마르 범죄학은 덜 인종차별적이며 바이마르 범죄학에서 우생학적 주제는 상대적으로 잠잠하다. 하지만 Wachsmann이 설명했듯이 "1933년 1월 나치가 집권하게 되었을 무렵에는 특정한 상습범들이 사회로부터 제거되어야 한다는 생각이 폭넓게 지지받았을 뿐만 아니라, 교도관과 범죄학자들은 이미 이러한 상습범을 식별하기 위한 첫걸음을 뗀 상태였다."[29]

제3제국의 범죄자생물학

유전적으로 열등한 자들을 제거해 독일을 정화한다는 목표에 활발히 기여했던 인류학, 생물학, 우생학, 유전학, 의학, 심리학, 정신의학 등의 여러 과학 중 하나인 범죄자생물학이 참여했던 보다 광범위한 과학적 노력과 분리될 수 없다. 제3제국 시초에 과학의 진보를 추구하는 빌헬름황제협회Kaiser Wilhelm Society for the Advancement of the Sciences 협회장이었던 Max Planck막스 플랑크는 "결국 우리의 보호자이자 후원자임을 자처한 새로운 국가를 재건하기 위해 독일 과학은 만반의 준비가 되어 있습니다."[30]라고 Hitler에게 장담하며, 새로운 정부와의 긴밀한 협력에 대한 그와 동료의 열정을 표했다. 10년 뒤 나치 우생학 연구의 지도자인 Eugene Fischer유진 피셔가 "지배적인 이념이 이론과학을 반기는 시기에 그러한 과학이 번성하는 것은 드물고 특별한 행운이며, 이론과학의 연구 결과는 국가 정책에 즉각적으로 도움을 줄 수 있다."[31]라며 기뻐서 어쩔 줄 몰라 했을 때, 새로운 정권과 과학의 공생관계는 다시 한 번 확인되었다. 나치 우생학이 지난 장들에서 설명되었던 반근대주의적 반응의 일부, 다시 말해 근대 생활의 문제와 불확실성을 다루는 데 과학을 동원하려는 시도의 일부였다고 보는 시각도 있다. 어쨌든 생명과학은 나치에서 번성하였고, 그중에서도 범죄자생물학이 특히 번성하였다.

나치 범죄자생물학과 긴밀히 연합하였던 두 개의 과학 프로그램으로 우생학과 인종위생학$^{racial\ hygiene}$이 있다. 이 두 용어는 종종 같은 말로 사용되며, 실제로 우생학과 인종위생학은 Hitler가 그의 몰살 계획을 펼칠 때 한데 모이게 되었다. 게다가, 심지어 Hitler의 독일에서조차 과학자들이 이 둘의 구분을 명확히 해내지는 못했다. 하지만 오늘날 우리가 범죄자생물학 연구의 목적을 이해하려면 우생학과 인종위생학 사이의 차이에 주목하는 것이 중요하다. 우생학 프로젝트는 우월한 사람들의 번식을 장려하고^{양성우} ^{생학} 강제 추방, 결혼 금지, 감금 혹은 몰살을 통해 "열등한 자"들의 번식을 막음으로써^{음성우생학} "인종"의 질을 높이는 것을 목표로 하였다. 여기서 말하는 인종은 "인류"라는 가장 폭넓은 의미로 쓰였다. 전체의 이익을 위해 유전적인 결함을 가진 모든 이들, 즉 하나의 인종 집단이나 민족 집단의 구성원만이 아닌 모든 집단의 "결함 있는 자들" 전부의 번식을 막자고 제안하는 것이 우생학의 가장 일반적인 모습이었다. 1930년대까지 모든 인종과 민족의 유전적 범죄자를 찾아내 번식을 예방하는 것을 범죄학적으로 겨냥하였던 우생학 운동을 독일과 다른 곳에서 지원하였던 자들 중에는 유대인이 섞여 있었다. 7장에 나와 있듯이 약간 우생학적인 서적을 출판하였던 Glueck 부부가 미국에서는 그와 같은 유대인의 일부였다. 제3제국의 모든 선구적인 범죄학자들은 각자 보여주는 열정에서 차이를 나타냈지만 나치 정권의 우생학적인 목표를 지지하였다.

반면 나치우생학과 구분될 수 있는 한 **인종위생학**은 유대인 및 집시 같은 인종 및 민족 집단을 찾아내 대략 "북유럽인종" 혹은 게르만족이라 할 수 있는 아리아인으로만 구성된 순수한 독일로 돌아가는 것에 관계된다. 특정한 인종적 혹은 민족적 집단이 유전적으로 범죄적 성향을 가진 것으로 확인될 때 인종위생학은 범죄학적인 측면에서 우생학과 교차한다. 인종위생학과 범죄학의 상호작용상의 복잡성은 범죄자생물학 발전을 이끈

Gustav Aschaffenburg가 유대인이라는 이유로 이미 대학에서 쫓겨난 상태였음에도 1935년까지 자신의 과학이 반유대주의적인 과학이 될 수 있다는 것을 깨닫지 못했음을 생각해보면 명확해진다.[32] Aschaffenburg는 범죄자생물학과 반유대주의가 나치를 위해 "우생학적 정책을 상호보완적으로 구성"한다는 것을 단지 이해하지 못했던 것이다.[33] 몇 년 뒤 우생학과 인종위생학 사이의 연결성은 명확해졌다. 범죄자생물학을 발전시켰던 자들이 우생학뿐만 아니라 인종위생학을 어느 정도로 지지하였는지는 불명확하다. 하지만 나치가 범죄학적 직위에서 유대인과 정치적 반대자들을 제거한 뒤 _{이에 대해서는 나중에 설명할 것이다.} 남아 있던 범죄자생물학자 전부는 아닐지라도 대부분은 우생학과 인종위생학 양쪽의 목표를 모두 지지하였으며, 두 과학적 프로젝트의 목표를 융합시켰다.

인종 정화는 오랜 시간 동안 Hitler의 의제 중 가장 꼭대기에 있었다. Hitler가 1920년대에 저술한 「나의 투쟁_{Mein Kampf. 동일한 제목으로 2014년 동서문화사에서 출판되었다. 옮긴이.}」 제1권에서 Hitler는 모든 문화적 성취는 "거의 독자적으로 아리아인의 창조력이 만들어낸 것"이라고 선언하였다. Hitler가 보기에 아리아인은 인문학과 예술의 대담한 창조자 "인류의 프로메테우스"인 반면, 유대인은 기생충, 상습적인 거짓말쟁이, 그리고 "인종 간 교배"를 통해 아리아인을 육체적·인종적으로 타락시키는 원인이었던 것이다.[34] "열등한 자들은 항상 우월한 자들보다 잘 번식한다."라고 했던 Hitler는 열등한 인종의 번식을 막고, 유대인과 "우월한 인종"이 맺어지는 것을 금하기 위해 독일에는 법이 필요하다고 계속해서 주장하였다.[35] 오래된 독일 제국은 "국가 생명의 인종적 토대를 보존하는 문제를 등한시함으로써" 구성원 중 "잡종"이 생겨나도록 만들었다.[36]

인간 유전에 대한 Hitler의 잘못된 생각, 그리고 그의 반유대주의는 유대인이 통제되지 않는 성생활 및 포식적인 범죄적 성향과 관련되어 있다는 편견_{예컨대 이는 Fritz Lang의 영화 M에서 찾아볼 수 있다.}을 포함한 이미 독일 사회에 널리 퍼져 있던 편견을 강화하였다. 마찬가지로 Hitler 정권은 신티^{Sinti} 혹은 로마

Roma라고 불렸던 "집시"에 대한 널리 퍼져있던 편견에 매달려 이 집단을 범죄화하였다.[37] 제3제국 보건부 산하 우생학및집단생물학연구소 Research Institute for Eugenics and Population Biology 최고위자였던 Robert Ritter 로베르트 리터는 바이에른 범죄자생물학 파일들을 통해 연구해온 수만 명의 집시가 "프롤레타리아보다 낮은 독일의 범죄적 반사회자와의 교배를 통해 나온 산물"이자 "낙후된 정신을 가져 실질적으로 사회에 적응할 수 없으며 완전히 원시적인 민족적 기원을 가진 민족"이라고 단언하였다.[38] 독일 범죄자생물학자들은 인종위생학과 우생학에 관련된 이러한 아이디어를 융합한 뒤, 이 2개 프로젝트 모두에 이바지하였던 "아리아인 범죄학 an Aryan criminology"[39]을 만들어 냈다.

이 아리아인 범죄학의 실체는 무엇일까? 아리아인 범죄학은 '생물학적 작용이 범죄 행동을 결정하며 환경은 의미 있는 영향을 거의 미치지 않는다.' 및 '생물학적 요인은 유전자에 의한 것이며 다음 세대로 필연적으로 전달된다.'와 같은 2개의 근본적인 가정에 근거한다. 나치 범죄자생물학의 최우선적 목표는 연구를 통해 이 가정을 확인하는 것, 유전적인 범죄자이기 때문에 번식이 금지되어야 할 사람들을 식별하는 것이었다. 범죄자생물학자들은 출산율 격차도 연구한 뒤 범죄자가 선량한 독일인보다 더 잘 번식한다는 것을 보여주었으며, 불임화가 시행되었다면 다양한 종류의 범죄를 줄이는 데 미쳤을지도 모르는 영향을 평가하였다. 시간이 지나면서 그러한 연구가 확장되어 부랑자, 동성애자, 공산주의자, 매춘부 및 다른 "반사회적 인간들"이 똑같이 유전적 일탈자임을 증명하였다. 나치 범죄자생물학의 연구 프로그램은 바이마르 공화국 시기의 그것보다 더 유전주의적이었으며, 유대인과 집시에 대한 겨냥을 보다 대놓고 인종차별주의적으로 하였다.

범죄자생물학자들은 바이에른에서 일찍이 수집된 자료에 대한 생물학적 검토를 통해 연구를 수행하여, 연구 대상인 사람들의 유전적, 지적, 의학적, 심리학적, 사회적 상태에 관한 자료를 편찬하였다. 나치당원들이 권력을 잡게 되었을 때 그들은 73개 교도소에 범죄자생물학센터를 열고 독일 사법부를 보고시스템의 중심으로 만들면서 바이에른 프로그램을 전국적 프로그램으로 탈바꿈시켰다.[40] 이 야망에 찬 연구 프로그램은 네 가지 실제적 적용을 해내는 것을 목표로 하였다. 첫째, 나치 범죄학자들은 범죄자생물학적 심사를 통해 독일의 모든 수감자를 유전적으로 분류할 수 있기를 바랐다. 둘째, 판사들이 판결의 기반으로 삼을 수 있는 '유전적 정보에 근거해 형을 미리 선고해보는 보고서' 같은 것을 창안함으로써 독일 범죄학자들은 검토 결과가 형 선고에 도움이 되도록 할 생각이었다. 셋째, 검토 결과는 불임화되어야 할 범죄자들을 식별하는 데 도움이 될 것이었다. 넷째, 이 프로그램의 수장 Robert Ritter는 범죄자가 범죄를 저지르기 시작하기 전에 무력화하기 위해 범죄자가 될 이들이 누구일지를 자신이 미리 알아볼 수 있도록 할 유전적 정보의 보편적 기록을 편찬하는 것을 희망했다.[41]

Robert Ritter는 나치 위계질서 내의 그의 위치 때문에 나치 범죄자생물학 발전에서 주요한 인물이었다. 1940년 그는 보건부 산하 우생학및집단생물학연구소 Research Institute for Eugenics and Population Biology에서 수행되던 인종위생학 연구를 사법부를 위해 수감자들에 관한 유전적 데이터를 수집하였던 범죄자생물학협회 Criminal-Biological Institute와 융합시켜 탄생한 부서의 최고위자가 되었다. 다음 해 그는 두 번째 범죄자생물학협회 회장이 되었는데, 이 조직은 히틀러 친위대 Schutz-Staffel, SS 지시를 받았다. 또한 그는 미국 Richard Dugdale과 Henry Goddard가 Juke 및 Kallikak 일가에 관한 유명한 연구의 기반으로 삼았던 방법과 비슷한 계통 연구 방법을 이용하여, 다루기 힘든 젊은 인구, 방랑자, 반사회적인 가족들에 관한 유전적 데이터베이스를 구축하였다. 하지만 Franz Exner프란츠 엑스너, Hans Gruhle한스 그룰레, Siegfried Koller지크프리트 콜러, Heinrich Wilhelm Kranz하인리히 빌헬름 크란츠와 Friedrich Stumpfl프리드리히 스툼플를 포함한 다른 범죄학자들 역시 나치 독일에서 활발한 모습을 보여주었으며, Wetzell이 저술하였듯이 그들 중 많은 이는 Ritter의 극단적인 인종차별주의와 유전적 결정론을 지지하지 않았다.[42] Wetzell은 다음과 같이 말한다. "나치 시대 범죄학은 유전주의적 편견과 방법론적 정교함을 높이려는 지속적 절차 사이의 끊임없는 갈등으로 특징지을 수 있다. … 나치 정권 아래에서도 어느 정도의 정상적인 과학이 지속되었다."[43] 그렇기는 하지만 범죄자생물학은 바이마르 공화국 시절에 보여주었던 다방면에 걸친 모습을 잃고 그 어느 때보다 더 획일적인 모습으로 변했다. 독일 범죄학에 남아 있던 모든 활력을 갉아먹은 다른 요인은 제2차 세계대전이 시작되면서 나타난 자원 감소 및 목표로 편협화였다. 이후 범죄자생물학은 범죄자 및 다른 반사회적 인간 몰살을 정당화하는 것에만 집중하고 다른 활동은 거의 보이지 않았다.

1933년 1월 Hitler가 독일 수상이 되었을 때 나치당원들은 인종위생학 프로그램을 시행하기 위해 재빨리 움직였다. 1933년 4월 나치당원들은 「전문적 행정 사무 복구법Law for Restoration of the Professional Civil Service」을 제정하였는데, 이는 유대인과 공산주의자가 대학 및 정부의 직위에 임명되는 것을 금하는 결정이었다. 이 법은 잠재적인 반대자들을 제거하였으며 동시에 자신의 자리를 지키고 싶어 했던 사람을 강제로 나치와 협력하게 만들었다. 1930년대 독일을 강제로 떠나야 했던 범죄학자 중에는 Max Grünhut막스 그룬후트와 Hermann Mannheim헤르만 만하임이 있다. 이 2명의 범죄학자는 폴란드 피난민 Leon Radzinowicz레온 라지노비치와 함께 영국 범죄학을 세웠다.[44] 독일 범죄자생물학 발전의 핵심 인물인 Karl Birnbaum칼 번바움은 곧장 미국으로 이주했고, 결국 Gustav Aschaffenburg가 뒤를 따라 미국으로 갔다.[45] 유대인은 아니었지만 Aschaffenburg와 가까운 동료였던 Hans von Hentig한스 폰 헨티히는 유전론자였음에도 불구하고 나치의 적이었다. 그는 미국으로 이주하여 다양한 대학에서 강의를 하였고, 그의 명저 「범죄자와 그의 희생자The Criminal and His Victim」로 피해자학 연구 분야를 설립하였다.[46] 미국으로 이민 간 이들 중에는 Georg Rusche게오르크 러쉬와 Otto Kirchheimer오토 커치하이머가 있다. 이 둘의 공동저서 「처벌과 형벌의 구조Punishment and Penal Structure」는 나중에 등장하는 처벌에 관한 거의 모든 이론을 위한 기반을 수립했다.[47] 이와 같이 독일은 인종차별주의를 통해 최고의 범죄학자 몇몇을 떠나보냈다. 이들이 독일에 남아 있었다면 독일 범죄학의 생물학주의를 환경결정론적인 관점으로 완화시켰을지도 모른다.[48]

제3국의 형사사법

제3제국에서 범죄자생물학은 형사사법에 어떻게 영향을 미쳤을까? 이 질문에 대답하기 위해 먼저 나치당원들이 형법과 사법행정기관을 변화시켰던 방식을 살펴봐야 한다. 왜냐하면 그러한 변화가 그들이 범죄학 이론을 적용하였던 상황을 만들었기 때문이다.

권력을 쥐자마자 나치당원들은 독일을 독재국가로 변화시키기 시작했다. 1933년 2월 나치당원들은 독일 의회가 모임을 갖던 장소인 제국의회 의사당Reichstag building에 발생한 화재를 구실로 시민의 자유를 박탈하였다. 다음 달에 제정된 수권법은 Hitler가 심지어 헌법에 위배되는 법일지라도 자신만의 법을 쓸 수 있도록 그에게 권한을 부여하였다. 새로운 정권은 각각의 주 정부들을 중앙집권화하였다. 바이마르 공화국 시절 상당한 자치를 누렸던 개별 주들은 이제 형사사법 및 여타 문제를 책임지는 통제권을 잃었다. 이런 권한은 제3제국 중앙행정이 담당하게 되었다. 1933년 4월 독일 정부는 사법심사로부터 자유로운 비밀국가경찰 게슈타포를 창설하는 움직임도 보였다. 이렇게 "사법"은 국가의 요구와 같은 말이 되었으며 형사사법기관은 나치의 정책을 시행하기 위한 도구가 되었다. 나치당원은 사회를 보호해야 한다는 Lombroso의 형사사법적 입장을 이탈리아 자유주의자들이 만약 그 실태를 봤다면 몸서리쳤을 극단적인 견지로 끌고 갔다.

「전문적 행정 사무 복구법」이 반대자들을 침묵시킨 상태에서 1933년 7월 나치당원들은 「유전적으로 병든 자손 예방법Law for Prevention of Hereditarily

Diseased Offspring 」, 즉 불임화법Sterilization Law을 제정하여 선천적 뇌전증, 정신박약, 조현병 같은 정신병, 알코올 중독 및 유전될 것 같은 다른 질병에 시달리는 것으로 보이는 사람들의 강제적 불임화를 정식으로 허가하였다. 미국 우생학 연구로부터 영감을 받았으며 미국의 비슷한 법률을 모델로 삼은49 독일의 불임화법은 지적장애인 혹은 "정신박약자"를 범죄자보다 직접적으로 겨냥하였다. 하지만 독일 불임화법이 후자에게 영향을 미쳤던 것 또한 사실이다. 어떤 경우에도 "정신박약"은 애매하게 정의되었으며, 정신박약은 지적인 기준뿐만 아니라 사회적인 기준을 통해서도 진단되었기 때문에 이 용어는 범죄적 행동 혹은 준일탈적 행동을 저지른 자들을 포함하도록 그 범위가 쉽게 확장되었다. "유전적 알코올 중독"은 범죄자를 포함할 수 있도록 쉽게 범위가 늘어날 수 있는 또 다른 범주였다. Hitler 스스로는 불임화법의 대상에 상습적 범죄자를 포함시키고 싶어 했지만, 독일 사법부 공무원들은 비유전적 범죄자와 유전적 범죄자를 구분하는 기준이 옳은지 확신할 수 없다는 이유로 과학에 대한 그들의 헌신을 분명히 보여주었던 어떤 논쟁에서 Hitler에게 반대하였다.50 하지만 불임화법은 1935년 개정되어 "퇴보적 성충동"을 가진 자들의 "자발적" 불임화를 허가하게 되었다.51 또한 구제 불가능한 범죄자로 여겨지는 자들은 6개월 뒤 통과된 상습범법 Habitual Offender Law에 의해 어쨌든 생식 기능을 잃게 되었다. 1933년 11월 상습범법은 법정으로 하여금 구제 불능의 인간에게 부정기형을 다시 선고할 수 있도록 하였다. 이는 사실상 종신형이자 사형이었다. 대다수의 사례에서 범죄자들은 교도소에서 학대로 사망하거나 결국 죽을 때까지 노동하도록 강제수용소로 보내졌기 때문이다.

사학자들은 독일 전통적인 형사사법제도의 경찰, 법원, 교도소를 제3제국의 경찰 및 강제수용소와는 독립적인 것으로 묘사한다. 하지만 "정상적인" 형사사법제도가 나치 기관들과 평행을 이루며 나치기관에 저항했지만 어찌해볼 수도 없이 압도당했다는 오래된 관점은 이제 틀린 것으로 간주된다. 그러한 관점은 사실 제2차 세계대전 이후 나치당원들과의 협력을 숨기고 싶어 했던 형사사법 공무원들에 의해 퍼뜨려진 것이다.[52] 이러한 공무원 중 많은 이들은 열정적으로 나치와 협력하였고, 사실 일반적인 형사사법제도는 일반적인 표준이 시행되고 있다는 것을 대중에게 보여주며 안심시키는 기능을 했던 것이다. Wachsmann의 저술에 따르면 "법적인 요식체계는 나치 정권의 폭력적 본질을 숨길 수 있도록 도왔다."[53]

제3제국의 치안 유지 활동은 중앙집권화, 확장, 법정 기능 탈취, 권리 박탈을 향하는 궤도를 따라 나아갔다. 모든 치안 유지 활동은 히틀러 친위대SS 아래에서 조직되었다. 원래 작은 규모의 경호원 집단이었던 히틀러 친위대는 Heinrich Himmler하인리히 힘러 밑에서 수십만 명으로 구성된 복잡한 조직으로 변했다. 결국 히틀러 친위대에는 군부대, 비밀국가경찰인 게슈타포, 의무대, 일반 경찰, 강제수용소 관리자가 포함되게 되었다. 심지어 Robert Ritter의 범죄자생물학 연구 조직 중 하나는 히틀러 친위대 관료 체제 내에 명백히 소속되어 있었다. 이러한 모습이 과학적 객관성을 위한 청사진이라고 볼 수는 없지만, 당시 객관성은 그들이 추구하던 것이 아니었다. 바이마르 공화국 시절 시민 권리가 경찰의 수사 권력을 제한하는 것에 불만을 품었던 일반 경찰Kripo은 "예방적 치안 유지 활동"에 기여할 수 있는, 그리고 인종의 위생을 개선할 수 있는 기회를 반갑게 맞이하였다.[54]

전통적으로 법원이 담당하던 기능을 히틀러 친위대가 가져가기는 했지만, 그럼에도 일반 사법체제는 사회적으로 부적격한 자들을 독일에서 제거하는 노력에서 필수적인 역할을 했다. 형법이 확장되었는데, 예컨대 Hitler에 대한 전단을 뿌리거나 Hitler를 농담거리로 삼는 것조차 불법이 되었다. 범죄를 정의할 때 나타나는 애매함을 증가시키기 위해 오래된 법들이 다시 쓰여 어떠한 사유로라도 거의 모든 사람을 기소하는 것이 가능해졌다. 나치당 법률사무소의 최고위자였던 판사 Hans Frank한스 프랑크는 "독일인들에게 유용한 것이라면 무엇이든 그것은 정의이다."이며, "나치는 범죄자와 협상하지 않으며, 그들을 때려눕힐 뿐이다."[55]라고 선언하였다.

몇몇 법원 공무원들이 사법적 공정성을 유지하려 하기는 했지만, 많은 이들은 사실상 사법에 관한 전통적인 개념을 완전히 던져버리며 나치의 압박에 굴복하였다. 일반 법원은 보다 가혹하게 기소했고, 항소를 더 적게 허용하였으며, 더 엄하게 처벌했고, 사형을 빈번하게 선고하였다. 검사들은 유죄판결을 확정할 증거가 부족할 때면 그저 피고인을 히틀러 친위대에게 넘기면 그만이었다.[56] 정치적 반대자의 경우 재판 결과가 빨리 나오도록 하기 위해 나치당원들은 특별 법원을 세웠다. 거짓된 기소를 받아들이고 형을 미리 결정했던 인민법원이 특별 법원 중 하나이다. 많은 피고인들은 그저 "보호 구치" 혹은 "보호 감금"에 처해진 채 무기한으로 재판을 기다렸다. 사실상 이는 재판 전에 교도소로 보내졌다는 의미이며, 구금이 천천히 진행되는 죽음으로 이어졌기 때문에 구속 자체가 사형임을 의미했다. 다른 피고인들은 더욱 빨리 제거되었다. 예컨대 Hitler에 반대하는 전단을 뿌린 뮌헨 학생들로 구성되었던 유명한 집단 백장미White Rose 구성원들은 공공연히 보여주기 위한 "재판"을 받아 즉시 단두대로 처형되었다.[57] "법원과 교도소 시스템은 나치 탄압의 핵심 도구가 되었다."라고 Wachsmann은 설명한다. "독일의 법률 공무원들의 협력이 없었다면 이는 불가능했을 것이다."[58]

전통적인 사법체제의 감옥과 교도소는 제3제국 아래에서 계속 작동하여 때때로 강제수용소라는 평행적 체제보다 실상 더 많은 사람을 수용하는 수감 네트워크를 형성하였다.[59] 상습범법으로 인해 교도소는 가득 채워진 상태였다. 이 상습범법은 법원이 보기에 근원적인 "범죄적 성향" 때문에 범죄를 저지른 것으로 보이는 자들에게 판사들이 무기한의 "보호" 구금형을 선고할 수 있게 하였다. 또한 이 법은 교도소 공무원들로 하여금 형량이 막 끝나려고 하지만 어떻게든 구제 불능으로 증명된 수감자에게 부정기형 선고를 권할 수 있게 하였다. 우생학적인 상습범법으로 형을 선고받은 자들 중 대다수는 좀도둑, 매춘부, 부랑자, 사소한 범죄자들이었다. 교도소에서 그들은 거의 음식을 먹지 못했고 짐승처럼 일했으며 빈번하게 폭행을 당했다.

거의 모든 나치의 살인 프로그램에는 범죄자가 포함되며 그러한 프로그램들은 T₄라는 코드명이 붙고, 1939년 10월에 개시된 "안락사" 작전과 함께 시작되었다. T₄는 범죄적 정신이상자를 포함한 정신적으로 무능한 자 제거를 목표로 하였다. Wetzell은 법원 공무원들이 범죄적 정신이상자 수용시설에 가둔 사람들을 확인하려 했을 때 때때로 그들이 없어진 것을 어떤 식으로 발견하게 되었는지 설명한다. 수용자들이 사라지는 현상은 의사들이 한정책임능력diminished-responsibility, 범죄성립을 위해서는 범죄자가 그 행위의 올바르지 못함을 통찰하고 이 통찰에 따라서 행위할 수 있어야 한다. 그럴 수 없는 경우를 책임 무능력, 두드러지게 감약하고 있는 경우를 한정책임능력이라고 한다. 옮긴이.에 관한 사례의 피고인들이 재판을 받기 전에 처형될 것에 대한 두려움으로 이러한 사례에 증언하는 것을 피하도록 만들었다.[60] 1941년 4월 T₄ 작전은 일할 수 없는 자, 유대인, "반사회적 사이코패스", 전과를 가진 수용자를 포함한 강제수용소에 수감된 사람들을 겨냥할 수 있도록 확장되었다. 이러한 확장은 독일이 전쟁을 하고 부상자를 돌보기 위해 자원을 끌어들일 필요가 생겼을 때와 그 시간대가 일치한다. "안락사" 프로그램에 대한 대중의 불안 때문에 Hitler는 공식적으로는 이 프로그램을 종결한다고 하는 동시에 은밀히 프로그램을 진행시켰다. 안락사 프로그램은 구빈원 및 다루기 힘든 청년들이 거주하는 시설로부터 "반사회자"를 끌어모아 살해하였다. 1942년 이후 Hitler는 보호 구치 중인 모든 이들을 제거할 예정이었다. 표면적으로 이는 전쟁으로 인해 좋은 유전자를 가진 이들이 사라졌기 때문에 유전자 균형을 다시 맞추기 위해 벌인 일이었다.[61] 보호 구치 중이던 몇몇은 일반 교도소에서 죽음에 이를 정도로 노역을 하였고 다른 이들은 총살, 교수형, 단두대형에 처해졌으며, 또 다른 이들은 "극심한 노동을 통한 말살"을 위해 강제수용소로 보내졌다.[62] 이와 같이 나치 정권의 끝을 향해 나아갈 때 2개의 평행적 체제, 즉 전통적 처벌 기관으로 구성된 체제와 강제수용소로 구성된 체제는 통합되기 시작했다.

보다 분명하게 범죄학적 주제와 관련된 다른 통합은 유전적 부적격자로 확인된 일탈자로 구성된 다양한 집단들이 거의 구별될 수 없는 막대한 "반사회자" 집단을 형성하게 되면서 일어났다. 이 반사회자 집단에는 나치 정권의 정치적 반대자가 포함되었으며, 정치적 반대자들은 때때로 Lombroso의 방식에 따라 기형적 머리와 뒤틀린 이목구비를 가진 것으로 묘사되었다.[63] 더 나아가 반사회자 집단에는 연구에 따라 선천적인 범죄적 성향을 가진 것으로 확인된 유대인과 집시가 포함되었다. 성범죄자, 매춘부, 동성애자, 여호와의 증인, 청소년 비행자, "사이코패스", 부랑자, "일하기 싫어하는 사람", 거지, 알코올 중독자 들도 유전적 퇴보자인 것으로 범죄학적으로 증명되었다. 판별 기준의 애매함으로 인해 "반사회자" 집단이라는 범주의 꾸준한 팽창이 촉진되었다. 생태학자 Konrad Lorenz 콘라트 로렌츠는 "선량한 인간은 가장 깊숙한 곳의 직감을 통해 다른 사람이 악한 자인지 아닌지를 쉽게 느낄 수 있다. … 우리는 가장 훌륭한 인간들이 나타내는 '깊이 뿌리내린 곳으로부터 흘러나오는 분석이 가미되지 않은 반응'에 의존해야 한다."라고 저술하였다.[64] 나치당원이자 나중에 과학 분야에서 노벨상을 수상하게 된 Lorenz는 반사회자들을 "집단이라는 유기체the supra-individual organism"[65]의 건강을 위해 제거되어야 할 악성종양에 비유하였다. 당시 제3제국은 과학에 반대했다고 보기 힘들다. 오히려 모든 단계에서 나치 독일은 과학에 검증 및 합법화를 맡겼다. 나치 독일과 과학은 서로를 먹여 살리고 있었다.[66] 새로운 법적 체계와 행정적 체계가 갖춰지기만 하면 범죄자생물학은 우생학과 인종위생학에 관한 나치의 목표를 이뤄주기 위해 작동하였다.

이 체제의 운용을 설명하기 위해 Wachsmann은 1936년 6월 교도소에 수감된 한 여성의 사례를 묘사한다. 33세 Magdalena S.마그달레나 S.는 절도 및 매춘 같은 범죄로 유죄선고를 받은 기록을 가지고 있었다. 그녀는 교도관이 열심히 일하지 않는다고 나무라기 전까지 교도소에서 올바르게 행동했다. 교도관의 질책으로 그녀는 모든 행동을 그만두었다. Magdalena는 심지어 방을 청소하는 것마저 거부하였으며 "저는 이 삶을 더이상 견딜 수 없어요. 모든 것에 '알겠습니다.'라고 말하는 것도 지겹고 더이상 복종할 수도 없어요."라고 교도관에서 말했다. 교도관들은 Magdalena를 5개월 동안 빵과 물 말고는 주는 것이 거의 없는 가혹한 구금에 처하게 했다. 정신적으로 악화된 Magdalena는 교도관 및 자신과 친했던 사람들에게 공격적으로 반응하였다. 결국 Magdalena는 "죽음에 이르는 노동" 프로그램에 배정되어 1943년 강제수용소로 보내졌다. 거기서 그녀는 2만 명의 다른 수감자들과 함께 죽음을 맞이했다.[67]

범죄자를 전멸시키면 범죄도 전멸시킬 수 있을 것이라는 나치의 믿음 때문에 Magdalena처럼 목숨을 잃은 범죄자의 전체 수치를 파악하는 것은 불가능하다. 물론 다양한 종류의 수치들이 존재한다. 예컨대 1939년과 1945년 사이에 독일 법원이 16,000번 사형을 선고하였다는 것과 1942년 8월 이후 적어도 14,000명의 상습범이 강제수용소에서 살해당했다는 것이 알려져 있다.[68] 하지만 수치들은 가늠하기 힘들거나 중복되거나 혹은 너무 달라서 비교가 불가능하다. 군수산업적 업무를 위해 독일로 온 폴란드인들이 사소한 마찰로 인해 경찰에 의해 처형되었을 때 그런 폴란드인을 나치의 믿음에 의해 살해당한 전체 범죄자 수에 포함해야 할까?[69] 강제수용소에서 사망한 동성애자는? 노출에 따른 체온 저하, 영양실조, 생체실험 때문에 죽은 13,613명, 가스실에서 죽은 6,432명, 탈출하려다 총격에 사망한 32명의 비르케나우 수용소 집시는 포함해야 할까?[70] 상습범으로 분류되었던 유대인은 어떤가? 유대인으로 확인되었던 매춘부는? 정확한 기록을 집어내는 것은 헛된 일이다. 하지만 그러한 헛됨은 중요한 교훈을 가져다준다. 나치의 사고에서는 범죄자가 명확히 정의된 범주라기보다는 오히려 유대인, 집시, 장애인, 동성애자, 빈곤층 및 다른 반사회적 인간을 포함하는 보다 큰 퇴보자 집단의 일부였던 것이다. 인종위생학은 유전적인 생물학적 열등함이라는 똑같은 근본적 이유로 나치의 유토피아에서 위에 언급된 모든 이들을 배제하였다. 이런 이유로 Friedlander프리들랜더는 종족학살 genocide이라는 용어가 원래의 의미에서 확장되어야 한다고, 즉 특정한 민족 집단 혹은 특정한 국가의 인간을 대량으로 학살한다는 원래의 의미에서 "생물학적으로 정의된 집단에 포함된다는 이유로 진행된 인간에 대한 대량 학살"을 포함하도록 확장되어야 한다고 주장한다.[71] 이 주장에 따르면 범죄자들도 나치의 종족학살의 피해자인 것이다. 나치즘은 우생학적 정화에 관한 이데올로기였으며 Claudia Koonz클라우디아 쿤즈가 말하듯이 "'그들'을 배제하고 오직 '우리'로만 구성된 공동체에 대한 이상"이었다.[72]

비교를 위한 파시스트 이탈리아의 범죄생물학

파시즘을 신봉하는 독재 정권의 설립으로 이어진 상황은 어떤 점에서는 이탈리아와 독일에서 비슷하게 나타났다. 바이마르 공화국처럼 20세기 초반 이탈리아는 자유주의 국가였고 개혁적인 취지를 가지고 있었지만, 불안정하였으며 근본적인 경제·정치적 문제에 시달렸다. 이러한 문제에 이탈리아 정부는 거의 진척을 보이지 않았다. 시골 지역들 및 산업화 도시들의 극단적 빈곤에 의해 자양분을 공급받았던 '좌파의 급진적인 정치적 움직임'은 '우파의 반자유주의적 보수주의'와 대립하였다. 이탈리아는 제1차 세계대전에서 연합국의 편에 섰지만, 이는 주로 새로운 영토를 보상으로 받을 수 있다는 은밀한 약속 때문이었다. 그러한 보상이 이탈리아의 제국주의적 욕망을 만족시키는 수준에는 이르지 못하자 이탈리아는 굴욕과 좌절로 반응했다. 이는 독일이 제1차 세계대전의 종결에 반응한 모습과 비슷하다. Mussolini무솔리니는 정부를 안정시키고 부패를 척결하고 로마제국 시절 이후 이탈리아에서 사라진 위엄을 되찾을 것이라 장담하며 1919년 파시스트당을 세웠다. Mussolini는 반대자들을 위협하였던 불법무장단체 검은셔츠단Blackshirts의 폭력적 전술에 부분적으로 의존하여 권력을 잡았다. Hitler가 검은셔츠단을 모방하여 만든 조직인 갈색셔츠단Brownshirts이 1930년대 초반에 그랬던 것처럼 검은셔츠단은 반대자들을 위협하였다.

그러나 나치와 파시스트 이탈리아가 아주 똑같았다고 할 수는 없다. Mussolini는 Hitler가 독일을 인수하기 거의 10년 전, 비종교적 정부에 효과적으로 반대할 수 있었던 조직인 가톨릭교회에 의해 오랜 지배를 당해온 국가에서 독재자가 되었다. 더욱이 Mussolini가 권력을 쥐게 되었을 때 이탈리아는, 비록 이탈리아 형사사법 공무원들이 남부 이탈리아에서 발생하는 약탈에 지속적으로 사로잡혀 있었기는 했지만, 바이마르 공화국이 범죄에 대해 보였던 병적인 흥분과 유사한 반응을 보이지 않았다. 하지만 이탈리아는 통치 문제를 염려하였다.예컨대 때때로 "약탈(Brigandage)"은 독립적인 남부 이탈리아인들이 로마에서 국가가 중앙집권화되는 것을 정치적으로 반대하는 것을 가리키는 음어였다.73 통치 문제에 대한 염려에 동참한 Mussolini는 이탈리아의 영광스러웠던 과거의 나날을 회상하면서 1922년 웅장한 상징적 제스처를 취하며 로마로 진격하였다. 1926년 Mussolini는 독재 정권을 수립하였다.

이탈리아 범죄학 발전 역시 독일 범죄학 발전과 유사하다. 그 유사함이 개략적이고 애매한 방식으로 나타나기는 하지만 말이다. 가장 중요한 것은 양국의 범죄학이 Lombroso 범죄인류학, 범죄를 과학적으로 연구하겠다는 Lombroso의 약속, 스스로를 과학이라 칭하는 모든 절차는 불변의 진리를 드러낼 것이라는 Lombroso의 추측에 깊게 영향을 받았다는 것이다. Lombroso가 정신과 의사였다는 점, Lombroso가 심각한 범죄를 저지른 자들은 병들었거나 육체적으로 비정상이라는 가정으로 논리를 시작했다는 점을 살펴보면, 나중에 독일에서도 그랬듯이 이탈리아에서 범죄가 생물학적 일탈에 뿌리를 두는 개인의 잘못으로 이해되게 되었던 것은 당연하다. 게다가 Lombroso의 "과학적" 인종차별주의 때문에 인종에 따라 교정할 수 있고 없고의 차이가 나타난다는 아이디어는 나중에 독일 범죄자생물학에 스며들었듯이 20세기 초반 이탈리아식 범죄인류학에도 스며들었다. Lombroso는 이탈리아 내에서 범죄인류학을 유명하게 만들었으며, 범죄인류학은 Enrico Ferri엔리코 페리, Raffaele Garofalo라파엘레 가로팔로, Alfredo Niceforo알프레도 니스포로, Salvatore Ottlenghi살바토레 오틀렌기, Scopio Sighele스코피오 시겔레 같은 2세대, 3세대 지지자들에 의해 수정이 가미된 채 끊임없이 입에 오르내렸기 때문에 범죄인류학의 위상은 수십 년 동안 유지되었다.[74] 이 범죄인류학자 중 몇몇은 Mussolini 당에 참가하여 범죄인류학을 파시즘에 얽어매었다.

그러나 훨씬 더 중요한 것은 이탈리아와 독일에서 Lombroso의 아이디어가 펼쳐졌던 방식에서 나타났던 차이이다. Lombroso는 타고난 범죄자를 더욱 원시적인 진화 단계의 인간으로 묘사하는 그의 이론을 제외하면 많은 사회적 요소가 범죄 행동에 영향을 미칠 수 있음을 인정하였고, 많은 사례에서 생물학적 작용이 범죄와 거의 관련 없거나 아예 관련 없다고 주장하였기 때문에 그를 환경결정론자로도 볼 수 있다. 이탈리아 Lombroso 추종자들이 이런 구분을 심각하게 받아들였기 때문에 이탈리아 범죄학은 사회학적인 분석도 할 수 있었으며, 이로 인해 결국 생물학적 극단주의로부터 보호될 수 있었다. Wetzell에 따르면 바이마르 공화국 시기에 독일 사회학자들은 범죄학에 관심을 거의 두지 않았기 때문에 독일에서는 범죄학이 생물학적 결정론자들에 의해 탈취되기 쉬운 상태로 남겨졌다.[75] 이탈리아에서 범죄학이 어떤 방향의 미래로 나아갈지에 가장 중요하게 작용했던 것은 Lombroso가 의심할 여지 없이 생물학주의적이고 인종차별적이고 미숙하게 결정론적이기는 했지만, 또한 그가 너그럽고 인도주의적이었으며 범죄자에게 연민을 느끼고 그들의 하위문화를 존중하였다는 사실이다. 이러한 모습은 독일의 Lombroso 추종자들이 보여준 모습과 극명히 대조된다. 이탈리아 범죄학에서 엄청나게 두드러지는 인물인 Lombroso의 개인적 특성은 그가 유대인이었다는 사실과 함께 이탈리아인이 독일인처럼 인종위생학에 성급히 뛰어드는 것을 제지하는 제동 장치로 작용하였다.

우생학적인 주제는 독일 범죄자생물학에 내재할 뿐만 아니라 롬브로소주의가 지배하던 시대 이후 이탈리아 범죄인류학에도 내재하였다. 우생학적인 주제는 20세기가 흘러가면서 더욱 확고해졌으며, 1927년 Mussolini가 우생학적인 정책을 공개적으로 지지하면서 방점을 찍었다. 이탈리아

"인종"을 향상시키고자 하는 Mussolini의 희망은 형법 개혁의 일환으로서 1930년 제정된 로코법Rocco Code에 의해 실체화되었다. 로코법은 "범죄를 저지르는 경향"을 드러내는 이들에게 강화된 형량을 부과하는 법이며, "인종의 온전함과 건강을 해치는 범죄를 저지르는 자"여기에는 매독에 걸린 자도 포함된다.를 제재 대상에 포함하였다. 또한 로코법은 유전적 질병과 인종의 퇴보를 예방하기 위해 알코올 중독을 범죄화한다.76 이와 같이 범죄인류학과 파시즘은 우생학적이지만 그 정도가 미약한 형법을 함께 만들어내게 되었다. 하지만 거대 종교기관마저 산아 제한에 반대하는 국가에서 이탈리아 정부는 불임화 혹은 "안락사"를 향해 한 발짝도 나아가지 않았으며, 양성우생학적인 조치가 음성우생학적인 조치보다 더 강조되었다.

예컨대 양성우생학이 음성우생학보다 강조되는 모습은 로마대학교 법학교수 Giulio Q. Battaglini줄리오 Q. 바타글리니가 쓴 「우생학과 형법Eugenics and the Criminal Law, 1914」에서 명확히 나타난다. Battaglini는 형법의 우생학적인 잠재능력을 열정적으로 얘기하기는 했지만, 그는 미국 주들이 최근 통과시킨 불임화법이 과학적으로 부적절하며 정치적으로 용인될 수 없는 것이라며 비판하였다. 대신 Battaglini는 부정기형을 추천했는데, 그 이유는 범죄자의 번식을 막기 위해서가 아니라 "개인적 노력을 통해 결함을 고쳐낼"77 경우 보상함으로써 도덕적 소질을 향상시키기 위해서였다. 보다 일반적으로 Battaglini는 "경제적 개선, 도덕교육 등"78의 긍정적인 우생학적 효과를 홍보하였다. Battaglini가 내세운 프로그램은 그 의도에 우생학적인 요지가 있다는 것을 알아차리기 힘들 정도로 유순하였다.

파시스트 이탈리아 생물범죄학의 인종차별주의적 주제는 아프리카인 격하로 시작되었다. 사회적, 다윈주의적, 인종적 위계질서에 대한 Lombroso의 안이한 수용은 그가 범죄자의 두개골이 "열등한 유색인종의 일반적인 두개골과 얼마나 밀접히 상응하는지" 그리고 범죄자의 두개골에 많이 나타나는 이상이 열등한 유색인종의 두개골에서도 얼마나 잘 나타나는지를 관찰하도록 이끌었다.79 이와 같은 연관은 1935년과 1936년 사이에 에티오피아

Ethiopians를 상대로 벌어진 제국주의 전쟁의 든든한 기반이 되었다. 파시스트들은 정복 전쟁을 열등한 인종의 권위를 탈취하는 것으로 정당화하였다. 인종차별적 법, 대량 학살, 전쟁 포로에게 강요되는 가혹한 행진, 매장 캠프 등 에피오피아인을 복종시키기 위한 이러한 조치는 나중에 나치가 유대인 및 집시를 상대로 취한 행동을 앞질렀으며[80] 범죄인류학자를 포함한 이탈리아 대부분의 인류학자들의 지지를 받았다.[81]

또한 파시스트 생물범죄학의 인종적 주제는 남부 이탈리아인을 범죄화하는 데서 집중적으로 찾아볼 수 있다. 범죄인류학자의 눈에는 마피아, 카모라camorra, 1820년경 이탈리아에서 조직된 비밀결사. 옮긴이., 약탈 등 남부 이탈리아의 범죄 문제는 시칠리아인, 사르디니아인, 이탈리아를 삼등분했을 때 가장 아래쪽에 있는 지역의 다른 거주자들이 북부의 법준수자들보다 인종적으로 열등하다는 것을 증명해주는 것으로 나타났다. 남부인의 검은색 피부는 남부인이 베두인, 집시, 아프리카인 같은 범죄적 "인종"과 확실히 연관된 것처럼 보이게 만들었다. Lombroso의 제자인 Enrico Ferri는 살인에 관한 책에서 다양한 유형의 범죄의 비율에 따라 지도 위에 밝고 어두운 정도를 달리 나타냈다. 불길하게도, 존속살인, 독살, 암살 및 유아 살해에 관한 지도에서는 남부 지역이 가장 어둡게 표시되었다.[82] 남부 이탈리아인을 범죄화하는 것을 두고 북부 자본주의가 낸 좋지 못한 결과를 남부의 열등한 집단의 탓으로 돌리려고 했던 것으로 이해하든,이러한 이해는 정치이론가 Antonio Gramsci(안토니오 그람시)에 의해 제시되었다.[83] 아니면 새로운 국가의 정체성 형성에서 하나의 발걸음으로 이해하든,[84] 이는 논쟁의 여지 없이 파시즘 아래에서의 범죄인류학의 일환이었다.

이탈리아 범죄학의 인종 방정식은 1938년 Mussolini가 독일인과 마찬가지로 이탈리아인 역시 아리아인에 속한다는 인종 성명을 발표하였을 때 변화하였다. 아랍인, 에티오피아인, 유대인과 "이탈리아인" 사이의 교배를 금지하는, 그리고 공공교육 및 국가의 일자리에서 유대인을 배제하는 일련의 인종적 법률이 인종 성명의 뒤를 따랐다. Mary Gibson메리 깁슨의 글에 따르면 남부 이탈리아인에 대한 염려는 사라지게 되었다. "이제 유대인들이 남부 이탈리아인을 대신하여 이탈리아를 약화시킬 조짐을 보이는 '열등하고 퇴보한' 인종으로 자리매김했다."[85] 이탈리아의 유대인은 잠적하거나 붙잡혀 북쪽의 집단 처형장으로 보내졌다.[86]

하지만 유대인이 나치로부터 도망치도록 도와준 적이 있던 Mussolini는 결국 그러한 박해에 흥미를 잃었다.[87] Lombroso가 유대인이었다는 점과 이탈리아에서 반유대주의가 상대적으로 미약했다는 점 때문에 반유대주의에 어느 정도 면역되었던 파시스트 범죄학은 강력한 인종적 주제를 함유했음에도 인종 정화를 위한 수단이 되지 않았다. Mussolini의 인종적 법률은 사실 파시스트 이탈리아가 약해지고 있다는 징조였다. 예전에는 Hitler가 Mussolini를 모방했다면 이제는 Mussolini의 권력이 사그라들면서 Mussolini가 Hitler를 모방하려는 시도를 하고 있었던 것이다.

파시스트 범죄학자들은 형사사법제도의 모든 측면이 범죄인류학의 원리와 일맥상통하게 할 법적인 변형을 꿈꿨다.[88] 그러한 꿈은 산산조각이 났다. 다시 말해 기대했던 법적인 변형은 결코 일어나지 않았다. 하지만 범죄인류학은 형사사법제도의 거의 모든 부분에서의 형사사법관행에 영향을 미쳤다. 범죄 예방에 대한 Lombroso의 강조는 이탈리아의 권위적인 경찰기관들에 이미 뿌리내리던 탄압적 경향을 강화시켰다.[89] 용의자의 위험도를 결정하기 위해 파시스트 경찰은 범죄인류학을 공부했고, 바이에른 범죄자생물학자들이 수집한 자료보다 덜 유전주의적일지 몰라도 그와 유사한 자료를 집대성하는 것을 배웠다. 또한 파시스트 경찰은 알코올 중독자, 매춘부, 마약중독자 등의 집단, 즉 범죄인류학에 의해 퇴보했다는 의심을 받으며, 함께 모인다면 나치의 "반사회자들"과 유사한 몰락자 무리를 형성하는 집단에 대한 사회적 통제를 강화하였다. 파시스트 이탈리아 고위층은 인종의 퇴보를 예방하고자 하는 마음 때문이라기보다는 첩보 네트워크를 강화해준다는 점 때문에 그러한 사회통제 증가를 반겼다.[90] 하시만 파시즘 아래에서의 치안유지 활동은 히틀러 친위대가 보여주었던 정도의

폭력성을 드러내지는 않았으며, 정치적 반대자들이 생물학적인 결함을 가지고 있다고 묘사하지도 않았다.[91]

이탈리아에서 생물학적 이론은 Lombroso가 강한 범죄적 성향을 가진 자들로 규명한 청소년 비행자들을 다루는 데 중요한 영향을 미쳤다.[92] 1926년 이후 육체적이거나 정신적인 이상의 징후를 나타내는 청소년은 범죄인류학 전문가에게 검사를 받기 위해 관찰센터로 보내졌다. 그리고 1930년에 제정된 파시스트 이탈리아 로코법 아래에서 잠재적으로 위험한 청소년은 일단 3년을 기준으로 하는 부정기형을 선고받을 수 있었다. 유배에 관해 말하자면, 성인을 국내의 유배지 혹은 남부의 작은 마을로 추방하는 이탈리아의 관행은 파시스트당원들의 지배하에서 증대되었다. 또한 유배 관행은 범죄 예방 및 위험 인물 식별에 대한 범죄인류학자의 관심에 의해 부추겨졌다.[93] 하지만 파시스트 형사사법의 가장 압제적이고 잔인한 측면은 범죄인류학과는 독립적으로 Mussolini와 측근들의 명령 위에서 작동하였다. Mussolini는 판사를 지명하고 재판을 주선해 사형이 선고되게 만들었지만, 그러면서도 그와 같은 행위를 과학적으로 정당화하기 위해 범죄학자에게 호소하지 않았다. 생물범죄학은 독일 나치즘보다 이탈리아 파시즘과 더욱 약하게 연결되었다.

생물범죄학이 정치적인 목적을 보좌했던 두 독재 정권 사이의 차이를 어떻게 설명해야 할까? 한 가지 요인은 Lombroso가 미친 영향의 차이에 놓여 있다. 독일에서 범죄인류학은 나치 생물범죄학에 직접적인 자양분을 공급했으며 반대로 나치 생물범죄학에 의해 확장되어 이를 수 있는 가장 최악의 결과에 이르게 되었다. 하지만 이탈이아에서 범죄인류학의 영향은 보다 애매하다. 범죄인류학은 파시즘과 협력했지만 파시즘에 보호막을 형성하기도 하였다. 이탈리아에서 범죄인류학은 독일의 범죄 해석에 전적으로 부족했던 사회학적인 방향성을 권장하였고, 음성우생학적 조치보다 양성우생학적 조치를 강조하였으며, 상대적으로 너그럽고 광적인 인종차별주의가 덜한 방향을 추구하는 데 기여하였다. 두 번째 요인은 우생학적인 조치에 반대했던 가톨릭교회, 세 번째 요인은 Mussolini가 형사사법기관들을 상대적으로 약하게 통제했다는 점에 놓여 있다. Mussolini의 약한 통제 때문에 파시스트 이탈리아의 생물범죄학자들 역시 형사사법을 탈바꿈시키려는 꿈이 있었음에도 나치 독일에서 일어난 변형과 비슷한 그 어떤 것도 일궈내지 못했다.

이탈리아와 독일에 생물범죄학이 미친 영향 사이의 차이에 대한 또 다른 해석은 이탈리아에서 반유대주의가 상대적으로 약했다는 점에 기반한다. 이탈리아에서 유대인은 주류 사회에 비교적 잘 통합되었다. 나치의 아우슈비츠 강제수용소에 감금되었다가 살아남은 Primo Levi프리모 레비는 한 인터뷰에서 다음과 같이 말하였다.

> 소년기와 청년기에 유대인이라는 것은 내게 그리 중요한 문제가 아니었다. 내 가족은 종교적이지 않았고 이탈리아 유대인은 현재에도 과거에도 오직 이탈리아어만을 써왔다. 나와 내 친구들 사이에서 차이점을 발견하기는 어려웠다. … 이런 상태는 Mussolini가 Hitler의 뉘른베르크법과 동일한 인종적 법률을 1938년 반포하면서 급작스럽게 끝나게 되었다. 하지만 이탈리아인들은 종종 법을 무시한다. 법이 잘못되었다면 이는 미덕이 될 수 있다. … 그리스도 하녀를 두는 것은 금지되었지만 모두가 그리스도 하녀를 데리고 있었다. 초인종이 울리면 하녀에게 말해 위층으로 올라가라고 말해야 했다.[94]

파시스트 반유대주의는 중대한 측면에서 "상황을 … 어렵고 심각하게" 만들었다고 Levi는 계속해서 말했다. "정부와 파시스트당이 좌우하는 일자리나 직책을 가졌던 유대인들은 추방되었다." 그리고 당연히 Levi 같은 많은 이들은 몰살당하도록 독일로 보내졌다.[95] 하지만 "이탈리아의 파시즘은 독일의 파시즘과는 달리 인종에 관한 엘리트 계층의 문제가 아니었다 … 내게 화학을 가르쳐주셨던 교수님은 가르침을 계속하기 위해 강제적으로 검은색 셔츠를 입어야 했다. 하지만 교수님은 제대로 된 셔츠를 입지 않았다.

교수님이 입었던 셔츠 앞쪽에는 삼각형이 하나 있었는데 교수님이 오른쪽이나 왼쪽으로 몸을 돌리면 그걸 볼 수 있었다."[96]라고 Levi는 말했다. 결과적으로 독일에서와 달리 이탈리아에서는 생물범죄학이 유대인을 겨냥한 치명적인 무기가 되지 않았다.

범죄자에 대한 대량학살의 발견

나치 범죄자생물학의 윤곽은 사학자들이 나치 과학의 본질을 더욱 일반적으로 재평가하면서 겨우 명확해지고 있다. Hitler를 따를 수밖에 없는 입장이던 연구자들이 어쩔 수 없이 진행한 "나쁜" 과학으로 나치 과학을 바라보는 초기의 관점과는 달리, 나치 과학자들이 생각했던 객관적인 방법과 확고한 자료를 사용해서 열정적으로 연구를 밀고 나아갔다는 것이 사학자들의 재평가로 밝혀지고 있다. 구제 불가능한 자들을 몰살하고 깨끗한 인종을 만들고자 했던 나치 범죄자생물학을 만든 과학자들은 명백히 스스로의 의지로 연구를 진행했다.

이와 비슷하게 나치 범죄자생물학이 유발한 **결과**는 사학자들이 완전히 새로운 계층의 나치즘 희생자들을 밝혀내면서 지금에서야 겨우 명확해지고 있다. 그 희생자들이란 바로 범죄자로 지명되었던 자들을 말한다. 놀랍게도 사학자들이 나치의 경찰, 법원, 교도소가 "상습범"과 유전적으로 부적합한 다른 자들을 몰살하기 위해 협력했던 방식에 대한 자료 증빙을 시작하는 데만 반세기가 걸렸다. 인종 위생이라는 이름 아래에 몰살당한 범죄자의 숫자를 추산하는 것은 추방된 집단과 겹치는 인원 때문에 불가능하지만 의심할 여지 없이 이 대대적인 살육은 대량학살이었다고 할 수 있다.

근본적으로 나치 독일에서 일어난 일을 설명하는 것은 불가능할지도 모른다. "우리는 나치에서 일어난 일을 이해할 수 없다."라고 Levi는 자신의 책 「휴전The Truce. 같은 제목으로 번역되어 2010년 돌베개에서 출판되었다. 옮긴이. 」에서 이야기하였다. "하지만 그 근원을 통해 이해할 수 있으며 반드시 이해해내야 한다." 그러한 근원 중 하나는 생물학주의와 결정론을 내세우고 사회를 보호해야 한다고 외치며 파시스트 국가의 도구가 되었던 범죄학이다. Levi의 결론대로 "우리는 경계를 늦추지 말아야 한다. 이해하는 게 불가능하다면 알고 있기라도 해야 한다. 왜냐면 한 번 발생한 일은 다시 발생할 수 있기 때문이다."[97]

:: 9 ::

서로 대립한
사회학적 이론과
생물학적 이론

20세기 후반
범죄학과 생물학

범죄에 대한 사회학적 해석은 제2차 세계대전이 끝난 뒤 신뢰를 얻어 20세기 이론을 지배하게 되었다. 나치 우생학과의 연관성으로 더럽혀진 생물학적 이론은 신임을 잃었고 범죄를 이상이나 질병으로 보는 의학적 모델은 탄압의 도구로 여겨져 거부되었다. 주류 사회학자들은 비행이 발생하는 데 제한된 기회나 동료와의 어울림이 수행하는 역할을 연구하였던 반면, 급진적인 사회학자들은 권력 관계망을 유지하는 데 범죄학이 기여한 것은 무엇인지에 연구하였다. 1970년대 상징적인 문헌 「새로운 범죄학^{The} New Criminology」은 "비행은 정상"1이라고 결론 내림으로써 사회학적 해석의 주창자인 프랑스 사회학자 Émile Durkheim^{에밀 뒤르켐}의 주장을 그대로 되풀이하였다. 이런 상황에서 사회학적 범죄학과 생물학적 범죄학이 좋은 관계를 구축할 가능성은 거의 찾아볼 수 없었다. 실제로 이 둘이 함께 모이면 서로를 비판하거나 자신을 방어하는 게 대부분이었다.

이번 장은 이 두 이론이 점진적으로 화해하여 생물사회학적 범죄학으로 통합되는 것을 추적하는 세 개의 장 중 첫 번째 장이다. 이 장에서는 1960년부터 20세기가 끝날 때까지의 이야기를 다룬다. 이 기간 동안 범죄

9. 서로 대립한 사회학적 이론과 생물학적 이론 ·· 267

학 이론의 두 지류인 사회학적 이론과 생물학적 이론은 마주칠 때는 서로에게 차갑게 등을 돌리거나 그렇지 않으면 서로 적대시하면서 독립된 길로 나아갔다. 10장에서는 사회학적 범죄학자들이 생물학적 범죄이론을 진지하게 받아들이기 시작하고, 또 몇몇 생물학적 범죄학자들이 범죄가 발생하는 사회적인 맥락을 주목하기 시작했던 21세기 초반, 두 이론이 서로에게 관심을 보였던 상황을 추적한다. 하지만 두 이론은 여전히 사이가 멀었다. 11장은 범죄학에 대한 두 가지 접근법이 결국 함께하게 되었을 때 발생한 일을 논의한다. 강력한 아이디어들이 융합해 불꽃이 튀고 완전히 새로운 아이디어들이 나타나 범죄학의 핵심적인 본질을 바꾸어버리는 이와 같은 일이 간혹 발생하고는 하는데, 바로 그러한 일이 일어난 것이다.

20세기 후반 사회적 맥락의 두 가지 요소가 특히 생물학적 범죄이론의 발전에 중요했다. 그 두 가지 요소란 '인간의 행동과 태도의 생물학적 기원에 관한 추측으로 만연한 문화의 등장'과 '암부터 테러리즘, 범죄에 이르는 모든 종류의 해악 예방에 대한 급증하는 관심'이다. 이 두 요소, 다시 말해 '유전학 연구에 대한 막대한 자금 지원을 포함한 인간 생명과학에 대한 깊은 문화적 관여 및 투자'와 '해악을 예방하고 위험을 최소화하고자 하는 것과 동등하게 깊은 결의'는 21세기에도 계속되어 앞으로 다가올 몇십 년 동안 생물사회학적 범죄학의 발전을 이끌 것을 약속하였다.

우리는 "인간이라는 존재의 생물학화"를 목격하고 있다고 2000년 사회학자 Nikolas Rose니콜라스 로즈는 저술하였다. "불가피하게도 우리는 생물학화된 문화에 살고 있다. 인간의 질병뿐만 아니라 인격, 능력, 열정 및 이러한 것을 집결시키는 힘, 즉 인간의 '정체성' 자체가 생물학적 용어로 설명될 가능성이 있으며 유전적 기질로 설명될 가능성은 점점 증가하고 있다."[2] 20세기 끝자락에 미국 및 여타 서양의 문화는 생물학적 염려와 해결안으로 가득 차 있었다. 이는 생명과학이 나중에 신문의 1면을 장식하기는 했지만 아직 유아기에 머물렀던, 그리고 개혁가들이 사회문제에 대한 구제책으로 "본성"보다는 "양육"을 요구할 가능성이 컸던 20세기 중반의 환경론적 문화와 극명한 대조를 이룬다.

1950년대, 1960년대, 1970년대를 돌아보면 오늘날 팽배한 생물학적 문화의 근원을 찾아낼 수 있다. 그러한 근원의 많은 부분은 유전적 연구에 놓여 있다. 예컨대 낫 모양 적혈구 빈혈증에 대한 유전적 연구나 제2차 세계대전 동안 일본에 투하된 미국 원자폭탄의 영향에 대한 유전적 연구 같은 것들 말이다. 이러한 연구는 Francis Crick프랜시스 크릭과 James Watson제임스 왓슨이 1953년 DNA 분자의 3차원 구조를 밝혀내면서 가속화되었다. 결과적으로 DNA의 3차원 구조 발견은 인간 염색체 염기서열 전체를 밝혀내는 것을 목적으로 하는 인간 유전체 프로젝트Human Genome Project가 1988년 개시되게 만드는 과학적 분수령이 되었다. 과학역사가 Daniel Kevles대니얼 케블스에 따르면, 1980년대에 막대한 자금 지원 증가와 함께 인간유전학은 "그저 희귀한 질병과 기형의 족보를 수집하는 것을 수반하는 조용한 취미에서 과학 전체에서도 가장 복잡하고 어려운 학문으로 성장"[3]하였다.

범죄학 분야에서 생물학적 이론으로 회귀하려는 최초의 조짐 하나는 1964년 「범죄와 성격Crime and Personality」이 출판된 것이었다. 이 책에서 영국 심리학자 Hans Eysenck한스 아이젱크는 유전적이고 신경생리학적인 용어로 범죄를 설명함으로써 의학적 모델을 부활시켜 당시에 우세했던 일탈 이론가들의 사회학에게 막대한 실망을 안겨주었다.[4] Eysenck는 영국에서 가장 저명한 심리학자였으며, 범죄에 대한 설명은 그의 중심적인 성격이론에서 여담에 불과했지만, Eysenck는 「범죄와 성격」을 제3판까지 출판하였다. Eysenck에 따르면 범죄 행동은 성격으로 설명할 수 있고, 성격은 결국 개인이 가지고 태어나는 신경생물학적 장비로 설명할 수 있다. 범죄자와 여타 반사회적 인간 유형은 조건화되기 힘든 인간이다. 즉 반사회적 인간은 조건화되기 쉬워 법을 준수하는 인간들의 신경계보다 더욱 느리게 도덕적 행동을 학습하는 신경계를 물려받는다. Eysenck가 가장 관심을 두었던 학습 과정은 파블로프 조건화라고도 불리는 고전적 조건화의 과정이었다. 이 고전적 조건화에는 비자발적 행동과 중추신경계와 반대되는 개념의 자율신경계가 관계된다. Eysenck는 범죄자가 물려받은 신경계가 활발하지 못한 것을 보상하기 위해 위험한 범죄적 활동에 참여하는 감각 추구자이자 외향적인 인간으로 묘사하였다.

이러한 묘사는 후에 생물사회학적 범죄학자들이 범죄자를 과잉 행동을 하고 감각을 추구하게 만드는 신경학적 결손을 가지고 태어난 인간으로 묘사하게 되는 전조가 되었다. 안정 시 심장박동수가 적은 것은 둔함의 징후로 오늘날 반사회적 행동과 가장 강력하게 연관되는 특징으로 여겨진다.5 이 점만 보아도 Eysenck의 연구는 놀라울 정도로 선견지명을 갖추었다. 하지만 Eysenck의 영향은 범죄적 성향에 관한 신경학적 연구의 문을 연 것에만 국한되지 않고 이를 훨씬 넘어선다. 「범죄와 성격」은 William Sheldon윌리엄 셸던이 체형 연구를 내놓은 이후 범죄에 대한 최초의 새로운 생물학적 해석을 대담하게 제시하였다. 사회학적 해석이 사실상 아무런 도전자가 없을 정도로 범죄학 분야를 지배할 때 Eysenck의 선천적 성격이론은 본성과 양육 중 범죄적 성향에 영향을 미치는 것은 무언인가라는 오래된 다툼이 부활하는 최초의 신호탄을 쐈다. Eysenck는 사회학적 범죄학자들의 영토를 공격적으로 침범하며, Eysenck는 겸손한 사람도 남의 눈치를 보는 사람도 아니었다. 20세기 후반 생물사회학적 사고 부활의 첫발을 내딛었다. 이러한 부활은 오늘날까지 이어지며 여전히 그 속도를 올리고 있다. 게다가 Eysenck는 생물사회학성이라는 개념, 즉 조건화 가능성과 사회적 환경 사이의 상호작용 혹은 보다 폭넓게 말하자면 생물학적 요소와 환경적 요소 사이의 상호작용의 개념을 보급하였다. 이는 범죄 행동의 근간에 관한 21세기 초반 사고의 중심이 되었다. 그리하여 「범죄와 성격」은 생물학적 이론이 범죄학적 사고에서 거점을 되찾는 중대한 전환점을 표식하였다. 비록 사회학적 범죄학자들이 생물학적 이론을 맹렬히 공격하기는 했지만 말이다. 아마 Eysenck는 그런 야단법석을 즐겼던 것 같다.

생물학적 이론의 거점은 곧 인간 행동의 원인에 관한 다른 생물학적 이론화 작업에 의해 확장되었다. 1960년대 연구자들은 몇몇 남성 범죄자들이 Y 염색체가 하나 더 있는 XYY의 염색체 배열을 갖는데, 이는 남성들의 폭력적 성향을 설명해준다고 주장하였다.[6] XYY 이론은 틀린 것으로 드러났지만, Eysenck의 연구처럼 이 이론은 생명과학에 배경을 둔 침입자들이 성벽을 구축하기 시작했다는 것을 사회학적 범죄학자들이 알아차리게 만들었다. 사회학적 범죄학자들이 느낀 위협감은 Edward Osborne Wilson에_{드워드 오스본 윌슨}이 1975년 「사회생물학^{Sociobiology, 1992년 믿음사에서 같은 제목으로 출판되었다.} _{옮긴이.}」을 출판하면서 더욱 강화되었다. 이 책은 이타적 행위를 포함한 모든 사회적 행동의 근원이 생물학에 있다고 주장하여 유명해졌으며 자유주의자들에게는 악명 높은 책이었다.[7] 이 책이 나온 지 몇 년 뒤 잉글랜드와 미국의 여성전문변호사들은 월경 전 증후군^{premenstrual syndrome, PMS, 월경 전 우울감,} _{불안, 공격성 등의 심리적 변화가 나타나는 현상으로 정확한 원인은 밝혀지지 않았지만 호르몬의 변화가 강력한 원인으로} _{추정되고 있다. 옮긴이.}으로 폭력범죄를 저지른 여성들을 변호하려 하였다.[8] 법정에서 거의 효력을 거두지는 못했지만 이 변호사들의 주장은 주류 범죄학자들로 하여금 생물학적 작용, 특히 이 경우에는 호르몬이 범죄 행동을 촉발하였다는 주장을 다시 한 번 직면하도록 만들었다. 사람들이 환경론자들의 개혁에 환멸을 느끼면서, 특히 Lyndon Johnson^{린든 존슨} 대통령의 빈곤에 대한 전쟁이 목표를 이뤄내지 못하게 되어 생물학으로 방향을 돌리는 추동력은 더욱 강해졌다. 생물학적 이론이 앞으로 강세를 보일 것을 예고하며 유명한 범죄학자 C. Ray Jeffery^{C. 레이 제프리}는 「생물학과 범죄^{Biology and Crime}」라는 한 권짜리 책을 출판했지만 다른 범죄학자들은 이 책에 회의적인 태도를 보였다.[9] 샌프란시스코 시장을 살해한 Dan White^{댄 화이트}를 상대로 열린 1970년대 재판에서 나온 "트윙키 변호^{Twinkies Defense, Twinkies는 가운데에 크림이 들어 있는} _{케이크로, 살인범 Dan White의 변호사는 Dan White가 범행 전 몸에 좋은 음식을 섭취하는 것을 그만두고 Twinkies와 같은} _{불량식품을 섭취한 것을 우울증의 증상이라고 주장하였으며, 이 우울증 때문에 판단력에 문제가 생겨 범행을 저질렀기에} _{책임이 없다는 변호를 하였다. 옮긴이.}"도 그러한 예고 중 하나였다. 피고 측은 Dan White가 살인 시점 단맛이 나는 불량식품을 섭취한 것에 근거한 생물범죄학적 주장을 펼쳤다. 변호는 물거품으로 돌아갔지만 이러한 시도는 더욱 정교한

생물학적 주장들이 등장할 것을 예고하였다.[10]

그즈음 연구자들은 또 다른 생물학적 위험요인인 사소한 육체적 특이성을 연구하기 시작하였다. 이상할 정도로 큰 머리, 넓게 자리 잡은 발가락, 낮은 귀 같은 것들이 그러한 특이성의 예였으며 이러한 특이성은 임신과정에서 나타나는 이상 징후로 생각되었다. 원래 사소한 육체적 특이성은 정신병 및 과잉행동과 연관되었는데[11] 나중에 범죄학자들은 이를 높은 범죄율과 연관지었다.[12] 범죄의 근원을 태아 발달로 추적하고 있었던 것이다.

20세기 마지막 30년 동안 아주 넓은 규모로 사회과학은 감퇴하고 자연과학은 번성하였다.[13] 사회과학은 설득력을 잃은 반면 자연과학은 설득력을 얻었다. 이런 동향은 학문에서도 찾아볼 수 있었는데, 예컨대 심리학에서는 대인행동에 대한 연구가 진화심리학과 신경심리학에게 굴복하였다. 사회학적 해석에 대한 전통적인 충성심을 보이지 않는 독립적인 범죄학과와 형사사법학과를 대학들이 설립하게 되면서 사회학은 범죄와 사법에 관한 학문적 지배력을 잃었다.[14] 과학계에서의 이러한 재편성과 관련되어 나타났던 것은 보다 사소한 인과적 요인을 찾으려는 동향으로 Troy Duster트로이 더스터가 이러한 동향을 규명하였다. 사람들은 학업성취, 범죄율, 심지어 인종차별을 설명하기 위해 개인적인 요인을 들먹이거나 심지어 피, 유전자, 신경전달물질 같은 보다 작은 요인을 분석하여 이용하였다.[15] 자금 지원의 우선순위, 다양한 전공 분야의 상태, 서로 다른 해석의 신뢰성이 생물학에게 유리한 방향으로 변화하면서 사회과학으로 조직화되었던 과학에 발생한 변화가 궁극적으로 나타나게 된 종합적인 결과이다.

생물학적인 해석으로의 전환과 함께 나타났던 것은 물리적 보안에 관해 염려하는 동향, 그리고 위험을 회피하는 것을 새롭게 강조하는 동향으로 이는 의학 및 공항보안처럼 유사성이라고는 찾아볼 수 없는 분야에서 나타났다. 범죄학 분야에서는 위험에 대한 염려가 과거의 해악을 처벌하는 것에 대한 전통적인 관심으로부터 미래의 해악을 예방하는 것으로의 방향전환에서 나타났다. 뿐만 아니라 위험에 대한 염려는 위험을 예방하기 하고 강한 위협 요소로 여겨지는 자들을 무력화하는 '유죄선고 후 조치'를 시작하기 위해 범죄자에 대한 통계정보를 이용하는 "통계적 사법"을 향하는 범죄학의 방향성에도 기여하였다.[16] 범죄학은 법 이론가들이 **예방의 국면**이라고 하는 단계에 도달하였다.[17] 아니 오히려 재도달하였다고 말하는 편이 좋을 것이다. 보안에 대한 새로운 집착이 범죄를 미연에 방지하고 나쁜 생식질을 퍼뜨리는 자들을 무력화하는 것을 강조하였던 초기 우생학 운동의 염려를 반복하였기 때문이다. 이 새로운 예방론자들은 우생학적인 조치와 근거에는 거의 관심을 보이지 않았지만 심각한 범죄자뿐만 아니라 가벼운 상습범 또한 무력화하는 것을 목적으로 삼음으로써 전임자들과 더욱 닮은 모습을 보여주었다.

이러한 종류의 비우생학적 예방 시나리오는 Philip K. Dick필립 K. 딕이 쓴 원작 소설을 기반으로 한 Steven Spielberg스티븐 스필버그의 과학영화 **마이너리티 리포트**Minority Report, 2002에서 찾아볼 수 있다. 이 영화에서 "예지인precogs" 세 명이 이제 막 발생하려고 하는 범죄를 정부 공무원에게 알린다. Tom Cruise톰 크루즈가 연기한 공무원은 범죄가 일어나기 전에 범죄 현장에 달려가 범죄를 저지르려는 자를 아슬아슬하게 체포하고 그에게 장치를 씌워 영구적으로 무력화한다. 공무원이 동시에 경찰, 판사, 간수로서 기능할 수 있게 하는 위험에 관한 지식은 이렇게 현재와 미래의 범죄를 예방한다. 하지만 심지어 예지인도 누가 범죄자가 될지를 모든 사례에서 정확히 예측할 수는 없다. Spielberg의 해석에는 예방과 정의, 과학과 법 사이의 해결할 수 없는 본질적 갈등이 존재한다. 이와 같은 긴장은 생물학적 해석과 위험 예방에서 중대한 사안이 된다. 정의에 관한 전통적인 이해와 충돌할 수밖에 없는 예지적이고 예방적인 새로운 생물학적 방안을 우리는 수용하게 될까?

대략적으로 Eysenck의 1964년 「범죄와 성격」 출판과 함께 시작되어 21세기로 이어진 활동 궤적을 이번 장에서 다루는데 이는 생물범죄학자들이 수많은 과학 분야를 한꺼번에 양성하는 가운데 나타난 거대한 활동의 하나였다. 이러한 궤적에서는 한 가지 이론 혹은 심지어 서로 연관된 이론들이 지배력을 행사하지 않고 화학, 인지, 진화, 유전, 호르몬, 신경학, 정신생리학 등에 근거한 다양한 해석이 서로 앞자리를 차지하기 위해 경쟁하였다. 서로 교차하며 겹치는 수많은 이론적 계획을 찾아볼 수 있지만 그중 사회학적 범죄이론에 많은 관심을 기울이는 것은 거의 없다.

이번 장의 목표는 두 가지다. 먼저 20세기 후반 생물학적 범죄이론의 주요 발전사의 큰 그림을 보여주고 싶다. 큰 그림이 복잡하기 때문에 몇몇 핵심적인 궤적만을 추적할 것이다. 둘째, 사회학적 범죄학자에게 유용한 방식으로 이 기간 생물사회학적 범죄학의 등장을 분석하고 싶다. 20세기 후반 새로운 생물사회학적 모델은 본성 대 양육이라는 끝없고 비생산적인 논쟁으로부터 벗어나는 길을 제공하였다는 점과 초기의 생물학적 범죄이론에서 사회학자들과 다른 이들이 받아들일 수 없다고 생각한 확고한 결정론을 이제 생물범죄학자도 거부하고 있다는 점을 보여주고 싶다. 실제로 유전학과 범죄에 관한 새로운 연구는 범죄 행동을 만들어내는 데 환경의 역할이 중요하다는 점을 강조한다.

이번 장은 후천적 생물학적 이상, 인지적 결함, 진화범죄론, 신경과학적 이론, 유전적 범죄이론이라는 5개의 원인론적 범주로 구성된다. 이러한 접근법은 범주들이 서로 겹치고 밀접하게 관련되는 데에도 각 범주가 독립적이고 분리된 것으로 보이게 하는 결점이 있다. 예컨대 인지장애는 습득될 수 있으며 이번 장에서 나중에 다루는 원인 중 많은 것들이 궁극적으로는 유전학으로 환원될 수 있다. 하지만 이런 접근법은 호르몬 이상에 근거한 해석 등의 보다 많은 특정한 해석들이 분류될 수 있는 넓은 개념적 범주를 형성할 수 있다는 장점을 가진다. 다시 말해 이 접근법은 해석범주의 수를 다루기 쉬운 수준으로 유지하며 우리가 범주 간의 상호관계를 헤아릴 수 있게 한다.

후천적 생물학적 이상

이 책을 개괄하며 언급한 William Freeman윌리엄 프리먼은 후천적으로 습득된 생물학적 이상에 범죄 행동의 책임을 전가한 초기 사례를 보여준다.

Freeman 지지자들은 교도소 관리자가 머리에 가한 타격 때문에 Freeman이 정신적으로 악화되어 결국 Van Nest 가족을 살해한 것이라고 주장한다.[18] 이와 비슷하지만 보다 최근의 사례는 Charles Whitman찰스 휘트먼의 사례이다. 그는 젊은 청년으로 1966년 엄마와 아내를 죽인 뒤 텍사스대학교 오스틴캠퍼스University of Texas, Austin 종탑에 올라 행인에게 소총을 쏘고 경찰의 총격으로 사망할 때까지 15명을 추가적으로 살해하였으며 31명에게 부상을 입혔다. "내 몸을 부검해 정신병이 있는지 알아봤으면 좋겠다."라고 Whitman은 사건 당일 애절한 유언을 남겼다.[19] 부검 결과 시상하부에 종양이 있는 것으로 밝혀졌다. 몇몇은 이 종양이 감정 및 공격성과 관련된 기관인 편도체를 압박하였을 것이라고 추측하였다.[20]

일반 대중의 범죄를 조장하는 영향력을 밝혀내기 위해 과학자들은 Freeman과 Whitman 같은 이들의 개인적인 사례뿐만 아니라 비행과 생물학적인 혹인 사회적인 요인 사이의 연관성을 밝혀내려는 목적으로 통계적으로 추출·분석될 수 있었던 장기적인 코호트cohort 데이터 역시 활용하기 시작했다. 그러한 연구는 필라델피아 펜실베이니아 병원에서 1959년부터 1962년 사이에 태어난 약 1,000명의 아이에 대한 데이터를 기반으로 하였다. 이 연구는 후천적 생물학적 조건인 납 중독이 이 집단의 소년들이 나중에 범죄를 저지르는 데 가장 지대하게 영향을 준다고 결론 내렸다. 어렸을 때 몇몇 아이는 페인트 조각과 고농도의 납이 함유된 물질을 섭취했다. 납은 신경학적인 손상을 유발하는 물질이며, 신경학적 손상은 결국 충동성, 인지장애, 공격성으로 이어진다.[21] "점점 활발히 이뤄지는 연구에 따르면 납 중독은 남성의 범죄를 예측할 수 있는 강력한 변수이며, 심지어 이 변수는 영향력 있는 다른 생물학적 변수와 사회적 변수가 힘을 발휘하지

그림 9.1 대량학살자 Charles Whitman이 24세일 때인 1966년의 사진. 24살의 텍사스대학교 학생 Charles Whitman은 아내와 엄마를 죽인 뒤 관리건물 탑의 높은 위치에서 오스틴캠퍼스를 거니는 사람 15명에게 총을 쏘았다. 부검 결과 그에게 뇌종양이 있는 것으로 드러났다. Photograph permission of Associated Press.

못하게 한다."라고 이 분야의 전문가 Deborah W. Denno^{데보라 W. 데노}는 저술하였다.[22] 하지만 가난한 사람들이 납이 함유된 페인트 조각이 있는 집에서 살 가능성이 가장 높기 때문에 가정 형편이라는 사회적 변수와 생물학적 변수 사이에 상호작용이 있음을 이 연구가 보여준다고 Denno는 계속해서 말하였다. Denno는 "사회적 요소는 신체에 생리학적인 영향을 미친다."고 결론 내렸다.[23]

연구에 따르면 동등하게 크나큰 영향력을 행사하는 것으로 어린 시절 트라우마라는 환경적 요인이 있다. 어린 시절 트라우마는 범죄와 관계되는 두뇌 손상 및 신경생리학적 증상으로 이어질 수 있다. Bruce Perry^{브루스}

페리와 베일러 의대the Baylor College of Medicine 동료들은 매년 수백만 명의 아이들이 근친 성교, 폭력, 가정 혹은 공동체 내에서의 폭력 목격, 심각한 사고로부터의 생존 같은 트라우마에 노출된다고 지적하였다. 이런 트라우마는 아이의 두뇌가 여전히 발달 중일 때 발생하며, 트라우마가 남긴 정보는 아이의 신경 발달 패턴에 영향을 미치거나 두뇌 발달을 사실상 막아버릴 수 있다고 Perry는 설명하였다. 그로 인한 결과에는 "유머, 공감, 애착, 감정 조절과 같이 두뇌가 중개하는 기능에 나타나는 장애"가 있다.[24] 트라우마를 겪은 아이 몇몇은 불안할 때면 "얼어"버리는데, 이런 반응은 반항성 행동으로 진단될 수 있다. 곧 설명하겠지만 이러한 행동은 아이들에게 나중에 나타나는 범죄적 성향과 관련된다. 성인 트라우마 역시 반사회적 행동과 연결되며 연구자들은 트라우마에 의한 두뇌 손상은 충동성과 부정적 감정을 증가시킬 수 있음을 보여준다.[25] 이와 같이 완전히 외부적인 사건이 인간의 두뇌와 인격에 내재화될 수 있다.

이번 절에서 언급하는 후천적 생물학적 조건들 중 어느 것도 범죄의 단독적인 원인으로 증명되지 않았으며, 많은 경우 사회적인 해석이 동등한 설득력을 보인다. 예컨대 Charles Whitman의 사례에서는 어린 시절의 학대와 성인 때 겪은 우울증이 살인 난동을 유발하는 데 적어도 뇌의 종양만큼 중요한 역할을 했을지도 모른다. 게다가 Whitman의 심리학적이고 생물학적인 문제는 서로 상호작용하였을지도 모른다. 심리학자 Adrian Raine에 이드리언 레인은 점점 흔해지고 있는 의견을 표명하며 다음과 같이 설명한다. "무엇이 생물학적 변수이고 무엇이 사회적 변수인지를 결정하는 것은 어렵다. 두뇌의 기능장애로 이어지는 두뇌 손상이 환경에 의해 유발되는 것처럼 생물학적 변수에 관해서도 사회적인 측면이 있으며, 유전적 요소와 생물학적 성질이 잘못된 양육에 기여하듯이 사회적 변수에 관해서도 많은 생물학적인 측면이 존재한다."[26]

인지 결함과 범죄

의식적이거나 무의식적인 학습과 정보 처리에 문제가 생기는 인지 결함은 20세기 후반 생물학적 이론가들이 범죄 행동의 원인으로 지목한 두 번째 요인이다. 이런 식의 해석은 오랜 계보를 가지고 있는데, 먼저 퇴화론자와 범죄인류학자로 거슬러 올라가 앞에서 보았듯이 궁극에는 정신박약 범죄이론으로 최전성기를혹은 최대 암흑기를 맞이하였다. 하지만 20세기가 진행되면서 그와 같은 유전주의적 해석은 신뢰를 잃었다. 이론가들은 정신박약과 범죄적 성향을 다시 연관시키기를 피하려 했으며, 이러한 정체는 1960년대와 1990년대에 두 개의 저서가 출판돼서야 끝이 났다. 1960년대 저서는 Eysenck의 「범죄와 성격」으로, 이 책은 자율신경계에 의존하는 무의식적 학습 능력인 조건화 가능성과 범죄적 성향 사이에 연관성이 있다는 주장을 펼쳤다. Eysenck는 인간이 다른 이들보다 쉽게 조건화될 수 있다고 믿었다. 외향적 인간, 즉 책 읽기를 싫어하고 자극을 갈망하는 사교적이고 태평한 유형의 인간은 책을 좋아하는 내향적 인간보다 조건화가 잘 안 되는데 이는 그들의 자율신경계가 덜 효과적으로 기능하기 때문이다. 극단적으로 외향적인 인간 혹은 사이코패스는 양심을 전혀 습득해내지 못한다. 게다가 외향성과 내향성이라는 성격적 특성은 유전되는 부분이 많다. Eysenck는 범죄자가 도덕적인 행동을 학습하는 데 유전적으로 어려움을 겪는다고 생각했다.27

범죄를 학습장애로 설명하려는 시도로 귀환하려는 두 번째 조짐은 1994년의 블록버스터, 「종 곡선: 지능과 미국 생활의 계급 구조The Bell Curve: Intelligence and Class Structure in American Life」였다.28 심리학자 Richard J. Herrnstein리처드 J. 헌슈타인과 정치학자 Charles Murray찰스 머레이가 저술한 이 선동적인 논문은 낮은 지능을 범죄와 다양한 정치적 사회적 문제의 가장 중대한 원인으로 취급하면서 일차원적인 접근을 한다. 범죄에 관한 장의 첫머리에는 다음과 같은 요약된 주장이 실려 있다.

범죄자에 관해 가장 확고히 자리 잡은 사실은 범죄자의 IQ^{지능지수} 점수 분포가 일반인의 분포와 다르다는 점이다. 과학 문헌을 전체적으로 살펴보면 범죄자의 평균 IQ는 평균보다 9점 떨어지는 약 92점이다. 심각하고 만성적인 범죄자는 어쩌다 범죄를 저지르는 자보다 일반적으로 낮은 IQ를 갖는다. IQ와 범죄적 성향 사이의 연관성은 인구의 작은 부분을, 주로 젊은 남자들을 살펴보면 특이나 확실히 알 수 있다. 젊은 남자들은 엄청나게 많은 수의 범죄를 일으키는 만성적인 범죄자가 된다.[29]

이 구절뿐만 아니라 범죄에 관한 장 전체에서 인종을 언급하는 것을 의도적으로 피했지만, 다른 곳에서 저자들은 자신이 "인지 결함"을 이야기할 때는 가난한 백인, 아프리카계 미국인, 최근의 이민자에 관해 이야기하고 있다는 점을 명확히 하였다. Herrnstein과 Murray는 지능적 결함으로 인해 이들이 범죄 행동을 하는 경향을 보이게 된다고 생각하였다. 사회적으로 문제가 되는 이 하층민들에 대처하기 위해 저자들은 "모두를 위한 환경"[30]을 만들기 위해 사회를 다시 설계할 것을 권고하였다. 이러한 권고가 악의 없어^{그리고 비효율적으로} 보이기는 하지만 「종 곡선」에 자세히 설명된 세부적인 권고 사항은 강력한 우생학적 함의를 품는다. 적어도 Herrnstein과 Murray의 계획은 "정신박약자"[31]에게 저급한 일을 맡기자는 Henry H. Goddard가 이전에 했던 제안을 되풀이한다.

「종 곡선」은 많은 곳에서 관심을 받았지만, 논평자들은 이 책에서 인종 차별, 엘리트주의, 의도적인 현혹, 과학적 오류를 발견하여 맹렬한 비판을 가했다.[32] 오늘날 책의 내용 중 대부분은 시대에 뒤떨어진다. 이 책의 지속적인 범죄학적 의의는 IQ를 훌륭한 가치로 부활시켜 다시 한 번 인지 결함을 저명한 범죄학자들이 거리낌 없이 논의할 수도 있는 변수로 만든 방식에 있다. 19세기 후반과 마찬가지로 많은 사람의 마음속에서 "범죄자"는 지적 장애를 가진 사람이 되었다.

여전히 「종 곡선」은 출판되고 있을 당시 서던캘리포니아대학교 심리학자였던 Adrian Raine은 인지 결함을 포함한 다양한 장애의 최종 결과가 범죄 행동이라는 주장을 담은 책 「범죄의 정신병리학」을 출판하였다. Raine은 IQ뿐만 아니라 학습력, 학업능력, 주의력, 도덕적 추론력, 사회적인 정보를 처리하는 능력 등을 포괄할 수 있도록 인지 결함을 폭넓게 정의하였다.[33] 이런 접근법으로 그는 범죄 활동에 영향을 미칠지도 모르는 다양한 인지적 과정을 연구할 수 있었다.

Raine은 고전적 조건화에 대해 논의하였다. 과자 훔치기와 같이 바람직하지 못한 행동이 지속적으로 부모에게 처벌받는다면, 아이가 과자를 훔치는 것을 심지어 상상하기만 해도 기분이 언짢아져 그만두게 되는 행동 학습이 고전적 조건화이다. 도덕적인 행동은 학습되어 조건화된 반사작용, 즉 의식적인 의사결정력을 넘어선 자동적인 반응이 된다. 특히 Raine은 범죄자를 조건화되기 힘든 인간으로 보는 Eysenck의 이론을 논의하였다. 조건화되기 힘든 자는 처벌의 교훈을 준법적인 사람들보다 느리게 습득하여 과자를 훔친 죄책감을 느끼는 데에도 더 오랜 시간이 걸린다. Raine은 또한 자신의 박사과정 지도교수 Peter Venables피터 베너블스가 조건화 가능성과 사회계급 사이의 상호작용을 발견했을 때 Eysenck의 이론을 어떻게 확장했는지 설명한다. 조건화되기 아주 쉬운 아이들, 즉 법을 준수하는 인간으로 자라날 것이라고 Eysenck가 추측하였던 이들은 사실 사회계급이 낮은 부모Raine과 Venables는 이런 부모들이 사회계급이 낮기 때문에 상대적으로 반사회적일 것이라고 추측하였다에 의해 양육된다면 반사회적인 인간이 되는 반면, 조건화가 보다 잘 안 되는 "부진한" 아이들이 반사회적 부모에 의해 양육될 때 범법자가 될 가능성이 더 낮다는 사실을 이 획기적인 연구가 발견되었다.[34]

이 "역설"을 설명하기 위해 Raine과 Venables는 Eysenck가 몇 년 일찍 언급했지만 계속해서 밀고 나아가지는 않았던 아이디어에 의존한다. 그 아이디어는 "반사회화" 과정에 관한 것으로, 조건화되기 아주 쉬운 아이들이 비도덕적인 환경에서 양육된다면 재빠르게 범죄적 태도를 습득하는 반면, 느리게 조건화되는 아이들은 그렇지 않을 것이라는 개념이다. Raine과

Venables의 연구는 힘든 조건화의 형태로 나타나는 학습장애가 범죄 행동에 영향을 미칠지도 모른다는 아이디어에 새 생명을 부여했다. 게다가 그들의 연구는 생물학과 사회적 요소가 상호작용함을 시사하였기 때문에 이 연구에 나오는 특정한 발견을 훨씬 뛰어넘은 영향을 미쳤다. 본성과 양육이 협력하는 것으로 나타났기 때문에 더이상 본성과 양육의 대립에서 하나만 살아남을 수 있다고 말할 수 없게 되었다.[35]

진화범죄론

20세기 후반 생물사회학적 범죄학자들이 언급한 세 번째 유형의 원인은 진화였다. 즉 그들은 특정한 종류의 범죄 행동을 장려하는 방식으로 인간의 정신이 진화했다고 생각했다. 이 진화범죄학자들은 19세기의 많은 선구자들처럼 자신들의 과학적 주장의 기반을 Charles Darwin의 연구, 특히 「종의 기원」에 두었다. 하지만 그 점을 제외하면 20세기 후반 진화범죄학자들의 아이디어는 독특했다. Cesare Lombroso, Henry Maudsley, J. Bruce Thomson 등 다윈주의를 따르는 다른 19세기 범죄학자들은 범법자들을 법을 준수하는 하얀 피부의 백인보다 검은 피부의 야만인에 가까운 원시적인 인간으로 묘사하였다. 이와는 달리 20세기 후반 진화범죄학자들은 범죄가 적응에 의해 얻어진 특성이라는 주장으로 시작한다. 지금은 범죄를 저지르면 바로 교도소에 갇히게 될 정도로 범죄는 적응과는 거리가 먼 것이 되었지만, 적어도 한때는 적응에 도움이 되었다는 것이다. 주류 범죄학자들은 진화범죄학을 잘 받아들이지 않았고 사회학자들의 대접은 더욱 엉망이었지만 인류학자, 특히 심리학자들은 진화론적인 해석을 밀고 나가 풍부한 문헌[이 문헌들에 논란의 여지가 있기는 하지만]을 구축하였다. 이 문헌을 섭취한 작은 무리의 범죄학자들은 범죄가 적응에 의한 특성일 가능성을 계속해서 밀고 나아갔다.

진화범죄학자들은 진화에 의해 얻어진 것은 강도질이나 탈세 같은 특정한 형태의 범죄 행동이 아니라 이기적이고 ^{만약 남자라면} 공격적으로 행동하는 경향이라는 점에 의견의 일치를 보였다.[36] 이에 더해 그들은 강간, 가정폭력과 다른 특정한 범죄를 다윈주의의 용어로 설명하려 했다.[37] 그러한 범죄 중 한 가지는 살인이다. 심리학자 Martin Daly^{마틴 데일리}와 Margo Wilson^{마고 윌슨}은 인간은 가족보다는 낯선 사람에게 살해될 가능성이 큼을 보여주는 자료를 제시하며, 이러한 패턴은 자신과 유전자를 공유하지 않아 자신의 유전자가 전파되는 데에 아무런 도움도 주지 못하는 이들에게는 폭력을 써서 문제를 해결하는 남성의 진화적 성향으로부터 나온 것이라고 주장한다. 그와 같은 진화적 성향의 근거는 W. D. Hamilton(W. D. 해밀턴)의 유명한 **포괄적응도 이론**(theory of inclusive fitness, 자신의 유전자와 비슷한 유전자를 가장 많이 퍼뜨린 것이 자연의 승리자라고 한다면 그러한 승리는 스스로의 번식을 통해 직접적응도를 높임으로써 혹은 형제의 번식을 도와 간접적응도를 높임으로써 성취할 수 있다. 이와 같은 직접적응도와 간접적응도를 합쳐 포괄적응도라고 한다. 옮긴이.)이다. 이 이론에 따르면 비슷한 유전자의 운반자로서 자손뿐만 아니라 방계친족 역시 귀중한 존재이다.[38] Daly와 Wilson은 "친족 관계라는 사실이 모든 구성원을 동등하게 만들고 갈등을 완화시킨다고 봐야 한다."라고 설명하였다.[39] 낯선 사람에 의해 발생하는 살인에 관한 자료가 진화적 주장을 뒷받침한다고 Daly와 Wilson은 주장하였다. 자연선택이 살인 패턴에 영향을 준다는 것에 대한 더 많은 증거를 찾기 위해 Daly와 Wilson은 가족 내 살인에 관한 자료를 분석하여 가족 내 살인이 일어날 때는 유전적으로 연관이 없는 경우에 일어나는 경우가 많다는 것을 발견하였다. 다시 말해 가족 내 살인의 가장 빈번한 희생자는 이번에도 가해자의 유전자를 가지고 있지 않아 가해자의 진화적응도를 극대화할 수 없는 이들이었다.[40] 생물학적인 아버지보다 새아버지에 의해 보다 많이 발생하는 자식 살인은 진화적으로 해석될 수 있는 또 다른 형태의 살인이었다.[41] 아이 학대 및 방치, 부부폭력, 여성에 의한 폭력범죄 및 재산범죄는 진화범죄학자들이 다윈주의적인 용어로 설명하였던 또 다른 특정한 범죄들이다.[42]

추가적으로 진화범죄학자들은 특정한 범죄를 가로지르는 방대한 패턴, 즉 여성보다 남성 범죄, 특히 폭력범죄를 많이 저지르는 것에 대한 설명을 제시하였다. 믿거나 말거나 이론이 말하는 바에 따르면, 폭력이 효과가 있기 때문에 남성은 폭력적으로 진화했다. 즉 폭력을 썼던 남성이 가장 많은 섹스 파트너를 차지하는 등 가장 많은 자원을 가지게 되었고 이리하여 그들의 유전자가 계속해서 전파될 가능성이 가장 컸다. 남성의 배우자 살인은 배우자가 바람을 핀 경우, 다시 말해 파트너가 남성 자신만큼이나 남성의 유전자를 퍼뜨리는 것을 바라는지 확신할 수 없는 경우에 자주 일어난다. 한편 여성은 폭력적인 남성을 선호하도록 진화하였다. 그러한 남성이 높은 지위를 갖고 둘 사이에 태어난 아이를 양육할 자원을 획득하여 남성뿐만 아니라 여성의 유전자가 계속 퍼질 수 있게 해주기 때문이다. 보다 일반적으로 여성은 남성보다 덜 공격이게 되도록 진화했는데, 이는 위험을 감수하지 않음으로써 자식의 생존과 유전자의 보존을 더욱 잘 보장할 수 있었기 때문이다.[43]

진화를 "유전자의 관점"으로 바라보는 Richard Dawkins^{리처드 도킨스}의 「이기적 유전자^{The Selfish Gene, 1993년 을유문화사에서 번역서가 출판되었다. 옮긴이.}」는 진화심리학과 진화범죄학에 엄청난 활기를 불어넣었다. 죄수의 딜레마^{Prisoner's Dilemma}라는 사회적 협동게임을 언급하며 Dawkins는 "진화 기간 동안 끊임없이 벌어지는 게임인 죄수의 딜레마에 말려든" 동물과 식물의 유전자를 묘사한다.[44] Dawkins는 이 생존 게임에서 살아남기 위해 유전자는 속임수, 괴롭힘, 응징 같은 각양각색의 현란한 전략을 개발해왔다고 저술하였다. 다행히 Dawkins의 전반적인 이야기를 들으면 안심된다. 컴퓨터 시뮬레이션에 따르면 이 게임이 아주 오랫동안 진행된다면 서로 협력하는 관용적^{"눈에는 눈 이에이는 이(tit-for-tat, 원래 피해를 받은 만큼 똑같이 돌려준다는 뜻이지만, 게임이론에서는 이름이 주는 보복적 느낌과는 다르게 양측이 협력하게 되는 경우에도 이 표현이 쓰인다. 옮긴이.)} 전략이 자연의 선호를 받게 되는 반면, 속임수와 괴롭힘을 사라질 것이라고 한다.

Dawkins의 다채로운 의인화는 집단유전학의 인기를 높인 반면 범죄학에는 악영향을 일으켰다. Dawkins는 무의식적인 진화 전략을 이야기하였지만 범죄학자들을 끌어들인 것은 범죄학과 관련 있는 것처럼 느껴지는

"이기적인", "죄수", "속임수", "괴롭힘" 같은 단어들이었다. 범죄학자들은 Dawkins의 용어를 범죄자 집단에 적용하였다. 한 저자는 "사이코패스는 전형적인 사기꾼이다 … 사기꾼들은 진정한 의도를 숨기는 것을 돕는 메커니즘을 진화시켰다."[45]라고 저술하였다. 범죄 유형과 Dawkins의 유전적 전략을 일치시키려는 시도는 범죄학자들에게 기껏해야 오락에 지나지 않는 것으로 드러났으며 이런 범죄학자들은 결국 진화의 개념과 범죄학적 범주를 아주 엉망으로 대응시켰다. 범죄학자들이 사기꾼과 다른 범죄자 집단이 번식 가능 인구에서 별개의 종족이기라도 한 것처럼 적응을 통해 진화해왔다는 생각을 은연중에 풍기게 만든 것이 Dawkins이 미친 최악의 영향이라고 할 수 있다.

20세기 후반 진화범죄학자들은 그들의 전임자인 사회진화론자들보다 과학적으로 정교하기는 했지만 그들 역시 비슷한 결함을 가졌다. 주된 결함은 환원주의다. 즉 진화범죄학자들은 복합한 사회현상을 단순한 생물학적 원인으로 설명하려 했다. 자식살해율을 생물학적인 아버지와 새아버지의 차이로 설명하는 Daly와 Wilson의 환원주의적 해석은 설득력이 없다. 수많은 사회적 요소 역시 아이, 생물학적 아버지, 새아버지 사이의 유대에 "근본적인" 영향을 미치기 때문이다. 게다가 인간은 모두 "근본적으로" 진화에 의해 형성되며, 이는 굳이 언급할 필요도 없는 뻔한 사실이다. 진화된 정신적 특성에 의해 범죄가 장려되거나 억제된다는 것을 심리학자들이 결국 증명해낼지도 모르지만 많은 사회적인 요인을 포함하는 추가적인 요인이 작용하는데 범죄의 원인을 진화로 단순 **환원**시키는 것은 비생산적이다.

이 시기의 진화범죄학자들은 정의, 도덕, 처벌에 관한 아이디어의 진화에 초점을 맞췄다. 그들은 정신적 모듈 혹은 진화된 정신적 기능이라는 개념을 이용하였다.[46] 범죄학자 Anthony Walsh앤서니 월시는 인간은 정의감을 타고나며 이는 자연선택에 의해 생겨난 것으로 진화심리학의 일부분을 형성한다고 주장하였다. "인간의 정의감은 생물학적인 적응의 산물, 다시 말해 우리의 먼 조상들이 직면하였던 문제들에 대한 진화된 해결책이다."라고 저술하였다. Walsh와 다른 이들에 따르면 "처벌하고자 하는 충동 역시 진화된 일련의 감정이며, 처벌하는 사람의 적응도를 높이는 또 다른 진화 전략이다."[47]Walsh가 말한 진화된 "정의감"은 자연법의 철학적 개념과 가깝다. 자연법에 따르면 모든 이성적인 존재는 핵심적인 일련의 자명한 진실과 권리를 부여받는다. Walsh는 문화가 정의에 관한 아이디어에 크게 영향을 미친다는 것을 인식하고 있었기 때문에 유전자와 환경 모두가 무엇이 공평한지에 관한 우리의 생각에 영향을 준다고 생각했다. 하지만 Walsh는 유전진화의 영향과 환경의 영향을 별개의 것으로 보았으며, 유전자를 제1의 원인으로 환경적 요인을 특정한 문화의 정의에 관한 아이디어를 결정짓는 제2의 원인으로 묘사하였다. Walsh가 유전자와 환경을 상호작용하는 요소로 묘사하지 않기는 했지만, 그는 이 두 가지 요소가 진화 기간 동안 선천적인 정의감을 가진 인간을 만들어내도록 연합하였다는 생각을 나타냈다.

Walsh는 도덕적 감성혹은 정의감이 진화하였다는 주장을 펼치면서 핵심적인 문제를 다루지 않았다. 그 문제란 인간은 유전적으로 연관된 사람들에게 무의식적으로 더 이타적인 반응을 보인다는 포괄적응도 이론과 유전적으로 연관되지 않은 사람들을 포함한 훨씬 커다란 집단에서 인간은 협력하기도 한다는 사회적 정의에 대한 보다 일반적인 아이디어 사이의 갈등이다. 또한 Walsh는 정의감이 어째서 진화적응에 의해 생겨난 것일 수 있는지 설명하려고 시도하지도 않았다. 하지만 이 두 가지 문제는 진화 이론가 Peter Richerson피터 리처슨과 Robert Boyd로버트 보이드의 책 「유전자만이 아니다: 문화는 어떻게 인간 진화의 경로를 바꾸었는가Not by Genes Alone: How Culture Transformed Human Evolution. 이 책은 2009년 이음출판사에서 출판하였다. 옮긴이.」에서 다루었다.[48]

Richerson과 Boyd는 답이 유전자와 문화의 공동진화, 즉 두 파트너가 "서로의 진화 역학에 영향을 미치는 공동진화의 무도회"[49]에 놓여 있다고 추측한다. 중요한 것은 유전자와 문화가 동등한 협력자라는 것을 의미하는 "공동"이라는 접두어를 사용하였다는 점이다. Richerson과 Boyd는 "개처럼 목이 줄에 매인 문화를 유전자가 데리고 있음"을 인정했지만 "문화의 목이 줄에 매여 있다는 건 맞는 말이다 … 하지만 줄에 매여있는 그 개는 크고 똑똑하며 독립적이다. 산책할 때마다 누가 누굴 이끄는지 분간하기 힘들다."고 말했다.[50]

과거에는 응집력과 협동성을 갖춘 큰 집단이 응집력과 협동성이 떨어지는 작은 집단보다 경쟁에서 우세했을 것이기 때문에 집단 수준의 협동 규범과 보상 및 처벌 시스템이 자연의 선택을 받아 지속되었을 것이라는 언급으로 도덕과 정의에 관한 Richerson과 Boyd의 주장이 시작된다. 그들은 계속해서 다음과 같은 주장을 이어간다. "문화적으로 진화한 사회 환경은 그러한 환경에 적합한 타고난 심리를 선호한다." 그러므로 "사회로부터 보상을 받고 제재를 피할 가능성이 큰 정신적 성향을 가진 인간이 생존에 적합했을 것이다."[51] 이러한 성향은 자신과 비슷한 유전자를 지닌 개체의 생존을 도움으로써 포괄적응도를 높이는 호혜적 과정과 충돌한다. 하지만 Richerson과 Boyd는 이러한 충돌을 왜 인간이 그렇게나 자주 가족의 요구와 보다 큰 사회 집단의 요구 사이에서 도덕적인 갈등을 겪는지를 설명하는 데 활용한다. 저자들은 다음과 같이 결론 내린다. "협조하지 않는 이들에게 처벌을 내리는 사회 환경이 문화의 진화로 인해 생겨났다 … 대부분의 사회 환경에서 보편적 협조가 선호된다면 보다 큰 사회 집단과 협력하고 이 집단에 소속감을 느끼기 쉽도록 만드는 유전적으로 대물림되는 사회적 본능이 자연의 선택을 받기 쉬울지도 모른다. 예컨대 자연은 죄책감 같은 감정을 선호했을 수도 있다."[52]

이와 같이 Richerson과 Boyd는 도덕감과 정의감의 진화 방식을 설명한다. 이 둘은 포괄적응도의 개념이 동작하는 개인적 수준의 사회성 진화와 집단적 수준의 사회성 진화 사이의 긴장이 있음을 인정하고 이에 대해 설명하였다. 그리고 그들은 문화적인 진화와 유전적인 진화를 동시에 고려하는 모델을 개발했으며 이 모델은 생물학을 환경보다 위에 두지 않고 진화 과정에서 생물학과 환경이 동등한 무게감을 갖는다고 보았다.

범죄에 대한
신경과학적 해석

20세기 후반 생물사회학적 범죄학자들이 연구한 네 번째 유형의 범죄 원인은 신경과학적인 요인이다. 새롭게 등장했지만 빠르게 성장했던 분야, 신경계에 초점을 맞추는 신경과학은 이미 임상신경과학, 인지신경과학, 신경화학, 신경약리학, 신경생리학, 신경정신의학, 사회신경과학 등의 많은 분파를 양산하였다. 이러한 분파를 범죄학으로 확장한 신경과학자는 소수에 불과했지만 신경과학과 범죄학의 교차점은 첨단 생물범죄학에서 의학화가 가장 많이 이루어진 국면의 한 부분을 이루었다. 그러한 교차는 범죄를 정신병이나 임상적 장애로 보는 아이디어에 기반한 것이었다. 「범죄의 정신병리학」에서 Raine은 "우울증, 조현병 및 현재 정신 장애로 인식되고 있는 다른 조건들이 정신병에 해당하는 것처럼 도둑질과 강도질을 포함한 반복적인 범죄 행동의 **많은** 사례가 장애나 정신병을 나타내는 것일지도 모른다."[53]고 주장하였다. 신경과학자들은 범죄 행동 자체나 특정한 범죄 행동의 원인이 되는 범죄적 성향에 관심을 두기보다는 위법 행위뿐만 아니라 우울증과 조현병을 포함한 넓은 범위의 개인적인 질병과 사회적인 질병의 원인이 된다고 일컬어지는 조건인 "반사회성"에 보다 관심을 가졌다. 그들은 범죄적 성향을 다른 질병과 연관될 수 있는 중추신경계와 뇌의 질환으로 보았다. 이 점에서 신경과학자들은 19세기 퇴화론자를 떠올리게 한다. 퇴화론자 역시 범죄적 성향을 모든 형태의 개인적 병폐와 사회적 문제로 현현될 수 있는 보다 폭넓은 질환의 일부로 생각하였다.

반사회성에 대한 신경과학자들의 의학적 모델은 이전에는 사회적이거나 성격학적인 원인을 가지고 있었던 것으로 생각되었던 많은 현상이 이제는 그 원인을 생물학적인 작용으로 돌리는 보다 폭넓은 생물학적 문화와 잘 맞물렸다. 신경과학적 연구에서 범죄적 성향혹은 반사회성이라는 조건이 문자 그대로의 질병이었던 건 아니지만 당시에는 적어도 생물학적인 건강 및 정상으로부터 벗어난 일탈 혹은 이상이었다. 신경과학의 의학적 모델은 위험에 대한 염려, 즉 예방조치를 취하기 위해 누가 문제를 유발할 가능성이 큰지를 미리 알고자 하는 욕구와도 잘 맞물렸다. 게다가 신경과학적 해석은 인간 행동에 대한 설명을 점점 더 미세화하려는 경향, 즉 현상의 원인을 보다 작은 것에서 찾으려는 경향의 전형적인 예가 되었다.[54]

앞으로 우리는 호르몬과 신경전달물질에 집중하는 신경화학적 범죄 해석을 먼저 다룬다. 그다음 절에서는 범죄자와 비범죄자를 시각적으로 구분할 수 있다고 주장하는 첨단 두뇌 영상 연구의 흥미로운 결과를 포함해 신경생리학적 해석을 다룬다. 마지막에는 사회신경과학을 다룬다. 20세기 후반의 막바지에 이 부상하는 전문 분야는 범죄학과의 접점이 거의 없었지만 범죄 행동을 이해하고 다루고 아마 심지어는 예방까지도 할 위대한 가능성을 드러냈다.

신경화학과 범죄

세포들 사이의 화학적 메신저인 호르몬은 성장을 자극·억제하고, 면역계를 통제하는 등 몸에서 다양한 역할을 수행한다. 범죄학자들은 생식계를 조절하는 성호르몬, 특히 여성호르몬의 범죄 유발 가능성에 각별한 관심을 두었다. 연구자들은 월경 기간 동안의 호르몬 변화가 짜증, 우울, 비이성 등 범죄로 이어질 수 있는 행동상의 변화를 유발했을지도 모른다는 학설을 제시하였다. 월경을 범죄화하려는 움직임의 핵심 인물은 월경 후 증후군에 관한 많은 저술을 남긴 잉글랜드 의사 Katharina Dalton카타리나 돌턴이다.[55] 런던 할러웨이 교도소Holloway prison in London에 수감된 여성들과의 인터뷰로 Dalton은 그녀 자신이 월경근방기라고 칭한 기간월경 시작 4일 전 및 4일 후까지 동안 저지른 범죄로 형을 선고받은 여성 범죄자가 거의 절반에 달한다고 결론지었다. 이러한 발견으로 그녀는 범죄와 월경 사이에 연관성이 있다고 의심하게 되었다.

그러나 다른 사람들의 눈에는 범죄와 월경 사이의 연관성이 그렇게 명확하지 않았다.[56] 잉글랜드 법원은 1980년대에 판결된 오직 네 개의 사례에서만 월경 전 증후군을 처벌 경감 요인으로 받아들였다.[이 네 사례 모두에서 Dalton 이 피고 측 증인이었다.] 미국 법원이 범죄에 대한 변호로서 월경 전 증후군을 채택해 달라는 요청을 받았던 몇 안 되는 사례에서 대부분 그러한 주장은 받아들여지지 않았다.[57] 법원이 싸늘하게 등을 돌리고 월경 전 증후군 혹은 이 증후군의 더욱 극심한 형태인 월경 전 불쾌감 장애premenstrual dysphoric disorder, PMDD가 기껏해야 여성 범죄의 극히 일부만을 설명할 수 있음을 깨닫게 되면서 월경과 범죄에 대한 연구는 내리막길을 걷게 되었다. 하지만 몇몇 연구는 여성의 호르몬 시스템 및 신경전달물질 시스템의 비정상적인 상호작용이 유발할 수 있는 병리학적인 효과를 계속해서 검토하였다.[58]

여성 호르몬 이상이 범죄의 유발할 수 있다는 것에 대한 관심은 1장에서 논의한 Andrea Yates안드레아 예이츠의 사례로 잠깐 부활하였지만,[59] 남성호르몬 테스토스테론이 훨씬 많은 연구 관심을 끌었다. 테스토스테론은 공격적인 범죄 행동과 빈번히 묶였으며 범죄학에서 나타나는 핵심적인 두 가지 패턴을 설명하는 데 사용되었다. 그 두 가지 패턴이란 여성보다 남성의 범죄율이 높은 것과 성호르몬이 가장 많이 생성되는 기간인 10대에 남성의 범죄율이 치솟는다는 것이다.[60] 게다가 몇몇 연구에서 백인 남성보다 흑인 남성의 테스토스테론 수치가 높다는 것을 발견하였는데 이는 범죄율, 특히 폭력적인 하위문화에 사는 남성의 폭력범죄율의 인종 간 차이를 설명하는 데 사용되었다.[61]

테스토스테론과 범죄의 상관성을 보여주는 증거들이 남성 성범죄자에게 데포-프로베라Depo-Provera라는 약물을 주사하는 것을 수반하는 과정인 화학적 거세의 결과에서 발견되었다. 테스토스테론의 생산을 억제하는 이러한 접근법으로 전부는 아니지만 몇몇 사례에서 재범이 줄어들었다.[62] 하지만 테스토스테론 분비량이 많은 소년이 필연적으로 더 공격적이지는 않다는 것을, 그리고 성호르몬과 범죄 사이의 관계에는 사회적 요인도 수반되어 상당히 복잡하다는 것을 나중의 연구가 보여주었다.[63]

신경전달물질

호르몬을 통해 범죄 행동을 설명하는 것은 20세기 중반 때와 같은 인기를 더이상 구가하지 않는다. 사실 오늘날 신경과학과 도덕에 관한 책의 전 지면을 읽는다고 해도 호르몬에 관련된 단어는 찾아볼 수 없을 것이다.[64] 범죄 행동을 다룬 신경과학 문헌에서 호르몬 논의는 범죄 및 신경전달물질 연구로 대체되고 있다.

뇌가 생산하는 화학물질인 신경전달물질은 반사회성에 명백히 핵심적인 영향을 미쳐 지속적인 관심을 끌어왔다. 신체에서 신경전달물질이 하는 역할은 뇌의 전기적 자극을 전파하는 것이다. 따라서 신경전달물질은 정보 처리에서 매우 중요하다.[65] 또한 그렇기 때문에 인지 결함과도 관련된다. 신경전달물질은 뇌의 뉴런 사이에 일종의 다리 역할을 하지만 다른 다리들과는 달리 제각기 다른 강도를 보이며 어떤 때는 완전히 붕괴되기도 한다. 신경세포는 다음에 일어날 일이 무엇인지를 뇌에게 알리는 "신호기"이다. 신경세포는 신경전달물질을 통해 신경말단에서 다른 신경세포로 전하를 전달함으로써 메시지를 전한다. 전달뉴런이 신경전달물질을 시냅스 틈새에 분비하여 다른 뉴런과 소통하는 것이다. 전달뉴런으로부터 분비된 많은 신경전달물질은 수용뉴런의 수용체에 포착되어 이와 결합한다. 이러한 과정이 제대로 이루어지면 미래의 사건을 상당히 효과적으로 "예측"할 수 있다.[66] 타고나는 신경전달물질 수준은 유전적 특질에 의해 결정되지만 스트레스나 약물 섭취 같은 환경적 요인에 따라 변동을 거듭한다. 신경전달물질 중에서도 세로토닌, 도파민, 노르에피네프린이라는 세 개의 물질이 범죄 행동과 관련되는 것으로 나타났으며 이 중에서도 세로토닌이 단연코 최대의 관심을 받아왔다.[67]

신경화학적 연구는 범죄자뿐만 아니라 조현병 및 우울증 환자를 포함한 반사회적 인간들의 세로토닌 수치가 낮으며 이는 공격성뿐만 아니라 충동성도 명백히 증가시키는 결함임을 보여준다. 여성보다 남성이 이러한 결함을 물려받을 가능성이 크다.[68] 세로토닌 부족은 뇌세포 사이의 시냅스에 사용 가능한 세로토닌의 양을 높이는 프로작^{Prozac} 같은 약물로 치료한다. 이 과정을 이해하는 데 중요한 것은 재흡수이다. 재흡수란 신경전달물질[여기서는 세로토닌을 전달뉴런이 다시 흡수하는 것을 말한다. 재흡수 과정은 시냅스 틈새의 특정한 신경전달물질의 양을 조절하기 위해 존재한다. 재흡수가 활발하면 충분한 양의 신경전달물질이 시냅스 틈새를 넘어 수용뉴런으로 전달되지 못한다.[69] 이에 대처하기 위해 선택적 재흡수 억제제라고 불리는 약물이 재흡수 과정을 억제하도록 고안되었다. 이러한 약물을 선택적이라고 부르는 것은 일반적으로 한 종류의 신경전달물질만을 노리도록 디자인되었기 때문이다. 가장 흔한 것은 선택적 세로토닌 재흡수 억제제^{selective serotonin reuptake inhibitor, SSRI}이다. 선택적 세로토닌 재흡수 억제제는 세로토닌이 시냅스 틈새와 수용뉴런으로 더 많이 전달될 수 있도록 전달뉴런의 세로토닌 재흡수를 억제하는 효과를 일부 사람들에게 나타낸다.

세 개 신경전달물질 중 두 번째로 많이 연구되었으며 범죄적 성향과 관련되는 것으로 나타난 도파민은 성인 주의력 결핍 장애, 약물 중독, 공격적인 행동에서 어떤 역할을 수행하는 것으로 나타난다. 비록 그런 역할의 본질에 대한 이해가 아직 많이 부족하지만 말이다.[70] 세 번째 신경전달물질인 노르에피네프린은 충동성, 감각 추구, 공격성과 관련된다. 도파민과 노르에피네프린이 비정상적으로 많거나 적을 때뿐만 아니라 이 두 물질 및 세로토닌 사이의 균형이 깨질 때에도 문제가 발생한다. 예컨대 한 권위자에 따르면 그러한 불균형은 성적 일탈 행위를 유발할 수 있다.[71]

신경전달물질에 대한 지대한 관심이 인간 행동의 원인을 점점 "선천적인" 생물학적 요소로 돌리는 추세 전환을 보여주기는 하지만, 이러한 경향이 낡은 생물학적 결정론으로의 회귀를 나타내는 것은 아니다. 왜냐하면 신경전달물질과 범죄를 연구한 연구자들이 신경학적인 요소와 환경적인 요소 사이의 상호작용을 강조하였기 때문이다. 예를 들어 태아기와 초년기의 경험은 개인의 신경전달물질의 양이 얼마나 분비될지에 영향을 미친다. 이와같이 심지어 선천적인 특성에 대한 대부분의 논의는 그러한 특성이 본성과 양육 사이의 상호작용 혹은 생물사회학적 상호작용을 통해 만들어진다는 가정을 기반으로 한다.

신경생리학과 범죄

20세기 후반 신경생리학자들은 범죄학과 관계 있는 두 종류의 연구를 했다. 하나는 정신 상태와 심장박동수 같은 생리학적 조건 사이의 관계를 연구하는 전문 분야인 정신생리학과 관련되고, 또 하나는 두뇌를 들여다보고 두뇌의 구조와 기능을 연구하는 혁신적 기술을 활용하는 전문 분야인 신경영상연구와 관련된다. 두 분야의 연구 모두 눈 바로 뒤에 위치한 영역인 전전두엽 피질이 범죄 행동과 관계된다는 것을 보여준다.[72]

Lombroso와 그의 지지자들은 범죄자가 "정상적인" 인간보다 덜 예민하다는 것을 증명하기 위해 물리적이고 정신적인 고통에 대한 범죄자의 반응을 연구함으로써 정신생리학적 연구를 개척하였다. 사실 Lombroso는 실험대상자가 고통에 얼마나 예민한지를 측정하기 위해 실험대상자의 손에 단계적 충격을 보내는 전기장치인 통각계를 자기 식으로 개발할 정도로 멀리 나아갔다.[73] Eysenck가 범죄자를 조건화되기 힘든 자로 추측하기 시작한 20세기 중반부터 정신생리학자들은 반사회성을 나타낼 가능성을 가지는 정신 상태를 측정하기 위한 새로운 방법을 고안하였다. 한 테스트에서는 뇌의 전기적 활동을 알아내는 뇌파 검사를 이용하였다._{뇌파 검사 동안에는 두피에 고정된 전극이 두뇌의 뉴런들이 생성하는 전기적 활동을 기록한다.} 뇌파 연구는 범죄자가 비범죄자보다 자극에 둔감해 쾌감이나 흥분을 느끼기 위해 더 많은 자극을 필요로 한다고 혹은 폭력적인 상습범들이 비정상적인 뇌파 패턴을 보인다고 결론짓는 경향이 있었다.[74]

또 다른 정신생리학적인 테스트에서는 심장박동수를 측정했다. 이 테스트로 반사회적 인간들의 안정 시 심박수가 낮다는 것을 발견했는데, 이는 당시 자극에 대한 둔감을 나타내는 지표로 해석되었던 또 다른 특성이었다.[75] 세 번째 정신생리학적 테스트는 피부 전도 검사였는데 이는 거짓말 탐지기처럼 피부의 전기적 활동의 작은 변화를 감지할 수 있었다. 범

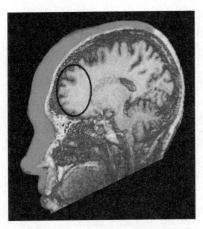

그림 9.2 두뇌의 신경영상. 두뇌의 전두부는 반사회적 인격장애 및 범죄 행동과 연관된다.

죄자에게 흔하게 나타나는 것으로 밝혀진 약한 피부 전도 반응은 자극에 대한 둔감성 혹은 느린 생리학적 반응을 가리키는 추가적인 증거였다.[76]

이러한 테스트를 통해 신경생리학자들은 사이코패스와 다른 반사회적 인간을 만성적으로 자극을 잘 받지 못하기 때문에 롤러코스터를 타거나 지나가는 행인에게 강도짓을 하거나 술을 마시며 흥청거리며 더욱 격한 자극을 추구하는 이들로 묘사하였다.[77] 그런 사람은 활동성이 떨어지는 중추신경계와 자율신경계를 가지고 태어났기 때문에, 즉 일종의 생물학적인 따분함을 가지고 태어났기 때문에 살아 있다는 느낌으로 충만하려면 최고 속도로 운전하거나 피해자를 스토킹할 필요가 있다는 것이다. David Rowe데이비드 로의 주장에 따르면, 그들에게 "범죄는 만성적으로 흥분을 느끼기 힘든 두뇌에 대한 자가처방이다."[78] 그러한 범죄자들의 경우 생물학적으로 공포가 완화되기 때문에 법을 준수하는 성향을 가진 사람들 만큼 위협을 심각하게 받아들이지 않아 쉽게 제지할 수도 없다. 한편 몇몇 신경생리학자들이 인정했듯이[79] 이런 식의 인격 분석은 유용할 수 있다. 만약 누군가가 아주 위험한 상황을 뚫고 달아나려 하거나 대담한 움직임을 보

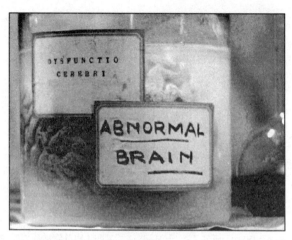

그림 9.3 결과: 프랑켄슈타인의 괴물. 비정상적인 두뇌 때문에 프랑켄슈타인 박사의 창조물은 범죄적인 성향을 지닌 괴물인 것으로 드러난다. Photo used by permission of Photofest.

인다면 자극에 대한 둔감이 바로 그 원인인 것이다.[80]

이보다 20년 전이었다면 신경범죄학자들이 범죄자와 비범죄자를 구별하기 위해 인간의 뇌를 들여다볼 수 있을 것이고 예측하는 이들은 거의 없었을 것이다. 확실히 그런 욕망은 타고난 범죄자는 그들만의 결함 있는 유형의 두뇌를 가진다고 주장한 범죄인류학의 잔존물로 조롱받았을 것이다. Mary Shelley메리 셸리의 동명의 원작 소설을 기반으로 만든 James Whale 제임스 웨일의 영화 「프랑켄슈타인Frankenstein, 1931」에서 정확히 이런 식의 야망이 풍자되었다. 영화에서 미친 의사는 시체에 비정상적인 두뇌를 주입해 범죄적 성향을 지닌 괴물을 만든다. 20세기 후반 신경범죄학자들은 컴퓨터단층촬영CT, 자기공명영상MRI, 양전자방출단층촬영PET, 기능적 자기공명영상fMRI 같은 두뇌 영상 기술을 이용하여[81] 범죄자와 비범죄자의 두뇌 사이에 실제로 중대한 차이가 있다고 주장하였다. 이 분야의 선두적인 연구자는 심리학자 Adrian Raine에이드리언 레인이었다.

Raine과 동료들이 실시한 1998년의 연구는 위와 같은 유형의 연구의 좋은 예가 된다. 1998년의 연구는 두 살인자 집단 간의 있을 수 있는 차이

그림 9.4 프랑켄슈타인 박사가 시체에 이식하기 전의 비정상적인 두뇌. James Whale의 영화「프랑켄슈타인」에서 미치광이 젊은 의사 프랑켄슈타인은 인간의 생명을 창조하고자 하는 희망으로 처형된 범죄자의 시신을 파낸다. 우연히 프랑켄슈타인은 연구실에서 훔친 비정상적인 두뇌를 시체에 이식한다. Photo used by permission of Photofest.

를 탐구한 최초의 두뇌 영상 연구였다. 한 집단은 살인을 계획한 "계획적 살인자"로 구성되었고 또 한 집단은 살인을 충동적으로 저지른 "우발적 살인자"로 구성되었다. 15명의 계획적 살인자와 9명의 우발적 살인자로 구성된 표본의 살인자 24명 모두 정신이상을 근거로 무죄를 주장하거나 재판을 받기 힘든 상태에 있는 것으로 나타났다. 이렇게 그들은 심각한 정신이상으로 사전 선발되었다. 양전자방출단층촬영을 이용해 연구자들은 이 두 집단을 서로 비교하고 나이와 성별이 일치하는 41명으로 구성된 대조집단과도 비교하였다. 우발적 살인자는 비교 집단보다 전전두엽 활동성이 낮게, 우반구 피질하부의 활동성은 높게 나타났다. 이와 대조적으로 계획적 살인자는 전전두엽의 활동성이 정상적이었지만, 그들 역시 우반구 피질하부의 활동성이 대개 높았다. Raine과 동료들은 표본의 크기가 작고 표본 선발방식이 임의 추출과는 거리가 멀기 때문에 위와 같은 발견이 다른 범죄자에게 일반적으로 적용될 수는 없다고 경고하는 동시에 "감정적이고 범행을 사전에 계획하지 않은 충동적 살인자는 전전두엽의 조절 기능이 결핍되어 피질하부에서 생성되는 공격적인 충동 조절력 및 통제력이 떨어진다."[82]고 결론 내렸다. 반면 계획적 살인자는 감정에 대한 전전두엽의 통제력이 더 강했기 때문에 공격적인 충동을 보다 잘 통제할 수 있었다.

Raine은 전전두엽 피질에 관한 어떤 학술 서적에 기반하여 이러한 결론에 도달하였다. 범죄학적인 관점에서 볼 때 특히 중요한 '전전두엽 피질이 수행하는 한 기능'은 운영이다. 즉 전전두엽 피질은 다른 두뇌 작용들을 통합하고 관리한다.[83] 때문에 학술 서적의 제목은 「운영하는 뇌: 전두엽과 문명화된 정신(The Executive Brain: Frontal Lobes and the Civilized Mind)」이었다.[84] 전전두엽 피질은 공격성을 통제하고 도덕적이고 사회적인 분별력을 형성하는 데에도 결정적인 작용을 하는 것으로 보인다.[85] 전전두엽 피질은 출생 후에 계속해서 발달하며 20대가 되어서야 성숙한다. 그러므로 이 부위는 아동기나 청소년기에 섭취한 독성 물질이 유발하는 손상에 특히 취약하다. 적어도 이론적으로는, 정신생리학적 연구를 통해 흥분감을 추구하는 인간으로 식별된 이들은 필시 알코올과 약물을 남용하여 전전두엽 피질에 손상을 입게 되었을 것이다. 전전두엽 피질은 운영하는 기능뿐만 아니라 마음이론theory of mind을 형성하는 능력과 관계될지도 모른다. 마음이론이란 타인의 마음에 대한 헤아림을 말한다.[86] "전전두엽 피질은 타인이 우리에 대해 어떻게 생각하는지에 관한 지식을 만들어 타인의 요구와 관심사에 맞게 우리의 행동을 조정할 수 있게 하는 기능을 가질지도 모른다."[87]라고 Rowe르는 설명하였다. 타인의 정신 상태를 이해할 수 없는 이들은 타인에게 공감하고 타인의 반응을 예측하는 능력이 떨어진다.

두뇌 영상 기술에 의한 핵심적인 발견은 범죄자가 비범죄자보다 전전두엽 피질의 기능이 떨어진다는 점이다.[88] 이러한 연구는 "범죄적 성향"의 의미를 재정의하였다. 신경과학자들은 점점 더 범죄적 성향을 전전두엽 피질의 장애로 이해하게 되었다. 신경과학자들의 연구는 여전히 미숙했으며 아쉬운 부분이 많았다. 연구 표본은 크기가 작았고 굉장히 선택적으로 추출되었으며 연구 절차는 표준화되지 않았다. 또한 연구 결과는 일관성이 없었다.[89] 그때까지 신경과학자들은 "정상적인" 뇌가 어떻게 생겼는지를 정확히는 정의하지 않은 상태였다. 사람들 간에 두뇌의 차이가 있고 심지어 한 개인에게서도 시간이 흐름에 따라 두뇌가 변한다는 것을 신경과학자들이 알고 있었기는 하지만 말이다.[90] 편도체, 해마, 시상하부 및 뇌하수체를 포함하는 변연계 같은 두뇌 시스템의 다양한 부분이 어떻게 연관을 맺는지, 그리고 한 부분이 손상되었을 때 다른 부분이 이를 어떻게 보완하는지 여전히 아는 것이 거의 없었다. 게다가 두뇌의 많은 부분들이 사회적인 인식과 상호작용에 관여하며 전전두엽 피질은 사회적 정보를 처리하는 데 독주자라기보다는 지휘자에 가까운 기능을 보인다는 것이 연구가 시사하는 바였다.[91] 뿐만 아니라 물리적인 트라우마나 정신적인 트라우마로 인해 어린 시절에 기능 장애가 시작된 이들과 종양, 수술, 머리에 가해진 충격으로 기능 장애를 늦게 얻은 이들 사이에 행동 차이가 있는지도 알기 힘들었다.

이러한 약점에도 불구하고 두뇌 영상 연구는 20세기 후반 생물사회학적 범죄학에 나타난 가장 강력한 방법이 되었다. 실제로 두뇌를 살펴보고 두뇌가 작동하는 것을 관찰할 수 있었기 때문에 두뇌 영상 기법은 범죄인류학으로의 단순한 회귀를 알리는 신호가 아니었다. 게다가 Lombroso나 미치광이 프랑켄슈타인 박사와는 달리 두뇌 영상 연구자들은 범죄자와 비범죄자를 단순히 이분법적으로 구분할 수 있다고 주장하지 않았다. 오히려 그들은 어느 순간 문턱을 넘어 정상에서 범죄적 성향으로 바뀌는 연속체의 개념을 제시하였다.

사회신경과학과 범죄

20세기 후반 신경과학의 가장 혁신적인 분파는 사회적 행동의 기저에 있는 신경 작용을 연구하는 사회신경과학이었다. 부상하는 분야였던 사회신경과학은 사회적인 교류가 일어날 때 신경학적으로 무슨 일이 일어나는지를 연구하기 위해 신경학 및 사회심리학 같은 핵심 학문 분야뿐 아니라 진화생물학, 유전학, 정신의학을 활용하였다. 사회신경과학과 범죄학의 관련성을 아직 분명히 설명할 수는 없었지만 가끔 사회인지신경과학이라고도 불린 사회신경과학은 범죄를 저지를 때, 피해를 당할 때, 처벌에 반응할 때 사람의 마음속에서 무슨 일이 벌어지는지를 더욱 깊이 이해하기 위한 엄청난 가능성을 가지고 있었다. 사회신경과학자들이 인간의 상호작용과 사회적 정보의 처리 대한 신경생물학적 기반을 더욱 많이 습득하게 되면서 사회신경과학은 범죄학자들이 '범죄'와 '범죄에 대한 반응'을 생각하는 방식을 바꿔버릴 가능성을 드러냈다.

아이오와대학교 신경학자 Ralph Adolphs랠프 아돌프스는 사회인지신경과학을 소개하며 이 분야에서 어떤 종류의 연구를 하는지를 규명하였는데 그중 거의 모든 연구가 범죄학에 대한 강력한 함의를 지니고 있었다. 자기통제에 관한 신경생물학, 인간이 사회적 상황을 해석하는 데 영향을 미치는 동기적 요인과 감정적 요인, 죄책감, 수치심, 당혹감, 질투심 같은 "도덕과 연관된 감정" 등에 대한 연구가 포함된다.[92]

Adolphs가 제시한 개요로부터 사회신경과학이 결국 범죄학에 어떻게 적용될지를 예측할 수 있었다. 범죄는 부정적인 형태이긴 하지만 어쨌든 일종의 사회적인 교류로, 본질적으로 사회적인 사건이다. 흔히 범죄는 밀접한 접촉 및 가해자와 피해자 양측의 상대방에 대한 면밀한 마음 파악을 수반한다. 더욱이 범죄는 Adolphs가 일컬은 "사회적 환경에 대한 마음속 이미지의 구축"과 "사회 집단 내에서의 개인의 행동의 가치"에 대한 평가를 수반한다.[93] 범죄는 질투심, 자부심, 수치심 등 이른바 도덕과 연관된 감정에 의해 촉발된다. 그와 같은 감정은 개인이 "사회적 상황에서 2차적인 인격을 표출하도록 만든다."[94] 폭력범죄는 특히 자기통제의 붕괴를 수반한다. 사회신경과학자들은 이미 자기통제의 붕괴라는 현상을 신경학적으로 검토하고 있었다. 개인적, 대인적, 집단적, 사회적 수준 등 모든 수준에서 사회신경과학은 범죄사건의 생물학적 역학에 대한 이해를 크게 증진할 가능성을 품고 있었다.

사회신경과학은 형사사법 공무원과 상담가가 피해자로부터 어떤 반응을 유발해야 이로운지를 가려낼 잠재력을 가졌기에 피해자가 회복하는 것을 보다 효과적으로 돕는 방안을 고안하는 데 도움을 제공하였다. 그와 같은 반응은 뇌뿐만 아니라 신체 전반에서 발생한다. 이는 뇌가 호르몬 시스템과 혈관계 같은 다른 영역에도 반응을 유발하기 때문이다.증거에 의하면 동정 어린 상담가와 감정적 고립을 극복하고자 하는 노력에 뇌가 생물학적으로 반응하고 이러한 반응이 폭포수처럼 몸 전체로 흘러 전반적인 생리학적 안녕을 증진한다. 반대로 동정 어린 상담가의 부재와 감정적 고립은 이와 반대되는 생리학적 반응을 명백히 초래한다.95 처벌 분야에서 사회과학은 죄책감과 수치심을 유발하는 사회적 제재 동안 신경학적으로 무슨 일이 일어나는지를 밝혀낼 가능성을 제공하였다. 결국 사회신경과학의 힘으로 형사사법 공무원들이 범죄자가 사회적·육체적으로 약화되는 것을 완화하면서 처벌을 더 효과적으로 만들 수도 있을 것으로 보였다. 게다가 사회신경과학은 뇌의 가소성 및 발달에 대한 관심과 어린 시절과 성인기 모두에서 환경적 요인이 뇌의 작용에 영향을 미치는 방식에 대한 연구를 통해 범죄를 장려하는 신경학적 작용의 발달을 방지하고 범죄에 대해 완충작용을 하는 신경학적 과정을 강화하는 방법을 제안할지도 몰랐다.96

어떤 사회신경과학적 연구는 마음이론에 초점을 맞췄다. 사회신경과학자들은 "거울뉴런"을 찾아냈다. 거울뉴런은 우리가 마주치는 사람의 감정 상태를 주시하고 그들의 의도를 이해한 뒤 타인의 뇌에서 활성화된 바로 그 부위를 자신의 뇌에서 똑같이 활성화함으로써 추정되는 타인의 상태를 실제로 스스로의 뇌에 그대로 재현하는 것을 가능케 한다.97 과학저술가 Daniel Goleman대니얼 골먼은 타인의 마음속에서 일어나고 있다고 생각되는 일에 생리학적으로 반응하는 '우리 뇌의 능력'에 대해 말하면서 "연결되기 위해 이어진wired to connect"이라는 표현을 사용하였다. Goleman은 젊은 사람들에게 충동을 통제하고 친구들의 압박에 저항하고 폭력과 물질 남용을 삼가는 것을 가르치는 공감 프로그램을 개발함으로써 우리 뇌의 그러한 비범한 능력을 활용하였다.[98] 이윽고 범죄학자들이 마음이론에 관한 이 새로운 연구를 비록 신경학적인 수준에서는 아니지만, 마찬가지로 대인 상호작용에 초점을 맞추었던 상징적 상호작용론symbolic interactionism 및 낙인찍기에 관한 오래된 일부 연구와 통합할 수 있을지도 모를 것으로 보였다.[99]

유전학적 해석

20세기 후반 생물사회학적 범죄학의 다섯 번째 기류는 유전학적 해석으로 구성되었다. 19세기 중반의 퇴화론자들이 범죄적 성향은 퇴화하는 생식질에 의해 유전될 수 있다고 주장했고, 또 19세기 후반의 범죄인류학자들이 범법에 대한 결정론적인 유전주의적 해석을 발달시켰기 때문에 유전학적 해석을 새롭다고 하기는 힘들었다. 하지만 그와 같은 선구자들은 20세기 초반까지 발견되지 않은 유전의 메커니즘에 대해 아는 것이 없었다. 그리고 어쨌든 원시적인 유전학적 접근법은 사회학적인 범죄학의 발달에 의해 수면 아래로 가라앉았다. Eysenck가 1964년 "의문의 여지 없이 … 유전은 개인이 범죄적 성향을 갖게 하는 데 중요한 역할을 하며 필수적인 부분일 것이다."라고 주장하며 얼음을 깨부수기 전까지 유전학과 범죄에 관한 연구는 거의 수행되지 않았다.[100]

앞서 언급했듯이 범죄에 대한 유전학적 접근법의 부활을 나타내는 초기의 신호는 엄청나게 공격적인 남성이 XYY 염색체 배열을 갖는다는 사실을 발견한 것에 대한 1960년대의 열광이었다. XY 염색체를 갖는 대부분의 남성과 달리 XYY 염색체를 갖는 남성은 키가 더 크고 지능지수가 떨어지며 폭력범죄를 저지르는 경향뿐만 아니라 여드름과 인격장애에 시달린다고 보고되었다.[101] 이후의 연구는 키에 관한 것을 제외하고는 그러한 주장이 사실임을 증명하는 데 실패하였다. 게다가 원래의 연구가 아주 선택적으로 추출된 수감자들을 대상으로 수행되었기 때문에 그리고 XYY 염색체를 가진 남성들이 너무 희귀하여 범죄 이해에 많은 기여를 할 수 없었기 때문에 결국 이와 같은 연구는 점차 사그라들었다.[102]

XYY 염색체 연구가 범죄에 대한 유전학적 해석의 다가오는 부활을 예고했다면 출생 코호트 중 만성적 비행자로 이루어진 핵심적인 소규모 집단이 그 출생 코호트에 의해 자행된 범죄의 대부분을 저질렀다는 발견은 새로운 유전학적 연구를 활성화하였다.[103] 범죄학자 Marvin Wolfgang 마빈 울프갱의 이러한 발견은 심리학자 Terrie Moffitt테리 모피트가 10대일 때에는 비행을 저지르다가 자라면서 단순히 철이 들어 범죄라는 옷이 맞지 않게 되는 많은 수의 "청소년기 한정형" 범죄자와 일찍부터 비행을 저질러 Wolfgang의 만성적 범죄자처럼 범죄를 죽을 때까지 그만두지 않는 적은 수의 "생애 지속형" 범죄자를 구분한 한 연구에 의해 보강되었다.[104] Wolfgang과 Moffitt의 연구는 심각한 범죄자를 다른 비행자와 차이가 나게 만드는 것은 무엇인지에 관한 질문을 촉발하였다. 몇몇 사람들은 행동 유전학이라는 새로운 분야가 이 질문에 답할 수 있을지도 모른다고 생각했다.[105]

1993년 Moffitt가 청소년기 한정형 범죄자와 생애 지속형 범죄자를 구분한 논문을 출판한 것은 생물사회학적 범죄이론의 발전에 중대한 전환점이 되었다. 그러한 논문이 나올 수 있었던 데에는 Moffitt가 뉴질랜드 더니든Dunedin에서 출생한 사람들을 대상으로 한 건강과 발달에 관한 학제적 연구Dunedin (New Zealand) Multidisciplinary Health and Development study의 부책임자였던 점이 크게 작용했다. 이 연구는 연구대상자들을 태어날 때부터 추적하여 생리학, 신경학, 정신의학, 유전학, 범죄학 등 수많은 차원에서 평가하였다. 여전히 진행 중인 이 연구는 생물학적인 변수와 사회학적인 변수에 관한 엄청나게 풍부하고 귀중한 자료를 산출하였다. 이런 이유로 Moffitt가 지금은 유명해진 1993년의 비행 논문을 출판했을 때 그녀는 성숙하면서 범죄와 멀어지는 평범한 다수의 10대와 계속해서 범죄를 저질러 상습범 및 더욱 심각한 범죄자가 되는 소수를 구분하면서 발달에 관한 생물사회학적 범죄이론을 거의 불가항력적으로 제시할 수밖에 없었다. Moffitt가 생애 지속형 범죄자에 의한 범죄를 생물학적인 심지어는 유전학적인 용어로 설명할 것이라는 것 역시 예상할 수 있었다. Moffitt는 그러한 범죄의 원인을 몇몇은 사회적인 기원을 갖는 또 몇몇은 유전적인 기원을 갖는 초기 발달상의 장애로 추적하였다. 태아기의 형편없은 영양 공급과 같은 좋지 못한 사회적 환경과 결합한 유전적 요인은 말하기 능력, 학습, 의사 결정과 관련된 뇌의 부위가 정상적으로 발달하는 것을 저해하면서 신경 발달에 지장을 줄 수 있다.

Moffitt는 범죄학 분야에 속하지 않은 외부인이었지만, Moffitt는 신경과학적이고 유전학적인 연구에 집중했으며, 동료인 Avshalom Caspi(애브쉘롬 캐스피)와 함께 연구하였다. 1993년에 출판한 Moffitt의 논문은 혜성처럼 범죄학을 강타하였다. Moffitt의 논문이 「Psychological Review」에 실려 범죄학자들이 논문을 무시하거나 못 보고 넘어가기 일쑤였다. 하지만 논문의 생물사회학적인 접근법과 비행의 유형을 발달로 설명하는 것은 사회학적인 범죄학자와 생물학적인 범죄학자가 협력할 수 있는 미래의 전조가 되었다.

하지만 주류 범죄학자들의 협력은 쉽게 성사되지 않았다. 주류 범죄학자들이 생물학으로의 방향전환을 너무 격렬히 반대하여 유전학과 범죄에 관한 1992년 학회가 주류 범죄학자 및 협력자들에 의해 기꺼이 폐쇄될 정도였다. 처음 미국국립보건원National Institutes of Health, NIH이 메릴랜드대학교에서 개최되는 이 학회에 자금을 지원했지만 유전자와 범죄가 연관성을 갖게 되면 인종차별적 결과, 심지어 빈민가의 흑인 청년들에게 진정제를 투여하는 사태가 초래될 수 있다는 널리 전파된 두려움에 직면하여 지원을 중단하였다.[106] 주류 범죄학자들은 범죄에서 "체형적 요인"을 강조하는 James Q. Wilson제임스 Q. 윌슨과 Richard Herrnstein리처드 헌슈타인의 「범죄와 인간의 본성Crime and Human Nature」 같은 연구에 이미 격렬히 항의하고 있었다.[107]

제안된 미국국립보건원 회의는 그저 저항을 강화할 뿐이었다. 심리학자 David Rowe데이비르 로와 D. Wayne Osgood D. 웨인 오스굿은 더 많은 협력을 촉구하고 새로운 유전학적 범죄 연구가 오래된 생물학적 결정론을 수반하지 않는다고 하면서 사회학자들에게 자신들의 뜻을 전해 분위기를 좋게 바꿔보려 했다. "많은 유전적 요소와 모순되지 않는 사회적 해석과 많은 환경적 요소와 모순되지 않는 생물학적 해석이 존재한다."고 Rowe와 Osgood은 지적했다.[108] 하지만 그들의 중재 노력은 처음에는 사회학적 범죄학자들에게 거의 영향을 주지 못했다.

고전적 유전연구: 본성 대 양육

범죄에 관심이 있었던 행동유전학자들은 연구의 질문을 유전자와 환경이 범죄 행동에 상대적으로 얼마나 기여하는가라는 관점에서 제기하였다. 행동유전학자들은 분리된 요소로 여겨지는 본성과 양육의 상대적 영향을 분석하기 위해 가족, 쌍둥이, 입양자를 연구하는「관계 연구 relationship studies」를 수행하였다. 특히 한 가족 구성원이 전과가 있는데 다른 구성원은 그렇지 않을 경우, 가족은 행동에 대한 본성과 양육의 상대적 기여를 연구하기 위한 이상적인 단위인 것처럼 보였다. 쌍둥이, 특히 동일한 유전자를 가져 적어도 이론상으로는 "본성"이라는 변수가 똑같은 일란성 쌍둥이가 있는 가족이라면 더 좋았다. 이란성 쌍둥이 및 유전적으로 50% 관련된 다른 형제들의 상대적인 범죄율에 관한 연구 또한 귀중한 것으로 보였다.

가계연구는 Richard Dugdale리처드 덕데일과 Richard Dugdale을 따라 나쁜 일가의 범죄 계보 도표를 작성한 우생학자들로 거슬러 올라간다.[109] 한결같이 가계 연구는 강력한 유전적 영향을 발견하였다. 즉 범죄가 가족들 사이를 배회하며 세대를 통해 대물림된다는 것이었다. 하지만 우생학자들은 대조집단을 이용하지 않았고 그들의 연구 방법론은 형편없었다. 더욱이 Dugdale을 제외하면 누구도 환경적 영향에 조금의 관심도 주지 않았기에 나쁜 일가에 대한 이런 원시적인 연구는 유전적 특징과 환경의 상대

적인 영향을 가려내기 위한 어떠한 노력도 하지 않았다.[110]

보다 유익했던 것은 Francis Galton과 독일 범죄학자 Johannes Lange가 개척한 쌍둥이 연구였다.[111] Lange가 「운명으로서의 범죄Crime as Destiny, 1930」에 수록한 쌍둥이 연구에 따르면, 한쪽이 범죄자이면 다른 쪽도 범죄자일 확률은 일란성 쌍둥이[77%]가 이란성 쌍둥이[12%]보다 높게 나타났다.[112] 이러한 결과는 유전이 범죄를 일으키는 데 있어 중대한 역할을 한다는 것을 증명해주었다. 따라서 나치 범죄학자들을 기쁘게 만들었다. 하지만 Lange의 접근법은 범죄 행동에 환경이 상대적으로 어떤 영향을 미치는가라는 질문에는 여전히 답을 하지 못했다. 이 결점을 Lange는 인정했지만 나치는 자기 편리에 따라 무시해버렸다.

수많은 쌍둥이 연구가 뒤를 따랐다. 개중에는 일란성 쌍둥이 및 이란성 쌍둥이의 범죄 행동을 비교하는 연구도 있었고 일란성 쌍둥이와 이란성 쌍둥이가 따로 떨어져 양육되었을 때 환경이 범죄적 성향에 미친 영향을 검토한 연구도 있었다. 이런 연구 중 거의 모든 연구가 동일한 결론에 도달했다. 그 결론이란 유전자라는 형태의 본성이 범죄 행동에 영향을 미치지만, 가족 환경이라는 형태의 양육 역시 그러하다는 것이었다.[113] 하지만 쌍둥이 연구는 편향된 표본 추출, 일란성 쌍둥이가 맞는지에 대한 부정확한 확인, 부적절한 통계적 절차의 사용 등 방법론적인 문제에 시달리는 경향이 있었다.[114] 따라서 범죄학적 연구자들은 입양자 연구로 돌아섰다. 입양자 연구는 쌍둥이 연구의 방식을 따르는 대신 진짜 가족으로부터 떨어져 입양된 아이들의 범죄율을 조사함으로써 쌍둥이 연구에 나타나는 문제를 피했다.

가장 유명한 입양자 연구에서는 Sarnoff Mednick사노프 메드닉과 동료들이 약 15,000명 입양자들의 유죄판결 기록과 이들의 생물학적 부모 및 이들을 입양한 부모의 유죄판결 기록을 비교하였다.[115] 1984년에 출판된 Mednick의 연구는 동일 민족이 많은 편이며, 시민들에 대한 자세한 기록을 보관하였던 국가 덴마크의 기록을 활용하였다. 조사 대상인 아이들은 모두 가족 구성원이 아닌 사람들에 의해 입양되었으며 생물학적 부모이든 입양한 부모이든 아버지나 어머니가 법정에서 유죄판결을 받은 경우 부모를 범죄자로 표기하였다. '생물학적인 부모가 전과를 가지면 입양되어 떨어져 양육되는 아이가 범죄를 저지를 가능성이 올라갈까?'라는 것이 Mednick의 근본적인 질문이었다. 남성 입양자에 관한 데이터만을 살펴본 뒤 Mednick은 다음과 같은 사실을 발견하였다.

- 생물학적 부모와 입양한 부모 모두 전과가 없으면 13.5%의 남성 입양자가 범죄를 저질렀다.
- 입양한 부모가 전과가 있지만 생물학적인 부모는 없을 경우 15%에 약간 못 미치는 남성 입양자가 범죄를 저질렀다.
- 입양한 부모가 전과가 없지만 생물학적인 부모는 있을 경우 20%의 남성 입양자가 범죄를 저질렀다.
- 생물학적 보모와 입양한 부모 모두 전과가 있으면 약 25%의 남성 입양자가 범죄를 저질렀다.

Mednick은 이러한 수치가 범죄 행동에 유전적 요소가 영향을 미친다는 주장을 뒷받침하는 것으로 결론 내렸다.물론 위의 수치는 훨씬 광범위한 환경적 영향이 있음을 또한 가리킨다.

　Wolfgang과 선구자 Moffitt처럼 Mednick도 상습범으로 이루어진 핵심 집단을 발견하였다. 남성 입양자 중 4%가 그러한 상습범 집단을 이뤘다. 이들은 각각 세 개 이상의 범죄를 저질렀으며 남성 입양자들이 저지른 전체 범죄의 69%를 저질렀다. Mednick의 말을 빌리자면 "코호트의 작은 부분에 고도로 집중된 범죄"[116]였다. 이러한 발견 역시 유전적 영향이 작동하였을지도 모른다는 것을 시사하였다.

　Mednick 연구가 가족 관계에 관한 유전적 연구의 이정표이기는 했지만 이 연구 역시 비판받았다. Mednick 연구는 출산 전후의 문제와 같은 생물학적이기는 하지만 유전적이지 않은 요인의 있을 수 있는 영향을 고려하지 않았다.[117] 환경의 영향과 마찬가지로 유전의 영향도 사실 삶이 진행되면서 변화하고 유전율^{heritability}의 영향이 연령에 따라 다르지만 Mednick의 연구는 개인의 유전적 기질이 태어날 때부터 고정된다고 가정하였다.[118] 오늘날의 증거가 환경과 유전의 영향이 상호작용함을 가리키는 데 반해 Mednick은 이 두 요소를 독립적인 것으로 가정하는 점이 가장 큰 패착이다. 다시 말해 Mednick 및 관계 연구를 수행했던 다른 이들은 본성 대 양육이라는 이분법적인 관점으로 질문에 틀을 씌웠다. 하지만 행동유전학에서 나중에 밝혀진 증거는 이러한 방식이 질문을 제기하는 유일한 방식도 아니며 가장 효과적인 방식이라고 할 수도 없을 것이라는 걸 보여주었다.[119]

최근 유전연구: 본성과 양육

유전학과 범죄에 관한 이후의 연구는 이러한 질문을 재구성하여, 본성과 양육이 어떻게 상호작용해서 범죄에 대한 인간의 취약성이나 저항력을 증가시키는지를 물었다. 관계 연구는 대중에 대한 유전자와 환경의 상대적 영향과 같은 광범위한 요인을 살펴보았지만, 새로운 연구는 유전적 수준 및 분자적 수준의 생물사회학적 상호작용에 집중하며 보다 특정한, 심지어는 아주 미세한 관찰을 수행하였다.[120] 이 새로운 연구들은 형질에 "대응되는" 유전자를 찾으려 하지 않았다. 오히려 개인을 위태롭게 만들 수 있는 단일 유전자의 변종을 찾으려 했다. 몇몇 연구는 단일 유전자보다는 유전자 옆에 붙어 유전자의 발현을 조절하는 "프로모터^{promoter, DNA에} _{암호화된 정보가 인간의 피부 같은 단백질로 발현되기 위해서는 먼저 DNA의 복사본인 RNA를 만드는 전사 과정이 이루어져야 한다. RNA를 만드는 효소가 프로모터라는 부위에 결합하고 나서야 전사가 시작된다. 옮긴이.}"에 더욱 관심이 있었다. 새로운 연구들은 한 개인이 다른 사람보다 범죄를 잘 저지르도록 만들 수 있는 위험 인자에 관심이 있었기 때문에 범죄적 성향을 양자택일의 조건이 아닌 연속체로 생각하였다. 이 관점에 따르면 사람들은

다른 사람보다 범죄를 더욱 쉽게 저지르지만 누구도 범죄자가 될 운명을 타고나는 것은 아니다.[121]

이 새로운 연구들은 어떤 특성을 검토했을까? 첫째는 충동성으로 이 특성은 우리가 앞서 살펴보았듯이 낮은 세로토닌 및 노르에피네프린 수치, 낮은 안정 시 심박수, 낮은 피부 전도율, 전전두엽 피질의 기능 부실과 관련된다. 충동적인 사람은 장기적인 계획, 결과 따져보기, 즉각적인 즐거움과 이후의 보상을 맞바꾸는 것에 대한 고려 등을 할 수 있는 능력이 없는 것으로 밝혀졌다. 다시 말해 충동적이 사람들의 전전두엽 피질의 관리 기능이 손상된 것으로 보였다. 이런 모든 특징은 유전적인 기반을 가지고 있는 것으로 나타났다.[122] 다른 연구에서는 주의력결핍과잉행동장애 attention deficit with hyperactivity disorder, ADHD, 행동장애 conduct disorder, CD, 적대적 반항장애 oppositional defiant disorder, ODD로 알려진 유년기의 질환을 검토하였다.[123] 이 세 개의 유년기 질환은 모두 나중에 나타나는 범죄적 성향과 관련되었으며 부분적으로는 그 원천이 유전에 있는 것으로 나타났다. 이와 관련된 연구에서는 '위의 질환들 및 신경전달물질 결핍'과 관련된 특정한 유전자들에 초점을 맞췄다.

1993년 네덜란드 유전학자 Hans Brunner한스 브루너는 범죄적 성향을 가진 네덜란드 일가에 관한 보고서로 막대한 관심을 끌어모았다. 100년 동안 이 네덜란드 일가는 낮은 지능 및 폭력을 저지르는 경향이라는 두 가지 특성으로 유명한 남성을 많이 배출하였다.[124] 오래된 가계연구 방법과 유전자 지도 작성 gene mapping이라는 새로운 기법을 결합한 Brunner의 보고서는 이 일가의 문제의 근원을 모노아민 산화효소 A를 암호화하는 유전자로 추적하였다. 모노아민 산화효소 A는 뇌에서 신경전달물질인 세로토닌이 제 역할을 다하면 이를 분해한다.혹은 행동유전학자들의 말을 빌리자면 "소탕"한다. 폭력적인 남성은 "전사유전자"라는 별칭으로 알려진 결함 있는 모노아민 산화효소 A를 가졌다. Brunner의 보고서는 공격성을 나타나게 하는 유전자를 발견했다는 암시를 하여 "혈액 속의 폭력"[125] 같은 자극적인 뉴스 표제를 만들어냈다. 매체의 과장된 홍보에도 불구하고 비판자들은 Brunner가 폭력적인 남성들이 속한 환경을 통제하지 않았다는 것을 알아차렸다. 더욱이 1960년대 XYY 염색체를 가진 남성들처럼 이 네덜란드 일가는 유전학적 이상^{여기서는 대물림되는 이상}이 폭력적인 행동에 기여했을지도 모르는 희귀한 사례가 될 뿐이었다.[126] 대부분의 남성은 결함 있는 모노아민 산화효소 A를 물려받지 않는다.

Brunner의 연구에 대한 오해와 비판에도 불구하고 계속해서 이어지는 연구들이 신경전달물질, 특히 폭력과 반복적으로 연관되는 세로토닌에 생긴 문제와 모노아민 산화효소 A를 암호화하는 유전자를 관련시켰기 때문에 이 효소과 범죄 사이의 연관은 지속되었다. 하지만 모노아민 산화효소 A가 작동하는 방식을 잘 이해할 수 없었으며 짧게 논의되는 어떤 연구에 따르면 모노아민 산화효소 A 유전자를 가진 남성은 주로 이 유전자의 특정한 변이형을 가진 채 어렸을 때 학대를 당했을 경우 공격적이게 된다.[127] 환경을 염두에 두는 연구들은 같은 유전자라도 상황에 따라 사람마다 다른 행동을 유발할 수 있다고 한다. 모노아민 산화효소 A 유전자는 민감성 유전자^{susceptibility gene, 유전질환에 걸릴 가능성을 높이는 유전자. 옮긴이.} 혹은 위험인자일지 모르지만 범죄를 유발하는 단일의 혹은 필연적인 요소는 아니다.[128]

일부 범죄 유형에 유전이 강력한 영향을 미친다는 증거가 미네소타 쌍둥이 가족 연구^{Minnesota Twin Family Study}로부터 나왔다. 이 연구는 함께 양육된 남성, 쌍둥이 부모의 사회적 문제에 관한 연구로 현재도 진행 중이다. 구체적인 내용을 말하자면, 이 연구의 연구자들은 일찍부터 비행을 시작하는 자들 혹은 "생애 지속형" 범죄자가 비행은 뒤늦게 시작하는 비행자 혹은 "청소년기 한정형" 범죄자보다 유전적인 요인의 영향을 더욱 많이 받는다는 것을 발견하였다.[129] 비행을 늦게 시작하는 자들에게는 범죄가 지나가는 일시적인 현상에 가까운데, 이들에게 주로 영향을 미치는 것은 친구들의 반사회적 활동인 것으로 나타났다. 하지만 조기 시작형 비행자들에게 "범죄는 장애와 보다 가까웠는데"[130] 이들에게는 충동성, 자기통제력 부족, 낮은 지적능력, 주의력결핍과잉행동장애, 적대적 반항장애 같은 유전과 관련된 요인이 중대한 역할을 하였다. 게다가 조기 시작형 비행자는 반사회적인 행위를 저지른 기록을 가진 친척의 촌수가 보다 가까웠다. 반사회적인 친구들을 가졌다는 점에서 비행을 늦게 시작하는 이들과 비슷했지만, 조기 시작형 범죄자의 친구들은 훨씬 더 반사회적이었다.[131] 이러한 연구 결과들은 유전적 요인이 심각한 범죄를 설명하는 데 도움이 된다는 Moffitt의 이론을 크게 뒷받침하였다.

행동유전학은 생물사회학적 범죄학의 영원한 포스터 보이, 사이코패스에 관한 묘사를 다시 써 내렸다 사이코패스가 여성으로 묘사되는 경우는 찾기 힘들기 때문에 포스터 '보이'이다. 처음에 사이코패스는 앞서 살펴봤듯이 다른 점은 정상이지만 양심이 부재한 **도덕적 정신이상자**로 묘사되었다. Lombroso와 Maudsley는 사이코패스를 양심뿐만 아니라 다른 문명화된 특성도 갖추지 못한 타고난 범죄자로 묘사하였다. 20세기 후반 심리학자들과 정신과 의사들은 계속해서 사이코패스에 대한 묘사를 제시하였다.[132] 이러한 묘사 간에 차이가 있기는 하지만 기본적인 요지는 동일했다. 사이코패스가 다른 이들과 공감하지 못하며 양심의 가책을 느끼지 못하고 예지력이 부족하다는 점, 그들이 충동을 잘 조절하지 못하고 불만을 참는 능력이 떨어진다는 점, 사이코패스는 위험을 잘 감수하며 위험이 무엇인지 이해하지 못한다는 점, 어렸을 때부터 시작되는 이 사이코패스적 인격이 치료에 반응하지 않는다는 점이 바로 공통된 요지였다. 미국정신의학회(American Psychiatric Association)는 타인 권리 묵살, 사회의 규칙과 기대에 대한 비순응, 범법, 기만, 충동성, 행동의 결과를 고려하지 못함, 공격성 등으로 특징지어지는 반사회적 인격장애로 사이코패스적 인격을 정의하였다.[133]

그러나 사이코패스에 대한 수백의 묘사 중 이 조건의 근원을 밝혀내려 시도한 것은 거의 없었다. 심지어 Robert D. Hare(로버트 D. 헤어)는 그의 유명한 책 「무양심: 미국 사이코패스의 불온한 세계(Without Conscience: The Disturbing World of the Psychopaths among Us)」에서 "사이코패스는 양심의 근원이 되는 두려움과 불안이라는 감정적 반응을 거의 경험하지 못하며" 미래가 아닌 현재에 충실하다고 말할 뿐이었다.[134] 하지만 Hare는 학술적인 책에서 사이코패스적 인격에 관한 신경생리학적 연구를 수행하였으며 행동유전학자와 정신의학유전학자가 사이코패스의 내적 조건 묘사에 살을 붙일 수 있는 문을 여는 데 일조하였다. 기본적으로 행동유전학자와 정신의학유전학자들은 주의력결립과잉행동장애[ADHD], 행동장애[CD], 적대적 반항장애[ODD] 같은 유년기 증후군, 충동성, 공격성, 위험 감수, 예지력 부족과 같은 성인기 조건 등 이번 장에서 이미 언급한 많은 발견에 의지해 이러한 발견들을 반사회적 인격장애라는 개념에 적용하였다.[135] 위에 언급된 문제들에는 우리가 앞서 살펴보았듯이 유전적인 측면이 있는 것으로 보였다.[136] 연구의 요약에 따르면 "행동장애 및 반사회적 인격장애와 같이 반사회적인 행동과 관계된 정신의학적 질환에 주로 중요한 유전적 요인이 영향을 미치는 것으로 나타난다."[137]

가장 흥미로운 것은 유전자와 환경의 상호작용을 검토한 연구이다. 여기에는 Avshalom Caspi애브쉘롬 캐스피, Terrie Moffitt테리 모피트와 다른 이들이 수행한 아동기 학대의 범죄적 영향에 관한 유명한 연구가 포함된다. 이 연구는 아동기에 학대를 당한 사람 중 일부는 반사회적 행동을 하게 되는데 또 다른 일부는 왜 그렇지 않은지를 알아내기 위해 대표적인 일반 남성 표본을 연구하였다. 특기할 만한 점은 이 연구가 아동기의 학대라는 환경적 요인과 함께 시작되었다는 것이다. 연구자들은 모노아민 산화효소 A 유전자에 따라 학대가 미치는 결과도 영향을 받는다는 것을 발견하였다. 학대의 영향은 모노아민 산화효소 A의 높은 활동성을 발현시키는 유전자를 가진 남성에게 더 적게 나타나는데 이러한 높은 활동성은 명백히 일종의 완충재가 된다. 반면 낮은 모노아민 산화효소 A 활동성을 나타나게 하는 유전자를 가진 남성은 아동기에 행동장애를 발달시켜 성인이 돼서 폭력범죄로 기소될 확률이 더 높았다. Caspi와 동료들은 "이러한 발견이 왜 학대 희생자들 모두가 자라서 가해자가 되는 것은 아닌지를 설명해줄지도 모르며, 또 환경의 악영향에 대한 아이들의 민감도가 유전자형에 따라 완화될 수도 있다는 것에 대한 역학^{epidemiology}적 증거를 제공한다."[138] 고 결론 내렸다. 아이들은 다른 이들보다 학대의 파괴적인 영향에 유전적으로 더욱 민감하였다. Moffitt가 인터뷰에서 말했듯이 "본성은 양육을 통해 작동한다."[139]

세기말의 생물사회학적 연구

20세기 후반에는 막대한 양의 생물사회학적 연구가 이루어졌다.[140] 전전두엽 피질 혹은 두뇌의 다른 부분에 손상을 줌으로써 범죄적 성향을 갖게 할지도 모르는 '납 중독, 뇌종양 및 아동 학대'에 의해 유발되는 이상과 같은 습득된 생물학적 이상에 관한 연구가 이러한 연구에 포함되었다. 학습력 결함, 특히 낮은 지능에 관한 연구뿐만 아니라 범죄와 연관되는 것으로 보이는 다른 인지장애 및 우둔한 자율신경계에 관한 연구 역시 그러한 연구에 포함되는 두 번째 유형이다. 세 번째 유형은 보다 추측에 근거한 연구로, 특정한 유형의 범죄를 저지르는 성향 혹은 보다 일반적인 범죄를 저지르는 성향이 인간의 진화 궤도로부터 유래했다는 진화론에 관한 연구였다. 진화론에 근거를 두는 이런 식의 이론화 작업은 정의, 도덕, 처벌이라는 개념들의 진화에 관한 연구에 의해 보완되었다. 이러한 연구는 옳고 그름에 관한 보편적 생각을 만들어내는 문화와 유전자의 공동진화를 분석하였다.

네 번째 유형인 범죄적 성향에 대한 신경과학적 해석은 빠르게 많은 갈래로 발전하였다. 그러한 갈래 중 하나는 호르몬 불균형 및 신경전달물질 부족의 영향에 관한 연구를 포함하는 신경화학 및 범죄에 관한 연구였다. '낮은 안정 시 심박수' 및 두뇌의 관리 기능과 마음 이론을 형성하는 능력에 손상을 일으킬지도 모르는 '전전두엽 피질상의 문제'와 같이 범죄와 관련되는 생리학적 요인을 탐구하는 신경생리학에 관한 연구가 신경과학적 해석의 또 다른 갈래였다. 신경과학의 새로운 갈래였던 사회신경과학은 이제 막 범죄학과 연결되기 시작한 상태였지만 범죄 행동, 범죄피해 경험, 처벌에 대한 반응에 대한 신경생물학적 이해를 증진시킬 가능성을 품고 있었다.

20세기 후반 생물사회학적 범죄학의 다섯 번째 유형은 유전학과 범죄에 관한 연구이다. 이 연구는 가족, 쌍둥이, 입양자에 관한 연구인 기존의 관계 연구에서 본성과 양육을 대립시켰지만, 이를 뛰어넘어 본성과 양육의 상호작용에 관한 연구로 전환하였다. 행동유전학 연구로부터 나온 가장 강력한 메시지는 유전이 범죄적 성향에 강한 영향을 미치지만 누구도 범죄를 저지를 운명을 가진 것은 아니라는 것이다. 행동유전학자들은 범죄적 성향을 유전적으로 범죄적 성향의 강도 차이가 있을 수 있다고 보는 연속체의 개념으로 묘사하였다. 이러한 관점에 따르면 심지어 가장 위험한 자들도 유전적이고 환경적인 요인에 의해 범죄를 저지르지 않게 될 수 있었다.

이런 식의 관심 폭발, 관점과 접근법의 다양성, 격렬한 연구 활동은 역사상 전례를 찾아볼 수가 없다. 정부가 생물학적 연구에 이렇게 관대하게 자금을 지원해준 적도 없으며 학자들이 생물학과 범죄에 관한 출판물을 이렇게 많이 출판한 적도 없다. 사회학자들이 생물학적인 해석을 피하고 경멸했던 제2차 세계대전 이후의 몇십 년 동안 생물학적 아이디어들이 불어나 뚜껑을 날려버리고 사방으로 튀어나간 지경이었다.

하지만 생물사회학적 범죄학의 성장이 사회적 상황에 의해 자양분을 잘 공급받은 것 역시 사실이다. 이러한 대폭발은 인간 행동의 원인에 관한 생물학적 아이디어로 가득 찬 문화에서 발생한 것이다. 더욱이 이러한 현상은 '위험'과 '해악의 예방'에 대한 널리 퍼진 집착, 심지어 강박적인 집착과도 들어맞았다. 이러한 사회적 상황이 생물사회학적 이론 및 연구의 폭발에 일조하였다. 결국 생물사회학적 범죄학은 생물학적 해석의 중요도가 더 높으며 이러한 해석이 효험이 있다는 가정을 강화하고 또한 몇몇 인간들이 생물학적으로 위험한 존재라는 오래된 의혹을 심화하면서 사회적 상황에 피드백을 주었다.

사회학적인 성향의 범죄학자들을 주저하게 만든 건 대개 이와 같은 의혹이었다. 이들은 새로운 생물사회학적 범죄학이 누가 위험한 인간들인지에 대한 인종적이고 사회계급적인 편견을 결국 강화할 것을 염려하였다. 세력권 역시 염려의 대상이었다. 사회학적 범죄학자들은 지적 영토를 생물학적 이론가에게 내주기 싫었다. 결국 사회학적 범죄학자들은 부상 중이던 생물사회학적 모델의 본질에 대한 인식 부족에 빠졌다. 따라서 그들은 생물학적 범죄이론에 계속해서 맹렬히 반대하는 입장에 섰다. 생물학자들도 사회학적 연구에 좀처럼 많은 관심을 주지 않는 상황이었다. 그렇게 세기말까지 두 집단의 사이는 좋지 않게 남아 있었다. 서로를 점점 끌어들이고 있다는 사실을 모른 채 말이다. 그럼에도 양 진영의 소수 학자들은 생물학적 범죄학과 사회학적 범죄학이 협력하여 범죄의 본질에 대한 이해를 뒤바꿀 수 있다는 것을 인지하고 있었다.

3부

21세기
생물학적
이론

:: 10 ::

동반자가 된
생물학적 범죄학과
사회학적 범죄학

이론, 정책, 관행에
출현한 생물사회학적 모델

범죄의 생물학적 위험인자에 관한 연구의 폭발적인 증가는 20세기까지 계속되었으며, 범죄 행동을 부추길지도 모르는 위험인자가 주는 부담을 증가시키는 두뇌 이상, 진화적 영향, 호르몬상 및 유전상 요인에 대한 초기의 연구를 확장하였다. 인간 유전체 해독부터 두뇌 활동 관찰에 이르는 생물학적 약진이 이루어진 보다 폭넓은 문화에 둘러싸여 있었기 때문에 확고히 자리 잡은 이 새로운 연구에 대한 저항은 거의 없었다. 범죄자 두뇌의 회색질 및 백색질과 유전적 변이, 그리고 범죄자의 공감 수준 사이의 새롭게 발견된 상관관계를 보고하는 논문이 학술지로부터 쏟아져나왔으며 범죄학자들은 이러한 논문을 거의 비판하지 않았다. Lombroso의 타고난 범죄자 이론의 전성기 이후 잠잠했던 범죄자의 뇌에 관한 연구는 급성장하였다.

이번 장에서는 파편화된 여러 문헌을 전체적으로 이해하기 위해 한데 모았다. 생물사회학적 범죄학에서의 새로운 주요 발견을 검토할 것이며, 진화범죄학 같은 하위분야들이 취한 방향성을 정리하고자 한다. 하지만 최대의 목적은 평가이다. 즉 범죄 행동에 대한 이 새로운 과학의 강점과 약점을 알아보고 범죄 행동 이해에 이러한 과학이 얼마나 기여했는지를 가늠해볼 것이다.

대부분의 새로운 생물사회학적 연구가 환경을 다룸에도 이러한 연구의 약점은 사회적 요인을 충분히 고려하지 못한다는 것이다. 확실히 모든 범죄적 연구는 결국 범죄 행동을 설명하는 것을 목적으로 하기 때문에 사회적인 함의를 갖는다. 더욱이 연구자들은 생물학적 작용과 사회적 맥락이 상호작용한다는 것, 즉 9장에서 언급한 Terrie Moffitt의 말을 반복하면 "본성이 양육을 통해 작동한다."는 것을 안다. 연구자들이 그러한 상호작용을 보여주고자 시도하기는 하지만 많은 이들이 내재하는 뉘앙스를 발견하지 못해, 미래의 연구자들이 결합해야만 하는 지식의 파편을 우리에게 남겨놓는다.

앞으로 21세기 생물사회학적 범죄학의 고르지 못한 진전을 살펴볼 것이다. 먼저 진화론과 공감 연구로 시작해 두뇌의 구조와 기능에 관한 연구, 신경전달물질과 호르몬이 범죄 행동에 미치는 영향에 관한 연구로 넘어갈 것이다. 이번 장이 끝날 즈음 후성유전학을 논의할 것이다. 후성유전학은 장래성 있지만 이제 막 발생한 연구 분야이며 유전자와 환경이 쌍방향으로 상호작용하는 것을 연구한다. 이러한 새로운 여러 연구를 범죄자를 재활하려는 노력, 아니 범죄를 시초부터 예방하려는 노력과 연결지으며 이번 장을 끝낼 것이다.

진화범죄학

진화론은 현재 인간이 가진 특성이 오랜 기간에 걸쳐 자연선택을 통해 발달해왔음이 틀림없다고 주장한다. 즉 오늘날 인간에게 전형적으로 나타나는 특성이 옛날에는 생존에 틀림없이 유리했으며 그렇지 않았다면 사라졌을 것이라는 논리이다. 인간의 진화에 관한 이론은 상대적으로 긴 시간에 걸친 점진적인 변화가 생존에 유리한 방식으로 인간의 마음과 몸을 발달시켰다는 전제를 기반으로 한다. 진화론의 개념은 범죄학 이론에서 중요하다. 범죄와 비행은 사회적으로 정의되지만, 공격성 같은 특성은 진화적으로 유리하며 범죄학자들은 그러한 특성이 도처에 편재한 것을 설명할 수 있어야 하기 때문이다. 범죄학 연구에서 가장 중요한 특성인 '죽음을 초래할 정도의 공격성'은 자신을 죽일지도 모르는 인간을 죽이는 것이 자신의 이른 사망을 예방해주고 유전자를 더 잘 퍼뜨릴 수 있게 해주기 때문에 진화적으로 유리한 특성이다. 또한 그러한 공격성은 손해를 유발하는 경쟁자를 제거하고 모두가 눈독 들이는 부족한 자원을 획득하는 것을 돕고 경쟁자가 자식을 낳는 것을 방지해 미래의 경쟁을 제한할 수 있다.[1] '어떻게 공격성이 진화적으로 이로운 특성이 아닐 수 있겠나?'라고 이론가들은 반문한다.

격세유전된 타고난 범죄자라는 Lombroso의 개념을 보면 알 수 있듯이 범죄학은 진화론과 함께 시작되었으며, 심지어 최근의 범죄학 이론도 때로는 자기도 모르게 또 때로는 명시적으로 진화적인 추측을 한다. 예컨대 선두적인 범죄학적 해석인 통제이론은 인간은 본래 이기적이고 공격적인 행동을 하는 경향을 갖는다는 가정으로 출발한다. 그러한 경향 때문에 인간은 규칙과 법을 필요로 한다는 것이다. 통제이론을 지지하는 이들에게 왜 인간이 본질적으로 잔인한지를 설명해보라고 추궁한다면, 이기적이면 진화적으로 유리하다는 진화론스러운 논거에 기댈 것이다. 게다가 9장에서 논의하였던 진화심리학에 대한 초기의 범죄학적 연구는 진화적 관점으로부터 범죄 행동에 관한 보다 명확한 그림을 그려내고 있는 새로운 연구에 의해 추월당했다.

인간의 특성이 시간에 따라 어떻게 발달하였는지를 보여주는 것은 힘들기 때문에 진화적 가설을 이용하는 연구는 독창적인 방법을 생각해내야 한다. 그런 독창적인 한 가지 방법이 인간의 최고 생존 전략인 교배를 연구하는 것이다. 교배 연구는 인간이 자신과 아주 닮은 짝을 찾아 선택하는 과정인 **동류교배**assortative mating를 보여주는 실질적인 증거를 발견하였다. 동류교배의 개념에 따르면 인간은 인격과 지능 등 자신과 닮은 특성을 가진 상대와 교배하기를 원하는데 이는 그러한 특성의 뒤에 숨어 있는 것이 무언이든 그게 다음 세대로 전달되는 것을 보장하기 위해서이다.[2] 동류교배에 관한 범죄학적 연구는 비행청소년들이 짝으로 같은 비행청소년을 선택하며 사귀면서 반사회적인 행동을 지속한다는 것을 보여준다.[3] 어린 시절의 건강, 발달, 기질에 관한 유일무이한 연구인 장기적 아동 연구를 분석하여 동거하는 이들이 서로 교제하기 전부터 반사회적 행동, 약물 남용을 하는 공통점이 있었다는 것으로 드러났으며, 이와 같은 발견은 동류교배의 증거로 볼 수 있다.[4] 이러한 연구는 충동성과 반사회적 행동 같은 일부 범죄적 특성이 조화롭고 협력하는 행동과 비교해 상대적으로 생존에 불리함을 가져다줄 수 있는데도 오랜 기간 동안 어떻게 살아남을 수 있었는지에 대한 1차적인 해석을 제공한다.

이와 관련된 계열의 연구는 반사회적인 인간이 엄청나게 과도한 성행위를 한다는 것을, 즉 이들이 일찍부터 성행위를 시작해 많은 수의 섹스 파트너를 갖는다는 것을 보여준다. 이 발견의 의의를 이해하기 위해 잠시 성공적인 교배란 무언인지를 정의해보자. 성공적인 교배는 섹스 파트너를 구하는 짝짓기 노력과 아이를 육성하는 양육 노력이라는 두 개의 부분으로 나누어질 수 있다. 아이를 양육하려면 아이와 유대감을 형성하고 아이를 전폭적으로 돌봐야 하기에 양육 노력은 시간과 에너지를 소요하는 활동이다. 대개 인간 여성은 시간과 에너지를 투자할 수 있고 여성과 아이를 보호하기 위해 곁에 남아 있는 짝을 찾는다.[5] 하지만 아이에게 이런 투자를 하려는 의지는 반사회적인 사람에게서는 찾아볼 수 없다. 많은 반사회적 인간은 충동적이며 또 참을성이 많이 부족해 어린아이를 돌보지 않는다.

따라서 비행청소년들이 성공적으로 유전자를 전달하려면 첫 번째 전략인 짝짓기 노력에 의존해야 한다. 짝짓기 노력은 조기의 성행위와 많은 수의 섹스 파트너로 특징지어진다. 두 범죄학자 Joseph Nedelec조셉 네델렉과 Kevin Beaver케빈 비버는 비행청소년들이 첫 번째 전략 짝짓기 노력을 이용한다는 진화심리학의 가설을 테스트하였다. 전국을 대표하는 장기적 청소년 표본을 이용하여 두 심리학자는 짝짓기 노력과 비행 사이의 연관성을 보여주는 증거를 발견하였다. 비행자들은 비행을 저지르지 않는 사람들보다 훨씬 많은 섹스 파트너를 가졌으며 더 많은 성행위를 하였다.[6]

하지만 행위여기서는 범죄 행위에 대한 진화의 기여를 생각할 때는 주의할 필요가 있다. 첫째, 인간의 행동을 과거에 유용했을지도 모르는 특성으로 환원시키기는 너무 쉽다. 우리가 하거나 생각하는 모든 것이 진화의 결과라고 볼 수는 없다. 진화에 목적이 있는 것도 아니다. 진보는 진화의 목적이 아니다. 둘째, 공격성 및 협동과 같은 특성이 진화에 기반을 두고 있을지 몰라도 이러한 특성은 항상 사회적인 상황에서 나타난다. 더욱이 진화적인 틀을 이용해 사회적인 요인을 설명하는 것은 어려울지도 모른다. 예컨대 범죄는 사회적으로 정의되기에 살인, 폭행, 도둑질이 보편적으로 비난받을지 몰라도 범죄의 정의는 시간이 흐름에 따라 변하며 범죄 행동에 대한 이해 역시 변화한다. 따라서 범죄, 범죄적 성향, 비행의 모든 측면을 진화의 틀을 써서 설명하는 것은 불가능하다.

진화심리학은 생물사회학적 범죄학자들에게 유용한 도구를 제공한다. 진화심리학은 이기성과 범죄 행동이 정상적이라는 아이디어에 입각한 '범죄 및 폭력 이론'을 지지한다. 진화심리학은 폭력과 공격성이 자신을 방어하는 경우나 부족한 자원을 얻기 위해 경쟁자를 공격하는 경우 인간의 생존에 어떻게 유용할지를 설명한다. 또 진화심리학은 교배와 배우자 선택을 통해 오랜 기간에 걸쳐 공격성 및 이와 비슷한 특성들이 어떻게 살아남아 왔는지를 이해하는 길을 제공한다. 하지만 인간이 폭력적이며 이기적인 본성을 갖추었다는 관점을 지지하는 실증적 증거가 있는데 다른 많은 연구들이 인간은 협력하고 배려하는 본성도 갖추었다는 것을 보여준다. 다음 절에서는 공감, 동정, 협력의 개념을 생물사회학적인 관점에서 논의하여 인간이 본성적으로 이기적일지도 모르지만 남을 이해하고 남과 협력하며 남을 돕는 상당한 능력 또한 갖추었다는 견해를 강조할 것이다.

공감, 동정, 협력

아이들이 차례로 방에 앉아 엄마가 무릎을 찧고 아파서 찡그리는 것을 본다. 이 엄마들은 피학성애자와는 거리가 멀지만, 1~2살 사이의 자녀가 어떻게 반응하는지를 보기 위해 일부러 무릎을 찧는 것이다. 이 실험은 미네소타대학교 심리학자 Carolyn Zahn-Waxler캐럴린 잔-웩슬러와 동료들에 의해 수행되었다. 무릎을 찧고 찡그리는 것을 본 대부분의 아이들은 작은 몸과 마음이 할 수 있는 만큼 엄마를 위로하고 도우려 한다. 타인의 곤경에 대한 인식과 도우려는 충동은 삶의 초기에 발달하며,일부 연구자들은 첫 몇 달간 발달한다고 한다. 아이들이 자라날수록 더 강해진다.7

타인의 감정에 대한 이와 같은 인지를 타인의 입장이 되어 생각하는 능력인 공감이라고 한다. 공감은 타인과 함께 감정을 느끼는 것뿐만 아니라 타인의 감정을 이해하는 것을 요한다. Zahn-Waxler의 실험에서처럼 심지어 1살이나 2살만큼 어린 아이들에게도 공감이 생겨나기 시작한다. 하지만 타인의 감정을 이해하고 느끼는 능력이 공감인 데 반해 타인을 돕고 위로하려는 반응 혹은 의지는 동정이다. 이 개념은 연관되어 있지만 구별된다. 보통 공감이 동정보다 앞선다. 누군가가 괴로워하고 있다는 것을 알면 대부분은 그 사람의 고통을 완화하고 싶어 한다. 타인의 고통은 우리를 불편하게 하여 우리는 자신의 고통을 완화하기 위해 타인을 도우려 하는 것이다. 심리학자 Paul Bloom폴 블룸은 공유하는 행동으로 실체화되는 공감과 동정이 인간 협동의 기저가 된다고 주장한다.8 좋은 목표 성취를 위해 협력하고 자원을 공유하고 집단 보호를 위해 함께 뭉칠 때 생존에 훨씬 더 유리해지게 된다.

진화심리학은 적어도 부분적으로는 공감이 과거에 등장한 기능이라고
한다. 순전히 이기적인 행동은 결코 원칙이 아니었다. 오히려 그러한 행동
은 항상 공감과 동정에 의해 완화되었을 것이다. 게다가 즉각적인 보상에
대한 기대 없이 타인을 돕는 이타적 행동 같은 다른 협력적 행동 역시 과
거의 산물로, 우리 조상들에게 이익을 가져다준 메커니즘이었을 것이다.
이타적 행동에 따른 상호 이익이라는 개념에 따르면 이타적인 사람에게
직접적인 이득을 거의 가져다주지 않는 협력적 행동이 타인에게 이로움
을 주어 결국 처음에 이타적으로 행동한 이에게 이로움이 돌아온다. 이기
적으로 행동하고 협력하지 않는 사기꾼은 단기적으로 이익을 얻을지 모
르지만 결국 장기적으로는 손해를 본다.9 사기꾼들은 많은 시간 동안 공
공의 선을 위해 다른 이들에 의해 고립되고 심지어 처벌받는다.10 요약하
자면 협력은 보답한다는 말이다.

이타적 행동에 따른 상호 이익은 공감 진화의 기반을 구축하였을 수
도 있다.11 공감의 있을 수 있는 진화적 근원에 대한 증거는 영장류학자
Frans de Waal프란스 드 발의 연구에서 찾아볼 수 있다. de Waal은 인간을 포
함한 많은 동물들이 과거에 협력하여 이로움을 얻었다고 믿는다. 그는
"진정으로 다윈주의적인 관점에서 보면 집단생활하는 동물에게 그들이
전체로서 잘 기능하도록 노력하게 하는 '사회적 동기'가 있을 것이라고 생
각하는 것은 전적으로 논리적이다."라고 한다. de Waal은 관찰한 영장류
에게 나타나는 이러한 "사회적 동기"의 몇 가지 예를 제시한다. 하나는
혈연이 아니지만 항시 붙어 거의 모든 싸움을 함께 헤쳐가는 두 마카크원
숭이 암컷의 예이다. 작은 마카크원숭이는 도움이 필요할 때, 보통 싸움
상대의 크기가 더 클 경우 동료를 향해 소리친다. 후에 작은 암컷은 털을
손질해주고 자원을 공유하여 보답한다. 다음으로 de Waal은 침팬지 집단
을 묘사하며 영장류 협동의 두 번째 예를 제시한다. 이 침팬지 집단에서
는 싸움이 일어나기 전에 암컷이 수컷들이 들고 있는 막대기와 돌은 버리
게 한다. 싸울 태세를 갖추고 있던 수컷은 암컷이 교활한 수법을 무마시

키는 것을 아주 잘 받아들이는데, 평화 혹은 적어도 덜 심각한 피해가 뒤따르는 것에 고마워하는 것으로 보인다.[12] 이러한 예가 협동과 공감의 진화적 기반을 입증하는 것은 아니지만 진화적으로 인간과 가까운 동물에게도 공감의 확실한 징후라고 할 수 있는 '다른 개체에 대한 인식 및 이해'가 중요하다는 것을 가리킨다.

신경과학은 공감이 인간 삶의 초기부터 존재하며 청소년기 내내 계속해서 발달한다는 것을 보여주는 광범위한 증거를 제공한다. 사실 유아는 타인의 행동을 "그대로 따라"할 수 있다. 부모는 자신이 웃고 손을 흔들고 고개를 끄덕이면 아이가 똑같이 따라하는 것을 발견한다. 일부 신경과학자는 타인을 따라하는 이러한 초기의 능력이 초기 신경학적 발달에 기여하는 특별한 거울뉴런에 의존한다고 한다.9장 참조 일부는 거울뉴런이 공감적 이해의 핵심이라고 할 정도이다.[13]

공감은 감정을 인지하는 인지적 요소와 감정을 공유하는 정서적 요소로 구성된다. 공감의 두 가지 측면은 서로 다른 신경학적 기반을 갖는다. 인지적 공감은 비록 두뇌의 다른 부위 역시 관여되기는 하지만 주로 내측 전전두엽 피질의 작동을 요하는 데 반해, 정서적 공감은 두뇌의 다른 지역에서 비롯되는 기능에 의존한다. 두뇌의 이러한 부분이 손상되거나 제대로 발달되지 않으면 공감 역시 형편없이 발달될 수 있으며 공감 부족은 비행 및 범죄 행동과 연관된다.[14]

하지만 공감의 발달은 그 기원이 신경학적일 뿐만 아니라 사회적이기도 하다. 공감의 발달에서 가장 중요한 요인은 양육 스타일이다. 규율의 부재와 일관성 없는 규율로 특징지어지는 해이한 양육은 아이들의 배려심이 발달하는 데 거의 도움을 주지 못한다. 어떤 행동이 타인에게 상처 주는지 아이들이 배우지 못하기 때문이다. 나쁜 행동을 처벌하고 아이들에게 친사회적 행동을 가르치는 권위적 양육은 시간이 흐름에 따라 아이들의 공감 수준이 높아지게 한다.[15] 공감의 발달에서 신경학적인 영향과 사회적인 영향은 호혜적이며 거의 구분될 수 없다.

공감, 동정, 협력은 뇌의 기능에 의존한다. 다음 절에서는 범죄와 반사회적 행동에서 두뇌가 하는 역할을 상세히 논의할 것이다. 광범위한 연구가 두뇌에 대한, 특히 전전두엽 피질을 구성하는 부분에 대한 이해가 범죄와 폭력을 설명하는 데 도움을 줄 수 있다는 것이 나타났다.

범죄와 두뇌

"범죄자의 뇌"에 대한 수색은 지속되고 있으며 심지어 가속화되고 있다. 반사회적 행동과 관련된 두뇌의 부위를 찾으려 했던 골상학자 같은 초기의 과학자들은 두개골을 만져보거나 사후에 뇌를 해부해야 했다. 오늘날의 첨단 자기공명영상 장치 및 뇌파 검사 장치 덕분에 과학자들은 살아있는 인간을 검사할 수 있다. 일부 연구자들은 범죄자의 뇌 기능과, 심지어는 내부 구조가 법을 준수하는 사람들의 뇌와는 다르다는 결론을 내린다. 하지만 대부분의 연구가 범죄를 많이 저지르는 혹은 만성적인 범죄자에게, 대개 "평범한" 비행청소년^{대부분의 인간은 평범한 비행청소년이거나 그러한 시기를 겪는다.}이 아닌 많은 사이코패스적인 특성을 가진 이들에게 초점을 맞춰왔다.[16] 더욱이 두뇌의 어떤 부분도 다른 부분과 완전히 독립적으로 작동하지 않으며 일반적으로 두뇌는 몸의 다른 부분 및 환경과 협력하여 작동한다. 따라서 범죄자의 오작동하는 두뇌에 관한 결론을 읽을 때는 각별한 주의가 필요하다.

컴퓨터단층촬영 검사는 엑스선 사진처럼 두뇌의 수많은 이미지를 만들어낸다. 그리고 컴퓨터 기술을 이용해 그러한 이미지를 두뇌의 완전한 모습으로 조립한다. 단층촬영이란 전체 물체로부터 "얇은 조각"의 이미지를 생성하는 것을 말한다. 반으로 갈라진 두뇌와 비슷한 이미지를 보는 것은 빵 한 덩어리의 얇은 조각을 살펴보는 것에 비유될 수 있다.[17] 한편 자기공명영상은 두뇌의 수소 이온에 영향을 미치는 고주파에 의존한다. 자기장에서 수소 이온과 공명하는 고주파를 발생시키면 자기공명영상 수

신기에 수신되는 신호가 만들어지고 이 신호들은 두뇌의 이미지를 만들기 위해 사용된다. 기능적 자기공명영상은 시간에 따라 움직이는 두뇌의 "동영상"을 만들기 위해 이와 비슷한 기술을 사용한다. 마지막으로 소개할 양전자방출단층촬영 검사는 두뇌의 부분들에서 벌어지는 활동, 보통 포도당 대사를 관찰한다. 이를 위해 혈액에 추적자라고 불리는 방사성 동위원소를 주입한다. 그러면 추적자가 신호를 발산하고 스캐너가 이 신호를 수신한다. 컴퓨터단층촬영과 자기공명영상은 두뇌의 구조를 살펴보기 위해 사용되는 반면, 양전자방출단층촬영과 기능적 자기공명영상은 두뇌의 기능을 살펴보기 위해 사용된다.[18] 이 기술은 두뇌의 작동을 엿볼 수 있게 하며 우리는 두뇌의 작용이 어떻게 범죄에 기여할 수 있는지를 이해하기 시작할 수 있다.

신경과학은 두뇌가 시간에 따라 어떻게 발달하는지, 그리고 그러한 발달 방식이 행동 개선과 심지어 자신의 행동에 대한 청소년의 책임에 어떤 의미인지를 통찰할 수 있게 한다. 범죄학은 10년이 넘는 기간 동안 반사회적인 행동을 더 잘 이해하고 책임 유무를 더 잘 판단하려는 목적으로 신경과학을 활용하기 위해 고투하였다. 이런 작업 중 많은 부분을 시작한 것은 캘리포니아대학교 신경과학자 Jay Giedd제이 기드와 동료들이 수행한 획기적인 연구였다. Jay Giedd와 동료들은 자기공명영상 기술에 의존하여 시간이 흐름에 따라 두뇌의 구조에 나타나는 차이를 살펴보았다. 이 연구의 의의는 20대에도 한참 동안 두뇌가 계속해서 변화한다는 것을 보여준 데 있다. 이 연구는 나이가 들면서 백색질은 증가하는 반면, 회색질은 감소한다는 것을 발견하였다. 연구가 장기적이기 때문에 같은 개인에서도 두뇌의 구조적인 변화가 일어난다는 걸 보여줄 수 있었다. 어른이 되며 나타나는 행동적 변화를 이러한 두뇌 구조 변화로 설명할 수 있을지도 모른다. 백색질의 증가는 다른 뉴런으로 신호를 전달하는 뉴런의 끝부분에 위치한 축삭돌기 중 몇몇이 지질 성분인 수초에 둘러싸여 나타나는 것으로 생각되며, 그럴 경우 정보 전달이 더 빨라지고 효율적이게 된다.[19]

이 연구 및 다른 연구들은 청소년기를 지나 20대 중반이 돼야 두뇌 성장이 끝난다는 결론을 도출하였다. 이러한 결론은 충동적인 행동이 청소년기에 증가했다가 25살 정도에 정점을 찍고 성인기 이후에 떨어지는 나이-범죄 곡선을 적어도 부분적으로는 설명해줄지 모른다.[20]

이러한 깨달음에 근거해 템플대학교 Temple University의 심리학자 Laurence Steinberg로런스 스타인버그는 감각 추구와 충동성이 특히 청소년기에 고조된다는 주장을 하였다. 자신의 2중시스템이론에서 청소년이 기분 좋은 일을 경험할 때 활성화되는 뇌의 시스템인 도파민성 시스템의 보상에 더욱 민감하여 위험을 감수하는 행동을 하게 되는 반면, 성인기 초기에 인지 통제 구조가 성숙하면 그러한 행동이 줄어든다고 생각하였다. 구조를 분석하는 자기공명영상 연구는 이러한 이론을 지지해주는 경향이 있다. 예컨대 일부 연구자들은 청소년이 위험 감수 및 충동성과 관련되는 영역인 측좌핵이 어린아이이나 성인보다 더 민감하다는 것을 발견하였다.[21] 이들의 연구는 두뇌, 심지어는 특정한 일부 두뇌 영역이 위험하고 폭력적인 행동과 관련된다는 것을 강조한다.행동과 관련되는 두뇌의 주요 영역의 위치와 이름을 그림 10.1에서 확인할 수 있다. 하지만 두뇌가 사회적 상황과 독립적으로 기능하지 않기 때문에 대개 행동을 이해하는 열쇠는 어떻게 두뇌가 사회적 환경에 따라 기능하는지를 이해하는 것이다.

범죄 행동에 대한 두뇌 영상 연구 중 많은 연구가 펜실베이니아대학교 심리학자 Adrian Raine에이드리언 레인에 의해 수행되었다. 살인자와 비살인자의 두뇌를 비교하는 최초의 기능 연구에서 Raine은 두 집단의 여러 두뇌 영역들에서의 포도당 대사를 비교하기 위해 양전자방출단층촬영 검사를 활용하였다. Raine과 동료들은 연구 대상자가 수행과제를 지속하는 동안 두뇌의 여러 부분들에 나타나는 활성을 검토하였다. 이론적으로 같은 업무를 하는 동안 범죄자와 비범죄자의 두뇌 활성 수준을 비교하면 기능적 차이를 밝혀낼 수 있을 것이었다. 연구자들은 폭력적인 인간이 대조집단과 비교해 측면 전전두엽 피질 및 내측 전전두엽 피질의 활성이 낮은 것

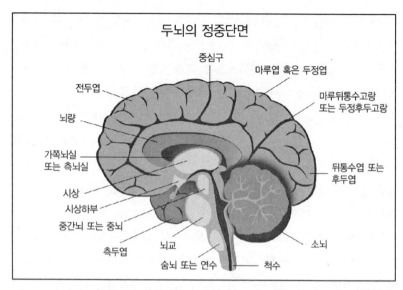

그림 10.1 두뇌의 정중단면. 이 그림은 두뇌의 주요 부위를 나타내며 이 중 많은 부위가 행동과 연관된다. 전두엽에 위치한 전전두엽 피질은 범죄자의 두뇌 영상에서 가장 흔히 연구되는 영역이다. Photo © Alila Medical Media.

을 발견하였다.[22] 후속연구는 각회, 편도체, 해마, 시상, 뇌량이라고 불리는 두뇌 지역의 일부를 포함한 다른 영역들에서도 차이가 나는 것을 발견하였다.[23] 다른 연구들 역시 사이코패스와 일반인 사이에, 폭력적인 인간과 그렇지 않은 인간 사이에 두뇌, 특히 편도체와 해마에 기능적 차이가 나타나는 것을 발견하였다.[24] 이러한 연구를 한데 모으면 범죄가 확실히 항상은 아닐지도 모르지만 가끔은 두뇌 기능의 결함에 기인할 수 있음을 보여주는 강력한 증거가 된다. 범죄 이론은 더이상 두뇌의 중요성을 무시할 수 없다.

이 연구들은 전전두엽 피질이 행동 통제에서 극히 중요하다는 한결같은 인식을 보인다. 전전두엽 피질은 청소년기를 넘어 20대에도 계속해서 발달한다. 전전두엽 피질은 약물과 알코올을 포함한 독소로 인한 손상에 특히 취약하다. 그렇다면 흥분을 추구하는 인간들은 무모한 행동으로 전전두엽 피질에 손상을 일으킨 것일지도 모른다. 더욱이 전전두엽 피질은 타인의 마음속에서 무슨 일이 일어나고 있는지를 이해하는 능력과도 연관되는데 이와 같은 마음 이론의 개념은 9장에서 소개한 바 있다. 모내시대학교Monash University Laura Krause로라 크라우스와 동료들은 전전두엽 피질의 부분들이 정서적 공감과 관련되어 있다는 것을 발견하였다. 따라서 전전두엽 피질은 생각과 충동을 통제하는 것뿐만 아니라 타인의 관점과 고통에 대한 이해인 공감 또한 책임질지도 모른다. 타인에 대한 이해, 그리고 타인의 고통을 완화하고자 하는 욕망이 다른 사람들을 희생자로 만드는 행위를 단념시킬지도 모른다.[25]

편도체와 해마 같은 두뇌의 다른 영역들의 기능적 손상 역시 반사회적 행동과 관련된다. 측두엽 피질의 아몬드 모양의 부위인 편도체는 감정적 학습, 공포 유도, 두려움 같은 감정적 반응의 근원인 것으로 생각된다.[26] 따라서 편도체는 행동을 형성하는 데 영향을 미친다. 편도체 뒤의 동물 해마처럼 생긴 부위인 해마는 학습·이해·기억하는 능력과 관계되어 인간의 사회적 행동 조건화에 역시 중요하다. 편도체와 해마에 손상을 입은 사람들은 부정적인 감정에 대한 반응을 억제하거나 통제할 수 있는 장비가 없기 때문에 충동적이거나 공격적일 수 있다.[27] 하지만 이 책의 저자인 Rafter래프터는 뇌 수술을 하다가 편도체를 잃은 학생을 제자로 두었는데, 그 학생은 기능적으로 완벽히 정상이었으며,분명히 그 학생의 다른 편도체가 잃어버린 편도체의 기능을 대신하였을 것이다. 자신이 사이코패스가 아니라고 지적하는 것을 즐겼다.

범죄자의 두뇌에 관한 구조적 연구와 관련해 연구자들은 자기공명영상 혹은 컴퓨터단층촬영을 활용하여 백색질 및 회색질의 밀도와 부피를 살펴보았고, 이는 손상이 있는지 없는지를 알아내는 데 도움이 되었다. 대개 연구는 폭력적이거나 그렇지 않으면 반사회적인 인간에게서 구조 및 기능상의 차이점이 두뇌의 거의 같은 영역에서 나타난다는 것을 가리켰다.[28] Adrian Raine의 연구는 여기서 다시 한 번 본보기가 된다. 2000년에 출판

"그럼 판결을 내리기 전에, 남성의 두뇌가 죽을 때까지 완전히는 발달되지 못함을 과학이 증명한다는 걸 고려해 보시기 바랍니다."

그림 10.2 남성 두뇌가 제대로 발달하지 못한다는 만화. 남성과 여성의 범죄율이 크게 차이나는 것을 설명하는 데 두뇌 발달을 활용할 수 있을까? 그럴 수 있다면 남성 범죄자에게 완전한 책임은 없다는 이유로 남성 교도소를 폐쇄해야 할까? Cartoon © Robert Mankoff/The New Yorker Collection/The Cartoon Bank.

한 연구에서 Raine과 동료들은 사이코패스와 거의 같은 말이라고 할 수 있는 반사회적 인격장애자가 사이코패스가 아닌 대조집단과 비교하여 전전두엽 피질의 회색질의 부피가 더 작다는 것을 발견하였다. 이 연구는 전전두엽 피질의 기능상의 문제를 발견하였던 이전의 연구처럼 다시 똑같은 부위인 전전두엽 피질이 연루되어 있음을 보여준다.[29] 연구자들은 전전두엽 피질의 결함이 위험에 적절히 반응하고 조건화하는 능력의 저하를 나타낼지도 모른다고 추측하였다.[30]

　이번 절은 범죄 및 폭력과 관련될 가능성이 큰 두뇌의 특정 영역들을 확인하였다. 하지만 아직 신경전달물질, 호르몬을 만들어내는 샘들인 내분비계, 심장박동수와 피부 전도에 관한 생리학적 반응을 통제하는 중추신경계 같은 다른 생물학적 작용을 언급하지 않았다. 다음 절에서는 신경

화학, 내분비학, 생리학의 지식이 범죄 이해를 어떻게 증진시킬지를 논의
한다.

신경화학,
내분비학, 생리학

어느 날 신경과학자 James Fallon제임스 팰런
은 엄마로부터 아빠의 혈통을 살펴보라는
말을 들었다. 왜냐면 그녀의 말을 빌리자
면 "몇몇 광인들"이 있었기 때문이다.
1667년만큼이나 먼 과거까지 돌아본 Fallon은 일가에 7명의 살인자를 집
계해냈다. 그중에는 Lizzy Borden리지 보튼이라는 여성이 있었는데 그녀는 아
빠와 새엄마를 도끼로 살해하여 기소되었지만 결국 사면되었다. 몇 년 뒤
살인자, 조현병 환자, 심각한 우울증 환자, 알츠하이머병 환자, "정상인"
집단의 두뇌 영상을 검토했을 때 Fallon은 전두엽과 측두엽에서 활성이
적게 나타나는 한 두뇌 영상을 우연히 마주쳤다. 그는 이런 종류의 두뇌
영상을 전에도 본 적이 있었다. 왜냐면 사이코패스에게서 매우 흔하게 발
견할 수 있는 두뇌 영상이었기 때문이다. 그런데 문제는 이번에 발견한
두뇌 영상이 Fallon 자신의 것이었다는 것이다. Fallon은 자신이 실제로
사이코패스적 특성을 가지지만 타인에 대한 진정한 공감을 느끼려 노력하
면서 정상적인 관계 맺음을 지속할 수 있는 "친사회적 사이코패스"라는
결론을 내렸다.

　Fallon의 혈족들과 자신의 두뇌 영상을 통해 흔히 발견되는 것은 두뇌
의 세로토닌을 통제하는 모노아민 산화효소 A 유전자의 변종이었다. 이
변종 유전자는 9장에서 다루었지만 "전사유전자warrior gene"가 발견된 이후
에도 많은 연구들이 수행되었다. 구체적으로 말하자면 연구들은 세로토닌
운반체 유전자5-HTTLRP와 세로토닌 수용체 유전자5HT1/5HT2가 '공격'과 '폭력
및 행동장애를 포함하는 여타 반사회적 활동'과 연관된다는 것을 보여준
다.31 그림 10.3에는 신경전달물질이 전달되는 두뇌의 화학적 과정을 나

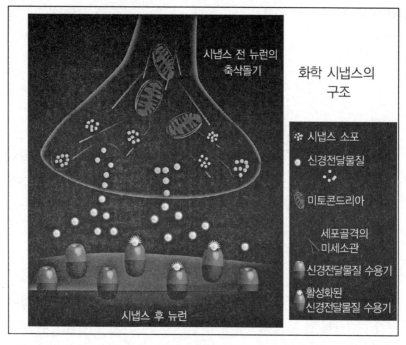

시냅스 전 뉴런의
축삭돌기

화학 시냅스의
구조

* 시냅스 소포
* 신경전달물질
* 미토콘드리아
* 세포골격의
  미세소관
* 신경전달물질 수용기
* 활성화된
  신경전달물질 수용기

시냅스 후 뉴런

그림 10.3   화학 시냅스의 구조. 이 그림은 세로토닌과 같은 신경전달물질이 한 뉴런에서 시냅스 틈새를 넘어 다른 뉴런의 수용기로 이동하는 것을 보여준다. Photo © Alila Medical Media.

타내었다.

폭력에 대한 세로토닌 시스템의 영향을 살펴보기 위해 정신의학 교수 Andreas Rief안드레아스 리프를 포함한 정신과 의사로 구성된 팀이 폭력 행위에 대한 연구에 참여할 184명의 성인 남성을 모집하였다. 연구자들은 자원자에 대한 유전적 정보를 수집하였으며 어린 시절뿐만 아니라 성인기의 삶에 대해 질문하였다. 연구자들의 분석으로 유전자와 어린 시절 사건 사이의 흥미로운 관계가 밝혀졌다. 어린 시절에 심한 역경을 겪은 사람들 중 오직 5-HTT 변이체를 가진 자들만 나중에 폭력성을 드러내는 것으로 발견되었으며, 이에 연구자들은 "연구 결과는 세로토닌 회로의 유전적 변형과 환경적 요인 사이에 복잡한 상호작용이 있음을 가리키며 폭력 행위가 단순히 하나의 원인에 의해 유발된다는 단순한 해석을 논박한다."고 하였다.[32] 하지만 분명히 낮은 세로토닌 수치는 나쁜 행동을 억제하지 못함으로써 폭력적 성향에 기여한다.

내분비계의 일부인 또 다른 신경전달물질인 도파민 역시 범죄적 성향 및 사이코패스적 성향과 연결되어왔다. 도파민은 반사회적 행동에 세로토닌과는 반대의 영향을 미친다. 도파민 수치가 높을수록 위험하고 반사회적인 행동을 더 하게 되는 반면 세로토닌은 그러한 행동을 억제한다.세로토닌 부족은 반사회적 행동과 관련된다.[33] 도파민은 칭찬을 받거나 다른 좋은 사회적 자극을 받으면 활성화분비되는 흥분성 신경전달물질이다. 도파민 분비는 정상적으로 기능하는 인간에게 나타나는 평범한 과정이다. 예컨대 운동을 하거나 시험성적을 잘 받거나 맛있는 식사를 하면 도파민이 분비된다. 하지만 도파민의 과잉활성은 강박적인 보상 추구를 유발할 수 있다. 심리학과 학생 Joshua Buckholtz조슈아 버크홀츠와 밴더빌트대학교Vanderbilt University에서 심리학 및 정신의학을 가르치는 David Zald데이비드 잘드 교수는 양전자방출단층촬영과 기능적 자기공명영상을 이용해 사이코패스의 두뇌를 검사하였다. 이 둘은 사이코패스의 두뇌가 보상에 과도하게 민감하다는 것과 사이코패스가 암페타민amphetamine에 반응했을 때 대조집단보다 거의 4배 많은 도파민을 분비한다는 것을 발견하였다. 게다가 사이코패스는 돈을 받는 업무를 완료했을 때 금전적 보상에 훨씬 더 끌리는 모습을 보였다. Buckholtz와 Zald는 사이코패스가 두뇌의 도파민 반응에 압도되고 도파민 반응은 결국 위험에 대한 민감성과 타인에 대한 염려를 압도한다고 결론 내렸다.[34]

두뇌 화학의 또 다른 측면인 호르몬 역시 행동에 영향을 미친다. Chris Benoit크리스 벤와는 균형을 잃지 않고 링의 사방을 날아다니던 프로레슬러였다. 2007년 6월 5일 Benoit는 아내 Nancy낸시를 목 졸라 죽인 뒤 7살짜리 아들 Daniel대니얼을 질식시켰다. 그리고는 자신의 목 주변에 케이블을 감아 목을 맸다. 검시관은 Benoit가 살인과 자살을 하던 시점에 높은 테스토스테론 수치를 나타냈다는 것을 발견하였다. 어쩌면 Benoit는 호르몬을 자가

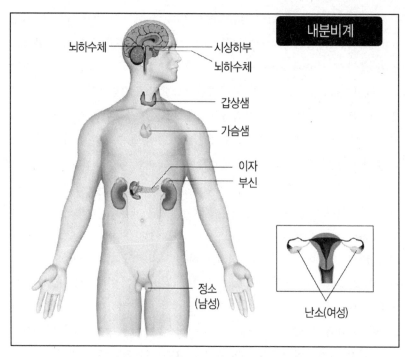

그림 10.4 내분비계. 이 그림은 테스토스테론과 코티솔 같은 호르몬의 생성을 담당하는 주요 샘들과 생식기관을 포함한 내분비계를 보여준다. Photo © Alila Medical Media.

주사했던 것일지도 모른다. 테스토스테론과 다른 호르몬들은 내분비계에서 생성되며 그림 10.4에서 볼 수 있듯이 췌장, 난소, 정소뿐만 아니라 뇌하수체, 갑상샘, 부갑상샘, 부신이 내분비계에 포함된다.

이 하나의 사례로부터 테스토스테론에 대한 결론을 내리기는 힘들겠지만 오랜 연구에 따르면 높은 테스토스테론 수치는 대개 과민성 및 9장에서 언급한 다른 부정적인 감정을 증가시킴으로써 고강도의 공격·폭력적인 행동에 영향을 미친다. 수감자 연구는 테스토스테론 수치가 증가된 수감자가 다른 이들보다 폭력을 저지를 가능성이 더 높다는 것을 보여준다. 더욱이 테스토스테론 수치가 높은 남성은 정상적인 테스토스테론 수치를 가진 남성들보다 섹스 파트너를 언어적으로, 육체적으로 학대할 가능성이 높았다.[35] 테스토스테론이 남성호르몬이고 남성이 여성보다 훨씬 많은 테스토스테론을 갖기 때문에 테스토스테론은 성별에 따른 범죄율 차이, 즉 남성이 여성보다 거의 모든 형태의 범죄, 특히 폭력범죄를 저지를 가능성이 높다는 사실을 설명하기 위한 중대한 요인일지도 모른다.[36] 하지만 9장에서 지적한 것처럼 호르몬이 반사회적 행동을 유발하는 단독의 원인은 아닐 것이다. 테스토스테론 수치가 나쁜 행동에 대한 테스토스테론의 영향을 더 심각하게 만드는 낮은 사회계급 및 테스토스테론의 해로운 영향을 억누르는 것으로 밝혀진 사회통제와 같은 사회적 요인의 영향을 받기 때문이다.[37]

위험에 직면했을 때 우리에게는 도망치거나 머물러 싸우는 두 가지 선택지가 있다. 스트레스 상황에서 우리의 몸은 자원을 조직화하여 가능한 한 빨리 도망치거나 맞서 싸우기 위한 에너지를 제공한다. 이렇게 하는 것을 도와주는 주요 호르몬은 코티솔cortisol이다. 코티솔 수치가 정상이면 우리는 스트레스에 어떻게 반응할지, 그리고 스트레스가 몸과 마음에 주는 부담을 어떻게 하면 보다 잘 경감할지에 관한 결정을 할 수 있다. 하지만 코티솔 수치가 비정상적으로 낮으면 스트레스에 대한 반응에 지장이 생겨, 인간이 환경의 스트레스 유발 요인에 대처하기 위해 공격적인 행동에 의지할 가능성이 높아진다. 연구자들은 7~12살의 소년들의 타액을 이용해 코티솔 수치에 관한 실험을 하였다. 코티솔 수치가 낮은 소년들은 정상적인 코티솔 수치를 나타내는 소년들보다 공격적인 행동을 드러내고, 친구들부터 공격적인 친구로 묘사될 확률이 3배 더 높았다.[38] 낮은 코티솔 수치는 공격적인 아이들뿐만 아니라 폭력적인 성인 및 사이코패스와도 연관되었다.[39]

두뇌 화학은 폭력 행위에 관해 많은 것을 말해준다. 세로토닌과 도파민 같은 신경전달물질과 테스토스테론 및 코티솔 같은 호르몬을 살펴보면 신경과학이 행동과 어떻게 관련되는지를 통찰할 수 있다. 신경전달물질과 호르몬의 수치를 검사하는 테스트가 값싸지고 쉬워졌기 때문에 내분비계와 범죄의 관계에 대한 지식은 분명히 더 쌓여갈 것이다.

　범죄와 관련되는 생물학적 요인으로 심장박동수와 피부 전도를 포함한 생리학적 요인이 있다. 안정 시의 심장박동수가 낮은 것은 증가된 공격성 및 폭력과 오랫동안 연관되어왔으며, 이에 대한 연구의 계보는 9장에서 알아본 바 있지만 낮은 안정 시 심박수와 폭력 및 공격성 사이의 관계의 뒤에 있는 메커니즘을 밝히는 새로운 연구들에 의해 이 계보가 최근 확장되어왔다. 범죄학자 Jill Portnoy질 포트노이는 335명의 남자 청소년들의 표본을 이용하여 낮은 안정 시 심박수가 폭력적인 비행행위뿐만 아니라 비폭력적인 비행행위와도 관련 있는 것을 발견하였다. 더 나아가 Portnoy 연구는 '두려움 불감증'과 '감각적인 자극을 추구하는 성향'을 측정하였다. 이는 범죄자들이 두려움을 느끼지 못해서 붙잡힌다는 생각에 의해 단념되지 않기 때문에 범죄를 저지르는 것인지, 아니면 범죄 행동이 낮은 심박수에 의한 불편한 느낌을 줄이기 위한 무의식적인 노력과 관계되는 것인지를 그녀가 검토할 수 있게 하였다. Portnoy와 동료들은 낮은 안정 시 심박수와 반사회적인 행동 사이에 맺어진 오래된 관계가 감각 추구 행위에 의해 부분적으로 설명될 수 있음을 발견하였다. 안정 시 심박수가 낮은 사람은 이 상태에 따른 불편감을 완화하는 활동을 분명히 추구하게 된다는 것이 그들의 설명이었다. 연구자들은 감퇴된 우반구 기능이 낮은 안정 시 심박수의 원인일 수 있으며, 반사회적 행동에 일조할 수 있다는 가설을 세웠다.[40] Adrian Raine은 범죄 행동의 생리적 작용에 대한 또 다른 실마리에서, 낮은 안정 시 심박수가 사회적 고난과 상호작용한다는 것을 발견하였다. 즉 낮은 안정 시 심박수가 사회적인 압박에 노출되었을 때만 반응적 공격성을 유발한다는 것이었다. 여기서 다시 한 번 생물학적 요인이, 이 경우에는 낮은 안정 시 심박수가 특정한 반사회적 행동을 유발하는 데 환경과 상호작용하는 것을 볼 수 있다.[41]

　범죄적 성향과 관련되는 것으로 의혹을 샀던 두 번째 생리학적 특성은 쉽게 측정될 수 있는 낮은 피부 전도율이었다. 우리 몸이 흥분하면 신경계가 활성화되어 피부에 땀이 발생한다. 얼마나 흥분했는지는 피부 표면의 전기적 활성도인 피부 전도율로 측정될 수 있다. 인간은 흥분할수록 피부 전도율이 올라간다. 스포츠 경기나 운동을 하면서 흥분이 발생하는 경우를 제외하면 흥분은 대부분의 사람을 불안하게 하여, 가능하면 사람들은 흥분을 피하려고 한다. 하지만 흥분에 대한 민감도는 사람마다 다르다. 쉽게 흥분되지 않는 낮은 피부 전도율을 나타내는 사람들은 위험한 상황에 불쾌하고 걱정스러운 반응을 보이지 않는다. 범죄학 분야에서 연구자들은 피부 전도율이 낮은 사람들이 불안감에 더 민감한 사람들이 느끼는 정도의 흥분을 느끼지 못하기 때문에 폭력을 더 많이 저지르는 경향이 있다는 것을 발견하였다.[42]

생물학적 작용이 모든 사람에게 어떤 환경에서라도 항상 같은 결과를 유발하는 것은 아님을 보여준 이 연구들은 생물학과 사회학의 통합을 위한 보다 많은 증거를 제공한다. 환경은 생물학적 작용이 행동에 미치는 영향을 단지 강화하거나 약화하는 게 아니라 유전자의 발현 및 생물학적 작용의 필수적인 구성 요소이다. 생물학적 작용과 환경은 밀접히 결합하여 우리가 이제 겨우 이해하기 시작하고 있는 다양한 방식으로 행동을 유발한다. 이러한 상호작용을 이해하기 위한 길로 새롭게 등장해 발전하는 장래 유망한 분야는 후성유전학이라고 불린다. 다음 절에서는 이 부상 중인 분야를 논의하며 반사회적 행동에 관한 연구에 이 분야가 무엇을 제공해줄지를 논의할 것이다.

후성유전학

지금까지 생물학과 환경의 상호작용을 길게 논의해왔다. 대개 최근의 생물사회학적 연구는 완전히 사회학적이지도 또 완전히 생물학적이지도 않은 통합적 성격을 띤다. 범죄학자들은 환경과 생물학적 작용이 복잡한 방식으로 어떻게 협력하는지를 밝혀내기 시작하고 있다. 후성유전학이라는 부상하는 분야는 우리 몸의 화학반응이 유전자 발현의 활성화·비활성화를 통제한다는 것과 그러한 화학반응이 우리가 거주하는 환경의 강한 영향을 받는다는 것을 인정한다. 후성유전학은 인간의 행동을 유발하는 데 환경과 생물학적 작용이 역동적으로 상호작용하는 것의 좋은 예를 보여준다.[43] 가능한 한 쉽게 풀어 말하자면 후성유전학은 비슷한 유전적 기질을 가진 사람들이 건강과 행동의 차이를 나타내는 원인을 고찰하며 그 원인을 환경의 차이로 본다. 더 전문적인 용어를 써서 말하면 후성유전학은 DNA의 발현에 다양한 환경이 영향을 주는 과정을 연구한다. 세포핵이나 다른 곳에 존재하는 유전물질인 DNA는 근본적으로 화학적 암호이며, 두 가닥의 사슬이 이중나선구조를 이루는 형태로 되어있다. 인간의 DNA 구조는 유전적 기질을 결정한다. 후성유전학은 환경이 DNA의 구조를 바꾼다고 주장하지 않는다. DNA가 행동으로 바뀌는 과정에서 환경이 영향을 미칠지도 모른다고 주장할 뿐이다.[44] 따라서 후성유전학은 환경이 유전자 발현에 영향을 미침으로써 어떻게 "피부 아래로 스며드는지"를 연구한다. 후성유전학의 초점은 대부분의 생물사회학적 연구의 초점과는 거의 반대라고 할 수 있다. 대부분의 생물사회학적 연구가 생물학적인 특성이 여러 환경의 영향을 "받는" 방식을 검토하는 데 반해 후성유전학 연구는 사회적 환경이 생물학적 작용과 행동 사이의 연결 고리에 영향을 "주는" 방식을 연구한다.[45]

범죄 및 반사회적 행동과 관련해 많은 후성유전학 연구가 약물 남용을 검토하였다. 약물은 부적응적 행동으로 이어지는 후성유전학적 변화를 초래할 수 있다. 범죄학자 Anthony Walsh앤서니 월시와 동료들은 코카인 사용에 대해 연구한 뒤 DNA가 신체와 상호작용하여 발현되는 과정인 아세틸화acetylation, DNA와 결합하고 있는 히스톤 단백질에 아세틸기가 붙는 현상으로, 아세틸화가 일어나면 히스톤과 DNA의 결합이 느슨해져 DNA가 더 잘 발현되게 된다. 옮긴이.를 코카인이 유도할 수 있다는 것을 보여주었다.[46] 이론적으로 코카인 사용은 코카인에 대한 저항력을 증가시키거나 감소시키는 방식으로 유전자 발현에 영향을 미칠 수 있다. 이는 몇몇 사람은 쉽게 중독되는데 왜 다른 이들은 그렇지 않은지를 적어도 부분적으로는 설명해준다. 하지만 여전히 이 연구는 등장한 지 얼마 안 되었으며 약물 남용이 약물 사용자의 자손뿐만 아니라 사용자 자신의 유전자 발현을 변화시키는 방식은 아직 밝혀지고 있는 단계에 머물고 있다. 예를 들어 코카인 중독은 유전이 잘 되지만, 동물 실험에 따르면 부모의 코카인 사용이 자식의 코카인 저항성을 증가시킬지도 모른다고 한다.[47] 다시 말해 부모의 행동이 자식의 유전자가 발현되는 방식을 바꾼다는 것으로, 이는 후성유전학에서 늘상 하는 말이다.

Anthony Walsh와 윤일홍Ilhong Yun은 후성유전학의 개념을 범죄 행동에 아주 흥미롭게 적용하였는데, 이들은 '모유 수유', 엄마의 '알코올 섭취'와 '흡연' 및 '약물 남용'이 자식이 나중에 범죄 행동을 저지르는 데 미치는 영향을 검토하였다. 이 4개의 요인은 모두 자식이 미래에 범죄 행동을 할 가능성을 증가시키거나 감소시키는 후성유전학적 변화를 유발하는 것으로 보였다. 모유 수유는 위험을 감소시켰고 나머지 세 요인은 증가시켰다. 이와 같이 Walsh와 윤일홍은 환경이 유전자가 발현되는 방식에 변화를 일으킬 수 있고 신체는 긍정적이고 부정적인 환경적 요인에 반응한다는 것을 시사하였다.

후성유전학은 범죄 행동을 유발하는 데 생물학적 요인과 사회학적 요인의 상호작용을 설명할 상당한 잠재력을 지닌다. 하지만 이 분야에서 범죄학적 연구는 너무 적고 후성유전학이 얼마나 장래성 있는지를 예견하기에는 아직 이르다.[48]

형사사법에 대한 영향

15살짜리 소년의 뇌가 아직 완전히 성장하지 않은 것을 아는데 친구를 살해한 이 소년을 어떻게 처벌할 수 있을까? 쉽게 분노하고 공격적이며 폭력적인 사람의 그러한 성질이 태어나기 전이나 태어난 직후의 학대에 의해 유발되었을지도 모를 때 이 사람에게 어떤 처우를 내려야 할까? 생물사회학적 범죄학은 처벌, 재활, 범죄 예방에 대한 접근법을 변화시킬 것을 약속한다. 생물사회적적 범죄학은 공격적이고 폭력적인 사람을 치료하는 프로그램에 방향성을 제공하며, 좋건 싫건 형사사법을 공중보건의 영역에 가져다 놓는다.

미국 대법원은 확실한 정신적 결함을 가진 사람들에게 '사형'과 '가석방 없는 종신형'을 내리는 것을 금지하는 판결에서 이미 두뇌의 발달과 손상에 관한 연구를 인정해왔다. 미국 대법원은 청소년에게 가석방 없는 종신형 선고를 금지한 2010년 Graham v. Florida 사건에서 신경과학을 참고하였으며 탄원서의 한 문단 전체가 신경과학적 연구에 관련된 내용이었다. 심리학자 Laurence Steinberg로런스 스타인버그는 다음과 같이 말한다.

> 청소년이 성인보다 덜 성숙해 범죄적 책임이 완화되어야 한다는 입장, 그리고 청소년의 책임이 줄어들기 때문에 범죄 행동에 완전히 책임 있는 사람에게 내릴 만한 형을 청소년에게 내리는 것은 부적합하다는 입장을 지지하는 두뇌 발달 연구 결과가 미국 대법원의 판결에 점점 더 영향을 주게 되었다. 이 사례들이 미국 대법원이 법적으로 청소년과 성인 사이에 차이가 있음을 인정한 최초의 사례는 아니었지만, 신경과학을 참고해 판결에 영향을 미친 최초의 사례들이었다.[49]

법학자들은 두뇌 영상과 DNA 정보가 손쉽고 값싸게 얻어질 수 있는 시점까지 기술이 진보한 것이 명확해진 이후 법정에서의 생물학적 데이터의 역할을 논의해왔다. 많은 대중의 마음속에서 용의자가 특정한 범죄를 저질렀음을 보여주기 위한 확실한 방법으로서 DNA가 지문을 대신하는 경우가 많아졌다. 공교롭게도 DNA는 적어도 「Law and Order」와 「CSI」 같은 인기 있는 TV 드라마에 묘사된 것과 비교하면 범죄 현장에서 다소 발견하기 힘들었으며 DNA의 부재는 때때로 배심원이 기소자 진영을 공격하는 구실이 되었다. 이러한 현상을 두고 "CSI 효과^{CSI는 범죄 현장 수사를 의미하는} crime scene investigation의 두문자어이다"라고 하였다.[50] "CSI 효과"라는 용어는 배심원이 실제 재판이 TV에서 본 것처럼 진행되길 바라며 점점 더 많은 정교한 증거를 기대한다는 것을 암시한다.

생물학적인 증거를 형사 사건에서 책임을 경감하거나 증가시키는 요인으로 **취급해야 할까?** 두뇌가 오작동하면 범죄적 책임이 없는 것일까? 뇌종양이 극악무도한 행위에 적어도 부분적으로는 책임이 있는 Charles Whitman의 사례가 이와 같은 쟁점을 분명히 보여준다.^{9장 참조} 그렇지만 손상된 두뇌가 법적인 책임과 얼마나 관계되어야 하는지에는 여전히 논쟁의 여지가 있다.[51] 두뇌 손상과 폭력의 연관성에 대한 연구는 시사적이지만 법에 적용될 정도로 충분히 결정적이지 않은 경우가 많다. 의사 Sally Satel^{샐리 새텔}과 심리학자 Scott O. Lilienfeld^{스캇 O. 릴리언펠드}는 "현재로서는 신경과학자, 정신과 의사, 심리학자들이 두뇌 손상 혹은 급성 장해의 가장 극단적인 사례를^{이런 사례는 대개 희귀하다} 제외하면 문제가 되는 범죄 행동에 두뇌 이상이 관련되어 있는지를 알지 못한다."고 주장한다.[52]

법학 교수 Deborah Denno^{데보라 데노}는 사형을 막기 위해 유전적 증거가 사용된 사례를 연구하였다. 범죄자의 법정 변호사가 책임을 경감할 만한 유전적 증거를 제시하지 못해 무능하다는 것을 보여주기 위해 유전적 증거가 활용되는 경우도 있었다. 다른 사례에서는 유전적 증거가 사형을 막기 위해 형을 선고하는 시점에 제시되었다. 그와 같은 유전적 정보는 이제 법정이 손쉽게 획득할 수 있으며 일반적으로 가족력, 행동 기록, 병력에 관해 전문가가 증언하는 식으로 전달된다.[53] 변호사들은 미래에 유전적 증거를 더 잘 활용하게 될 것이다. Denno는 유전적 증거가 "다른 종류의 증거와 동등한 위치에 도달했다."고 결론지었다.[54]

범죄 예방 및 재활: 치료를 위한 새로운 선택지

일부 비판자들은 생물사회학적 범죄학이 초기 생물범죄학자들이 제시한 해결책인 사형, 망명, 수술을 제외하면 확실한 정책적 영향이 없다고 비난한다.[55] 하지만 이러한 비판은 오늘날 생물사회학적 연구의 진정으로 혁명적이며 혁신적인 메시지를 무시한다. 그 메시지란 환경과 신체가 모두 중요하기 때문에 정책의 효과가 극대화되려면 둘 중 하나에만 집중하는 것이 아니라 이 둘이 어떻게 상호작용하고 뒤얽히는지에 초점을 맞춰야 한다는 것이다. 예컨대 예방 및 재활 노력은 건강과 영양에 초점을 맞출 수 있다. 연구자들과 의학 전문가들은 태어나기 이전과 이후의 적절한 영양이 인지발달에 필수적이라는 것을 오랫동안 알고 있었다. 이러한 지식이 범죄 예방에 어떻게 일조할 수 있을까? 예방 프로그램은 영양을 염두에 두고 만들어질 수 있다. 실제로 가장 유명한 성장프로그램인 David Olds데이비드 올즈 가족간호사파트너십Nurse-Family Partnership, NFP은 영양이 무엇이며, 건강하고 균형 잡힌 식사가 아이들의 최적의 성장에 왜 결정적인지를 위험한 환경에 있는 가족들이 더 잘 이해할 수 있도록 돕는다.[56]

영양과 반사회적 행동의 연관성은 아주 어린 시절에만 중요한 것이 아니다. 아주 흥미로운 연구가 생선 기름이 행동에, 특히 공격에 미치는 영향을 탐구하기 시작했다.[57] 이게 이상하게 들릴지도 모르지만, 생선 기름에서 발견되는 화합물이 두뇌의 특정한 영역에, 특히 뉴런의 건강에 영향을 미치는 것으로 보인다. 생선 기름이 범죄 예방이나 재활 프로그램에 이용된 적은 아직 없지만, 생선 기름은 하나의 가능성을 제시하며, 결국 청소년 범죄자에 대한 표준적인 치료책이 될지도 모른다. 영양이 구금된 청소년의 행동에 미치는 영향을 검토한 관련된 연구는 설탕이 든 정크 푸드를 청소년의 식단에서 제외하자 징계보고가 25~44% 감소했다는 것을 발견하였다.[58]

충동 통제력 및 사회적 기술을 향상시키려는 가정 방문, 부모 훈련, 학교 기반 전략을 수반한 예방 프로그램들은 범죄를 줄이기 위해 생물학적 요인과 사회적 요인이 활용되는 방식을 잘 보여준다. 적어도 스칸디나비아 국가들에서는 새롭게 부모가 된 모든 사람들이 방문간호인의 도움을 받는 것이 일상이며, 방문간호인은 아이가 건강한 음식을 먹고 부모가 태어난 아이에 대처하는 방법을 숙지하게 한다. 미국에서 이러한 프로그램이 시행될 때는 보통 가난한 가족과 남편 없는 엄마가 책임지는 가족과 같은 "위험한 상태에 있는" 가족을 목표로 삼는다. 프로그램은 부모에게 최적의 아이 양육 전략을 가르치고 흡연 혹은 육체적 처벌 같은 해로운 습관을 경계시킨다. 위험한 상황에 처한 가족과 아이 양육을 돕는 간호인을 연결해주는 David Olds 가족간호사파트너십[NFP]의 장기적인 후속 프로그램은 아이의 행동과 결과에 상당한 긍정적 영향을 미친 것으로 드러났다.[59] 미시간주 입실랜티[Ypsilanti] Perry Preschool project를 포함한 학교 기반 프로그램들 역시 참여자에게 장기적으로 이로운 효과를 나타내는 것으로 나타났다.[60]

범죄자 재활과 관련하여 아주 효과적인 접근법은 힘든 상황에서의 반응에 대한 범죄자의 사고방식에 변화를 주려는 시도를 통해 범죄자의 충동성과 반발성을 줄이는 데 도움을 주는 인지행동치료[cognitive behavioral therapy, CBT]이다. 이 접근법은 성인과 청소년의 재범을 모두 상당히 감소시키는 것으로 나타났다.[61] 인지행동치료는 일반적으로 그 본질이 사회심리학적인 것으로 생각되지만 범죄학자 Jamie Vaske[제이미 베이스크]와 동료들은 인지행동치료가 신경학적 기능에 변화를 일으키기 때문에 행동을 크게 바꿀지도 모른다고 구변 좋게 주장한다. 그들의 의견에 따르면 "사회대처기술과 문제해결기술을 목표로 삼는 인지행동치료는 발달이 불충분하거나 기능에 이상이 있는 '범죄자의 두뇌 영역'의 변화를 초래하기 때문에 효과적일 수 있다."[62]

약물 중독은 부분적으로 신경학적인 현상인 것으로 보이며 전전두엽 피질이 관련된다.[63] 게다가 몇몇 사람이 성향상 중독이 더 잘되는 것일 수도 있기 때문에 중독은 유전적인 현상일 수 있다.[64] 더욱이 약물 남용 및 중독은 후성유전학적 과정을 통해 두뇌, 특히 이른바 쾌감중추에 영향을 줄 수 있다. 쾌감중추는 도파민을 분비하는 측좌핵을 포함한다. 약물 중독에 관해 알아내야 할 것이 아직 많지만 약물 중독에 관한 생물사회학적 연구는 분명히 치료 활동에 영향을 미칠 수 있다. 교도소 내에서 시행되는 대부분의 약물 중독 치료 프로그램들은 단순한 겉치레에 불과하지만 치료공동체[therapeutic community, 약물 사용 장애를 치유하기 위해 치료사와 환자가 장기적으로 함께 투숙하는 것. 옮긴이]와 불법 약물 대체요법은 미래의 약물 사용과 범죄를 줄일 수 있다.[65]

뇌의 성숙에 관한 신경과학적 해석 역시 형사사법 정책에 확실히 응용될 수 있다. 청소년기가 지나서야 충동 통제력과 향상된 전전두엽 기능이 갖춰지는 것이, 그리고 일반적으로 20대 중반이 되어서야 비로소 두뇌의 성숙이 완료된다는 것이 사실이라면 긴 형량의 타당성에 대해 의구심을 품을 수밖에 없다. 상대적으로 정상적인 발달을 고려하면 대부분의 범죄자들은 자신의 행동 결과를 통한 사고를 더 잘 하게 되면서 나이를 먹음에 따라 범죄와 자연스럽게 멀어질 것이라는 게 두뇌 연구가 시사하는 바이다. 뿐만아니라 구금은 신경학적 성숙을 방해할지도 모른다. 심리학자 Julia Dmitrieva줄리아 드미트리바와 동료들의 연구는 치료 없는 구금이 미래에 대한 사고 및 충동 통제를 포함한 "심리사회적 성숙"을 늦춘다는 것을 보여주었다. 따라서 생물사회학적 연구는 훨씬 짧은 형량과 판사의 범죄자 연령을 고려하여 요구한다.[66]

마지막으로 육체적 건강이 범죄 예방 및 재활을 위한 생물사회학적 노력의 좋은 표적인 것으로 보인다. 범죄자의 육체적 건강에 특별히 초점을 맞추는 프로그램은 거의 없지만 몇몇 연구는 육체적 건강의 향상이 정신적 건강의 향상을 초래해 반사회적 행동을 줄일 수 있음을 암시한다.[67] 건강한 아이들, 더 안전한 공동체Healthy Children, Safer Communities라는 영국 프로그램이 형사사법제도에 속박된 청소년의 육체적 건강을 증진시키는 것을 특별히 목표로 하여 2009년에 만들어졌다.[68] 이 프로그램이 공식적으로 증명된 것은 아니지만 생물사회학적 이론에 근거한 범죄 예방 노력을 추구하는 혁신적이고 유망한 동향의 본보기이다. 이러한 새로운 프로그램들은 재활을 위한 아주 흥미롭고 신선한 방향성을 제공한다.

주의를 당부하는 글

생물사회학적 범죄학이 범죄적이고 반사회적인 행동을 설명할 막대한 잠재력을 가지고 앞으로 나아가고 있지만, 초기의 생물학적 이론들처럼 타고난 범죄자와 범죄자의 뇌에 대한 대중의 히스테리를 조장할 가능성도 가지고 있다. 일반인은 모두 두뇌 영상이 두뇌의 특정한 영역과 폭력 행위 사이의 직접적인 관계를 증명해준다고 너무 성급하게 결론 내릴지도 모른다. 사실 두뇌의 어떤 부분도 고립되어 작동하는 것이 아니기에 두뇌의 한 부분이 특정한 유형의 행동에 전적인 영향을 미친다고, 심지어 주된 영향을 미친다고도 할 수 없다. 현재 우리는 최종적인 결론에 도달하기에는 비정상적 두뇌의 기능이나 구조에 관해 아는 것이 충분하지 않다. 하지만 고장난 두뇌에 관한 개념에 매혹되기는 쉽다. 이러한 개념이 잘못 사용되면 부당한 배심원 판결이나 순진무구한 예방 및 재활 프로그램이 초래될 수 있다. 위험은 두뇌와 행동의 연관성에 관한 극단적이고 조급한 결론에 놓여 있다.

메릴랜드대학교 법학 교수 Amanda Pustilnik^{어맨더 푸스틸닉}은 범죄와 폭력 행위에 관한 현재의 신경과학 연구가 과학적으로 중요하기는 하지만, 섬뜩하게도 두뇌 이상을 범죄 유발 인자로 만들려고 했던 19세기의 시도와 비슷하다고 주장한다. Pustilnik은 과거의 실수를 반복하지 않기 위해 연구자들이 결론에 신중할 것을 촉구한다. 특히 Pustilnik은 두뇌의 기능

장애를 사회적으로 정의된 특정한 반사회적 행동과 과도하게 연관시키지 말라고 경고한다. 그녀가 언급했듯이 "두뇌의 특정한 부분의 활성 혹은 비활성을 '질환'이나 '기능 장애'로 정의하려면 필연적으로 무엇이 정상이고 비정상인지를 규정해야 한다." "따라서 두뇌의 활성 패턴과 법적으로 금지된 행동을 연관짓는 것에 근거한 생물학적 이상의 정의에는 순환적인 구석이 있다. 우리가 생물학적 이상에 관해 연구할 때면 이상에 관한 결론으로부터 추론을 하고 그러한 추론을 다시 영상 패턴에 끼워 맞춘다."[69] 두뇌를 "사회적 세계의 형성에 기여하는 요인이자 사회적 세계의 산물"로 보는 게 나으며 과학적으로 더 적절하기에 사회적 행동을 설명하려면 두뇌뿐만 아니라 사회적 맥락도 고려해야 한다는 게 Pustilnik의 본질적인 주장이다.[70] 두뇌와 환경이 협력하여 작동하는 방식을 이해하면 범죄자를 "다른 사람"으로 보고 우리와는 어떻게든 다르다고 생각하는 낡은 경향의 확장인 "고장난 두뇌"를 들먹이는 주장들로부터 해방될 수 있다. Pustilnik은 어떻게 과거의 신경과학적 연구가 백인의 폭력을 못 본 체하며 인종적 통제의 한 형태로 활용되었는지를 논의한다. 오늘날 두뇌 이상에 관한 대부분의 연구는 길거리 범죄를 저지른 폭력적인 사이코패스에게 초점을 맞춘다. 이런 식의 초점은 화이트칼라 범죄자의 폭력을 무시하는 것이다. 화이트칼라 범죄자의 행위가 큰 해악을 유발할 수 있는데도 이들이 고장난 두뇌를 가졌다고 주장하는 사람은 거의 찾아볼 수 없다.[71] 거의 한 세기 전에 범죄학자 Edwin Sutherland는 생물학적 추론과 심리학적 추론에 근거한 범죄학 이론을 훌륭하게 비판하였다. Sutherland는 사이코패스, 가난, 정신박약에 초점을 맞추는 범죄 해석은 "유효하지 않은데 주된 이유는 그러한 범죄 해석이 편향된 표본으로부터 얻어진 것이기 때문이며" 이러한 표본은 화이트칼라와 다른 상류 세계 범법자를 배제한다고 하였다.[72] 같은 문제가 일반 대중으로부터 얻은 표본을 기반으로 하지 않는 반사회적 행동에 대한 현재의 많은 신경학적 연구를 괴롭히고 있다.

게다가 두뇌 연구에는 통계적인 한계가 존재한다. 두뇌 영상 연구는 두뇌의 영역들의 혈류를 검사한다. 이를 위해 컴퓨터 프로그램은 두뇌 영상을 수천 개의 구역으로 쪼개고 각 구역은 독립적으로 분석된다. 통계학 입문을 들어본 사람이라면 누구나 알 수 있듯이 이렇게 다중 분석을 하면 다중 비교의 문제가 생긴다. 즉 과학자들의 모델이 내놓는 발견은 실체가 아닌 순전한 우연의 산물일 수 있다. 특정한 업무에 반응하여 연어의 두뇌 기능에 활동이 나타나는 것을 발견한 기능적 자기공명영상 연구가 이러한 문제를 익살맞게 보여준다. 이 연구의 한 가지 숨은 흠은 무엇이었을까? 바로 테스트를 하는 동안 연어가 살아 있지 않았다는 점이다.[73] 이 연구는 다중 비교의 잘 알려진 통계적 문제, 즉 분석으로 발견된 "관계"가 실제로 존재하는 것이 아닐 수 있음을 여실히 보여준다.

두뇌 영상처럼 범죄 위험요인에 대한 유전적 연구는 범죄자가 될 사람은 두뇌를 통해 알아볼 수 있다는 식의 낡은 사고로 쉽게 되돌아갈 수 있다. 뉴스 미디어가 자주 그러듯이 과학자들이 범죄 유전자를 발견했다고 결론 내리기가 너무 쉽다. 한 범죄학 연구팀이 주장했듯이 유전자와 환경의 상호작용은 "유전자가 두뇌에, 두뇌는 행동에 영향을 미친다는 인과작용에 대한 가정을 통해 나쁜 유전자혹은 신경과학의 경우 나쁜 두뇌가 나쁜 환경과 결합하면 반사회적인 행동을 유발한다는 오해로 너무 자주 잘못 해석되어왔다."[74] 하지만 생물학적 요인, 환경, 범죄 사이에는 단순한 인과관계가 없다. 생물학적 작용과 환경은 난해하고 복잡한 관계를 이루며 이러한 관계 중 대부분은 과학이 아직 풀어내지 못한 상태이다.

Adrian Raine은 2013년 책 「폭력의 해부: 범죄의 생물학적 근원The Anatomy of Violence: The Biological Roots of Crime, 2015년 이윤호가 번역하여 흐름출판사에서 출판하였다. 옮긴이.」에서 범죄통제를 위한 생물사회학적 제안을 한다. Raine의 제안은 인권과 생물학적 범죄이론 역사에 둔감하다는 점에서, 생물학적 이상 때문에 "타고난 범죄자"로 낙인찍힌 이들을 죽이거나 추방하고자 하는 Lombroso의 의향과 별반 다를 바 없다. 이미 살펴봤듯이 Raine은 생물사회학적 범죄학의 영역에서 선두적인 연구자이다. 때문에 Raine의 사려 깊고 창의적인 연구를 보다가 범죄자를 미리 식별해 가두자는 명백히 가상적인 그의 제안을 살펴보면 어안이 벙벙해진다. Raine은 영화 「Minority Report^{마이너}리티 리포트」가 제안하는 가설을 인정하건대 '범죄자에 대한 합법적 공격, 범죄자를 식별하기 위한 두뇌 연구 작전'을 의미하는 Legal Offensive on Murder: Brain Research Operation for Screening of Offenders의 앞글자를 딴 LOMBROSO, 즉 롬브로소라는 프로그램을 제안한다. Raine은 전통적인 범죄학과 형사사법의 접근법이 사회를 보호하는 데 실패한 미래의 어떤 시점을 상상한다. 그가 제시하는 해결책은 롬브로소 프로그램이다. 이는 모든 성인 남성을 검사하고 위험인자를 많이 가진 인간들을 가두는, 때로는 무기한으로 가두는 프로그램이다. LOMBROSO라는 깜찍한 두문자어의 원래 이름이 특별히 범죄자를 목표로 삼는다고 자처하지만, 범죄와는 상당히 동떨어진 혐의자들을 잡아들이게 될 것이다.

과거의 폭력적인 생물범죄학과 유사하다는 점, 적절한 절차에 관해 무심하다는 점만이 롬브로소 프로그램의 문제가 아니다. 이 프로그램은 과학이 행동을 예측할 수 있다는 것에 과도하게 낙관적이며 잘못된 자신감에 기반을 둔다. 인간의 행동은 잘 예측할 수 없다. 사람들이 심각한 폭력을 예측하려고 하면 잘못된 예측을 하는 게 대부분이다. 누가 폭력적인 범죄자가 될지에 대한 잘못된 예측은 정확한 예측보다 일반적으로 2배 많이 발생하지만 때때로 잘못된 예측이 6배 많이 발생하기도 한다.[75]

만약 Raine이 롬브로소 프로그램의 시작을 제안하는 해인 2034년까지도 범죄 예측이 100% 정확하지 않다면 이 프로그램은 헌법에 위배되는 예방 구금의 전형으로서 실패하게 될 것이다. 하지만 문제는 이뿐만이 아니다. 롬브로소 범죄예측 프로그램에 반영되는 Raine이 제시한 요인들은 완전히 생물학적이다. Raine은 생물학적 작용이 홀로 인간 행동을 만들어 내는 것이 결코 아님을 보여주는 Raine 자신의 연구를 포함한 모든 증거들에도 불구하고 사회적 요인을 완전히 간과한다.

Raine이 롬브로소 프로그램을 제안한 것은 의도적으로 논쟁적 관심을 유발하려고 그랬던 것일지도 모르며, Raine은 이제는 이 프로그램을 지지하지 않는다고 선언하였다.[76] 이와 같은 이야기를 꺼내는 건 우리가 범죄예방이나 범죄통제에 생물학적 테이터를 사용하는 것에 동의하지 않는다고 말하려는 게 아니다. 하지만 생물학적 데이터를 이용할 때는 신중해야 하며 생물학적 작용이 홀로 행동에 영향을 주는 것이 아니며 그럴 수도 없다는 것을 이해해야 한다. 불행히도 롬브로소식 접근법의 부흥은 과거의 일이 아니다. 일부 철학적인 학자들은 범죄자들에게 "신경피드백" 같은 상대적으로 비침습적인 처우를 내리는 것을 정당화한 적이 있었다. 신경피드백은 대상자에게 자극을 주면 대상자가 자극에 자신의 뇌가 어떻게 반응하는지를 보고 대중의 안전을 위해 그러한 반응을 바꾸도록 노력하는 과정을 수반한다.[77] 하지만 침습적인 처우는 정당화될 수 없다. 우리는 행동을 예측하기 위한 충분한 지식을 갖추고 있지 않다.

낙인찍기의 문제가 형사사법제도에 생물학적 데이터를 이용하자는 제안에서 그 추악한 얼굴을 내민다. 어린 시절에 두뇌의 결함이나 반사회적인 유전자를 가진 것으로 진단받은 이들은 생물학적인 특성 때문이 아니라 진단으로 인해 나중에 직업을 얻거나 친구 관계를 유지하는 데 문제가 생길지도 모른다. 이러한 두려움은 사이코패스 성격 점검표 개정판 Psychopathy Checklist-Revised이라는 사이코패스 테스트의 개발자 Robert Hare로버트 헤어가 형사사법 종사자들이 이 테스트를 이용하는 것에 반대하게 만들었다. Hare는 훈련되지 않은 종사자들이 이 테스트를 남용하고 낙인찍기를 통해 사람들의 삶에 해를 입힐 수 있음을 걱정하였다. 미국 공영 라디오와의 인터뷰에서 Hare는 "나는 이 테스트가 개인과 사회에 심각한 영향을 미치는 목적에 부적절하게 이용될까 봐 너무 걱정된다."고 말했다.[78] 더욱이 전과에 의해 이미 낙인이 찍힌 사람들의 경우 생물학적인 데이터는 다른 이들에게는 내려지지 않을 "처우"를 정당화하기 위해 사용될 수 있다.

범죄학이 학문 분야이자 정책과 관련된 노력으로서 진전하면서 범죄학의 새로운 생물사회학적 체제에는 눈여겨볼 만한 것이 많다. 하지만 우리는 발을 조심해서 디뎌야 하며 불확실한 증거로부터 유래한 잘못된 정책에 대한 경계를 늦추지 말아야 한다. 우리는 최대한 손해와 이익을 균형 잡아야 하며 가장 철저한 연구 결과만이 프로그램과 법에 영향을 미치는 것을 보장하기 위해 최선을 다해야 한다. 인권이 항상 최우선 순위에 놓여야만 한다.

현재의 생물사회학적인 연구는 품질에 일관성이 없고 범위가 산만하며 범죄에 관한 현재의 지식과 잘 통합되지 못한다는 얘기로 이번 장을 시작했다. 생물사회학적 연구가 대개 다른 범죄학자들에 의해 철저하게 검증되지 않는다는 것도 지적한 바 있다. 생물사회학적 연구가 때때로 과거의 교훈을 지각하지 못하는 것으로 보인다는 말을 이러한 염려에 추가해야 할지도 모른다. 그럼에도 생물사회학적 연구는 현재의 범죄 연구의 두 분파인 생물학적 연구와 사회학적 연구를 통합하는 범죄학의 새로운 길을 닦는 좋은 모습을 보여준다. 생물사회학적 범죄학이 완벽함과는 거리가 멀지만 1960년대 이후 범죄학적 연구 의제가 두 갈래로 분열되어 범죄학을 괴롭혀왔는데, 생물사회학적 범죄학이 이러한 범죄학의 정신분열증을 극복할 수 있을 것으로 보인다. 새로운 생물사회학적 범죄학이 낡은 생물범죄학보다 이론적으로 더 성숙했을 뿐만 아니라 범죄 예방과 범죄자 처우에 책임감 있고 효과적으로 영향을 미칠 수 있을 것으로 보인다. 11장에서는 생물사회학적 범죄학의 미래를 위한 경로를 제시한다. 그러한 경로는 '범죄와 비행'의 원인과 예방을 명백하게 설명할 막대한 잠재력을 가진다.

:: **11** ::

생물사회학적 범죄학의 미래

　생물학적 작용이 행동에 영향을 준다는 것을 인정함으로써 잃을 게 가장 많은 것으로 보였던 분야인 사회학은 사회학의 주력 학술지인「미국사회학American Journal of Sociology」이 1년간 발간 호 전체를 유전학과 사회적 행동에 관한 내용으로 출판하였던 2008년 분수령을 맞이하였다. 이런 식의 학술지 발행은 매체가 행동에 대한 생물학적 해석에는 귀를 기울이는 반면, 사회학적 연구는 "좀처럼 논의되지 않는" "이상한 역설" 때문에 이루어진 것이라고 편집자들은 말했다.[1] 이 특별한 발행은 생물학적 연구를 향한 학문적 태도의 대대적인, 거의 공식적인 방향전환을 나타내었다. 사회적 행동 혹은 사회적 시스템에 대한 유전 현상의 영향을 더이상 다른 학문에 맡겨둘 수 없었다. 차라리 이제부터 그러한 영향은 사회학자들에 의해 연구되고 인간 행동에 대한 다면적이며 깊은 이해에 통합되어야 할 것이었다.

　2008년 사회학처럼 오늘날의 범죄학도 교차로에 놓여 있다. 앞서 살펴봤듯이 범죄학의 역사는 그 무게추가 먼저 생물학적 해석으로 기울고 다음으로 사회학적 해석으로 기울어지는 모습을 보였으며 현재는 무게추가 둘 사이에서 우왕좌왕 맴돌고 있다. 범죄학은 스스로의 정체성을 변화시키기 직전에 와 있는 것 같다. 하지만「범죄학Criminology」학술지에 실린 2015년의 논쟁을 통해 드러나듯이 생물사회학적 연구의 근본적인 쟁점과 관련하여 상당한 긴장이 남아 있다. 한 논쟁에서는 비판자들이 쌍둥이 데이터를 활용하는 행동유전학적 연구 설계를 맹비난하였으며 이러한 연구의 중단을 요구하였다.[2] 이는 그러한 연구 설계를 아주 효과적으로 활용하였던 저명한 생물사회학 연구자들의 빗발치는 반론을 유발해 경쟁자들 사이에 더 많은 공방이 이어졌다.[3] 이 논쟁의 의의는 상세한 논쟁 내용에 놓여 있다기보다는 과거에는 주로 사회학적인 연구를 출판했던 선두적 「범죄학」 학술지가 생물학적 범죄 연구를 수행하는 가장 좋은 방법에 관한 주장에 지면을 할애했다는 사실에 놓여 있다. 이러한 사실이 중요한 건 범죄학 분야에서는 생물사회학적인 연구를 한 번도 출판하지 않은 최고 수준의 학술지들이 여전히 존재하기 때문이다.[4]

우리가 이야기하고 있는 교차로는 사회과학이라는 일반적인 분야에서 혹은 범죄학이라는 특정한 분야에서 새롭게 등장한 것이 아니다. 지난 30년 동안 행동에 대한 생물학적 해석과 사회학적 해석이 통합할 시기가 무르익은 것으로 보인 시점이 많았다. 하지만 두 분파가 명시적으로 적대감을 보이지 않았을지 몰라도 같은 배를 탄 쌀쌀맞은 동료 관계를 지속하였다. 두 진영 사이의 간극이 줄어들고 있기는 하지만 20년 전처럼 메워질 수 없는 것으로 보이기도 한다. 이번 장에서 우리는 생산적인 화해를 향한 마지막 발걸음을 어떻게 걸을 수 있는지를 보여줄 것이다.

미래는 무엇을 가져다줄까? 범죄학은 경제학자, 정치학자, 사회학자를 수용하는 것만큼이나 생명과학자를 손쉽게 수용하는 분야가 될까? 이번 장에서 우리는 이러한 질문을 다룬다. 먼저 '생물학이 사회학을 왜 필요로 하는가?'라는 질문으로 시작할 것이다. 더 나아가 생물학적 범죄학과 사회학적 범죄학이 범죄와 형사사법에 관한 연구를 진전시킬 수 있는 가장 유망한 길을 규명할 것이다. 연구의 진전은 두 진영이 서로 무시하거나 헐뜯음으로써가 아닌 환경과 신체의 관련성을 인정함으로써 이루어질 수 있다. 실제로 환경과 신체는 서로가 없이는 행동에 영향을 미칠 수 없다. 따라서 생물학적인 요인과 사회적인 요인 중 무엇이 더 중요한지에 관한 논쟁은 필연적으로 무익한 논쟁이다. 우리는 생물사회학적 이론과 연구의 힘을 가장 잘 보여주는 학제적 연구의 예를 결론에서 다룰 것이다. 이러한 학제적 접근법은 상대 진영을 위협하기보다는 환경과 신체가 협력하여 범죄적 결과를 ^{비범죄적 결과도} 유발하는 방식을 명확하게 설명한다. 이러한 학제적 노력은 '범죄학이라는 학문'과 '범죄에 대한 이해'에 가장 유망한 공헌을 한다. 학제적 연구는 생물학과 사회학의 단순한 교차를 뛰어넘어 범죄학의 정체성이 재구성되게 만들 수 있다. 다음 생물사회학적 범죄학이 생산적인 방식으로 스스로의 분야를 진전시키기 위해 추구해야 하는 방안을 제시할 것이다.

생물사회학적 범죄학이 사회학을 필요로 하는 이유

폭력행위에 관한 진화적 이론을 통해 알려진 사회학자 Lee Ellis^{리 엘리스}는 사회학이 생물학을 수용하지 않는다면 낡은 연구 분야가 될 것이라고 1996년에 경고하였다.[5] Ellis에 따르면 사회학은 다음과 같은 네 개의 장애 요인 때문에 생물학 공포증에 오랫동안 시달려왔다. (1) 행동을 설명하기 위해 순전히 사회적인 변수를 이용하는 사회학자들의 습관, 사회학과 생물학이 정반대라는 사회학자의 잘못된 믿음, (2) 사회학자의 부족한 생물학 교육, 이로 인해 생물학적인 용어와 설명에 사회학자가 불편함을 느낀다는 점, (3) 어떤 영장류의 행동이 인간의 행동을 반영함을^{이는 사회현상의 진화적 기원을 암시한다.} 사회학자들이 인정하지 못한 점, (4) 인간 행동에 대한 생물학적 해석에 사회학자들이 도덕적으로 정치적으로 반대했다는 점, 과학의 이름으로 나치가 한 짓을 상기시키며 사회학자들은 밀물처럼 들어오는 생물학적 행동주의자들을 오랫동안 밀쳐 내왔음을 Ellis는 지적한다.

부인할 여지 없이 행동에 대한 생물학적 해석은 비윤리적이고 심지어는 사악하기까지 한 사회개선 정책을 지탱하는 데 이용되었던 불미스러운 역사가 있다. 그러한 역사에는 우생학이 포함된다. 우생학은 판사

Oliver Wendell Holmes가 신체적 권한을 박탈당한 Carrie Buck의 강제적 불임화를 지지하였을 때 심지어 미국 대법원의 옹호를 받았다.^{그림 6.1} ^{참조.6} 이런 역사 앞에서 사회학자들이 생물학적인 해석을 수용하길 삼가는 것은 충분히 이해할 만하다. 하지만 오늘날 생물학적 해석을 이용하는 대부분의 행동과학자 역시 과거의 연구가 보여준 편향을 피하기 위해 조심하고 있다. 사회학자들은 서서히 이러한 새로운 현실을 받아들이고 생물학이 제공할지도 모르는 공헌을 인식하고 있는 것으로 보인다. 하지만 이러한 과정은 너무나 느리게 진행된다. 보이시주립대학교^{Boise State University} 범죄학자 Anthony Walsh^{앤서니 월시}는 2014년에 출판한 「생물사회학^{Biosociology}」의 첫 장에서 사회학이 생물학적 발견을 수용해야 한다는 Ellis의 요청을 반복해야만 했다.[7] 다른 이들 역시 사회적 연구가 유전자와 신경과학을 무시할 때 얼마나 많은 결함을 가지게 되는지를 보여주기 위해 노력해왔다.[8]

사회학과 범죄학이 생물학의 지식을 흡수해야 한다는 점에는 의문의 여지가 없지만 관점을 뒤집어 생물학적 연구가 사회학 및 사회과학을 필요로 한다는 주장을 해보려 한다. 생물사회학적 연구는 생물학을 사회학보다 강조하는 경향이 있으며 지난 한 세기에 걸쳐 사회학적 범죄학의 중요한 연구 결과를 무시하거나 경시하였다. 사실 생물학적 해석과 사회적 해석을 대립시키는 것이 과거와 현재의 생물사회학적 연구의 추세이다.[9] 이러한 추세는 본성과 양육 사이의 상호작용을 무시하며 환경과 신체가 복잡한 방식으로 서로에게, 그리고 행동에 영향을 미침을 알아보지 못하는 것이다.

본성 대 양육이라는 낡은 논쟁을 끝낼 유일한 방법은 사회로부터 완전히 고립된 인간의 행동을 검토하는 것이다. 대개 이런 식의 비현실적인 연구는 그저 사고실험으로 남아 있을 수밖에 없다. 이런 연구가 허가를 받게 되는 광경을 상상하기 힘들기 때문이다.^{올바른 이유에서.} 하지만 어릴 때부터 버림받거나 고립된 아이의 사례를 통해 어떤 증거를 발견할 수 있다.

이런 아이의 사례가 육아의 완전한 부재가 미치는 영향에 관해 무엇을 보여줄까? "야생아"는 스위스 철학자 Jean-Jacques Rousseau^{장자크 루소}가 자연인 이론에서 예견한 것처럼 "고결한 야만인"일까? 아니면 야생아들은 사회화의 부재로 고통받게 될까?[10]

유명한 사례인 야생아 Victor^{빅터}를 살펴보자. Victor는 1798년 프랑스 아베롱주^{Aveyron}에서 사냥꾼이 발견하였으며, 당시 나무를 타고 땅에 떨어진 견과류를 날로 먹었다고 한다. 결국 이 소년은 붙잡혀 당대의 선두적인 의학자들의 진찰을 받았다. Victor는 말을 하지 못했고 사람과의 평범한 상호작용을 하지도 못했다. 정신병 전문가 Philippe Pinel^{필립 피넬}은 Victor가 정신적으로 퇴보된 채로 태어났음이 틀림없다고 결론 내렸다. 프랑스의 또 다른 정신병 전문가 Marc Gaspard Itard^{마르크 가스파르 이타르}는 Victor를 교육하는 데 힘써보았지만 실패하였고, Victor를 다음과 같이 묘사하였다. "역겨울 정도로 더러운 아이이며 돌발적인 행동과 격동을 보인다. 동물원에 있는 동물처럼 끊임없이 앞뒤로 몸을 흔들며 자신에게 반대하는 사람을 물고 할퀴며 자신을 보살핀 사람에게 애정을 보이지 않는다."[11] Itard는 Victor가 정신적으로 퇴보한 게 아니라 12년으로 추정되는 그가 살아온 기간의 거의 전부를 사회적 고립 속에서 살아 발달이 저해된 것이라고 결론 내렸다.[12] Francois Truffaut^{프랑수아 트뤼포}의 1969년 영화 「야생 아이^{L'enfant sauvage}」의 주제인 Victor는 원시적인 인간이 고귀할 것이라는 Jean-Jacques Rousseau 이론이 틀렸음을 보여주었다. Victor는 "정상인이 되지" 못했으며 의사소통력도 기본적인 수준에서 벗어나지 못했다. 어쩌면 Victor는 출생 시 어떤 문제가 있어서 버림받았을지도 모른다. 무엇이 사실이든 Victor는 본성이 양육의 보완을 받을 필요가 있음을 보여준다.

1970년 "야생아"가 캘리포니아에서 한 번 더 발견되었다. 연구자들이 "Genie^{지니}"라고 이름 붙인 이 소녀는 사회복지사들이 부모의 손아귀에서 구출하였을 당시 13살이었다. Genie는 삶의 대부분을 유아용 변기에 묶여 사회적 접촉으로부터 고립된 채로 살아왔다. Victor처럼 Genie는 말을 할 수 없었고 움직임에는 야생성이 느껴졌다. 「Nova」^{대중적인 미국의 TV 시리즈로} ^{과학과 관련된 주제를 다룬다. 옮긴이.} 다큐멘터리 "야생아의 비밀The Secret of the Wild Child"은 Genie를 필름에 담아 사회화를 거치지 못한 인간이 취할 수 있는 모습을 시청자들이 엿볼 수 있게 하였다. 다큐멘터리에서는 Genie를 연구했던 Susan Curtiss^{수전 커티스}가 Genie라는 가명이 어떻게 붙여지게 되었는지를 다음과 같이 설명한다. "Genie는 병 속에서 나온 요정이며 … 아동기를 거치고 나서 인간사회에 출현하였다. 이 요정이 인간이 겪는 것과 같은 아동기를 거치지는 않았을 것이라고 생각한다." Genie는 언어습득 연구 자들이 애착을 갖는 연구 대상이 되었다. 이 연구자들은 상대적으로 늦은 나이에 언어를 습득할 수 있는지에 관한 사례연구로서 Genie를 이용하려 하였다. Genie는 점차 나아졌지만 Victor처럼 완전히 회복되지는 못했다.

이 두 사례는 심지어 지적 장애를 가지고 태어났을지도 모르는 사람에게도 사회화가 강력한 작용을 하며 중요하다는 것을 보여준다. 양육을 받지 않는다면 우리는 동물에 지나지 않는다. 전통적인 의미의 사회화 혹은 육아가 진행되지 않는다면 인간은 정상적으로 행동하지 못하거나 인생의 일정한 단계에 도달하여 나타내는 전형적인 모습을 보여줄 수 없다. 아동발달연구학회Monographs of the Society for Research in Child Development에서 최근 화제가 된 정상적인 사회화를 거칠 기회를 박탈당한 루마니아의 고아들로부터 얻어낸 비슷한 발견을 강조한다.[13] 부모, 학교 및 다른 사회기관을 통한 사회화가 우리를 인간으로 만들어 준다.

인간 행동에 관한 생물학적 연구가 사회적 요인의 영향 또한 인정해야 한다는 우리의 주장으로 돌아가, Ellis가 사회학이 갖는 "생물학 공포증"을 설명하는 데 사용한 네 개 요인을 사용하고자 한다. 하지만 우리는 관점을 뒤집어, 말하자면 생물학이 가지는 사회학 공포증을 설명하고자 한다.

학문적 경계

Ellis는 학문적 경계를 유발하는 "용어 사용"을 사회학이 갖는 생물학 공포증의 첫 번째 원인으로 지적한다.[14] 똑같은 문제가 생물학의 사회학 공포증을 유발한다. 사회학자들은 사회적 행동이 오직 사회적인 변수로만 설명될 수 있다는 관점에 흔들림이 없었다고 Ellis는 말한다. 하지만 사회적인 행동은 생물학적인 요인들로 설명될 수 있으며 생물학적인 해석과 사회적인 해석은 본질적으로 양립할 수 있다는 것이 Ellis의 생각이다.

이에 관련된 문제가 오늘날 생물사회학적 연구에서 나타난다. 그러한 연구들은 때때로 생물학적 요인과 사회적 혹은 환경적 요인을 양립할 수 없는 것으로 보며 생물학적 요인이 사회적 과정에 수반됨을 알아채지 못한다.[15] 아이의 지능에 육아와 유전이 미치는 상대적 영향을 알아내기 위한 행동과학자들의 연구가 그런 경향을 보여준다. 예를 들어, 플로리다주립대학교의 선구적인 생물사회학적 범죄학자 Kevin Beaver가 2014년 말에 출판한 연구는 부모와 아이 사이의 친밀한 연결 및 의사소통을 포함한 육아가 아이가 어떻게 되는지에 거의 영향을 주지 않음을 보여주고자 하였다. 이 연구는 결정적인 요인은 육아가 아니라 유전자라고 주장한다.[16] 다른 연구자들도 비슷한 결론에 도달하였다.[17] 이런 종류의 연구는 바른 양육을 걱정하는 부모들을 안심시킬지도 모르지만 '사회학적 혹은 환경적 요인'과 '생물학적인 영향'이 어떻게 결과를 함께 유발하는지를 ^{사실 두 요인은 항상 함께 작동한다} 무시함으로써 본질적으로 두 요인을 대립시킨다.

이와 비슷하게, 쌍둥이 연구에서 흔하게 볼 수 있는 '유전적 요인과 환경적 요인을 통계적으로 경쟁시키는 방식'에는 생물학과 환경이 어떻게든 분리될 수 있다는 생각이 내포되어 있다. 반사회적 행동의 유전에 관한 연구에서, 연구자들은 특성에 차이가 나타나는 원인을 환경적 요인과 생물학적 요인으로 자주 "분할한다." 예컨대 반사회적 행동에서 나타나는 차이의 60%의 원인을 생물학적인 요인에, 40%의 원인을 사회적 요인에 돌린다. 이러한 방식은 연구자들이 어떤 결과 ^{예컨대 범죄}에서 나타나는 차이

중 얼마나 많은 차이가 유전적 요인, 공통된 환경적 요인, 공유되지 않는 환경적 요인에 의해 설명될 수 있는지를 결정할 수 있게 한다. 이를 ACE 모델이라 하는데 여기서 A는 유전적 요인에 해당하고 C는 '부모'와 같은 공통된 환경적 요인, E는 '친구'와 같은 공유되지 않는 환경적 요인이다. 이러한 모델은 한 요인이 다른 요인보다 중요하며 요인 사이에 명확한 구분이 이루어질 수 있다는 생각을 초래할 수 있다.

다시 말해 사회학에 대한 Ellis의 비평을 빌리자면, 이 생물사회학적 연구는 "생물학적인 요인과 사회학적인 요인이 양립할 수 없다고" 생각하는 경향이 있다. Ellis가 주장했듯이 "사회적인 현상이 사실은 생물학적인 현상"이라면 생물학적인 작용을 심지어 "사회학적인" 연구에서도 찾아볼 수 있어야 할 것이다.[18] 이웃의 차이가 반사회적 행동에 미치는 영향을 보여주기 위한 연구조차 그 본질은 불리한 환경적 조건을 범죄를 저지르겠다는 결심으로 변환시키는 두뇌 및 신경학적 과정에 관한 연구라고 주장할 수 있다.[19]

확실히 '쌍둥이 연구'와 '환경과 유전 중 영향력이 더 큰 것은 무엇인지를 이해하고자 하는 노력'에는 가치가 있으며 그 같은 이점은 이미 다른 이들이 잘 정리해서 제시한 바 있다.[20] 하지만 둘 중 한 가지만 중요하다는 식의 확정적인 주장은 생물학적인 요인이 환경에 의존하는 방식을 간과하는 것이다. 유전적 요인을 통제했더니 양육방식이 예컨대 지능의 발달에서 중요하지 않았다고 하는 연구에서는 생물학적 요인과 환경의 연관성에 대한 이해를 찾아볼 수 없다.[21] 유전자가 아이들의 지능에 압도적인 영향을 미친다는 게 사실일지 모르나, 육아는 어떤 식으로 해도 상관없다고 말하는 것은 Genie와 Victor가 준 교훈을 무시하는 것이다. 육아와 지능에 관한 Beaver의 연구가 육아의 영향을 완전히 부정하는 게 아님을 유념하는 게 좋을 것이다. Beaver는 인터뷰에서 육아 방식이 "정상적인 범위 내에 있는 한" 지능에 거의 영향을 미치지 못한다고 설명하였다.[22] 다시 말해 육아 자체는 정말 중요하다는 말이다. 하지만 사람들은

Beaver의 연구 결론을 이렇게 이해하고 있지 않다.[23] 유전적인 관점을 포함한 여타 생물학적 관점과 사회화 이론 중 무엇이 더 중요한지를 결정하기 위해 이 둘을 경쟁시키는 연구가 진행되어서는 안 된다. 생물학적 요인과 환경적 요인 중 하나가 "상대를 몰아냄으로써 종합적인 우승자"로 불릴 수 있는지를 결정하는 이론적 경쟁에 이 두 요인을 참여시키려는 Sandra Scarr샌드라 스카의 시도가 이와 같은 연구에 포함된다. 이러한 연구는 생물학과 환경이 행동에 영향을 미치는 방식을 분명하게 만들기보다는 알기 힘들게 만든다.[24]

말은 중요하다. 우리는 다음과 같은 심리학자 Richard Lerner리처드 러너의 주장에 동의한다. "과학적 담론에서 둘 중 하나만 중요하다는 식의 언어 사용은 잠재적으로 막대한 부정적 결과를 초래할 수 있다. 그런 식의 언어 사용이 '사회정책' 혹은 '발달학이 사회프로그램에 적용될 때 한정적인 성공만을 거두는 상황'을 유전 하나로 설명하는 환원주의적 아이디어가 지지받아야 함을 의미한다고 일반인이 믿게 되는 경우 특히 위험하다. 따라서 우리는 용어 사용에 세심한 주의를 기울여, 어째서 유전적 환원주의가 인간의 발달에 관한 과학적 담론의 유용한 틀이 될 수 없는지를 설명해야 한다."[25] 연구자들은 자신의 연구가 잘못 이해되고 오용될 가능성을 의식할 필요가 있다. 특히 그러한 연구가 무서운 역사적 기반을 가진 연구를 메아리치는 경우에 말이다.

교육 부족

다음으로 Ellis는 사회학자들이 생물학 교육을 받지 못하여 생물학의 용어 및 연구에 큰 불편을 느껴 이를 자신들의 연구에 통합하지 못하기 때문에 사회학이 생물학을 묵살하게 되는 것이라고 주장한다. 이는 논쟁의 여지 없는 사실이지만 생물사회학적 관점을 지지하는 사람들이 생물학 교육을 충분히 받았는지에 관해서도 의문이 든다. 최근 연구는 범죄학 박사과정을 밟는 학생들이 유전학 혹은 신경학을 공부한다는 증거를 거의 발견하지 못했다.[26] 필수적인 교육을 받지 않고 분자유전학을 깊이 파는 것은 유전학과 신경과학을 사회학적인 연구에 통합하지 않는 것만큼이나 무모하다.

게다가 대부분의 범죄학자들이 사회학 교육을 조금 받기는 하지만[27] 철저한 사회학적 기반을 가지지 못한 이들이 많을 가능성이 높다. 과거에는 범죄학과 형사사법을 공부하는 학생들이 사회학과에서 교육을 받았지만 이제는 그렇지 않은 것으로 보인다.[28] 범죄학자, 특히 생물사회학적 범죄학자들이 빈곤, 불평등, 인종차별에 관한 중심적인 연구를 접하지 못하는 만큼 그와 같은 사회학적 요인은 범죄학자의 연구에서 잘 나타나거나 이해되지 않을 것이다. 실제로, 최근 생물범죄학 연구를 슬쩍 보는 것만으로도 그러한 연구가 불리한 이웃 여건과 같은 "사회적" 요인 하나를 다수의 생물학적 요인과 대립시키거나 복잡한 현상을 단 하나의 사회지표social indicator와 여러 생물학적인 측정을 통해 분석하려 한다는 것을 알 수 있다. 이런 식의 연구를 통해 사회적 맥락을 살펴볼 수 있지만 사회적인 메커니즘이나 배후에서 작용하고 있을지도 모르는 역사적인 요인을 깊이 이해하는 것은 무리다.

생물사회학적 범죄학자들이 사회학 이해 부족을 드러낸 예를 살펴보자. Kevin Beaver와 Anthony Walsh는 생물사회학적 연구를 묘사하면서 이런 연구가 다음과 같은 이유로 "주류 범죄학 연구와는" 다르다고 주장한다. "생물사회학적 연구는 공유되지 않는 환경적 요인에 막대한 비중을 두고, 공통된 환경적 요인에는 별 비중을 두지 않는다. … 이때 공유되지 않은 환경적 요인이란 각 형제자매를 서로 다르게 만들어주는, 개개인에게 고유한 환경을 말하며 공통된 환경적 요인은 형제자매가 똑같이 경험하는 환경으로 서로를 더욱 비슷하게 만들어준다."[29] 환경적 요인 사이의 이와 같은 구분은 사회학적인 성향의 연구자를 괴롭힌다. 사회학적 성향의 연구자는 성취와 행동 등의 결과가 사회화로부터 유래했다고 오랫동안 주장해왔는데, 사회화는 통상적으로 공통된 환경적 요인으로 분류되어 행동유전학 연구에서 하찮은 취급을 받곤 했다.[30] 각 개인, 심지어 비슷한 유전형을 가진 사람들이 동일한 방식으로 경험하는 "공유환경"이 있다는 가정이나 공유환경이 사람들을 더욱 비슷하게 만들어준다는 가정에 문제가 있는 것으로 보인다. 이 점을 논외로 쳐도 중요한 의의를 갖는 무언가를 비공유환경에서 찾아낼 수 없다면 공유환경보다 비공유환경이 행동에 영향을 줄 가능성이 크다는 이해는 별 도움이 되지 못한다. 사실 공유환경과 비공유환경을 서로 대립시키는 연구는 생물학적인 영향과 사회적인 영향을 나누는 연구가 겪는 문제를 똑같이 겪는다. (1) 이러한 연구는 지나치게 단순하다. (2) 방정식의 양변이 지니는 복잡성을 알아보지 못하며, (3) 유전자와 환경이 상호작용을 하는데도 불구하고 ACE 모델의 각 요소의 개별적인 영향력을 합산하면 단순히 100%가 될 것이라는 비합리적인 가정을 한다.[31]

　　이러한 비평과 관련하여 사회학적인 성향의 연구자이 중 한 명은 청소년 건강에 관한 미국의 장기적 연구(National Longitudinal Study of Adolescent Health)의 책임자였다. 이 장기적 연구의 1차 데이터는 범죄학자들이 유전적 영향을 연구하는 데 이용하였다.에 의해 이뤄진 어떤 연구에서는 공유환경의 영향력이 극히 적다고 암시하는 이전의 유전적 분석의 가정에 문제가 있다고 말한다. 보다 최근의 연구는 공유환경으로 분류된 환경이 비공유환경에 영향을 미친다는 것을 보여준다. 이는 결국 비공유환경과 공유환경이 반드시 독립적인 것이 아님을 뜻한다. 두 환경이 독립적이지 않다면 두 환경이 미치는 영향을 따로 구분하는 것은 어려워진다. 중요한 것은 지금까지의 연구가 공유환경예컨대 양육 스타일이 미미한 영향을 미친다고 말해왔지만, 이 최근의 연구는 과거의 연구가 공유환경이 유발한 영향을 비공유환경이 유발한 것으로 잘못 판단하고 있었을지도 모른다는 것을 보여준다는 사실이다. 요컨대 환경의 영향은 유전학 지향적인 연구자들이 주장하는 것만큼 적지 않을지도 모른다. 환경 간의 구분이 힘들 수 있음을 보여준 이 연구자들의 말마따나 "행동유전학 모델에서 공유환경이 초래하는 변화는 하찮기 때문에 가족, 학교, 이웃이 결과에 유의미한 영향을 미치지 않는다고 주장하는 이들은 이 연구 결과를 보고 생각을 다시 해볼 필요가 있다."[32]

범죄에 영향을 미치는 사회적 요인을 규명할 때 시간에 따라 범죄율을 요동치게 만드는 역사적 상황을 꼭 포함해야 한다. 생물학적인 이론은 때로는 현상을 너무 단순한 공식으로 설명하는데 역사적 상황은 그러한 단순한 해석을 깨버리는 또 다른 요인이다. 몇십 년 동안 살인율이 급락했다가 다른 몇십 년 동안 급증하는 이유는 무엇일까? 사회과학의 역사를 연구하는 Randolph Roth랜돌프 로스는 다음과 같이 묻는다. "어떤 사회적 혹은 환경적 상황이 공격과 폭력을 유도하며 또 어떤 상황이 협동, 관용, 양육을 유도하는가? 우리의 신경계와 내분비계가 어떻게 진화하여 행동상의 변화를 촉진하게 되었나?"[33] Roth는 이 질문에 대해 많은 답을 내놓았다. 예컨대 Roth는 정치적으로 불안정한 시기에 공격이 발발한다고 저술하였다. 이유는 "진화적인 관점에서 공격이 훌륭한 결과를 가져오기 때문이다."

> 테스토스테론 수치가 높고 공격성이 강한 인간은 새로운 정치적 질서의 꼭대기에 오르는 경향이 있다. 반면 반복적인 패배를 경험하고 사회적 위계질서의 바닥으로의 추락하는 남성들에서는 테스토스테론 수치와 공격성이 떨어진다. 이는 "조건화된 패배"로 진화적으로 조심성을 추구하게 되는 전략이며 복속된 인간이 더이상의 해를 입지 않도록 보호한다. 하지만 정치적 안정이 돌아오면 일반적으로 싸움의 수가 감소하듯이 테스토스테론 혈장 수치 역시 일반적인 감소를 보인다.[34]

범죄 행동에 영향을 미치는 사회적 요인여기에는 공격성이 스포츠와 같이 사회적으로 허가된 활동 대신 범죄로 표출되는 데 일조하는 역사적 요인이 포함된다.[35]의 범위가 넓다는 사실은 생물학적 성향의 연구자들이 폭넓게 정의되는 사회과학 연구에 관한 철저한 교육을 왜 받아야 하는지를 분명히 보여준다.

사회가 사회구성원들이 사회를 이해하고 인식하는 방식에 의해 만들어진다는 이론인 사회구성주의를 이해하지 못하면 생물범죄학은 더한 지장을 받아 실질적인 생물사회학적 연구의 수준에 이를 수 없다. 예컨대 인종이 유전적 요인 혹은 생물학적 요인이라고 말하면서 범죄 혹은 지능과 같은 특성의 인종 간 차이점을 검토하는 것은 인종의 범주가 사회적으로 형성되었다는 사실을 무시하는 것이다. 인종 집단을 구분 짓는 거의 모든 특성은 사회가 유의미한 것으로 강조하거나 정의하기로 선택했던 특성이다. 즉 그러한 특성에는 유전적 기반이 없다는 말이다.[36] 인종 간에 유전적 차이가 없다고 말하는 게 아니다. 예컨대 인종의 계통에는 유전적 기반이 있는 것으로 나타난다.[37] 단지 우리가 하고자 하는 말은 사회가 인종을 정의하는 방식이 유전과 관련된 어떤 과학에도 기반을 두고 있지 않다는 것이다. 거의 전적으로 인종은 육체적인 특성을 통해 정의된다. 하지만 이러한 정의에서 머리의 질감 같은 몇몇 특성만 중요하고 눈의 색깔 같은 다른 특성은 그렇지 않다. 어떻게 인종이 사회적으로 정의되는지에 관한 이해가 범죄 행동에 대한 인종이 영향에 관한 모든 연구에 영향을 미쳐야 한다.[38] 이와 비슷하게 젠더gender에 따른 범죄율 차이에_{시간과 장소에 구애}

_{받지 않고 다른 차이들보다 더욱 두드러지며 확연하다} 관한 연구도 젠더의 사회적 정의를 고려해야 한다. 사회과학자들은 섹스sex를 생물학적인 현상, 즉 우리가 가지고 태어난 어떤 것으로서 오랫동안 인식해왔고 젠더를 남성성과 여성성에 대한 인간의 이해를 포함하는 사회적으로 정의된 범주로 정의하여 젠더와 섹스를 구분해왔다.[39] 하지만 범죄학 연구에서는 섹스와 젠더를 서로 호환될 수 있는 용어로 본다. 실제로는 젠더가 섹스보다 범죄 행동을 저지르는 데 더 중요할 수 있다. 섹스와 젠더를 구분함으로써 범죄의 원인에 관해 많은 것을 배울 수 있지만, 연구자들이 사회가 이 둘을 정의하는 방식을 알아채지 못한다면 그러한 통찰은 불가능하다.

협소한 연구 대상

Ellis의 저술에서 찾아볼 수 있는 중요한 의견은 인간 행동을 더욱 잘 이해하기 위해 사회적인 연구가 영장류의 사례를 살펴봐야 한다는 주장이다. Ellis가 일컬은 종 차별^{speciesism}은 공격 등의 행위가 인간에게만 유일하게 나타난다고 가정하기 때문에 인간 행동에 대한 사회학자들의 예측과 이해에 한계를 가한다. Ellis는 옳았지만, 사회학적 연구가 인간 행위를 이해하는 데 이바지한 것을 무시하였다. 생물학 지향적인 많은 범죄학자들은 이 같은 태도를 지속적으로 드러낸다. 동물의 공격성은 그 원인이 생물학에 있을지도 모르지만, 인간의 공격성은 인종차별 및 불평등 같은 사회적인 원인을 갖기도 한다.[40]

Ellis는 사회적인 영향을 탐사하기 위해 사회학자들이 동물 연구를 활용했다는 점을 무시하였다. 동물 연구는 그 계보가 어미의 부재가 붉은털원숭이의 적응에 미치는 영향에 관한 Harry Harlow^{해리 할로우} 연구로 거슬러 올라가며 사회화의 광범위한 중요성을 보여주기 위해 동물의 실례를 이용해왔다.[41] 이와 유사하게 영장류학자 Frans de Waal은 공감과 화해의 발달에서 사회적 네트워크의 중요성을 보여주기 위해 영장류를 활용하였다. de Waal은 침팬지와 보노보가 정교한 화해 절차에 참여하고 심지어 집단에 "평화유지자"를 임명해둔다는 것을 관찰하였다.[42] 사회학자들의 연구 대상이 너무 협소하다는 Ellis의 말을 맞았지만 그 반대 역시 사실이다. 즉 사회적 요인을 고려하지 않는 생물학자들은 사회적 맥락이 범죄 행동에 영향을 미치는 요인으로서 엄청나게 중요하다는 것을 인식하지 못한다.

도덕적 · 정치적 함의

Ellis의 마지막 요인에 따르면 사회학은 생물학적인 연구의 역사적 유산을 미심쩍게 생각하기 때문에 생물학을 회피한다.[43] 우리는 이에 동의하며 사회학자들이 특정 인종 집단이 선천적으로 다른 이들보다 머리나 좋지 않거나 범죄적인 성향을 더 많이 갖는다고 암시하는 과거의 연구결과뿐만 아니라 같은 암시를 하는 현재의 연구결과에도 불편함을 느낄지 모른다는 말을 더하고 싶다. 컬럼비아대학교 사회의과학 교수 Jo C. Phelan^{조 C. 펠란}과 동료들은 "인종 집단 간의 유전적 차이에 관한 보고와 논의에 실리는 짐은 무겁다. 그러한 보고와 연구가 전하는 인종 간 차이는 단순히 특정한 특성에서 나타나는 차이가 아니라 보다 본질적인 차이다." 라고 저술하였다.[44] 다소 과장되게 Ellis는 "마치 인종 간에 본질적인 차이가 있다는 생각이 제3제국의 부활이나 마찬가지인 것처럼 사회학자들은 그런 차이의 가능성 언급을 피해왔다."라고 주장한다.[45]

문제를 뒤집어 우리는 일부 생물학적 연구의 결과가 나타내는 함의 때문에 생물범죄학 연구가 사회학을 필요로 한다고 되받아치려 한다. 과학에 관한 사회적 연구가 증명했듯이 과학이 완전히 객관적이며 가치중립적이라는 생각은 본질부터 잘못되었다. 과학이 진실을 향하는 길이라는 바로 그 생각은 과학을 이상화하는 사회의 산물이다. 사회학자 Thomas Gieryn^{타머스 기어린}은 "자연에 관해 어느 정도 믿을 만한 주장을 하는 이들 사이에 경쟁이 일어나는 거라면 심지어 '과학'조차 이 문제를 쉽고 분명하게 해결할 수 없다. 대신 새로운 의구심과 불확실성이 발생한다. 과학자란 누구인가? 무엇이 과학적인가?"라고 설명한다.[46] 생물학 지향적인 범죄학자들은 세계의 진실을 밝혀내는 것이 과학이라는 생각을 은연중에 풍긴다. 하지만 대부분의 사회과학자는 사라질 위기에 놓인 집단이 다른 집단보다 우월하다는 것을 증명해주는 어떤 증거라도 찾아내거나 만들어내어 이러한 증거에 들러붙는 경향이 있으며 과학이 그런 목적으로 사용되기도 한다는 것을 안다. 아니, 알고 있어야 한다. 생물학적인 이론가들이 "제3제국을 부활"시킨다고 비난할 필요는 없지만, 가치중립적인 과학에 대한 순진한 실증주의적 믿음이 나치의 몰살정책을 북돋웠음을 염두에 둘 필요가 있다.

인종, 범죄, 지능과 같이 논란을 유발하는 개념들은 생물학 지향적인 연구자와 사회학 지향적인 연구자가 **함께** 다루어야 한다. 사회학적 범죄학이 생물학적인 관점을 필요로 하지만 그 반대도 마찬가지다. 다시 말해 생물사회학적인 모델이 범죄학에서 패러다임을 변화시키는 움직임으로서 최대의 잠재력을 발휘하려면 생물학과 사회학 양쪽의 말을 진지하게 받아들여야 한다.

어떻게 이를 실천할 수 있을까? 생물사회학 연구의 생물학과 사회학이 어떻게 협력할 수 있을까? 앞으로 우리는 두 개의 장래성 있는 접근법을 보여줄 것이다. 하나는 조화되어 반사회적 행동에 강력한 영향을 미치는 환경적 요인과 생물학적인 요인을 찾아내는 **통계적 상호작용**을 활용하는 것이다. 다른 하나는 환경이 행동에 영향을 미치는 생물학적인 경로를 강조하는 통계적 매개라는 기법이다. 범죄에 대한 현재의 이론적 설명을 이용하여 먼저 이러한 통계적 기법이 어떻게 작용하는지에 관한 예를 제시할 것이다. 다음 절에서는 생물사회학적 연구에서 걸을 수 있는 유망한 길의 윤곽을 그려볼 것이다. 결론에서는 '범죄학의 미래'와 '미래의 범죄학에서 생물학이 차지하게 될 위치'를 예측해보고 이에 대해 어떤 태도로 나아가야 할지 얘기해볼 것이다.

생물사회학적 범죄학: 가능성

생물사회학적 범죄학이라는 용어는 범죄와 관련하여 생물학과 환경이 모두 중요하다는 것을 인식하는 연구를 수행하는 학문이라는 의미로 쓰이기 시작한 말이다. 이 용어의 사용은 지난 5년간 기하급수적으로 증가하였는데 이는 연구자들이 **사회적 맥락과 생물학**이 반사회적 행동 발생에 어떻게 중요한 작용을 하는지 보여주려고 시도해왔기 때문이다.[47] 생물사회학적 범죄학은 사회학과 생물학을 대립시키지 않는다. 양육과 같은 근본적인 무언가가 갖는 영향력이 본질적으로 미미하다는 주장으로 신뢰성을 내던지지도 않는다. 오히려 생물사회학적 범죄학은 논리적·실증적으로 중요한 게 무엇인지 보여주고자 한다. 다시 말해 생물학적인 요인과 환경적 요인이 밀접하게 관련되어 있으며 두 요인을 함께 고려할 때 인간 행동의 블랙박스를 더 깊이 들여다보는 데 도움이 된다는 걸 보여주고자 한다.

가장 먼저 등장했던 생물사회학적 연구의 일부는 Adrian Raine과 동료들이 수행하였고 이에 대해서는 10장에서 길게 논의한 바 있다. 이러한 연구에서 Raine과 동료들은 생물학적 요인이 행동으로 번역되는 방식에 환경이 영향을 줌을 보여주었다. Raine의 고전적인 연구에서는 엄마에 의한 질 나쁜 양육이 생물학적인 출산 합병증의 부정적인 영향을 악화시켰음을 보여주었다.[48] Raine은 **통계적 상호작용**이라는 기법을 이용하였다. 통계적 상호작용에서는 일련의 요인이 다른 일련의 요인을 강화하거나 약화한다. 이 생물사회학적인 연구, 다시 말해 상호작용 연구는 사회적 환경과 생물학적 작용이 행동을 만들어내는 데 함께 작용한다는 것을 보여줌으로써 인간 행동의 원인을 유전적인 영향으로 단순 환원시키는 그릇된 생각이 틀렸음을 입증한다. 그림 11.1은 상호작용 연구의 기본 논리를 보여준다. 이 그림에서 볼 수 있듯이 상호작용 연구는 다수의 사회적인 요인과 생물학적 요인을 고려하며 범죄에 대한 생물학적 연구에 역사적으로 항시 등장했다고 할 수 있는 결정론적이고 한 요인에만 집중하는 접근법과는 많은 거리를 둔다.

상호작용 연구는 생물사회학적 연구가 유용한 범죄통제 정책 및 프로그램을 위한 발판을 제공할 수 있음을 보여준다. 범죄통제를 위해 정부가 개인의 DNA나 성별을 바꾸기는 힘들겠지만 그림 11.1에서 볼 수 있듯이 생물사회학의 동전에는 두 가지 측면이 있다. 한 면은 Raine이 말하는 "생물사회학 방정식의 우변인 정신사회적인 측면"으로 이는 정책을 만드는 데 중요하다.[49] 예컨대 David Olds데이비드 올즈의 가족간호파트너십프로그램NFP 은 위험한 환경에 있는 가족의 양육방식을 개선하는 데 초점을 맞춘다. 또한 이 프로그램은 학대, 방치, 영양 개선을 통해 아이들의 인지발달이 더

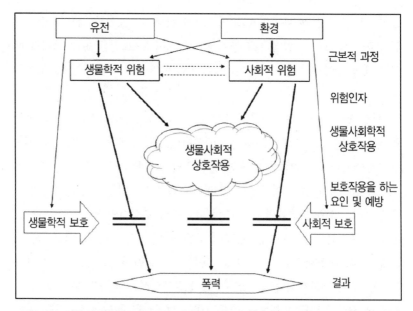

그림 11.1 생물사회학적 상호작용 모델. 이 삽화는 폭력에 관한 생물사회학적 상호작용을 보여준다. 삽화는 생물학적 작용과 환경 사이의 상호작용이 유전자와 다른 위험인자를 수반하여 복잡하고 다층적이라는 것을 보여주며, 중요한 것은 이 삽화가 이러한 요인 사이의 상호작용이 따뜻하고 배려하는 부모나 예방 프로그램과 같은 보호인자의 중재를 받을지도 모름을 보여준다는 것이다. 이 그림은 펜실베이니아대학교 Adrian Raine 교수가 만들었으며 Raine 의 허가를 받아 이 책에 수록하였다.

잘되도록 하는 또 다른 측면도 있다.[50] 다시 말해 유전자 **발현**은 유전자가 어떻게 발현되는지를 관장하는 환경을 바꿈으로써 바뀔 수 있다.

　　최근 연구는 생물학적인 요인이 반사회적인 행동에 영향을 미치는 방식을 바꾸는 다양한 환경적 요인을 발견하였다. "위험한" 생물학적 특성은 "위험한" 환경에서 범죄와 일탈로 이어질 가능성이 더 크다는 Raine의 견해를 따르는 결과를 도출한 연구가 대부분이었다.[51] 예컨대 이런 상호작용은 아이오와주립대학교 사회학 교수 Matt DeLisi^{맷 드리시}가 이끈 2009년 연구에서 발견할 수 있다. 이 연구는 앞선 연구들이 범죄와 연관시켰던 도파민 수용체 유전자 DRD_2가 행동에 영향을 미치는 방식을 검토하였다. Matt DeLisi와 동료들은 심각하고 폭력적인 비행의 사례에서 DRD_2 유전자의 변이체가 아빠가 범죄자라는 환경적 요인과 상호작용하는 것을 발견하였다. DRD_2 변이체의 존재가 항상 범죄로 이어지는 것은 아니었다. 그렇지만 유전적 변이와 범죄자 아빠를 **모두** 가진 사람은 다른 이들보다 범죄에 참여할 확률이 더 높았다. 나쁜 환경이 DRD_2 변이유전자의 효과를 **조절하여** 범죄 행동을 만들어낸 것이다. 즉 환경이 생물학적인 요인의 영향을 악화시켰다.[52]

다른 연구 역시 생물학적 위험인자의 발현에 대한 사회적 맥락의 영향을 검토하였다. 이런 연구들은 생물학적 위험인자가 위험한 환경에 처할 때 행동에 더 강한 영향을 준다는 것을 발견하는 경향을 보였다. 예컨대 범죄학자 J. C. Barnes[J. C. 반스]와 Bruce A. Jacobs[브루스 A. 제이콥스]는 신경전달물질 도파민 수용체의 변이유전자가 불리한 이웃 조건 및 이웃의 폭력범죄율 같은 환경적 위험요인과 상호작용하는 것을 발견하였다.[53] "유전적 위험"을 어떻게 분리·관찰하였는지에 두 범죄학자의 묘사는 이 분야의 대부분의 연구에서 행해지는 것과 비슷하다. Barnes와 Jacobs는 유전학 문헌에서 "위험성 대립유전자"로 밝혀진 것, 즉 DRD_2, DRD_4, DAT_1과 같이 반사회적 행동과 가장 관련된 도파민 수용체 변이유전자에 해당하는 것들을 찾았다. 그리고 각 개인의 위험성 대립유전자의 수를 더하여 유전적 위험도를 구했다. 다음으로 그들은 개인의 거주환경에 관한 정보[이웃 조건의 불리함, 이웃의 폭력범죄율이 어느 정도인지]를 수집해 유전적 위험요인이 "좋은" 이웃 조건과 "나쁜" 이웃 조건에서 범죄에 다르게 관여하는지를 검토하였다.

연구결과에 따르면 불리한 이웃 조건에서 위험한 유전자의 영향이 증가하였다. 왜일까? "좋은" 이웃 조건이 보호 효과, 사회적 유대, 방과 후 프로그램 참여와 같은 것을 제공하며 이와 같은 것들은 위험한 유전자와 범죄 사이의 연결 고리를 차단하기 때문이다. 다시 한 번 우리는 환경이 유전적 위험인자의 중요한 조절요인임을 확인할 수 있으며 그림 11.1이 이러한 현상을 일반적으로 나타낸다. Barnes와 Jacobs의 연구를 이 생물사회학적 상호작용을 나타내는 그림에 적용해보면 위험성 대립유전자는 그림의 왼쪽에 위치해야 할 것이다. 불리한 이웃 조건 및 이웃의 폭력범죄는 오른쪽의 "사회적 위험"에 해당한다. 생물학적 위험과 환경적 위험이 결합하여 두 위험인자를 모두 가진 인간의 범죄 행동을 증가시킨 것이다.

그러나 주의해야 할 점이 있다. 위 연구는 비교적 새롭다고 할 수 있는 유전자와 환경의 상호작용 이를 간단히 G×E라는 과학적인 약어로 표현할 수 있다을 활용하였는데 비평가들은 방법론적인 결함을 지적하였다. 많은 G×E 연구의 표본의 수가 적다는 점, G×E 연구가 '다수의 검사에 관한 계산을 할 때 단지 우연에 의해 "중요한" 결과가 도출되기도 한다는 사실'을 고려하지 않는다는 점, G×E 연구가 오직 "중요한" 결과만을 낚는 데이터 피싱에 열려 있다는 점, 상호작용을 통계적으로 모델링하는 방식이 결과에 영향을 미친다는 점을 일부 비평가들이 지적하였다.[54] 하지만 이런 결점이 통계적 상호작용 연구를 묵살해야 함을 의미하지는 않는다. 유전자가 작동하는 방식에 관한 결론의 근거를 G×E 연구에 두기에는 너무 이른 것일지도 모르지만 G×E 연구는 범죄 행동에 대한 이해를 빠르게 증진시킬 가능성이 큰 기법이다.

어떻게 생물학과 환경을 동시에 유용하게 검토할지를 고심하는 다른 연구에는 통계학자들이 "매개mediation" 분석이라고 부르는 기법이 있다. 매개분석에서 연구자들은 한 변수가 어떻게 다른 변수를 "통해 작동하는지"를 탐구한다. 매개분석의 예로 경로 분석이 있다. 경로 분석에서는 일련의 요인들이 다리 역할을 하는 요인에 영향을 미쳐 결과에 간접적인 영향을 미친다. 예를 들어 한 연구팀은 납 노출 같은 특정한 사회적 위험인자가 신경학적이고 유전적인 요인에 영향을 미쳐 어떻게 반사회적인 행동으로 이어질지를 보여주었다. 9장 참조 연구팀은 자신들의 연구가 "범죄를 야기하는 환경이 인간에게 어떻게 분자적으로 '내재화'될 수 있는지"를 보여준다며 강력한 주장을 펼쳤다.[55] 또한 연구팀은 어떻게 모유 수유 같은 다른 중간 인자들이 아이가 나중에 반사회적 행동을 하지 않도록 보호할 수 있는지를 보여준다. 이 경우 모유 수유는 신경학적인 발달을 포함한 초기의 생물학적 요인과 범죄 행동이라는 결과 사이의 매개 변인이다. 신경학적인 발달이 모유 수유의 "보호"를 받아 범죄 행동 위험이 줄어든 것이다.

생물사회학적 상호작용 및 조절인자의 개념은 범죄 행동을 포함한 모든 행동이 일반적인 사회적 교류로부터 발생한다는 전통적인 범죄학 이론인 사회학습이론에 쉽게 융화될 수 있다. 인간은 반사회적인 태도나 범죄적 기법이 사회적 보상을 제공하는 경우 다른 이들로부터 그러한 태도나 기법을 직간접적으로 습득한다. 범죄학자 Ronald Akers로널드 에이커스가 발전시킨 사회학습이론은 행동이 사회의 보상을 받을 경우 지속되며, 처벌을 받을 경우 사그러진다는 가정에 기초한다.[56] 보상과 처벌은 본질상 사회적이지만 두뇌에 심오한 영향을 미친다. 다른 사람이 과업을 수행하는 것을 관찰할 때 전대상피질이 활성화되며 실수를 관찰하면 전대상피질이 신호를 보낸다. 게다가 안와전두피질은 우리가 행동에 대한 처벌이나 보상을 기대할 때 활성화된다. 이와 같이 우리의 행동에 대한 다른 이들의 반응으로부터 모방하고 배우는 것은 두뇌 신경학에 기초를 둔다. 더욱이 도파민 시스템, 오피오이드 opioid. 오피오이드 수용체와 결합하는 물질을 총칭하는 말로 아편 및 아편 유사물질을 포함한다. 옮긴이. 시스템, 아세틸콜린 시스템은 이 같은 보상 시스템은 10장에서 논의하였다 인간이 보상과 처벌을 처리하는 방식에 영향을 미치기 때문에 모두 학습 과정과 관련된다.[57] 보상과 처벌은 사회적 과정으로부터 생겨났지만 생물학적인 방식으로 두뇌 신경학 및 두뇌 화학에 영향을 미친다.

생물사회학적 범죄학의 미래를 그리다

생물사회학적 범죄학은 범죄와 비행에 대한 이해의 증진을 향하는 몇 개 노선을 따를 수 있다. 이 시점까지 생물사회학적 범죄학, 특히 유전적 연구는 거의 완전히 비이론적인 영역이었다. 생물사회학적 범죄학이 자신만의 "통합적 이론체계"를 찾아야 한다고 주장하기도 한다.[58] 통합적인 이론체계 혹은 어떤 종류의 "생물사회학적 이론"에 더해 첫걸음에는 생물사회학적 연구가 이미 잘 발달된 범죄이론에 영향을 미칠 수 있는지이미 자리잡은 이론을 시험하고 깊고 복잡하고 풍성하게 만들고 강화할 수 있는지에 대한 검토가 포함되면 좋을 것이다.

우리는 이미 생물사회학적 연구가 어떻게 범죄 행동이 사회학습이론을 강화하고 질을 높일 수 있는지를 보여주었다. 생물사회학적 연구가 다른 전통적 범죄 해석 역시 보완하거나 반박할 수 있을까? 이러한 질문은 자기통제이론을 검토한 2005년 연구를 통해 답해볼 수 있다. 자기통제이론에 따르면 개인적인 수준의 자기통제 부족이 범죄 및 다른 반사회적 행동의 일차적인 원인이다. 자기통제이론과 가장 밀접하게 관련된 범죄학자 Michael Gottfredson마이클 갓프렛슨과 Travis Hirschi트래비스 허쉬는 자기통제가 거의 전적으로 양육습관을 통해 아동기에 확립된다고 주장한다.[59] 무능한 부모는 '자기통제력이 약해 비행을 저지를 위험이 있는 아이'를 키워낸다는 것이다. 자기통제이론은 자기통제가 사회적인 원인으로부터 유발된다고 보기 때문에 본질상 완전히 사회학적이다. 하지만 생물사회학적 연구는 현실이 더 복잡하다는 것을 보여주었다. 자기통제는 유전이 매우 잘되는 특성인 것으로 나타나며 단순히 아이의 나쁜 행동 감시와 처벌을 통해서라기보다는 보다 미묘한 방식을 통해 부모로부터 전달된다.[60] 따라서 생물사회학적인 연구는 전통적인 자기통제이론을 시험하고 유용한 방식으로 수정할 수 있다.[61]

생물사회학적 연구가 행동에 관한 이해를 진전시킬 가능성이 있는 또 다른 영역은 인생 시기별로 범죄를 분석하는 신흥 범죄학 분야이다. 이 분야가 하는 일은 사람의 일생에 걸쳐 범죄 행동이 나타났다 사라지는 변화를 설명하는 것이다. 범죄 연구가 제시한 외면할 수 없는 사실 하나는 반사회적 행동이 청소년기에 증가해 25세 정도에 정점을 찍고 급격기 감소하는 경향을 보인다는 것이다. Moffitt은 생애 지속형 범죄자와 청소년기 한정형 범죄자를 구분함으로써 이 현상을 설명하고자 했다.[62] 1800년대 이후 사회과학자들은 이 "연령-범죄 곡선"을 두고 어리둥절했다. 하지만 최근의 시기별 연구는 범죄학자들이 위험에 초점을 맞추는 접근법을 넘어서, 범죄적 성향을 유발하는 사회적이고 유전적인 위험인자를 고려하는 시기별 분석법으로 나아가기를 장려한다.[63]

사람이 나이 들면서 특정한 환경의 중요성도 변화한다. 아동기에는 가족 환경이 가장 중요하다. 청소년기에는 친구가 가장 중요하다. 청소년이 되면 친구를 신경 쓰고 친구처럼 행동하려 한다. 성인이 되면 일반적으로 청소년은 경험할 수 없는 직업환경 및 결혼생활이 가장 중요해진다. 이러한 인생의 단계들은 사회적 맥락이지만 인간 생물 작용은 이 사회적 맥락에 영향을 주고 또 사회적 맥락의 영향을 받는다. 최근의 신경학적 연구는 인생 단계의 본질을 밝혔다. 사춘기에는 두뇌의 사회정서적인 부분이 행동에 대한 보상을 추구하는 쪽으로 설계되어 위험을 추구하는 행위가 증가하고 특히 친구 앞에서 그러한 행위를 많이 나타낸다는 점에서 친구의 영향은 10대의 신경학에 자취를 남긴다고 할 수 있다.[64] 게다가 결혼 같은 사회적 관계는 자기통제 같은 특성에 영향을 줄 수 있다.[65]

이제 생물사회학적 연구자들이 왜 특정 유전자나 두뇌의 특정 영역이 반사회적인 행동과 관련되는지를 설명하는 자신만의 이론을 제시하기 시작하고 단순한 상관관계식 연구를 넘어설 때이다. 말이야 쉽지만 행하는 건 훨씬 어렵다. 지금까지 연구자들은 억제력 부족 혹은 충동성 같은 특성이 유전자 및 두뇌 영역과 반사회적 행동 사이의 관련성을 설명할 수 있는 장본인이라고 보고 이에 초점을 맞춰왔다.[66] 유전자가 중요하며 유전자가 환경과 협력했을 때 중요한 작용을 한다는 것을 보여주는 증거는 이제 충분하다. 연구자들은 왜 특정 유전자나 두뇌 영역이 행동과 연관될 가능성이 큰지에 대한 해석을 주조하기 시작해야 한다. 생물사회학적 범죄학자들은 아노미anomie, 사회계급, 빈민가 생활 같은 사회학적 관심 사항이 왜 범죄와 관련되는지를 설명하는 데 이미 이러한 발견을 이용하기 시작하였다.[67] 다음 단계는 생물사회학적 범죄학자들이 상관관계를 넘어 해석으로 나아가기 위해 생물사회학적 요인에 대한 자신만의 이론적인 설명을 제시하기 시작하는 것이다. 강력한 이론적 기반은 전문가와 정책입안자의 프로그램 창안을 도울 것이며 생물사회학적 범죄학과 정책 사이의 연결 고리를 강화할 것이다.

최근 생물사회학적 범죄학은 생물학적 영향과 사회학적 영향을 동시에 고려하는 것의 유용성을 보여준다. 게다가 연구의 가장 큰 지지를 받는 아이디어는 생물학적인 학문과 사회학적인 학문의 통찰을 결합한 것이다. 생물사회학적 접근법은 이전 범죄학 이론을 확장하고 개선하며 범죄학이 지금 위치로부터 어디로 갈지를 강조한다. 하지만 생물사회학적 범죄학이 계속해서 머물러 영속적인 영향을 남기고 싶다면 더 나아가야 한다.

2008년 「미국사회학American Journal of Sociology」이 어떻게 유전학이 사회구조적 연구에 영향을 미칠 수 있는지를 탐구하는 데 1년 분의 발간호를 할애하였다는 것을 언급하며 생물사회학적 연구가 심지어 가장 사회적인 영역에 침투했다는 이야기로 이 마지막 장을 시작한 바 있다. 하지만 생물학과 사회학의 양립에 관한 문제는 오늘날의 학문에서 계속해서 논의되고 있다. 대표적인 학회지인 「범죄학Criminology」은 2015년 1월호에 '쌍둥이 연구가 치명적인 결함이 있다고 주장하는 연구자'와 쌍둥이 연구의 방법론을 옹호하는 생물사회학적 연구자' 사이의 흥미로운 일련의 논쟁을 실었다.[68] 미국사회학회American Sociological Association 전 회장 Douglas Massey더글러스 매시의 논평이 이 논쟁의 균형을 잡아주었다.[69] Douglas Massey는 사회과학에 생물학을 포함하는 것에 찬성론을 폈던 사람이다.[70] 생물학적 요인이 반사회적 행동 연구에서 갖는 과학적 타당성은 확실히 앞으로 올 몇 년 동안 뜨거운 주제로 남아 있을 것이다.

본성 대 양육을 둘러싼 오랜 논쟁은 최근 범죄학 연구에 의해 거의 완전히 효력을 잃었다. 자신만의 길을 걸어온 순전히 사회학적인 범죄학은 이제 스스로의 힘으로 범죄학에 더이상 제공해줄 게 거의 없다고 선두적인 범죄학자들은 주장한다.[71] 범죄와 폭력에 대한 연구는 다양한 학문의 통찰을 활용하기 때문에 상당히 학제적인 분야가 되었다. 진화범죄학은 왜 몇몇은 범죄를 쉽게 저지르는데 다른 이들은 그렇지 않은지에 대한 통찰을 제공하였다. 생물학적인 요인은 사회적 학습 혹은 자기통제력 같은 범죄의 가장 흔한 원인 중 많은 것의 근원이자 선행사건이다. 생물학적인 연구는 어떤 유전적 요인이 폭력적인 행동과 관련되었다는 것을 끊임없이 증명해왔다.[72] 요컨대 현재의 연구는 생물사회학적인 범죄 해석에 주목하지 않을 수 없게 만든다.

이러한 사고방식의 변화를 반기는 데에는 타당한 이유가 있다. 저명한 생물사회학적 범죄학자 John Paul Wright존 폴 라이트와 Danielle Boisvert대니얼 보이시버트가 지적했듯이 생물사회학적 범죄학은 과학적 발견을 향한 활기로 범죄학을 가득 채울 수 있다.[73] 훨씬 중요한 사실은 생물사회학적 범죄학이 효과적인 공공정책 및 형사사법관행을 향한 분명한 길을 갈고닦으며 범죄학을 21세기로 이끌기 시작하였다는 점이다. 이제 우리는 오래된 생물학적 범죄학을 버리고 대신 미래를 밝히는 등불로서 새로운 생물사회학적 범죄학에 초점을 맞출 수 있다. 하지만 범죄 행동의 원인과 해결책을 충분히 이해하기 위해서는, 이러한 연구가 생물사회학적 방정식의 양단을 모두 포함하고 진지하게 받아들이게 해야 할 것이다.

· · · · ·

의학의 역사적 전시물을 진열해놓은 필라델피아 뮈터박물관Mütter Museum에 가보면, 놀랍도록 기이한 전시물 중에서도 흉골 위치에서 몸이 붙어있는 19세기의 샴쌍둥이 Chang창과 Eng앵의 결합된 간이 눈에 들어올 것이다. Chang과 Eng은 말 그대로 떨어질 수 없었지만 독립적인 삶을 살았다. 예를 들어 일주일의 일정 시간을 Chang의 부인과 보내면 남은 시간은 Eng의 부인과 보냈다. 우리는 생물사회학적 범죄학을 머리는 두 개이지만 영구적으로 몸이 붙어 같은 공간에 있어야 하는 샴쌍둥이로 보고 싶다. 사회학의 가세는 '오늘날의 생물학적 연구'를 '범죄자의 뇌와 선천적인 범죄적 성향에 관한 앞선 생물학적 이론들'로부터 보호해주기 때문에 생물학과 사회학의 결합은 가장 큰 힘이라고 할 수 있다. 범죄의 사회적 요인을 광범위하게 탐구했던 Lombroso마저도 사회학과 생물학을 융합할 수 없었다. 그가 생각한 타고난 범죄자는 눈길을 끌었지만 말도 안 되는 개념이었다. 오늘날의 생물사회학적 범죄학자들은 Lombroso가 실패한 곳에서 성공을 거두었다. 즉 생물학과 사회학을 성공적으로 융합하였다. 과거 생물범죄학의 해악에 대한 보호막과 범죄학의 미래를 위한 장래성은 바로 이러한 융합에 놓여 있다.

:: 주 ::

1. 도입

1   Arpey, 2003: 8.

2   Dunn and Jones, 1955: par. 11.

3   Arpey, 2003: 65.

4   Arpey, 2003: 15 ("depravity"), 36 ("catastrophe"), 80.

5   Seward as quoted by Arpey, 2003: 60.

6   Dunn and Jones, 1955: par. 30, quoting Brigham's postmortem report.

7   As quoted in Arpey, 2003: 32.

8   Seward as quoted in Arpey, 2003: 71.

9   Arpey, 2003.

10   Rose, 2000.

11   생물범죄학biocriminology라는 용어는 다음에서 만들어졌다. Rose, 2000.

12   Michael Woroniecki, as quoted at http://crime.about.com/od/current/p/andreayates.htm.

13   이 사례에 관해 위에 기술한 내용과 다른 내용을 확인하기 위해 다음을 참조하였다. Denno, 2003, and West and Lichtenstein, 2006.

14   Charen, 2006.

15   http://digg.com/world_news/BREAKING_Andrea_Yates_found_NOT_GUILTY_of_drowning_her_5_children.

16   See also Degler, 1991.

17   Barbassa, 2005.

18   Kaiser Daily Women's Health Policy, 2003.

19   Raine, 1993; Walsh, 2002.

20   예를 들어 「생물학과 범죄Biolology and Crime(Rowe, 2002)」에서는 골상학과 범죄인류학을 혼동한다.

21   Proctor, 1991: 159.

22 E.g., Foucault 1977, 1988.

23 Fink, 1938.

24 Werlinder, 1978. The same year saw publication of a partly historical review of criminology, The Search for Criminal Man(Rennie, 1978).

25 See, e.g., Becker and Wetzell, 2006; Beirne, 1993, 1994; Cole, 2002; Davie, 2005; Garland, 1985, 1988, 2002; Gibson, 2002; Hood, 2004; Horn, 2003; Laub, 1984; Laub and Sampson, 1991; Regener, 2003; Wetzell, 2000.

26 Rafter, 1992b.

27 Rock, 1994: xiii

28 Smith, 1988, 1997; see also Richards, 1987.

29 사회지성적 풍조socio-intellectual climate가 범죄학의 내용에 영향을 줄 수 있는 방식에 대해서는 다음을 참조하라. Rafter, 1997, and Savelsberg, 2004. 범죄학자 사이의 경쟁 효과에 대해서는 다음을 참조하라. Laub and Sampson, 1991. 정부지원 정책이 범죄학에 미치는 영향에 대해서는 다음을 참조하라. Savelsberg, King, and Cleveland, 2002, and Savelsberg, Cleveland, and King, 2004.

30 See also Duster, 2006; Rafter, 1990b.

31 See, esp., Dougals, 1966.

2. 도덕적 정신이상과 범죄학의 기원

1 Beccaria, 1764; Bentham, 1789.

2 여기서 그리고 이 책 전체에서, 나는 오늘날의 "과학적"이라는 기준을 과거에 도입하려고 시도하는 대신에, 자신들의 연구가 과학적이라고 생각한 초기의 연구자들이 어떻게 과학스럽기 위한 기준을 세우고 시행했는지를 조사하였다. 즉, "과학"이라는 용어를 엄밀하게 사용하기보다는 기술적으로 사용하였다.

3 King, 1991.

4 Rush, 1786: 181.

5 Rush, 1786: 183.

6 Rush는 이 두 조건을 각각 anomia와 micronomia라는 용어로 칭했다(Rush, 1786/1947: 192). 이 구분은 여전히 범죄학적으로 중요했었지만, Rush는 결국 스스로 이 어색한 용어 쓰기를 그만두었다.

7 Rush, 1786: 187-188.

8 Rush, 1786: 184-185, citing the Memoirs of the Duke of Sully, v. 3: 216-217.

9 Rush, 1786: 193.

10 Rush, 1786: 201.

11 Rush, 1786: 209.

12 Rush, 1812: 10.

13 Rush, 1812: 12.

14 Rush, 1812: 358.

15 Werlinder, 1978: 24, n. 25. See also Carlson and Simpson, 1965.

16 Tony Robert-Fleury, Pinel Déliverant les aliénés.

17 Bynum, 1981. '도덕적[moral]'이라는 용어의 의미는 초기의 정신의학 문헌에서 아주 많이 변화하였다. Benjamin Rush는 이 용어를 "윤리적[ethical]"을 의미하는 것으로 사용하였다. 그에게 도덕적 정신이상은 윤리적 능력이라고 일컫는 것의 혼란이었다. 다른 저자들은 '도덕적[moral]'을 "심리적[psychological]" 혹은 "감정적[affective]"을 의미하는 것으로 사용하였다. 다음 절[section]에서 볼 수 있듯이, J. C. Prichard[프리처드]는 지능적 정신이상과 도덕적 정신이상을 구분하였다. 지능적 정신이상은 정신에 영향을 주어 환각과 같은 결과를 초래한다. 도덕적 정신이상은 감정, 기분, 습관에 영향을 주어 도벽[kleptomania]과 같은 결과를 초래한다. 이에 더해 Pinel과 대서양 양쪽의 19세기 초의 다른 정신과 의사들은 정신적으로 병든 사람들의 회복을 돕는 유순한 치료환경을 수반하는 "도덕적 치료"를 지지하였다(see, e.g., Digby, 1985).

18 Pinel, Traité, 1806: 46, as quoted by Werlinder, 1978: 18.

19 Pinel, 1806: 1, 2, 3.

20 Drain, 1964: 64-67.

21 Pinel, 1806: 150.

22 Pinel, 1806: 152-153.

23 Pinel, 1806: 151-152.

24 Werlinder 1978: 30.

25 Prichard, 1835: 5. The earlier, anthropological, book is Prichard, 1813.

26 Prichard, 1835: 4.

27 Prichard, 1835: 14.

28 Prichard, 1835: 112.

29 Prichard, 1835: 479.

30 Prichard, 1835: 386.

31 Prichard, 1835: 393.

32 Tuke, 1891.

33 Dain, 1964: 74-75; Werlinder, 1978: 40.

34 Arpey, 2003.

35 Augstein, 1996; Carlson and Dain, 1962; Bynum, 1981.

36 Augstein, 1996: 311.

37 Tuke, 1891b; see also Hughes, 1882.

38 Carlson and Dain, 1962.

39 골상학의 창시자 Franz Joseph Gall프란츠 요제프 갈은 실제로 그의 후기 연구에서 도덕적 정신이상에 대해 논의하며Gall, 1825, 1:434-444, 종합적인 정신이상과 부분적인 정신이상 사이의 차이를 밝혔다. 하지만 이 논점에 대한 Gall의 아이디어는 Pinel의 연구를 기반으로 한 것이며, 도덕적 정신이상을 밝혀내고 정의하는 데 중대한 기여를 하지는 못했다.

40 See, e.g., Eigen, 1995; Mohr, 1993; Moran, 2000; Robinson, 1998; Rosenberg, 1968; R. Smith, 1981.

41 Hughes, 1882; Dain and Carlson, 1962.

42 Ray가 같은 나라 사람인 Rush에 대해 아주 잘 알고 있었다는 점을 고려하면 이는 이상한 계보이다. Ray는 보다 과학적인 Pinel과 스스로를 나란히 하여 도덕적 정신이상이라는 개념에 더욱 훌륭한 혈통을 부여하고자 한 것 같다. Ray가 활동하던 당시에 Rush는 피를 뽑는 치료법뿐만 아니라 정신병에 걸린 환자를 고정시켰던 "안락의자tranquilizing chair"를 포함한 무시무시한 치료 도구들로써 기억되고 있었다.

43 I. Ray, (1838) 1962: 138.

44 더욱이 Ray가 나중에 정신병원 관리자가 되기는 했지만, 「정신이상 관련 법의학에 대한 논문Treatise on the Medical Jurisprudence of Insanity」 제1판을 냈을 당시 Ray는 30세 이하의 일반의사로서 정신이상자에 대한 개인적 경험이 부족하였다. 이에 대한 배경 지식을 위해 다음을 참조하라. Overholser, 1962, 1972.

45 몇몇 사례에서 도덕적 정신이상을 겪는 범죄자가 공손해질 수 있고 죄책감을 느낄 수 있다고 보고함으로써 Rush는 자신의 말에 상반되는 발언을 하였다 ([1838] 1962: 191).

46 I. Ray, (1838) 1962: 196.

47 See, e.g., Spitzka, 1878.

48 Rosenberg, 1968; Waldinger, 1979.

49 Gray is quoted in Bynum, 1981: 39-40.

50 See also American Journal of Insanity, 1863.

51 Dain and Carlson, 1962.

52 Pick, 1989. 퇴화이론은 나중에 4장과 5장에서 자세히 논의된다.

53 Cf. Dain and Carlson, 1962.

54 Rafter, 1997; see also chapter 6.

55 The superintendent of Broadmoor as quoted in Tuke, 1891c: 58.

56 Kitching, 1857: 335.

57 Tuke, 1891a; the photographs appear in the original journal article on p. 360.

58 Tuke, 1981a: 102-105.

59 See also Digby, 1985.

60 Rush부터 정신과 의사들은 정신병이 있는 사람의 가족들도 정신병에 걸리는 경향이 있다는 언급을 하였다. 하지만 19세기 초의 정신과 의사들은 19세기 후반의 정신과 의사들이 주장했던 것처럼 나쁜 유전자가 정신이상의 주된 원인이라고는 주장하지 않았다.

61 Savage, 1881: 152.

62 범죄에 대한 생물학적 이론의 발전에 Spencer, Darwin, Maudsley가 미친 영향에 대해 보다 자세하게 알고 싶다면 4장과 5장을 참고하라.

63 Gasquet, 1882; Manley, 1883; Manning, 1882-1883; Needham, 1882; P. Smith, 1885; Tuke, 1891a, 1891b.

64 Tuke, 1891b: 85.

65 Tuke, 1891b: 89.

66 J. Wiglesworth as quoted in Tuke, 1891b: 99.

67 Tuke, 1891a: 110.

68 Lombroso, (1876) 2006.

69 See note 17.

70 Bloor, 1991: 62-68.

71 Spurzheim, 1815: 8.

72 Spurzheim, 1815: 10.

73 I. Ray, (1838) 1962: 108.

74 Quoted in Dain, 1964: 43.

75 Luman Sherwood as quoted in Arpey, 2003: 87.

76 Tyndall, 1878: 116.

77 Rothman, 1971.

3. 골상학

1 Spurzheim, 1815: 308.

2 이 시스템의 창시자 Franz Joseph Gall^{프란츠 요제프 갈}은 27개 기관을 규명하였다. 그의 가장 가까운 지지자 Johann Gaspar Spurzheim^{요한 가스파르 슈푸르츠하임}은 33개 기관을 규명하였다.

3 다음 절에 설명되어 있듯이, 능력이 운동과 다른 형태의 조치에 의해 변형될 수 있다는 희망에 찬 아이디어는 Gall이 아닌 Spurzheim이 도입한 것이다.

4 Phrenological Journal and Miscellany, 1834-1836: title page.

5 Foucault, 1977; McLaren, 1981.

6 Rush, (1786) 1947.

7 Lavater, (1789) 1800: 27.

8 Woodrow, 2001-2002.

9 Lavater, (1789) 1800: 50.

10 Lavater, (1789) 1800.

11 Cooter, 1984: 5; see also Gray, 2004.

12 Spurzheim, 1815: 257. Gall 학설의 기원에 대한 이와 거의 똑같은 Gall의 설명은 다음에 나와 있다. Gall, 1825, vol. 1.

13 Spurzheim, 1815: 258.

14 Spurzheim, 1815: 263.

15 Gall, 1825.

16 Gall, 1835.

17 Gall, 1825, 1:iv.

18 Gall, 1825, 1: esp. 150-151.

19 Spurzheim, 1828: 187.

20 Spurzheim, 1828: 187; see also Spurzheim (1825) 2001: 182.

21 Walsh, 1972. 내가 Spurzheim의 무덤을 찾은 데에는 수년이 소요되었다. 위치를 일단 알면 찾기는 쉽지만 말이다. Gall은 매사추세츠주 케임브리지에서 새롭게 개장된 마운트 오번 묘지Mount Auburn Cemetery에 최초로 묻힌 사람이었다. 이 묘지는 이 지역 최초의 거대하고 조경된 매장지로 역사적으로 중요한 인물들이 묻혀있다. Spurzheim의 무덤은 정문 근처에 있다(lot 181 on Central Avenue). 그의 사체가 실제로 석관 아래에 안치되어 있는지에 대한 논쟁이 있기도 하지만, 보스턴골상학회는 그의 두개골, 심장, 뇌에 대한 소유권을 주장하지만, 매장을 증명하는 어떤 기록도 없다 마운트 오번 묘지의 직원들에 따르면 적어도 사체는 그곳에 안치되어 있는 것 같다.

22 G. Cantor 1975; Cooter, 1984; Shapin, 1979.

23 G. Cantor 1975; Carlson, 1958; Cooter, 1981, 1984; Dain, 1964; McLaren, 1981; Shapin, 1979, 1982.

24 Spurzheim, 1828: 280.

25 Cooter, 1984.

26 골상학에 내포된 이러한 경향의 예를 보려면 Spurzheim, 1828을, 특히 "유전의 법칙에 대하여On the Law of Hereditary Descent"라는 장을 참고하라. 이 장에서(p. 44) 그는 "건강한 부모에게서 태어난 강력한 혈통의 아이들은 병의 원인에 맞서는 자연에 의해 형성되는 시스템을 항상 세상에 가져다준다. 반면 약하고 병든 부모에게서 태어난 아이들은 최악의 상황에 압도당한다."라고 언급한다. 이와 같은 구절에서 한 발짝만 나아가면 19세기 하반기의 퇴화론적 사고로 이어지게 되었다.

27 Galton, 1869, (1883) 1907.

28 Spurzheim, 1815: 6.

29 Spurzheim, 1815: 10.

30 Spurzheim, 1815: 250.

31 Abernethy, 1821: 5.

32 Guerry, 1833; Quetelet, 1835; Poisson, 1837. 범죄통계의 역사에 관해서는 다음을 참고하라. Beirne, 1993, and Stigler, 1986. A. M. Guerry는 Essai sur la statistique morale de la France(1833)에서 '체포'와 '글을 아는 사람의 비율 및 검토된 상습성' 사이의 상관관계를 보여주려고 시도하였다. Quetelet는 자살률

및 출생률처럼 범죄율도 시간에 따른 큰 범위에서는 그 수가 안정되어 있다는 것을 관찰하여 개인의 자유의지에 의문을 제기하였다. 그는 또한 보통의 전형적인 인간이라는 범죄학적으로 중요한 개념을 발전시켰다. Poisson은 자신의 저서 (1837)에서 확률론을 다뤘을 뿐만 아니라 유죄판결의 비율을 조사하기도 했으며, 사람에 대한 범죄와 재산에 대한 범죄를 비교하였다.

33 Spurzheim, 1815: 305 ("kill birds"), 306 ("desire to kill"), 310 (mental organization), 312-315 (Pinel).

34 Gall, 1825, 4:64.

35 Spurzheim, 1815: 317-318.

36 Spurzheim, 1815: 320-321.

37 골상학자들은 때때로 "의지will"에 대해 말하기도 했다. 하지만 그들은 의지를 담당하는 기관을 공인하지 않았다. 그리고 자유의지라는 개념은 행동에 대한 능력들의 영향에 대한 논쟁에서 사라지는 경향이 있었다. 다음을 참고하라. Gall, 1825, 1:220-246, 6:427, and Spurzheim, (1825) 2001, esp. 32-35.

38 Sampson, 1843: 9.

39 Sampson, 1843. 이렇게 극단적인 형태의 의학적 모델은 Samuel Butler새뮤얼 버틀러의 소설Erewhon, 1872에서 풍자되었다. 이 소설은 아픈 사람들은 벌을 받고 범죄자들은 회복될 때까지 세심하게 치료받는 나라를 그려낸다. 소설에서 직접적으로 골상학을 언급하지는 않지만, 이 소설은 '골상학'과 '인간 본성 및 사회개선에 관한 이와 연관된 결정론적 아이디어'에 대한 풍자로 읽혀질 수 있다.

40 Combe, 1841, 1:204-207.

41 Combe, 1841, 2:9-10, 16.

42 Simpson, 1834: 281-282, emphasis in original.

43 Lombroso, (1876) 2006; Rafter, 1992b. Lombroso의 연구는 4장에서 논의한다.

44 As quoted in Barker, 1995: 678. 이 보고의 근원은 Phineas Gage를 최초로 치료했던 의사 John M. Harlow존 M. 할로일 것이다.

45 See, esp., Simpson, 1834: 12-13. 이 참고문헌에서는 노동인구를 보충하고 그들을 건강하게 만들기 위해서는 가난한 사람들의 생활 여건을 개선해야 한다고 주장한다.

46 Simpson, 1834: 289.

47 Combe, 1854: 29.

48 Sampson, 1843: 6, 10.

49 Spurzheim, 1828: 278.

50 Combe 1854: 35, emphasis in original.

51 Mittermaier in Combe and Mittermaier 1843: 5 (both quotations). Mittermaier 는 당시에는 이를 몰랐을 것이다. 하지만 그의 손자 Richard von Kreafft-Ebing리 하르트 폰 크라프트에빙, 1840-1902은 커서 선구적인 성과학자sexologist, 법의학의 권위자가 되었다. 법적인 이슈에 대한 손자의 흥미는 동일 선상에 있던 할아버지의 흥미 에 의해 자극되었을 것이다. 다음을 참고하라. Oosterhuis, 2000.

52 Foucault, 1988.

53 Arpey, 2003: 76-77.

54 I. Ray, (1838) 1962: 139-140.

55 Kitching, 1857: 38.

56 E.g., Combe and Mittermaier, 1843: 4.

57 1급 살인범에게 사형이 아닌 종신형을 선고할 것을 주장했던 많은 골상학자들은 그들이 교화되면 종국에는 풀어줄 것을 주장하기도 하였다.

58 Sampson as quoted in Wharton, 1841: 26, emphasis in original.

59 Wharton, 1841: 32.

60 Cooter, 1981: 90.

61 Gall, 1825: 1:339, emphasis in original.

62 신시내티 회의록은 Wines, 1871에 수록되어 있다.

63 Davies, 1955.

64 Brockway, 1871: 39, 38, 40.

65 Combe in Combe and Mittermaier, 1843: 9.

66 Combe, 1841: 19.

67 Mittermaier in Combe and Mittermaier, 1843: 6.

68 Farnham, 1846. Marmaduke Sampson의 「범죄의 근거Rationale of Crime」 1846년 판 에 들어간 Farnham의 글에는 금방 유명세를 타게 된 내전 사진 촬영가 Mathew Brady매튜 브래디가 삽화를 넣었다. Farnham은 Brady에게 재소자들의 사진을 촬영 해 달라고 요청하였고, 그로 인해 그녀는 자신의 글에 골상학 이론의 실제적인 사례를 삽화로 넣을 수 있었다. 이 사진들은 복사를 위해 석판 인쇄 기법으로 인쇄되었다. 사진들은 Farnham이 보여주고자 하는 듯한 머리 형상을 보여주며 그녀의 원문 분석에 수반된다.

69 Rafter, 1990a.

70 Livingston, 1827, 1833.

71 E.g., Simpson, 1834: appendix 1.

72 Wines, 1871.

73 Maconochie, 1847; Wines, 1871: 66-74.

74 de Guistino, 1975; but see Clay, 2001.

75 Combe, 1841.

76 Combe in Combe and Mittermaier, 1843: 13.

77 Combe in Combe and Mittermaier, 1843: 16; see also Combe, 1841, 1854.

78 E.g., Livingston, 1827: 58.

79 E.g., Combe, 1841, 2:207.

80 Combe, 1854: 3.

81 de Guistino, 1975, puts Maconochie in this category.

82 Abernethy, 1821: 66-67, 8.

83 McLaren, 1981: 19-20; Carlson, 1958: 536.

84 G. Cantor, 1975: 211-218.

85 See also Young, 1990.

86 Pick, 1989.

87 Wilson, 1975.

88 See also Gander, 2003.

89 For a critical overview, see Uttal, 2003.

90 이러한 요점을 명확히 하는 데 도움을 준 Lynn Chancer린챈서에게 감사의 말을 전한다.

4. 범죄인류학

1 Lombroso, 1871: 10.

2 Dickie, 1999; Gibson, 1998; Melossi, 2000.

3 Wolfgang볼프강의 1972년 전기는 Lombroso 인생에 대한 유용한 안내서로 남아

있지만 Frigessi, 2003, Gibson, 2002, Villa, 1985와 같은 보다 최근의 저서들은 그의 인생 이야기에 대한 새로운 분석과 깊이를 추가하였다.

4 Lacassagne, 1909: 894.

5 Lombroso, (1911) 1972: xxiv-xxv.

6 시간이 흐르면서 Lombroso는 극적이고 자세한 내용을 추가하며 이런 미신을 만들었다. 초기의 버전은 Lombroso (1871)에 나와 있으며 Horn, 2003 또한 참고하라.

7 Mayhew and Binny, 1862: 89.

8 Thomson, 1870b.

9 Maudsley, 1874: 24.

10 Lombroso, 1876, 1878, 1884, 1889, 1896-1897. 「범죄인의 탄생」은 개정판을 거듭할수록 두꺼워졌으며 마지막 판은 4권의 책이 되었다. 새로운 번역본 Lombroso, 2006에는 제1판부터 제5판까지의 중요한 부분이 실려, 시간에 따른 Lombroso의 발전을 보여준다.

11 Lombroso, (1876) 2006: 45, 48.

12 Lombroso, (1876) 2006: 48.

13 Lombroso, (1876) 2006: 51.

14 Lombroso, (1876) 2006: 72.

15 Lombroso, (1876) 2006: 69.

16 Lombroso, (1876) 2006: 163.

17 Lombroso, (1876] 2006: 224. 이는 그가 제3판에서 사용한 수치이다. 제5판에서는 비율이 35%로 떨어졌으며(Lombroso, [1876] 2006: 338) 판에 따라 수치가 다양하다.

18 Lombroso, (1876) 2006: 67.

19 Lombroso and Ferrero, 1893. 원래 이 책은 The Female Offender (1895)로 번역되었다가 최근에는 Criminal Woman, the Prostitute and the Normal Woman(Lombroso and Ferrero, [1893] 2004)로 다시 번역되었다. 새로운 번역본의 도입에서는 이 책이 여성의 범죄에 대한 이후의 사고에 미친 영향을 기술한다.

20 Lombroso and Ferrero, (1893) 2004: 64.

21 Lombroso and Ferrero, (1893) 2004: 99.

22 Lombroso, 1871.

23 의학과 정신의학에 배경을 둔 Lombroso가 왜 스스로를 인류학 전문가로 묘사하기로 결정했는지를 생각해보는 것도 유익하다. Villa(1985: 135)는 "Lombroso는 이탈리아에서도 해외에서도 '인류학자'로 여겨지지 않았다."라고 주장한다. Villa가 보기에 Lombroso가 자격을 지닌 분야는 인체측정법이었다. "Lombroso는 본질적으로 측량가였다." 하지만 「백인과 유색인종」은 그에게 인류학 전문가라는 기분을 느끼게 해주었음에 틀림없다. 이 책에서의 Lombroso 연구는 엄밀히 말해 인류학적 탁상공론에 지나지 않았지만 말이다.

24 d'Agostino, 2002.

25 Lombroso, 1871: 170. Darwin 스스로 「종의 기원」에서 이렇게 말하지는 않았다.

26 Darwin는 Haeckel에 대한 언급 없이 발생반복이론에 대해 이야기하며 이러한 정보의 원천을 Lombroso, 1871: 13, 121-122, 161, 214에서 거론하였다. 그는 또한 "이탈리아 인류학자들의 지도자"(p. 7)이자 그의 과학적 영웅인 Paolo Marzolo를 자주 인용하였다. Lombroso와 다윈주의에 대한 배경 지식적 자료를 보려면 Pancaldi. 1991을 참고하라.

27 Lombroso, 1871: 10.

28 Lombroso, 1871: 44, 221, 171, 151.

29 Lombroso, (1876) 2006: 91.

30 Lombroso, (1876) 2006: 196.

31 Lombroso, (1876) 2006: 81.

32 Lombroso, (1876) 2006: 222.

33 Lombroso, (1876) 2006: 247. Lombroso와 뇌전증에 대해서는 Chio et al., 2004를 참고하라. Lombroso가 뇌전증을 범죄에 연관시키고 있던 당시, 다른 유럽의 이론가들도 역시 이 병 *잠재하는* 혹은 *숨은* 뇌전증을 논의하였으며, 새로운 집단에서 이 병을 진단하였다. Hacking, 1996을 참고하라.

34 Lombroso와 퇴화이론에 대해서는 Pick, 1989를 참고하라.

35 Lombroso, (1876) 2006: 92, 43.

36 Bentham, (1789) 1948; Beccaria, (1764) 1963.

37 Cf. Beirne, 1991.

38 Lombroso, (1876) 2006: 235-236, 100; Dugdale, 1877.

39 Lombroso, (1876) 2006: 53. 이 번역본은 Lombroso의 글을 압축한 것이기 때문에 위의 두 문장이 원본에서 반드시 같은 페이지에서 등장한다고는 할 수 없다.

40 Nye, 1976: 341-342.

41 Nye, 1976: 342n23.

42 Villa, 1985.

43 As quoted in Dolza, 1990: 34.

44 Dolza, 1990: 34.

45 이 책이 저술되는 지금, 토리노시는 롬브로소 박물관을 다시 개관하려고 준비하고 있다.

46 Lombroso, (1876) 2006: 99.

47 Lombroso, (1876) 2006: 331, 135.

48 Sekula, 1986.

49 Lombroso, (1876) 2006: 146. 이 우생학적인 구절은 「범죄자의 탄생」 제2판에서 나온 것이다.

50 Lombroso, (1876) 2006: 348.

51 Lombroso, (1876) 2006: 92. Lombroso의 사회보호 철학의 근원은 골상학에 놓여 있다. 3장을 참고하라.

52 Garland, 1988.

53 Wolfgang(1972: 239)은 "토리노 교도소에서 의사로서 일하며 수천 명의 재소자를 임상적으로 검사해볼 수 있었던" 수많은 기회를 Lombroso가 갖게 된 것에 대해 저술하였다. "이탈리아 교도소의 최고 관리자가 흥미를 가진 학자이자 근면한 사학자였기에 그는 운이 좋았다. Beltrani-Scalia는 범죄자 및 형벌에 관련된 공식적인 자료 전체를 Lombroso에게 맡겼으며, Lombroso와 제자들에게 이탈리아 교도소를 개방해주었다."

54 이러한 분석에 기여한 Jonathan Simon조나단 사이먼에게 감사의 말을 전한다.

55 Wolfgang, 1972: 235.

56 Guarnieri, 1993.

57 Duggan, 1994: 130.

58 Pick, 1986: 63; see also Pick, 1989.

59 Pick, 1986: 61. More generally, see Foucault, 1977.

60 Kuhn, 1962.

61 Horn, 2003: 11.

62 Dolza, 1990: 29-30. "1848년 해방법 이후에 성년이 된 유대인 세대에 속했던" Lombroso는 유대인의 세계를 "그의 문화적이고 지적인 정체성의 유일한 원천"으로 여기지 않았다. "조숙성과 지식에 대한 그의 갈망을 통해 그는 가족으로부터 받은 엄격한 종교적 교육에 의해 제시된 모순들을 곧 마주하게 되었다. … Lombroso는 일찌감치 유대교의 종교적이고 의례적인 구성 요소를 거부하였다. 이러한 것은 그에게 어려서부터 합리적인 성향과 충돌하는 것으로 보였고 나중에는 과학적이고 물질주의적인 신념과 충돌하는 것으로 보였다." 이탈리아 통일을 위해 활동하면서 그는 "자신이 곧 기여할 보다 자유롭고 정당한 새로운 사회로 통합될 가능성"을 발견하였다. D'Antonio, 2001을 참고하라.

63 Garland, 2002: 8-9.

64 프랑스에 관해서는 Mucchielli, 2006을, 이탈리아에 관해서는 Gibson, 2002를, 독일에 관해서는 Wetzell, 2000을, 포르투갈에 관해서는 Saldaña, 1933을, 스페인에 관해서는 de Quiros, 1912을, 미국에 관해서는 Rafter, 1992b와 이 책의 다음 장을, 영국에 관해서는 Davie, 2005를 참고하라.

65 Moffitt, 1993.

5. 진화론

1 But see Pick, 1989.

2 Strahan, 1892: 1.

3 Wiebe, 1967.

4 Wiener, 1990: 11.

5 J. W. Burrow버로우는 다음과 같이 저술하였다(L. W. Burrow, 1968: 20). "19세기가 시작되었을 때 대부분 사람들은 그저 세상이 약 6,000년 전에 창조되었다고 생각하였다. 17세기 케임브리지대학교 부총장은 유명한 선언에서 '삼위일체이신 하나님은 기원전 4004년 10월 12일 아침 9시에 인간을 창조하였다.'라고 하였는데, 물론 이렇게까지 구체적으로 생각하는 사람은 거의 없었다."

6 Lamarck, 1809, 221-222.

7 Jordanova, 1984; Packard, 1901.

8 Lamarck, 1809, 235.

9 Darwin, (1871) 1981: 199.

10 Darwin, (1871) 1981: 96.

11 Darwin, (1871) 1981: 97-98.

12 Darwin, (1871) 1981: ch. 3.

13 Spencer, 1876: part 1.

14 Spencer, 1876: 530.

15 Spencer, (1864-1867) 1898: 553.

16 Haeckel, (1868) 1898. Haeckel은 이러한 이미지들을 그의 책 「창조의 자연사 Natürliche Schöpfungs-Geschichte」에서 제시하였다. Weisstein웨이스타인에 따르면 Haeckel 의 이미지 몇몇이 가짜라는 즉각적인 이의 제기를 받았으며, Haeckel은 목판으 로 인쇄된 태아의 이미지를 그의 요지에 맞도록 손봤음을 시인하였다. 하지만 Weisstein은 Haeckel에 대한 혐의가 독일에서 제기되었기 때문에 독일 밖에서 는 이에 대해 아는 사람이 거의 없었다고 계속해서 말하였다.

17 Gould, 1981: 114.

18 É. Geoffroy Saint-Hilaire, 1822.

19 I. Geoffroy Saint-Hilaire, 1832-1836, vol. 1.

20 Darwin, (1859) 1968: 101. Darwin은 입 천장의 갈라짐 및 극심하게 작은 크기 의 머리와 같은 "기형"의 원인을 발육의 정지arrested development로 돌렸다(Darwin, [1871] 1981: 121).

21 Boies, 1893: 266.

22 Darwin, (1871) 1981, 173.

23 Spencer, (1864-1867) 1898: 223.

24 E.g., J. Wiglesworth, in Tuke, 1891b: 99.

25 범죄학자들 역시 범죄를 발육이 정지된 결과로서 논의하였다. 하지만 발육의 정지, 격세유전, 퇴화 사이를 명확하게 구분하는 사람은 거의 없었다. 오히려 그들은 역방향으로의 진화, 문명화된 행동의 표준으로부터 하등한 방향으로의 일탈로서 범죄를 설명하기 위해 위의 세 가지 개념을 혼용하였다.

26 Maudsley, 1874: 29-30.

27 Noyes, 1887: 31. Noyes노이스는 프랑스어로 새롭게 번역되었던 「범죄자Criminal Man」를 읽은 상태였다.

28 McKim, 1900: 282-283.

29 Strahan, 1892: 10.

30 Darwin, (1859) 1968: 76.

31 Strahan, 1892: 8.

32 「육체적, 지적, 도덕적 퇴화에 관한 논문Traité des dégénérescences physiques, intellectuelles et morales, 1857」에서 일찍이 Morel은 통계상 평균으로부터의 일탈과 유사한 아이디어인 원시적 인간 유형으로부터의 일탈이라는 관점에서, 상대적으로 중립적인 방식으로 퇴화를 정의하였다. 이러한 용법은 독일의 인류학자 J. F. Blumenbach블루멘바흐와 다른 인간단일기원설 지지자들의 선례를 따른 것이었다. 이들은 인간은 하나의 가족으로서 시작되었고, 기후 혹은 다른 환경적 요인으로 인해 하나의 원형으로부터 다양한 인종이 갈라져 나왔다고 주장하였다. 인간단일기원설의 반대 입장은 인간복수기원설이었는데, 인간복수기원설 지지자들은 신이 인종을 각각 따로 창조하였다고 주장하였다. Morel이 중립적인 느낌으로 퇴화라는 용어를 사용하였을 때 그는 자연선택에 의해 발생하는, "원시적" 인간 유형으로부터의 일탈을 생각했을 뿐이다("une lutte incessante contre tant d'éléments accumulés de destruction" [1857: 7-8]). 하지만 나중에 그는 퇴화적 상태를 유발할 뿐만 아니라 이에 의해 유발되는 부적응 혹은 정상으로부터의 병적인 일탈을 언급하는 데 퇴화라는 용어를 사용하였다.

33 Morel, 1857: 6, 33.

34 Morel, 1857: 72. Morel은 퇴화적 기질을 막는 방법을 제시하였지만, 대부분의 시간 동안 퇴화를 치유될 수 없는 절망적인 조건으로 보았다.

35 Morel, 1857: vii-ix. Morel이 "조숙"이라는 표현을 통해 말하고자 했던 바는 청소년 범죄를 저지르는 이들의 나이가 어느 때보다 어렸다는 것이다.

36 Morel, 1857: 660.

37 Pick, 1989; Rafter, 1997.

38 Mckim, 1900: 23.

39 Boies, 1893: 268.

40 Strahan, 1892: 289.

41 Mckim, 1900: 64.

42 Dugdale은 Lombroso에게 영향을 미쳤지만, 그 반대는 아니었다. 이런 이유로 Dugdale을 먼저 다룬다. 그의 책이 연대기적으로 먼저 나온 것은 아니지만 말이다.

43 Maudsley, 1874: 29.

44 Collie, 1988; Scull, MacKenzie, and Hervey, 1996. 후에 Maudsley는 덜 독단적이게 되었다. 예컨대 Maudsley, 1888을 참고하라.

45 Maudsley, 1874: 22, 25, 28, 33, emphasis in original.

46 Maudsley, 1874: 29, 32. 「육체와 정신Body and Mind」에서 Maudsley는 훨씬 더 단

호하게 퇴화를 "말하자면, 인간이라는 종이 아니게 되는 것"이라고 묘사하였다 (1873: 53, emphasis in original). 이 구절은 인간이라는 종으로부터 범죄자를 거의 전적으로 분리시켰다.

47 Maudsley, 1874: 60-62. 「정신병의 책임」이 출판되기 1년 전 「육체와 정신」의 개정판이 나왔는데, 여기서 Maudsley는 도덕적 역행을 설명하기 위해 Haeckel 의 생물발생법칙에 의존하였다. Maudsley는 모든 인간의 뇌는 "다른 척추동물 의 뇌가 거치는 단계와 똑같은 단계"를 거쳐 진화한다고 설명하면서 "발육이 정지"되면 "범죄적 본능이 나타날" 수 있다고 추론하였다. "확실히 인간 중에는 짐승의 뇌를 가진 사람이 있다. 뇌가 오랑우탄의 뇌와 같거나 이보다 낮은 수준 에 이를 정도로 발육이 정지되면 가장 원시적인 기능이 표출될 것이며, 고등한 기능은 표출되지 않을 것이라고 예측할 수 있다."라고 그는 결론 내렸다. 하지만 Maudsley는 「정신병의 책임」에서 범죄에 대한 이러한 Haeckel의 설명으로 되 돌아가지 않고, 대신 보다 퇴화론적인 설명을 채택하였다.

48 Thomson, 1870a: 488.

49 Thomson, 1870b: 321.

50 Thomson, 1870b: 327, 331.

51 Collie, 1988: 17.

52 Maudsley, 1874: 22.

53 Maudsley, 1874: 23.

54 보다 일찍 Galton은 그의 책 「유전되는 천재성[Hereditary Genius, 1869]」에서 비슷한 방 식의 가계 분석을 고안해냈다. Dugdale을 위해 일하던 교도소협회 관계자 Elisha Harris[엘리사 해리스]는 Dugdale보다 지적인 사람이었으며, 글은 Dugdale의 글보다 더 잘 읽혔는데, 그가 범죄의 유전에 관한 J. Bruce Thomson[J. 브루스 톰슨]의 글과 「유전되는 천재성」, 이 둘을 모두 읽었거나 둘 중 하나를 읽고 나서 Dugdale에게 군립 교도소의 기록을 조사하여 못된 가족들을 찾아낼 수 있는지 알아볼 것을 의뢰하였을 것이라고 추측한다. Dugdale이 직접 Galton의 책을 읽지는 않은 것으로 보인다.

55 「"주크 일가"」의 결론[유전과 환경에 대한 잠정적인 일반화]에서 Dugdale은 나쁜 유전의 영 향력은 거의 항상 "환경의 특성에 따라 눈에 띌 정도로 더 좋거나 나쁘게 변할 수 있다."고 주장하였다(1877: 65). 하지만 이 책의 앞부분에서 그는 "순결과 방탕은 유전적인 특성인 것으로 보인다."(20)라고 하며 보다 단호하게 유전주의 적인 견해를 내놓았다.

56 Rafter, 1997.

57 당시에 작성된 짧은 기록[Shepard, 1884]에 의하면 Dugdale은 대학에 다니지 않았으 며 대체로 혼자 공부하였다.

58 Dugdale, 1877: 7.

59 Dugdale, 1877: 8, emphasis in original.

60 「"주크 일가"」를 인용하고 이 책의 개정판을 찍어내고 후속연구를 진행하였던 사람들은 Dugdale이 책의 제목으로 쓴 가족의 성씨에 신중히 붙인 큰따옴표를 무시하였다. 하지만 Dugdale은 제목에 항상 큰따옴표를 붙이는 동시에, 한 명의 조상에 의해 파생된 막대한 가계도를 엮어냄으로써 이들이 밀접하게 연관되어 있다는 인상을 확실하게 자아내었다.

61 Dugdale, 1877.

62 Dugdale, 1877: 70.

63 Dugdale이 퇴화이론을 포함하여 그가 활동하던 당시의 사회이론을 잘 몰랐다는 것을 나타내는 증거로, 그는 퇴화degeneration가 아닌 유전heredity이라는 용어를 사용하였다.

64 Rafter, 1988.

65 Lombroso, (1876) 2006: 123. 이 절은 123-126쪽에 실려 있다.

66 Lombroso, (1876) 2006: 118-119.

67 Lombroso, (1876) 2006: 146.

68 「범죄자인의 탄생」의 새로운 번역본([1876] 2006)을 보면 Lombroso는 Morel을 두 번 인용하는데, 이 두 번의 인용에서 주제는 퇴화의 유전이 아니다.

69 Darwin, (1871) 1981: 9.

70 Darwin, (1871) 1981: 39.

71 Darwin의 영향력은 「범죄인의 탄생」에서보다 「여성범죄인Lombroso and Ferrero, [1893] 2004」에서 잘 나타난다. 이는 Darwin이 「여성범죄인」의 핵심 주제인 성별에 따른 차이에 대해 광범위하게 저술하였기 때문일 것이다.

72 Frigessi, 2003: 127. 이 책의 4장 또한 참고하라.

73 Villa, 1985: 139-140.

74 Frigessi, 2003: 138. Pancaldi, 1991도 참고하라.

75 Oosterhuis, 2000.

76 Oosterhuis, 2000.

77 Krafft-Ebing, (1886) 1899: 2.

78 Krafft-Ebing, (1886) 1899: 6.

79 Krafft-Ebing, (1886) 1899: 326-328.

80 Krafft-Ebing, (1886) 1899: 79-80n3.

81 Oosterhuis, 2000: 54-55.

82 Krafft-Ebing, (1886) 1899: 75-76.

83 시간에 따른 Krafft-Ebing의 아이디어의 변화를 추적하기 위한 이상적인 방법은 성적 정신병질의 여러 판들을 비교하는 것이다. 하지만 심지어 옥스퍼드대학교 보들리언도서관^{Bodleian Library, 영국에서 가장 오래된 도서관이다. 영국에서 출간된 대부분의 책 초판본을 소장하고 있다. 옮긴이.}에서도, 찾아낼 수 있었던 것은 단지 1899년에 출간된 영문판뿐이었다. 그래서 나는 이를 「범죄자의 책임에 관한 Krafft-Ebing의 연구[1875]」 및 Krafft-Ebing의 연구와 연구의 발전에 관한 2차 자료^{secondary source}로 보완하였다. 그러한 2차 자료에 관해서는 Oosterhuis, 2000가 특히 유용하였다.

84 Krafft-Ebing, (1886) 1899: 332- 339, 392. 동성애자 인권 운동의 개척자 Karl Heinrich Ulrichs의 글이 Krafft-Ebing으로 하여금 이러한 해석을 하도록 부추겼다. 1864년이라는 이른 시기에 Karl Heinrich Ulrichs는 동성애가 자연스러운 특성이라는 것을 증명하기 위해 발생학의 개념들에 의존하였다(Kennedy, 2001; Krafft-Ebing, [1886] 1899).

85 Krafft-Ebing, (1886) 1899: 111-112.

86 Galton, 1875; Gillham, 2001: 5 and ch. 14.

87 Galton, (1883) 1907: 3.

88 Galton, (1883) 1907: 42-43.

89 Galton, (1883) 1907: 199-200.

90 Cowan, 1972: 389. Bulmer, 2003와 Sweeney, 2001도 참고하라.

91 Cowan, 1972: 412; Bulmer, 2003의 4장 및 Sweeney, 2001를, 특히 후자의 경우 50-51쪽을 참고하라. Bowler^{볼러}는 다음과 같이 설명한다(2003: 257). "Galton의 '조상으로부터의 대물림 법칙^{law of ancestral inheritance}'은 Gregor Mendel^{멘델} 유전법칙과 닮지 않았다. Galton은 조상으로부터 내려온 유전적 형질이 나타나는 방식에 환경이 영향을 줄 수 없다고 주장했기 때문에 그의 법칙은 확고한 유전에 관한 기본적인 아이디어를 요약해놓은 것이라고 볼 수 있다. 이런 이유로 Galton 지자자들은 인간을 선택적으로 번식시키는 것의 효과에 대한 분석의 기반으로서 Galton의 법칙을 이용할 수 있었다."

92 Galton, (1883) 1907: 1.

93 See Bruinius, 2006: 376n5, citing Weismann, 1889.

94 See Goddard, 1912; and Rafter, 1988, 2001.

95 Moffitt et al., 2001; Wright et al., 2001. 이 책의 9장 또한 참고하라.

96 Ellis and Walsh, 1997; Thornhill and Palmer, 2000.

97 E.g., Raine et al., 2000.

98 N. Rose, 2000.

6. 정신박약론

1 Buck v. Bell, Superintendent, 274 U.S. 200 (1927).

2 Buck, 274 U.S. at 205-207.

3 Buck, 274 U.S. at 202.

4 Lombardo, 1985: esp. 55.

5 Theodore Roosevelt as quoted in Bruinius, 2006: 6.

6 우생학 운동을 개괄적으로 살펴보려면 Haller, 1963와 Kevles, 1985을 참고하라.

7 이들의 사진은 각각 Rafter, 1997: 148와 Bruinius, 2006: 236에서 확인할 수 있
   다. 관련된 사진을 보려면 Paul, 1995를 참고하라.

8 See, esp., Bruinius, 2006.

9 Barnicle, 1990; Vega, 2003.

10 Thomson, 1870b: 333, emphasis in original.

11 Lombroso, (1876) 2006: 72.

12 Benedikt, (1881) 1981: 157, viii.

13 H. Ellis, 1890: 133-134, 135.

14 Rafter, 1997, esp. 88도 참조하라.

15 Goring, (1913) 1972: 370.

16 Lombroso-Ferrero, 1914: 209. Lombroso의 딸 Gina Ferrero지나 페레로는 계속해
    서 "Goring은 Lombroso보다 더한 롬브로소주의자가 되었다."라고 하였다. "그
    는 하나의 범죄자 유형이 아닌 여러 범죄자 유형을 인정하였다."(210)

17 Note in the *Journal of the American Institute of Criminal Law and
    Criminology* prefacing Lombroso-Ferrero, 1914: 207.

18 Beirne, 1988.

19 Goring, (1913) 1972: 372, emphasis in original.

20 Goring, (1913) 1972: 258 (typical offenses), 372 (rates of reproduction).

21 Goddard의 연구는 널리 검토되었다. 예컨대 다음을 참조하라. Gould, 1981; Haller, 1963; Rafter, 1997; Zenderland, 1998.

22 Gelb, 1995.

23 이 가계연구들과 이번 문단에서 뒤에 언급되는 Kite 연구는 Rafter, 1988로 재판 되었다.

24 Goddard, 1912: esp. 29-30 (quotes).

25 Goddard, 1912: 53.

26 Charles B. Davenport^{찰스 B. 대번포트}와 함께 일하면서 Goddard는 스스로 이런 기 호와 그림을 개발한 것으로 보인다. Goddard가 개발한 기호와 그림은 나쁜 일 가에 대한 다른 연구에서도 광범위하게 사용되었다. Rafter, 2001을 참조하라.

27 Kite, n.d.: 24.

28 Kite, n.d.: 9.

29 Goddard, 1910: 27.

30 Goddard, 1910: 28.

31 Goddard, 1910: 29-30.

32 Rafter, 1992a.

33 Goddard, 1915. Goddard의 저서인 「범죄적 성향을 가진 정신박약자^{The Criminal Imbecile}」에 대해서는 Rafter, 1997과 Zenderland, 1998, 그리고 다른 책들에서 논 의되어 있다

34 Goddard, 1914.

35 Goddard, 1914: 8.

36 Barr, 1895: 529-530. Martin Barr는 이와 같은 높은 등급의 정신박약자를 포괄 적으로 도덕성박약자라고 칭하였다. 이때는 아직 Goddard가 노둔 혹은 범죄적 성향을 가진 정신박약자라는 용어를 주조하지 않았을 때이다.

37 보다 일찍 J. Bruce Thomson이 먼저 정신박약자를 이런 식으로 생각했 다.(1870b: 333) Thomson이 지능이 떨어지는 청소년 범죄자를 관찰하였을 때, "스코틀랜드 지역에서 일하는 광산 노동자의 아이들에 대한 생각이" 그에게 "강 하게" 떠올랐다. "광부의 아이들은 공장 직공의 가르침과 훈련을 따라가지 못했 으며 광부들은 단연코 산업계의 수작업자 중 가장 낮은 계층이었다." Martin Barr가 보기에도 열등하며 다루기 힘들다는 것은 지적인 결함의 징후였다.

38 Hahn, 1980; Rafter, 1997; see also Allen, 1975.

39 New York State Prison Survey Committee, 1920.

40 Rafter, 1997과 Walkowitz, 1999 또한 참조하라. 영국에서는 어떠했는지를 살펴보고 싶다면 Davie, 2005와 Freeden, 1979 및 L. Ray, 1983을 참조하라.

41 Burnham, 1960 또한 참조하라.

42 L. Ray, 1983: 214.

43 Barr, (1904) 1973: 190.

44 Goddard, 1920: 37.

45 Goddard, 1920: 63.

46 Goddard, 1920: 120.

47 Goddard, 1920: 116.

48 Bruinius, 2006: 8.

49 Ross, 1994: 1.

50 근대주의 운동을 정의하기 어렵다는 점을 살펴보려면 특히 Ross, 1994를 참조하고, 근대주의 과학에 대해 살펴보려면 Pauly, 1994를 참조하라.

51 Harrington, 1996; Harwood, 1993; Herf, 1984; Lears, 1981.

52 Harrington, 1996: xvi.

53 Herf, 1984.

54 Rafter, 1997.

55 Cravens, 1987.

56 Healy, 1915.

57 Burt, 1925.

58 Fernald, 1909: 33; Fernald, 1918: 98; see also Goddard, 1928.

59 Sutherland, (1931) 1956: 313.

60 Hoag and Williams, 1923: 5-6.

61 Glueck and Glueck, 1934: 69, 303.

62 Barnes and Teeters, 1944.

63 Herrnstein and Murray, 1994: 23.

64 Herrnstein and Murray, 1994: 54, 515.

65 Herrnstein and Murray, 1994: 532. 「종 곡선」의 서문에 Burke의 말이 인용되어 있다.

66 Herrnstein and Murray, 1994: 354.

67 Donohue and Levitt, 2001.

68 이 논쟁에 대한 비평은 "legalized abortion and crime effect"라는 제목의 영문 위키백과 문서에서 찾아볼 수 있다.

69 Lombardo, 1985.

70 Lombardo, 1985.

71 Bruinius, 2006: 17; Kevles, 1985: 347n21.

72 Buck, 274 U.S. at 202.

7. 체형이론

1 예컨대 체형심리학에 대한 소개^{An Introduction to Constitutional Psychology}라는 부제가 달린 Sheldon의 「인간 체형의 종류^{The Varieties of Human Physique, 1940}」를 참조하라.

2 Hooton, 1938.

3 Cortes and Gatti, 1972; Garrett and Kellogg, 1928; Gibson, 2002; Sheldon, 1940; Wertheimer and Hesketh, 1926.

4 N. Cantor, 1936. 나치범죄학이 떠오르는 모습에 대한 전적인 묘사는 8장에서 찾아볼 수 있다.

5 Garrett and Kellogg, 1928. 이와 관련된 연구에 관해서는 Patterson, 1930과 Wertheimer and Hesketh, 1926을 참조하라.

6 Hooton, 1939a, 1939b.

7 Hooton, 1948a.

8 Hooton, 1945a. Hooton의 학생이었다가 Hooton의 동료가 된 W. W. Howells^{하 월스}는 다음과 같은 귀중한 관찰을 남겼다. "옥스퍼드와 다른 곳에서 Hooton을 지도했던 사람들은 해부학자들이었다. … 그래서 프랑스와 독일의 공식적인 측정 방법 외에는 Hooton에게 알려줄 게 없었다."(1992: 6) Hooton의 인류학적 기법 및 분석에서의 빈약한 배경은 나중에 이루어진 그의 범죄자 연구에서 나타나는 방법론적인 약점 설명에 도움을 준다.

9 Hooton, 1925, 1930. 이 초기 논문 두 개는 두개골을 유형별로 분류한다. 이는 나중에 그가 살아 있는 대상을 통해 범죄학 연구를 진행하면서 사용한 절차와 근본적으로 동일한 것이었다. Howells(1992: 6-7)는 "우선 Hooton은 임의 추출로 뽑히지 않은 표본으로 통계학을 적용했다."라고 하며 초기 연구의 문제점을 지적한다. 그와 같은 순진무구함은 나중에 수행한 범죄자 연구도 엉망으로 만들

었다.

10 Hooton, 1931, 1937, 1939d.

11 Hooton, 1940b, 1942, 1945b, 1947.

12 Hooton, 1939b: 181.

13 예를 들어, 캘리포니아 클레어몬트대학^{Claremont Colleges} 인류학 교수 Morris Edward Opler^{모리스 에드워드 오플러}는 1939년 재치 있지만 고뇌에 찬 5쪽의 편지를 Hooton에게 보냈다. 이 편지에서 Opler는 Hooton을 거의 인류학 분야의 골칫거리로 묘사한다. Opler는 Hooton에게 인종적 차이에 덜 주목해 달라고 간청하였다. 왜냐하면 인종적 차이에 관심을 가지면 "대중"이 오해할 것이기 때문이었다. Opler는 편지에 다음과 같이 설명하였다. "대중의 눈에 Hooton 교수님은 보다 어리고 중요도가 떨어지며 생각을 조리 있게 표현하지 못하는 많은 인류학자들의 대변자입니다. 대중에 대한 Hooton 교수님의 의무, 그리고 활발하고 다채롭게 스스로의 생각을 표현할 Hooton 교수님의 권리를 존중하는 바입니다. 하지만 특정한 인종적 문제에 관한 Hooton 교수님의 연설과 글로 인해 대중이 대부분의 인류학자들이 지지하지 않는 입장을 인류학의 입장이라고 생각하게 될까 봐 걱정입니다."

14 Hooton은 전쟁 관련 활동에 참여했을 뿐만 아니라 긴급한 도시적 관심사라고 여긴 주제에 관해 정기적으로 학교 및 전문가 집단 앞에서 연설하였다. Rafter, 2004, 2006a를 참조하라.

15 Hooton, 1939d; Rafter, 2006a.

16 Hooton, 1939d: 49.

17 예컨대 Hooton, 1940a를 참조하라.

18 Hooton 1939a: 31.

19 Hooton, n.d.-a.

20 Hooton, 1939a: 18.

21 Hooton은 자신의 통계학 연구실로부터 생성된 모든 표를 출판해야 한다고 고집함으로써 스스로 원래의 계획에 불운을 가져왔다. Hooton은 Goring의 「잉글랜드 재소자」에 표로 가득한 부분이 있는 것을 보고 이를 따르려고 한 것 같다. 하지만 Hooton의 책을 출판하려던 업자가 모든 표를 포함해서 출판할 경우에 발생할 인쇄비에 겁을 먹고 책을 출판하지 않았다.

22 Hooton, 1939a: 299.

23 Hooton, 1939b: 177.

24 Hooton, 1939b: 59.

25 Hooton, 1939b: 139.

26 Hooton, 1939a: vii–viii.

27 Hooton, 1939a: 309.

28 Hooton, 1939b: 388, 391, 392, 397.

29 Hooton, 1954: 1.

30 Glueck and Glueck, 1934: vii; Glueck and Glueck, 1950: x, xii.

31 Glueck and Glueck, 1956: v.

32 Sheldon, 1938.

33 Hooton, 1948b.

34 Hooton, 1950. 훨씬 뒤인 1953년 F. L. Stagg^{F. L. 스태그}와 함께 Hooton은 1880년부터 1912년까지 하버드대학교를 졸업한 2,631명에 대한 체형 연구를 하며 체형과 경력을 관련지었다.

35 Hooton, 1938.

36 Hooton, 1939c.

37 Hooton, 1938.

38 Hooton n.d.-b: 5-6. 이 문서에서 Hooton이 스스로에게 쓴 메모에는 다음과 같은 발언이 포함되어 있다. "내 생각에 인류분류법이라는 용어만으로는 충분하지 않다. 인간유형 대신 신체유형이라는 용어를 쓰면 좋을 것 같다."

39 Hooton, 1939c.

40 Carter and Heath, 1990; Garrett and Kellogg, 1928. Sheldon이 논문 작업을 끝냈던 그 시점에 Naccarati는 이탈리아에서 자동차 충돌 사고로 사망하였다.

41 Sheldon, 1936.

42 Sheldon, 1936. 그리스 신화에서 프로메테우스는 진흙으로 인간의 형상을 만들고 신으로부터 불을 훔쳐 인류에게 불과 예술 모두를 선물한 영웅이다. 프로메테우스의 뻔뻔함을 처벌하기 위해 제우스는 그를 바위에 묶어 독수리가 매일 간을 쪼아먹게 했다. Sheldon에게 있어서 프로메테우스는 인류의 이익을 위해 자신을 희생한 구세주 같은 인물이었다.

43 Sheldon, 1949b: 55-56.

44 Sheldon, 1949b: 50.

45 Huxley, 1944: 520.

46 Rafter, 2007.

47 예컨대 Sykes, 1950을 참조하라.

48 Sheldon이 시카고에서 지도하기로 했던 Leonard Elmhirst^{레너드 엘름허스트}의 남동생을 대단히 화나게 만든 것과 관련된 불화에 관한 이야기는 Rafter, 2007에서 자세히 살펴볼 수 있다. 아주 자세한 부분까지는 알 수 없지만 말이다.

49 Sheldon, 1940.

50 Sheldon은 33명을 면밀히 관찰하여 세 가지 기질을 규명하였다고 저술하였다 (1949b: 13-16). 하지만 Sheldon은 발견하고자 했던 것을 발견했을 뿐이며, 그와 같은 예비 연구는 사회과학적 눈속임이라는 것이 명백해 보인다.

51 Sheldon, 1942: 437.

52 Sheldon, 1949b: xvi.

53 Sheldon, 1949b: 721-725, table 11.

54 Sheldon, 1949b: 762.

55 Sheldon, 1949b: 752 ("essential inadequacy"), 759 ("spoor of insufficiency"), 822 (third quotation; emphasis in original).

56 Sheldon, 1949b: 826 ("biological catastrophe"), 837-838 ("irresponsible reproduction"), 877 ("biological humanics").

57 Sheldon, 1954: xiii.

58 Rosenbaum, 1995.

59 Datson and Galison, 1992.

60 Banks, 2001: 45.

61 Sheldon, 1936: 62-63, emphasis in original.

62 Sheldon, 1936: 239 ("man of character"), 78 ("new light").

63 Sheldon, 1935a.

64 Sheldon, 1935a, capitalization as in the original.

65 Sheldon, 1935b.

66 Sheldon, 1949a: xi.

67 Sheldon, 1949a: 3.

68 Marotta, 2013.

69 Sheldon, 1949b: 18, 810n12; see also Gatlin, 1998.

70 예컨대 Sutherland, 1951을 참조하라.

71 예컨대 다음을 참조하라. Cortes and Gatti, 1972; Humphreys, 1957.

72 Eysenck, 1953, 1964; Humphreys, 1957; Jensen, 1950. 동시대의 사회과학 비평가들은 나이라는 요소가 Sheldon의 통계적 연구를 얽히게 만들었다고 보는 경우가 많았지만, 인종과 민족이라는 요소 역시 이에 기여했을지도 모른다. Sheldon이 코니아일랜드에서 비공식적으로 조사했던 1,000명의 남성 해수욕객의 다수를 차지하는 중배엽형 인간 중 두드러지는 유대인과 이탈리아인을 「비행청소년의 종류」에서 언급한 걸 보면(1949b: 791), 사실 그는 인종과 민족이라는 요소가 자신의 연구에 미칠 영향을 알고 있었다. 특히 그 시절 미국 대학들은 앵글로색슨족 집안의 자제들을 선호하는 입학 정책을 두는 경향이 있었기 때문에 인종과 민족뿐 아니라 사회계급 역시 Sheldon의 표본에서 체형적 차이를 설명하는 데 도움을 준다. 하지만 Sheldon은 그의 공식적인 체형 연구 결과에 미칠 영향력 중 어떤 것도 인정하지 않았다.

73 이전에 Sheldon의 조수로 일했던 한 여성은 Sheldon이 그녀로 하여금 데이터에 대해 얼버무리도록 했다며 비판을 가했다(Carter and Heath, 1990). 체형이 유전되며, 환경적 요소에 의해 변이되지 않은 채 인격과 행동을 결정한다는 Sheldon의 추측을 뒤얽히게 만들 수도 있는 요소들을 Sheldon이 무시했다고 주장하는 다른 비평가들도 있었다(예컨대 Glueck and Glueck, 1956를 참조하라). 나이는 혼란을 초래할 수 있는 요소다. 중배엽형이 외배엽형보다 일찍 성숙할지도 모르며(McCandless, Persons, and Roberts, 1972), Sheldon이 "비행자들"과 비교했던 대학교 남학생들은 아마 비행자들보다 나이가 많았을 것이다(Montemayor, 1985).

74 다음을 참조하라. Gibbens, 1963; Cortes and Gatti, 1972; McCandless, Persons, and Roberts, 1972; and Hartl, Monnelly, and Elderkin, 1982. 추가적인 연구의 세부 사항과 인용을 보고 싶다면 Raine, 1993; Sampson and Laub, 1997; and Wilson and Herrnstein, 1985를 참조하라.

75 Glueck and Glueck, 1950.

76 Glueck and Glueck, 1950: 187.

77 Glueck and Glueck, 1950: 192.

78 Glueck and Glueck, 1950: 273.

79 Glueck and Glueck, 1950: 348.

80 Glueck and Glueck, 1956: 226.

81 Glueck and Glueck, 1956: 226.

82 Glueck and Glueck, 1956: 269.

83 Glueck and Glueck, 1956: 270.

84 Sampson and Laub, 1997: 181.

85 Sampson and Laub, 1997: 183.

86 Sampson and Laub, 1997: 184.

87 Glueck and Glueck, 1934.

88 Laub and Sampson, 1991: 1406.

89 Wilson and Herrnstein, 1985: 23.

90 Wilson and Herrnstein, 1985: 70.

91 Wilson and Herrnstein, 1985: 71-77. Hooton의 범죄학 연구에 나타나는 방법론적 한계를 살펴보려면 Rafter, 2004를 참조하라. Hooton이 세심하지 못했던 것은 아니다. 하지만 그는 방법론적인 정교함을 갖추지 못했으며 자기기만에 빠지기도 하였다.

92 Wilson and Herrnstein, 1985: 90.

93 Wilson and Herrnstein, 1985: 528.

94 Eysenck, 1964: 138. Eysenck의 책 「범죄와 성격Crime and Personality」에 대한 분석 및 생물범죄학 발달에서의 그의 위치에 대해서는 Rafter, 2006b를 참조하라.

95 Eysenck and Gudjonsson, 1989: 41.

96 Raine, 1993: 203 (emphasis in original), 204.

97 Datson and Galison, 1992.

8. 범죄학의 암흑기

1 Proctor, 1988의 178쪽과 333쪽에 논의 및 인용되어 있듯이 이 같은 표현은 Karl Binding칼 빈딩과 Alfred Hoche알프레트 호헤의 저서 「살 가치가 없는 생명의 해방과 파괴Release and Destruction of Lives Not Worth Living」에서 가져온 것이다(Leipzig, 1920).

2 Wachsmann, 2001.

3 Wetzell, 2000; Wachsmann, 2004.

4 Müller-Hill, 1988; Proctor, 1988.

5 Proctor, 1988, 1991; Szöllösi-Janze, 2001a, 2001b; Weiss, 2006; Wetzell, 2000.

6 예컨대 특히 Proctor, 1991을 참조하라.

7 Wachsmann, 2001, 2004; Wetzell, 2000, 2006.

8 Day and Vandiver, 2000; Yacoubian, 2000.

9 이탈리아에 대한 새로운 핵심적 자료는 Gibson, 2002이다.

10 Passmore, 2002.

11 D. Smith, 1993의 100쪽에 인용된 Mussolini의 말이다.

12 Wachsmann, 2004.

13 Lees, 2006.

14 Ayass, 1988.

15 Gellately and Stoltzfus, 2001: 3.

16 Tatar, 1997; Evans, 1996.

17 Aschaffenburg, (1913) 1968; Bondio, 2006.

18 Lange, 1930: 173-174.

19 예컨대 Aschaffenburg, (1913) 1968을 참조하라.

20 Bondio, 2006: 205.

21 Kraepelin, 1904; Aschaffenburg, (1913) 1968; Kurella, 1910; see also Evans, 1999.

22 Wetzell, 2006: 417-418.

23 Kretschmer, 1925.

24 Kretschmer, 1925: 39.

25 Lange, 1930: 41.

26 N. Cantor, 1936; Liang, 2006.

27 Liang, 2006.

28 Wetzell, 2006; see also N. Cantor, 1936.

29 Wachsmann, 2001: 169.

30 Müller-Hill, 1988의 25쪽에 인용된 Max Planck의 말이다.

31 Müller-Hill, 1988의 18쪽에 인용된 Eugene Fischer의 말이다.

32 Wetzell, 2000의 186-187쪽을 참조하라. Kevles, 1985 또한 보길 바라며 특히 117-118쪽을 참조하라.

33 Wetzell, 2000: 187.

34 Hitler, 1939: 243, 240.

35 Hitler, 1939: 239-240.

36 Hitler, 1939: 275.

37 Milton, 2001.

38 Müller-Hill, 1988의 57쪽에 인용된 Robert Ritter의 말이다.

39 N. Cantor, 1936: 418.

40 Wetzell, 2000: 183-184.

41 Liang, 2006; Wetzell, 2000, 2006.

42 Wetzell, 2000.

43 Wetzell, 2006: 415.

44 Hood, 2004.

45 Wetzell, 2000.

46 Hentig, 1948. Hentig의 일대기를 살펴보려면 다음을 참조하라. Evans, 1999, Journal of Criminal Law, Criminology and Police Science, 1967, and Hentig, 1947.

47 Rusche and Kirchheimer, 1939.

48 예컨대 Aschaffenburg는 환경이 퇴화를 일으킨다고 생각하였으며 범죄자는 타고난다는 믿음에 반대하였다.

49 Bruinius, 2006; Kevles, 1985; Proctor, 1988.

50 Evans, 2005: 511; Wachsmann, 2004: 152-153.

51 Wachsmann, 2004: 146-147.

52 Black, 2006; Wachsmann, 2004.

53 Wachsmann, 2004: 373; see also Black, 2006.

54 Black, 2006.

55 Wachsmann, 2004의 74쪽에 인용된 Hans Frank의 말이다.

56 Evans, 2005.

57 「백장미」The White Rose, 1982」와 Sophie Scholl소피 숄의 「마지막 날들The Final Days, 2005」을 포함한 영화들이 본문에 나오는 집단 백장미에 대해 다룬다.

58 Wachsmann, 2004: 71.

59 Wachsmann, 2004: 211.

60 Friedlander, 1995: 117–118; Wetzell, 2000: 286.

61 Wachsmann, 2004: 285.

62 Wachsmann, 2004.

63 Gellately and Stoltzfus, 2001: 5.

64 Müller–Hill, 1988의 56쪽에 인용된 Konrad Lorenz의 말이다.

65 Müller–Hill, 1988의 14쪽에 인용된 Konrad Lorenz의 말이다.

66 Szöllösi–Janze 2001a.

67 Wachsmann, 2004: 137. Magdalena의 얼굴 사진은 Wachsmann, 2004: 142에 등장한다.

68 Wachsmann, 2004.

69 Gellately, 2001.

70 Milton, 2001.

71 Friedlander, 1995: xii.

72 Koonz, 2003: 274.

73 Gibson, 1998; Lombroso, (1876) 2006; Pick, 1989.

74 Gibson, 1998, 2002, 2006.

75 Wetzell, 2000: 107–108.

76 Gibson, 2002.

77 Battaglini, 1914: 14.

78 Battaglini, 1914: 15.

79 Lombroso, (1876) 2006: 48.

80 Axelrod, 2002.

81 Gibson, 2002. Bosworth보스워스는 에티오피아에 대한 이탈리아의 군사 행동의 동기가 인종차별주의보다는 제국주의라고 제시한다(2002). 뒤늦게서야 이탈리아는 아프리카 토지를 수탈하는 유럽 열강에 동참하기로 결정하였던 것이다.

82 Lombroso, (1876) 2006의 116쪽에 Ferri의 지도가 복사되어 있다.

83 Gramsci, 1992.

84 Dickie, 1999.

85 Gibson, 2002: 119.

86 이탈리아 유대인들의 강제 이송은 Vittorio De Sica^{비토리오 데 시카}의 유명한 영화 「The Garden Of The Finzi-Continis^{핀치 콘티니의 정원, 1970}」에 극적으로 묘사되어 있다.

87 Bosworth, 2002: 334, 344.

88 Gibson, 2002에 따르면 'Ferri와 또 다른 저명한 범죄인류학자 Salvatore Ottolenghi ^{살바토르 오톨레히}'는 적어도 부분적으로는 그들의 프로그램이 법률로 제정되게 하려는 목적으로 파시스트당에 입당하였을지도 모른다.

89 Gibson, 2002; Dunnage, 1997.

90 Dunnage, 1997.

91 Dunnage, 2003.

92 Gibson, 2002.

93 파시스트 이탈리아의 유배 관행은 「그리스도는 에볼리에 머물렀다^{Christ Stopped at Eboli}」라는 이탈리아 영화에 묘사되어 있다. 제목은 풍자적이다. 기차도 그리스도의 연민도 에볼리에 위치한 기차역까지밖에 미칠 수 없었고, 주인공은 그로부터 멀리 떨어진 마을로 끌려가 가둬졌기 때문이다.

94 Levi, 2001: 24.

95 Levi, 2001: 24.

96 Levi, 2001: 30 (punctuation as in original).

97 Levi, 1987: 396.

9. 서로 대립한 사회학적 이론과 생물학적 이론

1 Taylor, Walton, and Young, 1973: 282, emphasis in original.

2 N. Rose, 2000: 6.

3 Kevles, 1985: 250.

4 Eysenck, 1964. 사회학자들 사이의 실망과 범죄학에 있어서의 Eysenck의 의의에 대한 보다 일반적인 설명은 Rafter, 2006b에서 찾아볼 수 있다.

5 Raine, 2013.

6 Jacobs et al., 1965; Daly, 1969; see also Rennie, 1978.

7 Wilson, 1975.

8 Dalton, 1980; Grose, 1998; Horney, 1978.

9 Jeffery, 1979.

10 Barkan, 2012.

11 Halverson and Victor, 1976.

12 Kandel and Mednick, 1991.

13 Duster, 2006. Cf. Wilson, 1999에서는 다양한 분야와 학문이 한데 모이는 것에 찬성론을 편다.

14 Akers, 1992.

15 Duster, 2006: 2.

16 Feeley and Simon, 1994; D. Rose, 2006.

17 예컨대 Zedner, 2007을 참조하라.

18 Arpey, 2003.

19 Wikipedia, 2006.

20 Wikipedia, 2006.

21 Denno, 2005.

22 Denno, 2005: 177.

23 Denno, 2005: 177-178.

24 Perry et al., 1995: 276.

25 Vaughn et al., 2014.

26 Raine, 2002c: 312.

27 Eysenck, 1970.

28 Herrnstein and Murray, 1994.

29 Herrnstein and Murray, 1994: 235.

30 Herrnstein and Murray, 1994: ch. 22, esp. 543-544.

31 Goddard, 1920.

32 이러한 문헌은 방대하다. Fraser, 1995과 Gould, 1994를 참조하라.

33 Raine, 1993: 215.

34 Raine, 1993: 220-221. Raine과 Venables의 연구의 원판은 1981년 출판되었다.

35 Raine, 1993: 220-221.

36 Rowe, 2002: ch. 3; Walsh, 2002: 59.

37 예컨대 강간에 대한 설명은 Thornhill and Palmer, 2000에서 찾아볼 수 있다.

38 Hamilton, 1964.

39 Daly and Wilson, 1988: 10.

40 Daly and Wilson, 1988: 23.

41 Daly and Wilson, 1988: esp. 83-93; Raine, 1993: 43-44.

42 Ellis and Walsh, 1997; Campbell, 1999; Campbell, Muncer, and Bibel, 2001.

43 Campbell 1999; Walsh, 1995: ch. 7.

44 Dawkins, (1976) 1989; Walsh, 2002: 72.

45 Walsh, 2002: 63, 65.

46 정신의 구획화라는 개념, 즉 두뇌의 특정한 부분이 특정한 업무를 맡는다는 개념은 골상학으로까지 거슬러 올라가지만 인간 두뇌에 내재한 보편적 문법 구조에 대한 언어학자 Noam Chomsky노암 촘스키 연구에 의해 1950년대에 부활하였다. Chomsky 연구에 근거해 Jerry Fodor제리 포더는 「정신 구획화 Modularity of Mind, 1983」에서 정신의 구획화라는 개념을 다시 소개하였다. 그 이후 Leda Cosmides 리더 코스미디스와 John Tooby 존 투비는 정신의 구조가 자연선택에 대응하여 진화하였다는 주장을 하며 정신의 구획화라는 개념을 진화심리학과 통합하였다. Barkow, Cosmides, and Tooby, 1995를 참조하라. William Uttal는 정신의 구획화라는 개념을 「신골상학 The New Phrenology, 2003」이라는 책에서 비판하였다. 침팬지의 회유와 공감에 대한 최근 연구가 인간의 도덕적 능력이 진화해왔다는 개념을 뒷받침하는 것으로 보인다. 이에 대해서는 de Waal, 1996과 Wade, 2007을 참조하라.

47 Walsh, 2000: 841, 854.

48 Richerson and Boyd, 2005.

49 Richerson and Boyd, 2005: 190.

50 Richerson and Boyd, 2005: 194.

51 Richerson and Boyd, 2005: 196.

52 Richerson and Boyd, 2005: 215.

53 Raine, 1993: 2, emphasis in original.

54 Duster, 2006; N. Rose, 2007.

55 Dalton, 1977, 1980; see also Fishbein, 1992.

56 Horney, 1978.

57 이와 관련된 영국과 미국의 사례에 대한 자세한 고찰을 보려면 Grose, 1998과 Brown, 1991을 참조하라.

58 Fishbein, 1992.

59 Denno, 2005; West and Lichtenstein, 2006.

60 Zuckerman, 2002.

61 Walsh, 2002: 193. 폭력적인 하위문화가 테스토스테론 수치를 높일 수도 있음을 유의해야 한다.

62 테스토스테론 연구는 Raine, 1993과 Rowe, 2002에서 검토되었다.

63 Sylvers et al., 2009.

64 예컨대 Tancredi, 2005를 살펴보라.

65 Fishbein, 2001: 35-36; Raine, 1993: 83; Walsh, 1995: 48-50.

66 Frith, 2013.

67 Ishikawa and Raine, 2002a.

68 Walsh, 2002: 208.

69 Frith, 2013.

70 Fishbein, 2001: 37.

71 Tancredi, 2005: 110.

72 Raine, 2002a.

73 Lombroso and Ferrero, (1893) 2004; Lombroso, (1876) 2006; Horn, 2003.

74 Ishikawa and Raine, 2002b; Raine, 1993: 174-178; Walsh, 2002: 115-116.

75 Ishikawa and Raine, 2002b; Raine, 1993: 165-174.

76 Ishikawa and Raine, 2002b; Rowe, 2002; Raine, 1993.

77 Ebstein and Belmaker, 2002; Ishikawa and Raine, 2002b; Zuckerman, 2002.

78 Rowe, 2002: 80; see also Raine, 2002c: 315.

79 Ebstein and Belmaker, 2002; Rowe, 2002: 81.

80 정신생리학과 범죄에 관한 최근 연구와 그러한 연구의 이론적 영향에 대한 고찰을 살펴보려면 Sylvers et al., 2009을 참조하라.

81 이러한 기술에 대해 자세히 살펴보려면 Raine, 1993과 Rowe, 2002를 참조하라. 기능적 자기공명영상은 사람들이 업무를 수행하거나 특정한 것을 인지하는 등 어떤 기능을 할 때 두뇌를 영상화한다.

82 Raine et al., 1998: 319.

83 Goldberg, 2001; Walsh, 2002.

84 Goldberg, 2001.

85 Goldberg, 2001; Raine et al., 1998; Walsh, 2002.

86 Goldberg, 2001; Tancredi, 2005.

87 Rowe, 2002: 86.

88 Raine et al., 1998; Rowe, 2002; Tancredi, 2005; see also Goldberg, 2001.

89 Carey, 2005. 부상 중인 가설에 따르면 전전두엽의 이상이 범죄자의 성별과 범죄의 유형^{예컨대 계획적 범죄자인지 우발적 범죄자인지}에 따라 다를 가능성이 있다고 한다. 일관성이 부족했던 연구 결과는 원인이 그러한 가능성 때문일 수 있다. Raine (1993)은 전두엽의 기능 이상이 폭력적인 범죄 행동의 기저에 있는 것으로 보이는 반면, 측두엽의 기능 이상은 성범죄의 원인이 되는 것으로 보인다고 보고한다.

90 Doidge, 2007.

91 Goldberg, 2001.

92 Adolphs, 2003.

93 Adolphs, 2003: 166.

94 Adolphs, 2003: 166.

95 Perry et al., 1995.

96 특히 Perry et al., 1995를 참조하라.

97 Goleman, 2006; see also Gazzaniga, 2005.

98 Goleman, 2006.

99 그러한 오래된 연구에는 다음이 포함된다. Goffman, 1982; Lemert, 1972; and Mead, 1967.

100 Eysenck, 1970: 68–69. Rafter, 2006b 또한 참조하라. 이러한 시기 동안 유전자를 직접적으로 연구하지 않으면서 유전학적 연구를 수행한 Johannes Lange^{요하네스 랑게}(1930)와 다른 쌍둥이 연구가들은 예외다. 우생학적인 가계 연구를 수행했던 자들 역시 예외라고 할 수 있다. Rafter, 1988을 참조하라.

101 Jacobs et al., 1965; Daly, 1969; see also Perlin, 1999; Walters and White, 1989.

102 Blackburn, 1993.

412 ·· 범죄자의 뇌

103 Wolfgang, Figlio, and Sellin, 1972.

104 Moffitt, 1993.

105 이러한 질문에 해답을 제기하고 뒤쫓는 데 David P. Farrington데이비드 P. 패링턴의 연구도 중요했다. 나중에 이뤄진 고찰은 Farrington, 1998에서 볼 수 있다.

106 Duster, 2006.

107 Wilson and Herrnstein, 1985.

108 Rowe and Osgood, 1984: 527-528.

109 Dugdale, 1877; Goddard, 1912; Rafter, 1988.

110 가계연구에 대한 자세한 내용을 살펴보려면 Walters and White, 1989를 참조하라.

111 Galton의 쌍둥이 연구는 Gillham, 2001의 14장에서 논의된다.

112 Lange, 1930.

113 Blackburn, 1993; Ishikawa and Raine, 2002a; Walters and White, 1989. 설문지와 비행 활동에 대한 자기 보고를 이용한 쌍둥이 연구의 예는 Rowe and Osgood, 1984에서 확인할 수 있다.

114 Walters and White, 1989; Blackburn, 1993; see also Rhee and Waldman, 2002. 쌍둥이 연구에 대한 활발한 옹호에 대해서는 Moffitt and Beckley, 2015를 참조하라.

115 Mednick, Gabrielli, and Hutchings, 1984.

116 Mednick, Gabrielli, and Hutchings, 1984: 224.

117 Blackburn, 1993: 141.

118 Baker, Bezdjian, and Raine, 2006: 17.

119 Raine, 2002b, 2002c.

120 이와 같이 광범위한 요인과 유전적 수준으로 구분하는 방식은 Baker, Bezdjian, and Raine, 2006으로부터 차용하였다.

121 Raine, 1993; Ishikawa and Raine, 2002a.

122 Baker, Bezdjian, and Raine, 2006.

123 Baker, Bezdjian, and Raine, 2006; Elliott and Mirsky, 2002.

124 Brunner et al., 1993; Mestel, 1993.

125 Richardson, 1993.

126 게다가 다른 연구자들은 Brunner의 연구 양상을 되풀이할 수 없었다. 이에 대해서는 Stamps et al., 2001을 참조하라.

127 Caspi et al., 2002.

128 특히 Baker, Bezdjian, and Raine, 2006: 37-39를 참조하라.

129 큰따옴표로 처리한 용어는 Moffitt, 1993에서 사용한 용어를 가져온 것이다.

130 Taylor, Iacono, and McGue, 2000: 634.

131 Taylor, Iacono, and McGue, 2000.

132 예컨대 다음을 참조하라. Hare, 1993; Millon et al., 2002; Zuckerman, 2002.

133 American Psychiatric Association, 2000.

134 Hare, 1993: 76-78.

135 Baker, Bezdjian, and Raine, 2006; Ishikawa and Raine, 2002b; Zuckerman, 2002.

136 Baker, Bezdjian, and Raine, 2006: esp. 20; Ebstein and Belmaker, 2002; Raine, 1993; Rowe, 2002; Zuckerman, 2002.

137 Baker, Bezdjian, and Raine, 2006: 23; see also Blair, Mitchell, and Blair, 2005, and Sylvers et al., 2009. Raine은 사이코패스적 인격에 대한 증거를 검토하고 그러한 인격이 대물림되는 특성이라는 타당한 증거가 없다고 결론 내렸다(1993: 79).

138 Caspi et al., 2002: 851.

139 Straits Times, 2003에 실린 Moffitt의 말이다.

140 이러한 많은 연구에 대한 유용한 이론적 요약은 Tibbetts, 2003에서 찾아볼 수 있다. 덜 이론적이지만 역시 철두철미하며 유용한 설명은 Sylvers et al., 2009에서 볼 수 있다.

10. 동반자가 된 생물학적 범죄학과 사회학적 범죄학

1 Duntley and Buss, 2011.

2 Rhule-Louie and McMahon, 2007.

3 Fleming, White, and Catalano, 2010; see also Moffitt, Robins, and Caspi, 2001; Rhule-Louie and McMahon, 2007.

4 Boutwell, Beaver, and Barnes, 2012.

5 Buss, 1999.

6 Nedelec and Beaver, 2012.

7 Zahn-Waxler, Robinson, and Emde, 1992.

8 Bloom, 2013.

9 Walsh, 2000; West, Griffin, and Gardner, 2007.

10 Fehr and Gächter, 2002; see also Bloom, 2013.

11 Bloom, 2013.

12 De Waal, 2009: 36.

13 Iacoboni, 2009. 하지만 거울뉴런의 역할과 중대성에 대해서는 치열한 논의가 이뤄지고 있다는 것을 유념하라(Bloom, 2013 참조).

14 이를 다룬 연구에 대한 설명과 논의를 보려면 Posick, Rocque, and DeLisi, 2015 를 참조하라.

15 Schaffer, Clark, and Jeglic, 2009.

16 가벼운 비행이 정상임을 보여주는 자기보고 연구에 대한 종합적인 검토는 Thornberry and Krohn, 2000에서 확인할 수 있다.

17 Nordqvist, 2015.

18 Nordstrom et al., 2011.

19 Giedd and Rapoport, 2010.

20 Paus, 2005; see also Collins, 2004.

21 Steinberg, 2005, 2008.

22 Raine et al., 1994.

23 Rocque, Raine, and Welsh, 2013.

24 Kiehl et al., 2004; Müller et al., 2003; Pardini and Phillips, 2010.

25 Krause et al., 2012; See also Posick, Rocque, and Rafter, 2014.

26 Davis and Whalen, 2001.

27 Jarrard, 1995; Moser and Moser, 1998; Raine, 2013.

28 Nordstrom et al., 2011.

29 Raine et al., 1994.

30 Raine et al., 2000.

31 Tuvblad, 2015: 91; Vaske and Boisvert, 2015: 134. 이 두 참조 모두 유전자의 변이체 및 변이체가 행동에 미치는 영향에 대한 훌륭한 개요를 제공한다.

32 Reif et al., 2007: 2375.

33 Baker, Bezdjian, and Raine, 2006.

34 Buckholtz et al., 2010.

35 Dabbs, Riad, and Chance, 2001; Soler, Vinayak, and Quadagno, 2000.

36 Alvarez and Bachman, 2013.

37 Banks and Dabbs, 1996; Dabbs and Morris, 1990.

38 McBurnett et al., 2000.

39 Virkkunen, 1985; Holi et al., 2006.

40 Portnoy et al., 2014.

41 Raine et al., 2014.

42 Gao et al., 2015.

43 후성유전학에 대한 훌륭한 요약 및 후성유전학이 사회학과 어떻게 연관되는지 는 Landecker and Panofsky, 2013에서 확인할 수 있다.

44 Walsh, Johnson, and Bolen, 2012: 317.

45 Landecker and Panofsky, 2013: 349.

46 Walsh, Johnson, and Bolen, 2012; Wong et al., 2011.

47 Vassoler et al., 2013.

48 Moffitt와 Beckley는 범죄 행동을 연구하는 데 후성유전학이라는 새로운 분야가 가지는 결점을 논의한다(Moffitt and Beckley, 2015).

49 Steinberg, 2013: 513.

50 Heinrick, 2006.

51 Morse, 2008.

52 Satel and Lilienfeld, 2013: 108.

53 Denno, 2011.

54 Denno, 2011: 1028.

55 N. Rose, 2000.

56 Olds et al., 1986.

57 Kirby et al., 2010; Hamazaki et al., 1996.

58 Schoenthaler, 1983.

59 Farrington and Welsh, 2007; Olds et al., 2007.

60 Rocque, Welsh, and Raine, 2012; Welsh and Farrington, 2001.

61 Landenberger and Lipsey, 2005.

62 Vaske, Galyean, and Cullen, 2011: 95.

63 Goldstein and Volkow, 2002.

64 Chandler, Fletcher, and Volkow, 2009.

65 Walsh, Johnson, and Bolen, 2012; Egli et al., 2009.

66 Dmitrieva et al., 2012.

67 Raine et al., 2003.

68 Raine et al., 2003.

69 Pustilnik, 2009: 212.

70 Pustilnik, 2009: 190.

71 Friedrichs, 2009.

72 Sutherland, 1940: 2.

73 Bennett, Miller, and Wolford, 2009; see also Bell, 2012.

74 Burt and Simons, 2014: 246.

75 Tonry, 2012.

76 Raine, 2013. Raine은 「폭력의 해부The Anatomy of Violence」 보급판paperback edition에서는 초기 양장본에는 실리지 않은 매우 중요한 세 문장을 추가하였다. Raine은 "내가 롬브로소 프로그램이나 부모 자격 검사 같은 프로그램을 지지하는 게 아니라는 점을 아주 분명히 말해두고 싶다. 민주주의 사회는 개인의 권리를 중시한다. 그럼에도 불구하고 어떻게 우리가 사회를 더 잘 보호하고 미래의 폭력을 더 잘 예방할 수 있는지에 대한 보다 폭넓은 관점을 고려해봤으면 하는 것이다."라고 말하였다(368).

77 Focquaert, 2014.

78 Spiegel, 2011.

11. 생물사회학적 범죄학의 미래

1   Bearman, 2008: v.

2   Burt and Simons, 2014.

3   Burt and Simons, 2014; Barnes et al., 2014.

4   Beaver et al., 2015.

5   L. Ellis, 1996.

6   Buck v. Bell, Superintendent, 274 U.S. 200 (1927).

7   Walsh, 2014.

8   Barnes et al., 2014.

9   See Rhee and Waldman, 2002; Turner et al., 2011.

10 Rousseau, (1754) 1992.

11 Lane, 1976: 4에 인용되었다.

12 Favazza, 1977; see also Harris, 1998.

13 Rutter et al., 2010.

14 L. Ellis, 1996.

15 Ellis et al., 2012; Beaver et al., 2011, 2014.

16 Beaver et al., 2014.

17 Harris, 1998.

18 L. Ellis, 1996: 24.

19 See, also, Massey, 2015.

20 Barnes et al., 2014: Moffitt and Beckley, 2015.

21 Beaver et al., 2014.

22 See Scutti, 2014.

23 See Whiteman, 2014.

24 Scarr, 1997: 3.

25 Lerner, 2006: 338.

26 Wright et al., 2008.

27 Cooper, Walsh, and Ellis, 2010.

28 Akers, 1992.

29 Walsh and Beaver, 2009: 11.

30 Daw, Guo, and Harris, 2015.

31 Daw, Guo, and Harris, 2015.

32 Daw, Guo, and Harris, 2015: 422.

33 Roth 2011: 537.

34 Roth 2011: 545.

35 McCaghy et al., 2008.

36 Marks, 1996.

37 Bryc et al., 2015.

38 Smedley and Smedley, 2005.

39 하지만 이 관점에 대한 도전은 J. Butler, 1990, 1993에서 살펴볼 수 있다.

40 Unnever, 2013; Massey, 2015.

41 Harlow and Harlow, 1962; Harlow, Harlow, and Hansen, 1963.

42 De Waal, 1989.

43 L. Ellis, 1996.

44 Phelan, Link, and Feldman, 2013: 167.

45 L. Ellis, 1996: 28.

46 Gieryn, 1999: 2.

47 Vaughn and DeLisi, 2015.

48 Raine, Brennan, and Mednick, 1994.

49 Raine, 2002b: 71.

50 Rocque, Welsh, and Raine, 2012.

51 Raine, 2002c.

52 DeLisi et al., 2009.

53 Barnes and Jacobs, 2013.

54 Dick et al., 2015.

55 Walsh and Yun, 2014: 411.

56 Akers, 2011.

57 Vaske and Boisvert, 2015.

58 Beaver et al., 2015: 15.

59 Gottfredson and Hirschi, 1990.

60 Connolly and Beaver, 2014; Wright and Beaver, 2005

61 자기통제의 신경학적 원리에 대한 철저한 검토는 DeLisi, 2015에서 확인할 수 있다.

62 See Moffitt, 1993.

63 Farrington, 2003.

64 Steinberg, 2005.

65 Forrest and Hay, 2011. 성장의 관점에서 자기통제의 개요를 서술하는 Pratt, 2015 역시 확인하라.

66 See Beaver et al., 2007; DeLisi et al., 2009; Raine, 2013.

67 Rocque, Posick, and Felix, 2015.

68 See Burt and Simons, 2014; Moffitt and Beckley, 2015; Wright et al., 2015.

69 Massey, 2015.

70 Massey, 2002.

71 Cullen, 2011; Wright and Boisvert, 2009.

72 Rebellon, Barnes, and Agnew, 2015.

73 Wright and Boisvert, 2009.

참고문헌

Abernethy, John. 1821. *Reflections on Gall and Spurzheim's System of Physiognomy and Phrenology.* London: Longman, Hurst, Rees, Orme, and Brown.

About.com. 2014. Profile of Andrea Yates. Last updated 16 December. http://crime. about.com/od/current/p/andreayates.htm.

Adolphs, Ralph. 2003. Cognitive neuroscience and human social behavior. *Nature Reviews/Neuroscience* 4:165–178.

Akers, Ronald L. 1992. Linking sociology and its specialties: The case of criminology. *Social Forces* 71:1–16.

_____. 2011. *Social Learning and Social Structure: A General Theory of Crime and Deviance.* New Brunswick, NJ: Transaction.

Allen, Garland E. 1975. Genetics, eugenics and class struggle. Supplement, *Genetics* 79 (June): 29–45.

Alvarez, Alex, and Ronet Bachman. 2013. *Violence: The Enduring Problem.* Thousand Oaks, CA: Sage.

American Journal of Insanity. 1863. On moral insanity (discussion of paper by Dr. McFarland). 20:63–106.

American Psychiatric Association. 2000. *Diagnostic and Statistical Manual of Mental Disorders.* 4th ed. Washington, DC: American Psychiatric Association.

Arpey, Andrew W. 2003. *The William Freeman Murder Trial: Insanity, Politics, and Race.* Syracuse, NY: Syracuse University Press.

Aschaffenburg, Gustav. (1913) 1968. *Crime and Its Repression.* Repr., Montclair, NJ: Patterson Smith. Originally published in German in 1903.

Augstein, Hannah F. 1996. J. C. Prichard's concept of moral insanity: A medical theory of the corruption of human nature. *Medical History* 40:311–343.

Axelrod, Alan. 2002. *The Life and Work of Benito Mussolini.* Indianapolis: Alpha/Pearson.

Ayass, Wolfgang. 1988. Vagrants and beggars in Hitler's Reich. In *The German Underworld: Deviants and Outcasts in German History,* ed. Richard J. Evans, 210–237. London: Routledge.

Baker, Laura A., Serena Bezdjian, and Adrian Raine. 2006. Behavioral genetics: The science of antisocial behavior. *Law and Contemporary Problems* 69 (7): 7–46.

Banks, Marcus. 2001. *Visual Methods in Social Research.* London: Sage.

Banks, Terry, and James M. Dabbs Jr. 1996. Salivary testosterone and cortisol in a delinquent and violent urban subculture. *Journal of Social Psychology* 136:49–56.

Barbassa, Juliana. 2005. Politics: Bennett under fire for remarks on blacks, crime. CNN.com, 30 September. http://www.cnn.com/2005/POLITICS/09/30/bennett. comments/.

Barkan, Steven E. 2012. *Criminology: A Sociological Understanding.* Upper Saddle River, NJ: Prentice Hall.

Barker, F. G., II. 1995. Phineas among the phrenologists: The American crowbar case and 19th-century theories of cerebral localization. *Journal of Neurosurgery* 82:672–682.

Barkow, Jerome H., Leda Cosmides, and John Tooby, eds. 1995. *The Adapted Mind: Evolutionary Psychology and the Generation of Culture.* New York: Oxford University Press.

Barnes, Harry Elmer, and Negley K. Teeters. 1944. *New Horizons in Criminology.* New York: Prentice Hall.

Barnes, J. C., and Bruce A. Jacobs. 2013. Genetic risk for violent behavior and environmental exposure to disadvantage and violent crime: The case for gene-environment interaction. *Journal of Interpersonal Violence* 28:92–120.

Barnes, J. C., John Paul Wright, Brian B. Boutwell, Joseph A. Schwartz, Eric J. Connolly, Joseph L. Nedelec, and Kevin M. Beaver. 2014. Demonstrating the validity of twin research in criminology. *Criminology* 52:588–626.

Barnicle, Mike. 1990. A life ruined, or one misspent. *Boston Globe*, 9 January, 17.

Barr, Martin. 1895. Moral paranoia. In *Proceedings of the Association of Medical Officers of American Institutions for Idiotic and Feeble-Minded Persons*, 522 –531. Faribault, MN: Institute for Defectives.

_____. (1904) 1973. *Mental Defectives: Their History, Treatment and Training.* Repr., New York: Arno.

Battaglini, Giulio. 1914. Eugenics and the criminal law. *Journal of Criminal Law and Criminology* 5:12–15.

Bearman, Peter. 2008. Exploring genetics and social structure. *American Journal of Sociology* 114 (S1): v–x.

Beaver, Kevin M., Christina Mancini, Matt DeLisi, and Michael G. Vaughn. 2011. Resiliency to victimization: The role of genetic factors. *Journal of Interpersonal Violence* 26:874–898.

Beaver, Kevin M., Joseph L. Nedelec, Christian da Silva Costa, and Maria Margareth Vidal. 2015. The future of biosocial criminology. *Criminal Justice Studies* 28 (1): 6–17.

Beaver, Kevin M., Joseph A. Schwartz, Mohammed Said Al–Ghamdi, Ahmed Nezar Kobeisy, Curtis S. Dunkel, and Dimitri van der Linden. 2014. A closer look at the role of parenting–related influences on verbal intelligence over the life course: Results from an adoption–based research design. *Intelligence* 46:179–187.

Beaver, Kevin M., John Paul Wright, Matt DeLisi, Leah E. Daigle, Marc L. Swatt, and Chris L. Gibson. 2007. Evidence of a gene × environment interaction in the creation of victimization: Results from a longitudinal sample of adolescents. *International Journal of Offender Therapy and Comparative Criminology* 51 (6): 620–645.

Beccaria, Cesare. (1764) 1963. *On Crimes and Punishments.* Repr., trans. Henry Paolucci. Indianapolis: Bobbs–Merrill.

Becker, Peter, and Richard F. Wetzell, eds. 2006. *Criminals and Their Scientists: The History of Criminology in International Perspective.* New York: Cambridge University Press.

Beirne, Piers. 1988. Heredity versus environment: A reconsideration of Charles Goring's *The English Convict* (1913). *British Journal of Criminology* 28:315–339.

_____. 1991. Inventing criminology: The "science of man" in Cesare Beccaria's *Dei delitti e delle penne* (1764). *Criminology* 29:777–820.

_____. 1993. *Inventing Criminology: Essays on the Rise of Homo Criminalis.* Albany: State University of New York Press.

_____, ed. 1994. *The Origins and Growth of Criminology: Essays on Intellectual History, 1760–1945.* Aldershot, UK: Dartmouth.

Bell, Vaughan. 2012. The trouble with brain scans. *Guardian*, 26 May. http://www.theguardian.com/science/2012/may/27/brain-scans-flaws-vaughan-bell.

Benedikt, Moriz. (1881) 1981. *Anatomical Studies upon Brains of Criminals.* Repr., New York: Da Capo.

Bennett, Craig M., Michael B. Miller, and George L. Wolford. 2009. Neural correlates of interspecies perspective taking in the post-mortem Atlantic salmon: An argument for multiple comparisons. *Neuroimage* 47 (Suppl. 1): S125.

Bentham, Jeremy. (1789) 1948. *The Principles of Morals and Legislation*. Repr., New York: Hafner.

Bethune, Maximilian de, Duke of Sully. 1756. *Memoirs*. Vol. 3. London: A. Millar, R. and J. Dodsley, and W. Shropshire.

Black, Peter. 2006. Review of *Hitler's Kriminalisten*, by Patrick Wagner (Munich, 2002). *Holocaust and Genocide Studies* 20:129–131.

Blackburn, Ronald. 1993. *The Psychology of Criminal Conduct: Theory, Research and Practice*. New York: Wiley.

Blair, James, Derek Mitchell, and Karina Blair. 2005. *The Psychopath: Emotion and the Brain*. Malden, MA: Blackwell.

Bloom, Paul. 2013. *Just Babies: The Origins of Good and Evil*. New York: Crown.

Bloor, David. 1991. *Knowledge and Social Imagery*. 2nd ed. Chicago: University of Chicago Press.

Boies, Henry. 1893. *Prisoners and Paupers*. New York: G. P. Putnam's Sons.

Bondio, Mariacarla Gadebusch. 2006. From the "atavistic" to the "inferior" criminal type: The impact of the Lombrosian theory of the born criminal on German psychiatry. In *Criminals and Their Scientists: The History of Criminology in International Perspective*, ed. Peter Becker and Richard F. Wetzell, 183–206. New York: Cambridge University Press.

Bosworth, R. J. B. 2002. *Mussolini*. New York: Oxford University Press.

Boutwell, Brian B., Kevin M. Beaver, and J. C. Barnes. 2012. More alike than different: Assortative mating and antisocial propensity in adulthood. *Criminal Justice and Behavior* 39:1240–1254.

Bowler, Peter J. 2003. *Evolution: The History of an Idea*. 3rd ed. Berkeley: University of California Press.

Brockway, Zebulon R. 1871. The ideal of a true prison system for a state. In *Transactions of the National Congress on Penitentiary and Reformatory Discipline, 1870*, ed. E. C. Wines, 38–65. Albany, NY: Weed, Parsons.

Brown, DeNeen L. 1991. PMS defense successful in Va. drunken driving case. *Washington Post*, 7 June, 1.

Bruinius, Harry. 2006. *Better for All the World: The Secret History of Forced*

Sterilization and America's Quest for Racial Purity. New York: Vintage.

Brunner, H. G., M. Nelen, X. O. Breakefield, H. H. Ropers, and B. A. van Oost. 1993. Abnormal behavior associated with a point mutation in the structural gene for monoamine oxidase A. *Science* 262:578–580.

Bryc, Katarzyna, Eric Y. Durand, J. Michael Macpherson, David Reich, and Joanna L. Mountain. 2015. The genetic ancestry of African Americans, Latinos, and European Americans across the United States. *American Journal of Human Genetics* 96:37–53.

Buckholtz, Joshua W., Michael T. Treadway, Ronald L. Cowan, Neil D. Woodward, Stephen D. Benning, Rui Li, M. Sib Ansari, et al. 2010. Mesolimbic dopamine reward system hypersensitivity in individuals with psychopathic traits. *Nature Neuroscience* 13:419–421.

Bulmer, Michael. 2003. *Frances Galton: Pioneer of Heredity and Biometry*. Baltimore: Johns Hopkins University Press.

Burnham, John Chynoweth. 1960. Psychiatry, psychology and the Progressive movement. *American Quarterly* 12:457–465.

Burrow, John W. 1968. Editor's introduction to *The Origin of Species*, by Charles Darwin. London: Penguin.

Burt, Callie H., and Ronald L. Simons. 2014. Pulling back the curtain on heritability studies: Biosocial criminology in the postgenomic era. *Criminology* 52:223–262.

Burt, Cyril. 1925. *The Young Delinquent*. London: University of London Press.

Buss, David M. 1999. *Evolutionary Psychology: The New Science of the Mind*. Needham Heights, MA: Allyn and Bacon.

Butler, Judith. 1990. *Gender Trouble: Feminism and the Subversion of Identity*. New York: Routledge.

———. 1993. *Bodies That Matter: On the Discursive Limits of "Sex."* New York: Routledge.

Butler, Samuel. (1872) 1967. *Erewhon*. Repr., New York: Airmont.

Bynum, William F., Jr. 1981. Rationales for therapy in British psychiatry, 1780–1835. In *Madhouses, Mad-doctors, and Madmen*, ed. Andrew Scull, 35–57. London: Athlone.

Campbell, Anne. 1999. Staying alive: Evolution, culture, and women's intrasexual aggression. *Behavioral and Brain Sciences* 22:203–252.

Campbell, Anne, Steven Muncer, and Daniel Bibel. 2001. Women and crime: An evolutionary approach. *Aggression and Violent Behavior* 6:481-497.

Cantor, G. N. 1975. The Edinburgh phrenology debate: 1803-1828. *Annals of Science* 32:195-218.

Cantor, Nathaniel. 1936. Recent tendencies in criminological research in Germany. *American Sociological Review* 1:407-418.

Carey, Benedict. 2005. Can brain scans see depression? *New York Times*, 18 October, D1, D6.

Carlson, Eric T. 1958. The influence of phrenology in early American psychiatric thought. *American Journal of Psychiatry* 115:535-538.

Carlson, Eric T., and Norman Dain. 1962. The meaning of moral insanity. *Bulletin of the History of Medicine* 36:130-140.

Carlson, Eric T., and Meribeth M. Simpson. 1965. Benjamin Rush's medical use of the moral faculty. *Bulletin of the History of Medicine* 39:22-33.

Carter, J. E. Lindsay, and Barbara Honeyman Heath. 1990. *Somatotyping: Development and Applications*. Cambridge: Cambridge University Press.

Caspi, Avshalom, Joseph McClay, Terrie E. Moffitt, Jonathan Mill, Judy Martin, Ian W. Craig, Alan Taylor, and Richie Poulton. 2002. Role of genotype in the cycle of violence in maltreated children. *Science* 297 (5582): 851-854.

Chandler, Redonna K., Bennett W. Fletcher, and Nora D. Volkow. 2009. Treating drug abuse and addiction in the criminal justice system: Improving public health and safety. *JAMA* 301:183-190.

Charen, Mona. 2006. Andrea Yates, insanity and guilt. *Southern Illinoisan* 29 July. http://thesouthern.com/news/opinion/editorial/charen/andrea-yates-insanity-and-guilt/article_eac7cdc7-4347-59e5-a558-dbfb57472767.html.

Chio, A., R. Spreafico, G. Avanzini, P. Ghiglione, M. Vercellino, and R. Mutani. 2004. Cesare Lombroso, cortical dysplasia, and epilepsy: Keen findings and odd theories. *Neurology* 61 (10): 1412-1416.

Clay, John. 2001. *Maconochie's Experiment*. London: John Murray.

Cole, Simon A. 2002. *Suspect Identities: A History of Finger Printing and Criminal Identification*. Cambridge, MA: Harvard University Press.

Collie, Michael. 1988. *Henry Maudsley: Victorian Psychiatrist: A Bibliographical Study*. Winchester, UK: St. Paul's Bibliographies.

Collins, Raymond E. 2004. Onset and desistance in criminal careers: Neurobiology and the age-crime relationship. *Journal of Offender Rehabilitation* 39:1-19.

Combe, George. 1841. *Notes on the United States of North America during a*

Phrenological Visit in 1838-9-40. 3 vols. Edinburgh: Maclachlan, Steward.

_____. 1854. *Remarks on the Principles of Criminal Legislation and the Practice of Prison Discipline*. London: Simpkin, Marshall.

Combe, George, and C. J. A. Mittermaier. 1843. On the application of phrenology to criminal legislation and prison discipline. *Phrenological Journal*, n.s., 21:1 -19.

Connolly, Eric J., and Kevin M. Beaver. 2014. Examining the genetic and environmental influences on self-control and delinquency results from a genetically informative analysis of sibling pairs. *Journal of Interpersonal Violence* 29:707-735.

Cooper, Jonathon A., Anthony Walsh, and Lee Ellis. 2010. Is criminology moving toward a paradigm shift? Evidence from a survey of the American Society of Criminology. *Journal of Criminal Justice Education* 21:332-347.

Cooter, Roger. 1981. Phrenology and British alienists, ca. 1825-1845. In *Madhouses, Mad-doctors, and Madmen*, ed. Andrew Scull, 58-104. London: Athlone.

_____. 1984. *The Cultural Meaning of Popular Science: Phrenology and the Organization of Consent in Nineteenth-Century Britain*. Cambridge: Cambridge University Press.

Cortes, Juan B., and Florence M. Gatti. 1972. *Delinquency and Crime: A Biopsychosocial Approach*. New York: Seminar.

Cowan, Ruth Schwartz. 1972. Francis Galton's contribution to genetics. *Journal of the History of Biology* 5:389-412.

Cravens, Hamilton. 1987. Applied science and public policy: The Ohio Bureau of Juvenile Research and the problem of juvenile delinquency, 1915-1930. In *Psychological Testing and American Society 1890-1930*, ed. Michael M. Sokal, 158-194. New Brunswick, NJ: Rutgers University Press.

Cullen, Francis T. 2011. Beyond adolescence-limited criminology: Choosing our future-the American Society of Criminology 2010 Sutherland Address. *Criminology* 49:287-330.

Dabbs, James M., Jr., and Robin Morris. 1990. Testosterone, social class, and antisocial behavior in a sample of 4,462 men. *Psychological Science* 1:209-211.

Dabbs, James M., Jr., Jasmin K. Riad, and Susan E. Chance. 2001. Testosterone and ruthless homicide. *Personality and Individual Differences* 31:599-603.

d'Agostino, Peter. 2002. Craniums, criminals, and the "cursed race": Italian anthropology in American racial thought, 1861–1924. *Comparative Studies in Society and History* 44:310–343.

Dain, Norman. 1964. *Concepts of Insanity in the United States, 1789–1865.* New Brunswick, NJ: Rutgers University Press.

Dain, Norman, and Eric T. Carlson. 1962. Moral insanity in the United States 1835–1866. *American Journal of Psychiatry* 118:795–800.

Dalton, Katharina. 1977. *The Premenstrual Syndrome and Progesterone Therapy.* London: William Heinemann Medical Books.

_____. 1980. Cyclical criminal acts in premenstrual syndrome. *Lancet* 2:1070–1071.

Daly, Martin, and Margo Wilson. 1988. *Homicide.* New York: Aldine de Gruyter.

Daly, Richard F. 1969. Neurological abnormalities in XYY males. *Nature* 221:472–473.

D'Antonio, Emanuele di. 2001. Aspetti della rigenerazione ebraica e del sioismo in Cesare Lombroso. *Societá e Storia* 92:281–309.

Darwin, Charles. (1859) 1968. *The Origin of Species.* Repr., London: Penguin.

_____. (1871) 1981. *The Descent of Man, and Selection in Relation to Sex.* Repr., Princeton, NJ: Princeton University Press.

_____. (1872) 1999. *The Expression of the Emotions in Man and Animals.* Ed. Paul Ekman. Repr., London: HarperCollins/Fontana.

Datson, Lorraine, and Peter Galison. 1992. The image of objectivity. *Representations* 40 (Autumn): 81–128.

Davie, Neil. 2005. *Tracing the Criminal: The Rise of Scientific Criminology in Britain, 1860–1918.* Oxford, UK: Bardwell.

Davies, John. 1955. *Phrenology, Fad and Science: A 19th–Century Crusade.* New Haven, CT: Yale University Press.

Davis, Michael, and Paul J. Whalen. 2001. The amygdala: Vigilance and emotion. *Molecular Psychiatry* 6:13–34.

Daw, Jonathan, Guang Guo, and Kathie Mullan Harris. 2015. Nurture net of nature: Re–evaluating the role of shared environments in academic achievement and verbal intelligence. *Social Science Research* 52:422–439.

Dawkins, Richard. (1976) 1989. *The Selfish Gene.* Repr., New York: Oxford University Press.

Day, L. Edward, and Margaret Vandiver. 2000. Criminology and genocide studies: Notes on what might have been and what still could be. *Crime, Law and Social Change* 34:43–59.

Degler, Carl N. 1991. *In Search of Human Nature: The Decline and Revival of Darwinism in American Social Thought.* New York: Oxford University Press.

de Guistino, David. 1975. *The Conquest of Mind: Phrenology and Victorian Social Thought.* London: Croom Helm.

DeLisi, Matt. 2015. Low self-control is a brain-based disorder. In *The Nature versus Biosocial Debate in Criminology: On the Origins of Criminal Behavior and Criminality,* ed. Kevin M. Beaver, J. C. Barnes, and Brian B. Boutwell, 172–182. Thousand Oaks, CA: Sage.

DeLisi, Matt, Kevin M. Beaver, Michael G. Vaughn, and John Paul Wright. 2009. All in the family: Gene × environment interaction between DRD2 and criminal father is associated with five antisocial phenotypes. *Criminal Justice and Behavior* 36:1187–1197.

Denno, Deborah W. 2003. Who is Andrea Yates? A short story about insanity. *Duke Journal of Gender, Law and Policy* 10:141–148.

_____. 2005. Commentary. In *Understanding Crime: A Multidisciplinary Approach,* ed. Susan Guarino-Ghezzi and A. Javier Trevino, 175–180. Cincinnati, OH: LexisNexus Anderson.

_____. 2011. Changing law's mind: How neuroscience can help us punish criminals more fairly and effectively. Fordham Law Legal Studies Research Paper   1909958. http://papers.ssrn.com/sol3/papers.cfm?abstract_id=1909958.

de Quiros, Bernaldo. 1912. *Modern Theories of Criminality.* Boston: Little, Brown.

de Waal, Frans. 1989. *Peacekeeping among Primates.* Cambridge, MA: Harvard University Press.

_____. 1996. *Good Natured: The Origins of Right and Wrong in Humans and Other Animals.* Cambridge, MA: Harvard University Press.

_____. 2009. *The Age of Empathy.* New York: Three Rivers.

Dick, Danielle M., Arpana Agrawal, Matthew C. Keller, Amy Adkins, Fazil Aliev, Scott Monroe, John K. Hewitt, Kenneth S. Kendler, and Kenneth J. Sher. 2015. Candidate gene-environment interaction research reflections and recommendations. *Perspectives on Psychological Science* 10:37–59.

Dick, Philip K. 1956. The minority report. *Fantastic Universe,* January, 4–36.

Dickie, John. 1999. *Darkest Italy: The Nation and Stereotypes of the Mezzogiorno, 1860–1900.* London: Macmillan.

Digby, Anne. 1985. *Madness, Morality and Medicine: A Study of the York Retreat, 1786–1914.* Cambridge: Cambridge University Press.

Dmitrieva, Julia, Kathryn C. Monahan, Elizabeth Cauffman, and Laurence Steinberg. 2012. Arrested development: The effects of incarceration on the development of psychosocial maturity. *Development and Psychopathology* 24 (3): 1073–1090.

Doidge, Norman. 2007. *The Brain That Changes Itself.* New York: Viking.

Dolza, Delfina. 1990. *Essere figlie di Lombroso: Due donne intellecttuali tra '800 e '900.* Milan, Italy: Franco Angeli.

Donohue, John J., III, and Steven D. Levitt. 2001. The impact of legalized abortion on crime. *Quarterly Journal of Economics* 116:379–420.

Douglas, Mary. 1966. *Purity and Danger: An Analysis of Concepts of Pollution and Taboo.* New York: Routledge and Kegan Paul.

Dugdale, Richard. 1877. *"The Jukes": A Study in Crime, Pauperism, Disease and Heredity; also Further Studies of Criminals.* New York: G. P. Putnam's Sons.

Duggan, Christopher. 1994. *A Concise History of Italy.* Cambridge: Cambridge University Press.

Dunn, James Taylor, and Louis C. Jones. 1955. Crazy Bill had a down look. *American Heritage* 6 (5). http://www.americanheritage.com/articles/magazine/ah/1955.

Dunnage, Jonathan. 1997. Continuity in policing politics in Italy, 1920–1960. In *The Policing of Politics in the Twentieth Century,* ed. Mark Mazower, 57–90. Oxford, UK: Berghahn Books.

_____. 2003. The policing of an Italian province during the Fascist period: Siena, 1926–1943. In *Conflict and Legality: Policing Mid-Twentieth Century Europe,* ed. Gerard Oram, 23–41. London: Francis Boutle.

Duntley, Joshua D., and David M. Buss. 2006. Comparative perspectives and competing explanations: Taking on the newly configured reductionist challenge to sociology. *American Sociological Review* 71:1–15.

_____. 2011. Homicide adaptations. *Aggression and Violent Behavior* 16:399–410.

Ebstein, Richard P., and Robert H. Belmaker. 2002. Genetics of sensation or novelty seeking and criminal behavior. In *The Neurobiology of Criminal Behavior,* ed. Joseph Glicksohn, 51–80. Boston: Kluwer Academic.

Egli, Nicole, Miriam Pina, Pernille Skovbo Christensen, Marcelo Aebi, and Martin Killias. 2009. Effects of drug substitution programs on offending among drug-addicts. *Campbell Systematic Reviews* 3.

Eigen, Joel Peter. 1995. *Witnessing Insanity: Madness and Mad-Doctors in the English Court.* New Haven, CT: Yale University Press.

Elliott, Adrienne K., and Allan F. Mirsky. 2002. Cognitive antecedents of violence and aggression. In *The Neurobiology of Criminal Behavior*, ed. Joseph Glicksohn, 111–136. Boston: Kluwer Academic.

Ellis, Bruce J., Marco Del Giudice, Thomas J. Dishion, Aurelio José Figueredo, Peter Gray, Vladas Griskevicius, Patricia H. Hawley, et al. 2012. The evolutionary basis of

risky adolescent behavior: Implications for science, policy, and practice. *Developmental Psychology* 48:598–623.

Ellis, Havelock. 1890. *The Criminal*. London: Walter Scott.

Ellis, Lee. 1996. A discipline in peril: Sociology's future hinges on curing its biophobia. *American Sociologist* 27:21–41.

Ellis, Lee, and Anthony Walsh. 1997. Gene–based evolutionary theories in criminology. *Criminology* 35:229–276.

Evans, Richard J. 1996. *Rituals of Retribution: Capital Punishment in Germany, 1600–1987*. London: Penguin.

_____. 1999. Hans von Hentig and the politics of German criminology. In *Grenzgange: Deutsche Geschichte des 20*, ed. Angelika Ebbinghaus and Karl Heinz Roth, 238–264. Luneberg, Germany: Rechtssprechung und Historischer Forschung.

_____. 2005. *The Third Reich in Power, 1933–1939*. London: Allen Lane/Penguin.

Eysenck, Hans J. 1953. *The Structure of Human Personality*. London: Methuen.

_____. 1964. *Crime and Personality*. St. Albans, UK: Paladin.

_____. 1970. *Crime and Personality*. 2nd rev. ed. London: Paladin.

Eysenck, Hans J., and Gisli H. Gudjonsson. 1989. *The Causes and Cures of Criminality*. New York: Plenum.

Farnham, Eliza B. 1846. Introductory preface. In *Rationale of Crime*, by Marmaduke B. Sampson, xiii–xxi. New York: D. Appleton.

Farrington, David P. 1998. Predictors, causes, and correlates of male youth violence. *Crime and Justice* 24:421–475.

_____. 2003. Developmental and life–course criminology: Key theoretical and empirical issues–the 2002 Sutherland Award Address. *Criminology* 41:221–225.

Farrington, David P., and Brandon C. Welsh. 2007. *Saving Children from a Life of Crime*. Oxford: Oxford University Press.

Favazza, Armando R. 1997. Feral and isolated children. *British Journal of Medical*

Psychology 50:105–111.

Feeley, Malcolm, and Jonathan Simon. 1994. Actuarial justice: The emerging new criminal law. In *The Futures of Criminology*, ed. David Nelken, 173–201. London: Sage.

Fehr, Ernst, and Simon Gächter. 2002. Altruistic punishment in humans. *Nature* 41:137–140.

Fernald, Walter E. 1909. The imbecile with criminal instincts. *Journal of Psycho-Asthenics* 14:16–36. Originally written in 1908.

_____. 1918. Remarks. *Journal of Psycho-Asthenics* 23:98–99.

Fink, Arthur E. (1938) 1962. *Causes of Crime: Biological Theories in the United States, 1800–1915.* Repr., New York: A. S. Barnes.

Fishbein, Diana H. 1992. The psychobiology of female aggression. *Criminal Justice and Behavior* 19:99–126.

_____. 2001. *Biobehavioral Perspectives on Criminology.* Belmont, CA: Wadsworth.

Fleming, Charles B., Helene R. White, and Richard F. Catalano. 2010. Romantic relationships and substance use in early adulthood: An examination of the influences of

relationship type, partner substance use, and relationship quality. *Journal of Health and Social Behavior* 51:153–167.

Focquaert, Farah. 2014. Mandatory neurotechnological treatment: Ethical issues. *Theoretical Medicine and Bioethics* 35:59–72.

Fodor, Jerry A. 1983. *The Modularity of Mind.* Cambridge, MA: MIT Press.

Forrest, Walter, and Carter Hay. 2011. Life-course transitions, self-control and desistance from crime. *Criminology and Criminal Justice* 11:487–513.

Foucault, Michel. 1977. *Discipline and Punish: The Birth of the Prison.* New York: Pantheon.

_____. 1988. The dangerous individual. In *Michel Foucault: Politics, Philosophy, Culture*, ed. Lawrence D. Kritzman, 125–151. New York: Routledge.

Fraser, Steven, ed. 1995. *The Bell Curve Wars: Race, Intelligence, and the Future of America.* New York: Basic Books.

Freeden, Michael. 1979. Eugenics and progressive thought: A study in ideological affinity. *Historical Journal* 22:645–671.

Friedlander, Henry. 1995. *The Origins of the Nazi Genocide: From Euthanasia to the Final Solution.* Chapel Hill: University of North Carolina Press.

Friedrichs, David. 2009. *Trusted Criminals: White Collar Crime in Contemporary Society.* Belmont, CA: Wadsworth/Cengage Learning.

Frigessi, Delia. 2003. *Cesare Lombroso.* Turin, Italy: Einaudi Editore.

Frith, Chris. 2013. *Making Up the Mind: How the Brain Creates Our Mental World.* Malden, MA: Blackwell.

Gall, Frans Josef. 1825. *Sur les fonctions du cerveau et sur celles de chacune des parties.* 6 vols. Paris: J. B. Baillière.

_____. 1835. *On the Functions of the Brain and of Each of Its Parts.* 6 vols. Trans. Winslow Lewis Jr. Boston: Marsh, Capen, and Lynn.

Galton, Francis. 1869. *Hereditary Genius.* London: Watts.

_____. 1875. *English Men of Science: Their Nature and Nurture.* New York: Appleton.

_____. (1883) 1907. *Inquiries into Human Faculty and Its Development.* 2nd ed. London: J. M. Dent.

Gander, Eric M. 2003. *On Our Minds: How Evolutionary Psychology Is Reshaping the Nature-versus-Nurture Debate.* Baltimore: Johns Hopkins University Press.

Gao, Yu, Catherine Tuvblad, Anne Schell, Laura Baker, and Adrian Raine. 2015. Skin conductance fear conditioning impairments and aggression: A longitudinal study. *Psychophysiology* 52 (2): 288-295.

Garland, David. 1985. The criminal and his science. *British Journal of Criminology* 25 (2): 109-137.

_____. 1988. British criminology before 1935. *British Journal of Criminology* 28 (2): 1-17.

_____. 2002. Of crimes and criminals: The development of criminology in Britain. In *The Oxford Handbook of Criminology,* 3rd ed., ed. Mike Maguire, Rod Morgan, and Robert Reiner, 7-50. New York: Oxford University Press.

Garrett, H. E., and W. N. Kellogg. 1928. The relation of physical constitution to general intelligence, social intelligence, and emotional stability. *Journal of Experimental Psychology* 11:113-129.

Gasquet, J. R. 1882. On moral insanity. *Journal of Mental Science* 28:1-6.

Gatlin, Stephen H. 1998. William H. Sheldon and the culture of the somatotype. Ph.D. diss., Virginia Polytechnic Institute and State University.

Gazzaniga, Michael S. 2005. *The Ethical Brain.* New York: Harper Perennial.

Gelb, Steven A. 1995. The beast in man: Degenerationism and mental retardation,

1900–1920. *Mental Retardation* 33 (1): 1–9.

Gellately, Robert. 2001. Police justice, popular justice, and social outsiders in Nazi Germany. In *Social Outsiders in Nazi Germany*, ed. Robert Gellately and Nathan Stoltzfus, 256–272. Princeton, NJ: Princeton University Press.

Gellately, Robert, and Nathan Stoltzfus. 2001. Social outsiders and the construction of the community of the people. In *Social Outsiders in Nazi Germany*, ed. Robert Gellately and Nathan Stoltzfus, 3–19. Princeton, NJ: Princeton University Press.

Geoffroy Saint-Hilaire, Étienne. 1822. *Philosophie anatomique: Des monstruosités humaines.* Paris: Chez l'auteur.

Geoffroy Saint-Hilaire, Isidore. 1832–1836. *Histoire générale et particulière des anomalies de l'organisation, des monstruosités, ou traité de tératologie; avec atlas.* 3 vols. Paris: J.-B. Baillière.

Gibbens, T. C. N. 1963. *Psychiatric Studies of Borstal Lads.* London: Oxford University Press.

Gibson, Mary. 1998. Biology or environment? Race and southern "deviancy" in the writings of Italian criminologists. In *Italy's "Southern Question": Orientalism in One Country*, ed. Jane Schneider, 99–115. New York: Berg.

_____. 2002. *Born to Crime: Cesare Lombroso and the Origins of Biological Criminology.* Westport, CT: Praeger.

_____. 2006. Cesare Lombroso and Italian criminology: Theory and politics. In *Criminals and Their Scientists: The History of Criminology in International Perspective*, ed. Peter Becker and Richard F. Wetzell, 137–158. New York: Cambridge University Press.

Giedd, Jay N., and Judith L. Rapoport. 2010. Structural MRI of pediatric brain development: What have we learned and where are we going? *Neuron* 67:728–734.

Gieryn, Thomas F. 1999. *Cultural Boundaries of Science: Credibility on the Line.* Chicago: University of Chicago Press.

Gillham, Nicholas Wright. 2001. *A Life of Sir Francis Galton.* Oxford: Oxford University Press.

Glueck, Sheldon, and Eleanor T. Glueck. 1934. *Five Hundred Delinquent Women.* New York: Knopf.

_____. 1950. *Unraveling Juvenile Delinquency.* New York: Commonwealth Fund.

_____. 1956. *Physique and Delinquency.* New York: Harper and Brothers.

Goddard, Henry Herbert. 1910. Four hundred feeble-minded children classified by the Binet method. *Journal of Psycho-Asthenics* 15:17-30.

_____. 1912. *The Kallikak Family: A Study in the Heredity of Feeble-Mindedness.* New York: Macmillan.

_____. 1914. *Feeble-mindedness: Its Causes and Consequences.* New York: Macmillan.

_____. 1915. *The Criminal Imbecile: An Analysis of Three Remarkable Murder Cases.* New York: Macmillan.

_____. 1920. *Human Efficiency and Levels of Intelligence.* Princeton, NJ: Princeton University Press.

_____. 1928. Feeblemindedness: A question of definition. *Journal of Psycho-Asthenics* 33:219-227.

Goffman, Erving. 1982. *Interaction Ritual: Essays on Face-to-Face Behavior.* New York: Pantheon.

Goldberg, Elkhonon. 2001. *The Executive Brain: Frontal Lobes and the Civilized Mind.* New York: Oxford University Press.

Goldstein, Rita Z., and Nora D. Volkow. 2002. Drug addiction and its underlying neurobiological basis: Neuroimaging evidence for the involvement of the frontal cortex. *American Journal of Psychiatry* 159:1642-1652.

Goleman, Daniel. 2006. Friends for life: An emerging biology of emotional healing. *New York Times,* 10 October, D5.

Goring, Charles. (1913) 1972. *The English Convict: A Statistical Study.* Repr., Montclair, NJ: Patterson Smith.

Gottfredson, Michael R., and Travis Hirschi. 1990. *A General Theory of Crime.* Stanford, CA: Stanford University Press.

Gould, Stephen Jay. 1981. *The Mismeasure of Man.* New York: Norton.

_____. 1994. Curveball. *New Yorker,* 28 November, 139-149.

Gramsci, Antonio. 1992. *Prison Notebooks.* Vol. 1. New York: Columbia University Press.

Gray, Richard T. 2004. *About Face: German Physiognomic Thought from Lavater to Auschwitz.* Detroit: Wayne State University Press.

Grose, Nicole R. 1998. Note: Premenstrual dysphoric disorder as a mitigating factor in sentencing: Following the lead of English criminal courts. *Valparaiso University Law Review* 33:201-229.

Guarnieri, Patrizia. 1993. *A Case of Child Murder.* Cambridge, UK: Polity.

Guerry, A. M. 1833. *Essai sur la statistique morale de la France*. Paris: Crochard.

Hacking, Ian. 1996. Automatisme ambulatoire: Fugue, hysteria, and gender at the turn of the century. *Modernism/Modernity* 3 (2): 31–43.

Haeckel, Ernst. (1868) 1898. *Natürliche Schöpfungs-Geschichte*. 2 vols. Repr., Berlin: Durck und Verlag von Georg Reiner.

Hahn, Nicolas F. [Nicole F. Rafter]. 1980. Too dumb to know better: Cacogenic family studies and the criminology of women. *Criminology* 18:3–25.

Haller, Mark H. 1963. *Eugenics: Hereditarian Attitudes in American Thought*. New Brunswick, NJ: Rutgers University Press.

Halverson, Charles F., Jr., and James B. Victor. 1976. Minor physical anomalies and problem behavior in elementary school children. *Child Development* 47:281–285.

Hamazaki, Tomohito, Shigeki Sawazaki, Miho Itomura, Etsuko Asaoka, Yoko Nagao, Nozomi Nishimura, Kazunaga Yazawa, Toyomi Kuwamori, and Masashi Kobayashi. 1996. The effect of docosahexaenoic acid on aggression in young adults. A placebo-controlled double-blind study. *Journal of Clinical Investigation* 97:1129–1133.

Hamilton, W. D. 1964. The genetical evolution of social behaviour, I and II. *Journal of Theoretical Biology* 7:1–16, 17–52.

Hare, Robert D. 1993. *Without Conscience: The Disturbing World of the Psychopaths among Us*. New York: Guilford.

Harlow, Harry F., and Margaret Harlow. 1962. Social deprivation in monkeys. *Scientific American* 207:136–146.

Harlow, Harry F., Margaret K. Harlow, and Ernst W. Hansen. 1963. The maternal affectional system of rhesus monkeys. In *Maternal Behavior in Mammals*, ed. Harriet L. Rheingold, 254–281. New York: Wiley.

Harrington, Anne. 1996. *Reenchanted Science: Holism and German Culture from Wilhelm to Hitler*. Princeton, NJ: Princeton University Press.

Harris, Judith Rich. 1998. The nurture assumption: Why children turn out the way they do. *Adolescence* 33:960–960.

Hartl, Emil M., Edward P. Monnelly, and Roland D. Elderkin. 1982. *Physique and Delinquent Behavior: A Thirty-Year Follow-Up to W. H. Sheldon's "Varieties of Delinquent Youth."* New York: Academic Press.

Harwood, Jonathan. 1993. *Styles of Scientific Thought: The German Genetics Community, 1900–1933*. Chicago: University of Chicago Press.

Healy, William. 1915. *The Individual Delinquent.* Boston: Little, Brown.

Heinrick, Jeffrey. 2006. Everyone's an expert: The CSI effect's negative impact on juries. *Triple Helix* 3:59–61.

Hentig, Hans von. 1947. *Crime: Causes and Conditions.* New York: McGraw-Hill.

———. 1948. *The Criminal and His Victim.* New Haven, CT: Yale University Press.

Herf, Jeffrey. 1984. *Reactionary Modernism: Technology, Culture, and Politics in Weimar and the Third Reich.* Cambridge: Cambridge University Press.

Herrnstein, Richard J., and Charles Murray. 1994. *The Bell Curve: Intelligence and Class Structure in American Life.* New York: Free Press.

Hitler, Adolf. 1939. *Mein Kampf.* London: Hurst and Blackett.

Hoag, Ernest Bryant, and Edward Huntington Williams. 1923. *Crime, Abnormal Minds and the Law.* Indianapolis: Bobbs-Merrill.

Holi, Matti, Laura Auvinen-Lintunen, Nina Lindberg, Pekka Tani, and Matti Virkkunen. 2006. Inverse correlation between severity of psychopathic traits and serum cortisol levels in young adult violent male offenders. *Psychopathology* 39:102–104.

Hood, Roger. 2004. Hermann Mannheim and Max Grünhut: Criminological pioneers in London and Oxford. *British Journal of Criminology* 44:469–495.

Hooton, Earnest A. 1925. *The Ancient Inhabitants of the Canary Islands.* Harvard African Studies 7. Cambridge, MA: Peabody Museum of Harvard University.

———. 1930. *The Indians of Pecos Pueblo.* With Habib Yusuf Rihan and Edward Reynolds. New Haven, CT: Department of Archaeology, Phillips Academy / Yale University Press.

———. 1931. *Up from the Ape.* New York: Macmillan.

———. 1937. *Apes, Men and Morons.* New York: G. P. Putnam's Sons.

———. 1938. Letter to E. C. Lindeman, Chair, Advisory Comm. of the William C. Whitney Foundation, 2 June. Earnest A. Hooton Records, Accession Number 995-1, Archives of the Peabody Museum, Harvard University. Correspondence files, Box 24: Sheldon.

———. 1939a. *The American Criminal.* Cambridge, MA: Harvard University Press.

———. 1939b. *Crime and the Man.* Cambridge, MA: Harvard University Press.

———. 1939c. Letter to Anna Bogue of the Whitney Foundation, 11 December. Earnest A. Hooton Records, Accession Number 995-1, Archives of the Peabody Museum, Harvard University. Correspondence files, Box 24: Sheldon.

_____. 1939d. *Twilight of Man*. New York: G. P. Putnam's Sons.

_____. 1940a. Future quality of the American people. Lecture delivered at the Littauer Center, Harvard University, 25 July. Earnest A. Hooton Records, Accession Number 995‑1, Archives of the Peabody Museum, Harvard University. Manuscripts and Data files, Box 1.

_____. 1940b. *Why Men Behave like Apes and Vice Versa; or, Body and Behavior*. Princeton, NJ: Princeton University Press.

_____. 1942. *Man's Poor Relations*. Garden City, NY: Doubleday, Doran.

_____. 1945a. Letter to Edgar C. Taylor, 28 February. Earnest A. Hooton Records, Accession Number 995‑1, Archives of the Peabody Museum, Harvard University. Correspondence files, Box 25.

_____. 1945b. *"Young Man, You Are Normal": Findings from a Study of Students*. New York: G. P. Putnam's Sons.

_____. 1947. *Up from the Ape*. Rev. ed. New York: Macmillan.

_____. 1948a. Letter to Associated Press, Obituary Department, 13 March. Earnest A. Hooton Records, Accession Number 995‑1, Archives of the Peabody Museum, Harvard University. Correspondence files, Box 1.2.

_____. 1948b. Letter to William H. Sheldon, 14 October. Earnest A. Hooton Records, Accession Number 995‑1, Archives of the Peabody Museum, Harvard University. Correspondence files, Box 24: Sheldon.

_____. 1950. Letter to Robert M. Yerkes, 19 February. Earnest A. Hooton Records, Accession Number 995‑1, Archives of the Peabody Museum, Harvard University. Hooton Correspondence files, Box 27: "XYZ."

_____. 1954. The physiques of juvenile delinquents. Sample column submitted to *New York Herald Tribune*. Earnest A. Hooton Records, Accession Number 995‑1, Archives of the Peabody Museum, Harvard University. Correspondence files, Box 17: "M" General Correspondence.

_____. n.d.‑a. Lecture notes. Earnest A. Hooton Records, Accession Number 995‑1, Archives of the Peabody Museum, Harvard University. Manuscript and Data files, Boxes 18‑20.

_____. n.d.‑b. Notes on Sheldon's "anthrotyping" method. Earnest A. Hooton Records, Accession Number 995‑1, Archives of the Peabody Museum, Harvard University. Correspondence files, Box 6.1, s.v. Constitution Project (Commonwealth Fund).

Horn, David. 2003. *The Criminal Body: Lombroso and the Anatomy of Deviance*. New York: Routledge.

Horney, Julie. 1978. Menstrual cycles and criminal responsibility. *Law and Human Behavior* 2 (1): 25–36.

Howells, W. W. 1992. Yesterday, today and tomorrow. *Annual Review of Anthropology* 21:1–17.

Hughes, C. H. 1882. Moral (affective) insanity. *Journal of Psychological Medicine* 8:64–74.

Humphreys, Lloyd G. 1957. Characteristics of type concepts with special reference to Sheldon's typology. *Psychology Bulletin* 54:218–228.

Huxley, Aldous. 1944. Who are you? *Harper's*, November, 512–522.

Iacoboni, Marco. 2009. *Mirroring People: The New Science of How We Connect with Others.* New York: Picador.

Ishikawa, Sharon S., and Adrian Raine. 2002a. Behavioral genetics and crime. In *The Neurobiology of Criminal Behavior,* ed. Joseph Glicksohn, 81–110. Boston: Kluwer Academic.

_____. 2002b. Psychophysiological correlates of antisocial behavior: A central control thesis. In *The Neurobiology of Criminal Behavior,* ed. Joseph Glicksohn, 187–230. Boston: Kluwer Academic.

Jacobs, Patricia A., Muriel Brunton, Marie M. Melville, R. P. Britain, and W. F. McClemont. 1965. Aggressive behaviour, mental sub-normality and the XYY male. *Nature* 208:1351–1352.

Jarrard, Leonard E. 1995. What does the hippocampus really do? *Behavioural Brain Research* 71:1–10.

Jeffery, C. Ray. 1979. *Biology and Crime.* Beverly Hills, CA: Sage.

Jensen, H. E. 1950. Review of William H. Sheldon's *Varieties of Delinquent Youth. Social Forces* 29 (October): 105.

Jordanova, L. J. 1984. *Lamarck.* New York: Oxford University Press.

Journal of Criminal Law, Criminology, and Police Science. 1967. Hans von Hentig, eighty years old. 58:427.

Kandel, Elizabeth, and Sarnoff A. Mednick. 1991. Perinatal complications predict violent offending. *Criminology* 29:519–529.

Kennedy, Hubert. 2001. Research and commentaries on Richard von Krafft-Ebing and Karl Heinrich Ulrichs. *Journal of Homosexuality* 42:165–178.

Kevles, Daniel J. 1985. *In the Name of Eugenics: Genetics and the Uses of Human Heredity.* New York: Knopf.

Kiehl, Kent A., Andra M. Smith, Adrianna Mendrek, Bruce B. Forster, Robert D.

Hare, and Peter F. Liddle. 2004. Temporal lobe abnormalities in semantic processing by criminal psychopaths as revealed by functional magnetic resonance imaging. *Psychiatry Research: Neuroimaging* 130:27–42.

King, Lester S. 1991. *Transformations in American Medicine: From Benjamin Rush to William Osler.* Baltimore: Johns Hopkins University Press.

Kirby, A., A. Woodward, S. Jackson, Y. Wang, and M. A. Crawford. 2010. A double-blind, placebo-controlled study investigating the effects of omega-3 supplementation in children aged 8–10 years from a mainstream school population. *Research in Developmental Disabilities* 31:718–730.

Kitching, John. 1857. Lecture on moral insanity. *British Medical Journal*, April 25: 334–336; May 9: 389–391; May 30: 453–456.

Kite, Elizabeth S. n.d. *The Binet–Simon Measuring Scale for Intelligence: What It Is; What It Does; How It Does It; With a Brief Biography of Its Authors, Alfred Binet and Dr. Thomas [sic] Simon.* Philadelphia: Committee on Provision for the Feeble-Minded.

Koonz, Claudia. 2003. *The Nazi Conscience.* Cambridge, MA: Harvard University Press.

Kraepelin, Emil. 1904. *Lectures on Clinical Psychiatry.* Revised and edited by Thomas Johnstone. London: Baillière, Tindall, and Cox.

Krafft-Ebing, Richard von. 1875. *La responsabilité criminelle et la capacité civille.* Trans. Dr. Chatelain. Paris: G. Masson.

_____. (1886) 1899. *Psychopathia sexualis.* Translation of the 10th German ed. London: Aberdeen University Press and Rebman.

Krause, Laura, Peter G. Enticott, Abraham Zangen, and Paul B. Fitzgerald. 2012. The role of medial prefrontal cortex in theory of mind: A deep rTMS study. *Behavioural Brain Research* 228:87–90.

Kretschmer, Ernst. 1925. *Physique and Character: An Investigation of the Nature of Constitution and of the Theory of Temperament.* New York: Harcourt Brace.

Kuhn, Thomas. 1962. *The Structure of Scientific Revolutions.* Chicago: University of Chicago Press.

Kurella, Hans. 1910. *Cesare Lombroso: A Modern Man of Science.* New York: Rebman.

Lacassagne, Alexandre. 1909. Cesare Lombroso (1836–1909). *Archives d'Anthropologie Criminelle* 24:881–894.

Lamarck, Jean-Baptiste Pierre. 1809. *Philosophie zoologique: Ou, exposition des considérations relative à l'histoire naturelle des animaux.* Vol. 1. Paris: Dentu et l'Auteur.

Landecker, Hannah, and Aaron Panofsky. 2013. From social structure to gene regulation, and back: A critical introduction to environmental epigenetics for sociology. *Annual Review of Sociology* 39:333–357.

Landenberger, Nana A., and Mark W. Lipsey. 2005. The positive effects of cognitive–behavioral programs for offenders: A meta–analysis of factors associated with effective treatment. *Journal of Experimental Criminology* 1:451–476.

Lane, Harlan. 1976. *The Wild Boy of Aveyron.* Cambridge, MA: Harvard University Press.

Lange, Johannes. 1930. *Crime as Destiny.* London: George Allen and Unwin.

Laub, John H. 1984. *Criminology in the Making: An Oral History.* Boston: Northeastern University Press.

Laub, John H., and Robert J. Sampson. 1991. The Sutherland–Glueck debate: On the sociology of criminological knowledge. *American Journal of Sociology* 96:1402–1440.

Lavater, Johann Caspar. (1789) 1800. *Essays on Physiognomy.* Abridged from Mr. Holcroft's translation. London: Printed for G. G. J. & J. Robinson.

Lears, T. J. Jackson. 1981. *No Place of Grace: Antimodernism and the Transformation of American Culture, 1880–1920.* New York: Pantheon Books.

Lees, Andrew. 2006. Moral discourse and reform in urban Germany, 1880s–1914. In *Criminals and Their Scientists: The History of Criminology in International Perspective,* ed. Peter Becker and Richard F. Wetzell, 85–104. New York: Cambridge University Press.

Lemert, Edwin. 1972. *Human Deviance, Social Problems and Social Control.* 2nd rev. ed. Englewood Cliffs, NJ: Prentice Hall.

Lerner, Richard M. 2006. Another nine–inch nail for behavioral genetics! *Human Development* 49:336–342.

Levi, Primo. 1987. *The Truce.* In *"If This Is a Man" and "The Truce."* Trans. Stuart Woolf. London: Abacus/Sphere Books.

———. 2001. *The Voice of Memory: Interviews 1961–87.* Ed. Marco Belpoliti and Robert Gordon. Cambridge, UK: Polity.

Liang, Oliver. 2006. The biology of morality: Criminal biology in Bavaria, 1924–1933. In *Criminals and Their Scientists: The History of Criminology in*

International Perspective, ed. Peter Becker and Richard F. Wetzell, 425‒446. New York: Cambridge University Press.

Livingston, Edward. 1827. *Introductory Report to the Code of Prison Discipline: Explanatory of the Principles on Which the Code Is Founded, Being Part of the System of Penal Law Prepared for the State of Louisiana.* Philadelphia: Carey, Lea and Carey.

_____. 1833. *A System of Penal Law, for the State of Louisiana.* Philadelphia: James Kay, Jun.

Lombardo, Paul A. 1985. Three generations, no imbeciles: New light on *Buck v. Bell. New York University Law Review* 60:30‒62.

Lombroso, Cesare. 1871. *L'uomo bianco et l'uomo di colore.* Padua, Italy: Sacchetto.

_____. 1876. *L'uomo delinquente studiato in rapporto all' antropologia, alla medicina legale ed alla discipline carcerarie.* Milan, Italy: Hoepli.

_____. (1876) 2006. *Criminal Man.* Ed. and trans. Mary Gibson and Nicole Hahn Rafter. Durham, NC: Duke University Press.

_____. 1878. *L'uomo delinquente in rapporto all'antropologia, giurisprudenza e alle discipline carcerarie.* 2nd ed. Turin, Italy: Bocca.

_____. 1884. *L'uomo delinquente in rapporto all'antropologia, giurisprudenza ed alle discipline carcerarie.* 3rd ed. Turin, Italy: Bocca.

_____. 1889. *L'uomo delinquente in rapporto all'antropologia, alla giurispridenza ed alle discipline carcerarie.* 2 vols. 4th ed. Turin, Italy: Bocca.

_____. 1896‒1897. *L'uomo delinquente in rapporto all'antropologia, alla giurisprudenza ed alla psichiatria; Atlante.* 3 vols. 5th ed. Turin, Italy: Bocca.

_____. (1911) 1972. Introduction to *Criminal Man According to the Classification of Cesare Lombroso,* by Gina Lombroso‒Ferrero, xxi‒xxx. Repr., Montclair, NJ: Patterson Smith.

Lombroso, Cesare, and Guglielmo Ferrero. 1893. *La donna delinquente, la prostituta e la donna normale.* Torino: Roux.

_____. (1893) 2004. *Criminal Woman, the Prostitute, and the Normal Woman.* Ed. and trans. Nicole Hahn Rafter and Mary Gibson. Durham, NC: Duke University Press.

_____. 1895. *The Female Offender.* New York: D. Appleton.

Lombroso‒Ferrero, Gina. 1914. The results of an official investigation made in England by Dr. Goring to test the Lombroso theory. *Journal of the American*

Institute of Criminal Law and Criminology 5:207–223.

Maconochie, Captain [Alexander]. 1847. *Norfolk Island.* London: J. Harchard and Son.

Manley, John. 1883. Commentary on some cases of moral insanity. *Journal of Mental Science* 28:531–532.

Manning, H. 1882–1883. Moral insanity: Case of homicidal mania. *Journal of Mental Science* 28:369–375.

Marks, Jonathan. 1996. Science and race. *American Behavioral Scientist* 40:123–133.

Marotta, Michael E. 2013. William Sheldon: Psychologist, numismatist, thief. *Necessary Facts* (blog), 1 September. http://necessaryfacts.blogspot.com/2013/09/william-sheldon-psychologist.html.

Massey, Douglas S. 2002. A brief history of human society: The origin and role of emotion in social life. *American Sociological Review* 67:1–29.

_____. 2015. Brave new world of biosocial science. *Criminology* 53:127–131.

Maudsley, Henry. 1873. *Body and Mind.* Enl. and rev. ed. London: Macmillan.

_____. 1874. *Responsibility in Mental Disease.* London: Henry S. King.

_____. 1888. Remarks on crime and criminals. *Journal of Mental Science* 34:159–167.

Mayhew, Henry, and John Binny. 1862. *The Criminal Prisons of London.* London: Griffin, Bohn. Available at http://www.victorianlondon.org/publications5/prisons.htm.

McBurnett, Keith, Benjamin B. Lahey, Paul J. Rathouz, and Rolf Loeber. 2000. Low salivary cortisol and persistent aggression in boys referred for disruptive behavior. *Archives of General Psychiatry* 57:38–43.

McCaghy, Charles H., Timothy A. Capron, J. D. Jamieson, and Sandra Harley Carey. 2008. *Deviant Behavior: Crime, Conflict, and Interest Groups.* Upper Saddle River, NJ: Pearson.

McCandless, Boyd R., W. Scott Persons III, and Albert Roberts. 1972. Perceived opportunity, delinquency, race, and body build among delinquent youth. *Journal of Consulting and Clinical Psychology* 38:281–287.

McKim, W. Duncan. 1900. *Heredity and Human Progress.* New York: G. P. Putnam's Sons.

McLaren, Angus. 1981. A prehistory of the social sciences: Phrenology in France. *Comparative Studies in Society and History* 23:3–22.

Mead, Georg Herbert. 1967. *Mind, Self, and Society*. Chicago: University of Chicago Press.

Mednick, Sarnoff A., William F. Gabrielli, and Barry Hutchings. 1984. Genetic influences in criminal convictions: Evidence from an adoption cohort. *Science*, n.s., 224:891–894.

Melossi, Dario. 2000. Changing representations of the criminal. In *Criminology and Social Theory*, ed. David Garland and Richard Sparks, 149–182. Oxford: Oxford University Press.

Mestel, Rosie. 1993. Does the "aggressive gene" lurk in a Dutch family? (Genetic disorders). *New Scientist* 140 (1897): 6.

Millon, Theodore, Erik Simonsen, Morten Birket-Smith, and Roger D. Davis, eds. 2002. *Psychopathy: Antisocial, Criminal, and Violent Behavior*. New York: Guilford.

Milton, Sybil H. 2001. "Gypsies" as social outsiders in Nazi Germany. In *Social Outsiders in Nazi Germany*, ed. Robert Gellately and Nathan Stoltzfus, 212–232. Princeton, NJ: Princeton University Press.

Moffitt, Terrie E. 1993. "Adolescence-limited" and "life-course persistent" antisocial behaviour: A development taxonomy. *Psychological Review* 100:674–701.

Moffitt, Terrie E., and Amber Beckley. 2015. Abandon twin research? Embrace epigenetic research? Premature advice for criminologists. *Criminology* 53:121–126.

Moffitt, Terrie E., Avshalom Caspi, Michael Rutter, and Phil A. Silva. 2001. *Sex Differences in Antisocial Behavior*. Cambridge: Cambridge University Press.

Moffitt, Terrie E., Richard W. Robins, and Avshalom Caspi. 2001. A couples analysis of partner abuse with implications for abuse-prevention policy. *Criminology & Public Policy* 1:5–36.

Mohr, James C. 1993. *Doctors and the Law: Medical Jurisprudence in Nineteenth-Century America*. Baltimore: Johns Hopkins University Press.

Montemayor, Raymond. 1985. Men and their bodies: The relationship between body types and behavior. In *Biology, Crime and Ethics*, ed. Frank H. Marsh and Janet Katz, 176–186. Cincinnati, OH: Anderson.

Moran, Richard. 2000. *Knowing Right from Wrong: The Insanity Defense of Daniel McNaughtan*. New York: Free Press.

Morel, B. A. [Bénédict Auguste]. 1857. *Traité des dégénérescences physiques, intellectuelles et morales de l'espèce humaine*. Paris: J.-B. Baillière.

Morse, Stephen J. 2008. Psychopathy and criminal responsibility. *Neuroethics* 1:205-212.

Moser, May-Britt, and Edvard I. Moser. 1998. Functional differentiation in the hippocampus. *Hippocampus* 8:608-19.

Mucchielli, Laurent. 2006. Criminology, hygienism, and eugenics in France, 1870-1914: The medical debates on the elimination of "incorrigible" criminals. In *Criminals and Their Scientists: The History of Criminology in International Perspective*, ed. Peter Becker and Richard F. Wetzell, 207-230. New York: Cambridge University Press.

Müller, Jürgen L., Monika Sommer, Verena Wagner, Kirsten Lange, Heidrun Taschler, Christian H. Röder, Gerhardt Schuierer, Helmfried E. Klein, and Göran Hajak. 2003. Abnormalities in emotion processing within cortical and subcortical regions in criminal psychopaths: Evidence from a functional magnetic resonance imaging study using pictures with emotional content. *Biological Psychiatry* 54:152-162.

Müller-Hill, Benno. 1988. *Murderous Science: Elimination by Scientific Selection of Jews, Gypsies, and Others, Germany, 1933-1945.* Trans. George R. Fraser. Oxford: Oxford University Press.

Nedelec, Joseph L., and Kevin M. Beaver. 2012. The association between sexual behavior and antisocial behavior: Insights from an evolutionary informed analysis. *Journal of Contemporary Criminal Justice* 28:329-345.

Needham, Frederick. 1882. Moral or emotional insanity. *Journal of Mental Science* 27:554-555.

New York State Prison Survey Committee. 1920. *Report of the Prison Survey Committee.* Albany, NY: J. B. Lyon.

Nordqvist, Christian. 2015. CT scan (CAT scan): How do they work? Medical News Today, last updated 3 July. http://www.medicalnewstoday.com/articles/153201.php.

Nordstrom, Benjamin R., Yu Gao, Andrea L. Glenn, Melissa Peskin, Anna S. Rudo-Hutt, Robert A. Schug, Yaling Yang, and Adrian Raine. 2011. Neurocriminology. *Advances in Genetics* 75:255-283.

Noyes, William. 1887. The criminal type. *American Journal of Social Science* 24:31-42.

Nye, Robert A. 1976. Heredity or milieu: The foundations of modern European criminological theory. *Isis* 47:335-355.

Olds, David L., Charles R. Henderson, Robert Chamberlin, and Robert Tatelbaum.

1986. Preventing child abuse and neglect: A randomized trial of nurse home visitation. *Pediatrics* 78:65-78.

Olds, David L., Harriet Kitzman, Carole Hanks, Robert Cole, Elizabeth Anson, Kimberly Sidora-Arcoleo, Dennis W. Luckey, et al. 2007. Effects of nurse home visiting on maternal and child functioning: Age-9 follow-up of a randomized trial. *Pediatrics* 120:e832-e845.

Oosterhuis, Harry. 2000. *Stepchildren of Nature: Krafft-Ebing, Psychiatry, and the Making of Sexual Identity.* Chicago: University of Chicago Press.

Opler, Morris Edward. 1939. Letter to Earnest A. Hooton, 16 November. Earnest A. Hooton Records, Accession Number 995-1, Archives of the Peabody Museum, Harvard University. Correspondence files, Box 25.

Overholser, Winfred. 1962. Introduction to *A Treatise on the Medical Jurisprudence of Insanity*, by Isaac Ray. Cambridge, MA: Belknap Press of Harvard University Press.

_____. 1972. Isaac Ray (1807-1881). In *Pioneers in Criminology*, 2nd enl. ed., ed. Hermann Mannheim, 177-198. Montclair, NJ: Patterson Smith.

Packard, Alpheus S. 1901. *Lamarck, the Founder of Evolution: His Life and Work, with Translations of His Writings on Organic Evolution.* New York: Longmans, Green.

Pancaldi, Giuliano. 1991. *Darwin in Italy: Science across Cultural Frontiers.* Bloomington: Indiana University Press.

Pardini, Dustin A., and Mary Phillips. 2010. Neural responses to emotional and neutral facial expressions in chronically violent men. *Journal of Psychiatry & Neuroscience: JPN* 35:390-398.

Passmore, Kevin. 2002. *Fascism: A Very Short Introduction.* Oxford: Oxford University Press.

Patterson, Donald G. 1930. *Physique and Intellect.* New York: Century.

Paul, Diane. 1995. *Controlling Human Heredity.* Atlantic Highlands, NJ: Humanities Press.

Pauly, Philip. 1994. Modernist practice in American biology. In *Modernist Impulses in the Human Sciences, 1870-1930*, ed. Dorothy Ross, 272-289. Baltimore: John Hopkins University Press.

Paus, Tomáš. 2005. Mapping brain maturation and cognitive development during adolescence. *Trends in Cognitive Sciences* 9:60-68.

Perlin, Michael L. 1999. "Big ideas, images and distorted facts": The insanity defense, genetics, and the "political world." In *Genetics and Criminality*, ed.

Jeffrey R. Botkin, William M. McMahon, and Leslie Pickering Francis, 37–66. Washington, DC: American Psychological Association.

Perry, Bruce D., Richard A. Pollard, Toi L. Blakley, William L. Baker, and Domenico Vigilante. 1995. Childhood trauma, the neurobiology of adaptation, and "use-dependent" development of the brain: How "states" become "traits." *Infant Mental Health Journal* 16:271–291.

Phelan, Jo C., Bruce G. Link, and Naumi M. Feldman. 2013. The genomic revolution and beliefs about essential racial differences a backdoor to eugenics? *American Sociological Review* 78 (2): 167–191.

Pick, Daniel. 1986. The faces of anarchy: Lombroso and the politics of criminal science in post-unification Italy. *History Workshop Journal* 21:60–86.

_____. 1989. *Faces of Degeneration: A European Disorder, c. 1848–c. 1919.* Cambridge: Cambridge University Press.

Pinel, Philippe. (1801) 1806. *A Treatise on Insanity.* Trans. D. D. Davis. Sheffield, UK: Printed by W. Todd for Messrs. Cadell and Davies, London.

Poisson, Siméon-Denis. 1837. *Recherches sur la probabilité des jugements en matière criminelle.* Paris: Bachelier.

Portnoy, Jill, Francis R. Chen, Yu Gao, Sharon Niv, Robert Schug, Yaling Yang, and Adrian Raine. 2014. Biological perspectives on sex differences in crime and antisocial behavior. *The Oxford Handbook of Gender, Sex, and Crime,* ed. Rosemary Gartner and Bill McCarthy, 260–285. Oxford: Oxford University Press.

Posick, Chad, Michael Rocque, and Matt DeLisi. 2015. Empathy, crime, and justice. In *The Routledge International Handbook of Biosocial Criminology,* ed. Matt DeLisi and Michael G. Vaughn, 571–584. London: Routledge.

Posick, Chad, Michael Rocque, and Nicole Rafter. 2014. More than a feeling: Integrating empathy into the study of lawmaking, lawbreaking, and reactions to lawbreaking. *International Journal of Offender Therapy and Comparative Criminology* 51:5–26.

Pratt, Travis C. 2015. A self-control/life-course theory of criminal behavior. *European Journal of Criminology.* doi: 10.1177/1477370815587771.

Prichard, James Cowles. 1813. *Researches into the Physical History of Man.* London: John and Arthur Arch and B. and H. Barry.

_____. 1835. *A Treatise on Insanity.* London: Sherwood, Gilbert, and Piper.

Proctor, Robert. 1988. *Racial Hygiene: Medicine under the Nazis.* Cambridge, MA: Harvard University Press.

_____. 1991. *Value-Free Science? Purity and Power in Modern Knowledge.* Cambridge, MA: Harvard University Press.

Project Prevention. n.d. Home page. http://www.projectprevention.org/ (accessed 6 January 2016).

Pustilnik, Amanda C. 2009. Violence on the brain: A critique of neuroscience in criminal law. *Wake Forest Law Review 44:183–237.*

Quetelet, Adolphe. 1835. *Treatise on Man and the Development of His Faculties.* Paris: Bachelier.

Rafter, Nicole H. 1988. *White Trash: The Eugenic Family Studies, 1877–1919.* Boston: Northeastern University Press.

_____. 1990a. *Partial Justice: Women, Prisons, and Social Control.* New Brunswick, NJ: Transaction.

_____. 1990b. The social construction of crime and crime control. *Journal of Research in Crime and Delinquency* 27:376–389.

_____. 1992a. Claims-making and socio-cultural context in the first U.S. eugenics campaign. *Social Problems* 39:17–34.

_____. 1992b. Criminal anthropology in the United States. *Criminology* 30:525–545.

_____. 1997. *Creating Born Criminals.* Urbana: University of Illinois Press.

_____. 2001. Seeing and believing: Images of heredity in biological theories of crime. *Brooklyn Law Review* 67 (1): 71–99.

_____. 2004. Earnest A. Hooton and the biological tradition in American criminology. *Criminology* 42:735–773.

_____. 2006a. Apes, men and teeth: Earnest A. Hooton and eugenic decay. In *Popular Eugenics, National Efficiency, and American Mass Culture in the 1930s*, ed. Susan Currell and Christina Cogdell, 249–268. Athens: Ohio University Press.

_____. 2006b. H. J. Eysenck in Fagin's kitchen: The return to biological theory in 20th-century criminology. *History of the Human Sciences* 19 (4): 37–56.

_____. 2007. Somatotyping, antimodernism, and the production of criminological knowledge. *Criminology* 45:101–129.

Raine, Adrian. 1993. *The Psychopathology of Crime: Criminal Behavior as a Clinical Disorder.* San Diego: Academic Press.

_____. 2002a. Annotation: The role of prefrontal deficits, low autonomic arousal, and early health factors in the development of antisocial and aggressive behavior in children. *Journal of Child Psychology and Psychiatry* 43:417–434.

_____. 2002b. The biological basis of crime. In *Crime: Public Policies for Crime Control*, ed. James Q. Wilson and Joan Petersilia, 43–74. Oakland, CA: ICS Press.

_____. 2002c. Biosocial studies of antisocial and violent behavior in children and adults: A review. *Journal of Abnormal Child Psychology* 30:311–326.

_____. 2013. *The Anatomy of Violence: The Biological Roots of Crime*. New York: Pantheon Books.

Raine, Adrian, Patricia Brennan, and Sarnoff A. Mednick. 1994. Birth complications combined with early maternal rejection at age 1 year predispose to violent crime at age 18 years. *Archives of General Psychiatry* 51:984–988.

Raine, Adrian, Monte S. Buchsbaum, Jill Stanley, Steven Lottenberg, Leonard Abel, and Jacqueline Stoddard. 1994. Selective reductions in prefrontal glucose metabolism in murderers. *Biological Psychiatry* 36:365–373.

Raine, Adrian, Annis Lai Chu Fung, Jill Portnoy, Olivia Choy, and Victoria L. Spring. 2014. Low heart rate as a risk factor for child and adolescent proactive aggressive and impulsive psychopathic behavior. *Aggressive Behavior* 40:290–299.

Raine, Adrian, Todd Lencz, Susan Bihrle, Lori LaCasse, and Patrick Colletti. 2000. Reduced prefrontal gray matter volume and reduced autonomic activity in antisocial personality disorder. *Archives of General Psychiatry* 57:119–127.

Raine, Adrian, Jianghong Liu, Peter Venables, and Sarnoff A. Mednick. 2003. Preventing crime and schizophrenia using early environmental enrichment. In *Crime and Schizophrenia: Causes and Cures*, ed. Adrian Raine, 249–265. New York: Nova Sciences.

Raine, Adrian, J. Reid Meloy, Susan Bihrle, Jackie Stoddard, Lori LaCasse, and Monte S. Buchsbaum. 1998. Reduced prefrontal and increased subcortical brain functioning assessed using positron emission tomography in predatory and affective murderers. *Behavioral Sciences and the Law* 16:319–332.

Raine, Adrian, and Peter H. Venables. 1981. Classical conditioning and socialization–A biosocial interaction. *Personality and Individual Differences* 2:273–283.

Ray, Isaac. (1838) 1962. *A Treatise on the Medical Jurisprudence of Insanity*. Repr., Cambridge, MA: Harvard University Press.

Ray, L. J. 1983. Eugenics, mental deficiency and Fabian socialism between the wars. *Oxford Review of Education* 9:213-222.

Rebellon, Cesar J., J. C. Barnes, and Robert Agnew. 2015. A unified theory of crime and delinquency: Foundation for a biosocial criminology. In *The Routledge International Handbook of Biosocial Criminology*, ed. Matt DeLisi and Michael G. Vaughn. London: Routledge.

Regener, Susanne. 2003. Criminological museums and the visualization of evil. *Crime, History, and Societies* 7 (1): 43-56.

Reif, Andreas, Michael Rösler, Christine M. Freitag, Marc Schneider, Andrea Eujen, Christian Kissling, Denise Wenzler, et al. 2007. Nature and nurture predispose to violent behavior: Serotonergic genes and adverse childhood environment. *Neuropsychopharmacology* 32:2375-2383.

Rennie, Ysabel. 1978. *The Search for Criminal Man*. Lexington, MA: Lexington Books.

Rhee, Soo Hyun, and Irwin D. Waldman. 2002. Genetic and environmental influences on antisocial behavior: A meta-analysis of twin and adoption studies. *Psychological Bulletin* 128 (3): 490-529.

Rhule-Louie, Dana M., and Robert J. McMahon. 2007. Problem behavior and romantic relationships: Assortative mating, behavior contagion, and desistance. *Clinical Child and Family Psychology Review* 10:53-100.

Richards, Graham. 1987. Of what is history of psychology a history? *British Journal of History of Science* 20:201-211.

Richardson, Sarah. 1993. A violence in the blood. *Discover* 14 (10). http://www.discover.com/issues/oct-93.

Richerson, Peter J., and Robert Boyd. 2005. *Not by Genes Alone: How Culture Transformed Human Evolution*. Chicago: University of Chicago Press.

Robinson, Daniel N. 1998. *Wild Beasts and Idle Humours: The Insanity Defense from Antiquity to the Present*. Cambridge, MA: Harvard University Press.

Rock, Paul. 1994. Introduction to *History of Criminology*, xi-xxix. Aldershot, UK: Dartmouth.

Rocque, Michael, Chad Posick, and Shanna Felix. 2015. The role of the brain in urban violent offending: Integrating biology with structural theories of "the streets." *Criminal Justice Studies* 28:84-103.

Rocque, Michael, Adrian Raine, and Brandon C. Welsh. 2013. Experimental neurocriminology etiology and treatment. In *Experimental Criminology: Prospects for Advancing Science and Public Policy*, ed. Brandon C. Welsh,

Anthony A. Braga, Gerben J. N. Bruinsma, 43-64. New York: Cambridge University Press.

Rocque, Michael, Brandon C. Welsh, and Adrian Raine. 2012. Biosocial criminology and modern crime prevention. *Journal of Criminal Justice* 40:306-312.

Rose, David. 2006. Lives of crime. *Prospect Magazine* 125. http://www.prospect -magazine.co.uk/features/livesofcrime.

Rose, Nikolas. 2000. The biology of culpability: Pathological identities in a biological culture. *Theoretical Criminology* 4 (1): 5-34.

_____. 2007. *The Politics of Life Itself: Biomedicine, Power, and Subjectivity in the Twenty-first Century*. Princeton, NJ: Princeton University Press.

Rosenbaum, Ron. 1995. The great Ivy League nude posture photo scandal. *New York Times Magazine*, 15 January, 26-31, 40, 46, 55-56.

Rosenberg, Charles E. 1968. *The Trial of the Assassin Guiteau: Psychiatry and the Law in the Gilded Age*. Chicago: University of Chicago Press.

Ross, Dorothy. 1994. Introduction: Modernism reconsidered. In *Modernist Impulses in the Human Sciences, 1870-1930*, ed. Dorothy Ross, 1-25. Baltimore: John Hopkins University Press.

Roth, Randolph. 2011. Biology and the deep history of homicide. *British Journal of Criminology* 51:535-555.

Rothman, David. 1971. *The Discovery of the Asylum*. Boston: Little, Brown.

Rousseau, Jean-Jacques. (1754) 1992. *Discourse on the Origin of Inequality*. Repr., Indianapolis: Hackett.

Rowe, David C. 2002. *Biology and Crime*. Los Angeles: Roxbury.

Rowe, David C., and D. Wayne Osgood. 1984. Heredity and sociological theories of delinquency: A reconsideration. *American Sociological Review* 49:426-540.

Rusche, Georg, and Otto Kirchheimer. 1939. *Punishment and Social Structure*. New York Columbia University Press.

Rush, Benjamin. (1786) 1947. The influence of physical causes upon the moral faculty. In *The Selected Writings of Benjamin Rush*, ed. Dagobert Runes, 181-211. New York: Philosophical Library.

_____. 1812. *Medical Inquiries and Observations upon the Diseases of the Mind*. Philadelphia: Kimber and Richardson.

Rutter, Michael, Edmond J. Sonuga-Barke, Celia Beckett, Jennifer Castle, Jana

Kreppner, Robert Kumsta, Wolff Schlotz, Suzanne Stevens, and Christopher A. Bell. 2010. Deprivation-specific psychological patterns: Effects of institutional deprivation. *Monographs of the Society for Research in Child Development* 75 (1).

Saldaña, Quintiliano. 1933. The new criminal anthropology. *Journal of Criminal Law and Criminology* 24 (1): 333-350.

Sampson, Marmaduke B. 1843. *The Phrenological Theory of the Treatment of Criminals Defended.* London: Samuel Highley.

_____. 1846. *Rationale of Crime.* Ed. Eliza W. Farnham. New York: D. Appleton.

Sampson, Robert J., and John H. Laub. 1997. Unraveling the social context of physique and delinquency. In *Biosocial Bases of Violence*, ed. Adrian Raine, Patricia A. Brennan, David P. Farrington, and Sarnoff A. Mednick, 175-188. New York: Plenum.

Satel, Sally, and Scott O. Lilienfeld. 2013. *Brainwashed: The Seductive Appeal of Mindless Neuroscience.* New York: Basic Books.

Savage, George H. 1881. Moral insanity. *Journal of Mental Science* 27:147-155.

Savelsberg, Joachim J., Lara L. Cleveland, and Ryan D. King. 2004. Institutional environments and scholarly work: American criminology, 1951-1993. *Social Forces* 82:1275-1302.

Savelsberg, Joachim J., and Sarah M. Flood. 2004. Criminological knowledge: Period and cohort effects in scholarship. *Criminology* 42:1009-1041.

Savelsberg, Joachim J., Ryan D. King, and Lara L. Cleveland. 2002. Politicized scholarship? Science on crime and the state. *Social Problems* 49:327-348.

Scarr, Sandra. 1997. Behavior-genetic and socialization theories of intelligence: Truce and reconciliation. In *Intelligence, Heredity, and Environment*, ed. Robert J. Sternberg and Elena Grigorenko, 3-41. New York: Cambridge University Press.

Schaffer, Megan, Stephanie Clark, and Elizabeth L. Jeglic. 2009. The role of empathy and parenting style in the development of antisocial behaviors. *Crime & Delinquency* 55:586-599.

Schoenthaler, Stephen J. 1983. Diet and crime: An empirical examination of the value of nutrition in the control and treatment of incarcerated juvenile offenders. *International Journal of Biosocial Research* 4:25-39.

Scull, Andrew, Charlotte MacKenzie, and Nicholas Hervey. 1996. Degeneration and despair: Henry Maudsley (1835-1918). In *Masters of Bedlam: The Transformation of the Mad-Doctoring Trade*, ed. Andrew Scull, Charlotte

MacKenzie, and Nicholas Hervey, 226-267. Princeton, NJ: Princeton University Press.

Scutti, Susan. 2014. Intelligence and IQ scores of children are not influenced by parenting style, good or bad. Medical Daily, 9 December. http://www.medicaldaily.com/intelligence-and-iq-scores-children-are-not-influenced-parenting-style-good-or-bad-313588.

Sekula, Allan. 1986. The body and the archive. *October* 39:3-64.

Shapin, Steven. 1979. Homo phrenologicus: Anthropological perspectives on an historical problem. In *Natural Order: Historical Studies of Scientific Culture*, ed. Barry Barnes and Steven Shapin, 41-71. Beverly Hills, CA: Sage.

_____. 1982. History of science and its sociological reconstruction. *History of Science* 20:157-211.

Sheldon, William H. 1935a. Letter to Leonard and Dorothy Whitney Elmhirst, 1 February. Dartington Hall Trust Archive, Totnes, England. Folder DWE G9.

_____. 1935b. Letter to Leonard Elmhirst, 8 February. Dartington Hall Trust Archive, Totnes, England. Folder LKE UA 6.

_____. 1936. *Psychology and the Promethean Will*. New York: Harper and Brothers.

_____. 1938. Letter to Earnest A. Hooton, 8 May. Earnest A. Hooton Records, Accession Number 995-1, Archives of the Peabody Museum, Harvard University. Correspondence files, Box 24.4.

_____. 1940. *The Varieties of Human Physique: An Introduction to Constitutional Psychology*. With the collaboration of S. S. Stevens, and W. B. Tucker. New York: Harper and Brothers.

_____. 1942. *The Varieties of Temperament: A Psychology of Constitutional Differences*. With the collaboration of S. S. Stevens. New York: Harper and Brothers.

_____. 1949a. *Early American Cents, 1793-1814: An Exercise in Descriptive Classification*. With the collaboration of H. K. Downing and M. H. Sheldon. New York: Harper and Brothers.

_____. 1949b. *Varieties of Delinquent Youth: An Introduction to Constitutional Psychiatry*. With the collaboration of Emil M. Hartl and Eugene McDermott. New York: Harper and Brothers.

_____. 1954. *Atlas of Men: A Guide for Somatotyping the Adult Male at All Ages*. With the collaboration of C. Wesley Dupertuis and Eugene McDermott. New York: Harper and Brothers.

Shelley, Mary Wollstonecraft. (1818) 1992. *Frankenstein; or, The Modern Prometheus*. New York: Knopf.

Shepard, Edward Morse. 1884. *The Work of a Social Teacher: Being a Memorial of Richard L. Dugdale*. Economic Tracts 12. New York: Society for Political Education.

Silverman, Dwight. 2006. Bloggers react to the Andrea Yates verdict. *TechBlog, Houston Chronicle*, 26 July. http://blog.chron.com/techblog/2006/07/bloggers-react-to-the-andrea-yates-verdict/

Simpson, James. 1834. *Necessity of Popular Education as a National Object; with Hints on the Treatment of Criminals, and Observations on Homicidal Insanity*. Edinburgh: Adam and Charles Black; London: Longman Rees.

Smedley, Audrey, and Brian D. Smedley. 2005. Race as biology is fiction, racism as a social problem is real: Anthropological and historical perspectives on the social construction of race. *American Psychologist* 60:16–26.

Smith, Denis Mack. 1993. *Mussolini*. London: Weidenfeld.

Smith, Percy. 1885. Two cases of moral insanity. *Journal of Mental Science* 31:366–370.

Smith, Roger. 1981. *Trial by Medicine: The Insanity Defense in Victorian England*. Edinburgh: Edinburgh University Press.

_____. 1988. Does the history of psychology have a subject? *History of the Human Sciences* 1:147–177.

_____. 1997. *The Human Sciences*. New York: Norton.

Soler, Hosanna, Preeti Vinayak, and David Quadagno. 2000. Biosocial aspects of domestic violence. *Psychoneuroendocrinology* 25:721–739.

Spencer, Herbert. (1864–1867) 1898. *The Principles of Biology*. Vol. 1. Rev. and enl. ed. London: Williams and Norgate.

_____. 1876. *The Principles of Sociology*. Vol. 1. London: Williams and Norgate.

Spiegel, Alix. 2011. Can a test really tell who's a psychopath? NPR, 26 May. http://www.npr.org/2011/05/26/136619689/can-a-test-really-tell-whos-a-psychopath.

Spitzka, Edward C. 1878. Reform in the scientific study of psychiatry. *Journal of Nervous and Mental Disease* 5:201–229.

Spurzheim, Johann Gaspar. 1815. *The Physiognomical System of Drs. Gall and Spurzheim*. 2nd ed. London: Printed for Baldwin, Cradock, and Joy.

_____. (1825) 2001. *A View of the Philosophical Principles of Phrenology*. In

Phrenology in Europe and America, vol. 1, ed. Roger Cooter. London: Thoemmes.

_____. 1828. *A View of the Elementary Principles of Education: Founded on the Study of the Nature of Man*. 2nd ed. London: Treuttel, Würtz, and Richter.

Stagg, F. L., and Earnest A. Hooton. 1953. *Your Body and Your Life*. Cambridge, MA: Harvard University Press.

Stamps, V. R., N. G. Abeling, A. H. van Gennip, A. G. van Cruchten, and H. Gurling. 2001. Mild learning difficulties and offending behaviour: Is there a link with monoamine oxidase A deficiency? *Psychiatric Genetics* 11:173–176.

Steinberg, Laurence. 2005. Cognitive and affective development in adolescence. *Trends in Cognitive Sciences* 9:69–74.

_____. 2008. A social neuroscience perspective on adolescent risk-taking. *Developmental Review* 28:78–106.

_____. 2013. The influence of neuroscience on U.S. Supreme Court decisions about adolescents' criminal culpability. *Nature Reviews/Neuroscience* 14:513–518.

Stevenson, Robert Louis. (1886) 1948. *Dr. Jekyll & Mr. Hyde*. Repr., London: Folio Society.

Stigler, Stephen M. 1986. *The History of Statistics: The Measurement of Uncertainty before 1900*. Cambridge, MA: Harvard University Press.

Strahan, S[amuel] A. K. 1892. *Marriage and Disease: A Study of Heredity and the More Important Family Degenerations*. New York: D. Appleton.

Straits Times. 2003. Depressed? Your genetic "safety catch" isn't on . . . 22 October.

Sutherland, Edwin H. (1931) 1956. Mental deficiency and crime. In *The Sutherland Papers*, ed. Albert Cohen, Alfred Lindesmith, and Karl Schuessler, 308–326. Bloomington: Indiana University Press.

_____. 1940. White-collar criminality. *American Sociological Review* 5:1–12.

_____. 1951. Critique of Sheldon's *Varieties of Delinquent Youth*. *American Sociological Review* 16:10–13.

Sweeney, Gerald. 2001. *Fighting for the Good Cause: Reflections on Francis Galton's Legacy to American Hereditarian Psychology*. Philadelphia: American Philosophical Society.

Sykes, Gerald. 1950. Review of William H. Sheldon's *Varieties of Delinquent*

Youth. Nation 171:318.

Sylvers, Patrick, Stacy R. Ryan, S. Amanda Alden, and Patricia A. Brennan. 2009. Biological factors and the development of persistent criminality. In *The Development of Persistent Criminality*, ed. Joanne Savage, 141–162. New York: Oxford University Press.

Szöllösi–Janze, Margit. 2001a. National Socialism and the sciences: Reflections, conclusions and historical perspectives. In *Science in the Third Reich*, ed. Margit Szöllösi–Janze, 1–36. Oxford, UK: Berg.

———, ed. 2001b. *Science in the Third Reich*. Oxford, UK: Berg.

Tancredi, Laurence. 2005. *Hardwired Behavior: What Neuroscience Reveals about Morality*. New York: Cambridge University Press.

Tatar, Maria M. 1997. *Lustmord*. Princeton, NJ: Princeton University Press.

Taylor, Ian, Paul Walton, and Jock Young. 1973. *The New Criminology*. New York: Harper and Row.

Taylor, Jeanette, William G. Iacono, and Matt McGue. 2000. Evidence for a genetic etiology of early–onset delinquency. *Journal of Abnormal Psychology* 109:634–643.

Thomson, J. Bruce. 1870a. The hereditary nature of crime. *Journal of Mental Science* 15:487–498.

———. 1870b. The psychology of criminals. *Journal of Mental Science* 16:321–350.

Thornberry, Terence P., and Marvin D. Krohn. 2000. The self–report method for measuring delinquency and crime. *Criminal Justice* 4:33–83.

Thornhill, Randy, and Craig T. Palmer. 2000. *A Natural History of Rape: Biological Bases of Sexual Coercion*. Cambridge, MA: MIT Press.

Tibbetts, Stephen G. 2003. Selfishness, social control, and emotions: An integrated perspective on criminality. In *Biosocial Criminology*, ed. Anthony Walsh and Lee Ellis, 81–101. Hauppauge, NY: Nova Science.

Tonry, Michael. 2012. *Punishment Politics*. London: Routledge.

Tuke, D. Hack. 1891a. Case of congenital moral defect, with commentary. In *Prichard and Symonds, in Especial Relation to Mental Science, with Chapters on Moral Insanity*, 101–116. London: J. and A. Churchill. Paper originally presented at the August 1885 annual meeting of the Medico–Psychological Association and published in the *Journal of Mental Science* 31 (1885–1886): 360–366.

———. 1891b. Moral or emotional insanity. In *Prichard and Symonds, in Especial*

Relation to Mental Science, with Chapters on Moral Insanity, 65-100. London: J. and A. Churchill. Paper originally presented at the July 1884 meeting of the British Medical Association and published in the *Journal of Mental Sciences* 31 (1885-1886): 174-190.

_____. 1891c. *Prichard and Symonds, in Especial Relation to Mental Science, with Chapters on Moral Insanity.* London: J. & A. Churchill.

Turner, Michael G., Crista M. Livecchi, Kevin M. Beaver, and Jeb Booth. 2011. Moving beyond the socialization hypothesis: The effects of maternal smoking during pregnancy on the development of self-control. *Journal of Criminal Justice* 39:120-127.

Tuvblad, Catherine. 2015. Genetic influences on antisocial behavior over the life-course. In *The Routledge International Handbook of Biosocial Criminology*, ed. Matt DeLisi and Michael G. Vaughn, 77-101. London: Routledge.

Tyndall, Prof. 1878. Prof. Tyndall on consciousness and organization, free will, heredity, responsibility, &c. *Journal of Mental Science* 24:107-116.

Unnever, James D. 2013. Race, crime, and public opinion. In *The Oxford Handbook of Ethnicity, Crime, and Immigration*, ed. Sandra M. Bucerius and Michael Tonry, 70-106. New York: Oxford University Press.

Uttal, William R. 2003. *The New Phrenology: The Limits of Localizing Cognitive Processes in the Brain.* Cambridge, MA: MIT Press.

Vaske, Jamie C., and Danielle Boisvert. 2015. Stress and antisocial behavior: The serotonin system. In *The Routledge International Handbook of Biosocial Criminology*, ed. Matt DeLisi and Michael G. Vaughn, 128-143. London: Routledge.

Vaske, Jamie C., Kevan Galyean, and Francis T. Cullen. 2011. Toward a biosocial theory of offender rehabilitation: Why does cognitive-behavioral therapy work? *Journal of Criminal Justice* 39:90-102.

Vassoler, Fair M., Samantha L. White, Heath D. Schmidt, Ghazaleh Sadri-Vakili, and R. Christopher Pierce. 2013. Epigenetic inheritance of a cocaine-resistance phenotype. *Nature Neuroscience* 16:42-47.

Vaughn, Michael, G., and Matt DeLisi. 2015. Biosocial criminology: The future is here. In *The Routledge International Handbook of Biosocial Criminology*, ed. Matt DeLisi and Michael G. Vaughn, 636-643. London: Routledge.

Vaughn, Michael G., Christopher P. Salas-Wright, Matt DeLisi, and Brian Perron. 2014. Correlates of traumatic brain injury among juvenile offenders: A multi-site study. *Criminal Behaviour and Mental Health* 24:188-203.

Vega, Cecilia M. 2003. Cash-for-sterilization plan starts slowly in New York. *New York Times*, 6 January, A19.

Villa, Renzo. 1985. *Il deviante e i suoi segni: Lombroso e la nascita dell'antropologia criminale*. Milan, Italy: Franco Angeli.

Virkkunen, Matti. 1985. Urinary free cortisol secretion in habitually violent offenders. *Acta Psychiatrica Scandinavica* 72:40-44.

Wachsmann, Nikolaus. 2001. From indefinite confinement to extermination: "Habitual criminals" in the Third Reich. In *Social Outsiders in Nazi Germany*, ed. Robert Gellately and Nathan Stoltzfus, 165-191. Princeton, NJ: Princeton University Press.

_____. 2004. *Hitler's Prisons*. New Haven, CT: Yale University Press.

Wade, Nicholas. 2007. Scientist finds the beginnings of morality in primate behavior. *New York Times*, 20 March, D3.

Waldinger, Robert J. 1979. Sleep of reason: John P. Gray and the challenge of moral insanity. *Journal of the History of Medicine and Allied Sciences* 34:163-179.

Walkowitz, Daniel J. 1999. *Working with Class: Social Workers and the Politics of Middle-Class Identity*. Chapel Hill: University of North Carolina Press.

Walsh, Anthony. 1972. The American tour of Dr. Spurzheim. *Journal of History of Medicine and Allied Sciences* 27:187-205.

_____. 1995. *Biosociology: An Emerging Paradigm*. Westport, CT: Praeger.

_____. 2000. Evolutionary psychology and the origins of justice. *Justice Quarterly* 17:841-864.

_____. 2002. *Biosocial Criminology*. Cincinnati, OH: Anderson.

_____. 2014. *Biosociology: Bridging the Biology-Sociology Divide*. New Brunswick, NJ: Transaction.

Walsh, Anthony, and Kevin M. Beaver. 2009. *Biosocial Criminology*. New York: Springer.

Walsh, Anthony, Hailey Johnson, and Jonathan D. Bolen. 2012. Drugs, crime, and the epigenetics of hedonic allostasis. *Journal of Contemporary Criminal Justice* 28:314-328.

Walsh, Anthony, and Ilhong Yun. 2014. Epigenetics and allostasis: Implications for criminology. *Criminal Justice Review* 39 (4): 411-431.

Walters, Glenn D., and Thomas W. White. 1989. Heredity and crime: Bad genes or bad research? *Criminology* 27:455-485.

Weismann, August. 1889. The continuity of the germ-plasm as the foundation of a theory of heredity. In *Essays upon Heredity and Kindred Biological Problems*, 161-250. Oxford, UK: Clarendon.

Weiss, Sheila Faith. 2006. Human genetics and politics as mutually beneficial resources: The case of the Kaiser Wilhelm Institute for Anthropology, Human Heredity and Eugenics during the Third Reich. *Journal of the History of Biology* 39:41-88.

Weisstein, Eric W. n.d. Haekel [*sic*], Ernst (1834-1919). Eric Weisstein's World of Biography. http://scienceworld.wolfram.com/biography/Haekel.html (accessed 9 June 2004).

Welsh, Brandon C., and David P. Farrington. 2001. Toward an evidence-based approach to preventing crime. *The Annals of the American Academy of Political and Social Science* 578:158-173.

Werlinder, Henry. 1978. *Psychopathy: A History of the Concepts*. Uppsala: Uppsala University, Ph.D. diss. Distributed by Stockholm: Almqvist and Wiksell International.

Wertheimer, F. I., and Florence E. Hesketh. 1926. The significance of the physical constitution in mental disease. *Medicine* 5:375-463.

West, Desirée, and Bronwen Lichtenstein. 2006. Andrea Yates and the criminalization of the filicidal maternal body. *Feminist Criminology* 1:173-187.

West, Stuart A., Ashleigh S. Griffin, and Andy Gardner. 2007. Social semantics: Altruism, cooperation, mutualism, strong reciprocity and group selection. *Journal of Evolutionary Biology* 20:415-432.

Wetzell, Richard F. 2000. *Inventing the Criminal: A History of German Criminology, 1880-1945*. Chapel Hill: University of North Carolina Press.

_____. 2006. Criminology in Weimar and Nazi Germany. In *Criminals and Their Scientists: The History of Criminology in International Perspective*, ed. Peter Becker and Richard F. Wetzell, 401-424. New York: Cambridge University Press.

Wharton, J. J. S. 1841. *Criminal Jurisprudence Considered in Relation to Man's Responsibility: Repudiating Mr. M. B. Sampson's Phrenological Theory, and His Philosophy of Insanity*. London: A. Maxwell.

Whiteman, Honor. 2014. Child's later-life intelligence "not influenced by parenting." *Medical News Today*, 31 October. http://www.medical newstoday.com/articles/284727.php.

Wiebe, Robert H. 1967. *The Search for Order, 1877–1920*. New York: Hill and Wang.

Wiener, Martin. 1990. *Reconstructing the Criminal: Culture, Law, and Policy in England, 1830–1914*. Cambridge: Cambridge University Press.

Wikipedia. 2006. Charles Whitman. http://en.wikipedia.org/wiki/Charles_Whitman (accessed 13 September).

_____. 2015. Project Prevention. Last updated 3 August. https://en.wikipedia.org/wiki/Project_Prevention.

Wilson, Edward O. 1975. *Sociobiology*. Abridged ed. Cambridge, MA: Harvard University Press.

_____. 1999. *Consilience*. New York: Vintage.

Wilson, James Q., and Richard J. Herrnstein. 1985. *Crime and Human Nature*. New York: Simon and Schuster.

Wines, E. C., ed. 1871. *Transactions of the National Congress on Penitentiary and Reformatory Discipline, 1970*. Albany, NY: Weed, Parsons.

Wolfgang, Marvin E. 1972. Cesare Lombroso, 1835–1909. In *Pioneers in Criminology*, 2nd ed., ed. Hermann Mannheim, 232–291. Montclair, NJ: Patterson Smith.

Wolfgang, Marvin E., Robert M. Figlio, and Thorsten Sellin. 1972. *Delinquency in a Birth Cohort*. Chicago: University of Chicago Press.

Wong, Chloe C. Y., Jonathan Mill, and Cathy Fernandes. 2011. Drugs and addiction: An introduction to epigenetics. *Addiction* 106:480–489.

Wright, Bradley R. Enter, Avshalom Caspi, Terrie E. Moffitt, and Phil A. Silva. 2001. The effects of social ties on crime vary by criminal propensity: A life-course model of interdependence. *Criminology* 39:321–348.

Wright, John Paul, J. C. Barnes, Brian B. Boutwell, Joseph A. Schwartz, Eric J. Connolly, Joseph L. Nedelec, and Kevin M. Beaver. 2015. Mathematical proof is not minutiae and irreducible complexity is not a theory: A final response to Burt and Simons and a call to criminologists. *Criminology* 53:113–120.

Wright, John Paul, and Kevin M. Beaver. 2005. Do parents matter in creating self-control in their children? A genetically informed test of Gottfredson and Hirschi's theory of low self-control. *Criminology* 43:1169–1202.

Wright, John Paul, Kevin M. Beaver, Matt DeLisi, Michael G. Vaughn, Danielle Boisvert, and Jamie Vaske. 2008. Lombroso's legacy: The miseducation of criminologists. *Journal of Criminal Justice Education* 19:325–338.

Wright, John Paul, and Danielle Boisvert. 2009. What biosocial criminology offers criminology. *Criminal Justice and Behavior* 36:1228–1240.

Yacoubian, George S., Jr. 2000. The (in)significance of genocidal behavior to the discipline of criminology. *Crime, Law and Social Change* 34:7–19.

Young, Robert M. 1990. *Mind, Brain and Adaptation in the Nineteenth Century.* Oxford, UK: Clarendon.

Zahn–Waxler, Carolyn, JoAnn L. Robinson, and Robert N. Emde. 1992. The development of empathy in twins. *Developmental Psychology* 28:1038–1047.

Zedner, Lucia. 2007. Seeking security by eroding rights: The side–stepping of due process. In *Security and Human Rights*, ed. Benjamin Goold and Liora Lazarus, 257–276. Oxford, UK: Hart.

Zenderland, Leila. 1998. *Measuring Minds: Henry Herbert Goddard and the Origins of American Intelligence Testing.* Cambridge: Cambridge University Press.

Zuckerman, Marvin. 2002. Personality and psychopathy: Shared behavioral and biological traits. In *The Neurobiology of Criminal Behavior*, ed. Joseph Glicksohn, 27–50. Boston: Kluwer Academic.

찾아보기

(ㅂ)

(ㅊ)

(ㅍ)

■ 옮긴이 소개

송봉규는 한세대학교 산업보안학과에서 범죄학을 가르치는 교수이며, 산업보안연구소장과 사이버범죄정보센터장을 맡고 있다. 「중국 산업스파이: 기술 획득과 국방현대화」(박영사, 2019)를 번역하였으며, 「산업보안학」, 「연구보안론」 등의 집필에 참여하였다. 송봉규의 최근 연구는 「형사정책」, 「한국범죄심리연구」, 「한국중독범죄학회보」, 「한국경찰학회보」, 「한국테러학회보」, 「한국산업보안연구」 등에서 발간되었다.

유동겸은 한국외국어대학교 영어통번역학과 학부생이며, 바이오생명공학을 복수전공하고 있다.

■ 지은이 소개

Nicole Rafter는 1977년부터 고인이 된 2016년까지 노스이스턴대학교에서 범죄학을 가르친 명예교수였다. Nicole Rafter는 최근 「The Crime of All Crimes: Toward a Criminology of Genocide」를 출간하였고, 「Partial Justice: Women, State Prisons, and Social Control」, 「Creation Born Criminals」, 「Shots in the Mirror」, 「Crime Films and Society」, 「The Criminal Brain」 등 5개 모노그래프를 집필하였고, Michelle Brown과 함께 「Criminology Goes to the Movies」를 집필하였다. Mary Gibson과 함께 Cesare Lombroso의 범죄학 연구를 번역하여 50편이 넘는 논문과 책을 출간하였다. Nicole Rafter는 2009년 미국범죄학회^{ASC} 서덜랜드상을 수상하였으며, 풀브라이트 장학금과 옥스퍼드대학교에서 수차례 연구비를 지원받았다.

Chad Posick는 조지아서든대학교 형사사법·범죄학과 조교수이다. Chad Posick의 최근 연구는 「Journal of Adolescent Health」, 「European Journal of Criminology」, 「Journal of Interpersonal Violence」, 「Psychology of Violence」에서 발간되었다.

Michael Rocque는 베이츠대학교^{Bates College} 사회학과 조교수이며, 메인^{Maine} 주 교정본부 책임연구자문위원이다. Michael Rocque의 최근 연구는 「Justice Quarterly」, 「Journal of Experimental Criminology」, 「Journal of Research in Crime and Delinquency」, 「Criminal Justice Studies」, 「Sociological Perspectives」에서 발간되었다.

범죄자의 뇌: 생물범죄학의 이해

초판발행	2020년 4월 10일
중판발행	2023년 12월 30일
지은이	Nicole Rafter, Chad Posick, Michael Rocque
옮긴이	송봉규·유동겸
펴낸이	안종만·안상준
편 집	이면희
기획/마케팅	김한유
표지디자인	벤스토리
제 작	고철민·조영환
펴낸곳	(주) **박영사**
	서울특별시 금천구 가산디지털2로 53, 210호(가산동, 한라시그마밸리)
	등록 1959. 3. 11. 제300-1959-1호(倫)
전 화	02)733-6771
f a x	02)736-4818
e-mail	pys@pybook.co.kr
homepage	www.pybook.co.kr
ISBN	979-11-303-0945-3 03350

* 파본은 구입하신 곳에서 교환해 드립니다. 본서의 무단복제행위를 금합니다.

정 가   24,000원